W9-BRA-699

NTC's Compact Swedish and English Dictionary

NTC's Compact Swedish and English Dictionary

NTC Publishing Group
Lincolnwood, Illinois USA

Library of Congress Cataloging-in-Publication Data

Norstedts amerikanska fickordbok.
NTC's compact Swedish and English dictionary.
p. cm.
Originally published: Norstedts amerikanska fickordbok. Stockholm : Norstedt, 1996.
ISBN 0-8442-4959-9 (hard)
0-8442-4960-2 (soft)
1. Swedish language—Dictionaries—English. 2. English language—Dictionaries—Swedish. I. National Textbook Company. II. Title.
PD5640.N65 1997
439.73'21—dc21 97-2621
CIP

Published by NTC Publishing Group
An imprint of NTC/Contemporary Publishing Company
4255 West Touhy Avenue, Lincolnwood (Chicago), Illinois 60646-1975 U.S.A.

Manufactured in the United States of America
International Standard Book Number: 0-8442-4959-9 (cloth)
0-8442-4960-2 (paper)

7 8 9 0 BC 0 9 8 7 6 5 4 3 2 1

Contents

Preface

NTC's Compact Swedish and English Dictionary is a completely new dictionary that covers Swedish vocabulary, translations, spelling and pronunciation. In compiling this dictionary, great pains have been taken to make it completely up to date and easy to use. It contains 32,000 words and phrases used in everyday speech in both languages, along with the vocabulary you may need when traveling.

The definitions are clear and concise, and they include the part of speech and other essential grammatical information for both languages. Helpful sections on Swedish grammar and pronunciation are included. The typography and layout are user-friendly, with each entry starting on a new line.

NTC's Compact Swedish and English Dictionary is an ideal reference for travelers and students in both the United States and Sweden.

Symbols

Tilde ~

The tilde is used in examples to represent the headword:

accordance; ***in ~ with*** (= in accordance with)

Asterisk *

An asterisk is used to mark irregular English verbs. These verbs are listed in the section *Engelsk minigrammatik.*

Hyphen -

The hyphen is used

a) for Swedish inflected forms. If the Swedish word contains a vertical stroke, the hyphen signifies the part of the word before the stroke. If there is no vertical stroke, the hyphen signifies the entire word:

annons -en -er (= annonsen, annonser)
artik|el -eln -lar (= artikeln, artiklar)

More information on Swedish inflected forms can be found in the section *Swedish Grammar in Brief.*

b) in hyphenating Swedish or English words.

Vertical stroke |

The vertical stroke is only used in combination with a hyphen (see above).

Parentheses ( )

Parentheses are used around words that can replace the preceding words:

among; ***~ themselves (yourselves)*** (= among themselves, among yourselves)

Ellipses . . .

Ellipses are used

a) where examples are incomplete:

about; ***what* ~ . . . ?**

b) to indicate the position of a word:

skruva; **~ pa** t. ex. lock screw . . . on

Numerals

Roman numerals are used in marking different parts of speech:

coach I *subst* turistbuss; långfärdsbuss **II** *verb* träna, vara tränare (lagledare) för

Arabic numerals are used

a) to denote homographs, i.e., words with the same spelling but different origin and meaning. Homographs are listed as separate headwords, preceded by Arabic numerals.

1 mean snål; gemen
2 mean medelvärde
3 mean betyda

b) within an entry to denote different senses:

bearing 1 hållning, uppträdande **2** betydelse

Abbreviations

Abbreviation	Swedish	English
adj	adjektiv	adjective
adv	adverb	adverb
amer.	amerikansk	American
best art	bestämd artikel	definite article
beton.	betonat	stressed
el.	eller	or
etc.	etcetera	et cetera
förk.	förkortning; förkortas	abbreviation; abbreviated
imperf.	imperfekt	past tense
interj	interjektion	interjection
jfr	jämför	compare
konj	konjunktion	conjunction
m.m.	med mera	and other things
ngn	någon	someone
ngns	någons	someone's
ngt	något	something
o.	och	and
obest art	obestämd artikel	indefinite article
oböjl.	oböjligt	indeclinable
o.d.	och dylikt	and similar
osv.	och så vidare	et cetera
perf. p.	perfekt particip	past participle
pl.	plural	plural
prep	preposition	preposition
pron	pronomen	pronoun
®	inregistrerat varumärke	registered trademark
resp.	respektive	respectively
räkn	räkneord	numeral
sb.	somebody	somebody
sb.'s	somebody's	somebody's
sth.	something	something
subst	substantiv	noun
subst pl	substantiv i pluralform	plural noun
sv.	svensk, svenska	Swedish

t.ex.	till exempel	for example
ung.	ungefär	approximately
utt.	uttalas	pronunciation; pronounced
vanl.	vanligen	usually
vard.	i vardaglig stil	informal style
äv.	även	also

Swedish Grammar in Brief

Nouns

As a help to non-Swedish users, inflections of Swedish nouns are given in the Swedish-American part. In English the definite form is a separate word – *the* – but in Swedish it is a word ending.

Swedish has two genders: non-neuter and neuter:

* Non-neuter words end in **-n** in the definite form and take the indefinite article **en**.

Example: **väg / vägen / en väg**
(*road / the road / a road*)

* Neuter words end in **-t** in the definite form and take the indefinite article **ett**.

Example: **bord / bordet / ett bord**
(*table / the table / a table*)

Inflections

The first inflected form given is the definite form singular, and the second is the indefinite form plural (if the word can occur in the plural):

dörr -en -ar

Some words have no ending in the definite form singular. In such cases only the indefinite form is given:

början en ~, best. form =

If only one form is given, this means that the word does not exist in the plural:

bly -et

In some cases, the first ending is followed by a numeral. This indicates that only one or some of the senses can occur in the plural, or that different senses have different plural forms. In these cases the respective plural forms are shown after the numeral:

amerikansk|a -an **1** pl. -or... 2...

Variant singular or plural forms are shown in round brackets:

1 test -et (-en) = (-er)

The sign = indicates that the indefinite form singular and plural are the same:

besök -et =

Some headwords are given in the plural, and are marked *pl.* This means that the words usually occcurs in the plural:

antibiotika pl.

A small number of nouns are indeclinable. They are marked *oböjl.*:

april oböjl.

Adjectives

The inflection of a Swedish adjective always follows the noun it qualifies. There are the following forms:

* *no ending* in the non-neuter: **en stor båt / båten är stor** *(a big boat / the boat is big)*

* ends in **-t** in the neuter: **ett stort hus / huset är stort** *(a big house / the house is big)*

* ends in **-a** in the plural: **stora båtar / stora hus / båtarna är stora / husen är stora** *(big boats / big houses / the boats are big / the houses are big)*

* after the definite article *den/det/de* all adjectives end in *-a*: **den stora båten / det stora huset / de stora båtarna / de stora husen** *(the big boat / the big house / the big boats / the big houses)*

Some common adjectives with irregular comparison

bra, bättre, bäst *(good, better, best)*
dålig, sämre, sämst *(bad, worse, worst)*
gammal, äldre, äldst *(old, older, oldest)*
liten, mindre, minst *(small, smaller, smallest)*
många, fler, flest *(many, more, most)*
stor, större, störst *(big, bigger, biggest)*

Pronouns

Singular	jag *I*	mig *me*
	du *you*	dig *you*
	han *he* hon *she* den/det *it*	honom *him* henne *her* den/det *it*
Plural	vi *we*	oss *us*
	ni *you*	er *you*
	de *they*	dem *them*

	min, pl. mina *my (mine)*
	din, pl. dina *your (yours)*
	hans, sin, pl. sina *his* hennes, sin, pl. sina *her (hers)* sin, pl. sina *its*
	vår, pl. våra *our (ours)*
	er, pl. era *your (yours)*
	deras, sin, pl. sina *their (theirs)*

Verbs

Swedish verbs have the same ending in the 1st, 2nd and 3rd person.

Examples in the present tense:

jag simmar, du simmar, han/hon/den/det simmar, vi simmar, ni simmar, de simmar

(Compare English: I swim, you swim, he/she/it swims, we swim, you swim, they swim)

Some common irregular verbs

Infinitive	*Present tense*	*Past tense*	*Perfect*
be	ber	bad	har bett
binda	binder	band	har bundit
bita	biter	bet	har bitit
bjuda	bjuder	bjöd	har bjudit
brinna	brinner	brann	har brunnit
bryta	bryter	bröt	har brutit
bära	bär	bar	har burit
dra	drar	drog	har dragit
dricka	dricker	drack	har druckit
driva	driver	drev	har drivit
dö	dör	dog	har dött
falla	faller	föll	har fallit

Infinitive	*Present tense*	*Past tense*	*Perfect*
finna	finner	fann	har funnit
flyga	flyger	flög	har flugit
flyta	flyter	flöt	har flutit
frysa	fryser	frös	har frusit
försvinna	försvinner	försvann	har försvunnit
ge	ger	gav	har gett
glädja	gläder	gladde	har glatt
gripa	griper	grep	har gripit
gråta	gråter	grät	har gråtit
gå	går	gick	har gått
göra	gör	gjorde	har gjort
heta	heter	hette	har hetat
hugga	hugger	högg	har huggit
hålla	håller	höll	har hållit
kliva	kliver	klev	har klivit
knyta	knyter	knöt	har knutit
komma	kommer	kom	har kommit
le	ler	log	har lett
lida	lider	led	har lidit
ligga	ligger	låg	har legat
ljuga	ljuger	ljög	har ljugit
låta	låter	lät	har låtit
lägga	lägger	lade	har lagt
njuta	njuter	njöt	har njutit

Infinitive	*Present tense*	*Past tense*	*Perfect*
nysa	nyser	nös	har nyst
rida	rider	red	har ridit
riva	river	rev	har rivit
se	ser	såg	har sett
sitta	sitter	satt	har suttit
sjunga	sjunger	sjöng	har sjungit
sjunka	sjunker	sjönk	har sjunkit
skilja	skiljer	skilde	har skilt
skina	skiner	sken	har skinit
skjuta	skjuter	sköt	har skjutit
skrika	skriker	skrek	har skrikit
skriva	skriver	skrev	har skrivit
skära	skär	skar	har skurit
slita	sliter	slet	har slitit
slå	slår	slog	har slagit
snyta	snyter	snöt	har snutit
sova	sover	sov	har sovit
spricka	spricker	sprack	har spruckit
sprida	sprider	spred/spridde	har spridit/spritt
springa	springer	sprang	har sprungit
stiga	stiger	steg	har stigit
stjäla	stjäl	stal	har stulit
stryka	stryker	strök	har strukit
stå	står	stod	har stått

Infinitive	*Present tense*	*Past tense*	*Perfect*
säga	säger	sa/sade	har sagt
sälja	säljer	sålde	har sålt
sätta	sätter	satte	har satt
ta	tar	tog	har tagit
tiga	tiger	teg	har tigit
veta	vet	visste	har vetat
vika	viker	vek	har vikit
vinna	vinner	vann	har vunnit
välja	väljer	valde	har valt
vänja	vänjer	vande	har vant
växa	växer	växte	har vuxit/växt
äta	äter	åt	har ätit

Swedish Pronunciation

The Swedish alphabet

The Swedish alphabet has 28 letters. The last three, *å*, *ä* and *ö*, are special for Swedish. The letter *w* (called "double v" in Swedish) is treated as a variant of *v*, mostly used in names. Similarly the letter *q* corresponds in most cases with *k* (*qu* = *kv*) and is only found in names or foreign words.

Pronunciation

Vowels

The nine Swedish vowels *a, e, i, o, u, y, å, ä, ö* may be pronounced long or short. A vowel is long when it is stressed and is followed by one consonant only, or no consonants. A vowel is short when followed by two or more consonants or when it is unstressed. For some vowels – see below – the difference between the long and short pronunciation changes the character of the sound, while others have more or less the same sound quality, whether pronounced long or short. There are no diphthongs in standard Swedish.

Swedish letter	*Example*	*Pronounced like*
a (short)	*hatt*	cut, but more open
a (long)	*hat*	father
e (short)	*penna*	bed
e (long)	*ben*	the e sound in day (a pure vowel, not a diphthong!)
i (short)	*vinna*	win
i (long)	*vin*	teen
o (short)	*bonde*	put
o (long)	*ros*	moon

Note that in some words **o** is pronounced like the letter **å** (see below).

u (short)	*hund*	ew in brew but with rounded lips and short; like French **lui**
u (long)	*hus*	ew in brew but with rounded lips
y (short)	*nytt*	ee in bee but short and with closely rounded lips; like French **tu**
y (long)	*ny*	ee in bee, but with closely rounded lips; like German **ü**
å (short)	*rått*	pour, but short
å (long)	*rå*	pour

ä (short)	*sätt*	bet
ä (long)	*säte*	dance, but longer
ö (short)	*rött*	fur, but short and without the r sound
ö (long)	*röd*	fur, but without the r sound

Consonants and consonant combinations

Many of the Swedish consonants are pronounced more or less the same as in English: **b, c, d, f, h, l, m, n, p, q, t, v, x.**

ch is pronounced **sh** (*charm*)

g is pronounced **g** before *a, o, u, å* (*gata, god, gud, gå*), and **y** before *e, i, y, ä, ö* and in words ending in *lg, rg* (*ge, gift, gylf, göra, älg, arg*)

gn is pronounced with a **g** (*gnaga*); after a vowel it is pronounced **ngn** (*ugn*)

dj, gj, hj, j are pronounced **y** (*djup, gjort, hjul, jul*)

k is pronounced **k** before *a, o, u, å* (*kan, ko, kul, kår*), and **sh** before *e, i, y, ä, ö* (*kemi, kilo, kyrka, kär, köpa*)

kj and **tj** are pronounced **ch** like in check but

without the t sound (*kjol, tjugo*)

kn is pronounced with a **k** (*knä*)

lj is pronounced y (*ljus*)

r is pronounced like a Scottish **r** (*röd*)

rs at the end of words is pronounced sh (*fors*)

rd, rt are pronounced like in thir**d**, cour**t** (*ord, fart*)

s, z are always pronounced as in so, never as in rose

sj is pronounced like sh (*sju*)

sk is pronounced sk before *a, o, u, å* (*ska, sko, skum, skåda*), and **sh** before *e, i, y, ä, ö* (*ske, skida, skydda, skära, skön*)

skj, stj are pronounced **sh** (*skjuta, stjärna*)

sch is pronounced **sh** (*dusch*)

si and **ti** in the endings *-sion, -tion* are pronounced **sh** (*diskussion, station*), or sometimes tsh (*nation*)

Innehåll

Ordbokstecken

Krok ~

Krok står i exempel i stället för uppslagsordet:

allergisk; ~ ***mot ngt*** (= allergisk mot ngt)

Asterisk *

Asterisk används för att markera oregelbundna verb som finns upptagna i verblistan under avsnittet *Engelsk minigrammatik* i slutet av boken. När man stöter på en asterisk kan man alltså gå till verblistan för att få hjälp med böjningen av verbet.

Bindestreck -

Bindestreck används

a) vid svenska böjningsändelser. Om det svenska ordet har lodstreck ersätter bindestrecket den del av ordet som står före lodstrecket, annars ersätter det hela ordet:

annons -en -er (= annonsen, annonser)
artik|el -eln -lar (= artikeln, artiklar)

Detta är en hjälp för de användare som inte har svenska som modersmål. Utförligare information om användandet finns på engelska under avsnittet *Swedish Grammar in Brief* i slutet av boken.

b) vid avstavning av engelska eller svenska ord.

Lodstreck |

Lodstreck används i kombination med bindestreck (se ovan).

Rund parentes ( )

Rund parentes används runt ord som kan ersätta närmast föregående:

bläddra; ~ ***igenom (i) en bok***
(= bläddra igenom en bok, bläddra i en bok)

Punkter ...

Punkter används:

a) vid avbrutna exempel:

faktum; ~ ***är att...***

b) för att markera ett ords placering:

skruva; ~ ***på*** t.ex. lock screw...on

Siffror

Romerska siffror används för uppdelning i ordklasser:

direkt I *adj* direct **II** *adv* straight, directly

Arabiska siffror används

a) för att ange homografer, d.v.s. ord med samma stavning, men med olika ursprung och betydelse. Homografer står som separata uppslagsord, och föregås av arabisk siffra:

1 disk i affär counter
2 disk odiskad disk dishes

b) för att ange olika delbetydelser:

bud 1 budskap message **2** anbud offer

Förkortningslista

adj	adjektiv
adv	adverb
amer.	amerikansk
best art	bestämd artikel
beton.	betonat
el.	eller
etc.	etcetera
förk.	förkortning; förkortas
imperf.	imperfekt
interj	interjektion
jfr	jämför
konj	konjunktion
m.m.	med mera
ngn	någon
ngns	någons
ngt	något
o.	och
obest art	obestämd artikel
oböjl.	oböjligt
o.d.	och dylikt
osv.	och så vidare
perf. p.	perfekt particip
pl.	plural
prep	preposition

pron	pronomen
®	inregistrerat varumärke
resp.	respektive
räkn	räkneord
sb.	somebody
sb.'s	somebody's
sth.	something
subst	substantiv
subst pl	substantiv i pluralform
sv.	svensk, svenska
t.ex.	till exempel
ung.	ungefär
utt.	uttalas
vanl.	vanligen
vard.	i vardaglig stil
äv.	även

Uttal

I den amerikansk-svenska delen anges uttal till så gott som samtliga uppslagsord. Uttalet anges enligt ett mycket förenklat system, och vi har velat ge varje uppslagsord de uttalsangivelser som bäst visar hur just detta ord uttalas.

Ett förenklat system medför naturligtvis att vissa nyansskillnader försvinner, men är i gengäld mycket lättare att använda för den som är ovan vid vanlig fonetiskt skrift.

I engelskan uttalas de flesta konsonanter ungefär som på svenska. Skillnader finns dock, t.ex. **r**, som inte uttalas som svenskans tungspets- eller tungrots-r. Engelskans r-ljud liknar det r-ljud som kan förekomma i stockholmskan. Tungspetsen lyfts upp mot den bakre tandvallen, utan att röra vid den.

Engelskans **w** uttalas ungefär som ett kraftigt artikulerat svenskt *o*. Uttalet för w anges som *w*.

De engelska sje-ljuden anges i uttalsangivelserna aldrig med något annat än *sch*, *tch*, eller ʒ. Bokstavskombinationer av typen *sj*, *sk*, *ti* m.fl. som i svenska ord kan uttalas som ett sje-ljud ska i uttalsangivelserna alltid uttalas var för sig som s + j, s + k, t + i osv. I det engelska ordet **skin** t.ex., där uttalet anges som [**skinn**], ska inte *sk* uttalas som i svenskans *skina*, utan som i svenskans *skola*.

Vokalerna uttalas enligt följande:

a kort, som i svenskans *katt*
a: långt, som i svenskans *far*
e kort, som i svenskans *helg*
e: långt, som i svenskans *ner*
i kort, som i svenskans *mitt*
i: långt, som i svenskans *mil*
o kort, som i svenskans *bott*
o: långt, som i svenskans *kjol*
å kort, som i svenskans *gått*
å: långt, som i svenskans *får*
ä kort, som i svenskans *ärta*
ö: långt, som i svenskans *för*

Föjande fonetiska tecken används, eftersom ljudet saknar motsvarighet på svenska:

ə obetonat ö-ljud, som ett mellanting mellan e och ö.
θ läspljud
ʒ tonande sje-ljud
ð tonande läspljud

Tecknet ˈ anger betoning, och placeras framför den stavelse som är betonad:

[ˈbå:ring]

Tecknet ˌ anger en svagare betoning, och förekommer endast i ord som även innehåller ˈ. Den stavelse som föregås av ˈ betonas alltså mest, och den som föregås av ˌ något mindre:

[ˈnittingˌni:dl]

Engelsk minigrammatik

Substantiv

Den obestämda artikeln är **a** framför ord som börjar på en konsonant, och **an** framför ord som börjar på en vokal. Den bestämda artikeln är i bägge fallen **the**.

a car – the car
an eye – the eye

Plural av de flesta engelska substantiven bildas genom att man lägger till -s på slutet av ordet:

car*s*
eye*s*

Adjektiv

De engelska adjektiven är oböjliga:

a **blue** car
the **blue** car
blue cars

Verb

Engelskans regelbundna verb böjs enligt följande mönster:

Infinitiv

walk

Presens

I walk
you walk
he/she/it walks
we walk
you walk
they walk

Imperfekt

walked (i alla personer)

Perfekt

I **have** walked
you **have** walked
he/she/it **has** walked
we **have** walked
you **have** walked
they **have** walked

I engelska språket finns också ett antal oregelbundna verb. Här nedan följer en uppställning över temaformer till de vanligaste. I ordboken är verben i denna lista markerade med en asterisk *.

Infinitiv	*Presens*	*Imperfekt*	*Perfekt particip*
be	I am, you are he/she/it is we/they are	was	been
become		became	become
begin		began	begun
bite		bit	bitten
break		broke	broken
bring		brought	brought
build		built	built
burn		burnt	burnt
buy		bought	bought
catch		caught	caught
choose		chose	chosen
come		came	come
cost		cost	cost
cut		cut	cut
do	he/she/it does	did	done
draw		drew	drawn
dream		dreamt, dreamed	dreamt, dreamed

Infinitiv	*Imperfekt*	*Perfekt particip*
drink	drank	drunk
drive	drove	driven
eat	ate	eaten
fall	fell	fallen
feel	felt	felt
find	found	found
fly	flew	flown
forget	forgot	forgotten
forgive	forgave	forgiven
get	got	got, gotten
give	gave	given
go	went	gone
grow	grew	grown
have	had	had
hear	heard	heard
hit	hit	hit
hold	held	held
keep	kept	kept
know	knew	known
lay	laid	laid
leave	left	left
lend	lent	lent
let	let	let
lie	lay	lain
lose	lost	lost

Infinitiv	*Imperfekt*	*Perfekt particip*
make	made	made
mean	meant	meant
meet	met	met
pay	paid	paid
put	put	put
read	read	read
run	ran	run
say	said	said
see	saw	seen
sell	sold	sold
send	sent	sent
show	showed	shown
shrink	shrank	shrunk
sing	sang	sung
sit	sat	sat
sleep	slept	slept
speak	spoke	spoken
spend	spent	spent
stand	stood	stood
steal	stole	stolen
take	took	taken
tell	told	told
think	thought	thought
throw	threw	thrown
wake	woke	woken

Infinitiv	*Imperfekt*	*Perfekt particip*
wear	wore	worn
win	won	won
write	wrote	written

Adverb

Adverb bildas vanligen genom att ändelsen -ly läggs till adjektivet:

normal*ly*

Personliga pronomen

som subjekt		*som objekt*	
I	jag	me	mig
you	du	you	dig
he	han	him	honom
she	hon	her	henne
it	den/det	it	den/det
we	vi	us	oss
you	ni	you	er
they	de	them	dem

Possessiva pronomen

my book	min bok
your book	din bok
his book	hans bok
her book	hennes bok
our book	vår bok
your book	er bok
their book	deras bok

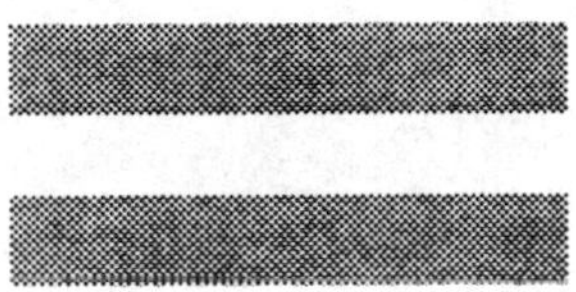

Amerikansk reseparlör

Artighetsfraser m.m.

Adjö!
Good-bye!
Får jag presentera ...
I'd like you to meet ...
God afton!
Good evening!
God dag!
se God morgon (middag, afton)
God middag!
Good afternoon!
God morgon!
Good morning!
God natt!
Good night!
Hej!
Hello!
Hej då!
Bye-bye!
Hör av er (dig)!
Stay in touch!
Kör försiktigt!
Drive carefully!
Lycka till!
Good luck!
Trevlig resa!
Have a nice trip!
Trevligt att träffas!
Nice meeting you!
På återseende!
I'll be seeing you!
Vad heter ni (du)? Jag heter ...
What's your name? My name's ...
Vi ses i morgon (nästa vecka, etc.)!
See you tomorrow (next week, etc.)!
Välkomna (Välkommen)!
Welcome!

Vanliga ord och fraser

När man ber om något tilläggs först eller sist: please

Det finns ...
There's ...
Det gör ingenting!
Never mind!
Ett ögonblick.
One moment.
Får jag komma in?
May I come in?
Förlåt!
Sorry!
Förlåt, jag hörde inte?
Sorry, I didn't catch that.
Förlåt, kan jag få komma förbi?
Excuse me, can I get through?
Förlåt, var ligger ...?
Excuse me, where is ...?
Gärna.:
ja tack, gärna
yes, please!
det gör jag gärna
I'd love to!
det vill jag gärna
with pleasure!
Hjälp!
Help!

Hjälp mig att ...
Can you help me ...
Hur?
How?
Hur dags?
At what time?
Hur mycket?
How much?
Hur mycket kostar det?
How much is it?
Hur mår ni (du)?
How are you?
Hur sa?
I beg your pardon?
Ingen orsak!
Not at all!
Inte alls.
Not at all.
Ja.
Yes.
Ja tack.
Yes, please.
Jag behöver ...
I need ...
Jag fryser.
I'm cold.
Jag förstår.
I understand.
Jag förstår inte.
I don't understand.
Jag är hungrig (trött, törstig).
I'm hungry (tired, thirsty).
Jag skulle vilja ha ...
I'd like ...
Jaså.
Oh!
Javisst.
Certainly.
Kan jag få ...
Could I have ...
Kan ni (du) säga mig ...?
Could you tell me ...?
Kan ni (du) visa mig ...?
Can you show me ...?
Kom in!
Come in!
Lite.
A little.
Med nöje.
With pleasure.
Nej.
No.
Nej tack.
No, thank you.
När?
When?
Skål!
Cheers!
Smaklig måltid!
Enjoy your meal!
Stör jag?
Am I disturbing you?
Tack.
Thank you!
Tack, detsamma!
You, too!
Tack för hjälpen!
Thanks for the help!
Tack så mycket!
Thank you very much!
Tusen tack!
Thanks so very much!

Tyvärr, ...
I'm sorry but ...
Ursäkta!
Excuse me!
Vad sa du?
What did you say?
Var?
Where?
Var finns (ligger) ...?
Where's ...?
Var ligger närmaste post (bank)?
Where's the nearest post office (bank)?
Var så god
när man överräcker något:
Here you are!
då man bjuder:
Help yourself!
vid artig uppmaning:
Would you please ...
vid tillåtelse:
Certainly!
Varför?
Why?

Övriga uttryck (skyltar o.d.)

höger – vänster
right – left
till höger – till vänster
to the right – to the left
damer – herrar
ladies – gentlemen
ingång – utgång
entrance – exit
kallt – varmt
cold – hot
ledigt – upptaget
free – occupied
rökning förbjuden
no smoking
rökning tillåten
smoking allowed
stängt – öppet
closed – open
toalett
damtoalett
ladies'
herrtoalett
men's

Språk och nationalitet

Varifrån är ni (du)?
Where do you come from?
Jag är från Sverige.
I'm from Sweden.
Jag är svensk (svenska).
I'm Swedish.
Talar ni (du) engelska?
Do you speak English?
Jag pratar inte så bra engelska, men jag förstår lite.
I don't speak much English, but I understand a little.
Jag förstår inte vad ni (du) säger.
I don't understand you.

Finns det någon här som talar engelska?
Is there anyone here who speaks English?
Jag talar inte engelska.
I don't speak English.
Jag talar bara lite engelska.
I only speak a little English.
Jag talar inte engelska så bra.
I don't speak English very well.
Kan ni (du) tala lite långsammare?
Could you speak more slowly, please?
Var snäll och säg om det!
Would you repeat that, please?
Vad betyder det här?
What does this mean?
Vad heter det på engelska?
What is it called in English?
Hur stavas det?
How do you spell it?
Kan ni (du) bokstavera det?
Could you spell it, please?
Vad sa ni (du)?
What did you say?
Kan ni (du) översätta det här till engelska?
Could you translate this into English?

Klockan

Hur mycket är klockan?
What time is it?
Vi ses klockan två.
I'll see you at two o'clock.
Klockan är ...
It's ...
två
two o'clock
fem över två
five after two
tio över två
ten after two
kvart över två
a quarter after two
tjugo över två
twenty after two
fem i halv tre
twenty-five after two
halv tre
two thirty
fem över halv tre
twenty-five to three
tjugo i tre
twenty to three
kvart i tre
a quarter to three
tio i tre
ten to three
fem i tre
five to three

Räkneord

1 one	**16** sixteen
2 two	**17** seventeen
3 three	**18** eighteen
4 four	**19** nineteen
5 five	**20** twenty
6 six	**30** thirty
7 seven	**40** forty
8 eight	**50** fifty
9 nine	**60** sixty
10 ten	**70** seventy
11 eleven	**80** eighty
12 twelve	**90** ninety
13 thirteen	**100** a hundred
14 fourteen	**1000** a thousand
15 fifteen	

Amerikanska stater

Stat	*Förkortning*
Alabama	AL
Alaska	AK
Arizona	AZ
Arkansas	AR
California	CA
Colorado	CO
Connecticut	CT
Delaware	DE
District of Columbia	DC
Florida	FL
Georgia	GA
Hawaii	HI
Idaho	ID
Illinois	IL
Indiana	IN
Iowa	IA
Kansas	KS
Kentucky	KY
Louisiana	LA
Maine	ME
Maryland	MD
Massachusetts	MA
Michigan	MI
Minnesota	MN
Mississippi	MS
Missouri	MO
Montana	MT
Nebraska	NE
Nevada	NV
New Hampshire	NH
New Jersey	NJ
New Mexico	NM
New York	NY
North Carolina	NC
North Dakota	ND
Ohio	OH
Oklahoma	OK
Oregon	OR
Pennsylvania	PA
Rhode Island	RI
South Carolina	SC
South Dakota	SD
Tennessee	TN
Texas	TX
Utah	UT
Vermont	VT
Virginia	VA
Washington	WA
West Virginia	WV
Wisconsin	WI
Wyoming	WY

Vid gränsen

Kan jag få se på ert pass?
May I have your passport?
Hur länge har ni tänkt stanna?
How long are you planning to stay?
Vill ni vara snäll och fylla i den här blanketten.
Fill in this form, please.
Har ni något att förtulla?
Do you have anything to declare?
Jag har inget att förtulla.
I have nothing to declare.
Var snäll och öppna den här resväskan.
Open this suitcase, please.
Alltsammans är saker för eget bruk.
This is all for personal use.
Har ni cigaretter eller sprit?
Do you have cigarettes or spirits?
Var finns växelkontoret?
Where is the currency exchange?

På resa

Var ligger närmaste resebyrå?
Where is the nearest travel agency?
Var ligger Svenska ambassaden (konsulatet)?
Where is the Swedish embassy (consulate)?
Hur lång tid tar resan?
How long does the trip take?
Hur dags är vi i ...?
When do we arrive in ...?
Kan jag få en tidtabell?
Can I have a timetable?
Jag skulle vilja avbeställa den här biljetten.
I'd like to cancel this ticket.
När går bussen (båten, flyget, tåget) till ...?
When does the bus (boat, flight, train) for ... leave?

Lokala transportmedel m.m.

Med vilken buss kommer jag till ...?
I want to go to ... Which bus should I take?
Måste man byta?
Do I (we) have to change buses (trains)?
Var är närmaste busshållplats (tunnelbanestation)?
Where is the nearest bus stop (subway station)?

Jag ska till ...
I'm going to ...
Kan ni säga till var jag ska stiga av?
Can you tell me which stop to get off at?
Rakt fram och sedan till vänster (höger).
Straight ahead and then to the left (right).
Kan ni ringa efter en taxi, tack.
Would you call a taxi, please?
Var snäll och kör till flygplatsen.
The airport, please.

Tågresa, bussresa

Var köper man biljetter?
Where can I (we) buy a ticket?
Hur mycket kostar en biljett till ...?
How much is a ticket to ...?
En enkel (tur och retur) till ...
A one-way (round-trip) to ..., please.
Jag skulle vilja ha en platsbiljett till ...
I'd like a seat reservation to ...
När går tåget (bussen) till ...?
When does the train (bus) for ... leave?
Måste man byta?
Do I (we) have to change trains (buses)?
Vilken tid är vi framme?
When will we arrive in ...?
Från vilket spår?
From which track?
Är tåget försenat?
Is the train late?
Tåget till ... går från spår 10.
The train to ... departs from track 10.
Är det här tåget (bussen) till ...?
Is this the train (bus) to ...?
Är den här platsen ledig?
Is this seat taken?
Ja, den är ledig.
No, it's free.
Nej, den är upptagen.
Yes, it's taken.
Ursäkta, jag har platsbiljett till den här platsen.
Excuse me, I have a reservation for this seat.
Biljetterna tack!
Tickets, please!
Det är för varmt (kallt) i vagnen.
It's too hot (cold) in this car.
Får jag öppna (stänga) fönstret?
Can I open (close) the window?
Det drar.
There's a draft.

Ursäkta, har ni något emot att jag röker?
Excuse me, do you mind if I smoke?

Flygresa

Kan jag få en biljett till ...?
I'd like a ticket to ..., please.
Kan jag få boka om min biljett?
Can I change my booking?
När går planet till ...?
When does the flight for ... leave?
Går det direkt till ...?
Is it a non-stop flight to ...?
Det mellanlandar i ...
It makes a stop at ...
När avgår bussen till (från) flygplatsen?
When does the the airport bus leave?
Varifrån avgår bussen till (från) flygplatsen?
Where does the airport bus leave from?
Hur lång tid i förväg måste man checka in?
How early do I (we) have to check in?
Kan jag ta den här väskan som handbagage?
Can I take this bag as hand-luggage?
Måste jag checka in det här (den här väskan)?
Do I have to check this (this bag)?
Väger den här väskan för mycket?
Does this bag weigh too much?
När kan jag gå ombord?
When can I go on board?
Gå till gate nummer ...
Go to gate number ...
Vill ni ha något att dricka?
Would you like something to drink?
Vi landar om tio minuter.
We'll be landing in ten minutes.

Bilresa

Går den här vägen till ...?
Is this the way to ...?
Hur långt är det till (Var ligger) närmaste bensinstation (bilverkstad)?
How far is it to (Where is) the nearest gas station (garage)?
Jag har fått fel på bilen. Kan ni (du) hjälpa mig?
There's something wrong with my car. Could you help me, please?
Kan ni (du) bogsera mig?
Could you tow me, please?
Stanna! Stopp!
Stop!

Vilken är den kortaste vägen till ...?
Which is the shortest way (route) to ...?
Kan ni (du) visa mig vägen på kartan?
Can you show me the way on the map?
Finns det något matställe (motell) i närheten?
Is there a restaurant (motel) nearby?

På bensinstationen, på bilverkstaden

Full tank, tack.
Fill it up, please!
Jag skulle vilja tvätta bilen.
I'd like to wash my car.
Jag vill byta olja.
I want to change the oil.
Kan ni kolla luften i framhjulen (bakhjulen)?
Could you check the air pressure in the front tires (rear tires)?
Min bil startar inte.
My car won't start.
Kan ni kolla tändstiften?
Could you check the spark plugs?
Jag skulle vilja ha ...
I'd like ...
en fläktrem
a fan belt
k-sprit
some dry gas
kylarvatten
some coolant
motorolja
some motor oil
spolarvätska
some windshield wiper fluid
en säkring
a fuse
ett tändstift
a spark plug
en vindrutetorkare
a windshield wiper
Var kan man hyra en bil?
Where can I (we) rent a car?
Det är något fel på motorn.
There's something wrong with the motor.
När tror ni att bilen är klar?
When do you think you'll have it ready?
Hur mycket kommer reparationen att kosta?
How much will the repairs cost?

På hotellet

Har ni några rum lediga?
Do you have a room?

Jag har beställt (skulle vilja ha) rum för en natt (tre nätter, en vecka, fjorton dagar).
I have booked (I'd like) a room for one night (three nights, a week, two weeks).

Kan jag få ett tyst enkelrum (dubbelrum) med dusch eller bad?
Can I have a quiet single room (double room) with a shower or a bath?

Ett rum med dubbelsäng (extrabädd).
A room with a double bed (spare bed).

Vad kostar rummet per dygn (vecka)?
How much is it a day (a week)?

Finns det ett större (mindre, billigare) rum?
Do you have a larger (smaller, cheaper) room?

Hur länge stannar ni?
How long will you be staying?

Jag reser i morgon.
I'm leaving tomorrow.

Kan jag få se på rummet?
Could I see the room, please?

Jag tar det här rummet.
I'll take this room.

Ni har rum nummer ...
You have room number ...

Vilken tid serveras frukosten (lunchen, middagen)?
At what time is breakfast (lunch, dinner) served?

Ingår frukost i rumspriset?
Is breakfast included?

Kan jag få frukosten på rummet?
Can I have breakfast served in my room?

Var finns frukostmatsalen?
Where is breakfast served?

Var kan jag parkera bilen?
Where can I park?

Finns det garage?
Is there a garage?

Kan jag lämna bilen på gatan över natten?
Can I leave my car on the street overnight?

Kan ni beställa en taxi åt mig?
Would you order a taxi for me, please?

Jag skulle vilja ringa (skicka ett fax).
I'd like to make a phone call (send a fax).

Har det kommit någon post till mig?
Is there any mail for me?

Var finns toaletten?
Where is the toilet (ladies' room/men's room)?

Får jag be om nyckeln till rum nummer ..., tack.
The key to room number ... , please.
Gör i ordning räkningen till i morgon bitti.
Could you have the bill ready by tomorrow morning, please.
Jag vill beställa väckning till i morgon bitti klockan sju.
Please call me at 7 tomorrow morning.
Vill ni vara snäll och bära ner mina väskor.
Please carry my bags downstairs.

På restaurangen

Kan ni rekommendera en trevlig restaurang?
Can you recommend a nice restaurant?
Kan jag få beställa ett bord för en person (två personer) till lunch (middag) klockan ...
I'd like to book a table for one person (two persons) for lunch (dinner) at ... o'clock
Kan vi få ett bord för två?
Could we have a table for two?
Är det ledigt här?
Is this seat taken?
Får jag slå mig ner?
May I sit down?
Får jag be om matsedeln (vinlistan)!
The menu (wine list), please!
Kan jag få beställa?
May I order?
Jag tar dagens rätt.
I'll have today's special.
Har ni någon vegetarisk rätt?
Do you have a vegetarian dish?
Vi vill hellre äta à la carte.
We'd rather have à la carte.
Har ni barnportioner?
Do you have a children's menu?
Har ni någon specialitet?
Is there a speciality of the house?
Jag vill ha ...
I'd like ...
Jag vill bara ha litet ...
I only want a little ...
Jag vill bara ha något lätt.
I only want something light.
Jag vill ha en typisk mexikansk rätt.
I'd like a typical Mexican dish.
Vilket vin rekommenderar ni?
What wine do you recommend?
En karaff vin, tack.
One carafe of wine, please.
Ge mig en flaska ... (en halvflaska ... , ett glas ...)
Give me a bottle of ... (half a bottle of ... , a glass of ...), please.

Skål!
Cheers!
Kan vi få mineralvatten, tack.
Could we have mineral water, please?
Får jag be om saltet.
Could you pass me the salt, please?
Kan jag få smör och bröd till salladen?
Could I have bread and butter with my salad?
Jag skulle vilja ha några smörgåsar.
I'd like a couple of sandwiches.
Det räcker, tack.
That's fine, thank you.
Kan jag få lite mer, tack.
Could I have some more, please?
Kan jag få tala med hovmästaren?
Could I speak to the head waiter?
Kan vi få två kaffe.
Two coffees, please!
Får jag be om notan.
The bill, please!
Jag betalar för oss alla.
I'll pick up the tab.
Vi betalar var för sig.
Separate checks, please.
Är serverings-avgiften inräknad?
Is a tip included?
Det är jämnt!
Keep the change!
Var ligger damtoaletten (herrtoaletten)?
Where is the ladies' room (men's room)?

Svensk-amerikanska ordlistor

à la carte
à la carte
aperitif
aperitif
askfat
ash tray
bar
bar
barnportion
children's plate (serving)
bestick
silverware
betala
pay
blodig
rare
bord
table
bröd
bread
bär
berry
dagens rätt
today's special
damtoalett
ladies' room
dans
dancing
dessert
dessert
dricksglas
glass
dricks
tip
drink
drink
drycker
drinks
duk
table cloth
efterrätt
dessert
fisk
fish
fisk- och skaldjur
seafood
flamberad
flambé
flaska
bottle
frukost
breakfast
äta frukost
have breakfast
frukt
fruit
fågel
poultry
färsk
fresh, new
förrätt
first course, starter
gaffel
fork
garderob
cloakroom
genomstekt
well done
glas
glass
grill
grill
grillad
grilled
grönsak
vegetable
halstrad
grilled
herrtoalett
men's room
hovmästare
head waiter, maitre d'
huvudrätt
main course
is
ice
isbit
ice cube
kafé
café
kaffe
coffee
kall
cold
karaff
carafe
kassa
cashier's; cash register

kniv
knife
kokt
boiled
kopp
cup
kryddor
spices
kvällsmat
supper
äta kvällsmat
have supper
kypare
waiter
kött
meat
kötträtt
meat dish
ledigt
free
lunch
lunch
äta lunch
have lunch
mat
food
maträtt
dish
matsedel
menu
medium
medium rare
meny
menu

middag
dinner
äta middag
have dinner
nota
bill, tab
portion
portion, helping
pub
pub
rekommendera
recommend
restaurang
restaurant
rå
raw
rökt
smoked
sallad
salad
salt
salt
saltad
salted
servett
napkin
servitris
waitress
servitör
waiter
självservering
self-service
skaldjur
shellfish

sked
spoon
soppa
soup
specialitet
speciality of the house
stekt
fried
stol
chair
sås
sauce
söt
sweet
tallrik
plate
tandpetare
toothpick
varm
hot
varmrätt
main course
vatten
water
vegetarian
vegetarian
vin
wine
vinglas
wine glass
vinlista
wine list

Bröd och bakverk

bakverk
pastry
bakelse
pastry
bröd
bread
grovt
brown, whole-wheat
ljust
white
mörkt
dark
vitt
white
bulle
bun
franska
white bread
giffel
croissant
kex
cracker
rostat bröd
toast
rågbröd
rye bread
småfranska
roll
tårta
cake
vetebröd
coffee ring, coffee cake

Kryddor m.m.

ketchup
ketchup
kryddor
spices
majonnäs
mayonnaise
olivolja
olive oil
olja
oil
peppar
pepper
salladsdressing
dressing
salt
salt
senap
mustard
socker
sugar
svartpeppar
black pepper
sås
sauce
vinäger
vinegar
vitpeppar
white pepper
örtkryddor
herbs

Förrätter m.m.

grönsallad
lettuce
kallskuret
cold cuts
korv
sausage
falukorv
ungefär baloney
omelett
omelet
ost
cheese
pannkaka
crêpe
råkost
raw vegetables
sardiner
sardines
skinka
ham
kokt
boiled
rökt
smoked
smör
butter
smörgås
open sandwich
ägg
egg
hårdkokt
hard-boiled
kokt
boiled
löskokt
soft-boiled

stekt
fried
äggröra
scrambled eggs

Soppor

blomkålssoppa
cauliflower soup
buljong
clear soup, buillion
champinjonsoppa
cream of mushroom soup
fisksoppa
fish soup
grönsakssoppa
vegetable soup
löksoppa
onion soup
puré
purée
soppa
soup
sparrissoppa
asparagus soup
spenatsoppa
spinach soup
tomatsoppa
tomato soup

Fisk

fisk
fish
kokt
boiled
grillad
grilled
rökt
smoked
stekt
fried
fiskfilé
fillet of fish
forell
trout
lax
salmon
piggvar
turbot
rödspätta
plaice
sjötunga
sole
tonfisk
tuna
torsk
cod

Skaldjur m.m.

bläckfisk
octopus
mindre: squid
havskräfta
Norway lobster
hummer
lobster
krabba
crab
kräftor
crayfish
musslor
mussels, clams
ostron
oyster
räkor
shrimp
större: prawns
skaldjur
shellfish

Kötträtter

bacon
bacon
biff
steak
utskuren
sirloin steak
blodig
rare
chateaubriand
chateaubriand
entrecôte
entrecôte
fläsk
pork
fläskfilé
fillet of pork

fläskkotlett
pork chop
genomstekt
well done
hamburgare
hamburger
hare
hare
hjort
venison
kalvkotlett
veal cutlet
kalvstek
roast veal
kanin
rabbit
kotlett
chop,
cutlet
kött
meat
köttbullar
meat balls
köttfärs
ground chuck
lamm
lamb
lammkotlett
lamb chop
lammstek
roast lamb,
leg of lamb
lever
liver
njure
kidney
oxfilé
fillet of beef
oxkött
beef
pannbiff
hamburger
rostbiff
roast beef
rådjur
venison
schnitzel
schnitzel
skinka
ham
stek
roast
tunga
tongue
wienerschnitzel
Wiener schnitzel

Fågel

anka
duck
fasan
pheasant
fågel
tam
poultry
vild
game birds
gås
goose
höns
chicken
kalkon
turkey
kyckling
chicken
grillad
grilled
kokt
boiled
ugnsstekt
roast

Grönsaker m.m.

aubergine
eggplant
blomkål
cauliflower
bondbönor
broad beans
broccoli
broccoli
bönor
beans
gröna
green
röda
red
vita
white
champinjoner
mushrooms
endive
chicory
fänkål
fennel

grönsak
vegetable
grönsallad
lettuce
gurka
cucumber
saltgurka
dill pickles
jordärtskocka
Jerusalem artichoke
kastanjer
chestnuts
kronärtskocka
artichoke
kål
cabbage
linser
lentils
lök
onion
majs
sweet corn
majskolv
corn on the cob
morötter
carrots
oliver
olives
paprika
sweet pepper
pommes frites
French fries
potatis
potatoes
potatisgratäng
potatoes au gratin
potatismos
mashed potatoes
rotfrukt
root vegetable
rädisa
radish
rödbeta
beet
sallad
lettuce
selleri
blekselleri
celery
rotselleri
celeriac
sparris
asparagus
spenat
spinach
squash
squash
svamp
mushrooms
tomat
tomato
vitkål
cabbage
vitlök
garlic
ärter
peas

Efterrätter

bakelse
pastry
chokladsås
chocolate sauce
chokladmousse
chocolate mousse
chokladtårta
chocolate cake
efterrätt
dessert
frukt
fruit
konserverad
canned
fruktsallad
fruit salad
gelé
jelly
glass
ice cream
chokladglass
chocolate ice cream
vanlijglass
vanilla ice cream
grädde
cream
kompott
stewed fruit
mousse
mousse
ost
cheese
pudding
pudding

rulltårta
jelly roll
vaniljkräm
custard
vispgrädde
whipped cream
äppelkaka
apple cake

Frukt och bär m.m.

ananas
pineapple
apelsin
orange
aprikos
apricot
banan
banana
bär
berry
citron
lemon
clementin
tangerine
dadel
date
fikon
fig
frukt
fruit
grapefrukt
grapefruit
hallon
raspberry
hasselnötter
hazelnuts
jordgubbar
strawberries
jordnötter
peanuts
kiwifrukt
kiwi
körsbär
cherry
mandarin
mandarine orange
mandlar
almonds
mango
mango
melon
melon
nektarin
nectarine
papaya
papaya
persika
peach
plommon
plum
päron
pear
russin
raisin
smultron
wild strawberry
valnötter
walnuts
vattenmelon
water melon
vinbär
currant
röda
red currants
svarta
black currants
vindruvor
grapes
äpple
apple

Drycker

alkoholfri dryck
soft drink
apelsinjuice
orange juice
aperitif
aperitif
bordeaux
Bordeaux
bourgogne
Burgundy
brännvin
schnapps
champagne
champagne
choklad
cocoa, hot chocolate
cider
hard cider
cocktail
cocktail
drink
drink

druvjuice
grape juice
dryck
drink, beverage
espresso
espresso
fatöl
draft beer
flaska
bottle
flasköl
bottled beer
gin
gin
glas
glass
isvatten
ice water
juice
fruit juice
kaffe
coffee
med mjölk
with milk
med socker
with sugar
koffeinfritt
decaffeinated
konjak
brandy
finare: cognac
likör
liqueur
läsk
soft drink
mineralvatten
mineral water
mjölk
milk
mousserande
sparkling
portvin
port
saft
fruit drink, fruit juice
sherry
sherry
sodavatten
soda
spritdrycker
spirits
te
tea
vatten
water
med kolsyra
carbonated
utan kolsyra
not carbonated
vermut
vermouth
whisky
whisky
vin
wine
rött (vitt) vin
red (white) wine
torrt (sött) vin
dry (sweet) wine
ortens (traktens) vin
the local wine
husets vin
the wine of the house
vodka
vodka
öl
beer

Att läsa matsedeln. Amerikansk-svenska ordlistor

Allmänt

appetizer
förrätt
bar
bar
barbecue
grilla
bill
nota
bottle
flaska
breakfast
frukost
café
kafé
carafe
karaff
cashier's
kassa
chair
stol
children's menu
barnmeny
cloakroom
garderob
coffee shop
kafé
cover charge
kuvertavgift
cup
kopp
dancing
dans
dessert
dessert
diner
enklare restaurang
dinner
middag
dish
maträtt; fat
entrée
huvudrätt
fork
gaffel
free
ledig
glass
glas
grill
grill, grillrestaurang
hot meal
varm mat, lagad mat
inn
värdshus
knife
kniv
lavatory
toalett
lunch, luncheon
lunch
main course
huvudrätt, varmrätt
maitre d'
hovmästare
meal
måltid
menu
meny, matsedel
napkin
servett
pay
betala
plate
tallrik
pub
pub
recommend
rekommendera
reserved
reserverad
restaurant
restaurang
salad bar
salladsbuffé
self-service
självservering
serviette
servett
speciality
specialitet
starter
förrätt
spoon
sked
table
bord

tablecloth
duk
teacup
tekopp
teaspoon
tesked
tip
dricks
today's special
dagens rätt
toilet
toalett
toothpick
tandpetare
vegetarian
vegetarisk
waiter
kypare, hovmästare
waitress
servitris
wine list
vinlista

Mat

à la mode
med glass
allspice
kryddpeppar
almond
mandel
alphabet soup
köttsoppa m. pastabokstäver
anchovies
sardeller
angelfood cake
lätt o. pösig sockerkaka
apple pie
äppelpaj
apple sauce
äppelmos
apple strudel
äppelstrudel
artichoke
kronärtskocka
asparagus
sparris
au gratin
gratinerad
bagel
bagel *slags matbröd*
baked
ugnsbakad
baked Alaska
glace au four
baked beans
röda bönor i tomatsås
baked potato
bakad potatis
baloney
ungefär falukorv
banana split
banana split, glass m. banan, chokladsås m.m.
barbecue sauce
grillsås
basil
basilika
bean sprouts
böngroddar
beans
bönor
beef
nötkött
beet
rödbeta
biscuit
slät bulle, källarfranska
black currants
svarta vinbär
blackberry
björnbär
blanched almonds
skållade mandlar
blinz
pannkaka m. fyllning
BLT
dubbelsmörgås m. sallad, bacon o. tomat
blueberries
blåbär
blueberry cobbler
blåbärspaj
boiled
kokt
borsch
borsjtj, rysk rödbetssoppa
bran
kli
Brazil nut
paranöt

bread
bröd
breadsticks
brödpinnar, grissini
bream
braxen
brown rice
råris
brownies
brownies, sega chokladkakor
Brussels sprouts
brysselkål
buffalo
bison
bun
bulle
burrito
burrito, fylld *tortilla*
butter
smör
buttermilk
kärnmjölk
butterscotch
karamellsås; slags gräddkola
cabbage
kål; vitkål
Caesar salad
caesarsallad, sallad m. vitlök, sardeller, krutonger, ägg m.m.
Canadian bacon
mager bacon
canapés
kanapéer, snittar
carrot
morot
casserole
ugnsbakad gryta
cauliflower
blomkål
cauliflower cheese
ostgratinerad blomkål
Cheddar cheese
cheddarost
cheese
ost
cheeseburger
ostburgare
cheesecake
cheesecake, dessertpaj m. skal av digestivekex o. fyllning av *cream cheese*
cherry
körsbär
chestnuts
kastanjer
chicken
kyckling
chicken curry
currygryta m. kyckling
chicken wings
kryddiga kycklingvingar
chili con carne
chili con carne, kryddstark gryta m. kött, bönor m.m.
chips
potatischips
chives
gräslök
chocolate
choklad
chocolate fudge
chokladsås; chokladkola
chop
kotlett
chop suey
kinesisk rätt m. bl.a. böngroddar, bambuskott, vattenkastanjer, kött. el. fisk o. soja
chow mein
kinesisk välkryddad gryt- rätt m. strimlat kött, svamp o. grönsaker
chowder
tjock soppa m. musslor, fisk o. grönsaker
clam
mussla
clarified butter
skirat smör

club sandwich
tredubbel smörgås m. kalkon el. skinka, sallad, tomat o. majonnäs
cod
torsk
cole slaw
vitkålssallad m. majonnäsdressing
cookie
småkaka
corn bread
mjukt majsbröd
corn fritters
friterade majsbitar
corn on the cob
majskolv
corn pone
majsbröd
corned beef
saltad biff
corned beef hash
lappskojs m. corned beef
cottage cheese
keso, färskost
crab
krabba
cranberries
tranbär
cream
grädde
cream cheese
gräddig färskost (t.ex. philadelphiaost)
creamed
stuvad
creamed onions
stuvad lök
croquettes
kroketter
crumb cake
bakverk m. digestivesmulor på
crumble
smulpaj
cucumber
gurka
Cumberland sauce
cumberlandsås
cup cake
muffin, ofta m. glasyr
curried chicken
kyckling i currysås
curry
curry; maträtt kryddad m. curry
cutlet
kotlett
Danish
wienerbröd
date
dadel
deep-fried
friterad
devil's food cake
chokladkaka
deviled eggs
ägghalvor m. kryddstark äggfyllning
donut
munk
duck
anka
duckling
unganka
eel
ål
egg
ägg
egg foo yoong
kinesisk äggrätt m. nudlar
egg roll
vårrulle
egg yolk
äggula
enchilada
enchilada, fylld *tortilla* täckt m. chilisås
English muffin
tebröd *som äts varmt*
fig
fikon
fillet
filé
fillet of pork
fläskfilé
fillet of beef
oxfilé
fish
fisk
fish pie
fiskpaj

fish sticks
fiskpinnar
fishcake
fiskkrokett
flambé
flamberad
flank steak
slags biffstek
French bread
baguette
French fries
pommes frites
French toast
fattiga riddare
fried
stekt
fritter
friterad bit av t.ex. frukt eller grönsak
fruit
frukt
fruit salad
fruktsallad
fudge
mjuk kola; kolasås
game
vilt
game pie
viltpaj
garlic
vitlök
garlic bread
rostad bröd m. vitlökssmör
gâteau
tårta
giblets
fågelkrås
ginger
ingefära
ginger nut
hård pepparkaka
ginger snap
hård pepparkaka
gingerbread
mjuk pepparkaka
goose
gås
gooseberry
krusbär
grape jelly
marmeladliknande druvgelé
grapefruit
grapefrukt
grapes
vindruvor
gravy
redd sås
green beans
brytbönor
grilled cheese sandwich
varm ostsmörgås
grinder
baguetteliknande bröd m. pålägg
grits
majsgryn
ground chuck
köttfärs
guacamole
guacamole, avocadoröra m. vitlök
gumbo
okrasoppa med kött el. fisk o. grönsaker
haddock
kolja
halibut
hälleflundra
ham
skinka
hamburger
hamburgare
hard-boiled egg
hårdkokt ägg
hare
hare
hash
stuvad pyttipanna
hash browns
riven stekt potatis
hazelnut
hasselnöt
herbs
örtkryddor
hero sandwich
baguetteliknande bröd m. pålägg
herring
sill
hoagie
baguetteliknande bröd m. pålägg

home fries
stekt potatis
horseradish
pepparrot
hot dog
varmkorv
hot fudge
varm chokladsås
ice cream
glass
ice cream cone
glasstrut
icing
glasyr
Italian bread
slags baguette
jam
sylt; marmelad *på bär*
jam tart
mördegsbakelse m. sylt
jambalaya
jambalaya, kryddstark risrätt m. grönsaker, kyckling, räkor m.m.
Jell-O, jello
dessertgelé
jelly
gelé; dessertgelé
jelly roll
rulltårta
Jerusalem artichoke
jortärtskocka
kidney
njure
kidney bean
skärböna; kidneyböna
ladyfingers
smal, sockerkaks-liknande småkaka
lamb
lamm
lamb chop
lammkotlett
lard
ister
layer cake
sockerkaka m. flera bottnar
leek
purjolök
leg of lamb
lammstek
lemon
citron
lentils
linser
lettuce
grönsallad
lima beans
limabönor
liver
lever
liverwurst
leverkorv
lobster
hummer
London broil steak
prima biffstek
lox
rökt lax
macaroni and cheese
ostgratinerade makaroner, makaronilåda
mackerel
makrill
maple syrup
lönnsirap *till pannkakor*
marmalade
marmelad
marshmallow
marshmallow, slags skumgodis
mashed potatoes
potatismos
meat
kött
meat ball
köttbulle
medium rare
medium, rosastekt
mint sauce
kall myntasås som äts till lamm
mocha
mocka
muffin
slags porös tekaka

mulligatawny
currysoppa med höns
mushroom
svamp
mussels
musslor
mustard
senap
mutton
fårkött
nacho
nacho, majschips
nectarine
nektarin
noodles
nudlar
oil
olja
once over easy
vändstekt ägg m. hel gula
onion
lök
orange
apelsin
oxtail soup
oxsvanssoppa
oyster
ostron
pan pizza
pizza m. tjock botten
pancake
tjock pannkaka
parsley
persilja
pastrami
pastrami, rökt nötkött
pastry
bakverk; deg
peach
persika
peanut
jordnöt
peanut butter
jordnötssmör
pear
päron
peas
ärtor
pecan pie
pecannötspaj
pepper
peppar; paprika
perch
abborre
pheasant
fasan
pickle
saltgurka; inlagda grönsaker m.m.
pike
gädda
pineapple
ananas
plaice
rödspätta
plum
plommon
pork
fläsk, griskött
pork chop
fläskkotlett
pork pie
fläskpastej
pot roast
grytstek
potato
potatis
poultry
fågel
pound cake
kompakt sockerkaka
prawn
räka
pretzels
salta pinnar; saltkringlor
prune
katrinplommon
pudding
pudding
puff pastry
smördeg
pumpernickel
pumpernickel, mörkt bröd
pumpkin
pumpa
quail
vaktel

quiche
quiche, ostpaj
rabbit
kanin
radish
rädisa
raisin
russin
rare
blodig
raspberry
hallon
raw
rå
red currants
röda vinbär
relish
pickles
till varmkorv
rhubarb
rabarber
rice
ris
rice pudding
risgrynspudding
roast
stek
roast beef
rostbiff
roll
småfranska
rosemary
rosmarin
rye bread
rågbröd
sage
salvia

salad
sallad
salmon
lax
salmon trout
laxöring
salsa
slags tomatsås
sandwich
dubbelsmörgås
sauerkraut
surkål
sausage
korv
scallop
kammussla
scrambled eggs
äggröra
seafood
fisk och skaldjur
seedless grapes
kärnfria druvor
shellfish
skaldjur
shortbread,
shortcake
mördegskaka
shrimp
räka
sirloin steak
utskuren biff
skim milk
skummjölk
Sloppy Joe
kryddad
köttfärsröra på
hamburgerbröd

smoked
rökt
soft-boiled egg
löskokt ägg
sole
sjötunga
soup
soppa
spare ribs
revbensspjäll
spice
krydda
spinach
spenat
sponge cake
sockerkaka
spring onion
salladslök
squash
squash
steak
biff
string beans
skärbönor
stuffing
fyllning
submarine
baguetteliknande
bröd m. pålägg
sundae
glass m. karamell-
el. chokladsås,
vispgrädde o.
körsbär ovanpå
sunny side up
ej vändstekt
om ägg

sushi
sushi, japansk fiskrätt m. rå fisk, ris m.m.
swede
kålrot
sweet corn
majs
sweet potato
sötpotatis
Swiss cheese
schweizerost, emmentaler
T-bone steak
T-benstek
taco
taco, friterat majsbröd m. fyllning av t.ex. köttfärs, tomat, lök m.m.
tarragon
dragon
tart
mördegsbakelse, mördegspaj
Tex-Mex
Tex-Mex-mat
thyme
timjan
toast
rostat bröd
tomato
tomat
tongue
tunga
tortilla
tortilla, mjuk majspannkaka som äts m. fyllning
trout
forell
tuna
tonfisk
turbot
piggvar
turkey
kalkon
turnip
kålrot
turnover
äppelbakelse
TV-dinner
färdiglagad mat
veal
kalvkött
vegetable
grönsak
venison
rådjurskött, hjortkött
vinegar
vinäger
wafer
kex, rån
walnut
valnöt
water melon
vattenmelon
watercress
vattenkrasse
well done
genomstekt
Welsh rarebit
rostat bröd m. smält ost
whipped cream
vispgrädde
white bread
ljust bröd
whole-wheat bread
fullkornsbröd
yam
sötpotatis

Drycker

beer
öl
black coffee
kaffe utan mjölk
blush wine
ungefär rosévin
bottled beer
flasköl
bourbon
amerikansk whiskysort
brandy
konjak
Burgundy
bourgogne
chocolate
choklad
cider
äppeljuice

hard cider
äppelcider
cocoa
choklad
decaf
koffeinfritt kaffe
decaffeinated coffee
koffeinfritt kaffe
coffee
kaffe
draft beer
fatöl
fruit juice
juice
ice water
isvatten
lager
ljust öl
latte
kaffe m. mjölk
lemonade
sockerdricka
liqueur
likör
milk
mjölk
mineral water
mineralvatten
pale ale
ljust öl
a pitcher of beer
en tillbringare öl (1,5 l)
port
portvin
root beer
ungefär alkoholfri svagdricka
rye
whisky gjord på råg
Scotch
skotsk whisky
soda
läskedryck
soft drink
läskedryck
sparkling wine
mousserande vin
spirits
sprit
tea
te
water
vatten
wine
vin
wine cooler
lättvin m. fruktsaft

Telefon

Var finns närmaste telefon?
Where's the nearest telephone?

Finns det någon mynttelefon (korttelefon) i närheten?
Is there a coin phone (card phone) nearby?

Får jag beställa ett samtal till ...
I'd like to make a phone call to ...

Ett ögonblick.
One moment.

Var god och dröj.
Hold on, please.

De svarar inte.
There's no answer.

Ni har slagit fel nummer.
You have dialed the wrong number.

Lägg inte på!
Don't hang up!

På vilket nummer kan jag nå er?
At what number can I reach you?

Kan ni ta emot ett meddelande?
Can you take a message?

Säg att ... har ringt.
Please tell him (her) that ... has called.

Kan jag få tala med ...?
May I speak to ...?

Vem får jag hälsa från?
Who's calling, please?

Ursäkta om jag stör, men ...
I'm sorry if I'm interrupting, but ...

Jag skulle vilja ringa.
I'd like to make a phone call.

Jag skulle vilja beställa ett samtal där mottagaren betalar.
I'd like to make a collect call.

Var snäll och ge mig telefonkatalogen.
Would you hand me the phone book, please.

Det är upptaget.
It's busy.

Jag ringer igen (senare, i morgon).
I'll call back (later, tomorrow).

Post, bank, valuta, växling

Var finns en brevlåda?
Where is there a mailbox?

Var ligger närmaste postkontor?
Where is the nearest post office?

Jag vill skicka ...
I'd like to send ...

Hur mycket är portot för det här brevet?
How much does it cost to send this letter?

Kan jag få tio frimärken till Sverige?
Could I have ten stamps for Sweden?
Hur mycket kostar det att rekommendera det här brevet?
How much does it cost to send this letter registered mail?
Skriv under här.
Sign here, please.
Har ni växel?
Have you got change?
Vet ni var man kan växla pengar?
Do you know where I can change money?
Jag skulle vilja växla ...
I'd like to change ...
Hur mycket tar ni i växlingsavgift?
How much do you charge for changing money?
Jag skulle vilja lösa in de här resecheckarna.
I'd like to cash these traveler's checks.
Hur många dollar får jag för hundra svenska kronor?
How many dollars do I get for one hundred Swedish Crowns?
Jag ska be att få små sedlar, tack.
I'd like small bills, please.
Jag har inga småpengar.
I have no change.

På polisstationen

Var ligger närmaste polisstation?
Where is the nearest police station?
Jag skulle vilja anmäla en stöld.
I want to report a theft.
Jag har tappat ...
I've lost ...
Jag har blivit rånad.
I've been robbed.
Jag har blivit bestulen på ...
I've had ... stolen.
Det har varit inbrott i min bil.
My car has been broken into.
Min bil har blivit påkörd.
My car has been hit.
Bilen stod parkerad på ...
The car was parked in ...
Jag behöver ett intyg till mitt försäkringsbolag.
I need a certificate for my insurance company.

Shopping

När är affärerna öppna?
When are the stores open?
Jag vill bara titta lite.
I'm just looking around.
Jag skulle vilja se på (köpa) ...
I'd like to have a look at (to buy) ...
Finns det ...?
Is there ...?
Var finns ...?
Where is (are) ...?
Visa mig ... som ni har i skyltfönstret.
Would you show me ... that is in the window, please.
Kan jag få prova den?
Can I try it on?
Den (Färgen) passar inte.
It (the color) does not suit me.
Den är för liten (stor).
It's too small (large).
Det är för dyrt.
It's too expensive.
Finns det inget billigare?
Have you got something cheaper?
Är det bra kvalitet?
Is the quality good?
Jag tar den.
I'll take it.
Kan jag få ... också?
Could I also have ...?
Går det att få den inslagen?
Could I have it wrapped, please?
som present:
Could I have it gift-wrapped, please?
Var betalar man?
Where do I pay?
Får jag be om ett kvitto.
I'd like a receipt, please.

Smycken, souvenirer m.m.

Jag skulle vilja ha någon souvenir som är typisk för den här trakten.
I'd like a souvenir that is typical of this area.
Jag skulle vilja ha något typiskt kaliforniskt.
I'd like something typically Californian.

I skoaffären

Jag skulle vilja titta på ett par skor, tack.
I'd like to have a look at a pair of shoes, please.
Med höga (låga) klackar.
With high (low) heels.
Kan jag få prova det här paret?
Can I try this pair?
Vad har ni för skonummer?
What size shoes do you take?

De är lite för stora (trånga).
They are a bit too large (tight).
Ge mig ett nummer (ett halvnummer) större (mindre).
Could I have a larger (smaller) number (half-number), please.
Vad kostar de?
How much do they cost?

Kläder

Vilken storlek?
What size?
Vilket nummer?
What number?
Jag har storlek (nummer) ...
I take size (number) ...
Den passar inte.
It doesn't fit.
Den är för stor (liten).
It's too big (small)
Har ni en storlek (ett nummer) större (mindre)?
Do you have a larger (smaller) size (number)?
Den är för dyr.
It's too expensive.
Har ni något billigare?
Have you got something cheaper?
Finns den i någon annan färg?
Do you have this in another color?

Människokroppen, sjukdomar m.m.

Kan ni ringa efter en läkare?
Could you send for a doctor, please?
Kalla på en läkare, snabbt!
Call a doctor, quick!
Ring efter en ambulans!
Call an ambulance!
När har läkaren mottagning?
What are the doctor's office hours?
När kan jag få komma?
When can I come?
Jag är sjuk.
I'm ill.
Jag mår inte bra.
I'm not feeling well.
Jag har ont i halsen (i huvudet, i magen).
I have a sore throat (a headache, a stomachache).
Jag har magbesvär (magsmärtor).
I have an upset stomach (pain in my stomach).
Jag mår illa.
I feel sick.
Jag har feber.
I'm running a temperature.
hög feber I've got a fever.
Jag är förkyld.
I've got a cold.
Jag är allergisk mot ...
I'm allergic to ...

Jag är diabetiker.
I'm a diabetic.
Jag har glömt min medicin hemma.
I left my medicine at home.
Jag har vrickat foten.
I have sprained my ankle.
Det gör ont här.
It hurts here.
Kan jag få ett recept på ...?
Could I have a prescription for ...?
Kan ni ge mig något smärtstillande?
Could you give me a painkiller?
Är det smittsamt?
Is it infectious?
När kan jag resa hem?
When can I go home?
Tre gånger dagligen.
Three times a day.
En kapsel till natten.
One capsule before going to bed.
Är det receptbelagt?
Is it a prescription drug?
Kan jag få ett intyg till försäkringskassan.
Could I have a certificate of illness for my insurance?
Måste jag ligga till sängs?
Do I have to stay in bed?
Hur länge bör jag stanna i sängen?
How long do I have to stay in bed?

Hos tandläkaren

Var kan jag hitta en tandläkare?
Where can I find a dentist?
Jag har tandvärk.
I have a toothache.
Det värker i den här tanden.
This tooth hurts.
Jag har tappat en plomb.
I've lost a filling.
Jag är allergisk mot bedövningsmedel.
I'm allergic to anesthetics.

På apoteket

Var ligger närmaste apotek?
Where is the nearest drugstore (pharmacy)?
Kan jag få något bra medel mot ...?
Could I have something for ...?
Har ni något som hjälper mot solsveda (insektsbett)?
Do you have something for sunburn (insect bites)?
Jag skall be att få en förpackning huvudvärkstabletter.
I'd like a box of headache tablets.

Kan ni rekommendera någon värktablett?
Could you recommend a painkiller?

Är det receptbelagt?
Is it a prescription drug?

Har ni något receptfritt mot ...?
Have you got something for ... that is available without a prescription?

För invärtes (utvärtes) bruk.
For internal (external) use.

Kan jag få det här receptet expedierat?
Could I have this prescription filled, please?

När kan jag hämta medicinen?
When can I pick up my medicine?

English
and
Swedish

A

A, a [ej] *subst* bokstav A, a; ***he knows the subject from A to Z*** han kan ämnet utan och innan

a el. **an** [betonat ə resp. ən, n; betonat ej resp. änn] *obest art* **1** en, ett; någon, något **2** per; ***2 dollars an item*** 2 dollar per styck

aback [ə'bäkk] *adv*, ***be taken ~*** baxna, häpna

abandon [ə'bänndən] *verb* överge; ge upp

abate [ə'be:jt] *verb* avta; mojna

abbey ['äbbi] *subst* kloster; klosterkyrka

abbot ['äbbət] *subst* abbot

abbreviation [əˌbri:vi'ejschən] *subst* förkortning

abdicate ['äbbdikkejt] *verb* **1** abdikera **2** avsäga sig

abdomen ['äbbdəmən] *subst* buk, mage

abduct [äbb'dakkt] *verb* röva bort

aberration [ˌäbbə'rejschən] *subst* **1** villfarelse **2** avvikelse

abhor [äbb'hå:r] *verb* avsky

abide [ə'bajd] *verb* **1** i nekande el. frågande satser tåla, stå ut med **2** foga sig efter

ability [ə'billəti] *subst* förmåga; skicklighet

abject ['äbbdʒekkt] *adj* usel, eländig; ynklig

ablaze [ə'blejz] *adv* o. *adj* **1** i brand **2** starkt upplyst

able ['ejbəl] *adj* skicklig, duglig; ***be ~ to do sth.*** kunna göra ngt, vara i stånd att göra ngt

able-bodied [ˌejbəl'ba:didd] *adj* stark, arbetsför

ably ['ejbli] *adv* skickligt, dugligt

abnormal [äbb'nå:rməl] *adj* abnorm, onormal

aboard [ə'bå:rd] *adv* o. *prep* ombord, ombord på

abolish [ə'ba:lisch] *verb* avskaffa t.ex. slaveriet

A-bomb ['ejba:m] *subst* atombomb

abominable [ə'ba:minnəbl] *adj* avskyvärd; gräslig

aborigine [ˌäbbə'riddʒinni] *subst* urinvånare

abort [ə'bå:rt] *verb* **1** göra abort på **2** avbryta; misslyckas

abortion [ə'bå:rschən] *subst* abort; ***have an ~*** göra abort; ***spontaneous ~*** missfall

abortive [ə'bå:rtivv] *adj* bildligt dödfödd; misslyckad

abound [ə'baond] *verb* finnas i överflöd

about [ə'baot] **I** *prep* **1** i

rumsbetydelse omkring i (på) **2** på sig; hos, med **3** om; *what ~...?* el. *how ~...?* hur är det med...?; hur skulle det smaka med...?; ska vi...? **II** *adv* **1** omkring, runt **2** i omlopp; liggande framme **3** ungefär, nästan; *that's ~ it!* vard. det blir bra!; det var det! **4** *be ~ to* stå i begrepp att, ska just

about-face [ə,baot'fejs] *subst* helomvändning; kovändning; *do an ~* vända sig helt om

above [ə'bavv] **I** *prep* över högre än; ovanför; *~ all* framför allt; *he is ~ suspicion* han är höjd över alla misstankar **II** *adv* **1** ovan; ovanför **2** över, däröver

abrasive [ə'brejsivv] **I** *subst* slipmedel **II** *adj* **1** slip- **2** påstridig

abreast [ə'bresst] *adv* i bredd, sida vid sida

abridge [ə'briddʒ] *verb* förkorta

abroad [ə'bra:d] *adv* utomlands

abrupt [ə'brappt] *adj* abrupt, tvär; brysk

abscess ['äbbsess] *subst* böld

abscond [əb'ska:nd] *verb* avvika, rymma

absence ['äbbsəns] *subst* frånvaro

absent ['äbbsənt] *adj* frånvarande

absentee [,äbbsən'ti:] *subst* frånvarande; skolkare; *~ voter* poströstare

absent-minded [,äbbsənt'majndidd] *adj* tankspridd

absolute ['äbbsəlo:t] *adj* absolut, fullständig

absorb [əb'så:rb] *verb* **1** absorbera, suga upp **2** uppsluka, helt uppta

abstain [əb'stejn] *verb, ~ from* avstå från; avhålla sig från; *~ from voting* lägga ned sin röst

abstract I ['äbbsträkkt] *adj* abstrakt **II** ['äbbsträkkt] *subst* utdrag, kort referat **III** [äbb'sträkkt] *verb* abstrahera

absurd [əb'sö:rd] *adj* orimlig, absurd; dum

abundance [ə'banndəns] *subst* överflöd

abundant [ə'banndənt] *adj* riklig, ymnig

abuse I [ə'bjo:s] *subst* **1** missbruk **2** ovett **3** misshandel **II** [ə'bjo:z] *verb* **1** missbruka **2** skymfa **3** misshandla

abusive [ə'bjo:sivv] *adj* ovettig; hård

abysmal [ə'bizzməl] *adj* avgrundsdjup

abyss [ə'biss] *subst* avgrund

AC [ˌe:j'si:] (förk. för *alternating current*) växelström
academic [ˌäkkə'demmikk] **I** *adj* akademisk; ~ *ability* studiebegåvning **II** *subst* akademiker med högskoletjänst
academy [ə'käddəmmi] *subst* akademi; högskola; *Academy award* Oscar filmpris
accelerate [ək'sellərejt] *verb* accelerera
accelerator [ək'sellərejtər] *subst* gaspedal
accent ['äkksennt] *subst* **1** betoning, tonvikt **2** accent, brytning
accept [ək'seppt] *verb* acceptera; ta emot; godta; *accepted* vedertagen
acceptable [ək'sepptəbəl] *adj* godtagbar
access ['äksess] *subst* tillträde; tillgång; ~ *road* tillfartsväg till motorväg; ~ *television* ung. lokal-TV
accessible [ək'sessəbəl] *adj* tillgänglig, åtkomlig
accessory [ək'sessəri] **I** *adj* åtföljande **II** *subst* **1** *accessories* tillbehör; accessoarer **2** medbrottsling
accident ['äkksiddənt] *subst* **1** tillfällighet; *by* ~ av en händelse **2** olyckshändelse, olycka
accidental [ˌäkksi'denntəl] *adj* tillfällig; oavsiktlig
accidentally [ˌäkksi'denntəli] *adv* av en händelse; oavsiktligt
accident-prone ['äkksiddəntproun] *adj* olycksbenägen
accommodate [ə'ka:mədejt] *verb* **1** inhysa **2** anpassa
accommodating [ə'ka:mədejting] *adj* tillmötesgående
accommodation [əˌka:mə'dejschən] *subst* **1** *accommodations* logi, inkvartering **2** anpassning
accompany [ə'kammpəni] *verb* **1** följa med, göra sällskap med; *accompanied with* åtföljd av, förenad med **2** ackompanjera
accomplice [ə'ka:mpləs] *subst* medbrottsling
accomplish [ə'ka:mplisch] *verb* utföra, uträtta
accomplishment [ə'ka:mplischmənt] *subst* **1** utförande; fullbordande **2** prestation; *accomplishments* talanger
accordance [ə'kå:rdəns] *subst, in* ~ *with* i överensstämmelse med, enligt
according [ə'kå:rding], ~ *to* enligt, efter
accordingly [ə'kå:rdingli] *adv* **1** i enlighet därmed **2** således, därför

accordion [ə'kå:rdiən] *subst* dragspel
accost [ə'ka:st] *verb* **1** gå fram till och tilltala **2** antasta
account [ə'kaont] **I** *verb*, ~ *for* redovisa för; svara för; *that accounts for it* det förklarar saken **II** *subst* **1** räkning, konto; *keep accounts* föra räkenskaper; *on one's own* ~ för egen räkning; *on no* ~ el. *not on any* ~ på inga villkor **2** redovisning; berättelse; *take into* ~ ta med i beräkningen; ta hänsyn till
accountancy [ə'kaontənsi] *subst* bokföring
accountant [ə'kaontənt] *subst* revisor
accumulate [ə'kjo:mjəlejt] *verb* hopa sig, ackumuleras; samla på hög
accuracy ['äkkjərəsi] *subst* precision; noggrannhet
accurate ['äkkjərət] *adj* precis; noggrann
accusation [ˌäkkjo:'zejschən] *subst* anklagelse
accuse [ə'kjo:z] *verb* anklaga
accustom [ə'kasstəm] *verb* vänja; vänja sig
accustomed [ə'kasstəmd] *adj* **1** ~ *to* van vid **2** sedvanlig
ace [ejs] **I** *subst* **1** ess, äss; ~ *of hearts* hjärteress **2** i tennis serveess **II** *adj* stjärn-, topp- **III** *verb* spetsa tentamen, prov
ache [ejk] **I** *verb* värka, göra ont **II** *subst* värk
achieve [ə'tchi:v] *verb* **1** åstadkomma, prestera **2** uppnå
achievement [ə'tchi:vmənt] *subst* utförande; prestation
acid ['ässidd] **I** *adj* sur **II** *subst* syra
acid rain [ˌässidd 'rejn] *subst* surt regn
acknowledge [ək'na:liddʒ] *verb* erkänna, kännas vid
acknowledgement [ək'na:liddʒmənt] *subst* erkännande; bekräftelse
acne ['äkkni] *subst* akne
acorn ['ejkå:rn] *subst* ekollon
acoustic [ə'ko:stikk] o. **acoustical** [ə'ko:stikkəl] *adj* akustisk
acoustics [ə'ko:stikks] *subst* akustik
acquaint [ə'kwejnt] *verb*, *be acquainted with* vara bekant med; vara insatt i
acquaintance [ə'kwejntəns] *subst* **1** kännedom **2** bekant person
acquiesce [ˌäkkwi'ess] *verb* samtycka
acquire [ə'kwajər] *verb* förvärva, skaffa sig
acquit [ə'kwitt] *verb* frikänna

acre ['ejkər] *subst* 4.047 m², ung. tunnland
acrid ['äkkridd] *adj* bitter, skarp; kärv, frän
acrobat ['äkkrəbätt] *subst* akrobat
across [ə'kra:s] **I** *adv* över; på tvären **II** *prep* över, tvärsöver, genom; ~ *from* mittemot
acrylic [ə'krillikk] *subst* akryl
act [äkkt] **I** *subst* **1** handling; *caught in the* ~ tagen på bar gärning **2** beslut; lag **3** akt i pjäs; nummer t.ex. cirkusnummer **II** *verb* **1** handla; agera **2** ~ *as* fungera som; verka som **3** spela
acting ['äkkting] *adj* tillförordnad
action ['äkkschən] *subst* handling; agerande; *take* ~ ingripa, vidta åtgärder
activate ['äkktivejt] *verb* aktivera
active ['äkktivv] *adj* aktiv; verksam
activity [äkk'tivvəti] *subst* aktivitet, verksamhet
actor ['äkktər] *subst* skådespelare
actress ['äkktrəs] *subst* skådespelerska
actual ['äkktchoəl] *adj* faktisk, verklig
actually ['äkktchoəli] *adv* **1** egentligen, i själva verket **2** faktiskt, verkligen
acute [ə'kjo:t] *adj* **1** akut **2** skarp, intensiv
AD [ˌej'di:] (förk. för *Anno Domini*) e. Kr. (förk. för efter Kristus)
ad [ädd] *subst* (vard. kortform för *advertisement*) **1** annons **2** reklam
adamant ['äddəmənt] *adj* orubblig, benhård
adapt [ə'däppt] *verb* **1** anpassa **2** bearbeta, omarbeta
add [ädd] *verb* **1** tillägga; tillsätta **2** addera; *it doesn't* ~ *up* vard. det stämmer inte, det går inte ihop
adder ['äddər] *subst* huggorm; giftorm
addict ['äddikkt] *subst* slav under arbete, passion o.d.; missbrukare
addiction [ə'dikkschən] *subst* böjelse; missbruk
addictive [ə'dikktivv] *adj* beroendeframkallande
addition [ə'dischən] *subst* **1** tillsats; *in* ~ dessutom **2** addition
additional [ə'dischənəl] *adj* ytterligare
additive ['äddítivv] *subst* tillsatsämne
address I [ə'dress] *verb* **1** vända sig till, tilltala; hålla tal till **2** adressera

II ['äddress, ä'dress] *subst* **1** adress **2** offentligt tal
adept [ä'deppt] *adj* skicklig
adequate ['äddəkwitt] *adj* **1** tillräcklig **2** fullgod; adekvat
adhesive [əd'hi:sivv] **I** *adj* självhäftande; ~ ***tape*** tejp **II** *subst* lim; häftplåster
adjective ['äddʒikktivv] *subst* adjektiv
adjoining [ə'dʒåjning] *adj* angränsande
adjourn [ə'dʒö:rn] *verb* ajournera, flytta fram
adjust [ə'dʒasst] *verb* **1** ordna, rätta till; justera **2** anpassa; anpassa sig
adjustable [ə'dʒasstəbəl] *adj* inställbar, reglerbar
adjustment [ə'dʒasstmənt] *subst* **1** justering; inställning **2** anpassning
ad-lib [ˌädd'libb] *verb* improvisera
administer [əd'minnəstər] *verb* sköta, administrera; skipa rättvisa
administration [ədˌminni'strejschən] *subst* **1** skötsel, administrering **2** förvaltning **3** ***the Clinton ~*** Clintonadministrationen, regeringen Clinton
administrative [əd'minnəstrejtivv] *adj* administrativ
administrator [əd'minnistrejtər] *subst* förvaltare, föreståndare; administratör
admiral ['äddmərəl] *subst* amiral
admire [əd'majər] *verb* beundra
admission [əd'mischən] *subst* **1** tillträde; inträde; intagning; ~ ***free*** fritt inträde **2** medgivande
admit [ädd'mitt] *verb* **1** släppa in; anta **2** medge; ~ ***defeat*** ge sig
admittance [ädd'mittəns] *subst* inträde, tillträde; ***no ~*** tillträde förbjudet
admittedly [ädd'mittiddli] *adv* erkänt, medgivet
admonish [ädd'ma:nisch] *verb* förmana
ado [ə'do:] *subst* ståhej, liv
adobe [ə'doubi] *subst* soltorkat tegel
adolescence [ˌäddə'lessns] *subst* ungdomstid, tonåren
adolescent [ˌäddə'lessnt] **I** *subst* ungdom, tonåring **II** *adj* tonårs-
adopt [ə'da:pt] *verb* **1** adoptera **2** anta, lägga sig till med t.ex. vana
adopted [ə'da:ptidd] *adj* adoptiv-, adopterad
adoption [ə'da:pschən] *subst* adoption

adore [ə'då:r] *verb* dyrka; vard. avguda
adorn [ə'då:rn] *verb* pryda, smycka
adrift [ə'drifft] *adv* o. *adj* på drift; på glid
adult [ə'dallt] *adj* o. *subst* vuxen; ~ ***film*** porrfilm
adultery [ə'dalltəri] *subst* äktenskapsbrott
advance [əd'vänns] **I** *verb* **1** flytta fram; gå framåt; göra framsteg **2** avancera, bli befordrad **3** förskottera lån **II** *subst* **1** framryckning; framsteg **2** befordran **3** ***make advances*** göra närmanden **4** förskott **5** ***in*** ~ på förhand, i förväg; i förskott
advanced [əd'vännst] *adj* **1** långt framskriden **2** avancerad; ~ ***mathematics*** högre matematik
advantage [əd'vänntidʒ] *subst* fördel; ***take*** ~ ***of*** utnyttja
adventure [əd'venntchər] *subst* äventyr
adverb ['äddvö:rb] *subst* adverb
adverse [ädd'vö:rs] *adj* ogynnsam
advertise ['äddvərtajz] *verb* annonsera; göra reklam för
advertisement [ˌäddvər'tajzmənt] *subst* **1** annons **2** reklam
advertiser ['äddvərtajzər] *subst* annonsör
advertising ['äddvərtajzing] *subst* reklam; reklambranschen
advice [əd'vajs] *subst* råd
advisable [əd'vajzəbəl] *adj* tillrådlig
advise [əd'vajz] *verb* råda; ~ ***against*** varna för, avråda från
adviser [əd'vajzər] *subst* rådgivare
advisory [əd'vajzəri] *adj* rådgivande
advocate I ['äddvəkət] *subst* förespråkare **II** ['äddvəkejt] *verb* förespråka
aerial ['äəriəl] *adj* luft-; ~ ***map*** flygfotokarta
aerobics [ä'roubikks] *subst* aerobics
aerosol ['errəsa:l] *subst* sprejflaska
affair [ə'fäər] *subst* **1** angelägenhet, sak **2** affär, historia; vänsterprassel
1 affect ['äffekkt] *verb* **1** beröra, påverka **2** göra intryck på
2 affect [ə'fekkt] *verb* låtsas vara, spela
1 affected [ə'fekktidd] *adj* **1** ~ ***with*** angripen av **2** ~ ***by*** upprörd av, rörd av **3** påverkad

2 affected [ə'fekktidd] *adj* tillgjord
affection [ə'fekkschən] *subst* ömhet, tillgivenhet
affectionate [ə'fekkschənət] *adj* tillgiven, öm
affinity [ə'finnəti] *subst* **1** släktskap **2** samhörighetskänsla
afflict [ə'flikkt] *verb* drabba, hemsöka
affluence ['äffloəns] *subst* rikedom, välstånd
affluent ['äffloənt] *adj* rik, förmögen
afford [ə'få:rd] *verb, I can ~ it* det har jag råd med
AFL-CIO ['ejeffell'siajou] *subst* motsvarar LO
afloat [ə'flout] *adv* o. *adj* flytande
afraid [ə'frejd] *adj, ~ of* rädd för; *~ about* (*for*) orolig för; *I'm ~ not* tyvärr inte
afresh [ə'fresch] *adv* ånyo, på nytt
Africa ['äffrikkə] Afrika
African ['äffrikkən] **I** *subst* afrikan **II** *adj* afrikansk
African-American [ˌäffrikkən ə'merrikkən] *subst* svart, svart man (kvinna)
Afro ['äffrou] *subst* afrofrisyr
after ['äfftər] **I** *adv* o. *prep* efter, bakom; efteråt, senare; över; trots; *~ all* när allt kommer omkring; ändå; *be ~ sth.* vara ute efter ngt **II** *konj* sedan
aftermath ['äfftərmäθ] *subst* efterdyningar
afternoon [ˌäfftər'no:n] *subst* eftermiddag
afterwards ['äfftərwərdz] *adv* efteråt, sedan
again ['əgenn] *adv* **1** igen, en gång till; *~ and ~* el. *time and ~* gång på gång **2** *then ~* å andra sidan
against [ə'gennst] *prep* mot, emot; vid, intill
age [ejdʒ] **I** *subst* **1** ålder **2** tid; period **3** *for ages* i (på) evigheter **II** *verb* åldras
aged *adj* **1** [ejdʒd] i en ålder av **2** ['ejdʒidd] åldrig, ålderstigen
age-group ['ejdʒgro:p] *subst* åldersgrupp
agency ['ejdʒənsi] *subst* **1** agentur; byrå **2** medverkan
agenda [ə'dʒenndə] *subst* dagordning
agent ['ejdʒənt] *subst* **1** agent, ombud **2** medel; verkande kraft
aggravate ['äggrəvejt] *verb* **1** förvärra **2** vard. reta, förarga
aggregate ['äggriggət] **I** *adj* sammanlagd, total **II** *subst, in the ~* totalt sett
aggressive [ə'gressivv] *adj*

1 aggressiv 2 offensiv; framåt
aggrieved [ə'gri:vd] *adj* sårad, kränkt
aghast [ə'gässt] *adj* förskräckt, bestört
agile ['äddʒəl] *adj* vig, rörlig
agitate ['äddʒittejt] *verb* uppröra, oroa; uppvigla
ago [ə'gou] *adv, 10 years ~* för 10 år sedan
agonizing ['äggənajzing] *adj* hjärtslitande
agony ['äggəni] *subst* vånda; svåra plågor
agree [ə'gri:] *verb* **1** samtycka; säga 'ja' **2** komma (vara) överens **3** passa, stämma
agreeable [ə'griəbəl] *adj* angenäm, trevlig
agreed [ə'gri:d] *adj* avgjord, beslutad; *~?* är vi överens?; *~!* avgjort!, kör för det!; *as ~* enligt överenskommelse
agreement [ə'gri:mənt] *subst* **1** överenskommelse, avtal **2** enighet
agricultural [ˌäggri'kalltchərəl] *adj* jordbruks-
aground [ə'graond] *adv* o. *adj* på grund
ahead [ə'hedd] *adv* o. *adj* före; i förväg; framåt; kommande; ***straight ~*** rakt fram; ***be ~ of*** bildligt vara före
aid [ejd] **I** *verb* hjälpa, bistå **II** *subst* hjälp, bistånd
Aids o. **AIDS** [ejdz] *subst* aids
ailing ['ejling] *adj* krasslig, sjuk
ailment ['ejlmənt] *subst* krämpa, sjukdom
aim [ejm] **I** *verb* måtta, sikta med; ***~ at*** sikta på; syfta till; sträva efter **II** *subst* **1** sikte **2** mål
aimless ['ejmləs] *adj* utan mål, planlös
ain't [ejnt] vard. el. dialektalt för *am (are, is) not*; *have (has) not*
1 air [äər] **I** *subst* **1** luft; ***go by ~*** flyga; ***on the ~*** i radio (TV), i sändning **2** fläkt, drag **3** flyg-, luft- **II** *verb* vädra, lufta
2 air [äər] *subst* **1** utseende; prägel **2** min; ***airs*** förnäm (viktig) min
airbag ['ärbägg] *subst* krockkudde, airbag
air bed ['är bedd] *subst* luftmadrass
airborne ['ärbå:rn] *adj* luftburen; ***be ~*** vara i luften
air-conditioning ['ärkənˌdischəning] *subst* luftkonditionering
aircraft ['ärkräfft] *subst* flygplan
airfield ['ärfi:ld] *subst* flygfält
air force ['är få:rs] *subst* flygvapen

airgun ['ärgann] *subst* luftgevär
airlift ['ärlifft] *subst* luftbro
airline ['ärlajn] *subst* **1** flyglinje **2** flygbolag
airliner ['är,lajnər] *subst* trafikflygplan
airmail ['ärmejl] *subst* flygpost
airplane ['ärplejn] *subst* flygplan
airport ['ärpå:rt] *subst* flygplats
air-raid ['ärejd] *subst* flyganfall
air-sick ['ärsikk] *adj* flygsjuk
air terminal ['är ,tö:rminnəl] *subst* flygterminal
airtight ['ärtajt] *adj* lufttät
airy ['äri] *adj* **1** luftig **2** tunn
aisle [ajl] *subst* **1** i kyrka sidoskepp; mittgång; ***walk down the*** ~ vard. gifta sig **2** mittgång i flygplan, buss etc.; på tåg korridor
ajar [ə'dʒa:r] *adv* på glänt
akin [ə'kinn] *adj* släkt, besläktad
à la mode [,a:la:'moud] *adj*, ***pie*** ~ paj med glass
alarm [ə'la:rm] **I** *subst* **1** larm **2** oro **II** *verb* **1** larma **2** oroa
alarm clock [ə'la:rm kla:k] *subst* väckarklocka
alarming [ə'la:rming] *adj* oroväckande
alas [ə'läss] *adv* tyvärr
album ['ällbəmm] *subst* album
alcohol ['ällkəha:l] *subst* alkohol, sprit
alcoholic [,ällkə'ha:likk] **I** *adj* alkoholhaltig; alkohol-; ~ ***content*** alkoholhalt **II** *subst* alkoholist
ale [ejl] *subst* öl
alert [ə'lö:rt] **I** *adj* alert, på alerten; ***be put on*** ~ ha förhöjd beredskap **II** *subst* flyglarm **III** *verb* larma, varna
algae ['älldʒi:] *subst* alger
algebra ['älldʒibbrə] *subst* algebra
Algeria [älldʒ'irriə] Algeriet
alias ['ejliäss] *subst* o. *adv* alias
alibi ['älləbaj] *subst* alibi
alien ['ejliən] **I** *adj* utländsk; främmande **II** *subst* **1** främling; utlänning **2** rymdvarelse
alienate ['ejliənejt] *verb* stöta bort; alienera
alike [ə'lajk] **I** *adj* lik, lika **II** *adv* på samma sätt
alimony ['ällimouni] *subst* underhåll, understöd
alive [ə'lajv] *adj* vid liv; levande; ***come*** ~ vakna till liv; ***no man*** ~ ingen i hela världen; ~ ***and kicking*** pigg och nyter
all [a:l] **I** *adj* o. *pron* all, allt, alla; ***not at*** ~ inte alls; ***not at***

~! som svar på tack el. ursäkt för all del!, ingen orsak!; *~ in ~* allt som allt; på det hela taget **II** *subst* allt, alltihop, allting; alla **III** *adv* alldeles, helt och hållet; *~ in* helt slut
allay ['əlej] *verb* dämpa, lindra, stilla
allege ['əleddʒ] *verb* uppge som ursäkt m.m.; påstå
allegedly ['əleddʒiddli] *adv* efter vad som påstås (uppgivits)
allegiance ['əli:dʒəns] *subst* lojalitet, trohet
allergic ['əlö:rdʒikk] *adj* allergisk
allergy ['ällərdʒi] *subst* allergi
alleviate [ə'li:viejt] *verb* lätta, lindra, mildra
alley ['älli] *subst* gränd; gång; bakgata
alliance [ə'lajəns] *subst* **1** förbindelse **2** förbund, allians
allied ['ällajd] *adj* allierad
all-night [ˌa:l'najt] *adj* nattöppen, natt-
allocate ['älləkejt] *verb* tilldela, anslå
allot [ə'la:t] *verb* fördela; tilldela
allotment [ə'la:tmənt] *subst* **1** jordlott, koloni **2** tilldelning; andel
all-out [ˌa:l'aot] *adj* fullständig, ytterst
allow [ə'lao] *verb* **1** tillåta, låta **2** bevilja, anslå **3** erkänna, medge
allowance [ə'laoəns] *subst* **1** underhåll; understöd **2** *make allowances for* ta hänsyn till
alloy ['ällåj] *subst* legering
allspice ['a:lspajs] *subst* kryddpeppar
all-terrain vehicle [a:ltə'rejn vi:əkəl] *subst* bandvagn
all-time ['a:ltajm] *adj* vard. rekord-
ally ['ällaj] *subst* bundsförvant, allierad
alma mater [ˌällmə' ma:tər] *subst, my ~* universitetet där jag studerade
almighty [a:l'majti] *adj* allsmäktig
almond ['a:mənd] *subst* mandel
almost ['a:lmoust] *adv* nästan
alms [a:mz] *subst* allmosa, allmosor
alone [ə'loun] **I** *adj* ensam **II** *adv* endast, enbart
along [ə'la:ng] **I** *prep* längs, utmed **II** *adv* **1** framåt, i väg **2** med sig (mig etc.); *come ~!* kom nu!, kom så går vi!; *~ with* tillsammans med; *right ~* oavbrutet
alongside **I** [əˌla:ng'sajd] *adv* vid sidan **II** [ə'la:ngsajd] *prep* vid sidan av
aloof [ə'lo:f] *adj* reserverad

aloud [ə'laod] *adv* högt, med hög röst
alphabet ['ällfəbett] *subst* alfabet
alphabetical [ˌällfə'bettikkəl] *adj* alfabetisk
alpine ['ällpajn] *adj* alpin; fjäll-, berg-
already [a:l'reddi] *adv* redan
also ['a:lsou] *adv* också, även; dessutom
altar ['a:ltər] *subst* altare
alter ['a:ltər] *verb* ändra, förändra; förändras
alternate I ['a:ltö:rnətt] *adj* omväxlande, alternerande **II** ['a:ltərnejt] *verb* växla, alternera
alternative [a:l'tö:rnətivv] *subst* o. *adj* alternativ
although [a:l'ðou] *konj* fastän, även om
altitude ['älltito:d] *subst* höjd
alto ['älltou] *subst* alt; altstämma
altogether [ˌå:ltə'geðər] *adv* **1** helt och hållet, alldeles **2** sammanlagt
aluminum [ä'lo:minnəm] *subst* aluminium
alumnus [ə'lammnəs] *subst* f.d. student
always ['a:lwejz] *adv* alltid, jämt
AM [ˌej'emm] **1** (förk. för *amplitude modulation*) AM, AM-radio **2** förk. för *America, American* **3** se *a.m.*
am [betonat ämm, obetonat əmm, m] *verb* (presens av *be*), *I am* jag är etc.
a.m. o. **A.M.** [ˌej'emm] (förk. för *ante meridiem*) på förmiddagen, f.m.
amalgamate [ə'mällgəmejt] *verb* slå ihop t.ex. två företag
amateur ['ämmətschorr] *subst* amatör
amateurish [ˌämmə'torrisch] *adj* amatörmässig
amaze [ə'mejz] *verb* förvåna
amazement [ə'mejzmənt] *subst* häpnad
amazing [ə'mejzing] *adj* häpnadsväckande
ambassador [ämm'bässədər] *subst* ambassadör
amber ['ämmbər] *subst* bärnsten
ambiguous [ämm'biggjoəs] *adj* tvetydig
ambition [ämm'bischən] *subst* **1** ärelystnad **2** ambition; framåtanda
ambitious [ämm'bischəs] *adj* **1** ärelysten **2** ambitiös; omfattande
amble ['ämmbəl] **I** *subst* passgång **II** *verb*, *~ along* gå i sakta mak
ambulance ['ämmbjələns] *subst* ambulans

ambush ['ämmbosch] *subst* bakhåll

amenable [ə'mi:nəbəl] *adj* mottaglig; medgörlig

amend [ə'mennd] *verb* ändra; förbättra

amendment [ə'menndmənt] *subst* tillägg till grundlagen

America [ə'merrikkə] Amerika

American [ə'merrikkən] **I** *adj* amerikansk **II** *subst* amerikan

amiable ['ejmjəbəl] *adj* vänlig, älskvärd

amicable ['ämmikkəbəl] *adj* vänskaplig, vänlig

amid [ə'midd] *prep* mitt i, mitt ibland

amiss [ə'miss] *adv* o. *adj* på tok, fel, galet

ammonia [ə'mounjə] *subst* ammoniak

ammunition [ˌämmjə'nischən] *subst* ammunition

amok [ə'makk] *adv, run ~* löpa amok

among [ə'mang] *prep* bland, ibland; *~ themselves* (*yourselves* etc.) sinsemellan, inbördes; *they had $100 ~ them* de hade tillsammans hundra dollar

amorous ['ämmərəs] *adj* amorös, kärleksfull

amount [ə'maont] **I** *verb, ~ to* uppgå till; innebära **II** *subst* **1** belopp **2** mängd

amp [ämmp] kortform för *ampere* o. *amplifier*

ampere ['ämmpirr] *subst* ampere

ample ['ämmpəl] *adj* **1** riklig; *we have ~ time* vi har gott om tid **2** fyllig, yppig

amplifier ['ämmpliffajər] *subst* förstärkare

amuse [ə'mjo:z] *verb* roa, underhålla

amusement [ə'mjo:zmənt] *subst* nöje; förströelse; *~ park* nöjesfält

an [ən, beton. änn] *obest art* se *a*

analog ['ännəla:g] **I** *subst* motsvarighet **II** *adj* analog

analysis [ə'nälləsiss] *subst* analys

analyst ['ännəlisst] *subst* analytiker

analyze ['ännəlajz] *verb* analysera

anarchist ['ännərkisst] *subst* anarkist

anarchy ['ännərki] *subst* anarki

anatomy [ə'nättəmi] *subst* anatomi

ancestor ['ännsəstər] *subst* stamfader; *ancestors* förfäder

anchor ['ängkər] **I** *subst* ankare; bildligt stöd, klippa **II** *verb* förankra; ankra

anchovy ['änntchouvi] *subst* sardell

ancient ['ejntschənt] *adj* forntida, gammal; antik

and [ənd, ən, beton. ànnd] *konj* och; ~ *so on* el. ~ *so forth* och så vidare, osv.

anemic [ə'ni:mikk] *adj* blodfattig, anemisk

anesthetic [ˌännəs'θettikk] *subst* bedövningsmedel; bedövning

anew [ə'no:] *adv* ånyo, på nytt; om igen

angel ['ejndʒəl] *subst* ängel

anger ['änggər] *subst* vrede, ilska

angina [änn'dʒajnə] *subst* kärlkramp

1 angle ['änggl] **I** *subst* vinkel; synvinkel; sida av saken **II** *verb* vinkla, tillrättalägga

2 angle ['änggl] *verb* meta

angler ['ängglər] *subst* metare

Anglican ['ängglikkən] **I** *adj* anglikansk **II** *subst* medlem av anglikanska kyrkan

angling ['änggling] *subst* metning

Anglo ['ängglou] *subst* angloamerikan

Anglo- ['ängglou] *prefix* engelsk-, anglo-

angry ['änggri] *adj* arg, ilsken

anguish ['änggwisch] *subst* kval, ångest

animal ['ännimməl] **I** *subst* djur **II** *adj* animalisk; djurisk

animate I ['ännimmətt] *adj* levande **II** ['ännimmejt] *verb* ge liv åt; animera

ankle ['ängkəl] *subst* vrist, ankel

annex ['ännekks] *subst* annex

anniversary [ˌänni'vö:rsəri] *subst* årsdag; bröllopsdag

announce [ə'naons] *verb* tillkännage, meddela

announcement [ə'naonsmənt] *subst* tillkännagivande; annons om födelse etc.; ***announcements*** i tidning, ung. familjesidan

announcer [ə'naonsər] *subst* i radio el. TV programpresentatör

annoy [ə'nåj] *verb* förarga, reta, irritera

annoyance [ə'nåjəns] *subst* irritation, besvär; plåga

annoying [ə'nåjing] *adj* förarglig; besvärlig

annual ['ännjoəl] *adj* **1** årlig, års- **2** ettårig växt

annul [ə'nall] *verb* annullera, upphäva

anonymous [ə'na:nimməs] *adj* anonym

anorak ['ännəräkk] *subst* anorak, vindjacka

another [ə'naðər] *pron* **1** en annan **2** en till, en ny **3** ***one*** ~ varandra

answer ['ännsər] **I** *subst* svar; lösning **II** *verb* svara; bemöta; ***answering machine*** telefonsvarare; ~ ***the door*** gå och öppna dörren; ~ ***back*** svara emot, käfta emot; ~ ***for*** ansvara för; stå till svars för
answerable ['ännsərəbl] *adj* ansvarig
ant [ännt] *subst* myra
antagonism [änn'täggənizzəm] *subst* fiendskap; antagonism
antarctic [ännt'a:rktikk] **I** *adj* antarktisk **II** ***the Antarctic*** Antarktis
ante ['ännti] *subst* insats; ***up the*** ~ öka insatsen (kostnaden)
antenna [änn'tennə] *subst* antenn
anthem ['ännθəm] *subst* hymn; ***national*** ~ nationalsång
anthill ['ännthill] *subst* myrstack
anti-aircraft [ˌännti'ärrkräfft] *adj* luftvärns-
antibiotics [ˌänntibaj'a:tikks] *subst pl* antibiotika
anticipate [änn'tissipejt] *verb* förutse, ana; vänta sig; föregripa
anticipation [ännˌtissi'pejschən] *subst* förväntan; aning
anticlimax [ˌännti'klajmäkks] *subst* antiklimax
anticlockwise [ˌännti'kla:kwajz] *adv* motsols
antifreeze ['änntifri:z] *subst* kylarvätska
antiquated ['änntəkwejtidd] *adj* föråldrad
antique [änn'ti:k] **I** *adj* antik; gammaldags; ~ ***car*** veteranbil **II** *subst* antikvitet
antiseptic [ˌänntə'sepptikk] *adj* antiseptisk
antisocial [ˌännti'souschəl] *adj* asocial; osällskaplig
anvil ['ännvill] *subst* städ
anxiety [äng'zajjəti] *subst* ängslan, oro; ångest
anxious ['ängkschəs] *adj* **1** ängslig, rädd **2** angelägen
any ['enni] **I** *pron* **1** någon, något, några **2** vilken (vilket, vilka) som helst, varje; ~ ***one*** vilken som helst **II** *adv* **1** något el. vanligen utan svensk motsvarighet; ***I can't stay*** ~ ***longer*** jag kan inte stanna längre **2** ***that won't help*** ~ det hjälper inte ett dugg
anybody ['enniˌba:di] *pron* **1** någon **2** vem som helst
anyhow ['ennihao] *adv* **1** på något sätt; hur som helst **2** i alla (varje) fall; ändå
anyone ['enniwann] *pron* se *anybody*

anything ['enniθing] *pron* **1** något, någonting **2** vad som helst; allt; ~ *but pleasant* allt annat än trevlig

anyway ['enniwej] *adv* se *anyhow*

anywhere ['ennihwärr] *adv* **1** någonstans **2** var som helst, överallt

apart [ə'pa:rt] *adv* avsides; var för sig; ifrån varandra; ~ *from* bortsett från, utom

apartment [ə'pa:rtmənt] *subst* våning, lägenhet; ~ *house* hyreshus

apathetic [äppə'θettikk] *adj* apatisk, likgiltig

ape [ejp] **I** *subst* stor svanslös apa; *go* ~ vard. bli galen; bli tänd entusiastisk **II** *verb* apa efter

aperitif [əˌperrə'ti:f] *subst* aperitif

aperture ['äppərtschorr] *subst* **1** öppning; glugg **2** bländare i kamera

apex ['ejpekks] *subst* spets, topp

apiece [ə'pi:s] *adv* per styck; vardera

apologetic [əˌpa:lə'dʒettikk] *adj* ursäktande; urskuldande

apologize [ə'pa:lədʒajz] *verb* be om ursäkt, ursäkta sig

apology [ə'pa:lədʒi] *subst* ursäkt

apostrophe [ə'pa:strəfi] *subst* apostrof

appall [ə'pa:l] *verb* förfära; *appalling* skrämmande, förfärlig

apparatus [ˌäppə'rättəs] *subst* apparat; maskineri

apparel [ə'perrəl] *subst* kläder; oftast ytterkläder; *men's* ~ herrkläder

apparent [ə'perrənt] *adj* **1** uppenbar **2** skenbar

apparently [ə'perrəntli] *adv* till synes; uppenbarligen

appeal [ə'pi:l] **I** *verb* vädja; ~ *to* vädja till; tilltala, falla i smaken; ~ *against* överklaga **II** *subst* **1** vädjan; överklagande **2** dragningskraft

appealing [ə'pi:ling] *adj* tilltalande

appear [ə'piər] *verb* **1** bli synlig, visa sig; uppträda; om t.ex. bok komma ut **2** förefalla, verka

appearance [ə'pirrəns] *subst* **1** framträdande; offentligt uppträdande **2** utseende; *appearances* yttre sken

appease [ə'pi:z] *verb* stilla, dämpa, lugna

appendicitis [əˌpenndi'sajtəs] *subst* blindtarmsinflammation

appendix [ə'penndikks] *subst* **1** bilaga **2** blindtarm

appetite ['äppitajt] *subst* aptit

appetizer ['äppitajzər] *subst* aptitretare
applaud [ə'pla:d] *verb* applådera
applause [ə'pla:z] *subst* applåd, applåder
apple ['äppl] *subst* äpple
applesauce ['äpplsa:s] *subst* äppelmos
appliance [ə'plajjəns] *subst* apparat; hushållsapparat
applicable [ə'plikkəbəl] *adj* tillämplig
applicant ['äpplikkənt] *subst* sökande
application [ˌäppli'kejschən] *subst* **1** ansökan; ~ *form* ansökningsblankett **2** tillämpning **3** *for external ~ only* endast för utvärtes bruk
applied [ə'plajd] *adj* tillämpad
apply [ə'plaj] *verb* **1** applicera **2** använda; praktiskt tillämpa **3** ansöka; ~ *for a post* söka en plats
appoint [ə'påjnt] *verb* utnämna
appointment [ə'påjntmənt] *subst* **1** avtalat möte, träff; *make an ~ with* stämma träff med; beställa tid hos t.ex. läkare **2** utnämning
appraisal [ə'prejzəl] *subst* värdering; uppskattning
appreciate [ə'prischiejt] *verb* uppskatta; inse
appreciation [əˌpri:schi'ejschən] *subst* uppskattning
apprehensive [ˌäppri'hennsivv] *adj* rädd, ängslig; misstänksam
apprentice [ə'prenntiss] *subst* **1** lärling, elev **2** nybörjare
approach [ə'proutch] **I** *verb* **1** närma sig **2** ta kontakt med **II** *subst* **1** närmande; flygplans inflygning **2** infart, tillfart **3** infallsvinkel; syn; inställning
appropriate I [ə'proupriət] *adj* lämplig, passande **II** [ə'proupri:ejt] *verb* budgetera, anslå; beslagta
approval [ə'pro:vəl] *subst* gillande; godkännande; *on ~* ung. på öppet köp
approve [ə'pro:v] *verb* godkänna; ~ *of* gilla; samtycka till
approximate [ə'pra:ksimmət] *adj* ungefärlig
approximately [ə'pra:ksimmətli] *adv* ungefär, cirka
apricot ['äpprikka:t, 'ejprikka:t] *subst* aprikos
April ['ejprəl] *subst* april; ~ *fool!* april, april!
apron ['ejprən] *subst* förkläde
apt [äppt] *adj* **1** lämplig; träffande **2** sannolik; *he is ~*

to be late han kommer troligen för sent
Aquarius [ə'kwärriəs] *subst* Vattumannen stjärntecken
Arab ['ärrəbb] **I** *subst* arab äv. häst **II** *adj* arabisk, arab-
Arabic ['ärrəbikk] **I** *adj* arabisk **II** *subst* arabiska språk
arbitrary ['a:rbətrerri] *adj* **1** godtycklig **2** egenmäktig
arcade [a:r'kejd] *subst* galleria; spelhall med flipperspel
arch [a:rtch] **I** *subst* **1** valv **2** hålfot **II** *verb* välva sig; ~ *one's back* om katt skjuta rygg
archbishop [ˌa:rtch'bischəp] *subst* ärkebiskop
archeologist [ˌa:rki'a:lədʒisst] *subst* arkeolog
archeology [ˌa:rki'a:lədʒi] *subst* arkeologi
archery ['a:rtchəri] *subst* bågskytte
archipelago [a:rkə'pelləgou] *subst* ögrupp, skärgård
architect ['a:rkitekkt] *subst* arkitekt
architecture ['a:rkətekktchər] *subst* arkitektur
archives ['a:rkajvz] *subst pl* arkiv
arctic ['a:rktikk] **I** *adj* arktisk **II** *subst, the Arctic* Arktis; *the Arctic Circle* Polcirkeln
ardent ['a:rdənt] *adj* ivrig, glödande
are [beton. a:r, obeton. ər] *verb* (presens av *be*), *you are* du (ni) är etc.
area ['ärriə] *subst* **1** yta; areal **2** område; kvarter; ~ *code* riktnummer
aren't [a:rnt] = *are not*
Argentinian [ˌa:rdʒən'tinnjən] **I** *adj* argentinsk **II** *subst* argentinare
argue ['a:rgjo:] *verb* **1** argumentera; resonera; påstå **2** gräla
argument ['a:rgjomənt] *subst* **1** argument; resonemang **2** gräl
Aries ['ärri:z] *subst* Väduren stjärntecken
arise [ə'rajz] *verb* uppstå, uppkomma; stiga (stå) upp
arisen [ə'rizzən] *verb* perf.p. av *arise*
aristocrat [ə'risstəkrätt] *subst* aristokrat
arithmetic [ə'riθmətikk] *subst* räkning
ark [a:rk] *subst* ark
1 arm [a:rm] *subst* **1** arm **2** ärm
2 arm [a:rm] **I** *subst, arms* vapen **II** *verb* beväpna
armament [a:rməmənt] *subst* rustning
armchair ['a:rmtchär] *subst* fåtölj, länstol
armed [a:rmd] *adj* beväpnad,

rustad; ~ *forces* krigsmakten; ~ *robbery* väpnat rån
armor ['a:rmər] **I** *subst* rustningar; pansar **II** *verb* bepansra
armpit ['a:rmpitt] *subst* armhåla
armrest ['a:rmresst] *subst* armstöd
army ['a:rmi] *subst* armé
aroma [ə'roumə] *subst* arom, doft
arose [ə'rouz] *verb* imperf. av *arise*
around [ə'raond] **I** *adv*, ~ el. *all* ~ omkring, runt omkring; överallt; *be* ~ finnas, vara här (där); *be up and* ~ *again* vara i farten igen **II** *prep* runtom, runt omkring; ~ *the clock* dygnet runt
arouse [ə'raoz] *verb* väcka, väcka till liv; egga
arrange [ə'rejndʒ] *verb* ordna; arrangera; avtala
arrangement [ə'rejndʒmənt] *subst* arrangemang; uppgörelse
arrest [ə'resst] **I** *verb* anhålla; bildligt fängsla **II** *subst* arrestering
arrival [ə'rajvəl] *subst* ankomst; *arrivals* ankommande passagerare (flyg, tåg etc.)
arrive [ə'rajv] *verb* komma fram; anlända
arrogant ['ärrəgənt] *adj* arrogant
arrow ['ärrou] *subst* pil
arson ['a:rsn] *subst* mordbrand
art [a:rt] *subst* konst
artery ['a:rtəri] *subst* pulsåder
artful ['a:rtfoll] *adj* slug, listig
arthritis [a:r'θrajtəs] *subst* ledinflammation, artrit
artichoke ['a:rtətchouk] *subst* kronärtskocka; *Jerusalem* ~ jordärtskocka
article ['a:rtikkəl] *subst* **1** sak; artikel, vara **2** artikel i tidning o.d.
articulate I [a:r'tikkjələtt] *adj* **1** tydlig, klar tal **2** vältalig **II** [a:r'tikkjəlejt] *verb* tala tydligt
artificial [ˌa:rti'fischəl] *adj* konstgjord, artificiell; ~ *insemination* konstgjord befruktning
artist ['a:rtəst] *subst* artist, konstnär
artistic [a:'rtisstikk] *adj* konstnärlig
as [betonat äzz, obetonat əz] **I** *adv* så, lika **II** *adv* o. *konj* **1** jämförande som, liksom; **2** såsom, till exempel **3** som, i egenskap av; ~ *a journalist* som journalist **4** tid just då, när **5** orsak eftersom **III** *pron* som, såsom **IV** särskilda uttryck: ~ *for* vad beträffar; ~

good ~ så gott som, nästan; ~ *yet* ännu så länge
ASAP ['ejsäpp] (förk. för *as soon as possible*) genast, omedelbart
asbestos [äzz'besstəs] *subst* asbest
ascend [ə'sennd] *verb* bestiga; stiga uppåt
ascent [ə'sennt] *subst* bestigning; uppfärd
ascertain [ˌässər'tejn] *verb* förvissa sig om
ascribe [ə'skrajb] *verb* tillskriva
1 ash [äsch] *subst* ask träd
2 ash [äsch] *subst, ashes* aska, stoft
ashamed [ə'schejmd] *adj* skamsen
ashen ['äschən] *adj* askgrå; likblek
ashore [ə'schå:r] *adv* i (på) land
ashtray ['äschtrejj] *subst* askfat
Asia ['ejʒə] Asien
Asian ['ejʒən] **I** *adj* asiatisk **II** *subst* asiat
aside [ə'sajd] *adv* avsides, åt sidan; ~ *from* bortsett från; förutom
ask [ässk] *verb* **1** fråga; ~ *for* fråga efter **2** begära; be **3** bjuda; ~ *sb. in* be ngn stiga in
askance [ə'skänns] *adv, look ~ at sb.* snegla misstänksamt på ngn
asleep [ə'sli:p] *adj, be ~* sova
asparagus [ə'spärrəgəs] *subst* sparris
aspect ['ässpekkt] *subst* aspekt; sida
asphalt [ässfa:lt] *subst* asfalt
aspire [ə'spajər] *verb* sträva
aspirin ['ässpərinn] *subst* aspirin
1 ass [äss] *subst* åsna; *make an ~ of oneself* skämma ut sig
2 ass [äss] *subst* vulgärt **1** arsle, arsel, röv, häck **2** *piece of ~* knull samlag; sexig brud
assailant [ə'sejlənt] *subst* angripare
assassinate [ə'sässinejt] *verb* lönnmörda
assassination [əˌsässi'nejschən] *subst* lönnmord
assault [ə'sa:lt] **I** *subst* anfall; överfall **II** *verb* anfalla; överfalla
assemble [ə'semmbl] *verb* sammankalla; samla, samlas
assembly [ə'semmbli] *subst* **1** sammankomst, möte; samling **2** montering **3** underhuset i delstat
assembly line [ə'semmbli lajn] *subst* monteringsband, löpande band

assent [ə'sennt] **I** *verb* samtycka, instämma **II** *subst* bifall
assert [ə'sö:rt] *verb* hävda, påstå
assess [ə'sess] *verb* **1** beskatta, taxera **2** värdera
assessment [ə'sessmənt] *subst* **1** beskattning, taxering **2** värdering
asset ['ässett] *subst* tillgång
assign [ə'sajn] *verb* tilldela, anslå
assignment [ə'sajnmənt] *subst* **1** uppgift, uppdrag **2** hemuppgift, läxa; beting, långläxa
assimilate [ə'simməlejt] *verb* anpassa sig till ett nytt samhälle o.d.
assist [ə'sisst] **I** *verb* hjälpa, hjälpa till, assistera **II** *subst* målgivande passning
assistance [ə'sisstəns] *subst* hjälp, assistans
assistant [ə'sisstənt] *subst* medhjälpare, assistent; ~ *professor* ung. högskolelektor
associate I [ə'souschiət] *subst* delägare, kompanjon **II** *adj*, ~ *professor* ung. docent **III** [ə'souschiejt] *verb* förena; associera
association [əˌsousi'ejschən] *subst* **1** förbund, sällskap **2** association
assorted [ə'så:rtəd] *adj* klassificerad; sorterad; blandad
assortment [ə'så:rtmənt] *subst* sortiment; blandning av t.ex. karameller
assume [ə'so:m] *verb* **1** förutsätta **2** anta; ta på sig
assumption [ə'sammpschən] *subst* antagande, förutsättning
assurance [ə'schorrəns] *subst* **1** försäkran; garanti **2** självsäkerhet
assure [ə'schoər] *verb* försäkra; övertyga; trygga
asthma ['äzzmə] *subst* astma
astonish [ə'sta:nisch] *verb* förvåna
astonishment [ə'sta:nischmənt] *subst* förvåning
astound [ə'staond] *verb* slå med häpnad
astray [ə'strej] *adv*, *go* ~ gå vilse
astride [ə'strajd] **I** *adv* grensle **II** *prep* grensle över
astrology [ə'stra:lədʒi] *subst* astrologi
astronaut ['ässtrəna:t] *subst* astronaut
astronomy [ə'stra:nəmi] *subst* astronomi
astute [ə'sto:t] *adj* skarpsinnig, listig
asylum [ə'sajləm] *subst* asyl
at [betonat ätt, obetonat ətt]

prep **1** på; vid; i; genom; till; åt; mot; med; ~ ***five o'clock*** klockan fem **2** för, till ett pris av, à
ate [ejt] *verb* imperf. av ***eat***
atheist ['ejθiisst] *subst* ateist
Athens ['äθinnz] Aten
athlete ['äθli:t] *subst* idrottsman
athletic [äθ'lettikk] *adj* idrotts-; atletisk
athletics [äθ'lettikks] *subst* friidrott
Atlantic [ət'länntikk] **I** *adj* atlant- **II** ***the*** ~ Atlanten
atlas ['ättləs] *subst* atlas, kartbok
ATM [ejti'emm] (förk. för *automatic teller machine*) bankomat®
atmosphere ['ättməsfirr] *subst* atmosfär
atom ['ättəm] *subst* atom
atomizer ['ättəmajzər] *subst* sprejflaska
atone [ə'toun] *verb*, ~ ***for*** sona, gottgöra
atrocious [ə'trouschəs] *adj* ohygglig; vard. gräslig
attach [ə'tättch] *verb* **1** fästa, sätta fast **2** bildligt binda; knyta
attaché case [ˌättä'schej kejs] *subst* attachéväska
attachment [ə'tättchmənt] *subst* tillgivenhet, tycke
attack [ə'täkk] **I** *subst* anfall; attack **II** *verb* anfalla, attackera
attempt [ə'temmpt] **I** *verb* försöka; ***attempted murder*** mordförsök **II** *subst* försök
attend [ə'tennd] *verb* bevista, delta i, närvara; ~ ***to*** ge akt på; ägna sig åt, sköta; se till
attendance [ə'tenndəns] *subst* **1** närvaro **2** skötsel; vård
attendant [ə'tenndənt] *subst* serviceman; skötare
attention [ə'tennschən] *subst* uppmärksamhet; tillsyn
attentive [ə'tenntivv] *adj* uppmärksam
attest [ə'tesst] *verb* vittna om, visa; intyga
attic ['ättikk] *subst* vind, vindsvåning
attitude ['ättəto:d] *subst* attityd
attorney [ə'tö:rni] *subst* advokat; ***district*** ~ allmän åklagare; ***power of*** ~ fullmakt
Attorney-General [əˌtö:rni'dʒennərəl] *subst* justitieminister; i delstat ung. statsåklagare
attract [ə'träkkt] *verb* dra till sig, attrahera
attraction [ə'träkkschən] *subst* **1** dragningskraft **2** attraktion, dragplåster; ***attractions*** nöjen, sevärdheter

attractive [ə'träkktivv] *adj* attraktiv, tilldragande
attribute I ['ättribjo:t] *subst* attribut; kännetecken **II** [ə'tribbjət] *verb* tillskriva, tillräkna
auction ['a:kschən] *subst* auktion
auctioneer [ˌa:kschə'niər] *subst* auktionsförrättare
audible ['a:dəbəl] *adj* hörbar
audience ['a:djəns] *subst* publik
audiovisual [ˌa:diou'viʒoəl] *adj* audivisuell
audit ['a:dətt] **I** *subst* revision **II** *verb* **1** revidera, granska **2** följa undervisning som åhörare på universitet
audition [a:'dischən] *subst* provsjungning, provspelning för engagemang o.d.
auditor ['a:dətər] *subst* revisor
auditorium [ˌa:di'tå:riəm] *subst* aula, samlingslokal
August ['a:gəst] *subst* augusti
aunt [ännt] *subst* faster, moster; som tilltal tant
auntie o. **aunty** ['ännti] *subst* smeksamt för *aunt*
au pair [ˌou 'päər] *subst* au pair
auspicious [a:'spischəs] *adj* gynnsam
Australia [a:'strejljə] Australien
Australian [a:'strejljənn] **I** *adj* australisk **II** *subst* australier, australiensare
Austria ['a:striə] Österrike
Austrian ['a:striən] **I** *adj* österrikisk **II** *subst* österrikare
authentic [a:'θentikk] *adj* autentisk, äkta
author ['a:θər] *subst* författare; upphovsman
authoritarian [ˌa:θå:rə'terriən] *adj* auktoritär
authoritative [ə:'θå:rətejtivv] *adj* **1** auktoritativ **2** befallande
authority [ə:'θå:rəti] *subst* **1** myndighet; ***the authorities*** myndigheterna **2** befogenhet **3** auktoritet **4** källa
authorize ['a:θərajz] *verb* **1** auktorisera, bemyndiga; ***be authorized*** ha befogenhet **2** godkänna
autobiography [ˌa:təbaj'a:grəfi] *subst* självbiografi
autograph ['a:təgräff] *subst* autograf
automatic [ˌa:tə'mättikk] **I** *adj* automatisk; ***~ vending machine*** varuautomat **II** *subst* automat; automatvapen; bil med automatväxel
automatically [ˌa:tə'mättikkəli] *adv* automatiskt
automobile ['a:təmoubi:l] *subst* bil

autonomy [å:'ta:nəmi] *subst* autonomi, självstyre
autopsy ['å:ta:psi] *subst* obduktion
autumn ['a:təm] *subst* höst; *last ~* förra hösten, i höstas
auxiliary [a:g'zilljəri] **I** *adj* hjälp- **II** *subst, women's ~* hjälporganisation som består av kvinnor
avail [ə'vejl] **I** *verb* gagna **II** *subst* nytta
availability [ə,vejlə'billəti] *subst* tillgänglighet; anträffbarhet
available [ə'vejləbl] *adj* tillgänglig; anträffbar; *be ~* stå till förfogande; finnas att få
avalanche ['ävvəlänntch] *subst* lavin
Ave. förk. för *avenue*
avenge [ə'venndʒ] *verb* hämnas
avenue ['ävvəno:] *subst* allé; aveny
average ['ävvəriddʒ] **I** *subst* genomsnitt **II** *adj* **1** genomsnittlig **2** ordinär
averse [ə'vö:rs] *adj, be ~ to* ogilla, tycka illa om
avert [ə'vö:rt] *verb* förhindra; avleda
aviation [,ejvi'ejschən] *subst* flyg, flyg-
avocado [,ävvə'ka:dou] *subst* avokado
avoid [ə'våjd] *verb* undvika, hålla sig ifrån
await [ə'wejt] *verb* vänta på, emotse
awake [ə'wejk] **I** *verb* vakna **II** *adj* vaken
awakening [ə'wejkəning] *subst* uppvaknande
award [ə'wå:rd] **I** *verb* tilldela; belöna med **II** *subst* tilldelat pris; belöning; stipendium; *awards ceremony* prisutdelning
aware [ə'wäər] *adj* medveten; uppmärksam; *be ~* känna till, inse
awareness [ə'wärrnəss] *subst* medvetenhet; uppmärksamhet
away [ə'wej] **I** *adv* **1** bort, i väg, sin väg; undan, åt sidan; ur vägen **2** borta **3** vidare, på **II** *subst* bortamatch
awe [a:] *subst* vördnad; fruktan
awe-inspiring ['a:inn,spajəring] *adj* vördnadsbjudande
awesome ['a:səm] *adj* väldig; vard. häftig
awful ['a:foll] *adj* ohygglig, hemsk
awfully ['a:fli] *adv* ohyggligt, hemskt; *~ nice of you* förfärligt hyggligt av dig
awhile [ə'wajl] *adv* en stund; en tid

awkward ['a:kwərd] *adj* **1** tafatt **2** bortkommen **3** besvärlig; pinsam
awning ['a:ning] *adj* markis för fönster
awoke [ə'wouk] *verb* imperf. o. perf.p. av *awake*
awoken [ə'woukən] *verb* perf.p. av *awake*
AWOL ['ejwa:l] *adj, go ~* ta bondpermission
awry [ə'raj] *adj* sned, på sned
ax [äkks] **I** *subst* yxa, bila **II** *verb* vard. skära ned
ay [aj] *subst* jaröst

B

B, b [bi:] *subst* bokstav B, b
BA [ˌbi:'ej] (förk. för *Bachelor of Arts*) grundexamen motsvarande fil. kand.
babble ['bäbbəl] **I** *verb* babbla, pladdra; jollra **II** *subst* babbel, pladder; joller
baby ['bejbi] *subst* **1** barn, spädbarn, baby; *~ **bottle*** nappflaska; *~ **sister*** lillasyster **2** vard. barnrumpa **3** favoritgrej, älskling
baby carriage ['bejbi ˌkärriddʒ] *subst* barnvagn
baby-sit ['bejbisitt] *verb* sitta barnvakt
baby sitter ['bejbi ˌsittər] *subst* barnvakt
bachelor ['bättchələr] *subst* **1** ungkarl **2** ***bachelor's degree*** grundexamen motsvarande fil. kand.
back [bäkk] **I** *subst* **1** rygg; baksida **2** i sporter back **II** *adj* **1** på baksidan, bak- **2** resterande; *~ **taxes*** kvarskatt **III** *adv* bakåt; tillbaka; åter, igen; *~ **of*** bakom **IV** *verb* dra (skjuta o.d.) tillbaka; backa bil, båt etc.; *~ **away*** röra sig bakåt; backa; rygga; *~ **down*** el. *~ **off*** retirera, backa ur; ~

off vard. lägga av, låta vara; ~ *out* bildligt backa ur, hoppa av; ~ *up* underbygga; backa upp, stödja; backa fram

backbone ['bäkkboun] *subst* ryggrad

backdrop ['bäkkdra:p] *subst* **1** fondkuliss på teater **2** bildligt bakgrund

backfire [ˌbäkk'fajər] *verb* **1** baktända om motor **2** slå slint, misslyckas

background ['bäkkgraond] *subst* bakgrund; miljö

backhand ['bäkkhännd] *subst* backhand

backhander ['bäkkˌhänndər] *subst* **1** backhandslag **2** bildligt sidohugg

backing ['bäkking] *subst* **1** stöd, uppbackning **2** ackompanjemang, komp

backlash ['bäkkläsch] *subst* bakslag; motreaktion

back number [ˌbäkk 'nammbər] *subst* gammalt nummer av tidning

backpack ['bäkkpäkk] *subst* ryggsäck

back road [ˌbäkk 'roud] *subst* småväg

backside [ˌbäkk'sajd] *subst* **1** baksida **2** vard. ända, rumpa

backstage [ˌbäkk'stejdʒ] *adv* bakom scenen; i kulisserna

backstroke ['bäkkstrouk] *subst* ryggsim

back talk ['bäkk ta:k] *subst* uppkäftighet

backup ['bäkkapp] *subst* **1** stöd; förstärkning; ~ *light* backljus **2** reserv, ersättare; ersättning

backward ['bäkkwərd] *adj* **1** bakvänd, baklänges- **2** sent utvecklad; underutvecklat land o.d.

backwards ['bäkkwərdz] *adv* bakåt; tillbaka

backwater ['bäkkˌwa:tər] *subst* **1** bakvatten; stillastående vatten **2** avkrok, håla

backwoods ['bäkkwoddz] *adj* obygder

back yard [ˌbäkk 'ja:rd] *subst* gräsmatta, trädgård på baksidan av huset

bacon ['bejkən] *subst* bacon

bacteria [bäkk'tirriə] *subst* bakterie

bad [bädd] *adj* **1** dålig, usel; *not* ~ el. *not so* ~ vard. inte så illa, riktigt skaplig; ~ *luck* otur; *have a ~ time of it* ha det jobbigt **2** onyttig, skadlig; ~ *habit* ovana **3** rutten, skämd; *go* ~ ruttna, bli skämd **4** *feel* ~ känna sig sjuk **5** tråkig, sorglig; *that's too ~!* vard. vad tråkigt! **6** slang jättebra, grym, häftig **7** illa till mods **8** omoralisk;

elak **9** oäkta, falsk; ogiltig; ~ *check* check utan täckning
bade [bädd, bejd] *verb* imperf. o. perf.p. av *bid*
badge [bäddʒ] *subst* märke, emblem; polisbricka
badger ['bäddʒər] **I** *subst* grävling **II** *verb* trakassera
badly ['bäddli] *adv* dåligt, illa; svårt; *be ~ off* ha det dåligt ställt
badminton ['bäddminntən] *subst* badminton
bad-tempered [ˌbädd'temmpərd] *adj* vresig, sur
baffle ['bäffl] *verb* förvirra, förbrylla
bag [bägg] *subst* **1** påse; säck; bag; väska **2** *not my ~* vard. inte min grej **3** *old ~* vard. käring
bagel [bejgəl] *subst* bagel slags bröd
baggage ['bäggiddʒ] *subst* bagage
baggy ['bäggi] *adj* påsig, säckig, bylsig
bag lady ['bägg lejdi] *subst* hemlös kvinna
bagpipe ['bäggpajp] *subst* säckpipa
bail [bejl] *subst* borgen för anhållens inställelse inför rätta
bait [bejt] **I** *verb* agna krok; locka **II** *subst* agn, bete
bake [bejk] *verb* ugnssteka; baka; *baked beans* bruna bönor i tomatsås
baker ['bejkər] *subst* bagare
bakery ['bejkəri] *subst* bageri
baking ['bejking] *adj* stekhet, gassig
baking powder ['bejking ˌpaodər] *subst* bakpulver
baking soda ['bejking ˌsoudə] *subst* bikarbonat
balance ['bälləns] **I** *subst* **1** våg; vågskål **2** balans, jämvikt **3** tillgodohavande på konto **II** *verb* **1** balansera; jämna ut sig **2** avväga; jämföra
balanced ['bällənst] *adj* balanserad, i jämvikt; ~ *diet* allsidig kost
balcony ['bällkəni] *subst* balkong; *the ~* andra raden på teater
bald [ba:ld] *adj* flintskallig
1 bale [bejl] *subst* bal, packe
2 bale [bejl] *verb, ~ out* vard. rädda; rädda sig; klara sig ur
1 ball [ba:l] *subst* bal
2 ball [ba:l] **I** *subst* boll; klot; kula; nystan **II** *verb, ~ sb.* slang sätta på ngn
ballast ['bälləst] *subst* barlast, ballast
ballerina [ˌbällə'ri:nə] *subst* ballerina
ballet [bäll'ej] *subst* balett
ballet-dancer ['bälejˌdännsər]

subst balettdansör, balettdansös
balloon [bə'lo:n] *subst* ballong
ballot ['bällət] *subst* **1** röstsedel **2** omröstning; omröstningsresultat
ballpark ['bå:lpa:rk] *subst* stadion; ~ *figure* ungefärlig siffra, uppskattning
ballpoint ['ba:lpåjnt] *subst*, ~ el. ~ *pen* kulspetspenna
ballroom ['ba:lro:m] *subst*, ~ *dance* sällskapsdans
balls [ba:lz] *subst pl* slang **1** pungkulor **2** skitsnack, struntprat **3** mod
balm [ba:m] *subst* **1** balsam **2** tröst, lindring
baloney [bə'louni] *subst* **1** ung. falukorv **2** snack, nonsens
ban [bänn] **I** *subst* officiellt förbud **II** *verb* förbjuda; bannlysa
banal [bə'na:l] *adj* banal
banana [bə'nännə] *subst* banan
1 band [bännd] *subst* band; snöre; bindel
2 band [bännd] *subst* **1** skara; band, gäng **2** mindre orkester, band; musikkår
bandage ['bänndiddʒ] **I** *subst* bandage, förband **II** *verb* förbinda
Band-Aid® ['bänndejd] *subst* plåster, snabbförband
bandwagon ['bännd,wäggən] *subst*, *climb on to the* ~ ansluta sig till vinnarsidan
bandy ['bänndi] **I** *verb*, ~ *words with sb.* munhuggas med ngn **II** *subst* **1** bandy **2** bandyklubba
bandy-legged ['bänndileggd] *adj* hjulbent
bang [bäng] **I** *verb* **1** banka, smälla, slå; dunka; dänga **2** slang knulla **II** *subst* **1** slag, smäll, skräll, duns; *with a* ~ bums, tvärt **2** slang spänning; *I get a ~ out of it* jag tycker det är jäkla spännande (kul)
bangs [bängz] *subst pl* lugg
banish ['bännisch] *verb* **1** landsförvisa, förvisa **2** slå ur tankarna
banister ['bännisstər] *subst* trappräcke, ledstång
banjo ['bänndʒou] *subst* banjo
1 bank [bängk] *subst* **1** strand vid flod el. kanal **2** sandbank
2 bank [bängk] **I** *subst* bank; *break the* ~ spränga banken på kasino o.d. **II** *verb* sätta in pengar
banker ['bängkər] *subst* **1** bankir **2** bankör i spel
banking ['bängking] *subst* bankväsen
bank rate ['bängk rejt] *subst* ränta centralbanks räntefot
bankrupt ['bängkrappt] *adj* bankrutt, konkursmässig; *go* ~ göra konkurs

banner ['bännər] *subst* fana, baner
banns [bännz] *subst pl* lysning
baptism ['bäpptizəm] *subst* dop
bar [ba:r] **I** *subst* **1** stång; spak; ribba; bom; regel; ~ *of chocolate* chokladkaka; *gold* ~ guldtacka; *a* ~ *of soap* en tvål; *behind bars* bakom lås och bom **2** bar, bardisk **II** *verb* **1** bomma till, regla; blockera **2** utesluta, avstänga
barbaric [ba:r'bärrikk] *adj* barbarisk
barbecue ['ba:rbikkjo:] **I** *subst* grillfest, barbecue **II** *verb* grilla utomhus; helsteka
barbed wire [ˌba:rbd 'wajər] *subst* taggtråd
barber ['ba:rbər] *subst* barberare, frisör; ~ *shop* herrfrisering
bar-code ['ba:rkoud] **I** *subst* streckkod **II** *verb* streckkoda
bare [bäər] **I** *adj* bar, naken; kal; tom **II** *verb* göra bar (kal); blotta; ~ *one's teeth* visa tänderna
bareback ['bärrbäkk] *adv* barbacka
barefaced ['bärrfejst] *adj* skamlös, fräck
barefoot ['bärrfott] o. **barefooted** [ˌbärr'fottəd] *adj* o. *adv* barfota
barely ['bärrli] *adv* nätt och jämnt, knappt
bargain ['ba:rginn] **I** *subst* köp; kap, fynd; vrakpris **II** *verb* köpslå, pruta; göra upp om pris o.d.
barge [ba:rdʒ] **I** *subst* pråm **II** *verb,* ~ *in on* tränga sig på
baritone ['bärrətoun] *subst* baryton
1 bark [ba:rk] *subst* bark
2 bark [ba:rk] **I** *verb* **1** om djur skälla **2** om person ryta, skälla **II** *subst* **1** skall **2** rytande
barley ['ba:rli] *subst* korn sädesslag
barmaid ['ba:rmejd] *subst* barservitris, kvinnlig bartender
barman ['ba:rmən] *subst* bartender
barn [ba:rn] *subst* lada; ladugård, stall
barometer [bə'ra:mətər] *subst* barometer
baron ['berrən] *subst* baron; friherre
baroness ['bärrənəss] *subst* baronessa; friherrinna
barracks ['bärrəks] *subst pl* kasern; barack
barrel ['bärrəl] *subst* fat, tunna
barren ['bärən] *adj* **1** ofruktbar, karg **2** torftig; andefattig
barricade [ˌbärrə'kejd] **I** *subst* barrikad **II** *verb* barrikadera

barrier ['bärriər] *subst* **1** barriär; bom; spärr **2** bildligt barriär; hinder
barring ['ba:ring] *prep* utom; bortsett från
barrow ['bärrou] *subst* skottkärra
bartender ['ba:r,tenndər] *subst* bartender
barter ['ba:rtər] **I** *verb* pruta, köpslå **II** *subst* byteshandel; byte
1 base [bejs] *adj* simpel, tarvlig
2 base [bejs] **I** *subst* **1** bas; grundval **2** startlinje, mållinje **3** i baseboll bas; ~ *hit* lyckat slag; fullträff **II** *verb* basera, grunda
baseball ['bejsba:l] *subst* baseboll
basement ['bejsmənt] *subst* **1** källare **2** bottenplan
bashful ['bäschfəl] *adj* blyg, skygg; försagd
basic ['bejsikk] **I** *adj* bas-, grundläggande **II** *subst, get back to basics* ta det från grunden
basically ['bejsikkli] *adv* i grund och botten
basil ['bejsl, 'bäzzl] *subst* basilika
basin ['bejsən] *subst* **1** handfat; skål **2** hamnbassäng
basis ['bejsiss] *subst* bas; grundval
bask [bässk] *verb* gassa
basket ['bässkət] *subst* korg; bildligt paket
basketball ['bässkətba:l] *subst* basket, basketboll
1 bass [bäss] *subst* bass fisk; havsabborre
2 bass [bejs] *subst* bas; basröst; elbas
bassoon [bə'so:n] *subst* fagott
bastard ['bässtərd] **I** *subst* **1** utomäktenskapligt barn **2** som skällsord bastard **II** *adj* oäkta
1 bat [bätt] *subst* fladdermus
2 bat [bätt] *subst* slagträ; racket; *right off the* ~ på en gång, omedelbart
3 bat [bätt] *verb, without batting an eyelid* vard. utan att blinka
batch [bättch] *subst* bak av samma deg; sats
bath [bäθ] *subst* **1** bad **2** badkar **3** badrum **4** *baths* kurort
bathe [bejð] *verb* bada
bathing ['bejðing] *subst, ~ season* badsäsong
bathing cap ['bejðing käpp] *subst* badmössa
bathing suit ['bejðing so:t] *subst* baddräkt
bathing trunks ['bejðing trangks] *subst pl* badbyxor
bathrobe ['bäθroub] *subst* badrock, morgonrock

bathroom ['bäθro:m] *subst* badrum; toalett; ~ ***cabinet*** badrumsskåp
bath towel ['bäθ ˌtaoəl] *subst* badlakan
bathtub ['bäθtabb] *subst* badkar
baton [bət'a:n] *subst* **1** batong **2** stafettpinne
1 batter ['bättər] *verb* slå, bulta på, krossa
2 batter ['bättər] *subst* vispad smet för t.ex. kakor
3 batter ['bättər] *subst* slagman i baseboll
battered ['bättərd] *adj* illa medfaren; misshandlad
battery ['bättəri] *subst* **1** batteri **2** ***assault and*** ~ misshandel
battle ['bättl] **I** *subst* strid, fältslag **II** *verb* kämpa; bekämpa
battlefield ['bättlfi:ld] *subst* slagfält
battleship ['bättlschipp] *subst* slagskepp
bawdy ['ba:di] *adj* oanständig, fräck
bawl [ba:l] **I** *verb* vråla, ryta; tjuta, storgråta **II** *subst* vrål
1 bay [bej] *subst* bukt, vik
2 bay [bej] *subst* alkov, nisch; ~ ***window*** burspråksfönster
3 bay [bej] **I** *subst* skall från djur **II** *verb* skälla, yla
4 bay [bej] **I** *adj* brun om häst **II** *subst* brun häst
bay leaf ['bej li:f] *subst* lagerblad
bayou ['bajou] *subst* sumpigt utlopp ur flod el. sjö
bazaar [bə'za:r] *subst* basar
BC [ˌbi:'si:] (förk. för *before Christ*) f. Kr. (förk. för före Kristus)
BE 1 (förk. för *British English*) brittisk engelska **2** (förk. för *Black English*) amerikansk engelska som talas av svarta
be* [bi:] *verb* **1** vara; bli; ***there is*** el. ***there are*** det är, det finns **2** finnas till, existera; äga rum, ske **3** kosta **4** må, känna sig; ***how are you?*** hur mår du?; hur står det till? **5** ***that is*** det vill säga **6** ~ ***about*** handla om; ~ ***about to happen*** vara på gång; ~ ***at*** ha för sig; ~ ***at sb.*** vara på ngn; ~ ***for sth.*** förorda ngt, vara för ngt; ~ ***in on sth.*** vara med om ngt; ~ ***into sth.*** vard. vara intresserad av ngt, syssla med ngt; ~ ***off*** ge sig i väg (av) **7** bli; ***he was saved*** han räddades, han blev räddad; ***they are building a house*** de håller på att bygga ett hus **8** tillsammans med infinitiv: ***am*** (***are, is***) ***to*** ska, skall; ***was*** (***were***) ***to*** skulle; kunde

beach [bi:tch] *subst* strand; badstrand; ~ *ball* badboll
beacon ['bi:kən] *subst* **1** mindre fyr **2** vårdkas
bead [bi:d] *subst* pärla av glas, trä etc.; *beads* äv. pärlhalsband; *tell one's* ~ be, läsa sina böner
beak [bi:k] *subst* näbb
beaker ['bi:kər] *subst* glas för laboratoriebruk
beam [bi:m] **I** *subst* **1** bjälke, balk, bom **2** stråle, ljusstråle; *high beams* helljus; *low beams* halvljus **II** *verb* utstråla, skina; sända
bean [bi:n] *subst* böna; *full of beans* vard. korkad; jättepigg
1 bear [bäər] *subst* björn
2 bear [bäər] *verb* **1** bära, föra; ~ *oneself* föra sig; uppföra sig **2** bära, hålla; tynga **3** bära på, hysa **4** uthärda, stå ut med; ~ *with sb.* ha tålamod med ngn **5** föda **6** *bring to* ~ applicera; tillämpa; utöva
beard [biərd] *subst* skägg
bearded ['birrdəd] *adj* skäggig, med skägg
bearer ['bärrər] *subst* **1** bärare; bud **2** innehavare
bearing ['bärring] *subst* **1** hållning, uppträdande **2** betydelse; *it has no* ~ *on the subject* det har inte med saken att göra **3** *have lost one's bearings* inte veta var man är, ha tappat orienteringen
beast [bi:st] *subst* djur; best; bildligt odjur, kräk
beastly ['bi:stli] *adj* djurisk, rå
beat [bi:t] **I** *verb* **1** slå; piska; bulta, hamra **2** vispa **3** slå, besegra; *nothing beats it* ingenting går upp mot det; ~ *up* klå upp **II** *subst* **1** slag; takt; bultande **2** polismans patrulleringsområde **III** *adj* vard. utmattad, utslagen
beating ['bi:ting] *subst* stryk; nederlag; misshandel
beautiful ['bjo:təfəl] *adj* skön, vacker
beauty ['bjo:ti] *subst* **1** skönhet; ~ *parlor* skönhetssalong, hårfrissa **2** pärla, praktexemplar
beaver ['bi:vər] *subst* **1** bäver; bäverskinn **2** vulgärt mus kvinnligt könsorgan
became [bi'kejm] *verb* imperf. av *become*
because [bi'ka:z] **I** *konj* därför att, eftersom **II** *adv*, ~ *of...* för...skull, på grund av...
beckon ['bekkən] *verb* göra tecken åt; locka till sig
become* [bi'kamm] **I** *verb* bli, bliva **II** *verb* passa, anstå, klä; *that dress becomes you* den klänningen klär dig

becoming [bi'kamming] *adj* passande; klädsam

bed [bedd] *subst* **1** bädd; säng; ~ *and breakfast* rum inklusive frukost; ~ *and board* kost och logi; *go to* ~ lägga sig, gå till sängs **2** *flower* ~ rabatt

bedclothes ['beddklouz] *subst pl* sängkläder

bedridden ['bedd,riddn] *adj* sängliggande

bedroom ['beddro:m] *subst* sängkammare, sovrum; ~ *suburb* (*town*) sovstad

bedside ['beddsajd] *subst, at the* ~ vid sängkanten; ~ *manner* läkares sätt att bemöta patienter

bedspread ['beddspredd] *subst* sängöverkast

bedtime ['beddtajm] *subst* sängdags, läggdags

1 bee [bi:] *subst* bi; *busy as a* ~ flitig som en myra

2 bee [bi:] *subst* **1** träff för gemensamt arbete; *sewing* ~ syjunta **2** *spelling* ~ stavningstävling

beech [bi:tch] *subst* bok träd

beef [bi:f] *subst* oxkött, nötkött; ~ *cattle* biffdjur

beefburger ['bi:f,bö:rgər] *subst* hamburgare

beef soup ['bi:f so:p] *subst* köttsoppa

beef stew [bi:f sto:] *subst* kalops

beehive ['bi:hajv] *subst* bikupa

been [binn] *verb* perf.p. av *be*

beep [bi:p] *verb* tuta om bil

beeper ['bi:pər] *subst* personsökare

beer [biər] *subst* öl

beet [bi:t] *subst* beta; rödbeta; *red* ~ rödbeta

beetle ['bi:tl] *subst* **1** skalbagge **2** bil bubbla, folka

beetroot ['bi:tro:t] *subst* rödbeta

before [bi'få:r] **I** *prep* framför; före; ~ *the court* inför rätten **II** *adv* framför, före; förut; förr **III** *konj* innan, förrän

beforehand [bi'få:rhännd] *adv* på förhand; i förväg

beg [begg] *verb* tigga; be om; tigga och be

began [bi'gänn] *verb* imperf. av *begin*

beggar ['beggər] *subst* tiggare; fattig stackare

begin* [bi'ginn] *verb* börja; börja med; börja på

beginner [bi'ginnər] *subst* nybörjare

beginning [bi'ginning] *subst* början

begrudge [bi'graddʒ] *verb, not* ~ *sb.* inte missunna ngn

begun [bi'gann] *verb* perf.p. av *begin*

behalf [bi'häff] *subst, on sb.'s ~* för ngns skull; å ngns vägnar; *act on ~ of* representera
behave [bi'hejv] *verb* uppföra sig, bete sig
behavior [bi'hejvjər] *subst* uppförande; beteende
behead [bi'hedd] *verb* halshugga
behind [bi'hajnd] **I** *prep* bakom, efter; *try to put it ~ you!* försök att glömma det! **II** *adv* bakom; baktill; bakåt; efter sig; efter; kvar
beige [bejʒ] *adj* beige
Beijing [ˌbej'dʒing] Peking
being ['bi:ing] **I** *adj, for the time ~* för närvarande; tillsvidare **II** *subst* **1** tillvaro, existens **2** väsen, varelse
belated [bi'lejtidd] *adj* försenad; senkommen
belch [beltch] **I** *verb* rapa **II** *subst* rap, uppstötning
belfry ['bellfri] *subst* klocktorn, klockstapel
Belgian ['belldʒən] **I** *adj* belgisk **II** *subst* belgare, belgier
Belgium ['belldʒəm] Belgien
belief [bi'li:f] *subst* tro; övertygelse
believe [bi'li:v] *verb* tro; tro på; *~ in* tro på, ha förtroende för, ha tilltro till; *make ~* låtsas
believer [bi'li:vər] *subst, a ~* en troende
belittle [bi'littl] *verb* minska; förringa, nedsätta
bell [bell] *subst* ringklocka; bjällra; i boxning gonggong
belligerent [bə'liddʒərənt] **I** *subst* krigförande makt **II** *adj* agressiv, stridslysten
bellow ['bellou] *verb* böla, råma; vråla; ryta
belly ['belli] *subst* buk; mage; *~ laugh* flabb, gapskratt
belong [bi'la:ng] *verb* **1** ha sin plats, höra hemma **2** passa in
Belorussia [ˌbelləo'raschə] *subst* Vitryssland
beloved [bi'lavidd] **I** *adj* älskad **II** *subst* älskling
below [bi'lou] *prep* o. *adv* nedanför, under; nedan
belt [bellt] *subst* bälte; skärp, livrem
beltway ['belltwej] *subst* kringfartsled
bench [benntch] **I** *subst* bänk; *the ~* domarkåren, domarna **II** *verb* ta ur spelet
bend [bennd] **I** *verb* **1** böja, kröka; böja (kröka) sig **2** ge vika **II** *subst* böjning; krök; kurva
beneath [bi'ni:θ] *adv* o. *prep* nedanför, under; nedan
benefactor ['bennifäkktər] *subst* välgörare, gynnare

beneficial [ˌbenni'fischəl] *adj* välgörande, fördelaktig
benefit ['bennifitt] **I** *subst* **1** förmån, fördel **2** välgörenhets- **II** *verb* vara till nytta för, gagna
benevolent [bə'nevvələnt] *adj* välvillig, generös
benign [bi'najn] *adj* **1** välvillig; gynnsam **2** godartad
bent [bennt] **I** *subst* böjelse; anlag, fallenhet **II** *verb* imperf. o. perf.p. av *bend* **III** *adj* böjd, krokig
bequest [bi'kwesst] *subst* testamente
beret [bər'ej] *subst* basker mössa
berry ['berri] *subst* bär
berserk [bər'sö:rk] **I** *subst* bärsärk **II** *adj, **go** ~* gå bärsärkagång, bli urförbannad
berth [bö:rθ] *subst* **1** koj, sovplats; hytt **2** kajplats
beset [bi'sett] *verb* **1** belägra **2** ansätta
beside [bi'sajd] *prep* bredvid, vid sidan av (om); *~ **oneself*** utom sig, ifrån sig; *~ **the point*** irrelevant
besides [bi'sajdz] **I** *adv* dessutom; för övrigt **II** *prep* förutom
besiege [bi'si:dʒ] *verb* **1** belägra **2** bestorma
best [besst] **I** *adj* o. *adv* bäst; mest; helst **II** *subst* **1** det, den, de bästa; fördel; ***all the** ~* ha det så bra!, lycka till!; ***at** ~* i bästa fall, på sin höjd; ***at one's** ~* som bäst, som mest till sin fördel; i högform **2** finkläder
bestow [bi'stou] *verb* skänka, ge
bet [bett] **I** *subst* vad **II** *verb* slå vad; slå vad om **III** *interj, **you** ~!* för sjutton!, absolut!
betray [bi'trej] *verb* förråda, svika; bedra
betrayal [bi'trejəl] *subst* förräderi, svek
1 better ['bettər] **I** *adj* o. *adv* bättre; mera; hellre **II** *subst, **so much the** ~* el. ***all the** ~* så mycket (desto) bättre; ***the sooner the** ~* ju förr dess bättre **III** *verb* förbättra; bättra på
2 better ['bettər] *subst* vadhållare
betting ['betting] *subst* vadhållning
between [bi'twi:n] *prep* o. *adv* emellan; *~ **themselves*** sinsemellan
beverage ['bevvəriddʒ] *subst* dryck; ***alcoholic** ~* alkoholhaltig dryck
beware [bi'wäər] *verb, ~ **of pickpockets!*** varning för ficktjuvar!

bewildered [bi'willdəring] *adj* förbryllad, förvillad
beyond [bi'a:nd] **I** *prep* **1** bortom **2** utom, utöver, mer än **II** *adv* **1** bortom **2** därutöver, mera **III** *subst, the* ~ det okända, livet efter detta
B flat [bi: 'flätt] *subst* ton B, b
bias ['bajəs] *subst* förutfattad mening; fördomar
biased ['bajəst] *adj* partisk; fördomsfull
bib [bibb] *subst* haklapp
Bible ['bajbəl] *subst* bibel
bicker ['bikkər] *verb* gnabbas, kivas
bicycle ['bajsikkəl] **I** *subst* cykel **II** *verb* cykla
bid [bidd] **I** *verb* **1** bjuda på auktion el. i kortspel; lämna offert på **2** säga, hälsa **II** *subst* **1** bud på auktion el. i kortspel **2** anbud, offert
bidder ['biddər] *subst* person som bjuder på auktion el. i kortspel; anbudsgivare; ***the highest*** (***best***) ~ den högstbjudande
bidding ['bidding] *subst* bud på auktion; budgivning i kortspel; ***do sb.'s*** ~ lyda ngn
bide [bajd] *verb,* ~ ***one's time*** bida sin tid
big [bigg] *adj* stor, kraftig; ~ ***deal!*** vard. än sen då?; ***it's no*** ~ ***deal*** vard. det är inte så märkvärdigt; ***the Big Dipper*** Karlavagnen; ***the Big Apple*** vard., beteckning för New York; ***the Big Ten*** vard., beteckning för 10 stora universitet i Mellanvästern
bigot ['biggət] *subst* bigott person
bigoted ['biggətəd] *adj* bigott; trångsynt
bigotry ['biggətri] *subst* bigotteri; trångsynthet
bike [bajk] *subst* vard. **1** (kortform för *bicycle*) cykel, hoj; ~ ***lane*** (***path***) cykelbana **2** (kortform för *motorbike*) motorcykel, båge
bikini [bi'ki:ni] *subst* bikini
bilingual [baj'linggwəl] *adj* tvåspråkig
1 bill [bill] *subst* näbb
2 bill [bill] *subst* **1** lagförslag **2** räkning, nota; ***foot the*** ~ vard. betala kalaset räkningen **3** sedel **4** affisch
billboard ['billbå:rd] *subst* affischtavla
billfold ['billfould] *subst* plånbok
billiards ['billjərdz] *subst* biljard; biljardspel
billion ['billjən] *subst* miljard
bin [binn] *subst* lår, binge; låda
bind [bajnd] *verb* **1** binda, binda fast; binda ihop **2** förbinda, förplikta

binge [bindʒ] *subst, go on a ~* vard. vara ute och slå runt
bingo ['binggou] *interj* bingo
binoculars [bin'na:kjələrz] *subst pl* kikare
biography [baj'a:grəfi] *subst* biografi
biological [ˌbajə'la:dʒikkəl] *adj* biologisk
biology [baj'a:lədʒi] *subst* biologi
birch [bö:rtch] *subst* björk
bird [bö:rd] *subst* fågel
bird-brain ['bördbrejn] *subst* hönshjärna
bird's-eye view [ˌbö:rdzaj 'vjo:] *subst* överblick, översikt
bird-watcher ['bö:rdˌwa:tchər] *subst* fågelskådare
birth [bö:rθ] *subst* **1** födelse **2** börd, härkomst
birth certificate ['bö:rθ sərˌtiffikət] *subst* födelseattest; ung. personbevis
birth control ['bö:rθ kənˌtroul] *subst* födelsekontroll
birthday ['bö:rθdej] *subst* födelsedag
birthplace ['bö:rθplejs] *subst* födelseort
biscuit ['bisskitt] *subst* slät bulle ej söt
bishop ['bischəp] *subst* **1** biskop **2** i schack löpare
bistro ['bisstrou] *subst* bistro
1 bit [bitt] *subst* egg, skär; borr
2 bit [bitt] *subst* bit; *two* (*four*) *bits* vard. 25 (50) cent
3 bit [bitt] *verb* imperf. av *bite*
bitch [bittch] **I** *subst* **1** hynda, tik **2** vulgärt subba, käringjävel **II** *verb* klaga, beklaga sig
bite* [bajt] **I** *verb* **1** bita; bita i **2** svida **3** fräta **II** *subst* **1** bett; stick **2** munsbit, tugga
bitten [bittn] *verb* perf.p. av *bite*
bitter ['bittər] *adj* bitter, besk
bitterness ['bittərnəs] *subst* bitterhet; förbittring
bizarre [bi'za:r] *adj* bisarr, konstig
blab [bläbb] *verb* skvallra; babbla
black [bläkk] *adj* svart; mörk; *~ bread* mörkt bröd; rågbröd; *~ coffee* kaffe utan grädde (mjölk)
blackberry ['bläkkberri] *subst* björnbär
blackbird ['bläkkbö:rd] *subst* koltrast
blackboard ['bläkkbå:rd] *subst* svart tavla
black currant [ˌbläkk 'karrənt] *subst* svart vinbär
blacken ['bläkkən] *verb* svärta, svärta ned
blacklist ['bläkklisst] *verb* svartlista
blackmail ['bläkkmejl] **I** *subst*

utpressning **II** *verb* utöva utpressning mot
blackout ['bläkkaot] *subst* **1** mörkläggning; strömavbrott **2** blackout
blacksmith ['bläkksmiθ] *subst* smed; hovslagare
blacktop ['bläkkta:p] *subst* asfalt på väg
bladder ['bläddər] *subst* blåsa; urinblåsa
blade [blejd] *subst* blad på kniv, åra m.m.; skena på skridsko
blame [blejm] **I** *verb* klandra; lägga skulden på **II** *subst* skuld
blameless ['blejmləs] *adj* oskyldig, skuldfri
bland [blännd] *adj* förbindlig; blid, mild
blank [blängk] **I** *adj* ren, tom, blank; *a ~ check* en blankocheck **II** *subst* **1** tomrum **2** oskrivet blad; blankett, formulär **3** nit i lotteri; *draw a ~* misslyckas, kamma noll **4** löst skott
blanket ['blängkət] *subst* filt
blare ['bläər] *verb* skrälla, larma
blast [blässt] **I** *subst* **1** stark vindstöt **2** tryckvåg vid explosion **II** *verb* spränga
blatant ['blejtənt] *adj* flagrant; uppenbar
blaze [blejz] **I** *subst* flammande eld; eldsvåda **II** *verb* brinna, stå i ljusan låga
blazer ['blejzər] *subst* klubbjacka; blazer
bleach [bli:tch] **I** *verb* bleka **II** *subst* blekmedel
bleachers ['bli:tchərz] *subst pl* billiga platser vid basebollmatch
1 bleak [bli:k] *adj* trist, dyster; kal, ogästvänlig
2 bleak [bli:k] *subst* löja
bleary-eyed ['blirriajd] *adj* skumögd
bleat [bli:t] *verb* bräka
bleed [bli:d] *verb* blöda; *~ white* suga ut; skinna; *bleeding heart* mjäkig typ
blemish ['blemmisch] *subst* fläck; skavank, brist
blend [blennd] **I** *verb* blanda; förena **II** *subst* blandning
bless [bless] *verb* välsigna; *~ you!* prosit!
blessing ['blessing] *subst* välsignelse
blew [blo:] *verb* imperf. av *1 blow*
blight [blajt] *subst* **1** mjöldagg **2** bildligt pest, fördärv
blind [blajnd] **I** *adj* blind; *~ alley* återvändsgränd; *~ date* träff med en okänd, ordnad av en vän **II** *subst* rullgardin; *Venetian ~* persienn, spjäljalusi **III** *verb* **1** göra blind; blända **2** förblinda
blindfold ['blajndfould] **I** *verb,*

~ *sb.* binda för ögonen på ngn **II** *adj* o. *adv* **1** med förbundna ögon **2** i blindo **III** *subst* ögonbindel

blindness ['blajndnəs] *subst* blindhet; förblindelse

blindside ['blajndsajd] *verb* angripa från en dold vinkel

blink [blingk] **I** *verb* **1** blinka; plira **2** blänka till **II** *subst* **1** glimt **2** blink

blinker ['blingkər] *subst* blinker

bliss [bliss] *subst* sällhet; lycka

blister ['blisstər] *subst* blåsa; blemma

blizzard ['blizzərd] *subst* häftig snöstorm

bloated ['bloutəd] *adj* plufsig; uppblåst

blob [bla:b] *subst* droppe; klick

block [bla:k] **I** *subst* **1** kloss, kubbe, block **2** skrivblock **3** kvarter **4** stopp; blockering **II** *verb* **1** blockera; skymma **2** spärra av; spärra konto

blockade [bla:'kejd] *subst* blockad

blockage ['bla:kiddʒ] *subst* stopp; blockering

blond [bla:nd] **I** *adj* blond **II** *subst* blond person

blonde [bla:nd] **I** *adj* blond **II** *subst* blondin

blood [bladd] *subst* blod; ***in cold*** ~ kallblodigt, med berått mod

blood donor ['bladd ˌdounər] *subst* blodgivare

blood group ['bladd gro:p] *subst* blodgrupp

bloodhound ['bladdhaond] *subst* blodhund

blood poisoning ['bladd ˌpåjzəning] *subst* blodförgiftning

blood pressure ['bladd ˌpreschər] *subst* blodtryck

bloodshed ['bladdschedd] *subst* blodsutgjutelse

bloodshot ['bladdscha:t] *adj* blodsprängd

bloodstream ['bladdstri:m] *subst* blodomlopp

blood test ['bladd tesst] *subst* blodprov

bloodthirsty ['bladdˌθö:rsti] *adj* blodtörstig

blood vessel ['bladd ˌvessl] *subst* blodkärl

bloody ['bladdi] *adj* **1** blodig **2** blodtörstig

bloom [blo:m] **I** *subst* **1** blomning; bildligt blomstring **2** om vin bouquet, doft **II** *verb* blomma; bildligt blomstra

blooper [blo:pər] *subst* vard. tabbe

blossom ['bla:səm] **I** *subst*

blomma på t.ex. fruktträd **II** *verb* slå ut i blom; blomma

blot [bla:t] *subst* **1** plump, bläckfläck **2** skamfläck

blotting-paper ['bla:tingˌpejpər] *subst* läskpapper

blouse [blaos] *subst* blus

1 blow [blou] *verb* **1** blåsa; blåsa i; blåsa ut t.ex. rök; ~ *one's own horn* slå på trumman för sig själv; ~ *out* släcka, blåsa ut; ~ *over* dra förbi, gå över, lägga sig; ~ *up* blåsa upp; förstora foto **2** spränga; *the fuse has blown* proppen har gått; ~ *up* explodera; brusa upp; spränga i luften **3** ~ *one's nose* snyta sig

2 blow [blou] *subst* **1** slag, stöt **2** bildligt hårt slag **3** *at one* ~ på en gång, i ett slag

blow-dry ['bloudraj] *verb* föna håret

blowout ['blouaot] *subst* **1** punktering **2** propps smältning

blowtorch ['bloutå:rtch] *subst* blåslampa

blow-up ['blouapp] *subst* **1** explosion **2** förstoring av foto

blue [blo:] *adj* **1** blå; ~ *cheese* grönmögelost, ädelost **2** vard. deppig

bluebottle ['blo:ˌba:tl] *subst* spyfluga

blue chip ['blo:t chipp] *adj*, ~ *stock* guldkantad aktie

blue collar [ˌblo: 'ka:lər] *adj* arbetar-

Blue Cross [ˌblo: 'kra:s] *subst* privat sjukkassa

blue jay ['blo:d ʒej] *subst* blåskrika

blueprint ['blo:prinnt] *subst* **1** blåkopia **2** planritning

blues [blo:z] *subst pl* blues

Blue Shield [ˌblo: 'schi:əld] *subst* privat sjukkassa

bluff [blaff] **I** *verb* bluffa **II** *subst* bluff

blunder ['blanndər] *subst* blunder, tabbe

blunt [blannt] **I** *adj* **1** slö, trubbig **2** rättfram, rak på sak **II** *verb* göra slö, trubba av

blur [blö:r] **I** *subst* **1** fläck **2** *it was all a* ~ allt blev suddigt **II** *verb* göra suddig; flyta ihop

blurb [blö:rb] *subst* baksidestext på bok

blush [blasch] **I** *verb* rodna **II** *subst* **1** rodnad **2** ung. rosévin

BM [ˌbi:'emm] (förk. för *bowel movement*), *have a* ~ ha avföring

boar [bå:r] *subst* galt; vildsvin

board [bå:rd] **I** *subst* **1** bräde,

bräda **2** anslagstavla; svarta tavlan **3** kost; *full ~* helpension; *room and ~* mat och logi på college **4** *on ~* ombord på fartyg, flygplan, tåg **5** styrelse, råd; *be on the ~* sitta i styrelsen **II** *verb* borda; gå ombord på

boarder ['bå:rdər] *subst* inneboende

boarding card ['bå:rding ka:rd] *subst* boardingcard, boardingkort

boarding house ['bå:rding haos] *subst* pensionat

boarding school ['bå:rding sko:l] *subst* internat

boardroom ['bå:rdro:m] *subst* styrelserum

boast [boust] *verb* skryta; kunna skryta med

boat [bout] *subst* båt

1 bob [ba:b] *subst* **1** bobbat hår **2** bob kälke

2 bob [ba:b] *verb* bocka; knixa; *~ and weave* ducka skickligt

bobby sox ['ba:bi sa:ks] *subst* ankelsockor

bobcat ['ba:bkätt] *subst* rödlo

bobsled ['ba:bsledd] *subst* bob, bobsleigh

bode [boud] *verb* båda, varsla

bodily ['ba:dəli] *adj* kroppslig, fysisk

body ['ba:di] *subst* **1** kropp; *in a ~* i trupp; mangrant **2** lik

bodyguard ['ba:diga:rd] *subst* livvakt

bodywork ['ba:diwö:rk] *subst* kaross, karosseri

bog [ba:g] *subst* mosse, kärr, träsk

boggle ['ba:gl] *verb* haja till; *the mind boggles* tanken svindlar

bogus ['bougəs] *adj* falsk, sken-, bluff-

bohemian [bou'hi:mjən] *adj* bohemisk

1 boil [båjl] *subst* böld

2 boil [båjl] **I** *verb* koka, sjuda; hetta upp till kokpunkten; *it all boils down to...* det hela går i korthet ut på... **II** *subst* kokpunkt; *bring to a ~* koka upp

boiler ['båjlər] *subst* **1** ång panna **2** varmvattenberedare

boiling point ['båjling påjnt] *subst* kokpunkt

boisterous ['båjstərəs] *adj* bullrande skratt; stojande barn

bold [bould] *adj* **1** djärv; modig **2** framfusig, fräck

bolster ['boulstər] *verb* stödja, understödja

1 bolt [boult] **I** *subst* **1** bult **2** låskolv, regel **3** rulle tyg, tygpacke **II** *verb* **1** rusa i väg; skena **2** regla **3** *~ down* kasta i sig, sluka

2 bolt [boult] *adv, sit ~ upright* sitta käpprak
bomb [ba:m] **I** *subst* bomb **II** *verb* **1** bomba **2** misslyckas totalt
bombastic [ba:m'bässtikk] *adj* bombastisk, svulstig
bomber ['ba:mər] *subst* **1** bombplan **2** terrorist som använder sprängmedel
bombshell ['ba:mschell] *subst* granat
bona fide [ˌbounə 'fajdi] *adj* o. *adv* bona fide, i god tro; äkta
bond [ba:nd] **I** *subst* **1** band; *bonds* äv. bojor, förpliktelser **2** obligation; *savings ~* slags statsobligation **3** *post sb.'s ~* ställa upp med borgen för ngn **II** *verb* binda; länka samman
bondage ['ba:ndiddʒ] *subst* träldom, slaveri
bone [boun] **I** *subst* ben; *the bare bones of sth.* ngts byggstenar, ngts grundval **II** *verb* bena fisk; bena ur; *~ up on* plugga in
bone-tired [ˌboun'tajərd] *adj* dödstrött
bonfire ['ba:nˌfajər] *subst* bål, brasa
bonnet ['ba:nit] *subst* hätta
bonus ['bounəs] *subst* bonus, premie
bony ['bouni] *adj* benig
boo [bo:] **I** *subst* burop **II** *verb* bua, bua ut **III** *interj* bu! för att skrämmas
booby trap ['bo:bi träpp] *subst* **1** fälla **2** minfälla
book [bokk] **I** *subst* bok; häfte; *by the ~* efter reglerna **II** *verb* boka, reservera
bookcase ['bokkejs] *subst* bokhylla, bokskåp
bookie ['bokki] *subst* vard. bookmaker
booking-office ['bokkingˌa:fəss] *subst* biljettkontor
bookkeeping ['bokˌki:ping] *subst* bokföring
booklet ['bokklət] *subst* häfte, broschyr
bookmaker ['bokkˌmejkər] *subst* bookmaker vadförmedlare
bookseller ['bokkˌsellər] *subst* bokhandlare; *bookseller's* bokhandel
bookstore ['bokkstå:r] *subst* bokhandel
1 boom [bo:m] **I** *verb* dåna, dundra **II** *subst* dån, dunder
2 boom [bo:m] **I** *subst* hausse, boom; uppsving **II** *verb, business is booming* affärerna går mycket bra
boon [bo:n] *subst* välsignelse, förmån
boondocks ['bo:nda:ks] *subst pl, the ~* vischan

boorish ['borrisch] *adj* tölpaktig, svinaktig

boost [bo:st] **I** *verb* hjälpa fram, puffa för; haussa upp **II** *subst* uppsving, lyft; puff

booster ['bo:stər] *subst* **1** förstärkare äv. bildligt **2** ~ ***rocket*** startraket

boot [bo:t] **I** *subst* **1** känga, läderstövel; ***ski*** ~ pjäxa **2** start av dator **II** *verb* boota, starta dator

booth [bo:θ] *subst* **1** salustånd **2** bås avskärmad plats

booty ['bo:ti] *subst* byte, rov

booze [bo:z] vard. **I** *verb* dricka, kröka **II** *subst* sprit, kröken

border ['bå:rdər] **I** *subst* gräns **II** *verb* gränsa till; ~ ***on*** gränsa till, stå på gränsen till

borderline ['bå:rdərlajn] **I** *subst* gränslinje **II** *adj*, ~ *case* gränsfall

1 bore [bå:r] *verb* imperf. av 2 *bear*

2 bore [bå:r] *verb* borra; tränga igenom

3 bore [bå:r] **I** *subst* tråkmåns **II** *verb* tråka ut

boredom ['bå:rdəm] *subst* långtråkighet, leda

boring ['bå:ring] *adj* urtråkig, långtråkig

born [bå:rn] *adj* född; ***a*** ~ ***liar*** en oförbätterlig lögnare; *when were you ~?* när är du född?

borne [bå:rn] *verb* perf.p. av 2 *bear*

borough ['bö:rou] *subst* stad som administrativt begrepp; i New York stadsdel

borrow ['bå:rou] *verb* låna

bosom ['bozzəm] *subst* **1** barm, bröst; famn; bildligt sköte; ~ ***friends*** nära vänner **2** skjortbröst

boss [ba:s] vard. **I** *subst* **1** boss, bas, chef **2** partistrateg, valstrateg **II** *verb* leda, basa över; ~ ***about*** domdera, köra med folk

bossy ['ba:si] *adj* vard. dominerande; översittaraktig

botany ['ba:təni] *subst* botanik

botch [ba:tch] **I** *verb* sabba, schabbla bort; fuska **II** *subst* fuskverk; röra

both [bouθ] *pron* båda, bägge, båda två; ~ ***of us*** både du och jag, vi två, oss båda

bother ['ba:ðər] **I** *verb* **1** plåga, besvära; tjafsa med **2** besvära sig **II** *subst* besvär; tjafs; plåga

bottle ['ba:tl] **I** *subst* butelj, flaska **II** *verb* buteljera, tappa på flaska

bottleneck ['ba:tlnekk] *subst* bildligt flaskhals

bottle opener ['ba:tl ˌoupnər] *subst* kapsylöppnare
bottom ['ba:təm] **I** *subst* **1** botten; underdel **2** bortre ända, slut **3** *at ~* i grund och botten, i själ och hjärta; *be at the ~ of* ligga bakom; stå bakom **II** *adj* **1** lägsta, sista, understa **2** grund-
bottomless ['ba:təmləs] *adj* utan botten; bottenlös
bottom line [ˌba:təm 'lajn] *subst* **1** *the ~* sista raden, resultatet i bokslut **2** kärnpunkt, slutsats
bough [bao] *subst* större trädgren; lövruska
bought [ba:t] *verb* imperf. o. perf.p. av *buy*
bouillon cube ['bollja:n kjob] *subst* buljongtärning
boulder ['bouldər] *subst* stenblock
bounce [baons] **I** *verb* **1** studsa; hoppa **2** vard. ej godkännas om check utan täckning **II** *subst* duns, stöt
bouncer ['baonsər] *subst* vard. utkastare
1 bound [baond] **I** *verb* imperf. o. perf.p. av *bind* **II** *adj* bunden; inbunden; *he is ~ to...* han är tvungen att...; han kan inte undgå att...
2 bound [baond] *adj* destinerad; *~ for* på väg till
3 bound [baond] **I** *verb* studsa; skutta **II** *subst* skutt, hopp
4 bound [baond] *subst, bounds* gräns, gränser
boundary ['baondəri] *subst* gräns, gränslinje
boundless ['baondləs] *adj* gränslös
bourgeois ['borrʒwa:] *adj* borgerlig
bout [baot] *subst* **1** dust, kamp **2** anfall, släng
1 bow [bao] **I** *verb* nicka **II** *subst* bugning, nickning
2 bow [bou] *subst* **1** båge **2** pilbåge **3** stråke **4** glasögonbåge
1 bowl [boul] *subst* **1** skål, bunke **2** bål dryck **3** skålformat stadion, utomhusarena **4** amer. fotboll stormatch
2 bowl [boul] **I** *subst* klot; boll; *bowls* bowls spel **II** *verb* spela bowls; spela bowling
bow-legged ['bouleggəd] *adj* hjulbent
bowler ['boulər] *subst* bowlare
bowler hat ['boulər ˌhätt] *subst* plommonstop
bowling ['bouling] *subst* bowling
bowling alley ['bouling ˌälli] *subst* bowlinghall
bowling green ['bouling gri:n] *subst* gräsplan för bowls
bows [baoz] *subst pl* bog; för

bow tie [ˌbou 'taj] *subst* rosett, fluga

1 box [ba:ks] *subst* **1** låda, kista; ask, dosa; ~ *lunch* matsäck **2** bås; spilta **3** postbox **4** ruta på blankett **5** loge på teater

2 box [ba:ks] *verb* boxa, boxas

1 boxer ['ba:ksər] *subst* boxare

2 boxer ['ba:ksər] *subst* boxer hundras

boxing ['ba:ksing] *subst* boxning

box office ['ba:ks ˌa:fəss] *subst* biljettkontor för teater o.d.; *be a ~ success* vara en kassapjäs

boy [båj] *subst* pojke

boycott ['båjka:t] **I** *verb* bojkotta **II** *subst* bojkott

boyfriend ['båjfrennd] *subst* pojkvän, kille

boyish ['båjisch] *adj* **1** pojkaktig; pojk- **2** barnslig

bra [bra:] *subst* vard. bh, behå

brace [brejs] **I** *subst* **1** spänne; stag **2** *braces* tandställning **II** *verb* **1** ~ *oneself* ta sig samman **2** stärka

bracelet ['brejslət] *subst* armband

bracket ['bräkkət] **I** *subst* parentes **II** *verb* sätta inom parentes

brag [brägg] **I** *verb* skryta, skrävla **II** *subst* skrytmåns

braid [brejd] **I** *subst* **1** fläta **2** hårband **II** *verb* fläta

brain [brejn] *subst* hjärna; *brains* vett; begåvning

brainchild ['brejntchajld] *subst* idé

brainstorm ['brejnstå:rm] **I** *verb* kläcka idéer gemensamt **II** *subst* idékläckning

brainwash ['brejnwa:sch] *verb* hjärntvätta

brainwave ['brejnwejv] *subst* snilleblixt, ljus idé

braise [brejz] *verb* bräsera

brake [brejk] **I** *subst* broms **II** *verb* bromsa

brake fluid ['brejk flo:idd] *subst* bromsvätska, bromsolja

brake light ['brejk lajt] *subst* bromsljus

bran [bränn] *subst* kli

branch [bränntsch] *subst* **1** gren, kvist **2** filial; ~ *office* lokalkontor

brand [brännd] **I** *subst* **1** sort, märke **2** bildligt stämpel **II** *verb* bildligt brännmärka, stämpla

brand-new [ˌbrännd'no:] *adj* splitter ny

brandy ['bränndi] *subst* konjak

brash [bräsch] *adj* **1** framfusig, fräck **2** prålig

brass [bräss] *subst* **1** mässing;

~ ***band*** blåsorkester **2** ***the top*** ~ vard. höjdarna

brassiere [brə'ziər] *subst* bh, behå

brat [brätt] *subst* barnunge, snorvalp

brat pack ['brätt päkk] *subst* grupp populära unga skådespelare (författare)

brave [brejv] *adj* modig, djärv

bravery ['brejvəri] *subst* mod, tapperhet

brawl [bra:l] **I** *verb* bråka, gruffa **II** *subst* bråk, gruff

bray [brej] **I** *verb* om åsna skria; gapa högljutt **II** *subst* åsnas skri

brazen ['brejzn] *adj* **1** av mässing **2** fräck, skamlös

Brazil [brə'zill] Brasilien

breach [bri:tch] **I** *subst* **1** brott; överträdelse **2** bildligt brytning **II** *verb* bryta

bread [bredd] **I** *subst* bröd; levebröd; slang stålar **II** *verb* bröa; panera

bread and butter [ˌbredd ənd 'battər] *subst* huvudinkomst

breadline ['breddlajn] *subst* **1** utspisningskö **2** ***on the*** ~ på existensminimum

breadth [breddθ] *subst* bredd, vidd

breadwinner ['breddˌwinnər] *subst* familjeförsörjare

break* [brejk] **I** *verb* **1** bryta, bryta av, bryta sönder; slå sönder; gå sönder **2** knäcka, ruinera; bryta ner; tämja djur **3** bryta mot regler o.d. **4** ~ ***loose*** om t.ex. djur slita sig; ~ ***open*** bryta upp; spränga; ***dawn is breaking*** det gryr **5** ~ ***away*** slita sig lös; göra sig fri; ~ ***down*** bryta ner; knäcka; bryta ihop; gå sönder och stanna, strejka; stranda om förhandlingar; ~ ***in*** tämja, rida in; ~ ***into a house*** bryta sig in i ett hus; ~ ***laughter*** brista ut i skratt; ~ ***off*** avbryta; brytas av; ~ ***out*** bryta ut; rymma; ~ ***through*** bryta sig igenom; lyckas; ~ ***up*** bryta upp; skingra; gå skilda vägar; vard. göra slut **II** *subst* **1** brott **2** avbrott; paus; ***without a*** ~ utan avbrott; i ett kör **3** ***give me a*** ~ lägg av!

breakdown ['brejkdaon] *subst* **1** sammanbrott **2** maskinhaveri; motorstopp

breaker ['brejkər] *subst* **1** bränning **2** ***circuit*** ~ strömbrytare

breakfast ['brekkfəst] **I** *subst* frukost **II** *verb* äta frukost

break-in ['brejkinn] *subst* inbrott

breaking point ['brejking påjnt] *subst* bristningsgräns

break-out ['brejkaot] *subst* utbrytning, rymning

breakthrough ['brejkθro:] *subst* genombrott

break-up ['brejkapp] *subst* upplösning; brytning; uppbrott

breakwater ['brejk,wa:tər] *subst* vågbrytare, pir

breast [bresst] *subst* bröst; barm

breast-feed ['bresstfi:d] *verb* amma

breaststroke ['bresststrouk] *subst* bröstsim

breath [breθ] *subst* **1** andedräkt **2** andetag **3** ***a ~ of fresh air*** en nypa frisk luft; en frisk fläkt

Breathalyzer® ['breθəlajzər] *subst* alkotestapparat

breathe [bri:ð] *verb* **1** andas; leva **2** andas ut, hämta andan

breather ['bri:ðər] *subst* vilopaus; avkoppling

breathing-space ['bri:ðingspejs] *subst* andrum

breathless ['breθləs] *adj* andfådd; andlös

breathtaking ['breθ,tejking] *adj* nervpirrande; hisnande

breed [bri:d] **I** *verb* **1** föda upp djur; odla **2** få ungar; föröka sig **3** frambringa, alstra **II** *subst* **1** ras; släkte **2** nedsättande halvblodsindian, halvblod

breeding ['bri:ding] *subst* **1** avel **2** god uppfostran

breeze [bri:z] *subst* **1** bris, fläkt, lätt vind **2** ***shoot the ~*** slang snacka

breezy ['bri:zi] *adj* **1** blåsig; sval, frisk **2** lättsam och ytlig

brevity ['brevvəti] *subst* korthet

brew [bro:] **I** *verb* **1** brygga **2** vara i görningen **II** *subst* brygd; slang öl

brewery ['bro:əri] *subst* bryggeri

bribe [brajb] **I** *subst* muta **II** *verb* muta

bribery ['brajbəri] *subst* bestickning, mutande

brick [brikk] *subst* tegelsten

bricklayer ['brikk,lejər] *subst* murare

bridal ['brajdl] *adj* brud-, bröllops-

bride [brajd] *subst* brud

bridegroom ['brajdgro:m] *subst* brudgum

bridesmaid ['brajdzmejd] *subst* brudtärna; ***junior ~*** brudnäbb

1 bridge [briddʒ] *subst* bridge

2 bridge [briddʒ] **I** *subst* bro; brygga **II** *verb* slå en bro över; överbrygga

bridle ['brajdl] **I** *subst* **1** betsel **2** bildligt tygel **II** *verb* **1** betsla **2** bildligt tygla

bridle path ['brajdl päθ] *subst* ridväg

brief [bri:f] **I** *subst* **1** sammandrag; kort referat **2** *briefs* trosor; kalsonger **II** *adj* kortfattad, kortvarig; *in ~* kort sagt; i korthet **III** *verb* **1** sammanfatta **2** instruera, briefa

briefcase ['bri:fkejs] *subst* portfölj

bright [brajt] **I** *adj* **1** klar, ljus **2** glädjestrålande **3** vaken, skärpt, begåvad **II** *adv* klart

brighten ['brajtn] *verb* lysa upp, förgylla; pigga upp

brilliance ['brilljәns] o. **brilliancy** ['brilljәnsi] *subst* briljans, begåvning

brilliant ['brilljәnt] **I** *adj* briljant; lysande **II** *subst* briljant

brim [brimm] **I** *subst* **1** brädd, kant, rand **2** brätte **II** *verb* fylla till brädden

brine [brajn] *subst* saltvatten, saltlake

bring* [bring] *verb* **1** ha med sig; hämta **2** medföra; förmå **3** *~ about* få till stånd; *~ along* ha med sig, ta med; *~ back* ta med sig tillbaka; väcka minnen; *~ down* få ner, sänka; *~ forth* frambringa; lägga fram; *~ forward* anföra, lägga fram; *~ in* föra in, bära in; kalla in; *~ off* klara av; *~ on* förorsaka, medföra; *~ out* framhäva, bringa i dagen; *~ round* få att kvickna till, återställa; *~ up* uppfostra; föra på tal

brink [bringk] *subst* rand, kant; *be on the ~ of doing sth.* vara på vippen att göra ngt

brisk [brissk] *adj* rask; uppiggande; munter

bristle [brissl] **I** *subst* borst **II** *verb* resa sig; vimla av

Britain ['brittn] Storbritannien

British ['brittisch] **I** *adj* brittisk; engelsk **II** *subst, the ~* britterna, engelsmännen

brittle ['brittl] *adj* spröd, skör, bräcklig

bro [brou] *subst* vard. **1** brorsa **2** polare

broach [broutch] *verb, ~ a question* börja dryfta en fråga

broad [bra:d] **I** *adj* **1** bred; vid **2** allmän, generell **II** *subst* slang fruntimmer, brud

broadcast ['bra:dkässt] **I** *verb* sända i radio el. TV **II** *subst* sändning i radio el. TV

broaden ['bra:dn] *verb* göra bredare; vidga

broad jump ['bra:d dʒammp] *subst* längdhopp

broadly ['bra:dli] *adv* brett, vitt; i största allmänhet

broad-minded [ˌbra:d'majndidd] *adj* vidsynt, tolerant
broccoli ['bra:kəli] *subst* broccoli
brochure ['brouschoər] *subst* broschyr
broil [bråjl] *verb* steka, halstra, grilla
broke [brouk] **I** *verb* imperf. av *break* **II** *adj* vard. pank
broken ['broukən] **I** *verb* perf.p. av *break* **II** *adj* **1** bruten; sönderslagen **2** nedbruten **3** tämjd; inkörd
broken-hearted [ˌbroukən'ha:rtəd] *adj* med brustet hjärta
broker ['broukər] *subst* mäklare
bronchitis [bra:ng'kajtəs] *subst* bronkit, luftrörskatarr
bronze [bra:nz] **I** *subst* brons **II** *verb* bli brun, bli solbränd
brooch [broutch] *subst* brosch
brood [bro:d] *verb* ruva
brook [brokk] *subst* bäck, å
broom [bro:m, bromm] *subst* kvast
broomstick ['bro:mstikk] *subst* kvastskaft
broth [bra:θ] *subst* buljong
brothel ['bra:θl] *subst* bordell
brother ['braðər] *subst* bror, broder; vard., i tilltal grabben, hörru
brother-in-law ['braðərinnla:] *subst* svåger
brought [bra:t] *verb* imperf. o. perf.p. av *bring*
brow [brao] *subst* ögonbryn
browbeat ['braobi:t] *verb* domdera, hunsa
brown [braon] **I** *adj* **1** brun **2** solbränd **II** *verb* bryna
brownie ['braoni] *subst* **1** slags halvseg småkaka med choklad och nötter **2** tomte **3** miniorscout flicka, 8-11 år
browse [braoz] *verb* **1** beta **2** gå runt och titta i affärer; ~ *through* bildligt botanisera bland
bruise [bro:z] **I** *subst* blåmärke; fläck på frukt o.d. **II** *verb* orsaka blåmärken
brunette [bro'nett] *subst* o. *adj* brunett
brush [brasch] **I** *subst* borste; kvast; pensel **II** *verb* **1** borsta; sopa **2** ~ *against* (*by, past*) snudda vid; stryka förbi **3** ~ *up on* friska upp sina kunskaper i
brushwood ['braschwodd] *subst* småskog, snårskog
Brussels ['brasslz] Bryssel; ~ *sprouts* brysselkål
brutal ['bro:tl] *adj* brutal, rå
brute [bro:t] **I** *adj* själlös, rå **II** *subst* **1** brutal människa **2** best djur
BS [ˌbi:'ess] (förk. för *Bachelor*

of Science) grundexamen motsvarande fil. kand.

bubble ['babbl] **I** *subst* bubbla **II** *verb* bubbla, porla; sprudla

bubble bath ['babbl bäθ] *subst* skumbad

bubble gum ['babbl gamm] *subst* bubbelgum

1 buck [bakk] **I** *subst* **1** bock, hanne **2** slang, nedsättande ung neger (indian) **3** bock gymnastikredskap **II** *verb* hoppa och sparka bakut om vildhäst; ~ ***the system*** kämpa emot reglerna

2 buck [bakk] *subst* slang dollar

bucket ['bakkət] *subst* hink, spann; ***it was raining buckets*** regnet öste ner

buckle ['bakkl] *subst* spänne

1 bud [badd] **I** *subst* knopp **II** *verb* knoppas, slå ut

2 bud [badd] *subst* slang kompis, polare

Buddhism ['bo:dizzəm] *subst* buddism

budding ['badding] *adj* knoppande; bildligt spirande

buddy ['baddi] *subst* slang kompis, polare

budge [baddʒ] *verb, **not** ~* inte röra sig ur fläcken

budget ['baddʒət] **I** *subst* budget; lågpris- **II** *verb* göra upp en budget

1 buff [baff] **I** *subst* sämskskinn **II** *adj* mattgul, brungul

2 buff [baff] *subst* fantast, entusiast

buffalo ['baffəlou] *subst* buffel; bisonoxe

buffer ['baffər] *subst* buffert

1 buffet I [bə'fej, ˌbo'fej] *subst* knytnävsslag; bildligt slag, törn **II** ['baffət] *verb* slå; knuffa omkring

2 buffet [bə'fej] *subst* buffé möbel el. måltid

bug [bagg] **I** *subst* **1** insekt **2** vard. bacill; ***catch a*** ~ få en förkylning **3** vard. entusiast, fantast, dåre **4** vard. dold mikrofon **II** *verb* **1** vard. bugga avlyssna **2** vard. reta, tråka, irritera

build* [billd] **I** *verb* bygga **II** *subst* kroppsbyggnad; konstruktion

builder ['billdər] *subst* byggare; byggmästare

building ['billding] *subst* byggnad, hus

build-up ['billdapp] *subst* uppbyggnad; intensifiering

built [billt] *verb* imperf. o. perf.p. av *build*

built-in [ˌbillt'inn] *adj* inbyggd; integrerad

bulb [ballb] *subst* **1** blomlök **2** glödlampa

bulge [balldʒ] **I** *subst* bula,

buckla **II** *verb* bukta (svälla) ut

bulk [ballk] *subst* **1** volym; omfång **2** *in ~* i stora partier, i lös vikt

bulky ['ballki] *adj* skrymmande, klumpig

bull [boll] *subst* **1** tjur; hanne **2** snack, struntprat

bulldog ['bollda:g] *subst* bulldogg

bulldozer ['boll,douzər] *subst* bulldozer

bullet ['bollitt] *subst* gevärskula

bulletin ['bollətən] *subst* bulletin; rapport; *~ board* anslagstavla

bulletproof ['bollitpro:f] *adj* skottsäker

bullfight ['bollfajt] *subst* tjurfäktning

bullhorn ['bollhå:rn] *subst* megafon med förstärkare

bullion ['bolljən] *subst* guldtacka, silvertacka

bullock ['bolla:k] *subst* stut, oxe

bullpen ['bollpenn] *subst* ung. avbytarbås för kastare i baseboll

bullring ['bollring] *subst* tjurfäktningsarena

bull's-eye ['bollzaj] *subst* skotttavlas prick; fullträff

bully ['bolli] **I** *subst* översittare; mobbare **II** *verb* domdera; mobba **III** *interj, ~ for you!* vard., ironiskt tjusigt!, det tar sig!

bum [bamm] vard. **I** *subst* **1** lodis, A-lagare; odåga, nolla; *be on the ~* om sak vara kaputt **2** *ski ~* skidfantast, skiddåre **II** *adj* urdålig; trasig; falsk; *bum's rush* slang handgripligt utkastande; snabbt avfärdande **III** *verb* **1** *~ around* luffa omkring; gå och dra, slå dank **2** tigga

bumble-bee ['bammblbi:] *subst* humla

bump [bammp] **I** *subst* **1** törn, stöt **2** bula; litet gupp; luftgrop **II** *verb* **1** törna, köra; *I bumped into him* äv. jag stötte ihop med honom **2** *~ off* slang fixa, mörda

bumper ['bammpər] **I** *subst* stötfångare, kofångare på bil **II** *adj, ~ crop* rekordskörd

bumpy ['bammpi] *adj* gropig, ojämn, guppig

bun [bann] *subst* **1** bulle **2** hårknut

bunch [bantsch] *subst* klase; knippa, bunt

bundle ['banndl] *subst* bunt, knyte, bylte, packe

bungalow ['banggəlou] *subst* bungalow

bungle ['banggl] **I** *verb* schabbla bort, göra pannkaka av **II** *subst* schabbel; röra

bunion ['bannjən] *subst* öm inflammerad knöl på stortån
bunk [bangk] **I** *subst* koj, brits **II** *verb* gå till kojs
bunk bed ['bangk bedd] *subst* våningssäng
bunker ['bangkər] **I** *subst* bunker; bildligt hinder **II** *verb* bunkra
bunny ['banni] *subst* barnspråk kanin; ***the Easter Bunny*** påskharen
1 bunting ['bannting] *subst* sparv
2 bunting ['bannting] *subst* flaggor, flaggdekorationer
buoy [bo:i] *subst* boj; prick
buoyant ['båjənt] *adj* **1** flytande **2** hoppfull
burden ['bö:rdn] **I** *subst* börda; ***be a ~ to*** ligga till last **II** *verb* belasta; betunga
bureau ['bjorrou] *subst* **1** ämbetsverk; byrå **2** byrå möbel
bureaucracy [bjo'ra:krəsi] *subst* byråkrati
burglar ['bö:rglər] *subst* inbrottstjuv; ***~ alarm*** tjuvlarm
burglary ['bö:rgləri] *subst* inbrott, inbrottsstöld
Burgundy ['bö:rgəndi] Bourgogne
burial ['berriəl] *subst* begravning
burly ['bö:rli] *adj* stor och kraftig
burn* [bö:rn] **I** *verb* bränna; elda upp; brinna, brinna upp; ***~ for*** längta efter **II** *subst* brännskada, brännsår
burned up [ˌbö:rnd 'app] *adj* förbannad, arg
burner ['bö:rnər] *subst* brännare; låga på gasspis; ***put sth. on the back ~*** skjuta upp ngt
burning ['bö:rning] *adj* brinnande, glödande
burnt [bö:rnt] *verb* imperf. o. perf.p. av *burn*
burp [bö:rp] **I** *verb* rapa **II** *subst* rap
burro ['bö:rou] *subst* packåsna
burrow ['börou] **I** *subst* djurs håla, lya **II** *verb* gräva
burst [bö:rst] **I** *verb* **1** brista, rämna, spricka **2** ***~ in on sb.*** falla över ngn **II** *subst* **1** bristning **2** explosion; plötsligt utbrott; salva
bury ['berri] *verb* begrava; gräva ner; gömma
bus [bass] **I** *subst* buss **II** *verb* **1** åka buss **2** bussa till skolan
bus boy ['bass båj] *subst* diskplockare
bush [bosch] *subst* **1** buske; busksnår **2** bush; vildmark
bushy ['boschi] *adj* buskrik; buskig; yvig
business ['bizznəs] *subst* **1** affärer, affärslivet; firma; ***~ hours*** affärstid; kontorstid; ***~ economics*** företagsekonomi

2 ärende; sak; ***it's none of your ~*** det angår dig inte

businesslike ['bizznəslajk] *adj* affärsmässig; metodisk; kylig

businessman ['bizznəsmänn] *subst* affärsman

businesswoman ['bizznəsˌwommən] *subst* affärskvinna

bus stop ['bass sta:p] *subst* busshållplats

1 bust [basst] *subst* **1** byst skulptur **2** byst; bystmått

2 bust [basst] **I** *verb* vard. haffa, arrestera **II** *subst* razzia; ***go ~*** gå åt skogen, misslyckas

bustle ['bassl] **I** *verb* gno, jäkta **II** *subst* brådska, fläng, jäkt

bustling ['bassling] *adj* livlig; jäktig

busy ['bizzi] **I** *adj* **1** sysselsatt, upptagen; ***be ~*** äv. ha fullt upp; ***keep ~*** hålla sysselsatt **2** livlig, rörlig **II** *verb* sysselsätta

busybody ['bizziˌba:di] *subst* beskäftig människa

but [batt, obetonat bət] **I** *konj* men, utan; men i alla fall; utom **II** *adv* bara

butcher ['bottchər] **I** *subst* slaktare; bildligt bödel; ***the butcher's*** köttaffären **II** *verb* slakta

butler ['battlər] *subst* förste betjänt

1 butt [batt] *subst* **1** tjockända **2** rest, stump; fimp; slang cigarett **3** slang häck, ända, bak

2 butt [batt] *subst* bildligt skottavla, driftkucku

3 butt [batt] *verb* **1** knuffa, stånga **2** ~ ***in*** blanda sig i, avbryta

butter ['battər] **I** *subst* smör **II** *verb* bre smör på; smöra

butterfly ['battərflaj] *subst* fjäril; ~ ***stroke*** fjärilsim

button ['battn] **I** *subst* knapp **II** *verb* knäppa

buxom ['bakksəm] *adj* yppig

buy* [baj] *verb* köpa

buyer ['bajər] *subst* köpare

buzz [bazz] **I** *subst* surr; sorl **II** *verb* surra

buzzer ['bazzər] *subst* ringklocka; ***the ~*** äv. slutsignalen

buzz word ['bazz wö:rd] *subst* vard. slagord, modeord

by [baj] **I** *prep* **1** vid, bredvid; intill; genom; via; med; ***travel ~ land*** resa till lands; ~ ***itself*** av sig själv; ~ ***the way*** apropå det; förresten **2** till, senast klockan, vid, mot; ~ ***night*** om natten, nattetid **3** i, per **II** *adv* **1** i närheten, bredvid; förbi **2** ~ ***and large*** i stort sett, på det hela taget

bye-bye [ˌbajˈbaj] *interj* vard. hej då!
bygone [ˈbajga:n] *adj* förgången, svunnen; *let bygones be bygones* glömma och förlåta
by-law [ˈbajla:] *subst* lokal myndighets förordning
BYOB [ˌbi:wajouˈbi:] (förk. för *bring your own bottle*) ta med egen dryck t.ex. på inbjudan till fest
bypass [ˈbajpäss] **I** *subst* bypassoperation **II** *verb* kringgå
by-product [ˈbajˌpra:dəkt] *subst* biprodukt; sidoeffekt
bystander [ˈbajˌstänndər] *subst* åskådare; ***innocent ~*** oskyldig åskådare
byword [ˈbajwö:rd] *subst* **1** visa **2** favorituttryck

C

C, c [si:] *subst* C, c
cab [käbb] *subst* **1** taxi **2** hytt i lastbil
cabaret [ˈkäbbərej] *subst* kabaré
cabbage [ˈkäbbidʒ] *subst* kål, vitkål
cabin [ˈkäbbinn] *subst* **1** stuga **2** på båt hytt; i flygplan kabin
cabinet [ˈkäbbinətt] *subst* skåp; ***kitchen ~*** köksskåp
cable [ˈkejbl] **I** *subst* **1** kabel; vajer **2** telegram **II** *verb* telegrafera
cable car [ˈkejbl ka:r] *subst* linbanevagn; i San Fransisco spårvagn
cable television [ˌkejbl ˈtelliˌviʒən] *subst* kabel-TV
cackle [ˈkäkkl] **I** *verb* **1** kackla **2** pladdra **II** *subst* **1** kackel **2** pladder
cactus [ˈkäkktəs] *subst* kaktus
cadet [kəˈdett] *subst* kadett
café [käˈfej] *subst* kafé, fik; liten restaurang
cafeteria [ˌkäffəˈtirrjə] *subst* matsal i skola; servering
cage [kejdʒ] *subst* bur
cajole [kəˈdʒoul] *verb* lirka med, försöka övertala
Cajun [ˈkejdʒən] *adj* kajun-

cake [kejk] *subst* tårta; mjuk kaka; bakelse
calcium ['källsiəm] *subst* i ben kalk; grundämne kalcium
calculate ['källkjəlejt] *verb* beräkna, kalkylera
calculation [ˌkällkjə'lejschən] *subst* beräkning, kalkyl
calendar ['källəndər] *subst* almanacka; kalender
1 calf [käff] *subst* **1** kalv **2** kalvskinn
2 calf [käff] *subst* vad kroppsdel
caliber ['källibbər] *subst* kaliber
call [ka:l] **I** *verb* **1** kalla, benämna; ***be called*** heta, kallas **2** kalla på, ropa på; ringa till **3** ~ ***on*** hälsa 'på, besöka **4** ~ ***back*** ringa upp igen (senare); ~ ***in*** tillkalla, anlita; ~ ***in sick*** sjukanmäla sig; ~ ***off*** inställa; ~ ***out*** kalla in; ta ut i strejk; ~ ***together*** sammankalla; ~ ***up*** inkalla till värnplikt **II** *subst* **1** rop; läte **2** telefonsamtal; ***make a ~*** ringa ett samtal; ***on ~*** i beredskap; ***be on ~*** ha bakjour om läkare o.d. **3** kallelse **4** besök, visit
call box ['ka:l ba:ks] *subst* larmskåp kopplat till polisen; brandskåp
call girl ['ka:l gö:rl] *subst* callgirl
call-in ['ka:linn] *subst* telefonväktarprogram
calling ['ka:ling] *subst* kall, yrke
calling card ['ka:ling ka:rd] *subst* visitkort
callous ['källəs] *adj* **1** valkig, hård om hud **2** känslokall
calm [ka:m] **I** *adj* lugn, stilla **II** *subst* lugn, stiltje **III** *verb* lugna; ~ ***down*** lugna sig; bedarra
calorie ['källəri] *subst* kalori
calves [kävvz] *subst* pl. av *calf*
Cambodia [kämm'boudjə] Cambodja
camcorder ['kämmˌkå:rdər] *subst* videokamera med inbyggd bandspelare
came [kejm] *verb* imperf. av *come*
camel ['kämməl] *subst* kamel
camera ['kämmərə] *subst* kamera
cameraman ['kämmrəmən] *subst* kameraman
camouflage ['kämməfla:ʒ] **I** *subst* kamouflage **II** *verb* kamouflera
1 camp [kämmp] **I** *subst* läger **II** *verb* slå läger; campa; ~ ***out*** tälta; ***go camping*** tälta, åka ut och campa
2 camp [kämmp] *adj* avsiktligt smaklös, kitschig
campaign [kämm'pejn] **I** *subst* kampanj **II** *verb* propagera

camper ['kämmpər] *subst* **1** campare **2** husbil av enklare typ
camping ['kämmping] *subst* camping, lägerliv
camp site ['kämmp sajt] *subst* campingplats
campus ['kämmpəs] *subst* campus; *live on* ~ bo i studentbostäder på universitetsområdet
1 can [känn] *verb* **1** kan; orkar **2** kan, kan få, får
2 can [känn] **I** *subst* **1** burk; kanna **2** *the* ~ slang muggen, toan **3** slang ända, rumpa **4** *the* ~ slang kåken fängelse **II** *verb* **1** lägga in, konservera **2** slang sparka avskeda **3** ~ *it!* slang lägg av!, håll käften!
Canada ['kännədə] Kanada
Canadian [kə'nejdjən] **I** *adj* kanadensisk **II** *subst* kanadensare
canal [kə'näll] *subst* anlagd kanal
canary [kə'nerri] **I** *adj* kanariegul; *the Canary Islands* el. *the Canaries* Kanarieöarna **II** *subst* kanariefågel; undulat
cancel ['kännsəl] *verb* inställa; avbeställa; lämna återbud till
cancellation [ˌkännsə'lejschən] *subst* avbeställning; återbud
Cancer ['kännsər] *subst* Kräftan stjärntecken
cancer ['kännsər] *subst* cancer
candid ['känndidd] *adj* öppen, uppriktig; ~ *camera* dold kamera
candidate ['känndiddət] *subst* kandidat, sökande
candle ['känndl] *subst* stearinljus, ljus
candlelight ['känndllajt] *subst* levande ljus; ~ *dinner* middag med levande ljus
candlestick ['känndlstikk] *subst* ljusstake
candor ['känndər] *subst* uppriktighet
candy ['känndi] *subst* karameller, godis; ~ *cane* julgodis polkagris i käppform
cane [kejn] *subst* käpp; rör; *sugar* ~ sockerrör
canned [kännd] *adj* konserverad, på burk; ~ *goods* konserver
cannon ['kännən] *subst* kanon vapen
cannot ['känna:t] = *can not*
canoe [kə'no:] **I** *subst* kanot **II** *verb* paddla kanot
canon ['kännən] *subst* kanon musikstycke
can-opener ['kännˌoupənər] *subst* konservöppnare
canopy ['kännəpi] *subst* baldakin; ~ *bed* himmelssäng
can't [kännt] = *can not*

cantankerous [känn'tängkərəs] *adj* grälsjuk, sur
canteen [känn'ti:n] *subst* **1** lunchrum, matsal **2** fältflaska
canter ['känntər] **I** *subst, at a ~* i galopp **II** *verb* rida i kort galopp
canvas ['kännvəs] *subst* tältduk; kanvas; segel
canvass ['kännvəs] *verb* värva röster
canyon ['kännjən] *subst* kanjon djup trång dal
cap [käpp] *subst* **1** mössa; keps **2** kapsyl, lock
capability [ˌkejpə'billəti] *subst* förmåga; duglighet
capable ['kejpəbl] *adj* duglig, skicklig
capacitor [kə'pässətər] *subst* kondensator
capacity [kə'pässəti] *subst* kapacitet; *filled to ~* fullsatt; *in the ~ of* i egenskap av
1 cape [kejp] *subst* udde, kap
2 cape [kejp] *subst* cape, krage
1 caper ['kejpər] *subst, capers* kapris
2 caper ['kejpər] **I** *subst* glädjesprång **II** *verb* hoppa och skutta
capital ['käppətəl] **I** *adj* **1** *~ punishment* dödsstraff **2** stor om bokstav **II** *subst* **1** huvudstad **2** kapital
capitalism ['käppətəlizəm] *subst* kapitalism
capitalize ['käppətəlajz] *verb, ~ on* utnyttja, dra fördel av
Capitol ['käppətəl] *subst, the ~* Kongressbyggnaden i Washington DC
Capricorn ['käpprikå:rn] *subst* Stenbocken stjärntecken
capsize [käpp'sajz] *verb* kapsejsa, kantra
capsule ['käppsəl] *subst* kapsel; hölje
captain ['käpptən] *subst* **1** kapten **2** poliskommissarie **3** brandkapten
caption ['käppschən] *subst* rubrik; bildtext
captive ['käpptivv] **I** *adj* fängslad; *~ audience* ofrivilliga lyssnare **II** *subst* fånge
capture ['käpptchər] *verb* ta till fånga; bildligt fånga
car [ka:r] *subst* **1** bil **2** vagn på tåg; *freight ~* godsfinka **3** hisskorg
caramel ['kärrəməl] *subst* kola
caravan ['kärrəvänn] *subst* karavan
carbohydrate [ˌka:rbou'hajdrejt] *subst* kolhydrat
carbon ['ka:rbən] *subst* kol; *~ dioxide* koldioxid

carbonated ['ka:rbənejtəd] *adj* kolsyrad
carburetor ['ka:rbərejtər] *subst* förgasare
carcinogenic [ka:rsənou'dʒennikk] *adj* cancerframkallande
card [ka:rd] *subst* kort; *cards* äv. kortspel
cardboard ['ka:rdbå:rd] *subst* papp, kartong
card game ['ka:rd gejm] *subst* kortspel
cardiac ['ka:rdiäkk] *adj* hjärt-; ~ *arrest* hjärtstillestånd
cardigan ['ka:rdiggən] *subst* cardigan, kofta
cardinal ['ka:rdinnl] **I** *adj*, ~ *sin* huvudsynd; stort misstag **II** *subst* kardinal; kardinalfågel
card index [ˌka:rd 'inndekks] *subst* kortregister
care [käər] **I** *subst* omsorg; vård; ~ *instructions* på plagg skötselråd; *take* ~ akta sig, vara försiktig; *take ~!* el. *take ~ of yourself!* sköt om dig!, ha det så bra!; *take ~ of sb.* ta hand om ngn **II** *verb* bry sig om; *would you ~ for an ice cream?* vill du ha en glass?
career [kə'riər] *subst* levnadsbana, bana; karriär
career woman [kə'riər ˌwommən] *subst* yrkeskvinna
carefree ['kärrfri:] *adj* bekymmerslös; sorglös
careful ['kärrfoll] *adj* försiktig; aktsam
careless ['kärrləs] *adj* slarvig, vårdslös
carer ['kärrər] *subst* ung. anhörig som vårdare
caress [kə'ress] **I** *verb* smeka **II** *subst* smekning
caretaker ['kärrˌtejkər] *subst* **1** vaktmästare, portvakt **2** vårdare
car ferry ['ka:r ˌferri] *subst* bilfärja
cargo ['ka:rgou] *subst* last; frakt
Caribbean [ˌkärri'bi:ən, kar'ibbiən] **I** *adj* karibisk, västindisk **II** *subst*, *the ~* Karibiska havet; Västindien
caring ['kärring] *adj* som bryr sig om; ~ *professions* vårdyrken
carnal ['ka:rnl] *adj* sinnlig, köttslig
carnation [ka:r'nejschən] *subst* nejlika
carnival ['ka:rnivəl] *subst* **1** karneval **2** nöjesfält
carol ['kärəl] *subst* julsång; *Christmas* ~ julsång
carousel [ˌkärrə'sell] *subst* **1** karusell **2** bagageband
1 carp [ka:rp] *subst* karp
2 carp [ka:rp] *verb* gnata; tjata

carpenter ['ka:rpəntər] *subst* snickare
carpet ['ka:rpət] *subst* större mjuk matta
car phone ['ka:r foun] *subst* biltelefon
car-rental ['ka:r'renntəl] *adj, ~ service (agency)* biluthyrning
carriage ['kärridʒ] *subst* vagn hästskjuts
carrier ['kärriər] *subst* **1** bärare; bud **2** *mail ~* brevbärare
carrot ['kärrət] *subst* morot
carry ['kärri] *verb* **1** bära; bära på; ha med (på) sig **2** frakta **3** ha plats för, rymma **4** *~ away* hänföra, rycka med sig; *~ back* föra tillbaka i tiden; *~ off* vinna; klara av; *~ on* fortsätta, gå vidare; vard. bråka; *~ out* utföra; genomföra; verkställa
carry-on ['kärria:n] *adj, ~ baggage* handbagage
cart [ka:rt] *subst* tvåhjulig kärra; skrinda
cartilage ['ka:rtəliddʒ] *subst* brosk
carton ['ka:rtən] *subst* kartong, pappask; limpa cigaretter
cartoon [ka:r'to:n] *subst* skämtteckning; tecknad serie
cartridge ['ka:rtriddʒ] *subst* patron
carve [ka:rv] *verb* skära, snida; *~ the meat* skära upp köttet
carving-knife ['ka:rvingnajf] *subst* förskärare
cascade [kä'skejd] *subst* vattenfall; bildligt kaskad
1 case [kejs] *subst* fall, sak, fråga; *just in ~* för säkerhets skull; *in ~ of* i händelse av, vid; *in any ~* i varje fall; *in that ~* i så fall
2 case [kejs] *subst* låda; monter; fack; *a ~ of beer* en back öl, en platta öl
cash [käsch] *subst* kontanter; *~ purchase* kontantköp; *pay ~* betala kontant; *~ a check* lösa in en check; *~ in* kassera in, lösa in; *~ in on* dra nytta av
cash card ['käsch ka:rd] *subst* ung. bankomatkort
cashier [kä'schiər] *subst* kassör, kassörska
cashmere [käʒ'mirr] *subst* cashmere, kaschmir
cash register ['käsch ˌreddʒisstər] *subst* kassaapparat
casing ['kejsing] *subst* beklädnad; infattning
casino [kə'si:nou] *subst* kasino
casket ['kässkət] *subst* **1** likkista **2** skrin
casserole ['kässəroul] *subst* gryta maträtt

cassette [kə'sett] *subst* kassett; ~ *recorder* kassettbandspelare
cast [kässt] **I** *verb* **1** kasta **2** stöpa, forma **II** *subst* **1** kast **2** avgjutning **3** gips
castaway ['kässtəwej] *subst* skeppsbruten; utstött varelse
cast-iron [ˌkässt'ajərn] **I** *subst* gjutjärn **II** *adj* gjutjärns-; stark
castle ['kässl] *subst* slott, borg; i schack torn
cast-off ['kässta:f] *adj* kasserad, avlagd
castor oil [ˌkässtər 'åjl] *subst* ricinolja
castrate [kä'strejt] *verb* kastrera
casual ['käʒoəl] *adj* tillfällig; otvungen, ledig; ~ *dress* ledig klädsel; fritidskläder
casually ['käʒoəli] *adv* tillfälligt; otvunget; i förbigående
casualty ['käʒoəlti] *subst* **1** olycksfall **2** *casualties* döda och sårade, förolyckade
cat [kätt] *subst* **1** katt **2** slang kille, snubbe
catalog o. **catalogue** ['kättəla:g] *subst* katalog
catalyst ['kättəlisst] *subst* katalysator
catapult ['kättəpallt] *subst* katapult
catarrh [kə'ta:r] *subst* katarr
catastrophe [kə'tässtrəfi] *subst* katastrof
catch* [kättch] **I** *verb* **1** fånga; gripa, ta fatt; ***get caught*** fastna; komma i kläm **2** hinna i tid till; ~ ***up with*** hinna ifatt, komma ikapp med **3** smittas av; ~ ***a cold*** bli förkyld **II** *subst* **1** fångst; byte **2** ***there is a*** ~ ***in it*** det finns en hake
catching ['kättching] *adj* smittande
catchy ['kättchi] *adj* klatschig, som slår
category ['kättəgå:ri] *subst* kategori; klass
cater ['kejtər] *verb* leverera mat till, arrangera
catering ['kejtəring] *subst* catering
caterpillar ['kättərˌpillər] *subst* fjärilslarv
catfish ['kättfisch] *subst* mal fisk
cathedral [kə'θi:drəl] *subst* katedral, domkyrka
Catholic ['käθəlik] **I** *adj* katolsk **II** *subst* katolik
cattle ['kättl] *subst pl* boskap; ~ *car* boskapsvagn
caught [ka:t] *verb* imperf. o. perf.p. av *catch*
cauliflower ['ka:liflaoər] *subst* blomkål
caulk [ka:k] *verb* dikta fartyg
cause [ka:z] **I** *subst* **1** orsak

2 ideal, sak att kämpa för **II** *verb* orsaka, föranleda

caution ['ka:schən] **I** *subst* försiktighet **II** *verb* varna

cautious ['ka:schəs] *adj* försiktig, varsam

cavalry ['kävvəlri] *subst* kavalleri

cave [kejv] *subst* grotta

caveman ['kejvmən] *subst* grottmänniska

caviar ['kävvia:r] *subst* kaviar

CD [ˌsi:'di:] (förk. för *compact disc*) CD-skiva; ~ ***player*** CD-spelare

CD-ROM [ˌsi:di:'ra:m] (förk. för *compact disc read-only memory*) CD-ROM

cease [si:s] *verb* upphöra, sluta

cease-fire [ˌsi:s'fajər] *subst* kort vapenvila

ceaseless ['si:sləs] *adj* oupphörlig

cedar ['si:dər] *subst* ceder

ceiling ['si:ling] *subst* tak innertak

celebrate ['selləbrejt] *verb* fira, högtidlighålla

celebrated ['selləbrejtəd] *adj* berömd

celebration [ˌsellə'brejschən] *subst* firande; fest

celebrity [sə'lebbrəti] *subst* kändis

celery ['selləri] *subst* selleri

cell [sell] *subst* cell i olika betydelser

cellar ['sellər] *subst* källare

cello ['tchellou] *subst* cello

cellular phone ['selliələr foun] *subst* mobiltelefon

cement [si'mennt] *subst* cement

cemetery ['semmətäri] *subst* begravningsplats

censor ['sennsər] **I** *subst* censor; granskare **II** *verb* censurera

censorship ['sennsərschipp] *subst* censur

censure ['sennschər] *subst* censur

census ['sennsəs] *subst* ung. FoB, folkräkning

cent [sennt] *subst* cent mynt

centenary [senn'tennəri] *subst* hundraårsjubileum

center ['senntər] **I** *subst* centrum, center äv. i sporter; mittpunkt; ***arts*** ~ konstmuseum **II** *verb* centrera; koncentrera

centigrade ['senntəgrejd] *adj*, ***20 degrees*** ~ 20 grader Celsius

centimeter ['senntəˌmi:tər] *subst* centimeter

centipede ['senntəpi:d] *subst* tusenfoting insekt

central ['senntrəl] *adj* central; huvud-; ~ ***heating*** centralvärme

century ['senntschəri] *subst* sekel; *in the 20th ~* på 1900-talet
CEO [ˌsi:i'ou] (förk. för *chief executive officer*) VD (förk. för verkställande direktör)
ceramics [sə'rämmikk] *subst* keramik
cereal ['sirriəl] *subst* frukost-flingor, gröt; sädesslag
ceremony ['serrəmouni] *subst* ceremoni
certain ['sö:rtən] *adj* **1** säker **2** viss; *a ~ Mr. Brown* en viss Herr Brown
certainly ['sö:rtənli] *adv* **1** säkert; förvisso **2** som svar ja visst; *~ not!* absolut inte!
certainty ['sö:rtənti] *subst* säkerhet; *a ~* någonting säkert, en given sak
certificate [sər'tiffikkət] *subst* intyg; betyg; *health ~* friskintyg
certify ['sö:rtifaj] *verb* intyga; *certified mail* ung. rekommenderade försändelser
cervix ['sö:rvikks] *subst* livmoderhals
cf. (förk. för *confer*) jfr (förk. för jämför)
CFC [ˌs'i:effs'i:] (förk. för *chlorofluorocarbon*) freon
chafe [tchejf] *verb* **1** gnida **2** reta
chain [tchejn] **I** *subst* kedja; *chains* bojor **II** *verb* kedja fast; fjättra
chain stores ['tchejn stå:rz] *subst pl* butikskedja
chair [tchäər] *subst* **1** stol; *the ~* ordförande **2** *the ~* vard. elektriska stolen
chair lift ['tchäər lifft] *subst* sittlift, stollift
chairman ['tchärrmən] o. **chairwoman** ['tchärrwommən] *subst* ordförande
chalet [schä'lej] *subst* stuga i stugby o.d.; hus i Alperna
chalice ['tchälliss] *subst* nattvardskalk
chalk [tcha:k] *subst* krita
challenge ['tchälləndʒ] **I** *subst* utmaning **II** *verb* utmana; trotsa
chamber ['tchejmbər] *subst* kammare
chambermaid ['tchejmbərmejd] *subst* städerska på hotell
chamber music ['tchejmbər ˌmjo:zikk] *subst* kammarmusik
champagne [ˌschämm'pejn] *subst* champagne
champion ['tchämmpjən] **I** *subst* **1** mästare **2** förkämpe **II** *verb* kämpa för, strida för

championship ['tchämmpjənschipp] *subst* mästerskap
chance [tchänns] **I** *subst* **1** tillfällighet; slump; *by ~* händelsevis, av en slump **2** chans; *take chances* ta chanser (risker) **II** *adj* tillfällig, oförutsedd
chancellor ['tchännsələr] *subst* kansler
chandelier [ˌschänndə'liər] *subst* ljuskrona
change [tchejndʒ] **I** *verb* **1** ändra; *~ one's mind* ändra sig **2** byta; *~ trains* byta tåg **3** växla pengar **II** *subst* **1** förändring; *~ of address* adressändring **2** byte; ombyte; *for a ~* för omväxlings skull **3** växel småpengar; *keep the ~!* det är jämna pengar!
changeable ['tchejndʒəbl] *adj* föränderlig
change-over ['tchejndʒˌouvər] *subst* **1** övergång **2** sidbyte vid halvtid
changing ['tchejndʒing] *adj* växlande, föränderlig
changing-room ['tchejndʒingro:m] *subst* omklädningsrum
channel ['tchännl] **I** *subst* kanal; *the Channel* Engelska kanalen **II** *verb* kanalisera
chant [tchännt] *verb* skandera, mässa
chaos ['keja:s] *subst* kaos, virrvarr
chap [tchäpp] *verb* bli narig
chapel ['tchäppəl] *subst* kapell; kyrka
chaplain ['tchäpplinn] *subst* präst; armépräst
chapped [tchäppt] *adj* sprucken, narig
chapter ['tchäpptər] *subst* kapitel
char [tcha:r] *verb* förkolna
character ['kärrəktər] *subst* karaktär; natur; personlighet; *judge of ~* människokännare
characteristic [ˌkärrəktə'risstikk] **I** *adj* karakteristisk **II** *subst* kännetecken
charcoal ['tcha:rkoul] *subst* **1** träkol **2** grillkol
charge [tcha:rdʒ] **I** *verb* **1** anklaga **2** ta betalt; debitera **3** anfalla **II** *subst* **1** anklagelse; *bring a ~ against* väcka åtal mot **2** pris, avgift; *free of ~* gratis, avgiftsfri; *~ account* kundkonto i t.ex. varuhus **3** *person in ~* vakthavande, jourhavande; *be in ~ of* leda, ha hand om **4** anfall **5** elektrisk laddning
charisma [kə'rizzmə] *subst* utstrålning, karisma
charity ['tchärrəti] *subst* välgörenhet

charm [tcha:rm] **I** *subst* **1** charm; behag **2** berlock **II** *verb* charma; förtrolla
charming ['tcha:rming] *adj* förtjusande; charmig
chart [tcha:rt] *subst* **1** tabell; diagram **2** *the charts* topplistorna över musik o.d.
charter ['tcha:rtər] **I** *subst* charter; *air ~* charterflyg **II** *verb* chartra; *chartered bus* (*coach*) abonnerad buss
chase [tchejs] **I** *verb* jaga **II** *subst* jakt
chasm ['käzzəm] *subst* klyfta
chassis ['tchässi] *subst* bils kaross
chat [tchätt] **I** *verb* prata **II** *subst* prat; pratstund
chatter ['tchättər] **I** *verb* pladdra; tjattra **II** *subst* pladder, tjatter
chatterbox ['tchättərba:ks] o. **chatterer** ['tchättərə] *subst* pratkvarn
chatty ['tchätti] *adj* pratsam, pratig
chauffeur ['schoufö:r] *subst* privatchaufför
chauvinist ['schouvənisst] *subst* chauvinist; *male ~ pig* mansgris
cheap [tchi:p] **I** *adj* **1** billig **2** snål **3** lättköpt; vulgär **II** *adv* billigt
cheapskate ['tchi:pskejt] *subst* vard. snåljåp
cheat [tchi:t] **I** *verb* lura; fiffla; bedra **II** *subst* bedragare
cheater [tchi:tər] *subst* fuskare, falskspelare
check [tchekk] **I** *subst* **1** kontroll, koll **2** restaurangnota **3** check **II** *verb* **1** kontrollera, kolla **2** *~ in* anmäla sig; checka in; *~ into a hotel* ta in på ett hotell; *~ into the matter* kontrollera (undersöka) saken; *~ off* bocka för; *~ out* kvittera ut; kontrollera; checka ut från hotell; slang lämna in, kola av dö
checkbook ['tchekkbokk] *subst* checkhäfte
checked ['tchekkt] o. **checkered** ['tchekkərd] *adj* rutig
checking account ['tchekking əˌkaont] *subst* checkkonto
checkmate ['tchekkmejt] **I** *subst* schackmatt **II** *verb* göra schackmatt
check-out ['tchekkaot] *subst* **1** *~ counter* snabbköpskassa; *express ~* snabbkassa **2** utcheckning från hotell; *~ is at 12 noon* gästen ombeds lämna rummet senast kl. 12 avresedagen
checkpoint ['tchekkpåjnt] *subst* kontroll; vägspärr
check-up ['tchekkapp] *subst* kontroll, hälsokontroll

cheek [tchi:k] *subst* **1** kind **2** vard. fräckhet
cheeky ['tchi:ki] *adj* vard. uppkäftig
cheep [tchi:p] **I** *verb* pipa **II** *subst* pip
cheer [tchiər] **I** *subst* hurrarop; *cheers!* skål! **II** *verb* **1** muntra upp; ~ *up* gaska upp sig; pigga upp **2** hurra
cheerful ['tchirrfoll] *adj* glad, munter
cheese [tchi:z] *subst* ost; *say ~!* säg omelett! vid fotografering
cheetah ['tchi:tə] *subst* gepard
chef [scheff] *subst* köksmästare på restaurang
chemical ['kemmikəl] **I** *adj* kemisk **II** *subst* kemikalie
chemist ['kemmisst] *subst* kemist
chemistry ['kemmisstri] *subst* kemi
cherish ['tcherrisch] *verb* **1** hysa en känsla **2** vårda
cherry ['tcherri] *subst* körsbär
chess [tchess] *subst* schack spel
chessboard ['tchessbå:rd] *subst* schackbräde
chessman ['tchessmänn] *subst* schackpjäs
chest [tchesst] *subst* **1** kista, låda; ~ *of drawers* byrå **2** bröst, bröstkorg
chestnut ['tchessnatt] *subst* **1** kastanj **2** vard. gammalt (dåligt) skämt
chew [tcho:] *verb* tugga; ~ *sth. over* fundera över ngt
chewing-gum ['tcho:inggamm] *subst* tuggummi
chic [schi:k] *adj* chic, smakfull
chicken ['tchikkinn] *subst* **1** kyckling; höna; höns **2** slang fegis
chicken pox ['tchikkinn pa:ks] *subst* vattenkoppor
chicory ['tchikkəri] *subst* endiv; frisésallat
chief [tchi:f] **I** *subst* **1** chef, ledare **2** hövding **II** *adj* **1** i titlar chef-, chefs-, över- **2** viktigast; ledande
chiefly ['tchi:fli] *adv* framför allt
chiffon [schiff'a:n] *subst* chiffong
chilblain ['tchillblejn] *subst* frostknöl
child [tchajld] *subst* barn; *with ~* gravid, havande
childbirth ['tchajldbö:rθ] *subst* förlossning
child care ['tchajld käər] *subst* barnomsorg
childhood ['tchajldhodd] *subst* barndom
childish ['tchajldisch] *adj* barnslig, enfaldig

childlike ['tchajldlajk] *adj* barnslig
childminder ['tchajld,majndər] *subst* ung. dagmamma
childproof ['tchajldpro:f] *adj* barnsäker
children ['tchilldrən] *subst* pl. av *child*
chili ['tchilli] *subst* chili spansk peppar
chill [tchill] **I** *subst* kyla; ***get a ~*** bli förkyld **II** *verb* kyla; ***~ out*** slang ta det lugnt
chilly ['tchilli] *adj* kylig; kall
chime [tchajm] **I** *subst* klockspel **II** *verb* ringa; ***~ in*** lägga till
chimney ['tchimmni] *subst* skorsten
chimpanzee [,tchimmpänn'zi:] *subst* schimpans
chin [tchinn] *subst* haka
China ['tchajnə] Kina
china ['tchajnə] *subst* porslin
Chinese [,tchaj'ni:s] **I** *subst* **1** kines **2** kinesiska språk **II** *adj* kinesisk
chink [tchingk] *subst* spricka
chip [tchipp] **I** *subst* **1** flisa, spån **2** spelmark **II** *verb* flisa, spåna; ***chipped*** äv. kantstött
chiropodist [kə'ra:pədisst] *subst* fotvårdsspecialist
chirp [tchö:rp] **I** *verb* kvittra **II** *subst* kvitter
chisel ['tchizzl] **I** *subst* mejsel **II** *verb* **1** mejsla, hugga ut **2** lura
1 chit [tchitt] *subst* barnunge
2 chit [tchitt] *subst* skuldsedel
chit-chat ['tchittchätt] **I** *subst* småprat **II** *verb* småprata
chivalry ['schivvəlri] *subst* höviskhet
chive [tchajv] o. **chives** [tchajvz] *subst* gräslök
chlorine ['klå:ri:n] *subst* klor
chock-a-block [,tcha:kə'bla:k] *adj* fullpackad
chocolate ['tcha:klət] *subst* choklad
choice [tchåjs] **I** *subst* val; urval **II** *adj* utsökt
choir ['kwajər] *subst* kör
choirboy ['kwajərbåj] *subst* korgosse
choke [tchouk] **I** *verb* kväva; storkna; ***~ on sth.*** sätta ngt i halsen **II** *subst* **1** kvävning **2** choke
cholesterol [kə'lesstəroul] *subst* kolesterol
choline ['kouli:n] *subst* klor
choose* [tcho:z] *verb* **1** välja **2** ha lust, vilja
choosy ['tcho:zi] *adj* vard. kinkig, kräsen
chop [tcha:p] **I** *verb* hugga **II** *subst* **1** hugg **2** kotlett med ben
chopper ['tcha:pər] *subst* **1** köttyxa **2** vard. helikopter

choppy ['tcha:pi] *adj* om sjö krabb

1 chord [kå:rd] *subst* bildligt sträng

2 chord [kå:rd] *subst* musik ackord

chore [tchå:r] *subst* syssla; *chores* äv. hushållsbestyr

chortle ['tchå:rtl] **I** *subst* skrockande **II** *verb* skrocka

chorus ['kå:rəs] *subst* korus; kör

chose [tchouz] *verb* imperf. av *choose*

chosen ['tchouzn] *verb* perf.p. av *choose*

chowder ['tchaodər] *subst* slags fisksoppa

Christ [krajst] Kristus

christen ['krissn] *verb* **1** döpa **2** kalla fartyg

Christian ['krisstchən] *adj* o. *subst* kristen

Christianity [ˌkrisstchi'ännəti] *subst* den kristna läran

Christmas ['krissməs] *subst* jul; ~ *Day* juldagen; ~ *Eve* julafton; ~ *present* julklapp; ~ *tree* julgran

chrome [kroum] *subst* krom

chromosome ['krouməsoum] *subst* kromosom

chronic ['kra:nikk] *adj* kronisk

chronicle ['kra:nikkl] *subst* krönika

chronological [ˌkra:nə'la:dʒikkəl] *adj* kronologisk

chrysanthemum [kri'sännθəməm] *subst* krysantemum

chubby ['tchabbi] *adj* knubbig; trind

chuck [tchakk] *verb* klappa; ~ *overboard* slänga bort; ~ *out* vard. kasta ut

chuckle ['tchakkl] **I** *verb* skrocka; småskratta **II** *subst* skrockande skratt

chug [tchagg] *verb* **1** puttra, dunka **2** halsa öl

chum [tchamm] *subst* vard. kompis

chunk [tchangk] *subst* stor bit

church [tchö:rtch] *subst* kyrka; *go to* ~ gå i kyrkan

churchyard ['tchö:rtchja:rd] *subst* kyrkogård kring kyrka

churn [tchö:rn] **I** *subst* mjölkkanna **II** *verb* kärna smör

chute [scho:t] *subst, refuse* (*rubbish*) ~ sopnedkast

chutney ['tchattni] *subst* chutney

chutzpah ['hottspə] *subst* mage, fräckhet

cider ['sajdər] *subst* äppeljuice; *hard* ~ cider

cigar [si'ga:r] *subst* cigarr

cigarette [ˌsiggə'rett, 'siggərett] *subst* cigarett

Cinderella [ˌsinndəˈrellə] Askungen
cinecamera [ˈsinniˌkämmərə] *subst* filmkamera
cinema [ˈsinnəmə] *subst* bio
cinnamon [ˈsinnəmən] *subst* kanel
circle [ˈsö:rkl] **I** *subst* cirkel; krets; ***in business circles*** i affärskretsar **II** *verb* kretsa, cirkla
circuit [ˈsö:rkət] *subst* **1** omlopp, varv **2** strömkrets; ***short*** ~ kortslutning **3** i sporter racerbana; turnering
circuitous [sərˈkjo:ətəs] *adj* kringgående
circular [ˈsö:rkjələr] **I** *adj* cirkelrund; kringgående; ~ ***tour*** rundresa **II** *subst* cirkulär
circulate [ˈsö:rkjəlejt] *verb* låta cirkulera; sprida
circulation [ˌsö:rkjəˈlejschən] *subst* **1** cirkulation **2** spridning
circumference [sərˈkammfrəns] *subst* omkrets
circumstantial [ˌsö:rkəmˈstännschəl] *adj*, ~ ***evidence*** indicier
circumvent [ˌsö:rkəmˈvennt] *verb* kringgå
circus [ˈsö:rkəs] *subst* cirkus
cistern [ˈsisstərn] *subst* cistern; tank
citizen [ˈsittizən] *subst* medborgare; invånare
citizenship [ˈsittizənschipp] *subst* medborgarskap; ~ ***education*** samhällskunskap
city [ˈsitti] *subst* stor stad; ~ ***hall*** rådhus, stadshus
civic [ˈsivvikk] *adj* medborgerlig; kommunal; ~ ***center*** kommunalhus; kulturhus
civics [ˈsivvikks] *subst* samhällskunskap
civil [ˈsivvl] *adj* artig; civiliserad; civil-; ~ ***marriage*** borgerlig vigsel; ***the Civil Service*** civilförvaltningen statsförvaltningen utom den militära
civilian [siˈvilljən] *adj* o. *subst* civil
civilization [ˌsivvələˈzejschən] *subst* civilisation
clad [klädd] *adj* klädd; ***scantily*** ~ lättklädd
claim [klejm] **I** *verb* **1** kräva **2** göra anspråk på **3** hävda **II** *subst* **1** krav; påstående **2** ***baggage*** ~ på flygplats o.d. bagageutlämning
clairvoyant [klärrˈvåjənt] **I** *adj* klärvoajant, synsk **II** *subst* klärvoajant
clam [klämm] *subst* ätlig mussla; ~ ***bake*** party med skaldjursrätt
clamber [ˈklämmbər] *verb* klättra

clammy ['klämmi] *adj* fuktig, klibbig; kallfuktig
clamor ['klämmər] *subst* rop, skrik; larm
clamp [klämmp] *subst* krampa; klämma
clan [klänn] *subst* klan
clang [kläng] **I** *subst* skarp klang **II** *verb* klinga
clap [kläpp] **I** *verb* **1** klappa, dunka **2** applådera **II** *subst* **1** applåd **2** klapp, dunk
clarinet [ˌklärrə'nett] *subst* klarinett
clarity ['klärrəti] *subst* klarhet; skärpa
clash [kläsch] **I** *verb* **1** skramla **2** bildligt kollidera; ***the colors*** ~ färgerna skär sig **II** *subst* **1** skräll **2** strid, konflikt; ***cultural*** ~ kulturkrock
clasp [klässp] **I** *subst* knäppe, spänne **II** *verb* knäppa; omfamna
class [kläss] **I** *subst* **1** klass i olika betydelser **2** årgång, årsklass; ***the*** ~ ***of 1995*** årgång (avgångsklassen) 1995 **II** *verb* klassa
classic ['klässikk] **I** *adj* klassisk **II** *subst* klassiker
classical ['klässikəl] *adj* klassisk; traditionell
classified ['klässifajd] *adj* **1** klassificerad; ~ ***telephone directory*** yrkesregister i telefonkatalogen **2** hemligstämplad
classmate ['klässmejt] *subst* klasskamrat
classroom ['klässro:m] *subst* klassrum
clatter ['klättər] **I** *verb* slamra, skramla **II** *subst* slammer; oväsen
clause [kla:z] *subst* **1** klausul; paragraf **2** ***main*** ~ huvudsats; ***subordinate*** ~ bisats
claw [kla:] **I** *subst* klo **II** *verb* klösa, riva
clay [klej] *subst* lera; ~ ***court*** i tennis grusbana
clean [kli:n] **I** *adj* **1** ren; ***a*** ~ ***record*** ett fläckfritt förflutet **2** slang pank **II** *verb* **1** rengöra; tvätta; städa **2** ~ ***up*** rensa upp i; städa
clean-cut [ˌkli:n'katt] *adj* **1** ren **2** ordentlig
cleaner ['kli:nər] *subst* **1** städare, städerska; ***take sb. to the cleaners*** plocka ngn på allt han (hon) äger och har **2** rengöringsmedel
cleaning ['kli:ning] *subst* städning; ***dry*** ~ kemtvätt; ~ ***lady*** städerska
cleanliness ['klennlinnəs] *subst* renlighet, snygghet
cleanse [klennz] *verb* rengöra; rensa
cleanser ['klennzər] *subst* rengöringsmedel
clean-shaven [ˌkli:n'schejvn] *adj* slätrakad

clean-up ['kli:napp] *subst* sanering; upprensning
clear [kliər] **I** *adj* klar, ljus; tydlig; redig **II** *subst, in the ~* frikänd; skuldfri **III** *adv, keep (stay) ~ of* hålla sig ifrån **IV** *verb* **1** göra klar; klarna **2** rentvå **3** rensa; utrymma **4** *~ the roads* ploga vägarna **5** godkänna; *~ through customs* förtulla **6** *~ away* duka av; *~ out* rensa ut (bort); *~ up* göra rent i; reda upp (ut); klarna
clearance ['klirrəns] *subst* **1** tullklarering; grönt ljus **2** under bro, tunnel maximihöjd
clear-cut [ˌklirr'katt] *adj* klar, entydig
clearing ['klirring] *subst* **1** röjning **2** glänta
clearly ['klirrli] *adv* **1** tydligt **2** tydligen
clef [kleff] *subst* klav
cleft [klefft] *subst* klyfta
clench [klenntch] *verb* gripa hårt om; *clenched fist* knytnäve
clergy ['klö:rdʒi] *subst* prästerskap, präster
clergyman ['klö:rdʒimmən] *subst* präst
clerk [klö:rk] *subst* kontorist; tjänsteman; expedit; portier
clever ['klevvər] *adj* begåvad, intelligent
click [klikk] **I** *verb* knäppa till, klicka till **II** *subst* knäppning
client ['klajənt] *subst* kund; klient
cliff [kliff] *subst* brant klippa
climate ['klajmət] *subst* klimat; *change of ~* klimatombyte
climax ['klajmäkks] *subst* klimax
climb [klajm] *verb* klättra
climb-down ['klajmdaon] *subst* bildligt reträtt
climber ['klajmər] *subst* **1** klängväxt **2** bergsklättrare
clinch [klinntch] **I** *subst* i boxning clinch **II** *verb* slutföra, avgöra; *~ the pennant* säkra slutspelsplats i baseboll
cling [kling] *verb* klänga sig fast
clinic ['klinnikk] *subst* klinik
clinical ['klinnikkəl] *adj* klinisk
clink [klingk] **I** *verb* klirra med **II** *subst* klirr
1 clip [klipp] *subst* gem, klämma
2 clip [klipp] **I** *verb* klippa **II** *subst* **1** klippning **2** fart, takt
clipping ['klipping] *subst* tidningsurklipp
cloak [klouk] **I** *subst* kappa, slängkappa **II** *verb* svepa in, hölja
cloakroom ['kloukro:m] *subst*

1 kapprum, garderob **2** toalett

clock [kla:k] *subst* klocka; *round* (*around*) *the* ~ dygnet runt

clockwise ['kla:kwajz] *adv* medurs

clockwork ['kla:kwö:rk] *subst* urverk

clog [kla:g] *verb* klibba fast; klibba (slamma) igen

cloister ['klåjstər] *subst* kloster

1 close [klouz] **I** *verb* **1** stänga; lägga ner **2** sluta **3** ~ *down* om affär o.d. upphöra, slå igen; ~ *in* komma närmare; omringa; ~ *off* spärra av **II** *subst* slut

2 close [klous] **I** *adj* **1** nära, närstående; omedelbar **2** grundlig; noggrann **II** *adv* tätt, nära; ~ *at hand* strax i närheten; nära förestående

closed [klouzd] *adj* stängd; spärrad

close-knit [ˌklous'nitt] *adj* bildligt sammansvetsad

closely ['klousli] *adv* **1** nära, intimt **2** grundligt

closet ['kla:zət] *subst* skåp; garderob; *come out of the* ~ komma ut, börja uppträda öppet som humosexuell

close-up ['klousapp] *subst* närbild

closure ['klouʒər] *subst* stängning; slut

clot [kla:t] **I** *subst* klimp, klump; *blood* ~ blodpropp, propp **II** *verb* klumpa sig; levra sig

cloth [kla:θ] *subst* **1** tyg **2** trasa

clothe [klouð] *verb* klä

clothes [klouz] *subst pl* kläder

clothes brush ['klouz brasch] *subst* klädborste

clothes hanger ['klouz ˌhängər] *subst* galge

clothes line ['klouz lajn] *subst* klädstreck

clothespin ['klouzpinn] *subst* klädnypa

clothing ['klouðing] *subst* kläder; *men's* ~ herrkonfektion

cloud [klaod] **I** *subst* moln; *on* ~ *nine* i sjunde himlen **II** *verb* **1** mulna; ~ *over* mulna på **2** fördunkla

cloudburst ['klaodbö:rst] *subst* skyfall

cloudy ['klaodi] *adj* molnig; mulen

1 clove [klouv] *subst* klyfta av vitlök o.d.

2 clove [klouv] *subst* kryddnejlika

clover ['klouvər] *subst* klöver; *be in* ~ vara på grön kvist

clown [klaon] *subst* clown, pajas
cloying ['klåjing] *adj* sliskig
club [klabb] *subst* **1** klubba **2** *clubs* i kortspel klöver **3** klubb
clubhouse ['klabbhaos] *subst* klubbhus
club steak ['klabb stejk] *subst* enkelbiff
cluck [klakk] *verb* oja sig över
clue [klo:] *subst* ledtråd, spår; *I haven't got a ~* vard. det har jag ingen aning om
clump [klammp] *subst* klunga; klump
clumsy ['klammzi] *adj* klumpig
clung [klang] *verb* imperf. o. perf.p. av *cling*
cluster ['klasstər] *subst* klunga
1 clutch [klattch] **I** *verb* gripa krampaktigt **II** *subst* **1** grepp, tag **2** koppling **3** *clutches* bildligt klor
2 clutch [klattch] *subst* äggrede
clutter ['klattər] *subst* virrvarr, röra
Co. [kou] förk. för *Company*
c/o [ˌsi:'ou] (förk. för *care of*) på brev c/o
coach [koutch] **I** *subst* **1** turistbuss; långfärdsbuss **2** tränare **II** *verb* träna, vara tränare (lagledare) för
coal [koul] *subst* kol
coalition [ˌkouə'lischən] *subst* koalition
coalmine ['koulmajn] *subst* kolgruva
coarse [kå:rs] *adj* grov; ohyfsad
coast [koust] *subst* kust
coastal ['koustl] *adj* kust-
coastguard ['koustga:rd] *subst, the ~* sjöräddningen, kustbevakningen
coastline ['koustlajn] *subst* kustlinje
coat [kout] **I** *subst* rock; kappa **II** *verb* täcka med skyddande lager; dragera
coat hanger ['kout ˌhängər] *subst* klädgalge
coating ['kouting] *subst* beläggning; överdrag
coax [kouks] *verb* lirka med; truga
cobbler ['ka:blər] *subst* **1** skomakare **2** slags bärpaj
cobweb ['ka:bwebb] *subst* spindelnät
cocaine [kou'kejn] *subst* kokain
cock [ka:k] *subst* **1** tupp; hanne av fåglar **2** vulgärt kuk
cockerel ['ka:kərəl] *subst* ungtupp
cock-eyed ['ka:kajd] *adj* **1** skelögd, vindögd **2** tokig
cockle ['ka:kl] *subst* hjärtmussla; *warm the cockles of sb.'s heart* glädja ngn

cockpit ['ka:kpitt] *subst* cockpit, förarkabin
cockroach ['ka:kroutch] *subst* kackerlacka
cocktail ['ka:ktejl] *subst* cocktail; ~ *lounge* cocktailbar
cocoa ['koukou] *subst* kakao; *hot* ~ varm choklad
coconut ['koukənatt] *subst* kokosnöt
COD [ˌsi:ou'di:] (förk. för *collect on delivery*) mot postförskott
cod [ka:d] *subst* torsk
code [koud] **I** *subst* kod; *area* ~ riktnummer **II** *verb* koda
cod-liver oil [ˌka:dlivvər 'åjl] *subst* fiskleverolja
co-ed ['kouedd] **I** *subst* kvinnlig student på universitet **II** *adj* sam- för bägge könen
coercion [kou'ö:srchən] *subst* tvång
coffee ['ka:fi] *subst* kaffe; *make* ~ koka kaffe
coffee break ['ka:fi brejk] *subst* kafferast
coffee cake ['ka:fi kejk] *subst* kaffebröd
coffee maker ['ka:fi ˌmejkər] *subst* kaffebryggare
coffee pot ['ka:fi pa:t] *subst* kaffekanna
coffee-table ['ka:fiˌtejbl] *subst* soffbord
coffin ['ka:fən] *subst* likkista
cog [ka:g] *subst* kugge
cogent ['koudʒənt] *adj* bindande; sammanhängande
coil [kåjl] **I** *verb* ringla (slingra) sig **II** *subst* rulle; spiral
coin [kåjn] **I** *subst* slant, mynt; *the other side of the* ~ medaljens baksida **II** *verb* mynta
coinage ['kåjniddʒ] *subst* myntning; nybildning av ord
coincide [ˌkouin'sajd] *verb* sammanfalla
coincidence [kou'insiddəns] *subst* slump, tillfällighet
1 coke [kouk] *subst* koks kokain
2 coke® [kouk] *subst* coca--cola®
colander ['kalləndər] *subst* durkslag
cold [kould] **I** *adj* kall; kylig; ~ *buffet* kallskuret; ~ *snap* köldknäpp; *be* ~ frysa **II** *subst* **1** kyla **2** förkylning; *catch a* ~ el. *get a* ~ bli förkyld **III** *adv* vard. helt, fullständigt
cold-shoulder [ˌkould'schouldər] *verb* behandla som luft
coleslaw ['koulsla:] *subst* coleslaw vitkålssallad med majonnäsdressing
colic ['ka:likk] *subst* kolik
collapse [kə'läpps] **I** *subst* kollaps **II** *verb* kollapsa

collapsible [kə'läppsəbl] *adj* hopfällbar
collar ['ka:lər] **I** *subst* **1** krage **2** halsband **II** *verb* suga tag i
collar bone ['ka:lər boun] *subst* nyckelben
collateral [kə'lättərəl] **I** *adj* **1** parallell **2** på sidolinjen **II** *subst* säkerhet för lån
colleague ['ka:li:g] *subst* kollega, arbetskamrat
collect [kə'lekkt] **I** *verb* samla ihop, samla in; samla på; ~ *oneself* hämta sig; ta sig samman **II** *adj, a ~ call* ett ba-samtal, ett collect call telefonsamtal som betalas av mottagaren **III** *adv* mot efterkrav; *call* ~ ringa ba-samtal
collection [kə'lekkschən] *subst* **1** insamling **2** kollektion
collector [kə'lekktər] *subst* samlare
collide [kə'lajd] *verb* kollidera, krocka; ~ *with* äv. strida mot
collie ['ka:li] *subst* collie hundras
collision [kə'liʒən] *subst* kollision; krock
colloquial [kə'loukwiəl] *adj* talspråks-
1 colon ['koulən] *subst* grovtarm
2 colon ['koulən] *subst* kolon skiljetecken
colonel ['kö:rnl] *subst* överste
colony ['ka:ləni] *subst* koloni
color ['kallər] **I** *subst* **1** färg **2** ansiktsfärg; *change* ~ bli blek (röd); *get some* ~ få färg bli solbränd **3** *colors* t.ex. lags färger; flagga, fana **II** *verb* **1** färga **2** skifta färg; rodna
color bar ['kallər ba:r] *subst* rasdiskriminering
color-blind ['kallərblajnd] *adj* färgblind
colored ['kallərd] *adj* färgad
colorfast ['kallarfässt] *adj* tvättäkta
colorful ['kallərfoll] *adj* färgstark
coloring ['kalləring] *subst* **1** färgning **2** färgmedel
colt [koult] *subst* föl
column ['ka:ləm] *subst* **1** kolonn **2** kolumn
columnist ['ka:ləmnisst] *subst* kåsör, krönikör
coma ['koumə] *subst* koma
comb [koum] **I** *subst* kam äv. djurs **II** *verb* kamma
combat ['ka:mbätt] **I** *subst* kamp **II** *verb* bekämpa; kämpa
combination [ˌka:mbi'nejschən] *subst* kombination
combine [kəm'bajn] *verb* ena; kombinera
come* [kamm] *verb* **1** komma **2** ske; ~ *what may* hända vad som hända vill **3** *to* ~

kommande, blivande; ***how ~?*** hur kommer det sig?; ~ ***easy to sb.*** falla sig lätt för ngn; ~ ***loose*** lossna **4** ***he came*** vard. det gick för honom, han fick orgasm **5** ~ ***about*** inträffa, ske; ~ ***across*** komma över; ~ ***along*** komma (gå) med; ta sig, arta sig; ~ ***around*** komma förbi; kvickna till; repa sig; ~ ***by*** komma förbi; ~ ***forward*** träda fram; erbjuda sig; ~ ***from*** komma (vara) från; komma av, komma sig av; ~ ***into*** få ärva, tillträda; ~ ***into fashion*** komma på modet; ~ ***off*** lossna; ramla ner; bli av; lyckas; ~ ***on*** närma sig; ***autumn is coming on*** det börjar bli höst; ~ ***out*** komma ut äv. om bok o.d.; komma fram; träda fram, medge öppet; ~ ***out badly*** klara sig dåligt; ~ ***out the winner*** sluta som segrare; ~ ***through*** klara sig; ~ ***to*** leda till; ~ ***to nothing*** gå om intet; ***how much does it ~ to?*** hur mycket blir det?; ***when it comes down to it*** när det kommer till kritan; ~ ***up*** komma upp; komma på tal

comeback ['kammbäkk] *subst* **1** comeback **2** svar på tal

comedian [kə'mi:djən] *subst* komiker

come-down ['kammdaon] *subst* steg nedåt socialt

comedy ['ka:mədi] *subst* komedi

come-on ['kamma:n] *subst* vard. lockbete; invit

comet ['ka:mitt] *subst* komet

come-uppance [ˌkamm'appəns] *subst*, ***get one's ~*** vard. få vad man förtjänar

comfort ['kammfərt] **I** *subst* **1** tröst **2** välbefinnande **II** *verb* trösta

comfortable ['kammfərtəbl] *adj* bekväm; trygg; ***be ~*** trivas

comfortably ['kammfərtəbli] *adv* bekvämt; ***be ~ off*** ha det bra ställt

comfort station ['kammfərt ˌstejschən] *subst* bekvämlighetsinrättning, offentlig toalett

comic ['ka:mikk] **I** *adj* komisk; ~ ***opera*** operett; ~ ***strip*** tecknad serie **II** *subst* **1** ***the comics*** seriesidan i tidning **2** komiker på varieté

coming ['kamming] *adj* kommande; stundande; framtids-

comma ['ka:mə] *subst* kommatecken

command [kə'männd] **I** *verb* befalla; härska; föra befäl **II** *subst* befallning; order

commander [kə'männdər] *subst* befälhavare; chef

commando [kə'männdou] *subst* kommandosoldat

commemorate [kə'memmərejt] *verb* fira (hedra) minnet av

commence [kə'menns] *verb* börja

commend [kə'mennd] *verb* berömma; anbefalla

commensurate [kə'mennschərət] *adj* på samma nivå som

comment ['ka:mennt] **I** *subst* kommentar **II** *verb, ~ on* kommentera

commentary ['ka:məntəri] *subst* **1** kommentar **2** reportage

commentator ['ka:mmentejtər] *subst* kommentator

commerce ['ka:mərs] *subst* handel; *Secretary of Commerce* handelsminister

commercial [kə'mö:rschəl] **I** *adj* kommersiell, handels-; *~ television* reklam-TV **II** *subst* reklaminslag i radio el. TV

commiserate [kə'mizzərejt] *verb* ha medlidande med

commission [kə'mischən] **I** *subst* **1** uppdrag, order **2** kommission **II** *verb* **1** bemyndiga **2** ge i uppdrag

commissioner [kə'mischənər] *subst* polischef

commit [kə'mitt] *verb* **1** föröva, begå **2** *~ oneself* ta ställning; binda sig; engagera sig; *committed* engagerad

commitment [kə'mittmənt] *subst* åtagande; engagemang

committee [kə'mitti] *subst* utskott; kommitté

commodity [kə'ma:dəti] *subst* handelsvara; *household commodities* husgeråd

common ['ka:mən] **I** *adj* **1** gemensam **2** allmän; vanlig; *~ sense* sunt förnuft **II** *subst* **1** *in ~* gemensamt, tillsammans **2** allmänning

common-law ['ka:mənla:] *adj, ~ marriage* samvetsäktenskap

commonly ['ka:mənli] *adv* vanligen, i allmänhet

commonplace ['ka:mənplejs] **I** *subst* banalitet **II** *adj* alldaglig, trivial

commonsense [ˌka:mən'senns] *adj* förnuftig, nykter

commotion [kə'mouschən] *subst* tumult, väsen

communal [kəm'jo:nəl] *adj* gemensam, kollektiv; *~ kitchen* soppkök

commune ['ka:mjo:n] *subst* kollektiv, storfamilj

communicate [kə'mjo:nikejt] *verb* kommunicera; meddela

communication [kəˌmjo:ni'kejschən] *subst* **1** meddelande **2** kommunikation, förbindelser

Communion [kə'mjo:njən] *subst, first* ~ nattvard vid konfirmation; *Holy* ~ nattvard

community [kə'mjo:nəti] *subst* **1** samhälle; folkgrupp **2** ~ *center* ung. allaktivitetshus; ~ *chest* privat välgörenhetskassa; ~ *radio* närradio; ~ *service* samhällstjänst

commute [kə'mjo:t] *verb* pendla

commuter [kə'mjo:tər] *subst* pendlare; ~ *ticket* periodmärke för stamkort

compact I [ka:m'päkkt] *adj* kompakt; tät, solid
II ['ka:mpäkkt] *subst,* ~ el. ~ *car* småbil

companion [kəm'pännjən] *subst* följeslagare; sällskap

companionship [kəm'pännjənschipp] *subst* kamratskap

company ['kammpəni] *subst* **1** sällskap **2** bolag

comparatively [kəm'pärrətivvli] *adv* jämförelsevis

compare [kəm'päər] *verb* jämföra; ~ *to* jämföra med; jämställa med

comparison [kəm'pärrisn] *subst* jämförelse; *without* (*beyond all*) ~ utan jämförelse

compass ['kammpəs] *subst* **1** kompass **2** *compasses* passare

compassion [kəm'päschən] *subst* medlidande

compassionate [kəm'päschənət] *adj* medlidsam

compatible [kəm'pättəbl] *adj* förenlig; *they aren't* ~ de passar inte ihop

compel [kəm'pell] *verb* tvinga, förmå

compelling [kəm'pelling] *adj* tvingande; fängslande

compensate ['ka:mpennsejt] *verb* kompensera, uppväga

compensation [ˌka:mpenn'sejschən] *subst* kompensation, ersättning

compete [kəm'pi:t] *verb* tävla, konkurrera

competent ['ka:mpətənt] *adj* kompetent; kunnig

competition [ˌka:mpə'tischən] *subst* **1** konkurrens **2** tävling

competitive [kəm'pettətivv] *adj* **1** konkurrenskraftig **2** tävlingslysten

competitor [kəm'pettətər] *subst* **1** tävlande **2** rival; konkurrent

complain [kəm'plejn] *verb* klaga
complaint [kəm'plejnt] *subst* **1** klagomål; ***make a ~*** reklamera **2** fysiskt symtom
complement ['ka:mpləment] **I** *subst* komplement **II** *verb* komplettera
complementary [ˌka:mplə'menntəri] *adj* gratis; kompletterande
complete [kəm'pli:t] **I** *adj* komplett, fullständig; färdig **II** *verb* **1** avsluta **2** komplettera
completion [kəm'pli:schən] *subst* slutförande
complex ['ka:mplekks] **I** *adj* sammansatt **II** *subst* komplex; ***housing ~*** bostadsområde
complexion [kəm'plekkschən] *subst* hy
compliance [kəm'plajəns] *subst* i enlighet med lagen; medgörlighet
complicate ['ka:mpləkejt] *verb* komplicera
complicated ['ka:mpləkejtəd] *adj* komplicerad
complication [ˌka:mplə'kejschən] *subst* komplikation; ***complications*** äv. krångel
complicity [kəm'plissəti] *subst* delaktighet
compliment ['ka:mpləmənt] *subst* komplimang; ***compliments*** hälsningar
complimentary [ˌka:mplə'menntəri] *adj* smickrande, artighets-
comply [kəm'plaj] *verb* ge efter, foga sig; följa
component [kəm'pounənt] *subst* komponent, beståndsdel
compose [kəm'pouz] *verb* **1** ***be composed of*** bestå (utgöras) av **2** författa; komponera **3** ***~ oneself*** lugna (samla) sig
composed [kəm'pouzd] *adj* lugn, samlad
composer [kəm'pouzər] *subst* kompositör
composition [ˌka:mpə'zischən] *subst* **1** komposition **2** uppsatsskrivning
composure [kəm'pouʒər] *subst* fattning
compound ['ka:mpaond] *subst* sammansättning, blandning, förening
comprehend [ˌka:mpri'hennd] *verb* fatta, begripa
comprehension [ˌka:mpri'hennschən] *subst* fattningsförmåga
comprehensive [ˌka:mpri'hennsivv] *adj* uttömmande, allomfattande; hel-
compress I [kəm'press] *verb*

pressa ihop; komprimera **II** ['ka:mpress] *subst* kompress

comprise [kəm'prajz] *verb* innefatta

compromise ['ka:mprəmajz] **I** *subst* kompromiss **II** *verb* **1** kompromissa **2** kompromettera

compulsion [kəm'pallschən] *subst* tvång

compulsive [kəm'pallsivv] *adj* tvångsmässig, tvångs-; *be a ~ eater* ung. hetsäta

compulsory [kəm'pallsəri] *adj* obligatorisk

computer [kəm'pjo:tər] *subst* dator; *~ game* dataspel

computerize [kəm'pjo:tərajz] *verb* datorisera

conceal [kən'si:l] *verb* dölja, gömma

conceit [kən'si:t] *subst* inbilskhet, fåfänga

conceited [kən'si:təd] *adj* inbilsk, fåfäng

conceivable [kən'si:vəbəl] *adj* tänkbar

conceive [kən'si:v] *verb* **1** tänka sig; fatta **2** bli gravid

concentrate ['ka:nsəntrejt] **I** *verb* koncentrera; koncentrera sig **II** *subst* koncentrat

concentration [ˌka:nsən'trejschən] *subst* koncentration; *~ camp* koncentrationsläger

concept ['ka:nseppt] *subst* begrepp; koncept idé

concern [kən'sö:rn] **I** *verb* **1** angå, röra **2** oroa **II** *subst* **1** angelägenhet **2** oro

concerning [kən'sö:rning] *prep* angående, beträffande

concert ['ka:nsərt] *subst* konsert

concert hall ['ka:nsərt ha:l] *subst* konsertsal

concerto [kən'tcherrtou] *subst* konsert för solo och orkester

concession [kən'seschən] *subst* **1** medgivande **2** salustånd på tivoli

concise [kən'sajs] *adj* koncis, kortfattad

conclude [kən'klo:d] *verb* **1** sluta; avsluta; *to ~* till sist, kort sagt **2** dra slutsatsen

conclusion [kən'klo:ʒən] *subst* **1** avslutning; *in ~* slutligen, till sist **2** slutsats; *jump to conclusions* dra förhastade slutsatser

conclusive [kən'klo:siv] *adj* avgörande

concoct [kən'ka:kt] *verb* koka ihop

concoction [kən'ka:kschən] *subst* hopkok

concourse ['ka:nkå:rs] *subst* **1** avgångshall, vänthall **2** idrottsplan

concrete ['ka:nkri:t] **I** *adj*

1 konkret **2** betong- **II** *subst* betong
concur [kən'kö:r] *verb* vara ense; instämma
concussion [kən'kaschən] *subst* hjärnskakning
condemn [kən'demm] *verb* döma; fördöma
condensation [ˌka:ndenn'sejschən] *subst* kondensering; imma
condense [kən'denns] *verb* **1** kondensera; förtäta **2** koncentrera
condescending [ˌka:ndi'sennding] *adj* nedlåtande
condition [kən'dischən] *subst* **1** villkor; *conditions* förhållanden **2** tillstånd; *have a heart ~* lida av hjärtbesvär
conditional [kən'dischənl] *adj* villkorlig
conditioner [kən'dischənər] *subst* hårbalsam
condo ['ka:ndou] *subst* vard., kortform för *condominium*
condom ['kanndəm] *subst* kondom
condominium [ˌka:ndə'minniəm] *subst* ung. bostadsrätt; hus med bostadsrätter
condone [kən'doun] *verb* överse med, tolerera
conduct I ['ka:ndakt] *subst* uppförande **II** [kən'dakt] *verb* **1** föra, leda; *conducted party* guidad grupp; *~ oneself* uppföra (sköta) sig **2** dirigera orkester
conductor [kən'dakktər] *subst* **1** dirigent **2** konduktör
cone [koun] *subst* **1** kon **2** strut för glass
confectioner [kən'fekkschənər] *subst, confectioners' sugar* florsocker
Confederate [kən'feddərət] under inbördeskriget 1861-65 **I** *adj* sydstats- **II** *subst* sydstatare
confer [kən'fö:r] *verb* **1** förläna, tilldela **2** rådslå
conference ['ka:nfərəns] *subst* konferens; *be in ~* sitta i sammanträde
confess [kən'fess] *verb* **1** bekänna, erkänna **2** bikta, bikta sig
confession [kən'feschən] *subst* **1** bekännelse **2** bikt **3** religion
confetti [kən'fetti] *subst* konfetti
confide [kən'fajd] *verb* anförtro
confidence ['ka:nfiddəns] *subst* **1** förtroende **2** tillförsikt
confident ['ka:nfiddənt] *adj* säker, trygg; säker av sig

confidential [ˌka:nfi'denschəl] *adj* förtrolig
confine [kən'fajn] *verb* begränsa, inskränka
confinement [kən'fajnmənt] *subst* fångenskap; isolering
confirm [kən'fö:rm] *verb* bekräfta
confirmation [ˌka:nfər'mejschən] *subst* **1** bekräftelse **2** *Confirmation* konfirmation
confirmed [kən'fö:rmd] *adj* inbiten; obotlig
confiscate ['ka:nfisskejt] *verb* beslagta
conflict ['ka:nflikkt] *subst* konflikt; ~ *of opinion* meningsskiljaktighet
conflicting ['kənflikkting] *adj* motsägande; stridande
conform [kən'få:rm] *verb* **1** anpassa sig **2** rätta sig efter
confound [ka:n'faond] *verb* förvirra
confront [kən'frannt] *verb* konfrontera
confrontation [ˌka:nfrann'tejschən] *subst* konfrontation
confuse [kən'fjo:z] *verb* **1** förvirra **2** förväxla
confused [kən'fjo:zd] *adj* **1** förvirrad **2** virrig
confusion [kən'fjo:ʒən] *subst* förvirring
congeal [kən'dʒi:l] *verb* stelna; frysa till is
congenial [kən'dʒi:njəl] *adj* trevlig, behaglig; ~ *task* arbete som passar en
congestion [kən'dʒesstchən] *subst* **1** *nasal* ~ nästäppa **2** stockning i trafik o.d.
congratulate [kən'grättjolejt] *verb* gratulera; lyckönska
congregate ['ka:nggrigejt] *verb* samlas
congregation [ˌka:nggri'gejschən] *subst* kyrklig församling
congress ['ka:nggrəs] *subst* kongress
Congressman ['ka:nggrəsmən] o. **Congresswoman** ['ka:nggrəswommən] *subst* kongressledamot
conjunction [kən'dʒangkschən] *subst*, *in ~ with* i samverkan (tillsammans) med
conjure ['kəndʒoər] *verb* **1** trolla **2** frambesvärja andar
conjurer ['ka:ndʒərər] *subst* trollkarl
connect [kə'nekkt] *verb* förena, ansluta; hänga ihop
connecting [kə'nekkting] *adj*, ~ *flight* anslutningsflyg
connection [kə'nekkschən]

subst förbindelse; anslutning, anknytning
connive [kə'najv] *verb* intrigera; ~ *at* blunda för
connoisseur [ˌka:nə'sö:r] *subst* kännare
conquer ['ka:ngkər] *verb* erövra; segra
conquest ['ka:ngkwesst] *subst* erövring; seger
conscience ['ka:nschəns] *subst* samvete
conscientious [ˌka:nschi'ennschəs] *adj* samvetsgrann; ~ *objector* vapenvägrare
conscious ['ka:nschəs] *adj* **1** medveten **2** vid medvetande
consciousness ['ka:nschəsnəs] *subst* medvetande; medvetenhet
consciousness-raising ['ka:nschəsnəsˌrejzing] *adj* medvetandegörande
conscript ['ka:nskrippt] *subst* värnpliktig
consent [kən'sennt] **I** *subst* medgivande; *age of ~* sexuellt myndig **II** *verb* samtycka
consequence ['ka:nsəkwenns] *subst* **1** konsekvens; *in ~* som en följd av detta **2** *it is of no ~* det har ingen betydelse
consequently ['ka:nsəkwenntli] *adv* följaktligen
conservation [ˌka:nsə'rvejschən] *subst* **1** bevarande; konservering **2** naturvård
conservative [kən'sö:rvətivv] *adj* o. *subst* konservativ
conservatory [kən'sö:rvətå:ri] *subst* **1** drivhus **2** musikskola
conserve [kən'sö:rv] **I** *verb* bevara **II** *subst, conserves* sylt; fruktkonserver
consider [kən'siddər] *verb* **1** överväga, betrakta; *all things considered* när allt kommer omkring **2** ta hänsyn till **3** anse
considerable [kən'siddərəbl] *adj* betydande; ansenlig
considerably [kən'siddərəbli] *adv* betydligt
considerate [kən'siddərət] *adj* hänsynsfull
consideration [kənˌsiddə'rejschən] *subst* **1** övervägande, betraktande **2** hänsyn
considering [kən'siddəring] *prep* o. *konj* med tanke på
consignment [kən'sajnmənt] *subst* sändning, varuparti
consist [kən'sisst] *verb, ~ of* bestå av
consistency [kən'sisstənsi]

subst **1** konsistens **2** följdriktighet
consistent [kən'sisstənt] *adj* **1** förenlig **2** konsekvent
consolation [ˌka:nsə'lejschən] *subst* tröst
1 console [kən'soul] *verb* trösta
2 console ['ka:nsoul] *subst* konsol
consonant ['ka:nsənənt] *subst* konsonant
conspicuous [kən'spikkjoəs] *adj* iögonfallande; framträdande
conspiracy [kən'spirrəsi] *subst* sammansvärjning
constable ['ka:nstəbl] *subst* poliskonstapel
constant ['ka:nstənt] *adj* **1** konstant, oföränderlig **2** trofast
constantly ['ka:nstəntli] *adv* jämt och ständigt
constellation [ˌka:nstə'lejschən] *subst* stjärnbild; gruppering
constipation [ˌka:nsti'pejschən] *subst* förstoppning
constituency [kən'stittchoənsi] *subst* valkrets
constituent [kən'stittchoənt] *subst* beståndsdel
constitution [ˌka:nstə'to:schən] *subst* **1** författning; grundlag **2** kroppskonstitution
constitutional [ˌka:nstə'to:schnəl] *adj* konstitutionell; grundlagsenlig; ~ *amendment* grundlagsändring
constraint [kən'strejnt] *subst* **1** tvång **2** restriktion
construct [kən'strakkt] *verb* konstruera; bygga
construction [kən'strakkschən] *subst* konstruktion; anläggande; byggnad; ~ *worker* byggnadsarbetare
constructive [kən'strakktivv] *adj* konstruktiv
consul ['ka:nsəl] *subst* konsul
consulate ['ka:nsələt] *subst* konsulat
consult [kən'sallt] *verb* rådfråga t.ex. advokat; söka läkare
consultant [kən'salltənt] *subst* **1** läkare **2** konsult
consultation [ˌka:nsəl'tejschən] *subst* **1** samråd **2** läkarbesök
consulting-room [kən'salltingro:m] *subst* mottagningsrum
consume [kən'so:m] *verb* förbruka; konsumera; *consumed with* förtärd av; uppfylld av
consumer [kən'so:mər] *subst* konsument; ~ *goods* kon-

sumtionsvaror; ~ *guide* konsumentupplysning
consummate ['ka:nsəmət] *adj* fulländad, utsökt
consumption [kən'sammpschən] *subst* konsumtion, förbrukning
contact ['ka:ntäkkt] **I** *subst* kontakt, beröring **II** *verb* kontakta
contact lenses ['ka:ntäkkt ˌlennzəz] *subst pl* kontaktlinser
contagious [kən'tejdʒəs] *adj* smittsam
contain [kən'tejn] *verb* innehålla; ~ *oneself* bärga sig
container [kən'tejnər] *subst* **1** behållare **2** container
contaminate [kən'tämminejt] *verb* förorena; smitta; bildligt besmitta
contemplate ['ka:ntəmplejt] *verb* **1** betrakta **2** fundera på, begrunda
contemporary [kən'temmpərerі] *adj* samtida; nutida
contempt [kən'temmpt] *subst* förakt
contemptuous [kən'temmptchoəs] *adj* föraktfull
contend [kən'tennd] *verb* **1** brottas **2** tävla **3** hävda
contender [kən'tenndər] *subst* tävlande; utmanare
1 content ['ka:ntennt] *subst* innehåll
2 content [kən'tennt] *adj* nöjd, belåten
contention [kən'tennschən] *subst* åsikt, argument
contents ['ka:ntennts] *subst pl* innehåll
contest I ['ka:ntesst] *subst* tävling **II** [kənt'esst] *verb* tävla; bestrida
contestant [kən'tesstənt] *subst* tävlande
context ['ka:ntekkst] *subst* sammanhang; kontext
continent ['ka:ntənənt] *subst* kontinent
continental [ˌka:ntə'nenntl] *adj* **1** kontinental; ~ *breakfast* kontinental frukost med bröd, smör och marmelad **2** på (tillhörande) det nordamerikanska fastlandet
continual [kən'tinnjoəl] *adj* ständig, ihållande
continuation [kənˌtinnjo'ejschən] *subst* fortsättning
continue [kən'tinnjo] *verb* fortsätta
continuity [ˌka:ntə'njo:əti] *subst* kontinuitet
continuous [kən'tinnjoəs] *adj* kontinuerlig, fortlöpande
contort [kən'tå:rt] *verb* förvränga

contour ['ka:ntorr] *subst* kontur

contraband ['ka:ntrəbännd] *subst* smuggelgods; smuggling

contraceptive [ˌka:ntrə'sepptivv] *subst* preventivmedel; *oral* ~ p-piller

contract I ['ka:nträkkt] *subst* kontrakt **II** [kən'träkkt] *verb* dra ihop sig, dra samman

contraction [kən'träkkschən] *subst* sammandragning

contractor ['ka:nträkktər] *subst* leverantör; entreprenör

contradict [ˌka:ntrə'dikkt] *verb* säga emot

contraption [kən'träppschən] *subst* apparat, grej

contrary ['ka:ntrerri] **I** *adj* motsatt; ~ *to* äv. tvärtemot **II** *subst, on the* ~ tvärtom; däremot

contrast I ['ka:nträsst] *subst* kontrast; *by* (*in*) ~ däremot, å andra sidan **II** [kən'trässt] *verb* jämföra

contravene [ˌka:ntrə'vi:n] *verb* överträda lag o.d.

contribute [kən'tribbjo:t] *verb* bidra, medverka

contribution [ˌka:ntri'bjo:schən] *subst* bidrag

contributor [kən'tribbjətər] *subst* medarbetare i tidskrift o.d.

control [kən'troul] **I** *subst* kontroll; *at the controls* vid spakarna; *be in* ~ ha makten **II** *verb* kontrollera, styra; behärska

control tower [kən'troul ˌtaoər] *subst* trafiktorn

controversial [ˌka:ntrə'vö:rschəl] *adj* omstridd, kontroversiell

controversy ['ka:ntrəvörsi] *subst* kontrovers, tvist

convalescence [ˌka:nvə'lessəns] *subst* sakta tillfrisknande

convene [kən'vi:n] *verb* sammankalla

convenience [kən'vi:njəns] *subst* bekvämlighet; *public* ~ offentlig toalett; ~ *store* närbutik, snabbköp

convenient [kən'vi:njənt] *adj* lämplig, läglig

convent ['ka:nvənt] *subst* kloster, nunnekloster

convention [kən'vennschən] *subst* **1** konvention i olika betydelser **2** partikonvent, partistämma under valår

conventional [kən'vennschənl] *adj* konventionell

conversation [ˌka:nvər'sejschən] *subst* samtal; *make* ~ kallprata

1 converse [kən'vö:rs] *verb* samtala

2 converse ['ka:nvö:rs] *adj* omvänd, motsatt
conversely [ˌkən'vö:rsli] *adv* omvänt
convert [kən'vö:rt] *verb* **1** omvandla; omvända **2** ~ *the extra point* amer. fotboll lyckas få extrapoäng efter touchdown
convertible [kən'vö:rtəbl] **I** *adj,* ~ *sofa* bäddsoffa **II** *subst* cabriolet bil
convey [kən'vej] *verb* förmedla
convict I [kən'vikkt] *verb* fälla, döma **II** ['ka:nvikkt] *subst* fånge, intern
conviction [kən'vikkschən] *subst* övertygelse
convince [kən'vinns] *verb* övertyga; övertala
convoluted ['ka:nvəlo:təd] *adj* invecklad
convoy ['ka:nvåj] *subst* konvoj
convulsion [kən'vallschən] *subst* kramp, skakning
coo [ko:] *verb* kuttra
cook [kokk] **I** *subst* kock; *she is a good* ~ hon lagar god mat **II** *verb* **1** laga mat **2** koka om mat **3** ~ *the books* vard. fiffla med bokföringen
cookbook ['kokkbokk] *subst* kokbok
cookery ['kokkəri] *subst* kokkonst, matlagning
cookie ['kokki] *subst* småkaka; kex; ~ *sheet* bakplåt
cooking ['kokking] *subst* matlagning; ~ *oil* matolja
cool [ko:l] **I** *adj* **1** sval, kylig; kall, oberörd; *keep ~!* ta det lugnt! **2** slang cool, häftig **II** *verb* göra sval (svalare); kyla; ~ *off* (*down*) lugna ner sig; mat låta svalna
coolant ['ko:lənt] *subst* kylarvätska
co-op ['koua:p] *subst* bostadsrätt, insatslägenhet
co-operate [kou'a:pərejt] *verb* samarbeta
co-operation [kouˌa:pə'rejschən] *subst* samarbete
co-operative [kou'a:pərətivv] **I** *adj* samarbetsvillig; medgörlig **II** *subst* kooperativ förening
co-ordinate [kou'å:rdənejt] *verb* koordinera, samordna
cop [ka:p] *subst* vard. snut, polis
cope [koup] *verb,* ~ *with* klara; orka med; palla för
1 copper ['ka:pər] *subst* vard. snut polis
2 copper ['ka:pər] *subst* koppar
copy ['ka:pi] **I** *subst* **1** kopia **2** exemplar av bok, tidning; *original* ~ original **II** *verb* kopiera; ta (apa) efter

coral ['kå:rəl] *subst* korall; ~ *reef* korallrev
cord [kå:rd] *subst* **1** rep, snöre, snodd **2** sladd **3** *spinal* ~ ryggmärg
cordial ['kå:rdʒəl] **I** *adj* hjärtlig, varm **II** *subst* fruktvin
cordon ['kå:rdn] *subst* avspärrningskedja; *form a* ~ bilda häck
corduroy ['kå:rdəråj] *subst* manchester; *corduroys* manchesterbyxor
core [kå:r] *subst* **1** kärnhus; i reaktor härd **2** bildligt kärna; *to the* ~ helt och hållet; ända in i själen
cork [kå:rk] **I** *subst* kork **II** *verb* korka
corkscrew ['kå:rkskro:] *subst* korkskruv
1 corn [kå:rn] *subst* majs; ~ *on the cob* majskolv som maträtt
2 corn [kå:rn] *subst* liktorn
corner ['kå:rnər] **I** *subst* hörn, hörna; *cut corners* bildligt ta genvägar; rationalisera **II** *verb* tränga in i ett hörn; sätta i knipa
cornerstone ['kå:rnərstoun] *subst* hörnsten
cornet ['kå:rnett] *subst* **1** kornett **2** glasstrut
cornflakes ['kå:rnflejks] *subst pl* cornflakes
cornflour ['kå:rnflaoər] *subst* majsmjöl
corny ['kå:rni] *adj* vard. fånig, töntig
coronation [ˌka:rə'nejschən] *subst* kröning
1 corporal ['kå:rpərəl] *subst* korpral
2 corporal ['kå:rpərəl] *adj* kroppslig; ~ *punishment* aga
corporate ['kå:rpərət] *adj* gemensam, kollektiv
corporation [ˌkå:rpə'rejschən] *subst* aktiebolag
corps [kå:r] *subst* kår
corpse [kå:rps] *subst* lik
correct [kə'rekkt] **I** *verb* rätta; rätta till, korrigera **II** *adj* **1** rätt **2** korrekt, passande
correction [kə'rekkschən] **I** *subst* rättelse; korrigering **II** *adj,* ~ *officer* kriminalvårdare
correspond [ˌkå:rə'spa:nd] *verb* **1** motsvara **2** brevväxla
correspondence [ˌkå:rə'spa:ndəns] *subst* korrespondens; ~ *column* insändarspalt
correspondent [ˌkå:rə'spa:ndənt] **I** *subst* **1** brevskrivare **2** korrespondent **II** *adj* motsvarande
corridor ['kå:rədər] *subst* korridor
corrode [kə'roud] *verb* fräta
corrupt [kə'rappt] **I** *adj* kor-

rumperad; korrupt **II** *verb* korrumpera; fördärva

corruption [kə'rappschən] *subst* korruption; fördärv

co-signer ['kouˌsajnər] *subst* borgensman

cosmetic [ka:z'mettikk] **I** *adj* kosmetisk **II** *subst, **cosmetics*** kosmetika

cost* [ka:st] **I** *verb* kosta **II** *subst* kostnad, pris; ***costs*** omkostnader; ***the ~ of living*** levnadskostnaderna; ***at ~*** till inköpspris (självkostnadspris); ***at the ~ of*** på bekostnad av; ***at all costs*** till varje pris

co-star ['kousta:r] **I** *subst* motspelare **II** *verb, **~ with*** spela mot

cost-effective [ˌka:sti'fekktivv] *adj* lönsam

costly ['ka:stli] *adj* dyr, kostsam

cost price [ˌka:st 'prajs] *subst* inköpspris; ***at ~*** äv. till självkostnadspris

costume ['ka:sto:m] *subst* **1** folkdräkt **2** teaterkostym; ***~ ball*** maskerad

cot [ka:t] *subst* tältsäng

cottage ['ka:tiddʒ] *subst* stuga; ***~ cheese*** keso®

cotton ['ka:tn] *subst* bomull växt el. tyg

cotton wool [ˌka:tn 'woll] *subst* bomullsvadd

couch [kaotch] *subst* soffa; divan; ***~ potato*** slang soffpotatis, slöfock

cough [ka:f] *subst* o. *verb* hosta

cough drop ['ka:f dra:p] *subst* halstablett

could [kodd] *verb* imperf. av *1 can*

couldn't ['koddnt] = *could not*

council ['kaonsl] *subst* råd; ***town*** (***city***) ~ kommunfullmäktige, stadsfullmäktige

councillor ['kaonsələr] *subst, **town*** (***city***) ~ kommunfullmäktig, stadsfullmäktig

counsel ['kaonsəl] **I** *subst* råd; ***~ for the defense*** försvarsadvokat **II** *verb* råda ngn

counsellor ['kaonsələr] *subst* **1** rådgivare **2** lägerledare på kollo

1 count [kaont] *subst* greve

2 count [kaont] **I** *verb* **1** räkna **2** räknas, betyda något; ***~ on*** lita på; räkna med **II** *subst, **keep ~ of*** hålla räkning på, räkna; ***be down for the ~*** vara nere för räkning

countdown ['kaontdaon] *subst* nedräkning

countenance ['kaontənəns] *subst* **1** anlete **2** ansiktsuttryck

1 counter ['kaontər] *subst* **1** i

butik o.d. kassa, disk **2** arbetsbänk, köksbänk
2 counter ['kaontər] **I** *adj* mot-; kontra- **II** *verb* bemöta; kontra
counteract [ˌkaontər'äkkt] *verb* motarbeta
counterclockwise [ˌkaontərkla:kwajz] *adj* motsols
counterfeit ['kaontərfitt] **I** *adj* förfalskad **II** *subst* förfalskning **III** *verb* förfalska
countermand [ˌkaontər'männd] *verb* annullera
counterpart ['kaontərpa:rt] *subst* motsvarighet
countess ['kaontəs] *subst* grevinna
countless ['kaontləs] *adj* otalig, oräknelig
country ['kanntri] *subst* **1** land, rike **2** landsbygd; ~ *life* lantlivet; *in the* ~ på landet
country house [ˌkanntri 'haos] *subst* lantgods
countryman ['kanntrimən] *subst* landsman
countryside ['kanntrisajd] *subst* landsbygd; natur
county ['kaonti] *subst* ung. storkommun del av delstat; ~ *seat* centralort i county
coup [ko:] *subst* kupp; ~ *d'état* statskupp
couple ['kappl] **I** *subst* par **II** *verb* förena
coupon ['ko:pa:n] *subst* kupong; rabattkupong
courage ['kö:ridʒ] *subst* mod
courier ['korriər] *subst* kurir
course [kå:rs] *subst* **1** lopp; bana **2** lärokurs **3** rätt; *first* ~ förrätt; *main* ~ huvudrätt **4** riktning kurs **5** *of* ~ förstås, naturligtvis
court [kå:rt] **I** *subst* **1** gård, gårdsplan **2** plan, bana **3** hov; *at* ~ vid hovet **4** domstol; *in* ~ inför rätta; i rätten **II** *verb* uppvakta
courtesy ['kö:rtəsi] *subst* artighet; ~ *car* hotelltaxi
court house ['kå:rt haos] *subst* domstolsbyggnad
court-martial [ˌkå:rt'ma:rschəl] *subst* krigsrätt
courtroom ['kå:rtro:m] *subst* rättssal
courtyard ['kå:rtja:rd] *subst* gård, gårdsplan
cousin ['kazzn] *subst* kusin
cove [kouv] *subst* liten vik
covenant ['kavvənännt] *subst* avtal; fördrag
cover ['kavvər] **I** *verb* **1** täcka i olika betydelser **2** omfatta **3** ~ *up* skyla över; tysta ner, mörklägga **II** *subst* **1** täcke, överdrag **2** lock **3** omslag på bok o.d.
coverage ['kavvəriddʒ] *subst*

1 täckning **2** bevakning av media
cover charge ['kavvər tcha:rdʒ] *subst* kuvertavgift på restaurang
covered-dish supper ['kavvərddisch ˌsappər] *subst* ung. knytkalas
covert ['kouvö:rt] *adj* förstulen, hemlig
cover-up ['kavvərapp] *subst* mörkläggning, nedtystande
covet ['kavvət] *verb* trakta efter, åtrå
cow [kao] **I** *subst* ko, kossa **II** *verb* skrämma till lydnad
coward ['kaoərd] *subst* ynkrygg, fegis
cowardice ['kaoərdiss] *subst* feghet
cowardly ['kaoərdli] *adj* feg, rädd
cowboy ['kaobåj] *subst* cowboy; slang tuffing
co-worker ['kouˌwö:rkər] *subst* arbetskamrat, medarbetare
coy [kåj] *adj* sipp; chosig
coyote [kaj'outi] *subst* prärievarg
cozy ['kouzi] *adj* hemtrevlig, mysig; behaglig
crab [kräbb] *subst* krabba
crab apple ['kräbb ˌäppl] *subst* vildapel; vildäpple
crack [kräkk] **I** *verb* **1** knaka **2** bryta ihop **3** spricka, brista; ~ *jokes* vitsa, skämta **II** *subst* **1** spricka **2** crack slags narkotika
cracker ['kräkkər] *subst* **1** kex **2** vard., trångsynt sydstatsbo
crackle ['kräkkl] *verb* knastra, spraka
cradle ['krejdl] *subst* vagga
craft [kräfft] *subst* hantverk; yrke
craftsman ['kräfftsmən] *subst* skicklig yrkesman
craftsmanship ['kräfftsmənschipp] *subst* yrkesskicklighet
crafty ['kräffti] *adj* listig, slug
crag [krägg] *subst* hög klippa
cram [krämm] *verb* **1** proppa (packa) full; ***crammed with people*** fullproppat med folk **2** vard. råplugga inför prov
cramp [krämmp] **I** *subst* kramp; klammer **II** *verb* hämma
cramped [krämmpt] *adj* trång
cranberry ['krännberri] *subst* tranbär
crane [krejn] *subst* **1** trana **2** lyftkran
crank [krängk] *subst* vev
crankshaft ['krängkschäfft] *subst* vevaxel
cranny ['kränni] *subst* springa
crap [kräpp] *subst* slang skit; nonsens; ***take a ~*** skita
crash [kräsch] **I** *verb* **1** gå i kras **2** krocka **3** störta om flygplan **4** bildligt krascha

II *subst* **1** brak, krasch **2** krock; *car* ~ bilkrock

crash helmet ['kräsch ˌhellmət] *subst* störthjälm

crash-landing ['kräschˌlännding] *subst* kraschlandning

crate [krejt] *subst* spjällåda; tom back

crave [krejv] *verb* törsta efter, åtrå

crawl [kra:l] **I** *verb* **1** krypa **2** crawla **II** *subst* **1** crawl **2** *at a* ~ i snigelfart

crayon ['kreja:n] *subst* färgkrita

craze [krejz] *subst* mani, fluga

crazy ['krejzi] *adj* tokig, galen

creak [kri:k] *verb* knarra; ~ *at the joints* knaka i fogarna

cream [kri:m] **I** *subst* **1** grädde **2** kräm i olika betydelser **3** grädda **II** *adj* gräddfärgad **III** *verb* **1** göra mos av utklassa **2** stuva mat

cream of wheat [ˌkri:m əv 'wi:t] *subst* mannagryn

creamy ['kri:mi] *adj* gräddig

crease [kri:s] **I** *subst* veck, skrynkla **II** *verb* skrynkla

create [kri'ejt] *verb* skapa

creation [kri'ejschən] *subst* skapelse

creative [kri'ejtivv] *adj* skapande, kreativ

creature ['kri:tchər] *subst* varelse, levande varelse

crèche [kresch] *subst* julkrubba med Jesusbarnet

credence ['kri:dəns] *subst* trovärdighet

credentials [kri'dennschəlz] *subst pl* referenser; identitetshandlingar

credibility [ˌkreddə'billəti] *adj* trovärdighet

credit ['kreddət] **I** *subst* **1** kredit; *on* ~ på kredit; ~ *account* kundkonto i varuhus **2** ära, beröm; *take the* ~ ta åt sig äran **3** poäng, kurspoäng **4** *credits* lista över medverkande **II** *verb* **1** ~ *sb. with sth.* ge (tillskriva) ngn äran av ngt **2** ~ *to your account* gottskrives Ert konto

credit card ['kreddət ka:rd] *subst* kreditkort, kontokort

credit hour ['kreddət aoər] *subst* kurspoäng

creditor ['kredditər] *subst* fordringsägare

creed [kri:d] *subst* trosbekännelse

creek [kri:k] *subst* å, bäck; biflod

creep [kri:p] **I** *verb* krypa, smyga sig; om växter klänga; *it makes my flesh* ~ det får mig att rysa **II** *subst* vard. äckel, äcklig typ

creeper ['kri:pər] *subst* klätterväxt

creepy ['kri:pi] *adj* vard. läskig, hemsk
cremate [kri'mejt] *verb* kremera
crematorium [ˌkremmə'tå:riəm] *subst* krematorium
crepe o. **crêpe** [krejp] *subst* **1** kräpp; ~ *paper* kräppapper **2** crêpe
crept [kreppt] *verb* imperf. o. perf.p. av *creep*
crescent ['kressnt] *subst* månskära
cress [kress] *subst* krasse
crest [kresst] *subst* krön; kam på våg; bildligt höjdpunkt
crestfallen ['kresstˌfa:lən] *adj* slokörad, snopen
crevice ['krevviss] *subst* skreva, spricka
crew [kro:] *subst* **1** besättning; *ground* ~ markpersonal; *stage* ~ scenarbetare **2** sport rodd
crew cut ['kro: katt] *subst* snagg
crewneck [ˌkro:'nekk] *subst* rund halsringning
crib [kribb] *subst* spjälsäng; ~ *death* plötslig spädbarnsdöd
1 cricket ['krikkət] *subst* syrsa
2 cricket ['krikkət] *subst* kricket
crime [krajm] *subst* brott; kriminalitet
criminal ['krimminl] **I** *adj* brottslig, kriminell **II** *subst* brottsling
crimson ['krimmzn] *adj* blodröd; *go* (*turn*) ~ bli illröd
cringe [krinndʒ] *verb* krypa ihop av rädsla; ~ *to* svansa för
crinkle ['kringkl] *verb* vecka, skrynkla
cripple ['krippl] **I** *subst* krympling **II** *verb* göra till krympling; bildligt förlama
crisis ['krajsiss] *subst* kris
crisp [krissp] *adj* knaprig, spröd; om röst bestämd; om sedel ovikt
criss-cross ['krisskra:s] **I** *adj* korsmönstrad **II** *verb* korsa varandra
criterion [kraj'tirriən] *subst* kriterium, villkor
critic ['krittikk] *subst* kritiker
critical ['krittikəl] *adj* kritisk
criticism ['krittəsizzəm] *subst* kritik
criticize ['krittəsajz] *verb* kritisera; anmärka på
croak [krouk] **I** *verb* kraxa; slang kola vippen dö **II** *subst* kraxande
crochet [krouch'ej] *verb* virka
crockery ['kra:kəri] *subst* porslin
crocodile ['kra:kədajl] *subst* krokodil; ~ *tears* krokodiltårar
crocus ['kroukəs] *subst* krokus

croissant [krwa:'sa:ng] *subst* giffel
crony ['krouni] *subst* polare, kompis
crook [krokk] *subst* bov
crooked ['krokkidd] *adj* **1** krokig; sned **2** ohederlig
crop [kra:p] **I** *subst* skörd **II** *verb* beskära; ~ ***up*** dyka upp; komma på tal
cross [kra:s] **I** *subst* kors; korsning **II** *adj* ond, arg **III** *verb* korsa; passera; ~ ***oneself*** göra korstecknet; ~ ***my heart!*** hedersord!; ***it crossed my mind*** det slog mig; ~ ***out*** stryka
crossbar ['kra:sba:r] *subst* **1** cykelstång **2** i sporter ribba
cross-country [ˌkra:s'kanntri] **I** *adj*, ~ ***skiing*** längdåkning på skidor **II** *subst* terränglöpning
cross-examine [ˌkra:sigg'zämminn] *verb* korsförhöra
cross-eyed ['kra:sajd] *adj* vindögd, skelögd
crossfire ['kra:sfajər] *subst* korseld
crossing ['kra:sing] *subst* **1** överfart **2** korsning; övergångsställe
cross-section [ˌkra:s'sekkschən] *subst* tvärsnitt
crosswalk ['kra:swå:k] *subst* övergångsställe
crosswind ['kra:swinnd] *subst* sidvind
crossword ['kra:swö:rd] *subst* korsord
crotch [kra:tch] *subst* skrev, gren
crouch [kraotch] *verb* huka sig
1 crow [krou] **I** *verb* gala; triumfera, skryta **II** *subst* tupps galande
2 crow [krou] *subst* kråka; ***he had to eat*** ~ vard. det fick han äta upp
crowbar ['krouba:r] *subst* kofot, bräckjärn
crowd [kraod] **I** *subst* folkmassa; vimmel; ***follow the*** ~ följa med strömmen **II** *verb* trängas, skocka sig
crowded ['kraodidd] *adj* full av folk, fullproppad
crown [kraon] **I** *subst* krona **II** *verb* kröna
crown prince [ˌkraon 'prinns] *subst* kronprins; påläggskalv
crow's-feet ['krouzfi:t] *subst pl* vard. rynkor kring ögonen
crucial ['kro:schəl] *adj* avgörande, central
crucifix ['kro:sifikks] *subst* krucifix
Crucifixion [ˌkro:si'fikkschən] *subst*, ***the*** ~ Jesu korsfästelse

crude [kro:d] **I** *adj* rå, grov; ~ *oil* råolja **II** *subst* råolja
cruel [kroəl] *adj* grym; elak
cruelty ['kroəlti] *subst* grymhet; ~ *to animals* djurplågeri
cruise [kro:z] **I** *verb* **1** om båt kryssa **2** om bil glida fram; slang ragga **II** *subst* **1** kryssning; ~ *ship* lyxkryssare **2** ~ *control* farthållare
cruiser ['kro:zər] *subst* kryssare
crumb [kramm] *subst* smula; vard. kräk, skit
crumble ['krammbl] *verb* smula sönder; falla sönder
crumple ['krammpl] *verb* knyckla ihop; säcka ihop
crunch [kranntsch] *verb* knapra; knastra
crunchy ['kranntschi] *adj* knaprig
crusade [kro:'sejd] *subst* korståg
crush [krasch] **I** *verb* krossa **II** *subst, have a ~ on* vara småförälskad i
crust [krasst] *subst* **1** kant, skalk på bröd o.d. **2** skorpa på sår, jorden
crutch [krattch] *subst* krycka; bildligt stöd
crux [krakks] *subst* krux; *the ~ of the matter* sakens kärna
cry [krajj] **I** *verb* **1** ropa; ~ *out for* ropa på; kräva **2** gråta **II** *subst* **1** rop, skrik **2** *have a good ~* gråta ut
cryptic ['kripptikk] *adj* kryptisk; dunkel
crystal ['krisstl] *subst* kristall; uppsättning kristallglas
crystal-clear [ˌkrisstəl'kliər] *adj* kristallklar
cub [kabb] *subst* **1** unge djur **2** *Cub Scout* pojke miniorscout
Cuba ['kjo:bə] Kuba
cubbyhole ['kabbihoul] *subst* vrå, krypin
cube [kjo:b] *subst* kub; tärning; *sugar ~* sockerbit; ~ *root* kubikrot
cubic ['kjo:bikk] *adj* kubik-
cubicle ['kjo:bikkl] *subst* liten hytt
cuckoo ['ko:ko:] *subst* gök
cuckoo clock ['ko:ko: kla:k] *subst* gökur
cucumber ['kjo:kammbər] *subst* gurka
cuddle ['kaddl] *verb* krama, kela med
1 cue [kjo:] *subst* **1** stickreplik **2** signal
2 cue [kjo:] *subst, ~* el. *pool ~* biljardkö
1 cuff [kaff] **I** *verb* slå till med handen **II** *subst* örfil
2 cuff [kaff] *subst* **1** manschett; byxuppslag; ~ *link* manschettknapp **2** *off the ~* på rak arm, improviserat

cul-de-sac [ˌkoldə'säkk] *subst* återvändsgränd
culminate ['kallminnejt] *verb* kulminera
culmination [ˌkallmi'nejschən] *subst* kulmen
culottes ['ko:la:ts] *subst pl* byxkjol
culprit ['kallpritt] *subst* brottsling; *the* ~ äv. den skyldige
cult [kallt] *subst* kult
cultivate ['kalltivejt] *verb* odla
cultivation [ˌkallti'vejschən] *subst* odling
cultural ['kalltchərəl] *adj* kulturell
culture ['kalltchər] *subst* **1** kultur **2** bakterieodling
cumbersome ['kammbərsəm] *adj* klumpig, besvärlig
cunning ['kanning] *adj* slug, listig
cunt [kannt] *subst* vulgärt fitta
cup [kapp] *subst* **1** kopp **2** prispokal **3** kupa på bh
cupboard ['kabbərd] *subst* skåp
curator ['kjorejtər] *subst* intendent vid museum o.d.
curb [kö:rb] **I** *subst* **1** trottoarkant **2** bildligt tygel; kontroll **II** *verb* lägga band på, tygla
cure [kjoər] **I** *subst* botemedel **II** *verb* bota
curfew ['kö:rfjo:] *subst* utegångsförbud; *have an 11 o'clock* ~ vara tvungen att komma hem senast kl. 11 om t.ex. tonåring
curiosity [ˌkjorri'a:səti] *subst* nyfikenhet
curious ['kjorriəs] *adj* **1** nyfiken **2** besynnerlig
curl [kö:rl] **I** *verb* locka sig; ringla; lägga i lockar; ~ *up* rulla ihop sig; vika sig **II** *subst* hårlock
curler ['kö:rlər] *subst* hårspole, papiljott
curly ['kö:rli] *adj* lockig
currant ['kö:rənt] *subst* **1** korint **2** vinbär
currency ['kö:rənsi] *subst* valuta
current ['kö:rənt] **I** *adj* nuvarande; nu gällande; *at the ~ rate of exchange* till gällande kurs, till dagskurs **II** *subst* **1** ström äv. elektrisk **2** strömning
currently ['kö:rəntli] *adv* för närvarande
curriculum vitae [kəˌrikkjələm 'vajti] *subst* meritförteckning vid platsansökan o.d.
curry ['kö:ri] *subst* currygryta; ~ *powder* curry krydda
curse [kö:rs] **I** *subst* **1** förbannelse **2** svordom **II** *verb* **1** förbanna **2** svära
cursory ['kö:rsəri] *adj* flyktig, snabb-

curt [kö:rt] *adj* kort och ohövisk till sättet
curtail [kə'rtejl] *verb* minska
curtain ['kö:rtn] *subst* gardin
curtsey o. **curtsy** ['kö:rtsi] **I** *subst* nigning **II** *verb* niga, knixa
curve [kö:rv] **I** *subst* kurva; *throw sb. a ~ ball* vard. överraska (lura) ngn **II** *verb* böja (kröka) sig
cushion ['koschən] **I** *subst* kudde, dyna **II** *verb* dämpa
custard ['kasstərd] *subst* ung. vaniljpudding
custodian [ka'stoudjən] *subst* lokalvårdare, vaktmästare
custody ['kasstədi] *subst* **1** vårdnad om barn **2** *in ~* anhållen; häktad
custom ['kasstəm] **I** *subst* **1** sed, vana **2** *Customs* tullverket; tullen; *customs duties* tullavgifter **II** *adj* beställnings-
customary ['kasstəmeri] *adj* vanlig, bruklig
customer ['kasstəmər] *subst* kund
customize ['kasstəmajz] *verb* göra på beställning
custom-made ['kasstəmmejd] *adj* gjord på beställning
cut* [katt] **I** *verb* **1** skära i, skära sig **2** klippa; *have one's hair ~* gå och klippa sig **3** skära ner utgifter o.d.; förkorta **4** *~ sb. short* avbryta ngn tvärt **5** *~ school* (*class*) slang skolka **6** *~ across* ta en genväg; bildligt skära tvärsöver; *~ back* skära ner på; *~ down* hugga ner; dra ner på; *~ in* tränga sig emellan; *~ off* skära av; isolera; stänga av; dra in; bryta telefonsamtal; *~ out* skära bort; skära till; om motor stanna; *~ it out!* låt bli!, sluta!; *be ~ out for* vara som klippt och skuren för; *~ through* ta en genväg **II** *adj*, *~ flowers* snittblommor; *~ glass* slipat glas, kristall **III** *subst* **1** skåra, jack; skråma **2** stycke, bit kött **3** minskning, nedskärning **4** strykning
cutback ['kattbäkk] *subst* minskning, nedskärning
cute [kjo:t] *adj* **1** söt, gullig **2** ironiskt konstlad, tillgjord
cutlery ['kattləri] *subst* matbestick
cutlet ['kattlət] *subst* kotlett
cut-off ['katta:f] *subst* **1** avstängning; *~ point* brytpunkt **2** *cut-offs* vard. avklippta jeans
cut-rate ['kattrejt] *adj* ung. lågpris-
cutthroat ['kattθrout] *adj* bildligt mördande
cutting ['katting] **I** *adj* skarp;

~ *board* skärbräde; ~ *remark* sårande kommentar **II** *subst* **1** urklipp **2** stickling
CV [ˌsi:ˈvi:] förk. för *curriculum vitae*
cyanide [ˈsajənajd] *subst* cyanid
cycle [ˈsajkl] **I** *subst* cykel **II** *verb* cykla
cycling [ˈsajkling] *subst* cykling
cylinder [ˈsillinndər] *subst* cylinder
cynic [ˈsinnikk] *subst* cyniker
cynical [ˈsinnikkəl] *adj* cynisk
cynicism [ˈsinnisizzəm] *subst* cynism
cyst [sisst] *subst* cysta
Czech [tchekk] *adj*, *the ~ Republic* Tjeckien

D

D, d [di:] *subst* D, d
dab [däbb] *verb* badda
dabble [ˈdäbbl] *verb*, *~ in* pyssla med
dad [dädd] o. **daddy** [ˈdäddi] *subst* vard. pappa, farsa
daffodil [ˈdäffədill] *subst* påsklilja
dagger [ˈdäggər] *subst* dolk
daily [ˈdejli] **I** *adj* daglig **II** *adv* dagligen **III** *subst* dagstidning
dainty [ˈdejnti] *adj* nätt, späd
dairy [ˈderi] *subst* mejeri
dais [ˈdajs] *subst* podium
daisy [ˈdejzi] *subst* tusensköna
dale [dejl] *subst* liten dal
dam [dämm] **I** *subst* damm **II** *verb* dämma upp
damage [ˈdämmiddʒ] **I** *subst* skada, skador; *damages* skadestånd; kostnader för skador **II** *verb* skada
damn [dämm] vard. **I** *interj* jävlar också! **II** *adv* o. *adj* jävla
damp [dämmp] **I** *subst* fukt **II** *adj* fuktig
dampen [ˈdämmpən] *verb* **1** fukta kläder **2** dämpa
damper [ˈdämmpər] *subst* spjäll; *put a ~ on* lägga sordin på

dance [dänns] **I** *verb* dansa **II** *subst* dans
dance hall ['dänns ha:l] *subst* dansställe
dancer ['dännsər] *subst* dansare; *be a good ~* dansa bra
dandelion ['dänndillajən] *subst* maskros
dandruff ['dänndraff] *subst* mjäll
dandy ['dänndi] *adj* vard. underbar; utmärkt
Dane [dejn] *adj* o. *subst* dansk; *Great ~* grand danois
danger ['dejndʒər] *subst* fara, risk
dangerous ['dejndʒərəs] *adj* farlig
dangle ['dänggl] *verb* dingla
Danish ['dejnisch] **I** *adj* dansk **II** *subst* **1** danska språk **2** wienerbröd
Danube ['dännjo:b], *the ~* Donau
dapper ['däppər] *adj* liten och prydlig, välklädd
dare ['däər] **I** *verb* **1** våga **2** utmana **II** *subst* utmaning
daredevil ['derr,devvl] *subst* våghals
daring ['derring] **I** *adj* djärv **II** *subst* djärvhet
dark [da:rk] **I** *adj* mörk **II** *subst* mörker
darken ['da:rkən] *verb* mörkna
darkness ['da:rknəs] *subst* mörker
darkroom ['da:rkro:m] *subst* mörkrum
darling ['da:rling] **I** *subst* älskling; *you're a ~!* vad du är rar! **II** *adj* gullig, söt, underbar
1 darn [da:rn] *adv* o. *adj* vard. jäkla
2 darn [da:rn] *verb* stoppa strumpor o.d.
dart [da:rt] **I** *subst* pil; *play darts* spela dart **II** *verb* pila, rusa
dartboard ['da:rtbå:rd] *subst* darttavla, piltavla
dash [däsch] **I** *verb* **1** rusa; *~ off* rusa iväg **2** kasta, krossa **II** *subst* **1** *make a ~* rusa; *100-yard ~* ung. 100-meterslopp **2** *a ~ of* en skvätt, några droppar
dashboard ['däschbå:rd] *subst* instrumentbräda
dashing ['däsching] *adj* elegant; stilig
data ['dejtə, 'dättə] *subst* data, information
1 date [dejt] *subst* dadel
2 date [dejt] **I** *subst* **1** datum; *out of ~* omodern; *up to ~* à jour **2** vard. träff; *blind ~* blindträff **II** *verb* **1** datera **2** vard. vara ihop med
dated ['dejtəd] *adj* gammalmodig

daub [da:b] *verb* kladda
daughter ['da:tər] *subst* dotter
daughter-in-law ['da:tərinla:] *subst* svärdotter
dawdle ['da:dl] *verb* söla, såsa
dawn [då:n] **I** *verb* gry **II** *subst* gryning
day [dej] *subst* **1** dag; ***the ~ after tomorrow*** i övermorgon; ***the ~ before yesterday*** i förrgår; ***some ~*** en dag; en vacker dag; ***~ by ~*** dag för dag; ***~ off*** ledig dag **2** ***days*** tid; ***in those days*** på den tiden
daybreak ['dejbrejk] *subst* gryning
day care ['dej kerr] *subst* barnomsorg; ***~ center*** dagis, daghem
daydream ['dejdri:m] **I** *subst* dagdröm **II** *verb* dagdrömma
daylight ['dejlajt] *subst* dagsljus; gryning; ***see ~*** se dagens ljus; ***~ savings time*** sommartid
daytime ['dejtajm] *subst* dag i motsats till natt; ***in*** (***during***) ***the ~*** på dagtid, om (på) dagen, om (på) dagarna
day-to-day [ˌdejtə'dej] *adj* daglig; alldaglig; ***~ loan*** dagslån
daze [dejz] *verb* bedöva; förvirra
dazzle ['däzzl] *verb* blända
DC [ˌdi:'si:] **1** (förk. för *direct current*) likström **2** förk. för *District of Columbia*
dead [dedd] **I** *adj* **1** död; ***~ in the water*** slang lätt byte **2** tvär, plötslig **II** *adv* **1** vard. döds-; ***~ wrong*** alldeles fel **2** tvärt
deaden ['deddn] *verb* dämpa, lindra
dead end [ˌdedd 'ennd] *subst* återvändsgränd
deadline ['deddlajn] *subst* tidsgräns, deadline
deadlock ['deddla:k] *subst* dödläge
deadly ['deddli] **I** *adj* dödlig **II** *adv* döds-
deaf [deff] *adj* döv
deafen ['deffn] *verb* göra döv
deaf-mute [ˌdeff'mjo:t] *subst* dövstum
deal [di:l] **I** *subst* **1** affär; avtal; ***make a ~*** göra en affär; göra upp **2** ***a great ~*** ganska mycket; åtskilligt **3** tur att ge (i kortspel) **II** *verb* **1** ***~ in*** handla med **2** ***~ with*** handskas med; ta itu med; behandla **3** ge i kortspel
dealer ['di:lər] *subst* handlare; i kortspel den som ger
dean [di:n] *subst* **1** dekanus **2** domprost
dear [diər] **I** *adj* kär; käre, kära **II** *subst* isht i tilltal kära du **III** *adv* kärt **IV** *interj*, ***oh ~!*** kära nån!

dearly ['diərli] *adv* **1** innerligt **2** dyrt
death [deθ] *subst* död; dödsfall
deathly ['deθli] *adj* dödlig; dödslik; ~ *pale* likblek
death rate ['deθ rejt] *subst* dödlighet
death sentence ['deθ senntəns] *subst* dödsdom
debar [di'ba:r] *verb* utesluta
debase [di'bejs] *verb* försämra; förnedra
debatable [di'bejtəbl] *adj* diskutabel
debate [di'bejt] **I** *verb* diskutera **II** *subst* debatt
debt [dett] *subst* skuld; ***be in*** ~ vara skuldsatt; stå i tacksamhetsskuld
debtor ['dettər] *subst* gäldenär
debut ['dejbjo:] *subst* debut
decade ['dekkejd] *subst* decennium
decadence ['dekkədəns] *subst* dekadans, förfall
decaf ['di:käff] *subst* koffeinfritt kaffe
decanter [di'känntər] *subst* karaff
decay [di'kej] **I** *verb* förfalla **II** *subst* förfall
deceased [di'si:st] **I** *adj* avliden **II** *subst*, ***the*** ~ den avlidne
deceit [di'si:t] *subst* bedrägeri; svek
deceive [di'si:v] *verb* bedra
December [di'semmbər] *subst* december
decent ['di:snt] *adj* anständig
deception [di'seppschən] *subst* bedrägeri
deceptive [di'sepptivv] *adj* bedräglig
decide [di'sajd] *verb* bestämma, besluta; bestämma sig för
decided [di'sajdidd] *adj* bestämd, avgjord
decimal ['dessimməl] **I** *adj* decimal- **II** *subst* decimalbråk
decipher [di'sajfər] *verb* dechiffrera
decision [di'siʒən] *subst* avgörande; beslut
decisive [di'sajsivv] *adj* **1** avgörande **2** beslutsam
deck [dekk] *subst* **1** däck på båt; våning i buss o.d.; utomhus altan **2** kortlek
deckchair ['dekktchärr] *subst* fällstol, vilstol
declare [di'kläər] *verb* **1** tillkännage **2** förtulla
decline [di'klajn] **I** *verb* **1** avta, minska **2** avböja, tacka nej **II** *subst* nedgång
decoder [ˌdi:'koudər] *subst* dekoder
decorate ['dekkərejt] *verb* **1** dekorera, klä **2** inreda

decoration [ˌdekkəˈrejschən] *subst* **1** dekoration **2** medalj
decorator [ˈdekkərejtər] *subst* målare hantverkare; ***interior ~*** inredare
decoy [ˈdi:kåj] *subst* lockfågel
decrease [diˈkri:s] *verb* minska, avta
decree [diˈkri:] **I** *subst* dekret **II** *verb* kungöra
dedicate [ˈdeddikejt] *verb* **1** tillägna **2** ägna
dedication [ˌdeddiˈkejschən] *subst* **1** hängivenhet **2** dedikation
deduce [diˈdo:s] *verb* sluta sig till
deduct [diˈdakkt] *verb* dra (räkna) ifrån; vid deklaration dra av
deductible [diˈdakktəbəl] *adj* **1** som självrisk **2** avdragsgill
deduction [diˈdakkschən] *subst* **1** avdrag **2** slutsats
deed [di:d] *subst* **1** handling, gärning **2** bragd, stordåd **3** dokument, urkund
deep [di:p] **I** *adj* djup; ***go (jump) off the ~ end*** förhasta sig; ***the Deep South*** den djupa Södern i USA **II** *adv* djupt **III** *subst* havsdjup
deepen [ˈdi:pən] *verb* fördjupa, fördjupas
deep-freeze [ˌdi:pˈfri:z] **I** *verb* djupfrysa **II** *subst* frys
deep-fry [ˌdi:pˈfraj] *verb* fritera
deep-seated [ˌdi:pˈsi:tidd] *adj* djupt inrotad
deer [diər] *subst* hjort; rådjur
deface [diˈfejs] *verb* vanställa, förstöra
default [diˈfa:lt] **I** *subst* försummelse; ***win by ~*** vinna på walkover **II** *verb* försumma, uraktlåta; inte kunna återbetala
defeat [diˈfi:t] **I** *subst* nederlag **II** *verb* besegra; ***be defeated*** äv. förlora
defect [ˈdi:fekkt] *subst* brist; defekt
defective [diˈfekktivv] *adj* bristfällig; felaktig
defend [diˈfennd] *verb* försvara
defendant [diˈfenndənt] *subst* i domstol svarande
defender [diˈfenndər] *subst* försvarare; i sporter försvarsspelare
defense [diˈfenns] *subst* försvar
defenseless [diˈfennsləs] *adj* försvarslös, värnlös
defer [diˈfö:r] *verb* skjuta upp
defiance [diˈfajəns] *subst* utmaning; trots
defiant [diˈfajənt] *adj* utmanande; trotsig
deficiency [diˈfischənsi] *subst* bristfällighet
deficient [diˈfischənt] *adj* bristfällig, ofullständig

deficit ['deffəsitt] *subst* underskott
defile [di'fajl] *verb* besudla
define [di'fajn] *verb* definiera, bestämma
definite ['deffinnət] *adj* bestämd, definitiv
definitely ['deffinnətli] *adv* absolut, definitivt
definition [ˌdeffi'nischən] *subst* definition
deflate [di'flejt] *verb* **1** släppa luften ur **2** bildligt platta till
deflect [di'flekkt] *verb* avleda
deformed [di'få:rmd] *adj* vanställd; vanskapt
defraud [di'fra:d] *verb* bedra
defrost [ˌdi:'fra:st] *verb* tina upp mat; frosta av
defroster [ˌdi:'fra:stər] *subst* defroster
deft [defft] *adj* flink, händig
defunct [di'fangkt] *adj* inte längre gällande
defuse [ˌdi:'fjo:z] *verb* desarmera
defy [di'faj] *verb* **1** trotsa **2** utmana
degenerate I [di'dʒennərejt] *verb* degenerera **II** [di'dʒennərət] *adj* urartad, fördärvad
degree [di'gri:] *subst* grad; ***to a certain ~*** i viss mån; ***murder in the first ~*** överlagt mord
de-ice [ˌdi:'ajs] *verb* isa av
delay [di'lej] **I** *verb* **1** skjuta upp planer o.d. **2** försena **II** *subst* dröjsmål; försening
delectable [di'lekktəbl] *adj* nöjsam, behaglig
delegate I ['delligejt] *verb* delegera **II** ['delligət] *subst* ombud, representant
delete [di'li:t] *verb* stryka
deli ['delli] *subst* vard., kortform för *delicatessen*
deliberate [di'libbərət] *adj* överlagd, avsiktlig
delicacy ['dellikəsi] *subst* **1** finhet, skirhet **2** delikatess
delicate ['dellikət] *adj* utsökt; delikat; ***~ fabrics*** tvättråd fintvätt
delicatessen [ˌdellikə'tessn] *subst* delikatessaffär; närköp
delicious [di'lischəs] *adj* läcker, delikat
delight [di'lajt] **I** *subst* glädje **II** *verb,* ***~ in*** finna nöje i; njuta av
delighted [di'lajtəd] *adj* glad, förtjust; ***~ to meet you*** så trevligt att träffas
delightful [di'lajtfəl] *adj* förtjusande
delirious [di'lirriəs] *adj* **1** yrande **2** ifrån sig
deliver [di'livvər] *verb* **1** leverera; dela ut **2** förlösa
delivery [diˌlivvəri] *subst* **1** leverans; ***collect on ~*** mot

postförskott; ***special*** ~ express **2** förlossning
delta ['dellta] *subst* floddelta
delude [di'lo:d] *verb* vilseleda
delusion [di'lo:ʒən] *subst* självbedrägeri
delve [dellv] *verb,* ~ ***into*** forska (gräva) i
demand [di'männd] **I** *verb* kräva; yrka **II** *subst* **1** krav **2** efterfrågan
demanding [di'männding] *adj* krävande
demeanor [di'mi:nər] *subst* uppförande
demented [di'menntəd] *adj* sinnessjuk; heltokig
demise [di'majz] *subst* frånfälle
demister [di:'misstər] *subst* defroster på t.ex. bil
democracy [di'ma:krəsi] *subst* demokrati
democrat ['demmәkrätt] *subst* demokrat
democratic [ˌdemmə'krättikk] *adj* demokratisk
demolish [di'ma:lisch] *verb* rasera, riva
demon ['di:mən] *subst* demon, djävul
demonstrate ['demmənstrejt] *verb* demonstrera; visa
demonstration [ˌdemmən'strejschən] *subst* demonstration; uppvisande
demonstrator ['demmənstrejtər] *subst* demonstrant
demote [di'mout] *verb* degradera
demure [di'mjoər] *adj* stillsam, försynt
den [denn] *subst* **1** djurs håla, lya **2** mysrum, TV-rum
denial [di'najəl] *subst* förnekande
denim ['dennimm] *subst* denim jeanstyg; ***denims*** jeans
Denmark ['dennma:rk] Danmark
denounce [di'naons] *verb* peka ut; fördöma
dense [denns] *adj* **1** tät **2** dum, tjockskallig
density ['dennsəti] *subst* täthet
dent [dennt] **I** *subst* buckla **II** *verb* buckla till
dental ['denntl] *adj,* ~ ***care*** tandvård; ~ ***floss*** tandtråd
dentist ['denntisst] *subst* tandläkare
denunciation [diˌnannsi'ejschən] *subst* fördömande
deny [di'naj] *verb* neka, bestrida
deodorant [di'oudərənt] *subst* deodorant
depart [di'pa:rt] *verb* om tåg o.d. avgå; om person resa
department [di'pa:rtmənt]

subst **1** avdelning; ***that's not my*** ~ det är inte mitt bord **2** departement, ministerium
department store [di'pa:rtmənt stå:r] *subst* varuhus
departure [di'pa:rtchər] *subst* avresa; avgång
depend [di'pennd] *verb*, ***~ on*** bero på; vara beroende av; lita på
dependable [di'penndəbl] *adj* pålitlig
dependent [di'penndənt] *adj* beroende
depict [di'pikkt] *verb* skildra
deplorable [di'plå:rəbl] *adj* bedrövlig; beklaglig
deport [di'på:rt] *verb* utvisa ur land
deposit [di'pa:zət] **I** *verb* deponera, lämna i förvar **II** *subst* **1** handpenning; depositionsavgift **2** pant; ***no ~*** på tomflaska ingen retur
depot ['di:pou] *subst* **1** mindre järnvägsstation, busstation **2** depå
depraved [di'prejvd] *adj* fördärvad
depress [di'press] *verb* deprimera
depressed [di'presst] *adj* nere, deprimerad
depression [di'preschən] *subst* depression
deprive [di'prajv] *verb* beröva
deprived [di'prajvd] *adj* underprivilegierad, behövande
depth [deppθ] *subst* djup; djupsinne; ***in ~*** ingående, grundlig
deputy ['deppjəti] *subst* **1** ställföreträdare **2** i titlar vice-, ställföreträdande **3** sheriffs undersheriff
derail [di'rejl] *verb* om tåg o.d. spåra ur; bildligt få att spåra ur
derby ['dö:rbi] *subst* **1** plommonstop, kubb **2** ***Kentucky Derby*** årlig hästkapplöpning som hålls i Kentucky
derelict ['derrəlikkt] *adj* förfallen, öde-
derive [di'rajv] *verb* **1** erhålla **2** härstamma
derogatory [di'ra:gətå:ri] *adj* nedsättande
descend [di'sennd] *verb* stiga (gå) nedför, fara utför; härstamma
descendant [di'senndənt] *subst* ättling
descent [di'sennt] *subst* **1** nedfärd; nedgång **2** härkomst
describe [di'skrajb] *verb* beskriva
description [di'skrippschən] *subst* beskrivning
desecrate ['dessikrejt] *verb* vanhelga
desert I ['dezzərt] *subst* öken

II [di'zö:rt] *verb* **1** överge; *deserted* folktom, öde **2** desertera
deserter [di'zö:rtər] *subst* desertör
deserts [di'zörts] *subst pl, get one's just ~* få precis vad man förtjänar
deserve [di'zö:rv] *verb* förtjäna, vara värd
deserving [di'zö:rving] *adj* förtjänt, värd
design [di'zajn] **I** *verb* **1** formge, designa **2** planera **II** *subst* **1** formgivning, design **2** plan; avsikt
designation [dezzigg'nejschən] *subst* beteckning
designer [di'zajnər] *subst* formgivare, designer
desirable [di'zajrəbl] *subst* åtråvärd; önskvärd
desire [di'zajər] **I** *verb* begära; önska **II** *subst* begär; önskan
desk [dessk] *subst* **1** skrivbord **2** kassa i butik; reception på hotell; *~ clerk* portier, receptionist
desolate ['dessələt] *adj* **1** ödslig **2** bedrövad
despair [di'späər] **I** *subst* förtvivlan **II** *verb* förtvivla
desperate ['desspərət] *adj* desperat, förtvivlad
desperation [ˌdesspə'rejschən] *subst* desperation
despicable [di'spikkəbl] *adj* föraktlig
despise [di'spajz] *verb* förakta
despite [di'spajt] *prep* trots, oaktat
despondent [di'spa:ndənt] *adj* missmodig
dessert [di'zö:rt] *subst* dessert, efterrätt
dessertspoon [di'zö:rtspo:n] *subst* dessertsked
destination [ˌdessti'nejschən] *subst* destination
destiny ['desstinni] *subst* öde
destitute ['desstitjo:t] *adj* utfattig
destroy [di'stråj] *verb* förstöra; ha sönder
destruction [di'strakkschən] *subst* förstörelse
detach [di'tättch] *verb* ta loss, avskilja
detached [di'tättcht] *adj* **1** fristående; *~ house* villa **2** objektiv
detachment [di'tättchmənt] *subst* objektivitet
detail [di:'tejl, 'di:tejl] *subst* **1** detalj **2** kommendering; handräckning
detailed [di'tejld] *adj* utförlig; omständlig
detain [di'tejn] *verb* uppehålla; hålla kvar i häkte
detect [di'tekkt] *verb* upptäcka

detection [di'tekkschən] *subst* upptäckt
detective [di'tekktivv] *subst* detektiv, kriminalare
detector [di'tekktər] *subst, smoke ~* brandvarnare; rökdetektor
detention [di'tennschən] *subst* **1** internering **2** kvarsittning
deter [di'tö:r] *verb* avskräcka
detergent [di'tö:rdʒənt] *subst* tvättmedel, diskmedel
deteriorate [di'tirriərejt] *verb* försämras
determine [di'tö:rminn] *verb* bestämma; fastställa
determined [di'tö:rminnd] *adj* bestämd, fast besluten
deterrent [di'tö:rənt] **I** *adj* avskräckande **II** *subst* avskräckningsmedel; *act as a ~* verka avskräckande
detonate ['dettənejt] *verb* detonera, explodera
detour ['di:torr] *subst* omväg; tillfällig trafikomläggning
detriment ['dettrimənt] *subst* skada; nackdel
detrimental [ˌdettri'menntl] *adj* skadlig, menlig
devaluation [di:ˌvälljo'ejschən] *subst* devalvering
devastating ['devvəstejting] *adj* förödande
develop [di'velləp] *verb* **1** utveckla; utveckla sig **2** framkalla film
developer [di'velləpər] *subst* ung. byggherre
development [di'velləpmənt] *subst* **1** utveckling; *~ area* stödområde **2** *housing ~* bostadsområde
deviation [di:vi'ejschən] *subst* avvikelse
device [di'vajs] *subst* **1** medel **2** anordning, apparat
devil ['devvəl] *subst* djävul; sate; *the Devil* djävulen
deviled eggs ['devvld ˌeggz] *subst pl* djävulsägg starkt kryddade ägghalvor
devil's food cake ['devvlz fo:d kejk] *subst* slags mörk chokladkaka
devious ['di:vjəs] *adj* **1** bedräglig **2** *~ ways* omvägar, avvägar
devise [di'vajz] *verb* hitta på
devoid [di'våjd] *adj, ~ of* tom på; utan
devote [di'vout] *verb* ägna
devoted [di'voutəd] *adj* hängiven; tillgiven
devotee [ˌdevvə'ti:] *subst* hängiven person; fantast
devotion [di'vouschən] *subst* tillgivenhet; hängivenhet
devour [di'vaoər] *verb* sluka
devout [di'vaot] *adj* from
dew [do:] *subst* dagg

diabetes [ˌdajəˈbi:təz] *subst* diabetes

diabetic [ˌdajəˈbettikk] **I** *subst* diabetiker **II** *adj* för diabetiker

diabolical [ˌdajəˈba:likkəl] *adj* vard. avskyvärd, djävulsk

diagnosis [ˌdajəgˈnousiss] *subst* diagnos

diagonal [dajˈäggənl] *adj* o. *subst* diagonal

diagram [ˈdajəgrämm] *subst* diagram

dial [ˈdajəl] **I** *subst* **1** urtavla **2** nummerskiva på telefon; ~ *tone* kopplingston, svarston **II** *verb* slå telefonnummer

dialect [ˈdajəlekkt] *subst* dialekt

dialogue [ˈdajəla:g] *subst* dialog

diameter [dajˈämmitər] *subst* diameter

diamond [ˈdajmənd] *subst* **1** diamant **2** *diamonds* ruter **3** i baseboll innerplan

diaper [ˈdajəpər] **I** *subst* blöja **II** *verb* byta blöja på

diaphragm [ˈdajəfrämm] *subst* **1** mellangärde **2** bländare i kamera **3** pessar

diarrhea [ˌdajəˈri:ə] *subst* diarré

diary [ˈdajəri] *subst* dagbok; almanacka

dice [dajs] **I** *subst pl* tärningar; *play* ~ spela tärning **II** *verb* tärna grönsaker o.d.

dick [dikk] *subst* **1** vulgärt pitt, kuk **2** slang detektiv

dictate [ˈdikktejt] *verb* diktera; föreskriva

dictator [dikkˈtejtər] *subst* diktator

dictatorship [dikkˈtejtərschipp] *subst* diktatur

dictionary [ˈdikkschəneri] *subst* ordbok

did [didd] *verb* imperf. av *do*

didn't [ˈdiddnt] = *did not*

die [daj] *verb* dö; *I'm dying for a cup of coffee* jag är fruktansvärt kaffesugen; ~ *out* dö ut

diesel [ˈdi:səl] *subst* diesel

diet [ˈdajət] *subst* diet; *be on a* ~ hålla diet; banta

differ [ˈdiffər] *verb* skilja sig åt

difference [ˈdiffərəns] *subst* olikhet; *make a* ~ göra skillnad; betyda något

different [ˈdiffərənt] *adj* olik, olika, annorlunda; ~ *from* (*to, than*) olik, skild från, annorlunda (annan) än

differentiate [ˌdiffəˈrennschiejt] *verb* skilja mellan (på)

difficult [ˈdiffikkəlt] *adj* **1** svår **2** besvärlig

difficulty [ˈdiffikkəlti] *subst*

svårighet, svårigheter; ***difficulties*** äv. penningknipa
diffident ['diffiddənt] *adj* osäker; försagd
dig [digg] *verb* **1** gräva; böka **2** slang gilla, digga; ~ ***in*** ta för sig; sätta igång
digest [daj'dʒesst] *verb* smälta maten; smälta kunskaper o.d.
digestion [daj'dʒesstchən] *subst* matsmältning
digit ['diddʒitt] *subst* **1** siffra **2** finger; tå
digital ['diddʒətl] *adj* digital; ~ ***clock*** digitalur; ***go*** ~ datorisera
dignified ['diggnifajd] *adj* värdig
dignity ['diggnəti] *subst* värdighet
digress [daj'gress] *verb* göra en utvikning
dilapidated [di'läppidejtəd] *adj* fallfärdig
dilemma [di'lemmə] *subst* dilemma, problem
diligent ['dillidʒənt] *adj* flitig
dilute [daj'lo:t] *verb* spä, spä ut
dim [dimm] **I** *adj* dunkel; vag **II** *verb* **1** fördunkla **2** ~ ***the headlights*** blända av billjus
dime [dajm] *subst* tiocentare; ***not worth a*** ~ vard. inte värd ett ruttet lingon; ***they are a ~ a dozen*** ung. det går tretton på dussinet av dem
dimension [də'mennschən] *subst* dimension
diminish [di'minnisch] *verb* förminska
diminutive [di'minnjətivv] *adj* mycket liten
dimple ['dimmpl] *subst* smilgrop
din [dinn] *subst* dån, buller
dine [dajn] *verb* äta middag; ~ ***out*** äta ute
diner ['dajnə] *subst* vägkrog, matställe, fik
dinghy ['dinggi] *subst* jolle
dingy ['dindʒi] *adj* sjaskig, sjabbig
dining-car ['dajningka:r] *subst* restaurangvagn på tåg
dining-room ['dajningro:m] *subst* matsal
dinner ['dinnər] *subst* middag måltid; ***for*** ~ till middag
dinner jacket ['dinnər ˌdʒäkkitt] *subst* smoking
dinner party ['dinnər ˌpa:rti] *subst* middag bjudning
dinner plate ['dinnər plejt] *subst* flat tallrik
dinnertime ['dinnərtajm] *subst* middagsdags
dint [dinnt] *subst*, ***by ~ of*** med hjälp av, genom
dip [dipp] **I** *verb* doppa, sänka ned **II** *subst* **1** dopp, bad **2** dipsås
diploma [di'ploumə] *subst* diplom; examen

diplomacy [di'plouməsi] *subst* diplomati
diplomat ['dippləmätt] *subst* diplomat
diplomatic [ˌdipplə'mättikk] *adj* diplomatisk
dipstick ['dippstikk] *subst* oljemätsticka
dire ['dajər] *adj* hemsk; ödesdiger
direct [di'rekkt] **I** *verb* **1** rikta **2** dirigera; regissera **II** *adj* direkt i olika betydelser; rak; rakt på sak; ~ *current* likström; ~ *hit* fullträff
direction [di'rekkschən] *subst* **1** riktning; ~ *indicator* blinker på bil; *sense of* ~ lokalsinne **2** regi **3** *directions* bruksanvisning; föreskrifter
directly [də'rckktli] *adv* dirckt; rakt; genast
director [də'rekktər] *subst* **1** ledare **2** regissör; dirigent **3** styrelsemedlem; *board of directors* bolags styrelse
directory [də'rekktəri] *subst* telefonkatalog; ~ *assistance* nummerupplysning
dirt [dö:rt] *subst* smuts; ~ *cheap* vard. jättebillig; ~ *farmer* vard. bonde som sköter arbetet själv; ~ *road* ung. grusväg, skogsväg
dirty ['dö:rti] *adj* **1** smutsig; ~ *wash* smutstvätt **2** snuskig; ~ *pool* ojust spel; ~ *trick* fult spratt, fult trick
disability [ˌdissə'billəti] *subst* handikapp
disabled [diss'ejbld] *adj* handikappad
disadvantage [ˌdissəd'vänntiddʒ] *subst* nackdel; *be at a* ~ vara i underläge
disagree [ˌdissə'gri:] *verb* vara oense, vara av olika mening; *I* ~ äv. det håller jag inte med om
disagreeable [ˌdissə'gri:əbl] *adj* obehaglig
disagreement [ˌdissə'gri:mənt] *subst* oenighet; gräl
disappear [ˌdissə'piər] *verb* försvinna
disappearance [ˌdissə'pirrəns] *subst* försvinnande
disappoint [ˌdissə'påjnt] *verb* göra besviken; *be disappointed* vara (bli) besviken
disappointing [ˌdissə'påjnting] *adj* misslyckad; *the film was* ~ filmen var en besvikelse
disappointment [ˌdissə'påjntmənt] *subst* besvikelse
disapproval [ˌdissə'pro:vəl] *subst* ogillande
disapprove [ˌdissə'pro:v] *verb*, ~ *of* ogilla, förkasta

disarmament [diss'a:rməmənt] *subst* nedrustning
disarray [ˌdissə'rej] *subst* oreda
disaster [di'zässtər] *subst* katastrof
disastrous [di'zässtrəs] *adj* katastrofal
disband [diss'bännd] *verb* upplösa
disbelief [ˌdissbi'li:f] *subst* tvivel
disc [dissk] *subst* skiva; bricka
discard [diss'ka:rd] *verb* kasta bort; i kortspel saka
discern [di'sö:rn] *verb* urskilja
discerning [di'sö:rning] *adj* omdömesgill
discharge I [diss'tcha:rdʒ] *verb* **1** tömma, släppa ut **2** *to be discharged* släppas ut från fängelse; skrivas ut från sjukhus; hemförlovas **II** ['disstcha:rdʒ] *subst* **1** utsläpp; urladdning **2** flytning; utsöndring **3** frigivning; utskrivning; hemförlovning
discipline ['dissiplinn] **I** *subst* disciplin; ordning **II** *verb* straffa; disciplinera
disc jockey ['dissk ˌdʒa:ki] *subst* diskjockey
disclaim [diss'klejm] *verb, ~ all responsibility* frånsäga sig allt ansvar
disclose [diss'klouz] *verb* avslöja
disclosure [diss'klouʒər] *subst* avslöjande
disco ['disskou] *subst* vard. disco
discomfort [diss'kammfərt] *subst* obehag; smärta
disconcert [ˌdisskən'sö:rt] *verb* förvirra
disconcerting [disskən'sö:rting] *adj* oroväckande
disconnect [ˌdisskə'nekkt] *verb* **1** ta loss **2** koppla ur (bort, ifrån), stänga av
discontent [ˌdisskən'tennt] *subst* missnöje
discontented [ˌdisskən'tenntidd] *adj* missnöjd
discontinue [ˌdisskən'tinnjo] *verb* avbryta; sluta med; avbeställa prenumeration o.d.
discord ['disskå:rd] *subst* missämja
discotheque ['disskətekk] *subst* diskotek
discount ['disskaont] **I** *subst* rabatt; *cash ~* kassarabatt; *~ store* (*house*) lågprisvaruhus, lågprisaffär **II** *verb* bortse ifrån
discourage [diss'kö:ridʒ] *verb* **1** göra modfälld **2** motarbeta
discouraging [diss'kö:ridʒing] *adj* nedslående

discover [di'skavvər] *verb* upptäcka; finna
discovery [di'skavvəri] *subst* upptäckt
discreet [di'skri:t] *adj* diskret, taktfull
discrepancy [diss'kreppənsi] *subst* avvikelse
discretion [di'skreschən] *subst* omdömesförmåga; takt
discriminate [di'skrimminejt] *verb* **1** ~ ***between*** skilja på **2** ~ ***against*** diskriminera
discriminating [di'skrimminejting] *adj* kräsen
discrimination [di,skrimmi'nejschən] *subst* **1** diskriminering **2** omdöme
discuss [di'skass] *verb* diskutera
discussion [di'skaschən] *subst* diskussion
disdain [diss'dejn] **I** *subst* förakt **II** *verb* förakta
disease [di'zi:z] *subst* sjukdom; bildligt ont
disembark [,dissimm'ba:rk] *verb* landsätta; gå i land
disengage [,dissinn'gejdʒ] *verb* lösgöra, lösgöra sig; koppla ur växel
disentangle [,dissinn'tänggl] *verb* **1** lösgöra **2** reda ut härva o.d.
disfigure [diss'figgjər] *verb* vanställa
disgrace [diss'grejs] **I** *subst* skamfläck **II** *verb* skämma ut
disgraceful [diss'grejsfoll] *adj* skamlig
disgruntled [diss'granntld] *adj* missnöjd
disguise [diss'gajz] **I** *verb* **1** ~ ***oneself*** förkläda sig **2** förställa **II** *subst* förklädnad; ***in*** ~ förklädd
disgust [diss'gasst] **I** *subst* avsky **II** *verb*, ***be disgusted*** äcklas
disgusting [diss'gassting] *adj* äcklig, vämjelig
dish [disch] *subst* **1** fat; karott; ***dishes*** odiskad disk; ***do the dishes*** diska **2** maträtt; ***hot*** ~ varmrätt **3** ~ el. ***satellite*** ~ parabolantenn **4** slang goding, snygging
dishcloth ['dischkla:θ] *subst* disktrasa; kökshandduk
dishearten [diss'ha:rtn] *verb* göra modfälld
disheveled [di'schevvəld] *adj* ovårdad, rufsig; slarvigt klädd
dishonest [diss'a:nisst] *adj* oärlig
dishonor [diss'a:nər] *subst* o. *verb* vanära
dishonorable [diss'a:nərəbl] *adj* vanhedrande
dishtowel ['dischtaoəl] *subst* kökshandduk

dishwasher ['disch,wa:schər] *subst* **1** diskmaskin **2** diskare
disillusion [,dissi'lo:ʒən] *verb* desillusionera; beröva ngn hans (hennes) illusioner
disinfect [,dissin'fekkt] *verb* desinficera
disinfectant [,dissin'fekktənt] *subst* desinfektionsmedel
disintegrate [diss'inntəgrejt] *verb* sönderdelas, falla sönder (isär), rämna
disinterested [diss'inntrəstəd] *adj* opartisk
disjointed [diss'dʒåjntəd] *adj* osammanhängande
disk [dissk] *subst* **1** skiva **2** diskett **3** disk mellan ryggkotorna; *slipped ~* diskbråck
diskette [di'skett] *subst* diskett
dislike [diss'lajk] **I** *verb* ogilla **II** *subst* motvilja; *likes and dislikes* sympatier och antipatier
dislocate ['dissloukejt] *verb* vricka, sträcka; *dislocated shoulder* axel som är ur led
dislodge [diss'la:dʒ] *verb* driva (peta) bort; rycka loss
disloyal [diss'låjəl] *adj* illojal
dismal ['dizzməl] *adj* dyster, trist
dismantle [diss'männtl] *verb* montera ned; nedrusta
dismay [diss'mej] **I** *subst* bestörtning **II** *verb* göra bestört
dismiss [diss'miss] *verb* **1** avskeda **2** slå ur tankarna; avfärda
dismissal [diss'missəl] *subst* **1** avskedande **2** avvisande, avspisande
dismount [,diss'maunt] *verb* stiga av
disobedient [,dissə'bi:djənt] *adj* olydig
disobey [,dissə'bej] *verb* inte lyda, vägra lyda
disorder [diss'å:rdər] *subst* **1** oreda **2** störning
disorderly [diss'å:rdəli] *adj* **1** oordentlig **2** oregerlig; *~ conduct* förargelseväckande beteende
disown [diss'oun] *verb* ta avstånd från
dispassionate [diss'päschənət] *adj* lidelsefri
dispatch [di'spättch] **I** *verb* skicka i väg **II** *subst*, *by ~* med ilbud
dispel [di'spell] *verb* fördriva, skingra
dispense [di'spenns] *verb* **1** dela ut, ge **2** *~ with* avvara, hoppa över
dispenser [di'spennsər] *subst* varuautomat
disperse [di'spö:rs] *verb* upplösa; sprida; skingra
dispirited [di'spirrətəd] *adj* modfälld

displace [diss'plejs] *verb* förskjuta; ersätta
display [di'splej] **I** *verb* visa upp; ställa ut **II** *subst* uppvisning; *window ~* fönsterskyltning
displease [diss'pli:z] *verb* misshaga; *be displeased* vara missnöjd
disposable [di'spouzəbl] *adj* engångs-
disposal [di'spouzəl] *subst* **1** avyttrande; *~ chute* sopnedkast **2** *be at sb.'s ~* stå till ngns förfogande
dispose [di'spouz] *verb, ~ of* avyttra; göra sig av med
disposed [di'spouzd] *adj* benägen
disposition [ˌdisspə'zischən] *subst* **1** läggning **2** benägenhet **3** uppställning
dispute [di'spjo:t] **I** *verb* tvista om, debattera; ifrågasätta **II** *subst* dispyt; strid
disqualify [diss'kwa:lifaj] *verb* diskvalificera; diska
disregard [ˌdissri'ga:rd] **I** *verb* ignorera, nonchalera **II** *subst, in ~ of* utan att ta hänsyn till
disreputable [diss'reppjətəbl] *adj* illa beryktad
disrespectful [ˌdissri'spekktfəl] *adj* respektlös
disrupt [diss'rappt] *verb* splittra; störa
dissatisfied [ˌdis'sättisfajd] *adj* missnöjd; otillfredsställd
dissect [di'sekkt] *verb* dissekera
dissent [di'sennt] **I** *verb* ha en annan mening **II** *subst* opposition
dissertation [ˌdisə'rtejschən] *subst* doktorsavhandling
disservice [ˌdis'sö:rvis] *subst* björntjänst
dissimilar [ˌdi'simmilər] *adj* olik, olika
dissipate ['dissipejt] *verb* **1** upplösa **2** slösa bort
dissipated [dissi'pejtəd] *adj* utsvävande; härjad
dissolute ['dissəlo:t] *adj* utsvävande
dissolve [di'za:lv] *verb* upplösa; upplösas
distance ['disstəns] *subst* avstånd; *in the ~* på håll; långt borta; *keep one's ~* vara reserverad
distant ['disstənt] *adj* **1** avlägsen **2** reserverad
distaste [ˌdiss'tejst] *subst* avsmak
distasteful [diss'tejstfəl] *adj* osmaklig; motbjudande
distil [di'still] *verb* destillera
distillery [di'stilləri] *subst* spritfabrik
distinct [di'stingkt] *adj* **1** tydlig **2** olika; *be ~ from* vara

olik, skilja sig från; *as ~ from* till skillnad från
distinction [di'stingkschən] *subst* **1** distinktion; *without ~* utan åtskillnad; *make a ~ between* skilja mellan **2** utmärkelse; *a man of ~* en framstående man
distinctive [di'stingktivv] *adj* utpräglad
distinguish [di'stinggwisch] *verb* **1** *~ between* skilja på **2** urskilja
distinguished [di'stinggwischt] *adj* **1** framstående **2** distingerad
distinguishing [di'stinggwisching] *adj* utmärkande
distort [di'stå:rt] *verb* förvrida, förvränga
distract [di'sträkkt] *verb* distrahera
distracted [di'sträkktidd] *adj* distraherad; disträ; förvirrad
distraction [di'sträkkschən] *subst* **1** distraktion; störande moment **2** avkoppling **3** *drive sb. to ~* göra ngn vansinnig
distraught [di'stra:t] *adj* ifrån sig, utom sig
distress [di'stress] **I** *subst* **1** nöd **2** kval **II** *verb* plåga
distressing [di'stressing] *adj* plågsam
distribute [di'stribbjət] *verb* dela ut; distribuera
distribution [ˌdisstri'bjo:schən] *subst* distribution
distributor [di'stribbjətər] *subst* **1** distributör; grossist; återförsäljare **2** fördelare i motor
district ['disstrikkt] *subst* distrikt; valdistrikt; *~ heating* fjärrvärme
district attorney [ˌdisstrikkt ə'tö:rni] *subst* åklagare
District of Columbia [ˌdisstrikkt əv kə'lammbjə] delstat bestående endast av staden Washington
distrust [diss'trasst] *subst* o. *verb* misstro
disturb [di'stö:rb] *verb* **1** störa **2** oroa
disturbance [di'stö:rbəns] *subst* **1** störning **2** orolighet, bråk
disused [ˌdis'jo:zd] *adj* oanvänd
ditch [dittch] **I** *subst* dike **II** *verb* bli av med oönskat sällskap; spola ngn
dither ['diðər] **I** *verb* **1** tveka, vela **2** vara nervös **II** *subst, be in a ~* vara hispig
dive [dajv] **I** *verb* dyka **II** *subst* **1** dykning **2** slang sylta
diver ['dajvər] *subst* dykare
diversion [də'vö:rschən] *subst*

1 förströelse **2** avledningsmanöver
divert [də'vö:rt] *verb* avleda; dirigera (lägga) om
divide [di'vajd] **I** *verb* dela; fördela; dela sig; ~ *by 5* dela med 5 **II** *subst* vattendelare; bildligt klyfta
divided highway [di'vajdidd ˌhajwej] *subst* motorväg med skilda körbanor
divine [di'vajn] **I** *adj* gudomlig; vard. underbar; ~ *service* gudstjänst **II** *verb* gissa sig till
diving ['dajving] *subst* dykning; simhopp
diving-board ['dajvingbå:rd] *subst* trampolin, svikt
divinity [di'vinnəti] *subst* gudomlighet; ~ *school* el. *school of* ~ teologisk fakultet, prästseminarium
division [di'viʒən] *subst* **1** delning; fördelning **2** division **3** avdelning; rotel
divorce [di'vå:rs] **I** *subst* skilsmässa **II** *verb, get divorced* skilja sig
divorcée [dəˌvå:r'sej, də'vå:rsi:] *subst* frånskild kvinna
Dixie [dikksi] **1** sydstaterna **2** sydstatssången Dixie
dizzy ['dizzi] *adj* **1** yr **2** svindlande **3** förvirrad; virrig
DJ [ˌdi:'dʒej] förk. för *disc jockey*
do* [do:] *verb* **1** göra; utföra; bära sig åt; *what can I ~ for you?* vad kan jag stå till tjänst med?; till kund i butik vad får det lov att vara? **2** syssla med **3** må; *how do you ~?* hälsningsformel god dag **4** passa; vara nog; *that'll ~* det är bra så; förmanande sluta upp med det **5** *you saw it, didn't you?* du såg det, eller hur?; ~ *you like it?* tycker du om det?; *I don't dance* jag dansar inte **6** ~ *away with* göra slut på; göra sig av med; ~ *for* duga till (som); ~ *up* slå (packa) in; ~ *up one's hair* sätta upp håret; *all done up* utstyrd till max; ~ *with* göra (ta sig till) med; *have to ~ with* ha att göra med; *I could ~ with a drink* det skulle smaka bra med en drink; *let's have done with it* låt oss få slut på det; ~ *without* klara sig utan
dock [da:k] **I** *subst* **1** skeppsdocka **2** lastkaj, lastningsplats; *docks* hamnområde; varv **II** *verb* docka
docker ['da:kər] *subst* hamnarbetare
dockyard ['da:kja:rd] *subst* skeppsvarv
doctor ['da:ktər] *subst* läkare, doktor; *doctor's certificate* läkarintyg

document ['da:kjomənt] *subst* dokument, handling

documentary [ˌda:kjo'menntəri] *adj* o. *subst* dokumentär

dodge [da:dʒ] *verb* vika undan för; undvika

doe [dou] *subst* hind

does [daz] *verb, he (she, it)* ~ han (hon, den, det) gör, se äv. *do*

doesn't ['daznt] = *does not*

dog [da:g] **I** *subst* **1** hund; *lucky* ~ lyckans ost **2** slang subba; ingen hit, skräp **II** *verb* förfölja

dog collar ['da:g ˌka:lər] *subst* hundhalsband

dogged ['da:gid] *adj* envis; hårdnackad

dog tag ['da:g tägg] *subst* soldats ID-bricka

do-it-yourself [ˌdo:ətschər'sellf] *adj* gör-det-själv-, hobby-; ~ *kit* byggsats

doldrums ['douldrəmz] *subst pl* stiltje; *in the* ~ deprimerad; utan energi

doleful ['doulfəl] *adj* sorgsen

doll [da:l] *subst* docka leksak; slang snygging

dollar ['da:lər] *subst* dollar

dollhouse ['da:lhaos] *subst* dockskåp

dolphin ['da:lfinn] *subst* delfin

dome [dəom] *subst* kupol

domestic [də'messtikk] *adj* **1** hushålls-; ~ *appliances* hushållsmaskiner; ~ *help* hemhjälp; ~ *life* hemliv **2** inrikes **3** ~ *animal* husdjur; tamdjur **4** hemhjälp, hembiträde

dominate ['da:mincjt] *verb* dominera

domineering [ˌda:mi'nirring] *adj* dominerande; tyrannisk

dominion [də'minnjən] *subst* herravälde

dominoes ['da:mənouz] *subst pl* dominospel

donate [dou'nejt] *verb* skänka; donera; ~ *blood* ge blod

done [dann] **I** *verb* perf.p. av *do* **II** *adj, well* ~ genomstekt

donkey ['da:ngki] *subst* åsna

donor ['dounər] *subst* donator; givare

don't [dount] = *do not*

donut ['dounatt] *subst* munk bakverk

doodle ['do:dl] *subst* krumelur

doom [do:m] **I** *subst* undergång **II** *verb, be doomed* vara förutbestämd; vara dömd att misslyckas

doomsday ['do:mzdej] *subst* domedag

door [då:r] *subst* dörr

doorbell ['då:rbell] *subst* ringklocka på dörr

doorknob ['då:rna:b] *subst* dörrhandtag

doorman ['då:rmən] *subst* dörrvakt, vaktmästare
doormat ['då:rmätt] *subst* dörrmatta
doorstep ['då:rstepp] *subst* tröskel
doorway ['då:rwej] *subst* dörröppning
dope [doup] **I** *subst* vard. **1** idiot, dummer **2** knark **II** *verb* dopa
dorm [då:rm] *subst* vard., kortform för *dormitory*
dormant ['då:rmənt] *adj* i dvala; slumrande
dormitory ['då:rmətå:ri] *subst* **1** studenthem **2** sovsal
dose [dous] *subst* dos
dot [da:t] **I** *subst* punkt; prick **II** *verb* pricka
dote [dout] *verb*, *~ on* avguda; vara mycket svag för
double ['dabbl] **I** *adj* dubbel; *~ duty* extrastark; *~ standard* dubbelmoral **II** *adv* dubbelt **III** *subst* **1** dubbelgångare **2** *doubles* dubbel i tennis o.d. **IV** *verb* fördubbla, dubblera
double bass [ˌdabbl 'bejs] *subst* kontrabas
double-breasted [ˌdabbl'bresstidd] *adj* om plagg dubbelknäppt
double-cross [ˌdabbl'kra:s] vard. **I** *verb* lura; förråda **II** *subst* dubbelspel
doubly ['dabbli] *adv* dubbelt
doubt [daot] **I** *subst* tvivel; *no ~* otvivelaktigt **II** *verb* tvivla
doubtful ['daotfəl] *adj* tvivelaktig; tveksam
doubtless ['daotləs] *adv* utan tvivel
dough [dou] *subst* **1** deg **2** slang stålar
doughnut ['dounatt] *subst* munk bakverk
douse [daos] *verb* släcka
dove [davv] *subst* duva
dovetail ['davvtejl] *verb* passa in, passa in i varandra
dowdy ['daodi] *adj* gammalmodig, tantaktig
1 down [daon] *subst* dun; *~ quilt* duntäcke
2 down [daon] **I** *adv* o. *adj* **1** ned, ner; utför **2** *be ~* vara nere; *be ~ with the flu* ligga i influensa **3** *~ payment* handpenning **II** *prep* nedför, utför; längs med, utefter
down-and-out [ˌdaonən'aot] *adj* utslagen
downcast ['daonkässt] *adj* nedslagen, nedstämd
downer ['daonər] *subst* slang nedåttjack
downfall ['daonfa:l] *subst* fall, fördärv
downhearted [ˌdaon'ha:rtəd] *adj* nedstämd
downhill [ˌdaon'hill] **I** *adj* sluttande; *~ run* (*skiing*)

utförsåkning **II** *adv* nedför backen, utför; *go ~* bildligt förfalla, gå tillbaka
downpour ['daonpå:r] *subst* störtregn
downright ['daonrajt] *adv* riktigt; fullkomligt
downstairs [ˌdaon'stäərz] *adv* nedför trappan; i nedre våningen
downstream [ˌdaon'stri:m] *adv* o. *adj* med strömmen
down-to-earth [ˌdaonto'ö:rθ] *adj* praktisk; jordnära
downtown [ˌdaon'taon] *subst* stads centrum; *~ Manhattan* centrala Manhattan
downturn ['daontö:rn] *subst* ekonomisk svacka, nedgång
downward ['daonwərd] *adj* som går utför
downwards ['daonwərdz] *adv* nedåt, utför
dowry ['daoəri] *subst* hemgift
doze [douz] **I** *verb* slumra; *~ off* nicka till **II** *subst* tupplur
dozen ['dazzn] *subst* dussin; *dozens of* dussintals
Dr. ['da:ktər] förk. för *Doctor*
drab [dräbb] *adj* trist
draft [dräfft] **I** *subst* **1** utkast till tal, bok o.d. **2** drag luftström **3** *~ beer* fatöl **4** *the ~* rekryteringen till militärtjänsten; *~ board* inkallelsemyndigheten; *~ resister* vapenvägrare **II** *verb* **1** ta ut för särskilt uppdrag; kalla in till militärtjänst **2** skriva ett utkast till
draftee [dräff'ti:] *subst* värnpliktig
draftsman ['dräfftsmən] *subst* ritare
drag [drägg] **I** *verb* **1** släpa, dra **2** dragga **II** *subst, it's a ~* slang det är döttråkigt
dragon ['dräggən] *subst* drake
dragonfly ['dräggənflaj] *subst* trollslända
drain [drejn] **I** *verb* **1** dränera **2** bildligt tömma **II** *subst* **1** avloppstrumma; avlopp **2** bildligt åderlåtning
drainage ['drejniddʒ] *subst* **1** dränering **2** avloppssystem
draining-board ['drejningbå:rd] *subst* torkbräda på diskbänk
drainpipe ['drejnpajp] *subst* stuprör
drama ['drämmə, 'dra:mə] *subst* drama, skådespel
dramatic [drə'mättikk] *adj* dramatisk
dramatist ['drämmətəst] *subst* dramatiker
dramatize ['drämmətajz] *verb* dramatisera
drank [drängk] *verb* imperf. av *drink*
drape [drejp] **I** *verb* drapera **II** *subst* **1** draperi; tyngre för-

hänge, gardin **2** drapering; fall
drastic ['drässtikk] *adj* drastisk
draw* [dra:] **I** *verb* **1** dra; dra till sig **2** rita **3** ta ut pengar **4** ~ ***near*** närma sig, nalkas **5** ~ ***into*** dra in i, delta; ~ ***on*** (***upon***) dra växlar på, utnyttja; ~ ***up*** utarbeta, skissa; upprätta; stanna **II** *subst* oavgjord match
drawback ['dra:bäkk] *subst* nackdel
drawbridge ['dra:briddʒ] *subst* klaffbro
drawer [drå:r] *subst* byrålåda
drawers [drå:rz] *subst pl* vard. kalsingar
drawing ['dra:ing] *subst* ritning, teckning
drawing-board ['dra:ingbå:rd] *subst* ritbord; ***back to the*** ~ vi får börja om
drawing-room ['dra:ingro:m] *subst* salong rum
drawl [dra:l] **I** *verb* tala släpigt **II** *subst* släpigt tal; ***Southern*** ~ sydstatsuttal
drawn [dra:n] **I** *verb* perf.p. av *draw* **II** *adj* **1** ~ ***curtains*** fördragna gardiner **2** tärd
dread [dredd] **I** *verb* frukta **II** *subst* stark fruktan
dreadful ['dreddfəl] *adj* förskräcklig; hemsk
dream* [dri:m] **I** *subst* dröm; ***sweet dreams!*** sov gott! **II** *verb* drömma
dreamt [dremmt] *verb* imperf. o. perf.p. av *dream*
dreamy ['dri:mi] *adj* drömmande; drömlik
dreary ['drirri] *adj* dyster
dredge [dreddʒ] *verb* muddra; bottenskrapa
drenched [drenntscht] *adj* genomblöt, dyblöt
dress [dress] **I** *verb* **1** klä; klä sig, klä på sig; ~ ***up*** klä ut sig; klä upp sig **2** lägga om **II** *subst* klänning; ***full*** ~ gala; högtidsdräkt
dresser ['dressər] *subst* **1** skänk; byrå ofta med spegel; toalettbord **2** ***he is a careful*** ~ han klär sig noga
dressing ['dressinq] *subst* **1** salladssås, dressing **2** förband för sår o.d.
dressing-room ['dressingro:m] *subst* omklädningsrum; klädloge
dressmaker ['dress͵mejkər] *subst* sömmerska
dress rehearsal [͵dress ri'hö:rsəl] *subst* generalrepetition på teater o.d.
drew [dro:] *verb* imperf. av *draw*
dribble ['dribbl] **I** *verb* **1** droppa; sippra **2** dribbla **II** *subst* **1** droppe **2** dribbling
drift [drifft] **I** *subst* **1** snödriva

2 tendens; mening **II** *verb* driva; ~ *apart* glida ifrån varandra

driftwood ['drifftwodd] *subst* drivved

drill [drill] **I** *verb* **1** borra **2** drilla, öva **II** *subst* **1** borrmaskin **2** exercis

drink* [dringk] **I** *verb* **1** dricka; ~ *to sb.* skåla för ngn **2** supa **II** *subst* **1** klunk; glas, järn; *a ~ of water* ett glas vatten; lite vatten **2** dryck; sprit

drinker ['dringkər] *subst, heavy ~* storsupare

drinking-water ['dringkingˌwa:tər] *subst* dricksvatten

drip [dripp] **I** *verb* droppa **II** *subst* **1** läcka från kran o.d. **2** intravenöst dropp **3** slang nolla, nörd

drip-dry [ˌdripp'draj] *verb* dropptorka

dripping ['dripping] *adv* drypande; ~ *wet* dyblöt

drive* [drajv] **I** *verb* **1** köra bil, köra **2** driva; drivas; ~ *sb. crazy* göra ngn galen **II** *subst* **1** bilresa **2** kampanj, drive

drivel ['drivvl] *subst* dravel

driven ['drivvən] *verb* perf.p. av *drive*

driver ['drajvər] *subst* bilförare, chaufför

driver education ['drajvər eddjoˌkejschən] *subst* körkortsutbildning

driver's license ['drajvərz ˌlajsəns] *subst* körkort

driveway ['drajvwej] *subst* privat uppfartsväg; infart till garage

driving instructor ['drajving inˌstrakktər] *subst* bilskollärare

driving school ['drajving sko:l] *subst* bilskola

driving test ['drajving tesst] *subst* körkortsprov

drizzle ['drizzl] **I** *subst* duggregn **II** *verb* dugga, småregna

drone [droun] **I** *subst* **1** drönare hanbi **2** surr, brummande **II** *verb* surra, brumma

drool [dro:l] *verb* dregla

droop [dro:p] *verb* sloka

drop [dra:p] **I** *subst* **1** droppe **2** slags karamell; *cough ~* hosttablett **3** nedgång; minskning **4** *letter ~* brevlåda **II** *verb* **1** droppa **2** falla, sjunka **3** sluta med **4** ~ *me a line!* skriv ett par rader! **5** ~ *by* titta 'in, komma förbi; ~ *in* titta 'in; ~ *off* släppa av; somna till; ~ *out* dra sig ur tävling, hoppa av studier

dropout ['dra:paot] *subst* avhoppare från studier o.d.

droppings ['dra:pingz] *subst pl* spillning av djur

drought [draot] *subst* torka
drove [drouv] *verb* imperf. av *drive*
drown [draon] *verb* drunkna; dränka
drowsy ['draozi] *adj* dåsig; yrvaken
drudgery ['draddʒəri] *subst* slit; kneg
drug [dragg] **I** *subst* drog, läkemedel; ***drugs*** äv. narkotika; ***take drugs*** om idrottsmän dopa sig **II** *verb* droga
drug addict ['dragg ˌäddikkt] *subst* narkoman
druggist ['draggisst] *subst* apotekare; farmaceut
drugstore ['draggstå:r] *subst* drugstore, apotek ofta med enklare servering och försäljning av vissa andra varor
drum [dramm] **I** *subst* trumma **II** *verb* trumma; ~ ***up customers*** värva kunder (anhängare)
drummer ['drammər] *subst* trumslagare
drunk [drangk] **I** *verb* perf.p. av *drink* **II** *adj* full berusad
drunken ['drangkən] *adj* **1** full berusad; ~ ***driving*** rattfylleri **2** fylle-
dry [draj] **I** *adj* torr **II** *verb* torka
dry cleaners [ˌdraj 'kli:nərz] *subst pl* kemtvätt inrättning
dryer ['drajər] *subst* torktumlare
dry goods ['draj goddz] *subst pl* textilvaror; kläder
dryness ['drajnəs] *subst* torka; torrhet
dual ['do:əl] *adj* tvåfaldig, dubbel; ~ ***citizen*** medborgare i två länder
dubious ['do:bjəs] *adj* tvivelaktig
duchess ['dattchəs] *subst* hertiginna
duck [dakk] **I** *subst* anka; and; ***dead*** ~ lätt byte (offer) **II** *verb* ducka; undvika t.ex. en fråga
duckling ['dakkling] *subst* ankunge
duct [dakkt] *subst* **1** rörledning; ~ ***tape*** kraftig isolertejp **2** i kroppen gång, kanal
dude [do:d] *subst* vard. **1** turist på ranch **2** snubbe
due [do:] **I** *adj* **1** förfallen till betalning **2** ***after*** ~ ***consideration*** efter moget övervägande; ***in*** ~ ***course*** i sinom tid **3** ***be*** ~ ***to*** bero på; ~ ***to arrive*** ska komma, väntas **II** *subst,* ***membership dues*** medlemsavgifter
duet [do'ett] *subst* duett, duo
dug [dagg] *verb* imperf. o. perf.p. av *dig*
duke [do:k] *subst* hertig
dull [dall] **I** *adj* **1** matt; mulen

2 tråkig; trög **II** *verb* matta, dämpa; bedöva
duly ['do:li] *adv* vederbörligen; i rätt tid
dumb [damm] *adj* stum; vard. dum
dummy ['dammi] *subst* skyltdocka
dump [dammp] **I** *verb* tippa, dumpa **II** *subst* soptipp; sjaskigt ställe
dumpling ['dammpling] *subst* slags klimp
Dumpster® ['dammpstər] *subst* container
dumpy ['dammpi] *adj* kort och tjock
dunce [danns] *subst* dummerjöns
dune [do:n] *subst* sanddyn; *~ buggy* strandjeep
dung [dang] *subst* dynga
dungeon ['dandʒən] *subst* underjordisk fängelsehåla
duplex ['do:plekks] **I** *adj* tvåfaldig **II** *subst* etagevåning; tvåfamiljshus, parvilla
duplicate I ['do:plikkət] *adj* dubblett-; om avskrift i två exemplar **II** ['do:plikkət] *subst* dubblett; två likalydande exemplar **III** ['do:plikejt] *verb* upprepa; kopiera
durable ['dorəbl] *adj* varaktig, bestående
duration [do'rejschən] *subst, for the ~* så länge det varar
duress [do'ress] *subst, **under ~*** under tvång (hot)
during ['dorring] *prep* under, under loppet av
dusk [dassk] *subst* skymning
dust [dasst] **I** *subst* damm, stoft **II** *verb* damma
dustcloth ['dasstkla:θ] *subst* dammtrasa
duster ['dasstər] *subst* dammtrasa, dammvippa
dusty ['dassti] *adj* dammig
Dutch [dattch] **I** *adj* **1** holländsk, nederländsk; ***Pennsylvania ~*** ättlingar till tysktalande i Pennsylvania **2** ***go ~*** vard. betala var och en för sig **II** *subst* nederländska språk
dutiful ['do:tifəl] *adj* pliktrogen
duty ['do:ti] *subst* **1** plikt **2** ***off ~*** inte i tjänst; ledig; ***on ~*** i tjänst; tjänstgörande; vakthavande, jourhavande **3** skatt; tull
duty-free [ˌdo:ti'fri:] *adj* tullfri
dwarf [dwå:rf] **I** *subst* dvärg **II** *verb* överskugga
dwell [dwell] *verb, **~ on*** uppehålla sig vid; bre ut sig över
dwelling ['dwelling] *subst* boning; hem
dwindle ['dwinndl] *verb* krympa ihop, försvinna

dye [daj] **I** *subst* färgmedel **II** *verb* färga hår, kläder o.d.

dying ['dajing] *adj* döende

dynamic [daj'nämmikk] *adj* dynamisk

dynamite ['dajnəmajt] **I** *subst* dynamit **II** *adj,* ~ ***idea*** slang jättebra idé

dynamo ['dajnəmou] *subst* generator

E, e [i:] *subst* E, e

each [i:tch] *pron* var, var för sig; varje; vardera; ~ ***other*** varandra

eager ['i:gər] *adj* ivrig, angelägen

eagle ['i:gl] *subst* örn

1 ear [iər] *subst* sädesax; ~ ***of corn*** majskolv

2 ear [iər] *subst* öra; ~ ***infection*** öroninflammation; ***be all ears*** vara idel öra; ***have an ~ for music*** ha musiköra

earache ['irrejk] *subst* örsprång; ***have an*** ~ äv. ha ont i öronen

eardrum ['irrdramm] *subst* trumhinna

early ['ö:rli] **I** *adv* tidigt; för tidigt **II** *adj* tidig; för tidig; första; ***as ~ as*** redan; ~ ***tomorrow morning*** i morgon bitti; ***be an ~ riser*** vara morgonpigg; ***tomorrow at the earliest*** tidigast i morgon

earmark ['irrma:rk] *verb* sätta av, öronmärka

earn [ö:rn] *verb* tjäna, förtjäna

earnest ['ö:rnisst] *adj* allvarlig

earnings ['ö:rningz] *subst pl* inkomster
earphones ['irrfounz] *subst pl* hörlurar
earplug ['irrplagg] *subst* öronpropp
earring ['irring] *subst* örhänge; örring
earshot ['irrscha:t] *subst* hörhåll
earth [ö:rθ] *subst* **1** jord, mark **2** jorden
earthenware ['ö:rθənwerr] *subst* lergods
earthquake ['ö:rθkwejk] *subst* jordbävning
earthworm ['ö:rθwö:rm] *subst* daggmask
earthy ['ö:rθi] *adj* **1** jordaktig **2** jordnära; mustig
ease [i:z] **I** *subst* **1** välbefinnande; *at ~* väl till mods; obesvärad; *ill at ~* illa till mods; besvärad **2** lätthet **II** *verb* **1** lindra **2** lätta på; minska; tumma på
easel ['i:zl] *subst* staffli
easily ['i:zəli] *adv* lätt, med lätthet
east [i:st] **I** *subst* öster; *the East* Orienten **II** *adj* östra **III** *adv* österut
Easter ['i:stər] *subst* påsk
easterly ['i:stərli] *adj* östlig
eastern ['i:stərn] *adj* östlig; *Eastern* orientalisk
eastward ['i:stwərd] *adv* mot (åt) öster
easy ['i:zi] *adj* **1** lätt, enkel **2** lugn, sorglös
easy chair ['i:zi tchäər] *subst* länstol, fåtölj
easy-going ['i:zi,gouing] *adj* lättsam
eat* [i:t] *verb* äta
eaten ['i:tən] *verb* perf.p. av *eat*
eavesdrop ['i:vzdra:p] *verb* tjuvlyssna
ebb [ebb] **I** *subst* ebb; lågvatten; *~ and flow* ebb och flod; bildligt uppgång och nedgång **II** *verb* bildligt ebba ut
ebony ['ebbəni] *subst* ebenholts
eccentric [ikk'senntrikk] *adj* excentrisk; säregen
echo ['ekkou] **I** *subst* eko **II** *verb* eka
eclipse [i'klipps] *subst* förmörkelse, eklips; *lunar ~* månförmörkelse
ecology [i:'ka:lədʒi] *subst* ekologi
economic [,i:kə'na:mikk] *adj* ekonomisk
economical [,i:kə'na:mikkəl] *adj* ekonomisk, sparsam
economics [,i:kə'na:mikks] *subst* nationalekonomi; *home ~* hushållslära
economize [i'ka:nəmajz] *verb* spara, hushålla med
economy [i'ka:nəmi] *subst*

ekonomi; hushållning; ~ *class* ekonomiklass
economy-size [i'ka:nəmisajz] o. **economy-sized** [i'ka:nəmisajzd] *adj* i storpack
ecstasy ['ekkstəsi] *subst* **1** extas **2** ecstasy slags narkotika
ecstatic [ekk'stättikk] *adj* extatisk; hänförd
eczema ['iggzi:mə] *subst* eksem
edge [eddʒ] *subst* **1** egg; ***on ~*** på helspänn; lättretad **2** kant, rand
edgewise ['eddʒwajz] *adv* på tvären; ***get a word in ~*** få en syl i vädret
edgy ['eddʒi] *adj* nervös, lättretad
edible ['eddəbl] *adj* ätlig ej giftig
edict ['i:dikkt] *subst* påbud; kungörelse
edit ['edditt] *verb* redigera; klippa film
edition [i'dischən] *subst* upplaga
editor ['eddətər] *subst* redaktör
editorial [ˌeddi'tå:riəl] **I** *adj* redaktionell **II** *subst* ledare i tidning
educate ['eddʒəkejt] *verb* utbilda; ***educated guess*** kvalificerad gissning
education [ˌeddʒə'kejschən] *subst* utbildning; fostran
educational [ˌeddʒə'kejschənl] *adj* utbildnings-; pedagogisk
eel [i:l] *subst* ål
eerie ['irri] *adj* kuslig
effect [i'fekkt] **I** *subst* effekt i olika betydelser; ***in ~*** i själva verket **II** *verb* verkställa
effective [i'fekktivv] *adj* **1** effektiv **2** i kraft; ***~ immediately*** effektivt omgående
effectively [i'fekktivvli] *adv* **1** effektivt **2** i själva verket
effeminate [i'femminət] *adj* feminin nedsättande om man; vek
effervescent [ˌeffər'vessnt] *adj* **1** mousserande **2** upprymd
efficiency [i'fischənsi] *subst* effektivitet; ***~ apartment*** enrummare med kokvrå och badrum
efficient [i'fischənt] *adj* effektiv
effort ['effərt] *subst* ansträngning; ***make an ~*** anstränga sig
effortless ['effərtləs] *adj* obesvärad, otvungen
effusive [i'fjo:siv] *adj* översvallande
e.g. [ˌi:'dʒi:] t.ex.
1 egg [egg] *verb, ~ on* egga
2 egg [egg] *subst* ägg; ***bad ~*** rötägg

eggplant ['eggplännt] *subst* äggplanta, aubergine
ego ['i:gou] *subst* ego; självkänsla
egotism ['i:gətizzəm] *subst* egoism
egotist ['i:gətəst] *subst* egoist; självupptagen person
eiderdown ['ajdərdaon] *subst* ejderdun
eight [ejt] *räkn* **1** åtta **2** *be behind the ~ ball* vard. ligga illa till
eighteen [ˌej'ti:n] *räkn* arton
eighth [ejtθ] **I** *räkn* åttonde **II** *subst* åttondel
eighty ['ejti] *räkn* åttio
either ['i:ðər] **I** *pron* vilken (vilket) som helst **II** *adv* heller **III** *konj, ~...or* antingen...eller; varken...eller
eject [i'dʒekkt] *verb* skjuta (stöta) ut; kasta ut
eke [i:k] *verb, ~ out* dryga ut; få att räcka till
elaborate I [i'läbbərət] *adj* i detalj utarbetad **II** [i'läbbərejt] *verb* gå in på detaljer
elapse [i'läpps] *verb* förflyta, gå
elastic [i'lässtikk] **I** *adj* elastisk **II** *subst* resår
elated [i'lejtəd] *adj* upprymd
elbow ['ellbou] *subst* armbåge; *~ grease* vard. hårt arbete; *~ room* svängrum
1 elder ['elldər] **I** *adj* äldre **II** *subst* äldste
2 elder ['elldər] *subst* fläder buske
elderly ['elldərli] *adj* äldre, till åren kommen
eldest ['elldisst] *adj* äldst
elect [i'lekkt] *verb* välja genom röstning; utse
election [i'lekkschən] *subst* val; *a general ~* allmänna val
elective [i'lekktivv] *subst* valfri kurs
elector [i'lekktər] *subst* väljare
electorate [i'lekktərət] *subst* väljarkår
electric [i'lekktrikk] *adj* **1** elektrisk, el-; *~ stove* elspis **2** bildligt laddad
electrician [ilekk'trischən] *subst* elektriker
electricity [ilekk'trissəti] *subst* elektricitet, ström
electrify [i'lekktrifaj] *verb* **1** elektrifiera **2** bildligt elda
electronic [ilekk'tra:nikk] *adj* elektronisk
electronics [ilekk'tra:nikks] *subst* elektronik
elegant ['elligənt] *adj* elegant
element ['ellimənt] *subst* beståndsdel; element; grundämne; *the human ~* den mänskliga faktorn
elementary [ˌelli'menntəri] *adj* elementär; *~ school* ung. grundskola

elephant ['elləfənt] *subst* elefant; *white* ~ onödig pryl
elevation [ˌelli'vejschən] *subst* **1** upphöjelse **2** höjd över havet
elevator ['ellivejtər] *subst* **1** hiss **2** spannmålsmagasin
eleven [i'levvn] *räkn* elva
eleventh [i'levvnθ] **I** *räkn* elfte **II** *subst* elftedel
elicit [i'lissət] *verb* framkalla, väcka
eligible ['ellidʒəbl] *adj* kvalificerad; berättigad, lämplig
elm [ellm] *subst* alm
elope [i'loup] *verb* rymma för att gifta sig
eloquent ['elləkwənt] *adj* vältalig
else [ells] *adv* **1** annars **2** annan, mer, fler, annat; *everywhere* ~ på alla andra ställen; *little* ~ inte mycket mer (annat); *not anywhere* ~ inte någon annanstans
elsewhere [ˌells'hwer] *adv* någon annanstans
elude [i'lo:d] *verb* undslippa, undfly
elusive [i'lo:sivv] *adj* gäckande; ogripbar
emancipate [i'männsipejt] *verb* frigöra, emancipera
embark [im'ba:rk] *verb* gå ombord
embarrass [im'berrəs] *verb* göra generad
embarrassed [im'berrəst] *adj* förlägen, generad
embarrassing [im'berrəsing] *adj* pinsam
embarrassment [im'berrəsmənt] *subst* förlägenhet
embassy ['emmbəssi] *subst* ambassad
embellish [im'bellisch] *verb* försköna, pryda
embezzle [im'bezzl] *verb* förskingra
embezzlement [im'bezzlmənt] *subst* förskingring
embody [im'ba:di] *verb* ge uttryck åt
embrace [im'brejs] **I** *verb* krama; bildligt stödja **II** *subst* kram
embroider [im'bråjdər] *verb* brodera
emerald ['emmərəld] *subst* smaragd
emerge [i'mö:rdʒ] *verb* uppstå; dyka upp; framgå
emergency [i'mö:rdʒənsi] *subst, in case of* ~ i nödläge; ~ *brake* nödbroms; ~ *exit* (*door*) nödutgång; ~ *ward* akutmottagning
emergent [i'mö:rdʒənt] *adj* frambrytande; utvecklings-
emery board ['emməri bå:rd] *subst* nagelfil
emigrate ['emmigrejt] *verb* emigrera, utvandra

eminent ['emminənt] *adj* framstående
emit [i'mitt] *verb* avge, utstöta
emotion [i'mouschən] *subst* känsla, stark känsla
emotional [i'mouschənl] *adj* känslomässig, emotionell
emotive [i'moutivv] *adj* känslobetonad
emperor ['emmpərər] *subst* kejsare
emphasis ['emmfəsis] *subst* eftertryck, emfas
emphasize ['emmfəsajz] *verb* framhäva
emphatic [im'fättikk] *adj* eftertrycklig, bestämd
empire ['emmpajər] *subst* **1** kejsardöme **2** imperium
employ [im'plåj] *verb* **1** anställa **2** använda, använda sig av
employee [ˌempl'åji:] *subst* arbetstagare; anställd
employer [im'plåjər] *subst* arbetsgivare
employment [im'plåjmənt] *subst* arbete; anställning; ~ *agency* privat arbetsförmedling
empower [im'paoər] *verb* bemyndiga; ge politisk makt till
empowerment [im'paoərmənt] *subst* självbestämmande makt
empress ['emmprəs] *subst* kejsarinna
emptiness ['emmptinnəs] *subst* tomhet
empty ['emmpti] **I** *adj* tom i olika betydelser; innehållslös **II** *verb* tömma **III** *subst* tomglas
empty-handed [ˌemmpti'hänndidd] *adj* tomhänt
emulate ['emmjəlejt] *verb* söka efterlikna
enable [i'nejbl] *verb,* ~ *sb. to* göra det möjligt för ngn att
enamel [i'nämməl] **I** *subst* **1** emalj **2** lack **II** *verb* emaljera
enamoured [i'nämmərd] *adj* förälskad; förtjust
enchant [in'tchännt] *verb* förtrolla; hänföra
enchanting [in'tchännting] *adj* bedårande, förtrollande
enclose [in'klouz] *verb* **1** inhägna; omge **2** i brev o.d. bifoga
enclosure [in'klouʒər] *subst* **1** inhägnad **2** bilaga
encompass [in'ka:mpəs] *verb* **1** omge **2** omfatta
encore ['a:nkå:r] **I** *interj* en gång till!, mera! **II** *subst* extranummer
encounter [in'kaontər] **I** *verb* möta, stöta 'på **II** *subst* möte

encourage [in'kö:ridʒ] *verb* uppmuntra
encouragement [in'kö:riddʒmənt] *subst* uppmuntran
encroach [in'kroutch] *verb* inkräkta
encyclopedia [enn,sajklə'pi:djə] *subst* encyklopedi, uppslagsbok
end [ennd] **I** *subst* **1** slut; ände; ***year's ~*** årsskifte; ***put an ~ to*** sätta stopp för; ***in the ~*** till slut; när allt kommer omkring; ***come to an ~*** ta slut **2** mål, syfte **3** amer. fotboll ytterspelare **II** *verb* sluta, avsluta; göra slut på
endanger [in'dejndʒər] *verb* äventyra; ***endangered species*** hotad art
endearing [in'dirring] *adj* älskvärd
endeavor [in'devvər] *subst* strävan, ansträngning
ending ['ennding] *subst* slut, avslutning
endive ['enndajv] *subst* endiv
endless ['enndləs] *adj* oändlig
endorse [inn'då:rs] *verb* **1** skriva på check **2** skriva under på, stödja
endorsement [inn'då:rsmənt] *subst* bildligt stöd, bekräftelse
endow [in'dao] *verb* donera; begåva
endowment [in'daomənt] *subst* **1** donationspengar **2** kapitalbelopp vid försäkring
endure [in'doər] *verb* uthärda
enduring [in'dorring] *adj* bestående
enema ['ennəmə] *subst* lavemang
enemy ['ennəmi] *subst* fiende
energetic [,ennər'dʒettikk] *adj* energisk
energy ['ennərdʒi] *subst* energi; ***nuclear ~*** kärnkraft
energy-saving ['ennərdʒi sejving] *adj* energisnål
engage [in'gejdʒ] *verb* engagera; ***~ in*** engagera sig i, ägna sig åt
engaged [in'gejdʒd] *adj* **1** upptagen **2** förlovad
engagement [in'gejdʒmənt] *subst* **1** förlovning **2** engagemang
engaging [in'gejdʒing] *adj* intagande
engine ['enndʒinn] *subst* motor
engineer [,endʒi'niər] *subst* **1** ingenjör **2** lokförare
England ['ingglənd] England
English ['ingglisch] **I** *adj* engelsk **II** *subst* engelska språk
Englishman ['ingglischmən] *subst* engelsman
engraving [in'grejving] *subst* gravyr

enhance [in'hänns] *verb* förhöja
enjoy [in'dʒåj] *verb* **1** njuta av; ~*!* ha det så kul! **2** åtnjuta
enjoyable [in'dʒåjəbl] *adj* njutbar
enjoyment [in'dʒåjmənt] *subst* njutning; nöje
enlarge [in'la:rdʒ] *verb* förstora; bygga ut; ~ *on* breda ut sig över
enlighten [in'lajtn] *verb* upplysa
enlightened [in'lajtnd] *adj* upplyst
enlightenment [in'lajtnmənt] *subst* upplysning
enlist [in'lisst] *verb* ta värvning; *enlisted man* menig
enmity ['ennməti] *subst* fiendskap
enormous [i'nå:rməs] *adj* enorm, jätte-
enough [i'naff] *adj* o. *pron* o. *adv* nog, tillräckligt
enrage [in'rejdʒ] *verb* göra rasande
enrich [in'rittch] *verb* berika
enroll [in'roul] *verb* skriva in sig; ta värvning
enrollment [in'roulmənt] *subst* inskrivning
ensure [in'schor] *verb* säkerställa; ~ *that* se till att
entail [in'tejl] *verb* medföra
enter ['enntər] *verb* **1** gå in i **2** anmäla sig till
enterprise ['enntərprajz] *subst* företag
enterprising ['enntərprajzing] *adj* företagsam
entertain [ˌenntər'tejn] *verb* underhålla; ~ *some friends at dinner* ha några vänner hemma på middag
entertainer [ˌenntər'tejnər] *subst* underhållare
entertaining [ˌenntər'tejning] *adj* underhållande
entertainment [ˌenntər'tejnmənt] *subst* underhållning
enthusiasm [in'θo:ziäzzəm] *subst* entusiasm
enthusiast [in'θo:ziässt] *subst* entusiast
enthusiastic [inˌθo:zi'ässtikk] *adj* entusiastisk
entice [in'tajs] *verb* locka, lura
entire [in'tajər] *adj* hel
entirely [in'tajərli] *adv* helt och hållet
entitle [in'tajtl] *verb* berättiga
entrance ['enntrəns] *subst* **1** ingång **2** inträde
entrance examination ['enntrəns iggˌzämmi'nejschən] *subst* inträdesprov
entrance fee ['enntrəns fi:]

subst **1** inträdesavgift **2** anmälningsavgift

entrepreneur [ˌa:ntrəprə'nö:r] *subst* företagare

entrust [in'trasst] *verb, ~ sb. with sth.* anförtro ngn ngt

entry ['entri] *subst* **1** ingång, dörr, port; farstu; infartsväg **2** inträde **3** tävlande; tävlingsbidrag

entry code ['enntri koud] *subst* portkod

entry permit ['enntri pö:rmitt] *subst* inresetillstånd

entry phone ['enntri foun] *subst* porttelefon

envelop [in'velləp] *verb* svepa in

envelope ['ennvəloup] *subst* kuvert

envious ['ennviəs] *adj* avundsjuk

environment [in'vajərənmənt] *subst* miljö

environmental [inˌvajərən'menntl] *adj* miljö-; *~ pollution* miljöförstöring; *~ protection* naturvård

environment-friendly [in'vajərənməntˌfrenndli] *subst* miljövänlig

envisage [in'viziddʒ] *verb* föreställa sig

envoy ['a:nvåj] *subst* sändebud

envy ['ennvi] **I** *subst* avund **II** *verb* avundas

epidemic [ˌeppi'demmikk] *subst* epidemi, farsot

epilepsy ['eppileppsi] *subst* epilepsi

epiphany [i'piffəni] *subst* **1** *Epiphany* trettondagen **2** uppenbarelse; intensiv upplevelse

episode ['eppisoud] *subst* episod; avsnitt av TV-serie

epoch ['eppək] *subst* epok, tidevarv

equal ['i:kwəl] **I** *adj* lika; lika stor; jämlik; *~ rights* jämlikhet **II** *subst* like; jämlike **III** *verb* kunna mäta sig med; vara lika med

equality [i'kwa:ləti] *subst* jämlikhet

equalize ['i:kwəlajz] *verb* utjämna

equally ['i:kwəli] *adv* lika; likaså

equals sign ['i:kwəlz sajn] *subst* likhetstecken

equanimity [ˌekkwə'nimməti] *subst* jämnmod

equate [i'kwejt] *verb* jämställa

equation [i'kwejʒən] *subst* ekvation

equator [i'kwejtər] *subst* ekvator

equestrian sports [i'kwesstriən spå:rts] *subst pl* hästsport

equilibrium [ˌi:kwi'libbriəm] *subst* jämvikt

equip [i'kwipp] *verb* utrusta
equipment [i'kwippmənt] *subst* utrustning
equivalent [i'kwivvələnt] **I** *adj* likvärdig **II** *subst* motsvarighet
equivocal [i'kwivvəkəl] *adj* tvetydig
era ['irrə] *subst* era, epok
eradicate [i'räddikejt] *verb* utrota
erase [i'rejs] *verb* radera
eraser [i'rejsər] *subst* suddgummi
erect [i'rekkt] **I** *adj* upprätt **II** *verb* resa, uppföra
erection [i'rekkschən] *subst* stånd, erektion
erode [i'roud] *verb* **1** fräta bort **2** undergräva
erosion [i'rouʒən] *subst* erosion
erotic [i'ra:tikk] *adj* erotisk
err [ö:r] *verb* fela
errand ['errənd] *subst* ärende; *~ boy* springpojke
erratic [i'rättikk] *adj* planlös; oberäknelig
error ['errər] *subst* fel; misstag
erupt [i'rappt] *verb* bryta ut; om vulkan, vrede få ett utbrott
eruption [i'rappschən] *subst* utbrott
escalate ['esskəlejt] *verb* trappa upp
escalator ['esskəlejtər] *subst* rulltrappa
escapade [ˌesskəpejd] *subst* eskapad
escape [i'skejp] **I** *verb* fly, rymma **II** *subst* rymning, flykt
escapism [i'skejpizzəm] *subst* verklighetsflykt
escort ['esskå:rt] **I** *subst* **1** eskort **2** kavaljer **II** *verb* ledsaga
especially [i'speschəli] *adv* särskilt
espionage ['esspiəna:ʒ] *subst* spioneri
essay ['essej] *subst* essä; uppsats
essence ['essns] *subst* innersta väsen; *in ~* i huvudsak
essential [i'sennschəl] *adj* väsentlig, nyckel-; avgörande
essentially [i'sennschəli] *adv* i huvudsak
establish [i'stäbblisch] *verb* **1** etablera **2** fastställa
established [i'stäbblischt] *adj* fastställd; vedertagen
establishment [i'stäbblischmənt] *subst* **1** företag; butik **2** *the Establishment* etablissemanget
estate [i'stejt] *subst* lantegendom; *real ~* fast egendom; *~ tax* arvsskatt
esteem [i'sti:m] *subst* högaktning; *hold in high ~* högakta

esthetic [essθ'ettikk] *adj* estetisk
estimate I ['esstimmət] *subst* **1** kostnadsförslag **2** uppfattning **II** ['esstimmejt] *verb* uppskatta
estranged [i'strejndʒd] *adj* separerad om makar
etching ['ettching] *subst* etsning
eternal [i'tö:rnl] *adj* evig
eternity [i'tö:rnəti] *subst* evighet
ethical ['eθikkəl] *adj* etisk
ethics ['eθikks] *subst* etik
ethnic ['eθnikk] *adj* etnisk
etiquette ['ettikkət] *subst* etikett, god ton
EU [i:'jo:] (förk. för *the European Union*) EU (förk. för Europeiska Unionen)
Europe ['jorrəp] Europa
European [ˌjorrə'pi:ən] **I** *adj* europeisk; *the ~ Union* Europeiska unionen **II** *subst* europé
evacuate [i'väkkjoejt] *verb* evakuera
evade [i'vejd] *verb* undvika
evaluate [i'välljoejt] *verb* utvärdera
evaporate [i'väppərejt] *verb* dunsta bort
evasion [i'vejʒən] *subst* undvikande; *tax ~* skattesmitning
eve [i:v] *subst, on the ~ of* kvällen (dagen) före; strax före, inför
even ['i:vən] **I** *adj* jämn i olika betydelser **II** *adv* även, också, till och med; *not ~* inte ens; *~ if* även om; *~ so* i alla fall, trots det
evening ['i:vning] *subst* kväll; *~ class* kvällskurs; *~ gown* aftonklänning; *this ~* i kväll; *make an ~ of it* göra sig en helkväll; *~ off* ledig kväll
event [i'vennt] *subst* händelse
eventful [i'venntfoll] *adj* händelserik
eventual [i'venntchoəl] *adj* slutgiltig
eventuality [iˌvenntcho'älləti] *subst* eventualitet
eventually [i'venntchoəli] *adv* slutligen; till sist
ever ['evvər] *adv* någonsin; *for ~* för alltid; *~ since* ända sedan
evergreen ['evvərgri:n] *subst* **1** vintergrön växt **2** evergreen schlager
everlasting [ˌevvə'rlässting] *adj* beständig; evig
every ['evvri] *pron* varje, var, varenda; *~ two days* varannan dag; *~ which way* vard. åt alla håll; huller om buller
everybody ['evvriˌba:di] *pron* var och en, alla; *~ else* alla andra

everyday ['evvridej] *adj* vardaglig
everyone ['evvriwann] *pron* se *everybody*
everything ['evvriθing] *pron* allt, allting; alltsammans; ~ *but* allt möjligt utom
everywhere ['evvrihwärr] *adv* överallt
evict [i'vikkt] *verb* vräka från bostad
evidence ['evviddəns] *subst* bevis
evident ['eviddənt] *adj* tydlig, uppenbar
evil ['i:vl] **I** *adj* ond, elak **II** *subst* ondskan
evoke [i'vouk] *verb* väcka minnen o.d.
evolution [ˌevvə'lo:schən] *subst* utveckling
evolve [i'va:lv] *verb* utvecklas
ewe [jo:] *subst* tacka får
ex [ekks] *subst, her* ~ hennes före detta man, hennes före detta
exact [ig'zäkkt] *adj* exakt; noggrann; ~ *change* jämna pengar
exacting [ig'zäkkting] *adj* fordrande
exactly [ig'zäkktli] *adv* **1** exakt; ~*!* just precis! **2** noga
exaggerate [ig'zäddʒərejt] *verb* överdriva
exaggeration [igˌzäddʒə'rejschən] *subst* överdrift
exalted [ig'za:ltəd] *adj* hänförd
exam [ig'zämm] *subst* vard. tenta
examination [igˌzämmi'nejschən] *subst* **1** undersökning **2** tentamen
examine [ig'zämminn] *verb* undersöka
example [ig'zämmpl] *subst* exempel; *for* ~ till exempel; *make an* ~ statuera ett exempel
exasperate [ig'zässpərejt] *verb* göra rasande (förtvivlad)
exasperation [igˌzässpə'rejschən] *subst* ursinne; förtvivlan
excavate ['ekkskəvejt] *verb* gräva ut
excavation [ˌekkskə'vejschən] *subst* utgrävning; schaktning
exceed [ikk'si:d] *verb* överskrida; ~ *one's authority* överskrida sina befogenheter
excellent ['ekksələnt] *adj* utmärkt; betyg, ung. väl godkänt
except [ik'seppt] *prep* o. *konj* utom, förutom
exception [ik'seppschən] *subst* undantag
exceptional [ik'seppschənl]

adj **1** ytterst ovanlig **2** begåvad
excerpt ['ekksö:rpt] *subst* utdrag
excess [ik'sess] *subst* **1** överdrift, excess **2** ~ *luggage* (*baggage*) övervikt bagage
excessive [ik'sessivv] *adj* överdriven
exchange [iks'tchejndʒ] **I** *subst* **1** byte, utbyte **2** växlingskontor; ~ *rate* växelkurs **3** *stock* ~ fondbörs **II** *verb* **1** byta, utbyta **2** växla
excite [ik'sajt] *verb* tända, upphetsa
excitement [ik'sajtmənt] *subst* upphetsning; uppståndelse
exciting [ik'sajting] *adj* spännande
exclaim [ik'sklejm] *verb* utropa
exclamation mark [ˌeksklə'mejschən ˌma:rk] *subst* utropstecken
exclude [ik'sklo:d] *verb* utesluta; undanta
excluding [ik'sklo:ding] *prep* med undantag för; ~ *tax* exklusive moms
exclusive [ik'sklo:siv] *adj* exklusiv; lyx-
exclusively [ik'sklo:sivvli] *adv* uteslutande, enbart
excruciating [ik'skro:schiejting] *adj* olidlig; ytterst rolig
excursion [ekk'skö:rschən] *subst* utflykt; ~ *ticket* billigare utflyktsbiljett
excuse I [ik'skjo:z] *verb* förlåta, ursäkta; ~ *me* förlåt, ursäkta **II** [ik'skjo:s] *subst* ursäkt; undanflykt
execute ['ekksikjo:t] *verb* **1** avrätta **2** utföra
execution [ˌekksi'kjo:schən] *subst* avrättning
executive [ig'zekkjətivv] **I** *adj* verkställande; chefs-; *chief* ~ *officer* verkställande direktör **II** *subst* chef; *chief* ~ delstats guvernör; *the Chief Executive* USA:s president
exemplify [ig'zemmplifaj] *verb* exemplifiera
exempt [ig'zemmpt] *adj* befriad, frikallad
exemption [ig'zemmpschən] *subst* dispens, undantag
exercise ['ekksəsajz] **I** *subst* **1** träning; motion **2** övning **II** *verb* öva, träna; motionera
exercise book ['ekksəsajz bokk] *subst* skrivbok
exert [ig'zö:rt] *verb* utöva
exhaust [ig'za:st] **I** *verb* **1** uttömma **2** utmatta **II** *subst* avgasrör
exhausted [ig'za:stidd] *adj* utmattad, slut

exhaustion [ig'za:stchən] *subst* utmattning
exhaustive [ig'za:stivv] *adj* uttömmande
exhibit [ig'zibbitt] *verb* **1** visa **2** ställa ut tavlor o.d.
exhibition [ˌekksi'bischən] *subst* utställning
exhort [ig'zå:rt] *verb* uppmana, egga
exile ['ekksajl] *subst* exil
exist [ig'zisst] *verb* existera; finnas till
existence [ig'zisstəns] *subst* tillvaro, existens
existing [ig'zissting] *adj* befintlig
exit ['ekksət] **I** *verb* gå ut **II** *subst* utgång; avfart från motorväg
exonerate [ig'za:nərejt] *verb* rentvå
exotic [ig'za:tikk] *adj* exotisk
expand [ik'spännd] *verb* **1** utvidga **2** ~ *on* utveckla resonemang o.d.
expansion [ik'spännschən] *subst* expansion, utvidgning
expect [ik'spekkt] *verb* **1** förvänta sig **2** *be expecting* vänta barn
expectation [ˌekkspekk'tejschən] *subst* förväntan
expedient [ik'spi:djənt] **I** *adj* ändamålsenlig **II** *subst* medel
expedition [ˌekkspi'dischən] *subst* expedition
expel [ik'spell] *verb* utesluta; relegera från skola
expend [ik'spennd] *verb* lägga ner, lägga ut pengar; offra
expenditure [ik'spenndittchər] *subst* utgift, utgifter
expense [ik'spenns] *subst* utgift, utlägg; ***travelling expenses*** resekostnader; ***at sb.'s ~*** på ngns bekostnad
expense account [ik'spenns əˌkaont] *subst* representationskonto
expensive [ik'spennsivv] *adj* dyr
experience [ik'spirriəns] **I** *subst* **1** erfarenhet **2** upplevelse **II** *verb* uppleva, erfara; *~ **religion*** bli omvänd
experienced [ik'spirriənst] *adj* erfaren
experiment [ik'spirrimənt] *subst* experiment
expert ['ekkspö:rt] *subst* expert, specialist
expertise [ˌekkspər'ti:z] *subst* expertis
expire [ik'spajər] *verb* **1** upphöra att gälla **2** dö
expiry date [ik'spajri dejt] *subst* förfallodatum; sista förbrukningsdag
explain [ik'splejn] *verb* förklara

explanation [ˌekkspləˈnejschən] *subst* förklaring
explanatory [ikˈsplännətå:ri] *adj* förklarande
explicit [ikˈsplissitt] *adj* tydlig, klar
explode [ikˈsploud] *verb* explodera
1 exploit [ˈeksplåjt] *subst* bedrift
2 exploit [ikˈsplåjt] *verb* exploatera, utnyttja
exploitation [ˌeksplåjˈtejschən] *subst* exploatering
explore [ikˈsplå:r] *verb* utforska
explorer [ikˈsplå:rər] *subst* upptäcktsresande
explosion [ikˈsplouʒən] *subst* **1** cxplosion **2** bildligt utbrott
explosive [ikˈsplousivv] **I** *adj* explosiv **II** *subst* sprängämne
exponent [ekˈspounənt] *subst* representant; anhängare
export I [ekkˈspå:rt] *verb* exportera **II** [ˈekkspå:rt] *subst* export
expose [ikˈspouz] *verb* **1** utsätta **2** avslöja
exposé [ekkˈspouzej] *subst* exposé
exposed [ikˈspouzd] *adj* utsatt; oskyddad
exposure [ikˈspouʒər] *subst* **1** utsatthet **2** kort på filmrulle **3** avslöjande **4** *have a southern ~* vetta mot söder
express [ikˈspress] **I** *adj* **1** uttrycklig **2** express-, il-; *~ letter* expressbrev **II** *subst* **1** expressbefordran **2** expresståg **III** *verb* uttrycka
expression [ikˈspreschən] *subst* yttrande; uttryck
expressly [ikˈspressli] *adv* uttryckligen
expressway [ikˈspresswej] *subst* motorväg
expulsion [ikˈspallschən] *subst* utvisning; relegering från skola
exquisite [ekkˈskwizzitt] *adj* utsökt, fin
extend [ikˈstennd] *verb* sträcka sig; breda ut sig
extension [ikˈstennschən] *subst* **1** förlängning; utvidgning; *~ cord* skarvsladd **2** tillbyggnad **3** telefonanknytning
extensive [ikˈstennsivv] *adj* vidsträckt; omfattande
extensively [ikˈstennsivvli] *adv* i stor utsträckning
extent [ikˈstennt] *subst* omfattning; *to a great ~* i hög grad; *to some ~* i viss mån
exterior [ekkˈstirriər] **I** *adj* yttre **II** *subst* utsida
external [ikˈstö:rnl] *adj* yttre; extern; *for ~ use* för utvärtes bruk

extinct [ik'stingkt] *adj* utdöd; utslocknad
extinguish [ik'stinggwisch] *verb* släcka
extinguisher [ik'stinggwischər] *subst* brandsläckare
extort [ik'stå:rt] *verb*, *~ sth. from sb.* pressa ngn på ngt; *~ a confession* pressa fram en bekännelse
extortion [ik'stå:rschən] *subst* utpressning
extra ['ekkstrə] *adj* extra; *~ charge* pålägg på t.ex. pris
extract [ik'sträkkt] *verb* dra ur; dra (ta) upp
extradite ['ekkstrədajt] *verb* utlämna brottsling till annan stat
extramarital [ˌekkstrə'märrətl] *adj*, *~ relations* utomäktenskapliga förbindelser
extraordinary [ik'strå:rdəneri] *adj* märklig, otrolig
extravagance [ik'strävvəgəns] *subst* överdåd; onödig lyx
extravagant [ik'strävvəgənt] *adj* extravagant
extreme [ik'stri:m] **I** *adj* **1** ytterst **2** extrem **II** *subst*, *go to extremes* gå till ytterligheter
extremely [ik'stri:mli] *adv* ytterst; extremt
extricate ['ekkstrikkejt] *verb* lösgöra, frigöra
extrovert ['ekkstrəvö:rt] *adj* utåtvänd, extrovert
exuberant [ig'zo:bərənt] *adj* sprudlande, på strålande humör
eye [aj] *subst* öga; ***have an ~ for*** ha blick (sinne) för; ***make eyes at*** flörta med
eyeball ['ajba:l] **I** *subst* ögonglob **II** *verb* vard. uppskatta, gissa
eyebrow ['ajbrao] *subst* ögonbryn
eyelash ['ajläsch] *subst* ögonfrans
eyelid ['ajlidd] *subst* ögonlock
eyeliner ['ajˌlajnər] *subst* eyeliner
eye-opener ['ajˌoupnər] *subst* tankeställare; 'väckarklocka'
eyeshadow ['ajˌschäddou] *subst* ögonskugga
eyesight ['ajsajt] *subst* syn, synförmåga
eyesore ['ajså:r] *subst* anskrämlig syn
eyewitness ['ajˌwittnəs] *subst* ögonvittne

F

F, f [eff] *subst* F, f
fable ['fejbl] *subst* fabel, saga; lögn
fabric ['fäbbrikk] *subst* tyg, textil
fabrication [ˌfäbbri'kejschən] *subst* dikt, påhitt
fabulous ['fäbbjələs] *adj* sagolik; vard. fantastisk
facade o. **façade** [fə'sa:d] *subst* fasad
face [fejs] **I** *subst* ansikte; min **II** *verb* **1** stå inför; möta; se i vitögat; *be faced with* stå (vara ställd) inför **2** stå (vara) vänd mot; vetta mot
face cloth ['fejs kla:θ] *subst* tvättlapp
face cream ['fejs kri:m] *subst* ansiktskräm
face-lift ['fejslifft] *subst* ansiktslyftning
face mask ['fejs mässk] *subst* cyklopöga
face value ['fejs ˌvälljə] *subst* nominellt värde
facial tissue [ˌfeischəl 'tischo:] *subst* näsduk
facilitate [fə'sillətejt] *verb* underlätta
facsimile [fäkk'simməli] *subst* faksimil, kopia
fact [fäkkt] *subst* faktum, realitet; *as a matter of* ~ i själva verket; faktiskt; egentligen
factor ['fäkktər] *subst* faktor
factory ['fäkktri] *subst* fabrik
factual ['fäkktchoəl] *adj* verklig, faktisk
faculty ['fäkkəlti] *subst* **1** förmåga, skicklighet **2** lärarkollegium, lärarkår **3** fakultet
fad [fädd] *subst* modefluga
fade [fejd] *verb* blekna; *faded* vissen; blekt; ~ *away* (*out*) så småningom försvinna; tona bort; tyna bort
fag [fägg] *subst* slang bög
Fahrenheit ['ferrənhajt], *32 degrees* ~ 32 grader Fahrenheit
fail [fejl] *verb* misslyckas; bli underkänd; ~ *sb.* underkänna ngn
failing ['fejling] *subst* fel, brist
failure ['fejljər] *subst* **1** misslyckande; misslyckad person (sak); underkänt betyg **2** uraktlåtenhet **3** *engine* ~ motorstopp; *heart* ~ hjärtsvikt; *power* ~ strömavbrott
faint [fejnt] **I** *adj* svag, vag **II** *verb* svimma
1 fair [fäər] *subst* **1** marknad; mässa **2** tivoli
2 fair [fäər] **I** *adj* **1** rättvis; i sporter just **2** ganska stor;

rimlig **3** ljushårig **4** ~ ***weather*** vackert väder; ~ ***weather friend*** vän i medgång **II** *adv* rättvist

fairground ['ferrgraond] *subst* nöjesfält, marknadsplats

fair-haired ['ferrhäərd] *adj*, ~ *boy* påläggskalv, gunstling

fairly ['ferrli] *adv* **1** rättvist **2** ganska

fairness ['ferrnəs] *subst* rättvisa; ***in*** ~ el. ***in all*** ~ i rättvisans namn

fairy ['ferri] *subst* **1** fe; älva; ~ ***tale*** saga, barnsaga; lögn **2** vard. bög

faith [fejθ] *subst* **1** tro; tillit; ***have*** ~ ***in*** ha förtroende för **2** troslära

faithful ['fejθfəl] *adj* trogen, trofast

fake [fejk] **I** *verb* **1** förfalska; fejka **2** låtsas **II** *subst* förfalskning; bluff

falcon ['fällkən] *subst* falk

fall* [fa:l] **I** *verb* **1** falla; ramla **2** stupa **3** störtas **4** ~ ***apart*** gå sönder (i bitar); bildligt rasa samman; ~ ***back*** dra sig tillbaka; ~ ***back on*** bildligt falla tillbaka på; ~ ***behind*** bli efter; ~ ***for*** falla för; gå 'på; ~ ***in*** störta in; ~ ***out*** bli osams; om hår tappa; ~ ***over*** falla över ända; ~ ***through*** gå om intet **II** *subst* **1** fall; nedgång **2** höst; ***last*** ~ förra hösten, i höstas

fallacy ['fälləsi] *subst* villfarelse

fallen ['fa:lən] *verb* perf.p. av *fall*

fallout ['fa:laot] *subst* **1** radioaktivt nedfall **2** följder

false [fa:ls] *adj* falsk; ~ ***teeth*** löständer; ~ ***start*** tjuvstart

falsify ['fa:lsifaj] *verb* förfalska; fuska

falter ['fa:ltər] *verb* **1** stappla **2** staka sig

fame [fejm] *subst* rykte; berömmelse

familiar [fə'milljər] *adj* **1** förtrolig; ***be*** ~ ***with*** känna till, vara insatt i **2** välkänd

family ['fämməli] *subst* familj; ***a wife and*** ~ hustru och barn; ~ ***doctor*** husläkare; ~ ***guidance*** familjerådgivning

famine ['fämminn] *subst* hungersnöd

famished ['fämmischt] *adj* utsvulten

famous ['fejməs] *adj* berömd, omtalad

1 fan [fänn] *subst* **1** solfjäder **2** fläkt

2 fan [fänn] *subst* vard. fan, supporter

fanatic [fə'nättikk] **I** *adj* fanatisk **II** *subst* fanatiker

fan belt ['fänn bellt] *subst* fläktrem

fanciful ['fännsifəl] *adj* inbillad, fantasi-
fancy ['fännsi] **I** *subst* **1** fantasi **2** infall; nyck **3** lust; tycke **II** *adj* fin; snobbig **III** *verb* **1** inbilla sig, tycka **2** tycka om; fatta tycke för; vilja ha
fancy-dress [ˌfännsi'dress] *adj*, ~ *ball* maskerad
fang [fäng] *subst* orms gifttand; rovdjurs huggtand
fanny ['fänni] *subst* vard. rumpa
fantastic [fänn'tässtikk] *adj* fantastisk
fantasy ['fänntəsi] *subst* fantasi
far [fa:r] **I** *adj* **1** avlägsen; *the Far East* Fjärran Östern **2** bortre **II** *adv* **1** långt; långt bort (borta); *as* (*so*) ~ *as* ända till; så vitt; *so* ~ hittills **2** vida, mycket; ~ *too much* alldeles för mycket
far-away ['fa:rəwej] *adj* fjärran
farce [fa:rs] *subst* fars
farcical ['fa:rsikkəl] *adj* komisk
fare [fäər] *subst* **1** biljettpris, biljett, taxa **2** kost
farewell [ˌferr'well] *interj* o. *subst* farväl
far-fetched [ˌfa:r'fettcht] *adj* långsökt
farm [fa:rm] *subst* bondgård
farmer ['fa:rmər] *subst* bonde
farmhand ['fa:rmhännd] *subst* lantarbetare; dräng
farmhouse ['fa:rmhaos] *subst* mangårdsbyggnad
farming ['fa:rming] *subst* jordbruk
far-reaching [ˌfa:r'ri:tching] *adj* långtgående
farther ['fa:rðər] **I** *adj* bortre **II** *adv* längre bort
farthest ['fa:rðisst] **I** *adj* bortterst **II** *adv* längst bort
fascinate ['fässinejt] *verb* fascinera
fashion ['fäschən] **I** *subst* **1** sätt, vis **2** mode; ~ *show* modevisning; *in* ~ på modet, inne; *out of* ~ omodernt **II** *verb* forma, göra
fashionable ['fäschənəbl] *adj* **1** på modet **2** fashionabel
1 fast [fässt] *subst* o. *verb* fasta
2 fast [fässt] **I** *adj* **1** snabb, hastig; ~ *food* snabbmat; ~ *lane* omkörningsfil **2** *lead a* ~ *life* leva rullan **II** *adv* fort; snabbt
fasten ['fässən] *verb* fästa, binda fast; häfta, knyta
fastening ['fässəning] *subst* knäppning; band; spänne
fastidious [fə'stiddiəs] *adj* kräsen, nogräknad
fat [fätt] **I** *adj* fet; tjock **II** *subst* **1** fett; *cooking* ~

matfett **2** ~ *cat* slang rik kändis; bidragsgivare

fatal ['fejtl] *adj* **1** dödlig; ~ *accident* dödsolycka **2** ödesdiger

fatality [fej'tälləti] *subst* dödsolycka

fate [fejt] *subst* ödet

father ['fa:ðər] **I** *subst* fader; far, pappa; *Father Christmas* jultomten **II** *verb* avla; ge upphov till

father-in-law ['fa:ðərənlå:] *subst* svärfar

fatherly ['fa:ðərli] *adj* faderlig

fathom ['fäðəm] **I** *subst* famn mått **II** *verb* förstå, begripa

fatigue [fə'ti:g] *subst* **1** trötthet **2** *fatigues* militära arbetskläder; stridskläder

fatten ['fättn] *verb* göda

fatty ['fätti] *adj* fet; oljig

fatuous ['fättschoəs] *adj* enfaldig

faucet ['fa:sitt] *subst* vattenkran

fault [fa:lt] *subst* **1** fel; *find ~ with* finna fel hos, klandra **2** tennis o.d. fel, felserve

faulty ['fa:lti] *adj* felaktig; trasig

fauna ['fa:nə] *subst* fauna

faux pas [ˌfou 'pa:] *subst* fadäs, tabbe

favor ['fejvər] **I** *subst* ynnest; favör; *in ~ of* till förmån för **II** *verb* gilla; gynna; favorisera

favorable ['fejvərəbl] *adj* gynnsam, bra

favorite ['fejvərət] *subst* favorit, gunstling

1 fawn [fa:n] *subst* hjortkalv; rådjurskid

2 fawn [fa:n] *verb* svansa, krypa

fax [fäkks] **I** *subst* fax **II** *verb* faxa

FBI [ˌeffbi:'aj] (förk. för *Federal Bureau of Investigation*) FBI

fear [fiər] **I** *subst* fruktan **II** *verb* frukta; vara rädd för

fearful ['firrfəl] *adj* **1** rädd **2** fruktansvärd

fearless ['firrləs] *adj* orädd

feasible ['fi:zəbl] *adj* möjlig, görlig; genomförbar

feast [fi:st] **I** *subst* **1** festmåltid; kalas **2** helgdag till minne av helgon **II** *verb* festa, kalasa

feat [fi:t] *subst* bragd

feather ['feðər] *subst* fjäder

feature ['fi:tchər] **I** *subst* **1** *features* anletsdrag **2** drag; inslag **3** långfilm; ~ *article* reportage i tidning **II** *verb* presentera som nyhet el. särskild attraktion

February ['febbroerri] *subst* februari

Fed [fedd] *subst* **1** (kortform för *Federal*) vard. FBI-agent; *the Feds* FBI **2** (kortform för

Federal Reserve Bank); *the ~* ung. Centralbanken i USA
fed [fedd] *verb* imperf. o. perf.p. av *feed*
federal ['feddərəl] *adj* förbunds-, federal, nordstats- (1861-1865); *~ agent* FBI--agent; *the Federal Bureau of Investigation* den federala polisen, FBI; *make a ~ case out of sth.* vard. göra stor affär av ngt; *the ~ government* regeringen, staten
fed up [ˌfedd 'app] *adj, be ~ with* vard. vara trött (utled) på
fee [fi:] *subst* avgift; arvode
feeble ['fi:bl] *adj* svag
feed [fi:d] *verb* **1** mata **2** kunna livnära
feedback ['fi:dbäkk] *subst* **1** gensvar **2** återkoppling
feeding-bottle ['fi:dingˌba:tl] *subst* nappflaska
feel* [fi:l] **I** *verb* **1** känna **2** känna sig, må; *~ ashamed* skämmas; *~ like* känna sig som; ha lust med; *~ sorry for* tycka synd om **II** *subst* känsla
feeler ['fi:lər] *subst* **1** insekts känselspröt **2** trevare
feeling ['fi:ling] *subst* **1** känsel **2** känsla; *hard feelings* agg; *no hard feelings?* ta inte illa upp!
feet [fi:t] *subst* pl. av *foot*
feign [fejn] *verb* **1** hitta på, dikta upp **2** låtsas; hyckla
1 fell [fell] *verb* imperf. av *fall*
2 fell [fell] *verb* fälla träd
fellow ['fellou] *subst* **1** vard. karl **2** *~ human being* medmänniska; *~ teacher* lärarkollega
fellowship ['fellouschipp] *subst* **1** kamratskap **2** forskarstipendium
felony ['felləni] *subst* grövre brott
1 felt [fellt] *verb* imperf. o. perf.p. av *feel*
2 felt [fellt] *subst* filt tyg
female ['fi:mejl] **I** *adj* kvinno-, kvinnlig **II** *subst* **1** kvinna **2** hona
feminine ['femmininn] *adj* kvinnlig, feminin
feminist ['femminisst] *subst* feminist
fence [fenns] **I** *subst* **1** stängsel, staket **2** slang hälare **II** *verb* **1** inhägna **2** fäkta
fencing ['fennsing] *subst* fäktning
fend [fennd] *verb, ~ off* avvärja; parera
fender [fenndər] *subst* på bil flygel; på cykel stänkskärm
ferment [fər'mennt] *verb* jäsa
fern [fö:rn] *subst* ormbunke
ferocious [fə'rouschəs] *adj* våldsam; blodtörstig

ferret ['ferrət] *verb, ~ out* snoka (luska) reda på
ferris wheel ['ferriss wi:l] *subst* pariserhjul
ferry ['ferri] *subst* färja; *~ service* färjförbindelse
fertile ['fö:rtəl] *adj* **1** bördig **2** fertil
fertilize ['fö:rtəlajz] *verb* **1** befrukta **2** gödsla
fertilizer ['fö:rtəlajzər] *subst* gödningsmedel
fester ['fesstər] *verb* **1** vara sig om sår **2** bildligt fräta
festival ['fesstəvəl] *subst* festival
festive ['fesstivv] *adj* festlig, fest-; *the ~ season* julen
festoon [fe'sto:n] *subst* girland
fetch [fettch] *verb* hämta
fete o. **fête** [fett] *subst* basar
fetish ['fettisch] *subst* fetisch
fetus ['fi:təs] *subst* foster
feud [fjo:d] **I** *subst* fejd **II** *verb* ligga i fejd
fever ['fi:vər] *subst* hög feber
feverish ['fi:vərisch] *adj* **1** febrig **2** febril
few [fjo:] *adj* o. *pron* få; *a ~* några stycken
fewer ['fjo:ər] *adj* o. *subst* färre; *no ~ than* inte mindre än
fewest ['fjo:isst] *adj* o. *subst* fåtaligast, minst
fiancé [ˌfi:an'sej] *subst* fästman
fiancée [ˌfi:an'sej] *subst* fästmö
fib [fibb] *subst* vard. liten (oskyldig) lögn
fiber ['fajbər] *subst* fiber; tråd i t.ex. kött
fiberglass ['fajbərgläss] *subst* glasfiber
fickle ['fikkl] *adj* ombytlig
fiction ['fikkschən] *subst* **1** skönlitteratur **2** fantasi, dikt
fictional ['fikkschənl] *adj* uppdiktad; skönlitterär
fictitious [fikk'tischəs] *adj* påhittad
fiddle ['fiddl] *subst* fiol
fidget ['fiddʒət] *verb* inte kunna sitta stilla
fidgity ['fiddʒəti] *adj* nervös, orolig
field [fi:ld] *subst* **1** fält; plan för idrott; plats **2** område, fack
field day ['fi:ld dej] *subst* friluftsdag; *have a ~* härja fritt
fieldgoal ['fi:ldgoul] *subst* amer. fotboll sparkmål ger tre poäng
field hockey ['fi:ld ˌha:ki] *subst* landhockey
fieldwork ['fi:ldwö:rk] *subst* fältarbete
fiend [fi:nd] *subst* **1** odjur,

djävul **2** *be a golf* ~ vard. vara golfbiten

fiendish ['fi:ndisch] *adj* ondskefull

fierce [fiərs] *adj* våldsam, häftig; vild, vildsint

fiery ['fajəri] *adj* glödande; eldig

fifteen [ˌfiff'ti:n] *räkn* femton

fifth [fifθ] **I** *räkn* femte; ~ *part* femtedel **II** *subst* **1** femtedel **2** helflaska, 75:a

fifty ['fiffti] *räkn* femtio

fig [figg] *subst* fikon; *not give a* ~ inte bry sig ett dugg

fight [fajt] **I** *verb* slåss; gräla; boxas **II** *subst* slagsmål; kamp; gräl; boxningsmatch

fighter ['fajtər] *subst* **1** slagskämpe; fighter **2** boxare

fighting ['fajting] *subst* kamp; strid

figment ['figgmənt] *subst,* ~ *of one's imagination* fantasifoster

figurative ['figgjərətivv] *adj* **1** bildlig **2** figurativ

figure ['figgjər] **I** *subst* **1** siffra **2** figur; ~ *skating* konståkning **II** *verb* vard. anta, förmoda; ~ *on* räkna med; lita på; ~ *out* räkna ut; förstå; *that* (*it*) *figures* det stämmer; naturligtvis

figurehead ['figgjərhedd] *subst* bildligt galjonsfigur

1 file [fajl] **I** *subst* fil verktyg **II** *verb* fila

2 file [fajl] **I** *subst* **1** mapp, arkiv **2** dossier, akt; *files* sjukjournal **II** *verb* **1** arkivera **2** lämna in skrivelse; ~ *a complaint* göra en polisanmälan

3 file [fajl] *subst* rad, led

fill [fill] *verb* fylla; fyllas; ~ *in* (*out*) fylla i blankett o.d.; ~ *in for* vikariera för; ~ *up* fylla i (på)

fillet [fi'lej] *subst* filé

filling ['filling] *subst* **1** fyllning **2** plomb

filling station ['filling ˌstejschən] *subst* bensinstation

film [fillm] **I** *subst* **1** hinna **2** film; filmrulle; ~ *director* filmregissör **II** *verb* filma

filter ['filltər] **I** *subst* filter **II** *verb* filtrera; sila

filter-tipped ['filltərtippt] *adj* filter-

filth [filθ] *subst* **1** smuts **2** snusk

filthy ['filθi] **I** *adj* **1** smutsig **2** snuskig **II** *adv,* ~ *rich* vard. äckligt rik

fin [finn] *subst* fena

finagle [fi'nejgl] *verb* mygla till sig

final ['fajnl] **I** *adj* slutlig, sista; ~ *whistle* slutsignal **II** *subst,* ~ el. *finals* final

finale [fi'nälli] *subst* final; *grand* ~ storslagen avslutning
finalize ['fajnəlajz] *verb* avsluta; slutligen fastställa
finally ['fajnəli] *adv* slutligen; äntligen
finance ['fajnänns] **I** *subst*, *finances* stats finanser; enskilds ekonomi **II** *verb* finansiera
financial [faj'nännschəl] *adj* ekonomisk
find* [fajnd] **I** *verb* **1** finna; hitta, få tid, tillfälle o.d.; tycka ngn (ngt) vara; *be found* finnas; påträffas; ~ *out* ta reda på; upptäcka; ~ *sb. out* genomskåda ngn **2** ~ *sb. guilty* förklara ngn skyldig **II** *subst* fynd
1 fine [fajn] **I** *subst* böter **II** *verb* bötfälla
2 fine [fajn] **I** *adj* fin; utmärkt; utsökt; *I feel* ~ jag mår bra; *the* ~ *print* det finstilta **II** *adv* fint
finery ['fajnəri] *subst* finkläder
finger ['finggər] *subst* finger; *give sb. the* ~ ge ngn fingret
fingernail ['finggərnejl] *subst* fingernagel
fingerprint ['finggərprinnt] *subst* fingeravtryck
fingertip ['finggərtipp] *subst* fingerspets
finish ['finnisch] **I** *verb* **1** sluta, avsluta; äta (dricka) upp **2** ge en finish; finputsa **II** *subst* **1** slut; upplopp i sporter **2** glans; finputs
finite ['fajnajt] *adj* begränsad
fink [fingk] *subst* **1** strejkbrytare **2** vard. typ, pottsork; skit
Finland ['finnlənd] Finland
Finn [finn] *subst* finne, finländare
Finnish ['finnisch] **I** *adj* finsk, finländsk **II** *subst* finska språk
fir [fö:r] *subst* gran; tall
fir-cone ['fö:rkoun] *subst* kotte
fire ['fajər] **I** *subst* eld; eldsvåda **II** *verb* **1** avlossa skott, skjuta; bildligt fyra av **2** vard. sparka avskeda **3** ~ *up* entusiasmera; *get fired up* bli entusiastisk
fire alarm ['fajər ə,la:rm] *subst* brandalarm
firearms ['fajəra:rmz] *subst pl* skjutvapen
firecracker ['fajərkräkkər] *subst* smällare
fire department ['fajər di,pa:rtmənt] *subst* brandkår
fire engine ['fajər ,enndʒinn] *subst* brandbil
fire escape ['fajər i,skejp] *subst* brandstege
fire extinguisher ['fajər ikk,stinggwischər] *subst* brandsläckare
firehouse ['fajər,haos] *subst* brandstation
fire hydrant ['fajər ,hajdrənt] *subst* brandpost

fireman ['fajərmən] *subst* brandman
fireplace ['fajərplejs] *subst* eldstad, öppen spis
firewood ['fajərwodd] *subst* ved
fireworks ['fajərwö:rks] *subst pl* **1** fyrverkeri **2** ståhej
firing range ['fajəring rejndʒ] *subst* skjutbana
firing squad ['fajəring skwa:d] *subst* exekutionspluton
1 firm [fö:rm] *subst* firma
2 firm [fö:rm] *adj* o. *adv* fast
first [fö:rst] **I** *adj* o. *räkn* första, förste; ~ *floor* bottenvåning; ~ *lady* presidentens fru; ~ *name* förnamn; ~ *night* premiärkväll; *at* ~ *sight* vid första anblicken **II** *adv* först; ~ *of all* först och främst **III** *subst* första, förste; *at* ~ först, i början
first-aid [ˌfö:rst'ejd] *adj*, ~ *kit* förbandslåda
first-class [ˌfö:rst'kläss] **I** *adj* förstaklass- **II** *adv* första klass
first-hand [ˌfö:rst'hännd] *adj* o. *adv* i första hand
firstly ['fö:rstli] *adv* för det första
first-rate [ˌfö:rst'rejt] *adj* o. *adv* förstklassig
fiscal year [ˌfisskəl 'jiər] *subst* budgetår
fish [fisch] **I** *subst* fisk **II** *verb* fiska
fisherman ['fischərmən] *subst* fiskare yrkesman
fish farm ['fisch fa:rm] *subst* fiskodling
fishing line ['fisching lajn] *subst* metrev
fishing rod ['fisching ra:d] *subst* metspö
fishy ['fischi] *adj* **1** fisk- **2** *there's something* ~ *here* det är något som är skumt med det här
fist [fisst] *subst* knytnäve; *make a* ~ knyta näven
1 fit [fitt] *subst* anfall av sjukdom, skratt o.d.
2 fit [fitt] **I** *adj* **1** lämplig **2** spänstig; kry **II** *verb* passa, om kläder sitta
fitful ['fittfəl] *adj* ryckig, ojämn
fitness ['fittnəs] *subst* **1** kondition **2** lämplighet
fitter ['fittər] *subst* montör, installatör
fitting ['fitting] **I** *adj* passande, lämplig; ~ *room* provrum **II** *subst*, *fittings* tillbehör, inredning; beslag
five [fajv] **I** *räkn* fem **II** *subst*, *take* ~ ta en paus
five-digit ['fajvdiddʒitt] *adj* femsiffrig
five-speed [ˌfajv'spi:d] *adj* femväxlad

five-story [ˌfajvstå:ri] *adj* femvånings-

fix [fikks] **I** *verb* **1** fästa **2** bestämma **3** ordna, fixa; laga; ~ *up with* ordna träff med **4** *I'll ~ him!* han ska få igen! **II** *subst* knipa

fixation [fikk'sejschən] *subst* fixering

fixture ['fikkstchər] *subst* fast inventarium

fizzle ['fizzl] *verb* pysa; ~ *out* vard. rinna ut i sanden

fizzy ['fizzi] *adj* brusande, mousserande

flabby ['fläbbi] *adj* fet och slapp

1 flag [flägg] *subst* flagga; fana

2 flag [flägg] *verb* börja dala (sina); ~ *down* stoppa, hejda

flagpole ['fläggpoul] *subst* flaggstång

flagship ['fläggschipp] *subst* flaggskepp

flair [fläər] *subst, have a ~ for* ha sinne för

flak [fläkk] *subst* vard. hård kritik

flake [flejk] **I** *subst* flaga; flinga; flisa **II** *verb* flisa, flaga

flaky ['flejki] *adj* **1** smördegs-, frasig **2** slang knäpp, egendomlig

flamboyant [flämm'båjənt] *adj* **1** grann, prålig **2** översvallande

flame [flejm] *subst* flamma, låga

flammable ['flämməbl] *adj* lättantändlig

flan [fla:n] *subst* mördeg; *fruit ~* frukttårta

flank [flängk] **I** *subst* flank **II** *verb* flankera

flannel ['flännl] *subst* flanell

flap [fläpp] **I** *verb* flaxa **II** *subst* flik, klaff

flapjack ['fläppdʒäkk] *subst* slags pannkaka

flare [fläər] **I** *verb* flamma upp; ~ *up* brusa upp **II** *subst* låga; signalljus; lysgranat

flash [fläsch] **I** *verb* blixtra till; blinka **II** *subst* blinkande ljus; blixt; ~ *of lightning* blixt

flashbulb ['fläschballb] *subst* blixtljuslampa

flashcube ['fläschkjo:b] *subst* blixtkub

flashlight ['fläschlajt] *subst* ficklampa

flashy ['fläschi] *adj* vräkig

flask [flässk] *subst* plunta

flat [flätt] **I** *adj* plan, platt; slät; ~ *tire* punktering **II** *subst* b-förtecken

flat-bed ['flättbedd] *subst* flak på lastbil

flatly ['flättli] *adv* **1** uttryckligen; ~ *refuse* vägra blankt **2** avmätt

flatten ['flättn] *verb* göra (bli) plan; jämna med marken
flatter ['flättər] *verb* smickra
flattery ['flättəri] *subst* smicker
flaunt [fla:nt] *verb* snobba (skylta) med
flavor ['flejvər] **I** *subst* smak **II** *verb* smaksätta
flavoring ['flejvəring] *subst* krydda; smaktillsats
flaw [fla:] *subst* fel; brist
flawless ['fla:ləs] *adj* felfri
flax [fläkks] *subst* lin
flaxen ['fläkksən] *adj* lin-; ljusblond
flea [fli:] *subst* loppa; ~ *market* loppmarknad
fleck [flekk] *subst* fläck, stänk
flee [fli:] *verb* fly, ta till flykten
fleece [fli:s] **I** *subst* fårskinn **II** *verb* skörta upp, lura
fleet [fli:t] *subst* flotta
fleeting ['fli:ting] *adj* hastig; flyktig
flesh [flesch] *subst* kött; ***in the ~*** i egen hög person
flesh wound ['flesch wo:nd] *subst* köttsår
flew [flo:] *verb* imperf. av 2 *fly*
flexible ['flekksəbl] *adj* **1** smidig, mjuk **2** flexibel
flick [flikk] *verb* **1** snärta till **2** ~ ***away*** slå bort med en knäpp
flicker ['flikkər] *verb* flämta, fladdra
1 flight [flajt] *subst* **1** flygning, flyg; ~ ***attendant*** flygvärdinna **2** fågels el. tankes flykt **3** ~ ***of stairs*** trappa
2 flight [flajt] *subst* flykt, flyende
flimsy ['flimmzi] *adj* tunn, sladdrig; svag; ~ ***excuse*** dålig ursäkt
flinch [flinntch] *verb* rygga tillbaka
fling [fling] **I** *verb* kasta, slänga **II** *subst*, ***have a ~*** slå runt; ha en affär
flint [flinnt] *subst* flinta
flip [flipp] *verb* **1** knäppa iväg; slå upp (av, på, till); ~ ***a coin*** singla slant **2** slang, ~ ***out*** el. ~ ***one's lid*** bli urförbannad; smälla av
flippant ['flippənt] *adj* nonchalant, lättsinnig
flipper ['flippər] *subst* **1** grodmans m.m. simfot **2** spel flipper
flirt [flö:rt] **I** *verb* flörta **II** *subst* flört
flit [flitt] *verb* fladdra; flacka
float [flout] **I** *verb* flyta; driva på vattnet **II** *subst* **1** flotte; simdyna **2** slags glassdryck
flock [fla:k] **I** *subst* flock; hjord **II** *verb* flockas
flog [fla:g] *verb* prygla, piska
flood [fladd] **I** *subst* **1** högvatten, flod; ~ ***tide*** flod

2 översvämning **II** *verb* översvämma

floodlight ['fladdlajt] *subst* strålkastare

floor [flå:r] **I** *subst* **1** golv **2** våning våningsplan; *the ground ~* bottenvåningen **II** *verb* golva

floorboard ['flå:rbå:rd] *subst* golvtilja

floorshow ['flå:rschou] *subst* kabaré; krogshow

flop [fla:p] **I** *verb* **1** dimpa (dunsa) ner **2** vard. göra fiasko **II** *subst* vard. fiasko, flopp

flophouse ['fla:phaos] *subst* sjaskigt ungkarlshotell

floppy ['fla:pi] *adj* som hänger och slänger; *~ disk* diskett; *~ hat* slokhatt

flora ['flå:rə] *subst* flora

floral ['flå:rəl] *adj* blomster-

florid ['fla:ridd] *adj* **1** rödlätt **2** yppig, grann; utsirad

florist ['fla:risst] *subst* blomsterhandlare; *florist's* blomsteraffär

flounce [flaons] **I** *verb* rusa **II** *subst* volang

1 flounder ['flaondər] *subst* flundra, rödspätta

2 flounder ['flaondər] *verb* **1** irra omkring **2** prata strunt

flour ['flaoər] *subst* mjöl; vetemjöl

flourish ['flö:risch] *verb* blomstra

flout [flaot] *verb* trotsa; öppet strunta i

flow [flou] **I** *verb* flyta; strömma **II** *subst* flöde, ström

flowchart ['floutcha:rt] *subst* flödesschema

flower ['flaoər] **I** *subst* blomma **II** *verb* blomma; bildligt blomstra

flower bed ['flaoər bedd] *subst* blomrabatt

flowerpot ['flaoərpa:t] *subst* blomkruka; *hanging ~* ampel

flowery ['flaoəri] *adj* bildligt blomstrande

flown [floun] *verb* perf.p. av 2 *fly*

flu [flo:] *subst* vard. influensa

flub [flabb] *verb* vard. sumpa, misslyckas

fluctuate ['flakktjoejt] *verb* gå upp och ned

fluent ['flo:ənt] *adj* ledig; flytande om tal el. språk

fluff [flaff] **I** *subst* ludd, dammtuss **II** *verb* **1** ludda upp **2** vard. göra bort sig

fluffy ['flaffi] *adj* luddig; luftig

fluid ['flo:id] **I** *adj* flytande **II** *subst* vätska

flung [flang] *verb* imperf. o. perf.p. av *fling*

flunk [flangk] *verb* vard. köra, bli underkänd; kugga

fluorescent [flå:'ressənt] *adj* självlysande; lysrörs-

fluoride ['florajd] *subst* fluor

flurry ['flö:rri] *subst* **1** kastby; snöby **2** uppståndelse; hets

1 flush [flasch] **I** *verb* **1** spola ner **2** rodna **II** *subst, hot* ~ blodvallning

2 flush [flasch] *adj* **1** jämn; ~ *against the wall* tätt intill väggen **2** vard. rik

flute [flo:t] *subst* flöjt, tvärflöjt

flutter ['flattər] **I** *verb* fladdra **II** *subst* **1** fladder **2** oro, ängslan; *be in a* ~ vara på helspänn; vara förvirrad

flux [flakks] *subst* ständig förändring

1 fly [flaj] *subst* fluga

2 fly* [flaj] **I** *verb* **1** flyga **2** ~ *a flag* flagga **II** *subst* **1** gylf **2** i baseboll högt slag

flying ['flajing] *adj* **1** flygande; flyg- **2** ~ *squad* piket; ~ *visit* snabbvisit

flysheet ['flajschi:t] *subst* flygblad

foal [foul] *subst* föl

foam [foum] **I** *subst* skum, fradga; ~ *bath* skumbad **II** *verb* skumma; ~ *at the mouth* skumma av raseri

focus ['foukəs] **I** *subst* **1** fokus; *out of* ~ oskarp **2** bildligt medelpunkt **II** *verb* **1** fokusera **2** ställa in skärpan på kamera

fodder ['fa:dər] *subst* torrfoder

fog [fa:g] *subst* dimma

foggy ['fa:gi] *adj* dimmig

fog light ['fa:g lajt] *subst* dimstrålkastare på bil

foil [fåjl] **I** *subst* folie **II** *verb* stoppa, hindra

fold [fould] **I** *verb* **1** vika, vika ihop **2** fälla ihop **II** *subst* veck

folder ['fouldər] *subst* **1** mapp **2** broschyr

folding ['foulding] *adj* hopfällbar; ~ *chair* fällstol

foliage ['fouliiddʒ] *subst* lövverk

folk [fouk] *subst,* ~ el. *folks* folk, människor; *my* (*the*) *folks* mina föräldrar; mina anhöriga

folklore ['fouklå:r] *subst* folklore; folktro

folk song ['fouk sa:ng] *subst* folkvisa

follow ['fa:lou] *verb* **1** följa; komma efter **2** förfölja **3** *as follows* på följande sätt; som följer, följande; ~ *through* fullfölja, genomföra; ~ *up* fullfölja, driva vidare

follower ['fa:louər] *subst* anhängare

following ['fa:louing] **I** *adj* följande **II** *prep* till följd av **III** *subst* följe, anhängarskara

follow-up ['fa:louapp] *subst* uppföljning; efterbehandling
folly ['fa:li] *subst* dårskap
fond [fa:nd] *adj* kärleksfull; *be ~ of* tycka om; vara fäst vid
fondle ['fa:ndl] *verb* kela med; tafsa på
font [fa:nt] *subst* **1** dopfunt **2** typsnitt
food [fo:d] *subst* mat
food processor ['fo:d ˌpra:sessər] *subst* matberedare
food stamp ['fo:d stämmp] *subst* matkupong utdelas av socialbyrån
fool [fo:l] **I** *subst* dåre, dumbom; *make a ~ of oneself* göra bort sig **II** *verb* lura; *~ around* larva sig; vänsterprassla
foolish ['fo:lisch] *adj* dåraktig, dum
foolproof ['fo:lpro:f] *adj* idiotsäker
foot [fott] *subst* fot; *by ~* till fots; *put one's ~ down* slå näven i bordet
football ['fottba:l] *subst* amerikansk fotboll
footbrake ['fottbrejk] *subst* fotbroms
footbridge ['fottbriddʒ] *subst* gångbro
foothold ['fotthould] *subst* fotfäste; *get a ~* få in en fot
footing ['fotting] *subst* **1** fotfäste **2** *be on an equal ~ with* vara jämställd med
footman ['fottmən] *subst* betjänt
footnote ['fottnout] *subst* fotnot
footprint ['fottprinnt] *subst* fotspår
footsie ['fottsi] *subst, play ~* tåflörta
footstep ['fottstepp] *subst* steg
footwear ['fottwärr] *subst* skodon
for [få:r] *prep* **1** för, åt; för att få; på; till **2** *as ~* vad beträffar; *as ~ me* för min del; *~ instance* (*example*) till exempel; *~ now* för tillfället, tills vidare
foray ['fårej] *subst* räd
forbid [fər'bidd] *verb* förbjuda
forbidding [fər'bidding] *adj* avskräckande
force [få:rs] **I** *subst* **1** styrka, kraft **2** *by ~* med våld **3** *the Force* polisen; *air ~* flygvapen **II** *verb* tvinga, tvinga fram
force-feed ['få:rsfi:d] *verb* tvångsmata
forceful ['få:rsfəl] *adj* kraftfull
forcibly ['få:rsəbli] *adv* med våld
ford [få:rd] *subst* vadställe
fore [få:r] *subst, come to the ~* komma på tapeten; bli aktuell

forearm ['få:ra:rm] *subst* underarm
foreboding [få:r'bouding] *subst* ond aning
forecast ['få:rkässt] **I** *verb* förutsäga **II** *subst* prognos
forecourt ['få:rkå:rt] *subst* yttergård
forefinger ['få:rˌfinggər] *subst* pekfinger
forefront ['få:rfrannt] *subst* främsta del; *be in the ~* vara högaktuell
foreground ['få:rgraond] *subst* förgrund
forehead ['fa:rəd, 'få:rhedd] *subst* panna
foreign ['fa:rən] *adj* utländsk; utrikes; främmande; *~ exchange* utländsk valuta
foreigner ['fa:rənər] *subst* utlänning, främling
foreleg ['få:rlegg] *subst* framben
foreman ['få:rmən] *subst* förman, arbetsledare
foremost ['få:rmoust] *adj* o. *adv* främst, först
forensic [fə'rennsikk] *adj* rättsmedicinsk
forerunner ['få:rˌrannər] *subst* förelöpare, föregångare
foresee [få:r'si:] *verb* förutse
foreseeable [få:r'si:əbl] *adj* förutsebar; *in the ~ future* inom överskådlig framtid
foreshadow [få:r'schäddou] *verb* förebåda; antyda
foresight ['få:rsajt] *subst* förutseende
forest ['fa:rəst] *subst* skog
forestall [få:r'stå:l] *verb* förekomma
forestry ['fa:rəstri] *subst* skogsvård
foretaste ['få:rtejst] *subst* försmak
foretell [få:r'tell] *verb* förutsäga
forever [fər'evvər] *adv* för alltid, evigt; jämt
foreword ['få:rwö:rd] *subst* förord
forfeit ['få:rfət] *verb* förverka
forgave [fərg'ejv] *verb* imperf. av *forgive*
1 forge [få:rdʒ] *verb*, *~ ahead* kämpa (arbeta) sig fram
2 forge [få:rdʒ] **I** *subst* smedja **II** *verb* **1** smida **2** förfalska
forgery ['få:rdʒəri] *subst* förfalskning
forget* [fər'gett] *verb* glömma
forgetful [fər'gettfəl] *adj* glömsk
forget-me-not [fər'gettminna:t] *subst* förgätmigej
forgive* [fər'givv] *verb* förlåta
forgiven [fər'givvən] *verb* perf.p. av *forgive*
forgiveness [fər'givvnəs] *subst* förlåtelse

forgo [få:r'gou] *verb* avstå från

forgot [fər'ga:t] *verb* imperf. av *forget*

forgotten [fər'ga:tn] *verb* perf.p. av *forget*

fork [få:rk] **I** *subst* gaffel **II** *verb* förgrena sig

forklift ['få:rklifft] *subst* gaffeltruck

forlorn [fər'lå:rn] *adj* **1** övergiven **2** ömklig

form [få:rm] **I** *subst* **1** form **2** blankett **II** *verb* bilda; forma; utforma

formal ['få:rməl] *adj* formell; ~ *dress* högtidsdräkt

formally ['få:rməli] *adv* formellt

format ['få:rmätt] **I** *subst* boks format **II** *verb* formattera

formation [få:r'mejschən] *subst* utformning; gruppering

formative ['få:rmətivv] *adj* formande, danande

former ['få:rmər] *adj* tidigare; före detta

formerly ['få:rmərli] *adv* förut

formidable ['få:rmiddəbl] *adj* **1** fruktansvärd, svår **2** formidabel

formula ['få:rmjələ] *subst* **1** formel **2** modersmjölksersättning

forsake [fər'sejk] *verb* överge

fort [få:rt] *subst* fort, fäste

forte ['få:rt] *subst* stark sida, styrka

forth [få:rθ] *adv* **1** fram, ut **2** *back and* ~ fram och tillbaka; *and so* ~ och så vidare

forthcoming [få:rθ'kamming] *adj* kommande

forthright ['få:rθrajt] *adj* rättfram

fortify ['få:rtəfaj] *verb* **1** befästa stad o.d. **2** stärka

fortitude ['få:rtəto:d] *subst* tapperhet

fortnight ['få:rtnajt] *subst* fjorton dagar

fortress ['få:rtrəs] *subst* fästning

fortunate ['få:rtchənət] *adj, be* ~ ha tur

fortunately ['få:rtchənətli] *adv* lyckligtvis

fortune ['få:rtchən] *subst* **1** öde; tur; *try one's* ~ pröva lyckan **2** förmögenhet

fortune-teller ['få:rtchən,tellər] *subst* spåkvinna; spåman

forty ['få:rti] *räkn* **1** fyrtio **2** *catch* ~ *winks* ta sig en tupplur

forward ['få:rwərd] **I** *adj* som för framåt, fram- **II** *subst* forward **III** *adv* framåt, fram **IV** *verb* vidarebefordra, eftersända

forwards ['få:rwərdz] *adv*

framåt; ***backwards and ~*** fram och tillbaka, hit och dit
fossil ['fa:sl] *adj* o. *subst* fossil
foster ['fa:stər] *verb* **1** fostra **2** stödja
fosterchild ['fa:stər,tchajld] *subst* fosterbarn
fought [fa:t] *verb* imperf. o. perf.p. av *fight*
foul [faol] **I** *adj* **1** illaluktande; förpestad **2** ojust, regelvidrig **II** *subst* ojust spel **III** *verb* smutsa ned
1 found [faond] *verb* imperf. o. perf.p. av *find*
2 found [faond] *verb* grunda
foundation [faon'dejschən] *subst* **1** stiftelse **2** grund; grundval
1 founder ['faondər] *subst* grundare, grundläggare
2 founder ['faondər] *verb* **1** sjunka om båt **2** bildligt stranda
foundry ['faondri] *subst* gjuteri
fountain ['faontən] *subst* **1** fontän **2** *soda ~* glassbar
fountain pen ['faontən penn] *subst* reservoarpenna
four [få:r] *räkn* fyra
four-letter ['få:rlettər] *adj, ~ word* runt ord
four-poster [,få:r'poustər] *subst* himmelssäng
foursome ['få:rsəm] *subst* sällskap på fyra personer; i golf, bridge spelgrupp
fourteen [,få:r'ti:n] *räkn* fjorton
fourth [få:rθ] **I** *räkn* fjärde **II** *subst* fjärdedel
fowl [faol] *subst* fågel, fåglar
fox [fa:ks] *subst* **1** räv **2** slang sexig tjej
foyer ['fåjər] *subst* foajé
fraction ['fräkkschən] *subst* bråkdel
fracture ['fräkktchər] **I** *subst* lättare benbrott **II** *verb* bryta ben
fragile ['fräddʒill] *adj* bräcklig; ömtålig
fragment ['fräggmənt] *subst* litet stycke; fragment
fragrant ['frejgrənt] *adj* välluktande
frail [frejl] *adj* bräcklig, skör
frame [frejm] **I** *verb* rama in **II** *subst* **1** ram **2** *frames* glasögonbågar
framework ['frejmwö:rk] *subst* **1** stomme **2** bildligt ram
France [fränns] Frankrike
franchise ['frännstschajz] *subst* **1** *the ~* rösträtt **2** franchise, koncession
frank [frängk] **I** *adj* uppriktig, ärlig; öppet **II** *subst* vard. varmkorv
frankly ['frängkli] *adv* uppriktigt; uppriktigt sagt
frantic ['frränntikk] *adj* desperat; i upplösningstillstånd
fraternity [frə'tö:rnəti] *subst*

1 manlig studentförening vid college **2** broderskap; samfund

fraud [fra:d] *subst* **1** bedrägeri **2** bedragare

fraught [fra:t] *adj,* ~ ***with*** åtföljd av; full av; ~ ***with danger*** farofylld

fray [frej] *verb* bli nött (trådsliten)

freak [fri:k] **I** *subst* missfoster **II** *adj* udda; slump-

freckle ['frekkl] *subst* fräkne

free [fri:] **I** *adj* **1** fri; ledig **2** gratis **3** ~ ***kick*** frispark **II** *verb* befria; frige

freebee ['fri:bi] *subst* slang gratisgrej, gratisex; fringis

freedom ['fri:dəm] *subst* frihet; ~ ***of the press*** tryckfrihet; ~ ***of speech*** det fria ordet

freelance ['fri:länns] **I** *subst* frilans **II** *verb* frilansa

freely ['fri:li] *adv* fritt; obehindrat

freemason ['fri:ˌmejsn] *subst* frimurare

free-range ['fri:rejndʒ] *adj,* ~ ***eggs*** sprättägg, lantägg

free trade [ˌfri: 'trejd] *subst* frihandel

freeway ['fri:wej] *subst* motorväg

free-will [ˌfri:'will] *subst* fri vilja

freeze [fri:z] **I** *verb* frysa; frysa in; ***freeze!*** slang stå still!, stanna! **II** *subst* **1** frost **2** frys **3** bildligt frysning

freezer ['fri:zər] *subst* frys

freezing ['fri:zing] *adj* iskall; jättekall

freezing-point ['fri:zingpåjnt] *subst* fryspunkt

freight [frejt] *subst* frakt, last; ~ ***car*** godsvagn; ~ ***train*** godståg

French [frenntch] **I** *adj* fransk; ~ ***bread*** baguette; ~ ***fries*** pommes frites; ~ ***horn*** valthorn; ~ ***kiss*** kyss med tungan **II** *subst* franska språk

frenzy ['frennzi] *subst* ursinne; vansinne

frequency ['fri:kwənsi] *subst* frekvens

frequent ['fri:kwənt] *adj* ofta förekommande

frequently ['fri:kwəntli] *adv* ofta

fresh [fresch] *adj* **1** ny **2** färsk; fräsch **3** oförskämd, fräck

freshen ['freschn] *verb,* ~ ***up*** friska upp; snygga till sig

freshly ['freschli] *adv* nyligen

freshman ['freschmən] *subst* förstaårsstudent på college o. ibland på highschool

freshness ['freschnəs] *subst* fräschör

freshwater ['freschˌwa:tər] *adj* sötvattens-

fret [frett] *verb* gräma sig, oroa sig
friar ['frajər] *subst* munk, tiggarmunk
friction ['frikkschən] *subst* friktion
Friday ['frajdej] *subst* fredag; *Good ~* långfredagen
fridge [friddʒ] *subst* vard. kylskåp
friend [frennd] *subst* vän, väninna; ***make friends*** skaffa sig vänner; bli vänner
friendly ['frenndli] *adj* vänlig
friendship ['frenndschipp] *subst* vänskap
fright [frajt] *subst* skräck; ***look a ~*** se förskräcklig ut; ***take ~*** bli skrämd (förskräckt)
frighten ['frajtn] *verb* skrämma; ***frightened of*** rädd för
frightful ['frajtfəl] *adj* förskräcklig
frigid ['friddʒidd] *adj* iskall; frigid
frill [frill] *subst*, ***frills*** grannlåt, krusiduller
fringe [frinndʒ] *subst* **1** frans; lugg hårfrisyr **2** utkant **3** ***~ benefit*** förmån, rabatt för anställd; fringis
frisk [frissk] *verb* vard. muddra, kroppsvisitera
frisky ['frisski] *adj* sprallig, lekfull
fritter ['frittər] *verb*, ***~ away*** plottra bort; kasta bort
fritz [fritts] *subst*, ***on the ~*** slang trasig
frivolous ['frivvələs] *adj* lättsinnig
frog [fra:g] *subst* groda
frogman ['fra:gmən] *subst* grodman
frolic ['fra:likk] **I** *subst* muntert upptåg **II** *verb* leka, skutta
from [framm] *prep* från; ur; av; på grund av; ***~ above*** ovanifrån; ***~ behind*** bakifrån; ***~ within*** inifrån; ***~ without*** utifrån
front [frannt] **I** *subst* **1** framsida, främre del; fasad; ***in ~ of*** framför; inför **2** front i olika betydelser **II** *adj* front-, första; ***~ door*** ytterdörr; ***~ room*** rum åt gatan; ***~ seat*** framsäte **III** *verb* vetta mot
frontier ['franntiər] *subst* stats gräns; ***the ~*** ung. vilda västern
front-page ['franntpejdʒ] *adj*, ***~ news*** förstasidesnyheter
frost [fra:st] *subst* frost
frostbite ['fra:stbajt] *subst* köldskada
frosty ['fra:sti] *adj* frost-, kylig
froth [fra:θ] **I** *subst* fradga, skum **II** *verb* skumma
frown [fraon] **I** *verb* rynka pannan **II** *subst* rynkad panna
froze [frouz] *verb* imperf. av *freeze*

frozen ['frouzn] **I** *verb* perf.p. av *freeze* **II** *adj* djupfryst

fruit [fro:t] *subst* **1** frukt, bär; ~ *stand* fruktstånd **2** slang fikus, bög

fruitful ['fro:tfəl] *adj* fruktbar

fruition [fro'ischən] *subst, come to ~* förverkligas

fruitless ['fro:tləs] *adj* resultatlös

fruit machine ['fro:t mə,schi:n] *subst* spelautomat

frustrate ['frasstrejt] *verb* **1** korsa, gäcka **2** frustrera

1 fry [fraj] *verb* steka i panna; *deep* ~ fritera

2 fry [fraj] *subst* yngel

frying-pan ['frajingpänn] *subst* stekpanna

ft. förk. för *foot* o. *feet*

fuck [fakk] vulgärt **I** *verb* knulla; ~ *off!* dra åt helvete! **II** *subst* knull **III** *interj* fan!, helvete!

fuck-off ['fakka:f] *subst* vulgärt latmask

fuck-up ['fakkapp] *subst* vulgärt jävla soppa (röra)

fudge [faddʒ] **I** *subst* **1** fudge slags mjuk kola; *hot* ~ varm chokladsås **2** ~ *factor* slang fusk, frisering **II** *verb* fuska med data

fuel [fjo:əl] **I** *subst* bränsle; bildligt näring **II** *verb* **1** tanka; driva **2** bildligt underblåsa

fugitive ['fjo:dʒətivv] *subst* flykting; rymling

fulfill [foll'fill] *verb* **1** uppfylla **2** ~ *oneself* förverkliga sig själv

fulfillment [foll'fillmənt] *subst* förverkligande; tillfredsställelse

full [foll] *adj* **1** full; fullsatt, fullbelagd; *I'm* ~ jag är mätt **2** fyllig **3** ~ *professor* professor

full-blown [,foll'bloun] o. **full-fledged** [,foll'fleddʒd] *adj* fullt utvecklad; ~ *crisis* fullständig kris

full-length [,fol'lengθ] *adj* hellång; oavkortad

full-scale ['follskejl] *adj* fullskalig

full-time ['folltajm] **I** *adj* heltids- **II** *adv* på heltid

fully ['folli] *adv* till fullo, helt; ~ *automatic* helautomatisk

fumble ['fammbl] **I** *verb* **1** fumla **2** tappa bollen **II** *subst* lös boll

fume [fjo:m] **I** *subst, fumes* rök; gaser; stank **II** *verb* vara rasande

fun [fann] *subst* nöje; skoj; *have* ~ ha roligt

function ['fangkschən] **I** *subst* funktion, uppgift **II** *verb* fungera

functional ['fangkschənl] *adj* funktionell

fund [fannd] **I** *subst* fond; *raise funds* samla in pengar **II** *verb* finansiera
fundamental [ˌfanndəˈmenntl] *adj* fundamental; grundläggande, bas-
funeral [ˈfjo:nərəl] *subst* begravning; ~ *parlor* (*home*) begravningsbyrå; ~ *service* jordfästning
fungus [ˈfanggəs] *subst* svamp
funhouse [ˈfannhaos] *subst* lustiga huset
funk [fangk] *subst*, *be in a* ~ vard. vara rädd; vara nere
funnel [ˈfannl] *subst* **1** tratt **2** skorsten på båt el. lok
funny [ˈfanni] **I** *adj* rolig, skojig; konstig; ~ *farm* dårhus **II** *subst*, *funnies* tecknade serier
fur [fö:r] *subst* päls
furious [ˈfjorriəs] *adj* rasande
furlough [ˈfö:rlou] *subst* permission
furnace [ˈfö:rniss] *subst* **1** värmepanna **2** smältugn
furnish [ˈfö:rnisch] *verb* **1** förse **2** möblera; *furnished apartment* möblerad lägenhet
furniture [ˈfö:rnittchər] *subst* möbler; *a piece of* ~ en möbel t.ex. soffa; ~ *van* flyttbil
furrow [ˈfö:rrou] *subst* **1** plogfåra **2** fåra i ansiktet
further [ˈfö:rðər] **I** *adj* bortre; ytterligare **II** *adv* längre, längre bort; ytterligare; ~ *on* längre fram **III** *verb* gynna
furthermore [ˌfö:rðərˈmå:r] *adv* dessutom
furthest [ˈfö:rðisst] **I** *adj* bortersts; ytterst **II** *adv* längst bort; ytterst
fury [ˈfjorri] *subst* raseri
1 fuse [fjo:z] **I** *verb* smälta samman **II** *subst* säkring, propp
2 fuse [fjo:z] *subst* stubintråd
fuss [fass] **I** *subst* bråk, väsen; *make a* ~ bråka **II** *verb* tjafsa; fjanta sig
fussy [ˈfassi] *adj* tjafsig; petig; kinkig
futile [fjo:tl] *adj* futil, lönlös
future [ˈfjo:tchər] **I** *adj* framtida **II** *subst* framtid
fuzzy [ˈfazzi] *adj* suddig; oredig

G

1 G, g [dʒi:] *subst* **1** G, g **2** slang lakan 1.000 dollar
2 G [dʒi:] (förk. för *general*) barntillåten om film
gable ['gejbl] *subst* gavel
gadfly ['gäddflaj] *subst* **1** broms **2** retsticka; kritiker
gadget ['gäddʒitt] *subst* vard. grej, pryl
gag [gägg] **I** *subst* **1** munkavle **2** vard. skämt, gag **II** *verb, ~ on* få kväljningar av, inte kunna svälja
gaiety ['gejəti] *subst* munterhet
gain [gejn] **I** *subst* vinst **II** *verb* **1** vinna **2** *~ 2 pounds* gå upp 1 kilo
gait [gejt] *subst* gång, sätt att gå
gale [gejl] *subst* hård vind; slags storm
gall [ga:l] *verb* reta, göra arg
gallant ['gällənt] *adj* **1** tapper **2** ridderlig
gall bladder ['ga:l ˌbläddər] *subst* gallblåsa
gallery ['gälləri] *subst* **1** galleri **2** läktare
galley ['gälli] *subst* kabyss
gallon ['gällən] *subst* ung. 4 liter
gallop ['gälləp] **I** *verb* galoppera **II** *subst* galopp
gallows ['gällouz] *subst* galge för hängning
gallstone ['ga:lstoun] *subst* gallsten
galore [gə'lå:r] *adj* i massor; *she has brains ~* hon är hur smart som helst
gambit ['gämmbitt] *subst* bildligt utspel
gamble ['gämmbl] **I** *verb* spela på hästar o.d.; chansa; *~ on sb.* satsa på ngn **II** *subst* chansning; *take a ~* chansa
gambler ['gämmblər] *subst* storspelare; chanstagare
gambling ['gämmbling] *subst* hasardspel
game [gejm] *subst* **1** spel; lek; *games* äv. sport, idrott **2** match **3** villebråd, vilt
gamekeeper ['gejmˌki:pər] *subst* skogvaktare
gamut ['gämmət] *subst* bildligt skala
gang [gäng] **I** *subst* gäng; liga **II** *verb, ~ up* gadda ihop sig
gangster ['gängstər] *subst* gangster
gangway ['gängwej] *interj* se upp!
gap [gäp] *subst* **1** hål, gap **2** bildligt lucka; klyfta
gape [gejp] *verb* gapa
garage [gə'ra:ʒ] *subst* garage; bilverkstad

garbage ['ga:rbiddʒ] *subst* sopor; smörja, skräp; ~ *can* soptunna

garden ['ga:rdn] *subst* trädgård; *gardens* offentlig park; *lead up the ~ path* lura, vilseleda

gardener ['ga:rdnər] *subst* trädgårdsmästare, trädgårdsarbetare

gardening ['ga:rdning] *subst* trädgårdsskötsel

gargle ['ga:rgl] *verb* gurgla sig

garish ['gerrisch] *adj* gräll

garland ['ga:rlənd] *subst* krans av blommor o.d.; segerkrans

garlic ['ga:rlikk] *subst* vitlök

garment ['ga:rmənt] *subst* klädesplagg

garnish ['ga:rnisch] *verb* garnera

garrison ['gerrisən] *subst* garnison

garrulous ['gerrələs] *adj* pratsam

garter ['ga:rtər] *subst* strumpeband runt benet; ~ *belt* strumpebandshållare

gas [gäss] **I** *subst* gas; vard. bensin; *step on the ~* sätta fart, skynda på **II** *verb, ~ up* tanka, fylla på bensin

gas can ['gäss känn] *subst* bensindunk

gas gauge ['gäss gejdʒ] *subst* gasmätare

gash [gäsch] **I** *verb* skära djupt i **II** *subst* djup skåra, jack

gasket ['gässkitt] *subst* packning i kran o.d.

gasoline ['gässəli:n] *subst* bensin

gasp [gässp] **I** *verb* flämta **II** *subst* flämtning; *last ~* sista andetag

gas range ['gäss ˌreindʒ] *subst* gasspis

gas station ['gäs ˌstejschən] *subst* bensinstation

gas stove ['gäss stouv] *subst* gasspis

gastric ['gässtrikk] *adj* mag-; ~ *ulcer* magsår

gate [gejt] *subst* port; grind; spärr; på flygplats gate

gatecrasher ['gejtkräschər] *subst* snyltgäst, plankare

gateway ['gejtwej] *subst* **1** port **2** bildligt nyckel

gather ['gäðər] *verb* samla; samla ihop; samlas

gathering ['gäðəring] **I** *subst* sammankomst, möte **II** *adj, ~ gloom* tilltagande mörker; ~ *storm* annalkande storm

gaudy ['ga:di] *adj* färggrann, prålig

gauge [gejdʒ] **I** *verb* bildligt bedöma **II** *subst* **1** mätinstrument **2** bildligt måttstock

gaunt [ga:nt] *adj* utmärglad, tärd

gauze [ga:z] *subst* gasväv; ~ *bandage* gasbinda
gave [gejv] *verb* imperf. av *give*
gay [gej] **I** *adj* homosexuell, bög- **II** *subst* bög, homosexuell
gaze [gejz] **I** *verb* stirra **II** *subst* blick
gear [giər] **I** *subst* **1** utrustning; grejer **2** växel på bil, cykel etc.; ***change*** (***shift***) ***gears*** växla; ***reverse*** ~ backväxel **II** *verb*, ***be geared to*** vara inriktad på (anpassad till)
gearbox ['giərba:ks] *subst* växellåda
gearshift ['giər,schifft] *subst* växelspak
gee [dʒi:] *interj* å!, oj!, jösses!
geese [gi:s] *subst* pl. av *goose*
gel [dʒell] **I** *verb* bildligt ta form **II** *subst* hårgelé
gem [dʒemm] *subst* **1** ädelsten **2** bildligt pärla
Gemini ['dʒemminnaj] *subst* Tvillingarna stjärntecken
gender ['dʒenndər] *subst* kön; genus
general ['dʒennərəl] **I** *adj* allmän; generell; ~ ***delivery*** poste restante; ~ ***practitioner*** allmänpraktiserande läkare **II** *subst* general
generally ['dʒennərəli] *adv* i allmänhet
generate ['dʒennərejt] *verb* alstra, framkalla
generation [,dʒennə'rejschən] *subst* generation
generator ['dʒennərejtər] *subst* generator
generosity [,dʒennə'ra:səti] *subst* generositet
generous ['dʒennərəs] *adj* generös
genetics [dʒə'nettikks] *subst* genetik
genial ['dʒi:njəl] *adj* glad och vänlig
genie ['dʒi:ni] *subst* anden i flaskan
genitals ['dʒennətlz] *subst pl* genitalier
genius ['dʒi:njəs] *subst* **1** geni **2** ande, genie
genteel [dʒenn'ti:l] *adj* fin, förnäm; struntförnäm
gentle ['dʒenntl] *adj* mild, blid
gentleman ['dʒenntlmən] *subst* **1** herre **2** gentleman
gently ['dʒenntli] *adv* varsamt; vänligt
gents [dʒennts] *subst* **1** herrtoa **2** ~*!* mina herrar!
genuine ['dʒennjoinn] *adj* äkta
geography [dʒi'a:grəfi] *subst* geografi
geology [dʒi'a:lədʒi] *subst* geologi
geometry [dʒi'a:mətri] *subst* geometri

geranium [dʒə'rejnjəm] *subst* **1** pelargonia **2** geranium

geriatric [ˌdʒerri'ättrikk] *adj* åldrings-

germ [dʒö:rm] *subst* **1** bakterie **2** bildligt frö

German ['dʒö:rmən] **I** *adj* tysk; ~ ***measles*** röda hund; ~ ***shepherd*** schäfer **II** *subst* **1** tysk **2** tyska språk

Germany ['dʒö:rməni] Tyskland

gesture ['dʒesstchər] **I** *subst* gest **II** *verb* visa med en gest

gesundheit [gə'zonndhajt] *interj* prosit!

get* [gett] *verb* **1** få; lyckas få, skaffa sig; ordna **2** vard. uppfatta **3** ***have got to*** vara (bli) tvungen att **4** ~ ***going*** komma i gång **5** ~ ***across*** bildligt gå hem hos; ~ ***along*** dra jämnt; ~ ***along with you!*** sluta!; ~ ***at*** syfta på; ~ ***away*** komma undan; ~ ***behind*** komma (bli) efter; ~ ***by*** klara sig; ~ ***into*** råka (komma) i; komma in i; ~ ***off*** klara sig undan; slang bli exalterad (hög); ~ ***on*** dra jämnt; ~ ***on with it*** fortsätta; ~ ***out*** komma ut; ~ ***over*** bildligt komma över; ~ ***through*** gå (ta sig) igenom; bildligt komma fram; ~ ***together*** samlas, träffas; ~ ***up*** resa sig; gå upp

getaway ['gettəwej] *subst* vard. flykt; ~ ***car*** flyktbil; ~ ***weekend*** weekendresa

ghastly ['gässtli] *adj* hemsk, ohygglig

gherkin ['gö:rkinn] *subst* liten gurka; ***pickled*** ~ slags inlagd gurka

ghost [goust] *subst* spöke; ***the Holy Ghost*** den Helige Ande

giant ['dʒajənt] **I** *subst* jätte **II** *adj* jättestor, jätte-

gibberish ['dʒibbərisch] *subst* rappakalja

giblets ['dʒibbləts] *subst pl* kycklings o.d. inkråm

giddy ['giddi] *adj* yr

gift [gifft] *subst* **1** gåva; ~ ***certificate*** ung. presentkort **2** talang; ***the ~ of speech*** talets gåva

gifted ['gifftidd] *adj* begåvad

gigantic [dʒaj'gänntikk] *adj* gigantisk, enorm

giggle ['giggl] **I** *verb* fnissa **II** *subst* fnitter

gills [gillz] *subst pl* gälar

gilt [gillt] **I** *adj* förgylld **II** *subst* förgyllning

gilt-edged ['gillteddʒd] *adj*, ~ ***bonds*** guldkantade obligationer

gimmick ['gimmikk] *subst* jippo; grej

gin [dʒinn] *subst* gin

ginger ['dʒinndʒər] **I** *subst* ingefära **II** *adj* rödgul

gingerbread ['dʒinndʒərbredd] *subst* pepparkaka
gingerly ['dʒinndʒərli] *adv* ytterst försiktigt
gingersnap ['dʒinndʒərsnäpp] *subst* pepparkaka
gipsy ['dʒippsi] *subst* se *gypsy*
giraffe [dʒi'räff] *subst* giraff
girder ['gö:rdər] *subst* balk ofta av järn
girdle ['gö:rdl] *subst* gördel
girl [gö:rl] *subst* flicka, flickvän
girlfriend ['gö:rlfrennd] *subst* flickvän; väninna
girlish ['gö:rlisch] *adj* flickaktig
girth [gö:rθ] *subst* omkrets
gist [dʒisst] *subst* kärnpunkt; kontenta
give* [givv] *verb* **1** ge; räcka; överlåta **2** framföra hälsning **3** hålla tal o.d.; avge, lämna svar o.d. **4** ~ *way* ge efter; ge plats, väja undan **5** ~ *away* ge bort; avslöja; ~ *back* ge tillbaka; ~ *in* ge vika, falla till föga; ~ *up* ge upp; sluta med; avstå från; ~ *oneself up* överlämna sig till polisen
giveaway ['givvəwej] *subst* oavsiktligt förrådande, avslöjande
given ['givvn] **I** *verb* perf.p. av *give* **II** *adj* **1** ~ *to* fallen för **2** bestämd, given **III** *prep* o. *konj* givet att; förutsatt att
glacier ['glejschər] *subst* glaciär, jökel
glad [glädd] *adj* glad, lycklig
gladly ['gläddli] *adv* med glädje
glamorous ['glämmərəs] *adj* glamorös
glamour ['glämmər] *subst* glamour
glance [glänns] **I** *verb* titta hastigt (flyktigt) **II** *subst* ögonkast
gland [glännd] *subst* körtel
glare [gläər] **I** *verb* blänga **II** *subst* **1** ilsken blick **2** bländande ljussken
glaring ['gläəring] *adj* påfallande; uppenbar; om solsken skarp
glass [gläss] *subst* glas; *glasses* glasögon
glassware ['glässwerr] *subst* föremål av glas
glaze [glejz] **I** *verb* glasera; *glazed earthenware* fajans **II** *subst* glasyr
glazier ['glejʒər] *subst* glasmästare
gleam [gli:m] *verb* glimma, skimra svagt
glean [gli:n] *verb* samla (skrapa) ihop
glee [gli:] *subst* glädje; ~ *club* sångförening

glib [glibb] *adj* munvig; lättvindig
glide [glajd] *verb* glida
glider ['glajdər] *subst* segelflygplan
glimmer ['glimmər] **I** *verb* glimma **II** *subst* glimt; aning
glimpse [glimmps] **I** *subst* skymt **II** *verb* se en glimt av
glisten ['glissn] *verb* glittra, glänsa
glitch [glittch] *subst* vard. fel, hake
glitter ['glittər] **I** *verb* glittra **II** *subst* glitter
gloat [glout] *verb*, ~ *over* vara skadeglad över
global ['gloubəl] *adj* global
globe [gloub] *subst* jordglob; *the* ~ jordklotet
gloom [glo:m] *subst* **1** dunkel **2** dysterhet
gloomy ['glo:mi] *adj* dyster; trist; mörk
glorious ['glå:riəs] *adj* strålande; härlig; ärorik
glory ['glå:ri] *subst* ära
gloss [gla:s] **I** *subst* glans **II** *verb*, ~ *over* släta över
glossary ['gla:səri] *subst* ordlista
glossy ['gla:si] *adj* glansig; ~ *magazine* modetidning
glove [glavv] *subst* handske; ~ *compartment* handskfack
glow [glou] **I** *verb* glöda **II** *subst* glöd
glower ['glaoər] *verb* blänga ilsket
glue [glo:] **I** *subst* lim **II** *verb* limma
glum [glamm] *adj* trumpen; dyster
glut [glatt] *subst* överflöd
glutton ['glattn] *subst* **1** matvrak **2** järv
gnarled [na:rld] *adj* knotig
gnat [nätt] *subst* knott
gnaw [na:] *verb* gnaga
go* [gou] *verb* **1** resa, åka, köra **2** gå i olika betydelser **3** bli; ~ *blind* (*crazy*) bli blind (galen) **4** försvinna; gå över **5** ~ *to* om pengar o.d. gå (användas) till att **6** ~ *about* ta itu med; ~ *against* strida (vara) emot; ~ *along with* instämma med, acceptera; ~ *away* gå bort, försvinna; ~ *back* gå (åka) tillbaka; ~ *back on* bryta, svika; ~ *beyond* gå utöver; ~ *by* förflyta, gå; döma (gå) efter; ~ *down* gå ner; sjunka; ~ *for* gå lös på, anfalla; gälla för; ~ *off* explodera, om skott gå av; om väckarklocka börja ringa; ~ *on* fortsätta; pågå, hålla på; ~ *out* slockna; dö ut; ~ *out with* vard. träffa; vara ihop med; ~ *over* gå igenom, granska; ~ *through* gå igenom; ~ *through with* genomföra, fullfölja; ~ *to-*

gether gå väl ihop, passa; ~ *under* gå under; göra konkurs; ~ *up* gå upp, stiga; ~ *with* passa (gå) till; ~ *without* få vara (reda sig) utan

goad [goud] *verb* egga, sporra

go-ahead ['gouəhedd] *subst* vard. klarsignal

goal [goul] *subst* mål; ***score a ~*** göra mål

goalie ['gouli] o. **goalkeeper** ['goulˌki:pər] *subst* målvakt

goalpost ['goulpoust] *subst* målstolpe

goat [gout] *subst* get; ***get sb.'s ~*** reta ngn

gobble ['ga:bl] *verb,* ***~ up*** (*down*) glufsa i sig

go-between ['goubiˌtwi:n] *subst* mellanhand

god [ga:d] *subst* gud; **God** Gud

godchild ['ga:dtchajld] *subst* gudbarn

goddaughter ['ga:dˌda:tər] *subst* guddotter

goddess ['ga:dəs] *subst* gudinna

godfather ['ga:dˌfa:ðər] *subst* gudfar

godforsaken ['ga:dfərsejkn] *adj* gudsförgäten

godmother ['ga:dˌmaðər] *subst* gudmor

godsend ['ga:dsennd] *subst* gudagåva

godson ['ga:dsann] *subst* gudson

goggles ['ga:glz] *subst pl* skyddsglasögon; dykarglasögon

going ['gouing] *verb,* ***it's ~ to rain*** det blir snart regn; ***be ~ to*** tänka, ämna; ***get ~*** komma i gång; sätta i gång

gold [gould] *subst* guld

golden ['gouldən] *adj* guld-, gyllene; ~ *oldie* gammal goding

goldfish ['gouldfisch] *subst* guldfisk

gold-plated ['gouldˌplejtəd] *adj* guldpläterad

goldsmith ['gouldsmiθ] *subst* guldsmed

golf [ga:lf] *subst* golf

golf club ['ga:lf klabb] *subst* **1** golfklubba **2** golfklubb

golf course ['ga:lf kå:rs] o. **golf links** ['ga:lf lingks] *subst* golfbana

gone [ga:n] **I** *verb* perf.p. av *go* **II** *adj* borta, försvunnen

gong [ga:ng] *subst* gonggong

good [godd] **I** *adj* **1** god, bra **2** nyttig **3** duktig **4** vänlig, snäll **5** moraliskt god, bra **6** ~ *afternoon* god dag; adjö; ~ *day* adjö; god dag; ~ *evening* god afton; god dag; adjö; ~ *morning* god morgon; god dag; adjö; ~ *night* god natt, god afton, adjö **7** ***make ~***

gottgöra, ersätta; lyckas
II *subst* **1** det goda **2** *for ~* för gott, för alltid

goodbye [godd'baj] *subst* o. *interj* adjö

good-looking [ˌgodd'lokking] *adj* snygg

good-natured [ˌgodd'nejtchərd] *adj* godmodig

goodness ['goddnəs] *subst* godhet

goods [goddz] *subst pl* varor, artiklar

goodwill [ˌgodd'will] *subst* god vilja, välvilja; företags goodwill

goof [go:f] *verb* klanta sig; sumpa; *~ off* vard. slappa

goon [go:n] *subst* slang torped, hejduk

goose [go:s] *subst* gås; ***his ~ is cooked now*** nu kan han hälsa hem

gooseberry ['go:sberri] *subst* krusbär

gooseflesh ['go:sflesch] *subst* gåshud på huden

gopher ['goufər] *subst* kindpåsråtta

1 gore [gå:r] *subst* levrat blod

2 gore [gå:r] *verb* stånga, stånga ihjäl

gorge [gå:rdʒ] **I** *subst* trångt pass mellan branta klippor
II *verb, **~ oneself on*** proppa i sig, frossa i

gorgeous ['gå:rdʒəs] *adj* vard. underbar, härlig; snygg

gorilla [gə'rillə] *subst* gorilla äv. livvakt o.d.

gory ['gå:ri] *adj* blodig; bloddrypande

gospel ['ga:spəl] *subst* evangelium; ***the ~ truth*** rena rama sanningen

gossip ['ga:səp] **I** *subst* **1** skvaller **2** skvallerbytta
II *verb* skvallra

got [ga:t] *verb* imperf. o. perf.p. av *get*

gotten [ga:tn] *verb* perf.p. av *get*

gourmet ['gorrmej] *subst* gourmet

gout [gaot] *subst* gikt

govern ['gavvərn] *verb* styra, regera

governess ['gavvərnəs] *subst* guvernant

government ['gavvərnmənt] *subst* regering; ***state ~*** delstatsregering

governor ['gavvənər] *subst* **1** guvernör **2** ***board of governors*** styrelse; ledning

gown [gaon] *subst* finare långklänning

GP [ˌdʒi:'pi:] (förk. för *general practitioner*) allmänpraktiserande läkare

grab [gräbb] *verb* hugga, gripa; ***~ bag*** ung. fiskdamm; sammelsurium

grace [grejs] *subst* **1** behagfullhet, grace **2** nåd; *30 days ~* 30 dagars anstånd **3** *Your Grace* Ers nåd

graceful ['grejsfəl] *adj* behagfull, graciös

gracious ['grejschəs] *adj* älskvärd; nedlåtande; *good ~!* du milde!, herre gud!

grade [grejd] **I** *subst* **1** grad; rang **2** kvalitetsklass **3** klass, årskurs; *~ school* ung. grundskola lägre stadier **4** betyg, poäng **5** *~ crossing* plankorsning **II** *verb* **1** gradera; sortera **2** betygsätta, sätta betyg på, rätta

gradual ['gräddʒoəl] *adj* gradvis

gradually ['gräddʒoəli] *adv* gradvis, undan för undan; så småningom

graduate I ['gräddʒoət] *adj, ~ student* forskarstuderande **II** ['gräddʒoət] *subst, college ~* akademiker; *high school ~* person med gymnasieutbildning **III** ['gräddjoejt] *verb* **1** avsluta akademisk grundutbildning, ta examen **2** avsluta sina studier, gå ut skolan; kvalificera sig

graduation [ˌgräddʒo'ejschən] *subst* utexaminering; avgångsklass skolavslutning; *~ ceremony* högtidlig avslutning för avgående klassen

graffiti [grə'fi:ti] *subst* klotter; konst graffiti

graft [gräfft] **I** *subst* **1** muta; korruption **2** transplantat **3** ympkvist **II** *verb* **1** ympa **2** transplantera

grain [grejn] *subst* **1** sädeskorn; spannmål **2** grand, uns **3** ådring; *go against the ~* bära (bjuda) emot

gram [grämm] *subst* gram

grammar ['grämmər] *subst* grammatik

grand [grännd] **I** *adj* stor; storslagen; underbar; *~ piano* flygel **II** *subst* vard. tusen dollar

granddad ['grænndädd] *subst* vard. farfar; morfar

granddaughter ['grännˌda:tər] *subst* sondotter; dotterdotter

grandfather ['grännˌfa:ðər] *subst* farfar; morfar

grandma ['grännma:] *subst* vard. farmor; mormor

grandmother ['grännˌmaðər] *subst* farmor; mormor

grandpa ['grännpa:] *subst* vard. farfar; morfar

grandson ['grännsann] *subst* sonson; dotterson

grandstand ['grånndstännd] **I** *subst* sittplatsläktare vid tävlingar o.d. **II** *verb* vard. spela för galleriet

granite ['grännitt] *subst* granit

granny ['gränni] *subst* vard. farmor; mormor; gumma
granola [grə'noulə] *subst* ung. müsli
grant [grännt] **I** *verb* **1** bevilja, anslå pengar **2** medge; *granted* (*granting*) *that* förutsatt att, även om; *take sth. for granted* ta ngt för givet **II** *subst* anslag, stipendium; *government* ~ statsanslag, statsbidrag
grape [grejp] *subst* vindruva; ~ *juice* druvsaft
grapefruit ['grejpfro:t] *subst* grapefrukt
graph [gräff] *subst* diagram
graphic ['gräffikk] *adj* **1** grafisk **2** bildligt målande
graphics ['gräffikks] *subst pl* grafik
grapple ['gräppl] *verb*, ~ *with* brottas med
grasp [grässp] **I** *verb* **1** gripa **2** begripa **II** *subst* **1** grepp; *beyond* (*within*) *sb.'s* ~ utom (inom) räckhåll för ngn **2** förståelse
grasping ['grässping] *adj* girig
grass [gräss] *subst* **1** gräs; gräsmatta; ~ *court* tennis gräsbana **2** slang marijuana
grasshopper ['gräss,ha:pər] *subst* gräshoppa
grass roots [,gräss 'ro:ts] *subst pl*, *the* ~ bildligt gräsrötterna
1 grate [grejt] *verb* **1** riva ost o.d. **2** gnissla; *it grates on me* det retar (irriterar) mig
2 grate [grejt] *subst* galler
grateful ['grejtfəl] *adj* tacksam
grater ['grejtər] *subst* rivjärn
gratifying ['grättifajing] *adj* tillfredsställande
gratin ['grättn] *subst*, *potatoes au* ~ potatisgratäng
grating ['grejting] *subst* galler
gratitude ['grättəto:d] *subst* tacksamhet
gratuity [grə'to:əti] *subst* **1** drickspengar **2** gratifikation
1 grave [grejv] *adj* allvarlig
2 grave [grejv] *subst* grav
gravel ['grävvəl] *subst* grus; ~ *path* grusgång
graveyard ['grejvja:rd] *subst* kyrkogård; ~ *shift* nattskift
gravity ['grävvəti] *subst* **1** allvar **2** tyngdkraft
gravy ['grejvi] *subst* sås
gray [grej] *adj* grå
1 graze [grejz] **I** *verb* skrapa **II** *subst* skrubbsår
2 graze [grejz] *verb* beta, gå på bete
grease [gri:s] **I** *subst* **1** fett **2** smörjmedel; ~ *monkey* slang bilmekaniker **II** *verb* smörja, olja; ~ *sb.'s palm* muta ngn
greasy ['gri:si] *adj* flottig; oljig; ~ *spoon* slang sjaskig sylta

great [grejt] *adj* stor; viktig; framstående; väldig; vard. utmärkt; *Great Britain* Storbritannien
great-aunt [ˌgrejt'ännt] *subst* fars (mors) faster (moster)
great-grandfather [ˌgrejt'grännd,fa:ðər] *subst* gammelfarfar; gammelmorfar
great-grandmother [ˌgrejt'grännd,maðər] *subst* gammelfarmor; gammelmormor
greatly ['grejtli] *adv* mycket, i hög grad
greatness ['grejtnəs] *subst* storhet
great-uncle [ˌgrejt'angkl] *subst* fars (mors) farbror (morbror)
Greece [gri:s] Grekland
greed [gri:d] *subst* girighet
greedy ['gri:di] *adj* girig
Greek [gri:k] **I** *subst* **1** grek **2** grekiska språk **II** *adj* grekisk
green [gri:n] **I** *adj* **1** grön; grönskande; ~ ***card*** permanent uppehållstillstånd; ***have a ~ thumb*** vard. ha gröna fingrar **2** oerfaren **II** *subst* **1** green för golf; ***village ~*** byallmänning **2** ***greens*** bladgrönsaker
greenery ['gri:nəri] *subst* grönska
greenhouse ['gri:nhaos] *subst* växthus
Greenland ['gri:nlənd] Grönland
greet [gri:t] *verb* hälsa; ta emot gäst, nyhet o.d.
greeting ['gri:ting] *subst* hälsning
gregarious [gri'gerriəs] *adj* sällskaplig; flock-
grenade [gri'nejd] *subst* handgranat, gevärsgranat
grew [gro:] *verb* imperf. av *grow*
grey [grej] *adj* se *gray*
greyhound ['grejhaond] *subst* **1** vinthund **2** ***Greyhound*** Greyhoundbuss långfärdsbuss
grid [gridd] *subst* galler
gridlock ['griddla:k] *subst* **1** trafikstockning **2** dödläge
grief [gri:f] *subst* sorg; ***good ~!*** jösses!
grievance ['gri:vəns] *subst* klagomål
grievous ['gri:vəs] *adj* sorglig, smärtsam; svår
grill [grill] **I** *verb* grilla **II** *subst* grill
grille [grill] *subst* **1** galler **2** grill på bil
grim [grimm] *adj* hård; dyster; barsk, bister
grimace ['grimməs] *subst* grimas
grime [grajm] *subst* ingrodd svart smuts

grin [grinn] **I** *verb* flina **II** *subst* flin

grind [grajnd] **I** *verb* **1** mala; krossa **2** gnissla **II** *subst* **1** slit **2** slang plugghäst

grip [gripp] **I** *subst* **1** grepp; *get a ~ on* få grepp om; ta kontroll **2** resväska **II** *verb* gripa

gripping ['gripping] *adj* gripande, fängslande

grisly ['grizzli] *adj* hemsk, kuslig

grit [gritt] **I** *subst* sand, grus **II** *verb, ~ one's teeth* bita ihop tänderna

groan [groun] **I** *verb* stöna, jämra sig **II** *subst* stön

grocer ['grousər] *subst* specerihandlare; *grocer's* speceriaffär, livsmedelsaffär

groceries ['grousərizz] *subst pl* livsmedel

grocery store ['grousəri ˌstå:r] *subst* speceriaffär

groin [gråjn] *subst* skrev

groom [gro:m] **I** *subst* **1** stalldräng **2** brudgum **II** *verb* rykta; *~ for* förbereda (träna) för arbete

groove [gro:v] *subst* fåra, räffla; *be in the ~* vard. vara häftig, vara kul; vara i toppform

grope [group] *verb* **1** treva, famla **2** tafsa på grovt

gross [grous] **I** *adj* **1** grov, plump; *~ negligence* grov oaktsamhet **2** total- **II** *verb, ~ out* äckla

grossly ['grousli] *adv* grovt, starkt

grotto ['gra:tou] *subst* grotta

1 ground [graond] **I** *verb* imperf. o. perf.p. av *grind* **II** *subst, grounds* kaffesump

2 ground [graond] **I** *subst* **1** mark; jord **2** område, plan; *gain ~* vinna terräng **3** grund, grundval; orsak **II** *verb* **1** grunda, basera **2** jorda kontakt o.d.

ground chuck ['graond tchakk] *subst* köttfärs

ground floor [ˌgraond 'flå:r] *subst* bottenvåning, bottenplan

grounding ['graonding] *subst* baskunskaper

groundless ['graondləs] *adj* ogrundad, utan orsak

ground rules ['graond ro:lz] *subst pl* regler; lokala bestämmelser

groundsheet ['graondschi:t] *subst* liggunderlag

ground staff ['graond stäff] *subst* markpersonal

groundwork ['graondwö:rk] *subst* förarbete

group [gro:p] **I** *subst* grupp **II** *verb* gruppera

1 grouse [graos] *subst* moripa

2 grouse [graos] *verb* knorra, klaga

grove [grouv] *subst* dunge; lund

grovel ['gravvl] *verb* kräla i stoftet, krypa

grow* [grou] *verb* **1** växa; ~ *up* växa upp; bli stor **2** odla **3** bli

growing ['grouing] *adj* växande, tilltagande

growl [graol] *verb* morra; mullra

grown [groun] **I** *verb* perf.p. av *grow* **II** *adj* vuxen

grown-up ['grounapp] *adj* o. *subst* vuxen

growth [grouθ] *subst* tillväxt; utveckling; *3 days'* ~ 3 dagars skäggstubb

grub [grabb] *subst* **1** larv djur **2** vard. käk

grubby ['grabbi] *adj* smutsig

grudge [graddʒ] **I** *verb* missunna, avundas **II** *subst*, ***bear a ~ against sb.*** hysa agg till ngn

gruelling ['gro:əling] *adj* vard. mycket ansträngande, strapatsrik

gruesome ['gro:səm] *adj* hemsk, ohygglig

grumble ['grammbl] *verb* knota, klaga

grumpy ['grammpi] *adj* vresig; på dåligt humör

grunt [grannt] **I** *verb* grymta **II** *subst* **1** grymtning **2** slang basse, infanterisoldat

guarantee [ˌgerrən'ti:] **I** *subst* garanti **II** *verb* garantera; gå i borgen för

guard [ga:rd] **I** *verb* **1** bevaka **2** skydda **II** *subst* **1** vakt; väktare; ***be on ~ duty*** ha vakt; ***be on one's ~*** vara på sin vakt **2** bevakning; skydd

guarded ['ga:rdəd] *adj* **1** bevakad, skyddad **2** försiktig, reserverad

guardian ['ga:rdjən] *subst* **1** väktare; ~ ***angel*** skyddsängel **2** vårdnadshavare

gubernatorial [go:bə'rnətå:riəl] *adj* guvernörs-

guess [gess] **I** *verb* **1** gissa **2** vard. tro, förmoda; ***I guessed as much*** var det inte det jag trodde; ~ ***what!*** vet du vad? **II** *subst* gissning; ***lucky*** ~ lyckoträff

guesswork ['gesswö:rk] *subst* spekulationer

guest [gesst] *subst* gäst; ~ ***of honor*** hedersgäst

guffaw [ga'fa:] **I** *subst* gapskratt **II** *verb* gapskratta

guidance ['gajdəns] *subst* ledning; vägledning

guide [gajd] **I** *verb* **1** visa vägen; guida **2** vägleda **II** *subst* **1** guide, reseledare **2** handbok; resehandbok

guidebook ['gajdbokk] *subst* resehandbok
guide dog ['gajd da:g] *subst* ledarhund för blinda
guild [gilld] *subst* gille, skrå
guillotine ['gilləti:n] *subst* giljotin
guilt [gillt] *subst* skuld
guilty ['gillti] *adj* **1** skyldig **2** skuldmedveten
guinea pig ['ginni pigg] *subst* **1** marsvin **2** försökskanin
guise [gajz] *subst* sken, mask; form, skepnad
guitar [gi'ta:r] *subst* gitarr
gulch [galltch] *subst* smal brant ravin
gulf [gallf] *subst* **1** golf, bukt **2** bildligt klyfta
gull [gall] *subst* mås
gullet ['gallitt] *subst* matstrupe
gullible ['galləbl] *adj* lättrogen, lättlurad
gully ['galli] *subst* klyfta, ravin
gulp [gallp] **I** *verb* stjälpa (slänga) i sig **II** *subst* stor klunk
gum [gamm] *subst* tuggummi
gums [gammz] *subst pl* tandkött
gun [gann] **I** *subst* kanon; gevär; pistol **II** *verb*, *~ down* skjuta ner
gunboat ['gannbəot] *subst* kanonbåt
gunfire ['gann,fajər] *subst* skottlossning
gung ho [,gang 'hou] *adj* gåpåig; övernitisk
gunman ['gannmən] *subst* beväpnad gangster
gunpoint ['gannpåjnt] *subst*, *at ~* under pistolhot
gunpowder ['gann,paodər] *subst* krut
gunshot ['gannscha:t] *subst* skott; skotthåll
gurgle ['gö:rgl] *verb* **1** klucka **2** gurgla
gush [gasch] *verb* **1** välla fram, forsa ut **2** tala översvallande och sentimentalt
gust [gasst] *subst* vindil; stormby
gusto ['gasstou] *subst*, *with ~* med stor förtjusning
gut [gatt] *adj*, *~ feeling* instinktiv känsla, instinkt
guts [gatts] *subst pl* vard. **1** inälvor, tarmar **2** mod, stake
gutter ['gattər] *subst* rännsten; takränna; *~ mind* snuskig fantasi
guy [gaj] *subst* vard. karl, kille
guzzle ['gazzl] *verb* vräka i sig
gym [dʒimm] *subst* **1** gymnastiksal; gym **2** gympa
gymnast ['dʒimmnässt] *subst* gymnast
gymnastics [dʒimm'nässtikks] *subst* gymnastik

gym suit ['dʒimm so:t] *subst* gymnastikdräkt, gympakläder
gynecologist [ˌgajni'ka:lədʒisst] *subst* gynekolog
gypsy ['dʒippsi] *subst* zigenare

H, h [eitch] *subst* H, h
haberdashery ['häbbərdäschəri] *subst* herrekiperingsartiklar
habit ['häbbitt] *subst* vana
habitual [hə'bittschoəl] *adj* invand, vane-; ~ *smoker* inbiten rökare
1 hack [häkk] *verb* **1** hacka **2** ~ *it* klara av det
2 hack [häkk] *subst,* ~ el. ~ *writer* dussinförfattare
hackneyed ['häkknidd] *adj* sliten, banal
had [hädd] *verb* imperf. o. perf.p. av *have*
haddock ['häddək] *subst* kolja
hadn't ['häddnt] = *had not*
haggle ['häggl] *verb* pruta; köpslå
1 hail [hejl] **I** *subst* hagel **II** *verb* hagla
2 hail [hejl] *verb* kalla på; ropa till sig; ~ *a taxi* vinka till sig en taxi
hailstone ['hejlstoun] *subst* hagelkorn
hair [häər] *subst* hår
hairbrush ['herrbrasch] *subst* hårborste
haircut ['herrkatt] *subst*

klippning; frisyr; *get a ~* klippa sig
hairdo ['herrdo:] *subst* vard. frisyr
hairdresser ['herrˌdressər] *subst* frisör; hårfrisörska; *hairdresser's* damfrisering
hairpin ['herrpinn] *subst* hårnål
hair-raising ['herˌrejzing] *adj* vard. hårresande
hairstyle ['herrstajl] *subst* frisyr
hairy ['herri] *adj* **1** hårig; luden **2** slang skrämmande, svår
half [häff] **I** *subst* halva; *~ and ~* mjölk och grädde blandat i lika delar **II** *adj* halv **III** *adv* halvt; *at ~ past five* halv sex
half-baked [ˌhäff'bejkt] *adj* halvfärdig
half-hearted [ˌhäff'ha:rtəd] *adj* halvhjärtad
half-mast [ˌhäff'mässt] *subst, at ~* på halv stång
half-price [ˌhäff'prajs] *adj* till (för) halva priset
half-slip ['häffslipp] *subst* underkjol
half-time ['häff'tajm] *subst* halvtid
halfway [ˌhäff'wej] *adv* halvvägs; *~ house* rehabiliteringshem för t.ex. f.d. missbrukare
hall [ha:l] *subst* **1** entré, hall **2** sal; *banquet ~* festsal **3** *town* (*city*) *~* stadshus **4** *~ of residence* studenthem
hallmark ['hå:lma:rk] *subst* **1** kontrollstämpel på guld o.d. **2** kännetecken
Halloween [ˌhälloui:n] *subst* allhelgonaafton 31 oktober
hallucination [həˌlo:si'nejschən] *subst* hallucination
hallway ['ha:lwej] *subst* **1** entré, hall, vestibul **2** korridor
halo ['hejlou] *subst* gloria
halt [ha:lt] **I** *subst, come to a ~* stanna **II** *verb* stanna
halve [hävv] *verb* halvera
halves [hävvz] *subst* pl. av *half*
1 ham [hämm] *subst* skinka
2 ham [hämm] **I** *subst* buskis **II** *verb, ~ it up* spela buskis
hamburger ['hämmbö:rgər] *subst* hamburgare; *~ meat* köttfärs
hamlet ['hämmlət] *subst* liten by
hammer ['hämmər] **I** *subst* **1** hammare **2** *come* (*go*) *under the ~* gå under klubban på auktion **II** *verb* hamra, bulta; *~ home* inpränta
hammock ['hämmək] *subst* hängmatta
1 hamper ['hämmpər] *subst* tvättkorg

2 hamper ['hämmpər] *verb* hindra, hämma

hamster ['hämmstər] *subst* hamster

hand [hännd] **I** *subst* **1** hand; *close at* ~ för handen; till hands; *by* ~ för hand; *off* ~ på rak arm; *out of* ~ ur kontroll **2** sida; *on the one* ~*...on the other* ~ å ena sidan...å andra sidan; *on the right* ~ till höger **3** arbetare; sjöman **II** *verb* räcka, ge; ~ *down* lämna i arv; ~ *in* lämna in; ~ *out* dela ut; ~ *over* överräcka

handbag ['hänndbägg] *subst* handväska

handbook ['hänndbokk] *subst* handbok; manual

handbrake ['hänndbrejk] *subst* handbroms

handful ['hänndfəl] *subst* handfull; litet antal

handicap ['hänndikäpp] **I** *subst* handikapp **II** *verb* handikappa; *handicapped* handikappad

handicraft ['hänndikräfft] *subst* hantverk

handiwork ['hänndiwö:rk] *subst* skapelse; verk

handkerchief ['hängkərtchiff] *subst* näsduk

handle ['hänndl] **I** *verb* hantera; handskas med **II** *subst* handtag

handlebars ['hänndlba:rs] *subst pl* cykelstyre

handmade [ˌhännd'mejd] *adj* tillverkad för hand

hand-me-downs ['hänndmiddaonz] *subst pl* ärvda kläder

handout ['hänndaot] *subst* **1** reklamlapp; stencil som delas ut **2** allmosa

handrail ['hänndrejl] *subst* ledstång

handshake ['hänndschejk] *subst* handslag

handsome ['hännsəm] *adj* **1** snygg, stilig, vacker, fin **2** ansenlig **3** skicklig, duktig

handwriting ['hänndˌrajting] *subst* handstil

handy ['hänndi] *adj* **1** händig **2** till hands; *come in* ~ komma väl till pass

handyman ['hänndimänn] *subst* allt i allo; tusenkonstnär

hang [häng] *verb* **1** hänga; hänga upp; ~ *about* el. ~ *around* stå och hänga **2** sväva **3** ~ *in there!* slang stå 'på dig!; ~ *on* klamra sig fast vid; ~ *on a moment!* vard. vänta lite!; dröj ett ögonblick!; ~ *out* vard. hålla till; *let it all* ~ *out* vard. slappna av; ~ *up* lägga på luren

hangar ['hängər] *subst* hangar

hanger ['hängər] *subst* galge för kläder
hanger-on [ˌhängər'a:n] *subst* vard. påhäng
hang-gliding ['hängˌglajding] *subst* hängflygning
hangover ['hängˌouvər] *subst* **1** kvarleva **2** baksmälla
hangup ['hängapp] *subst* vard. komplex, fix idé
hanker ['hängkər] *verb*, ~ *for* längta efter, tråna efter
haphazard [ˌhäpp'häzzərd] *adj* slumpmässig
happen ['häppən] *verb* **1** hända; komma sig **2** råka
happening ['häppəning] *subst* **1** händelse **2** happening
happily ['häppili] *adv* **1** lyckligt **2** lyckligtvis
happiness ['häppinəs] *subst* lycka
happy ['häppi] *adj* **1** lycklig; nöjd; ~ *birthday* grattis!, har den äran!; *Happy New Year!* Gott nytt år! **2** ~ *thought* lycklig ingivelse
happy-go-lucky [ˌhäppigou'lakki] *adj* sorglös
harass [hə'räss] *verb* **1** jäkta; oroa **2** trakassera
harassment [hə'rässmənt] *subst* trakasseri
harbor ['ha:rbər] **I** *subst* hamn **II** *verb* **1** ge skydd åt **2** bildligt hysa
hard [ha:rd] **I** *adj* hård; svår; ~ *drinker* storsupare; ~ *drug* tung narkotika; ~ *labor* straffarbete; ~ *sell* aggressiv försäljningsmetod **II** *adv* hårt; *try* ~ verkligen försöka, anstränga sig
hardback ['ha:rdbäkk] *subst* inbunden bok
hardball ['ha:rdba:l] *subst*, *play* ~ spela tuff
hard-core ['ha:rd'kå:r] *adj* hårdnackad; hård
harden ['ha:rdn] *verb* hårdna; härdas; förhärdas
hard hat ['ha:rd hätt] *subst* **1** ordentlig skyddshjälm **2** konservativ och inskränkt person ur arbetarklassen
hard-headed [ˌha:rd'heddidd] *adj* kall, förslagen
hardly ['ha:rdli] *adv* knappast
hard-nosed [ˌha:rd'nouzd] *adj* tuff; omedgörlig
hard-on ['ha:rda:n] *subst* slang stånd, ståkuk
hardship ['ha:rdschipp] *subst* vedermöda
hardware ['ha:rdwerr] *subst* järnvaror; ~ *store* järnhandel
hardwearing [ˌha:rd'werring] *adj* slitstark
hard-working ['ha:rdˌwö:rking] *adj* hårt arbetande, strävsam
hardy ['ha:rdi] *adj* härdad, tålig
hare [häər] *subst* hare

hare-brained ['herrbrejnd] *adj* tanklös; snurrig
harm [ha:rm] **I** *subst* skada, ont **II** *verb* skada; ~ *sb.* göra ngn illa
harmful ['ha:rmfəl] *adj* skadlig
harmless ['ha:rmləs] *adj* oskadlig; oförarglig
harmonica [ha:rma:nikka] *subst* munspel
harmony ['ha:rməni] *subst* harmoni
harness ['ha:rniss] **I** *subst* sele **II** *verb* utnyttja; tämja
harp [ha:rp] *subst* harpa
harpsichord ['ha:rpsikå:rd] *subst* cembalo
harrowing ['härrouing] *adj* upprörande; hemsk
harsh [ha:rsch] *adj* hård, sträng
harvest ['ha:rvisst] **I** *subst* skörd **II** *verb* skörda
has [häzz] *verb* (presens av *have*), ***he*** (***she, it***) ~ han (hon, den, det) har etc.
1 hash [häsch] *subst* slags stuvad pyttipanna; ~ ***browns*** grovskuren stekt potatis
2 hash [häsch] *subst* vard. hasch
hasn't ['häzznt] = *has not*
hassle ['hässl] vard. **I** *subst* käbbel; besvär, strul **II** *verb* trakassera; bråka med
haste [hejst] *subst* hast
hasten ['hejsn] *verb* påskynda; skynda
hastily ['hejstilli] *adv* i största hast
hasty ['hejsti] *adj* hastig; förhastad
hat [hätt] *subst* hatt; mössa; ***pass the*** ~ göra en insamling; ***keep sth. under one's*** ~ hålla tyst om ngt
1 hatch [hättch] *subst* lucka
2 hatch [hättch] *verb* kläcka
hatchback ['hättchbäkk] *subst* halvkombi
hatchet ['hättchitt] *subst* handyxa; ***bury the*** ~ gräva ned stridsyxan
hate [hejt] **I** *subst* hat **II** *verb* hata
hateful ['hejtfəl] *adj* avskyvärd
hatred ['hejtridd] *subst* hat
haughty ['ha:ti] *adj* högdragen
haul [ha:l] *verb* hala, dra
haulier ['ha:ljər] *subst* **1** åkare **2** långtradarchaufför
haunch [ha:ntsch] *subst* höft, länd
haunt [ha:nt] *verb* **1** spöka i **2** om tankar o.d. förfölja
have* [hävv] **I** *verb* **1** ha; ***I*** ~ ***been ill*** jag har varit sjuk **2** ha, äga; hysa **3** ~ ***a bath*** (***a drink***) ta sig ett bad (ett glas); ~ ***dinner*** äta middag **4** ~ ***it made*** ha sitt på det torra, ha lyckats; ~ ***it your***

own way! gör som du vill!; *I won't ~ it* jag tänker inte finna mig i det **5** ~ *to* vara (bli) tvungen att, behöva; *I ~ to go* jag måste gå; *you (I) had better* det är bäst att du (jag) **6** ~ *on* ha på sig kläder **II** *subst, the haves and the have-nots* de rika och de fattiga

haven ['hejvn] *subst* **1** hamn **2** tillflyktsort

haven't ['hävvnt] = *have not*

havoc ['hävvək] *subst* förstörelse

1 hawk [ha:k] *subst* hök

2 hawk [ha:k] *verb* bjuda ut varor på gatan

hay [hej] *subst* hö

hay fever ['hej ˌfi:vər] *subst* hösnuva

haystack ['hejstäkk] *subst* höstack

haywire ['hejwajər] *adj* vard. **1** trasig **2** knasig; *go ~* gå åt skogen, trassla till sig

hazard ['häzzərd] **I** *subst* risk, fara **II** *verb* riskera

haze [hejz] **I** *subst* dis, töcken **II** *verb* trakassera, köra med nykomlingar

hazelnut ['hejzlnatt] *subst* hasselnöt

hazy ['hejzi] *adj* **1** disig **2** bildligt dunkel

he [hi:, i] *pron* han

head [hedd] **I** *subst* **1** huvud **2** chef, direktör; ~ *of state* statsöverhuvud **3** person; antal; *a ~* per man (styck) **4** övre ända **II** *adj* huvud-; främsta **III** *verb* **1** anföra, leda **2** i fotboll nicka **3** ~ *for* styra kosan mot; *be heading for* gå till mötes

headache ['heddejk] *subst* huvudvärk

headdress ['heddress] *subst* huvudbonad

header ['heddər] *subst* **1** i fotboll nick **2** fall på huvudet

heading ['hedding] *subst* rubrik, titel

headland ['heddlənd] *subst* hög udde

headlight ['heddlajt] *subst* strålkastare, lykta på bil

headline ['heddlajn] *subst* rubrik; *headlines* i radio el. TV nyhetssammandrag

headlong ['heddla:ng] *adv* huvudstupa; i blindo

head-on [ˌhedd'a:n] *adj* frontal; ~ *collision* frontalkrock

headquarters [ˌhedd'kwå:rtərz] *subst* högkvarter; huvudkontor

headrest ['heddresst] *subst* nackstöd i bil

headroom ['heddro:m] *subst* på vägskylt fri höjd

headscarf ['heddska:rf] *subst* sjalett

headstrong ['heddstra:ng] *adj* halsstarrig
heads-up [heddz'app] *adj* smart, alert
head waiter [ˌhedd 'wejtər] *subst* hovmästare
headway ['heddwej] *subst* framsteg
headwind ['heddwinnd] *subst* motvind
heady ['heddi] *adj* bildligt berusande
heal [hi:l] *verb* bota; läka
health [helθ] *subst* hälsa; ~ *hazard* (*risk*) hälsorisk; ~ *insurance* sjukförsäkring; ~ *service* hälsovård
health food ['helθ fo:d] *subst* hälsokost
healthy ['helθi] *adj* **1** frisk **2** hälsosam
heap [hi:p] **I** *subst* hög, hop; *heaps of* vard. massvis med **II** *verb* lägga i en hög
heaping ['hi:ping] *adj* rågad
hear* [hiər] *verb* **1** höra; få höra; ~ *from* höra 'av; ~ *of* höra talas om **2** lyssna på
heard [hö:rd] *verb* imperf. o. perf.p. av *hear*
hearing ['hirring] *subst* **1** hörsel; *be hard of* ~ ha nedsatt hörsel **2** utfrågning, hearing
hearing aid ['hirring ejd] *subst* hörapparat
hearsay ['hirrsej] *subst* hörsägen, rykten
hearse [hö:rs] *subst* likvagn
heart [ha:rt] *subst* **1** hjärta; *at* ~ i själ och hjärta, i grund och botten; *by* ~ utantill, ur minnet **2** *hearts* hjärter
heartbeat ['ha:rtbi:t] *subst* hjärtslag pulsslag
heartbreaking ['ha:rtˌbrejking] *adj* hjärtslitande
heartbroken ['ha:rtˌbroukən] *adj* förtvivlad
heartburn ['ha:rtbö:rn] *subst* halsbränna
heart failure ['ha:rt ˌfejljər] *subst* hjärtsvikt
heartfelt ['ha:rtfellt] *adj* djupt känd, innerlig
hearth [ha:rθ] *subst* härd
heartily ['ha:rtilli] *adv* **1** hjärtligt **2** med god aptit
hearty ['ha:rti] *adj* **1** hjärtlig **2** hurtfrisk
heat [hi:t] **I** *subst* **1** hetta; värme; ~ *rash* värmeutslag **2** heat i tävlingar **3** *be in* ~ om djur löpa **II** *verb*, ~ *up* värma upp mat
heated ['hi:tidd] *adj* hetsig, livlig
heater ['hi:tər] *subst* värmeelement; varmvattenberedare
heath [hi:θ] *subst* hed
heather ['heðər] *subst* ljung
heating ['hi:ting] *subst* upp-

värmning; ***central*** ~ centralvärme

heatstroke ['hi:tstrouk] *subst* värmeslag

heat wave ['hi:t wejv] *subst* värmebölja

heave [hi:v] *verb* **1** lyfta, häva **2** dra; ~ ***a sigh*** dra en suck, sucka

heaven ['hevvn] *subst* **1** ***heavens*** himmel konkret; ***the heavens opened*** det började ösregna **2** himlen

heavenly ['hevvnli] *adj* himmelsk; vard. gudomlig

heavily ['hevvili] *adv* **1** tungt; kraftigt **2** i hög grad

heavy ['hevvi] *adj* tung; kraftig; slang viktig, allvarlig; ~ ***eater*** storätare

heavyweight ['hevviwejt] *subst* **1** tungvikt **2** tungviktare

Hebrew ['hi:bro:] *subst* hebreiska

heck [hekk] *interj* sjutton!, jäklar!

hectic ['hekktikk] *adj* hektisk

he'd [hi:d] = *he had*; *he would*

hedge [heddʒ] **I** *subst* häck **II** *verb* omgärda; ~ ***one's bets*** gardera sig, vara helgarderad

hedgehog ['heddʒha:g] *subst* igelkott

heed [hi:d] *subst*, ***take ~ of*** lyssna till, fästa avseende vid

heel [hi:l] *subst* **1** häl; klack **2** slang knöl, kräk

height [hajt] *subst* **1** höjd **2** kulle **3** höjdpunkt; ***the ~ of fashion*** högsta mode

heighten ['hajtn] *verb* höja; förhöja

heir [äər] *subst* arvinge, arvtagare

heiress ['errəs] *subst* arvinge, arvtagerska

heist [hajst] **I** *verb* vard. råna **II** *subst* stöt rån o.d.

held [helld] *verb* imperf. o. perf.p. av *hold*

helicopter ['helləka:ptər] *subst* helikopter

hell [hell] *subst* helvete; ***go to ~!*** dra åt helvete!

he'll [hi:l] = *he will*, *he shall*

hellish ['hellisch] *adj* helvetisk; ***a ~ problem*** ett helvetes problem

hello [ˌhe'lou] *interj* hallå!; hej!

helm [hellm] *subst* roder

helmet ['hellmət] *subst* hjälm

help [hellp] *verb* **1** hjälpa; ~ ***yourself!*** var så god och ta!; ~ ***out*** hjälpa till **2** ***I can't ~ it*** jag rår inte för det

helper ['hellpər] *subst* medhjälpare, hjälpreda

helpful ['hellpfəl] *adj* hjälpsam

helping ['hellping] *subst* portion

helpless ['hellpləs] *adj* hjälplös

1 hem [hemm] **I** *subst* fåll **II** *verb* fålla

2 hem [hemm] *verb, ~ and haw* humma, dra på orden

hemorrhage ['hemməridʒ] **I** *subst* blödning **II** *verb* blöda svårt

hen [henn] *subst* höna; *mother ~* vard. hönsmamma

hence [henns] *adv* följaktligen

henceforth [ˌhenns'få:rθ] *adv* hädanefter

henchman ['henntschmən] *subst* hejduk, hantlangare

henpecked ['hennpekkt] *adj, ~ husband* toffelhjälte

her [hö:r] *pron* **1** henne **2** hennes; sin, sina

herald ['herrəld] **I** *subst* budbärare; förebud **II** *verb* förebåda

herb [hö:rb] *subst* ört; örtkrydda

herd [hö:rd] *subst* hjord, flock

here [hiər] *adv* här; hit; *~ you are!* här har du!, var så god!

hereby [ˌhirr'baj] *adv* härmed

hereditary [hə'reddəterri] *adj* ärftlig

heresy ['herrəsi] *subst* kätteri

heritage ['herritiddʒ] *subst* arv

hermit ['hö:rmitt] *subst* eremit

hernia ['hö:rnjə] *subst* bråck

hero ['hi:rou] *subst* hjälte; *~ sandwich* ung. dubbel landgång

heroin ['herrouən] *subst* heroin

heroine ['herrouən] *subst* hjältinna

heron ['herrən] *subst* häger

herring ['herring] *subst* sill; *red ~* falskt spår, villospår

hers [hö:rz] *pron* hennes; sin, sina

herself [hər'self] *pron* sig, sig själv; hon själv, själv

he's [hi:z] = *he is*; *he has*

hesitant ['hezzitənt] *adj* tveksam

hesitate ['hezzitejt] *verb* tveka

hew [hjo:] *verb* hugga i ngt

hex [hekks] *verb* vard. förtrolla

heyday ['hejdej] *subst* glansdagar

hi [haj] *interj, ~!* el. *~ there!* hej!, hejsan!, tjänare!

hiatus [haj'ejtəs] *subst* paus; lucka, gap

hibernate ['hajbərnejt] *verb* gå i ide

hick [hikk] *subst* lantis

1 hide [hajd] *subst* djurhud; *tan sb.'s ~* ge ngn på huden

2 hide [hajd] *verb* gömma; gömma sig

hide-and-seek [ˌhajdən'si:k] *subst* kurragömma

hide-away ['hajdə,wej] *subst* vard. gömställe
hideous ['hiddiəs] *adj* otäck; hemskt ful
1 hiding ['hajding] *subst* stryk
2 hiding ['hajding] *subst, go into ~* gömma sig; söka skydd
hierarchy ['hajra:rki] *subst* hierarki
high [haj] **I** *adj* **1** hög; högre **2** upprymd; påtänd av droger **II** *subst* topp, rekord
highbrow ['hajbrao] *adj* kultursnobbig
high chair ['haj ,tcher] *subst* hög barnstol
high-heeled [,haj'hi:ld] *adj* högklackad
high jump ['haj dʒammp] *subst* höjdhopp
highlight ['hajlajt] **I** *subst* **1** höjdpunkt **2** ***highlights*** slingor i håret **II** *verb* framhäva
highly ['hajli] *adv* högst, i hög grad
highly-strung [,hajli'strang] *adj* överspänd
Highness ['hajnəs] *subst, Your ~* Ers Höghet
high-pitched [,haj'pittcht] *adj* gäll
high-rise ['hajrajz] *adj, ~ building* höghus
high school ['haj sko:l] *subst* gymnasiet; ***junior ~*** ung. högstadiet
highway ['hajwej] *subst* huvudväg, stor landsväg; ***divided*** (***dual***) ~ väg med skilda körbanor
hijack ['hajdʒäkk] *verb* kapa t.ex. flygplan
hijacker ['haj,dʒäkkər] *subst* kapare av t.ex. flygplan
hike [hajk] **I** *subst* **1** vandring i t.ex. bergen **2** ***price ~*** stor prisökning **II** *verb* vandra i t.ex. bergen
hilarious [hi'lerriəs] *adj* festlig, dråplig
hill [hill] *subst* kulle, berg
hillside ['hillsajd] *subst* bergssluttning
hilly ['hilli] *adj* bergig, kullig
him [himm] *pron* honom
himself [himm'self] *pron* sig, sig själv; han själv, själv
hind [hajnd] *adj* bakre, bak-
hinder ['hinndər] *verb* hindra
hindrance ['hinndrəns] *subst* hinder
hindsight ['hajndsajt] *subst* efterklokhet
Hindu ['hinndo:] **I** *subst* hindu **II** *adj* hinduisk
hinge [hinndʒ] **I** *subst* gångjärn **II** *verb, ~ on* (***upon***) bero på
hint [hinnt] **I** *subst* vink; ***hints*** äv. råd, tips **II** *verb, ~ at* antyda

1 hip [hipp] *interj,* ~, ~, *hurray!* hipp hipp hurra!
2 hip [hipp] *subst* höft
3 hip [hipp] *adj, be* ~ *to sth.* slang fatta ngt
hippie o. **hippy** ['hippi] *subst* bohem, hippie
hippopotamus [ˌhippə'pa:təməs] *subst* flodhäst
hire ['hajər] **I** *subst* hyra; *for* ~ att hyra; på taxibil ledig **II** *verb* hyra; anställa, engagera, anlita
his [hizz] *pron* hans; sin, sina
hiss [hiss] **I** *verb* **1** väsa **2** vissla ut **II** *subst* fräsande
historic [hi'stå:rikk] *adj* historisk minnesvärd
historical [hi'stå:rikəl] *adj* historisk som tillhör historien
history ['hisstri] *subst* historia
hit* [hitt] **I** *verb* **1** slå; träffa **2** köra på; ~ *and run* smita från olycksplatsen **3** komma 'på **II** *subst* **1** träff **2** succé; hit **3** slang mord på uppdrag
hitch [hittch] **I** *verb* fästa; *get hitched* vard. gifta sig **II** *subst* hake, aber
hitchhike ['hittchhajk] *verb* lifta
HIV [ˌejtchaj'vi:] hiv
hive [hajv] *subst* bikupa
hoagy ['hougi] *subst* ung. dubbel landgång
hoard [hå:rd] **I** *subst* förråd, lager **II** *verb* hamstra
hoarse [hå:rs] *adj* hes, skrovlig
hoax [houks] *subst* bluff
hobble ['ha:bl] *verb* halta
hobby ['ha:bi] *subst* hobby
hobby-horse ['ha:bihå:rs] *subst* bildligt käpphäst
hobo ['houbou] *subst* vagabond, luffare
hockey ['ha:ki] *subst* ishockey; *field* ~ landhockey
hoe [hou] *subst* o. *verb* hacka
hog [ha:g] **I** *subst* svin **II** *verb* breda ut sig
hogan ['hougən] *subst* hydda Navajoindianernas bostad
hoist [håjst] **I** *verb* hissa; lyfta upp **II** *subst* lyftanordning
hold* [hould] **I** *verb* **1** hålla, hålla i; hålla fast **2** innehålla **3** inneha **4** ~ *sth. against sb.* lägga ngn ngt till last; ~ *back* hålla tillbaka, hejda; ha i reserv; ~ *off* hålla på avstånd; ~ *on!* vänta ett tag; ~ *on to* hålla (klamra) sig fast vid; ~ *together* hålla ihop; ~ *up* försena **II** *subst* tag, grepp
holder ['houldər] *subst* **1** innehavare **2** behållare; munstycke
holdings ['houldings] *subst pl* aktieinnehav
hold-up ['houldapp] *subst* rån

hole [houl] *subst* **1** hål; ***be in the ~*** vara skuldsatt **2** håla
holiday ['ha:lədej] *subst* helg; ledig dag; ***take a ~*** ta en ledig dag; ***~ mood*** feststämning; ***~ season*** semestertider; stor helg t.ex. jul
holier-than-thou [ˌhouliərðən'ðao] *adj* självgod
Holland ['ha:lənd] Holland
holler ['ha:lər] *verb* hojta; ropa
hollow ['ha:lou] **I** *adj* ihålig **II** *subst* **1** urholkning **2** liten dal **III** *verb* holka ur
holly ['ha:li] *subst* järnek
holster ['houlstər] *subst* pistolhölster
holy ['houli] *adj* helig
homage ['ha:midʒ] *subst, **pay ~ to*** hylla, betyga sin vördnad
home [houm] **I** *subst* **1** hem; ***at ~*** hemma; hemmastadd **2** i baseboll hemplatta **II** *adj* **1** hem-; hemma- **2** ***~ and dry*** i hamn, helt klar **III** *verb, **~ in on*** sikta på
homeland ['houmlännd] *subst* hemland
homeless ['houmləs] *adj* hemlös; bostadslös
homely ['houmli] *adj* tämligen ful; charmlös
home-made [ˌhoum'mejd] *adj* hemmagjord; hemlagad
homemaker ['houmˌmejkər] *subst* hemmafru
homer ['houmər] o. **home run** ['houm rann] *subst* **1** i baseboll frivarvsslag **2** bildligt fullträff
homesick ['houmsikk] *adj, **be ~*** ha hemlängtan
homestead ['houmstedd] *subst* bondgård; hemman
homeward ['houmwərd] *adv* hemåt; ***be ~ bound*** vara på hemväg
homework ['houmwö:rk] *subst* läxor
homo ['houmou] *subst* vard. bög, fikus
homosexual [ˌhoumə'sekksjoəl] *adj* o. *subst* homosexuell
honest ['a:nəst] *adj* ärlig; uppriktig
honestly ['a:nəstli] *adv* **1** ärligt **2** uppriktigt sagt
honesty ['a:nəsti] *subst* ärlighet; uppriktighet
honey ['hanni] *subst* honung
honeycomb ['hannikoum] *subst* vaxkaka
honeymoon ['hannimo:n] *subst* smekmånad
honeysuckle ['hanniˌsakkl] *subst* kaprifol
honk [ha:ngk] *verb* om bil tuta; om gås snattra
honor ['a:nər] **I** *subst* **1** ära, heder; ***in ~ of*** med anledning

av **2** *Your Honor* tilltal till domare, ung. herr (fru) domare **II** *verb* hedra

honorable ['a:nərəbl] *adj* hedervärd; redbar; ärlig

honorary ['a:nəreri] *adj* heders-

hood [hodd] *subst* **1** kapuschong **2** huv; spiskåpa **3** motorhuv **4** vard. tonårsligist; gangster

hoof [ho:f] *subst* hov

hook [hokk] **I** *subst* hake, krok; *off the ~* avlagd om telefonlur; ur knipan **II** *verb* kroka; bildligt fånga

hooker ['hokkər] *subst* vard. fnask, hora

hooligan ['ho:ligən] *subst* huligan, ligist

hooray [ho'rej] *interj* hurra!

hoot [ho:t] **I** *verb* **1** hoa om uggla **2** tjuta; tuta **II** *subst* **1** ugglas hoande **2** tjut; tutande

hooves [ho:vz] *subst* pl. av *hoof*

hop [ha:p] **I** *verb* hoppa **II** *subst* hopp, skutt

hope [houp] **I** *subst* hopp, förhoppning **II** *verb* hoppas; hoppas på; *~ for the best* hoppas på det bästa; *I ~ so* det hoppas jag

hopeful ['houpfəl] **I** *adj* hoppfull, förhoppningsfull **II** *subst, a young ~* en ung förmåga

hopefully ['houpfəli] *adv* **1** förhoppningsfullt **2** förhoppningsvis

hopeless ['houpləs] *adj* hopplös; ohjälplig; obotlig

hops [ha:ps] *subst pl* humle

horizon [hə'rajzn] *subst* horisont

horizontal [ˌhå:rə'za:ntl] *adj* horisontal, vågrätt; *~ bar* bom

horn [hå:rn] *subst* **1** horn **2** tuta

horny [hå:rni] *adj* slang kåt

horoscope ['hå:rəskoup] *subst* horoskop

horrendous [hå:'renndəs] *adj* fasansfull; vard. jätte-

horrible ['hå:rəbl] *adj* fruktansvärd; förskräcklig

horrid ['hå:rəd] *adj* avskyvärd

horrify ['hå:rifaj] *verb, horrified* skräckslagen; förfärad

horror ['hå:rər] *subst* fasa, skräck

horse [hå:rs] **I** *subst* häst **II** *verb, ~ around* slang skoja, busa

horseback ['hå:rsbäkk] *subst, on ~* till häst

horseman ['hå:rsmən] *subst* ryttare, skicklig ryttare

horsepower ['hå:rsˌpaoər] *subst* hästkraft

horse-racing ['hå:rs,rejsing] *subst* hästkapplöpning
horseradish ['hå:rs,räddisch] *subst* pepparrot
horseshoe ['hå:rsscho:] *subst* hästsko
hose [houz] **I** *subst* vattenslang **II** *verb,* ~ ***down*** skölja av, tvätta
hospitable [ha:'spətəbl] *adj* gästvänlig
hospital ['ha:spittl] *subst* sjukhus
hospitality [,ha:spə'tälləti] *subst* gästfrihet
1 host [houst] *subst* massa, mängd
2 host [houst] **I** *subst* **1** värd **2** programledare **II** *verb* vara värd för; vara programledare för
hostage ['ha:stiddʒ] *subst* gisslan
hostel ['ha:stəl] *subst* härbärge; ***youth*** ~ vandrarhem
hostess ['houstəs] *subst* värdinna
hostile ['ha:stəl] *adj* fientlig
hostility [ha:'stilləti] *subst* fientlighet
hot [ha:t] *adj* **1** het, varm; ***a*** ~ ***meal*** lagad mat **2** stark, kryddstark **3** hetsig
hotbed ['ha:tbedd] *subst* bildligt grogrund
hot dog [,ha:t 'da:g] *subst* varmkorv
hotel [hou'tell] *subst* hotell
hot-headed [,ha:t'heddidd] *adj* hetlevrad
hothouse ['ha:thaos] *subst* växthus
hot plate ['ha:t plejt] *subst* kokplatta
hot rod ['ha:t ra:d] *subst* hotrod trimmad äldre bil
hound [haond] **I** *subst* **1** jakthund; ~ ***dog*** ung. byracka **2** slang fantast, entusiast **II** *verb* jaga, förfölja
hour ['aoər] *subst* **1** timme; ***twenty-four hours*** ett dygn **2** ***hours*** arbetstid
hourly ['aoərli] *adj* en gång i timmen; tim-
house I [haos] *subst* **1** hus; vard. hem **2** teatersalong **II** [haoz] *verb* bo; härbärgera
housebreaking ['haos,brejking] *subst* inbrott i hus
household ['haoshould] *subst* hushåll; ~ ***utensils*** husgeråd
housekeeper ['haos,ki:pər] *subst* hushållerska
housekeeping ['haos,ki:ping] *subst* hushållsskötsel; ~ ***cottage*** hyrstuga med självhushåll
house-warming ['haos,wå:rming] *adj,* ~ ***party*** inflyttningsfest
housewife ['haoswajf] *subst* hemmafru

housework ['haoswö:rk] *subst* hushållsarbete
housing ['haozing] *subst* bostäder
hovel ['havvəl] *subst* skjul, ruckel
hover ['havvər] *verb* sväva
hovercraft ['havvərkräfft] *subst* svävare
how [hao] *adv* **1** hur; ~ *do you do?* god dag!; ~ *are you?* hur står det till? **2** i utrop så, vad
however [hao'evvər] **I** *adv* hur...än **II** *konj* emellertid
howl [haol] **I** *verb* tjuta; yla **II** *subst* tjut; ylande
hub [habb] *subst* **1** nav **2** centrum
hubbub ['habbabb] *subst* tumult, uppståndelse
hub-cap ['habbkäpp] *subst* navkapsel
huckleberry ['hakkəlberri] *subst* slags blåbär
huddle ['haddl] **I** *verb* kura ihop sig **II** *subst* **1** massa, hög **2** taktikmöte
hue [hjo:] *subst* färg; nyans
hue and cry [ˌhjo: ən 'kraj] *subst* ramaskri
hug [hagg] **I** *verb* krama, kramas **II** *subst* kram
huge [hjo:dʒ] *adj* väldig, enorm, ofantlig
hulk [hallk] *subst* åbäke, hulk
hull [hall] *subst* skrov på fartyg
hum [hamm] *verb* **1** surra **2** gnola
human ['hjo:mən] **I** *adj* mänsklig; ~ *being* människa **II** *subst* människa
humane [hjo'mejn] *adj* human, mänsklig
humanitarian [hjoˌmänni'terriən] *subst* människovän
humanity [hjo'männəti] *subst* mänskligheten
humble ['hammbl] *adj* ödmjuk
humdrum ['hammdramm] *adj* enahanda, vardaglig
humid ['hjo:midd] *adj* fuktig
humiliate [hjo'milliejt] *verb* förödmjuka
humiliation [hjoˌmilli'ejschən] *subst* förödmjukelse
humor ['hjo:mər] **I** *subst* **1** humor **2** humör **II** *verb* blidka
humorous ['hjo:mərəs] *adj* humoristisk
hump [hammp] *subst* puckel
hunch [hanntch] *subst, have a* ~ ha på känn
hunchback ['hantchbäkk] *subst* puckelrygg
hundred ['hanndrəd] **I** *räkn* hundra **II** *subst* hundratal; *hundreds of* hundratals
hung [hang] **I** *verb* imperf. o. perf.p. av *hang* **II** *adj,* ~ *jury* oenig jury

Hungary ['hanggəri] Ungern
hunger ['hanggər] **I** *subst* hunger **II** *verb* bildligt hungra
hungry ['hanggri] *adj* hungrig; ***be ~ for*** hungra efter
hunk [hangk] *subst* **1** tjockt stycke t.ex. kött **2** vard., stor och stark attraktiv man
hunt [hannt] **I** *verb* jaga **II** *subst* jakt
hunter ['hanntər] *subst* jägare
hurdle ['hö:rdl] *subst* **1** ***hurdles*** häck tävlingsgren **2** bildligt hinder
hurl [hö:rl] *verb* slunga
hurrah [ho'ra:] o. **hurray** [hə'rej] *interj* hurra!
hurricane ['hö:rəkejn] *subst* orkan
hurried ['hö:rid] *adj* bråd; skyndsam
hurry ['hö:ri] **I** *verb* skynda sig, jäkta; ***~ up!*** skynda dig! **II** *subst* brådska, jäkt; ***be in a ~*** ha bråttom
hurt [hö:rt] **I** *verb* **1** skada, skada sig i **2** göra ont **3** bildligt såra; skada **II** *subst* oförrätt
hurtful ['hö:rtfəl] *adj* sårande
hurtle ['hö:rtl] *verb* susa fram; rusa
husband ['hazzbənd] *subst* man, make
hush [hasch] *verb* hyssja; ***~ up*** tysta ner
husk [hassk] *subst* skal, skida
husky ['hasski] *adj* om röst hes, skrovlig; om kropp stor och stark
hustle ['hassl] **I** *verb* **1** skynda på; knuffa **2** vard. fixa pengar (grejer) oftast olagligt; slang gå på gatan **II** *subst,* ***~ and bustle*** liv och rörelse
hut [hatt] *subst* koja; hytt
hyacinth ['hajəsinθ] *subst* hyacint
hydrant ['hajdrənt] *subst* vattenpost
hydraulic [haj'dra:likk] *adj* hydraulisk
hydrocarbon [ˌhajdrə'ka:rbən] *subst* kolväte
hydroelectric power [ˌhajdroui'lekktrikk ˌpaoər] *subst* vattenkraft
hydrofoil ['hajdrəfåjl] *subst* bärplansbåt
hydrogen ['hajdrədʒən] *subst* väte
hyena [haj'i:nə] *subst* hyena
hygiene ['hajdʒi:n] *subst* hygien
hymn [himm] *subst* hymn, lovsång
hyphen ['hajfən] *subst* bindestreck
hypnotize ['hippnətajz] *verb* hypnotisera
hypocrisy [hi'pa:krəsi] *subst* hyckleri
hypocrite ['hippəkritt] *subst* hycklare

hypocritical [ˌhippəˈkrittikəl] *adj* hycklande
hypothesis [hajˈpa:θəsiss] *subst* hypotes
hysteria [hiˈsstirriə] *subst* hysteri
hysterics [hiˈssterrikks] *subst*, *go into* ~ bli hysterisk

I

I, i [aj] *subst* I, i
I [aj] *pron* jag
ice [ajs] **I** *subst* is **II** *verb* **1** kyla ner **2** glasera
iceberg [ˈajsbö:rg] *subst* isberg; ~ *lettuce* isbergssallad
icebox [ˈajsba:ks] *subst* kylskåp
ice cream [ˌajs ˈkri:m] *subst* glass; ~ *cone* glasstrut; ~ *parlor* glassbar
ice cube [ˈajs kjo:b] *subst* istärning
ice hockey [ˈajs ˌha:ki] *subst* ishockey
Iceland [ˈajslənd] Island
icicle [ˈajsikkl] *subst* istapp
icing [ˈajsing] *subst* glasyr
icy [ˈajsi] *adj* iskall; isig; ~ *roads* halt väglag
ID [ˌajˈdi:] *subst* ID-kort, legitimation
I'd [ajd] = *I had*, *I would*; *I should*
idea [ajˈdi:ə] *subst* idé
ideal [ajˈdi:əl] **I** *adj* idealisk; mönstergill **II** *subst* ideal
identical [ajˈdenntikkəl] *adj* identisk; ~ *twins* enäggstvillingar
identification [ajˌdenntiffiˈkejschən] *subst*

1 identifiering; identifikation **2** legitimation
identify [aj'denntifaj] *verb* identifiera; ~ *oneself* legitimera sig; ~ *with* identifiera sig med
identity [aj'denntəti] *subst* identitet; ~ *card* ID-kort, legitimation
ideology [ˌajdi'a:lədʒi] *subst* ideologi
idiosyncrasy [ˌidiə'singkrəsi] *subst* egenhet
idiot ['idiət] *subst* idiot
idiotic [ˌidi'a:tikk] *adj* idiotisk
idle ['ajdl] **I** *adj* **1** sysslolös **2** lat **3** gagnlös **II** *verb* om maskin gå på tomgång
idol ['ajdl] *subst* **1** avgud **2** idol
idolize ['ajdəlajz] *verb* idolisera; dyrka
i.e. [ˌaj'i:] dvs.
if [iff] *konj* **1** om; även om; *as* ~ som om; ~ *not* om inte; annars; ~ *only* om bara **2** om, huruvida
iffy [iffi] *adj* osäker
ignite [igg'najt] *verb* tända, sätta eld på
ignition [igg'nischən] *subst* tändning; ~ *key* startnyckel
ignorant ['iggnərənt] *adj* okunnig
ignore [igg'nå:r] *verb* ignorera; strunta i
ill [ill] *adj* **1** sjuk; *be taken* ~ el. *fall* ~ bli sjuk **2** dålig
I'll [ajl] = *I will*; *I shall*
ill-advised [ˌilləd'vajzd] *adj* oklok; förhastad
illegal [i'li:gəl] *adj* illegal
illegible [i'leddʒəbl] *adj* oläslig
illegitimate [ˌillə'dʒittəmət] *adj* **1** illegitim **2** utomäktenskaplig
ill-fated [ˌill'fejtəd] *adj* olycksalig
illiterate [i'littərət] **I** *adj* inte läs- och skrivkunnig **II** *subst* analfabet
ill-mannered [ˌill'männərd] *adj* ohyfsad, råbarkad
ill-matched [ˌill'mättcht] *adj* omaka
illness ['illnəs] *subst* sjukdom
ill-tempered [ˌill'temmpərd] *adj* argsint
illuminate [i'lo:minejt] *verb* belysa
illumination [iˌlo:mi'nejschən] *subst* belysning
illusion [i'lo:ʒən] *subst* illusion; *optical* ~ synvilla
illustrate ['illəstrejt] *verb* illustrera; åskådliggöra
illustration [ˌillə'strejschən] *subst* illustration; bild
ill-will [ˌill'will] *subst* illvilja
I'm [ajm] = *I am*
image ['immidʒ] *subst* **1** bild **2** image, profil

imagery ['immidʒəri] *subst* bilder, bildspråk
imaginary [i'mäddʒəneri] *adj* inbillad; fantasi-
imagination [iˌmäddʒi'nejschən] *subst* **1** fantasi **2** inbillning
imaginative [i'mäddʒənətivv] *adj* fantasirik; uppfinningsrik
imagine [i'mäddʒinn] *verb* **1** föreställa sig **2** gissa, anta **3** få för sig
imbue [imm'bjo:] *verb* genomsyra
imitate ['immitejt] *verb* imitera; härma
imitation [ˌimmi'tejschən] *subst* imitation; kopia
immaculate [i'mäkjələt] *adj* fläckfri, ren; perfekt
immaterial [ˌimmə'tirriəl] *adj* oväsentlig; irrelevant
immature [ˌimmə'toər] *adj* omogen
immediate [i'mi:djət] *adj* **1** omedelbar **2** närmaste
immediately [i'mi:djətli] **I** *adv* omedelbart **II** *konj* så snart som
immense [i'menns] *adj* ofantlig
immerse [i'mö:rs] *verb* lägga i vätska; ~ ***oneself in*** fördjupa sig i
immigration [ˌimmi'grejschən] *subst* invandring; passkontroll
imminent ['imminənt] *adj* hotande, nära förestående
immobile [i'moubl] *adj* orörlig
immoral [i'må:rəl] *adj* omoralisk; sedeslös
immortal [i'må:rtl] *adj* odödlig; oförgänglig
immune [i'mjo:n] *adj* immun; oemottaglig
immunity [i'mjo:nəti] *subst* immunitet
impact ['impäkkt] *subst* **1** sammanstötning, kollision **2** inverkan
impair [im'päər] *verb* försämra
impartial [im'pa:rschəl] *adj* opartisk
impassable [im'pässəbl] *adj* oframkomlig
impasse ['impäss] *subst*, ***reach an*** ~ hamna i en återvändsgränd
impassive [im'pässivv] *adj* känslolös, livlös
impatient [im'pejschənt] *adj* otålig
impeccable [im'pekkəbl] *adj* oklanderlig
impediment [im'peddimənt] *subst* hinder; ***speech*** ~ talfel
impending [im'pennding] *adj* hotande, nära förestående
impenetrable [im'pennitrəbl] *adj* ogenomtränglig
imperative [im'perrətivv] *adj* absolut nödvändig

imperfect [im'pö:rfikkt] *adj* ofullkomlig, defekt
imperial [im'pirriəl] *adj* **1** kejserlig **2** imperie-
impersonal [im'pö:rsnəl] *adj* opersonlig
impersonate [im'pö:rsənejt] *verb* imitera; uppträda som
impertinent [im'pö:rtənənt] *adj* oförskämd
impervious [im'pö:rvjəs] *adj* oemottaglig
impetuous [im'pettchoəs] *adj* impulsiv
impinge [im'pinndʒ] *verb* inkräkta
implement I ['implimennt] *verb* utföra, förverkliga **II** ['implimənt] *subst* föremål; verktyg, redskap
implicit [im'plissitt] *adj* **1** underförstådd **2** blind, obetingad
imply [im'plaj] *verb* **1** medföra **2** antyda
impolite [ˌimpə'lajt] *adj* oartig
import I ['impå:rt] *subst* import **II** [im'på:rt] *verb* importera
importance [im'på:rtəns] *subst* vikt, betydelse
important [im'på:rtənt] *adj* viktig
impose [im'pouz] *verb* införa; ~ *sth. on sb.* tvinga på ngn ngt
imposing [im'pouzing] *adj* imponerande
imposition [ˌimpə'zischən] *subst* börda
impossible [im'pa:səbl] *adj* omöjlig, ogörlig
impotent ['impətənt] *adj* **1** maktlös **2** impotent
impractical [im'präkktikkəl] *adj* opraktisk
impregnate [im'preggnejt] *verb* **1** befrukta **2** impregnera trä
impress [im'press] *verb* göra intryck på
impression [im'preschən] *subst* **1** intryck **2** imitation
impressionist [im'preschənist] *subst* imitatör
impressive [im'pressivv] *adj* imponerande
imprint ['imprinnt] *subst* avtryck; bildligt prägel
imprison [im'prizzn] *verb* sätta i fängelse
improbable [im'pra:bəbl] *adj* osannolik
improper [im'pra:pər] *adj* opassande; ~ *use* missbruk
improve [im'pro:v] *verb* förbättra; göra framsteg
improvement [im'pro:vmənt] *subst* förbättring
improvise ['imprəvajz] *verb* improvisera
impudent ['impjədənt] *adj* oförskämd; fräck

impulse ['impalls] *subst* impuls, ingivelse
impulsive [im'pallsivv] *adj* impulsiv
in [inn] **I** *prep* **1** i, på, vid **2** ~ *an hour* om (inom) en timma; på en timma **II** *adv* **1** in **2** inne, hemma; framme; *be ~ for* kunna vänta sig; *be ~ on* vara med i (om)
inability [ˌinə'billəti] *subst* oförmåga
inaccessible [ˌinək'sessəbl] *adj* oåtkomlig; otillgänglig
inaccurate [in'äkkjərət] *adj* felaktig, oriktig
inadequate [in'äddikwət] *adj* bristfällig
inadvertently [ˌinəd'vö:rtəntli] *adv* av misstag
inadvisable [ˌinəd'vajzəbl] *adj* inte tillrådlig
inane [i'nejn] *adj* idiotisk, fånig
inanimate [in'ännimət] *adj* inte levande
inappropriate [ˌinə'proupriət] *adj* olämplig
inarticulate [ˌina:r'tikjələt] *adj* oredig; mållös
inattentive [ˌinə'tenntivv] *adj* ouppmärksam
inaugural [i'na:gjərəl] *adj* invignings-, öppnings-
inauguration [iˌna:gjə'rejschən] *subst* **1** invigning **2** installation; *Inauguration Day* installationsdagen 20 januari, tillträdesdag för nyvald president
inbred [ˌin'bredd] *adj* inavlad
Inc. [ingk] (förk. för *Incorporated*) AB, aktiebolag
incapable [in'kejpəbl] *adj* oduglig; oförmögen till
incapacitate [ˌinkə'pässitejt] *verb* göra tillfälligt arbetsoförmögen
1 incense ['insenns] *subst* rökelse
2 incense [in'senns] *verb* reta upp; göra rasande
incentive [in'senntivv] *subst* sporre
incessant [in'sessnt] *adj* oavbruten
inch [inntch] *subst* tum 2,54 cm; bildligt grand; *~ by ~* sakta men säkert
incident ['insidənt] *subst* händelse; incident
incidental [ˌinsi'denntl] **I** *adj* tillfällig **II** *subst, incidentals* små oförutsedda utgifter
incidentally [ˌinsi'denntəli] *adv* i förbigående
inclination [ˌinkli'nejschən] *subst* benägenhet, lust
incline [in'klajn] *verb* luta
inclined [in'klajnd] *adj* benägen
include [in'klo:d] *verb* inbegripa

including [in'klo:ding] *prep* inklusive
inclusive [in'klo:sivv] *adj* inberäknad; ~ *terms* fast pris med allt inberäknat
incoherent [ˌinkou'hirrənt] *adj* osammanhängande
income ['inkamm] *subst* inkomst, inkomster
income tax ['inkamm täkks] *subst* inkomstskatt
income-tax return ['inkammtäkks ri'tö:rn] *subst* självdeklaration
incoming ['inˌkamming] *adj* inkommande, ankommande
incompetent [in'ka:mpətənt] *adj* inkompetent
incomplete [ˌinkəm'pli:t] *adj* ofullständig
incomprehensible [inˌka:mpri'hennsəbl] *adj* obegriplig; ofattbar
inconceivable ['inkən'si:vəbl] *adj* otänkbar
incongruous [in'ka:nggroəs] *adj* oförenlig
inconsiderate [ˌinkən'siddərət] *adj* obetänksam; taktlös
inconsistency [ˌinkən'sisstənsi] *subst* inkonsekvens
inconsistent [ˌinkən'sisstənt] *adj* inkonsekvent; självmotsägande
inconspicuous [ˌinkən'spikkjoəs] *adj* föga iögonenfallande
inconvenience [ˌinkən'vi:njəns] *subst* olägenhet
inconvenient [ˌinkən'vi:njənt] *adj* oläglig
incorporate [in'kå:rpərejt] *verb* införliva; *incorporated company* aktiebolag
incorrect [ˌinkə'rekkt] *adj* oriktig, felaktig
increase I [in'kri:s] *verb* öka, tillta **II** ['inkri:s] *subst* ökning; *be on the* ~ vara i tilltagande, öka
increasingly [in'kri:singli] *adv* mer och mer; ~ *difficult* allt svårare
incredible [in'kreddəbl] *adj* otrolig
incredulous [in'kreddʒələs] *adj* klentrogen
incubator ['inkjəbejtər] *subst* kuvös
incur [in'kö:r] *verb* ådra sig
incurable [in'kjorrəbl] *adj* obotlig
indebted [in'dettəd] *adj, be ~ to sb.* känna stor tacksamhet mot ngn, stå i tacksamhetsskuld till ngn
indecent [in'di:snt] *adj* oanständig
indecisive [ˌindi'sajsivv] *adj* obeslutsam

indeed [in'di:d] *adv* verkligen, faktiskt
indefinitely [in'deffənətli] *adv* på obestämd tid
indemnity [in'demmnəti] *subst* skadeersättning
independence [ˌindi'penndəns] *subst* oberoende, självständighet; ***Independence Day*** 4 juli firas till minne av oavhängighetsförklaringen
independent [ˌindi'penndənt] *adj* oberoende, självständig
index ['indekks] *subst* index
index finger ['indekks ˌfinggər] *subst* pekfinger
India ['indjə] Indien; *~ ink* tusch
Indian ['indjən] **I** *adj* indisk; indiansk; *~ corn* majs; *in ~ file* i gåsmarsch **II** *subst* **1** indier **2** indian
indicate ['indikejt] *verb* visa på, tyda på
indication [ˌindi'kejschən] *subst* tecken, indikation
indicative [in'dikkətivv] *subst*, *be ~ of* tyda på, vittna om
indicator ['indikejtər] *subst* **1** *~ of* tecken på **2** blinker på bil
indices ['indisi:z] *subst* pl. av *index*
indict [in'dajt] *verb* åtala
indictment [in'dajtmənt] *subst* åtal
indifferent [in'diffrənt] *adj* likgiltig
indigenous [in'diddʒənəs] *adj* infödd; inhemsk
indigestion [ˌindi'dʒestchən] *subst* dålig matsmältning
indignant [in'diggnənt] *adj* indignerad, harmsen
indignity [in'diggnəti] *subst* kränkning, skymf
indirect [ˌində'rekkt] *adj* indirekt
indiscreet [ˌindi'skri:t] *adj* tanklös; taktlös
indiscriminate [ˌindi'skrimminət] *adj* urskillningslös
indisputable [ˌindi'spjo:təbl] *adj* obestridlig
individual [ˌindi'vidʒoəl] **I** *adj* individuell, enskild **II** *subst* individ
indoctrination [inˌda:ktri'nejschən] *subst* indoktrinering
indoor ['indå:r] *adj* inomhus-
indoors [ˌin'då:rz] *adv* inomhus
inducement [in'djo:smənt] *subst* motivation; uppmuntran
indulge [in'dalldʒ] *verb* **1** skämma bort **2** *~ in* hänge sig åt, tillåta sig njutningen av
indulgent [in'dalldʒənt] *adj* överseende

industrial [in'dasstriəl] *adj* industriell, industri-; ~ ***action*** strejk; stridsåtgärder
industrious [in'dasstriəs] *adj* flitig, arbetsam
industry ['indəstri] *subst* **1** flit **2** industri
inedible [in'eddəbl] *adj* oätlig
ineffective [ˌinni'fekktivv] *adj* ineffektiv
inefficient [ˌinni'fischənt] *adj* ineffektiv
inequality [ˌinni'kwa:ləti] *subst* ojämlikhet
inescapable [ˌinni'skejpəbl] *adj* oundviklig
inevitable [inn'evvitəbl] *adj* oundviklig
inexhaustible [ˌinnig'za:stəbl] *adj* outtömlig
inexorable [inn'ekksərəbl] *adj* oundviklig
inexpensive [ˌinnikk'spennsivv] *adj* prisvärd; billig
inexperienced [ˌinnik'spiriənst] *adj* oerfaren
infallible [in'fälləbl] *adj* ofelbar
infamous ['infəməs] *adj* ökänd
infancy ['infənsi] *subst* **1** tidiga barnaår **2** barndom
infant ['infənt] *subst* spädbarn
infatuated [in'fättchoejtəd] *adj* förälskad
infatuation [inˌfättcho'ejschən] *subst* förälskelse
infect [in'fekkt] *verb* infektera, smitta
infection [in'fekkschən] *subst* infektion
infectious [in'fekkschəs] *adj* smittsam
infer [in'fö:r] *verb* sluta sig till; dra slutsatsen
inferior [in'firriər] *adj* underordnad; mindervärdig; ~ ***quality*** dålig kvalité
inferiority [inˌfirri'å:rəti] *subst,* ~ ***complex*** mindervärdeskomplex
inferno [in'fö:rnou] *subst* inferno, helvete
infertile [in'fö:rtəl] *adj* ofruktbar
infighting ['inˌfajting] *subst* närkamp
infinite ['infinnət] *adj* oändlig
infinity [in'finnəti] *subst* **1** oändlighet **2** oändligheten
inflammable [in'flämməbl] *adj* lättantändlig
inflammation [ˌinflə'mejschən] *subst* inflammation
inflatable [in'flejtəbl] *adj* uppblåsbar
inflated [in'flejtəd] *adj* **1** uppblåst **2** inflaterad, över-
inflation [in'flejschən] *subst* inflation; ~ ***rate*** inflationstakt

inflationary [in'flejschnəri] *adj* inflationsdrivande
inflict [in'flikkt] *verb* tillfoga, tilldela
influence ['infloəns] **I** *subst* inflytande; ***driving under the ~*** rattfylleri **II** *verb* ha inflytande på
influential [ˌinflo'enschəl] *adj* inflytelserik
influenza [ˌinflo'enzə] *subst* influensa
influx ['inflakks] *subst* tillströmning
inform [in'få:rm] *verb* informera; berätta
informal [in'få:rml] *adj* informell
informality [ˌinfå:r'mälləti] *subst* informell karaktär
informant [in'få:rmənt] *subst* källa person
information [ˌinfər'mejschən] *subst* information
informative [in'få:rmətivv] *adj* upplysande
informer [in'få:rmər] *subst* angivare, tjallare
infringe [in'frinndʒ] *verb* överträda, kränka
infringement [in'frinndʒmənt] *subst* överträdelse, kränkning
infuriating [in'fjoriejting] *adj* fruktansvärt irriterande
ingenious [in'dʒi:njəs] *adj* fyndig; genialisk
ingenuous [in'dʒennjoəs] *adj* uppriktig; naiv
ingot ['inggət] *subst* tacka av guld o.d.
ingrained [in'grejnd] *adj* inrotad; oförbätterlig
ingredient [in'gri:djənt] *subst* ingrediens; inslag
inhabit [in'häbbət] *verb* bebo, befolka
inhabitant [in'häbbətənt] *subst* invånare
inhale [in'hejl] *verb* andas in; dra halsbloss
inherent [in'hirrənt] *adj* inneboende; medfödd
inherit [in'herrət] *verb* ärva; få i arv
inheritance [in'herrətəns] *subst* arv
inhibit [in'hibbət] *verb* hämma
inhibition [ˌinhi'bischən] *subst* hämning
inhospitable [ˌinha:'spittəbl] *adj* ogästvänlig
inhuman [in'hjo:mən] *adj* omänsklig
initial [i'nischəl] **I** *adj* begynnelse-, initial-; ***~ capital*** startkapital **II** *subst*, ***initials*** initialer **III** *verb* signera med initialer
initially [i'nischəli] *adv* i början
initiate [i'nischiejt] *verb* **1** ta initiativet till **2** initiera

initiative [i'nischətivv] *subst* **1** initiativ; *on one's own ~* på eget initiativ **2** initiativkraft
injection [in'dʒekkschən] *subst* injektion
injure ['indʒər] *verb* skada; skada sig
injury ['indʒəri] *subst* skada; *~ time* i fotboll o.d. förlängning på grund av skada
injustice [inn'dʒasstiss] *subst* orättvisa
ink [ingk] *subst* bläck
inkling ['ingkling] *subst* aning, hum
inlaid [ˌin'lejd] *adj* inlagd, mosaik-
inland ['inlənd] **I** *subst* inland **II** *adj* inlands-
inlet ['inlət] *subst* inlopp
inmate ['inmejt] *subst* intern; intagen på institution
inn [inn] *subst* värdshus
innate [ˌi'nejt] *adj* medfödd
inner ['innər] *adj* inre; inner-
innermost ['innərmoust] *adj* innersta
innocent ['innəsənt] *adj* **1** oskuldsfull **2** oskyldig
innocuous [i'na:kjoəs] *adj* oskadlig
innuendo [ˌinnjo'enndou] *subst* insinuation; elak anspelning, gliring
innumerable [i'no:mərəbl] *adj* oräknelig
in-patient ['inˌpejschənt] *subst* inlagd patient, sjukhuspatient
input ['inpott] *subst* **1** insats **2** in-, ingångs-
inquest ['ingkwesst] *subst* rättslig undersökning
inquire [in'kwajər] *verb* fråga; *~ into* undersöka, utreda
inquiry [in'kwajəri, 'inkoəri] *subst* **1** förfrågan **2** efterforskning; utredning
inquisitive [in'kwizzətivv] *adj* frågvis, nyfiken
insane [in'sejn] *adj* **1** sinnessjuk **2** sanslös
insanity [in'sännəti] *subst* **1** sinnessjukdom **2** vanvett
inscription [in'skrippschən] *subst* inskription, inskrift
inscrutable [in'skro:təbl] *adj* outgrundlig
insect ['insekt] *subst* insekt
insecticide [in'sekktisajd] *subst* insektsmedel
insecure [ˌinsi'kjoər] *adj* osäker, otrygg
insensitive [in'sennsətivv] *adj* okänslig
inseparable [in'sepparəbl] *adj* oskiljaktig
insert [in'sö:rt] *verb* infoga; sticka in
in-service ['inˌsö:rvis] *adj*, *~ training* internutbildning
inside [ˌin'sajd] **I** *subst* insida; *~ out* med avigsidan ut **II** *adj*

inre, inner-; intern; ~ *lane* innerfil; innerbana **III** *adv* o. *prep* inuti, inne i; där inne
insight ['insajt] *subst* insikt
insignificant [ˌinsigg'niffikənt] *adj* betydelselös
insincere [ˌinsinn'siər] *adj* falsk, hycklande
insinuate [in'sinnjoejt] *verb* insinuera; antyda
insist [in'sisst] *verb* **1** insistera, kräva **2** vidhålla ståndpunkt
insistent [in'sisstənt] *adj* envis, enträgen
insolent ['insələnt] *adj* oförskämd
insolvent [in'sa:lvənt] *adj* insolvent, konkursmässig
insomnia [in'sa:mniə] *subst* sömnlöshet
inspect [in'spekkt] *verb* inspektera, besiktiga
inspection [in'spekkschən] *subst* undersökning, besiktning; *for* ~ till påseende; ~ *sticker* besiktningsbevis
inspector [in'spekktər] *subst* inspektör; granskare, kontrollant
inspire [in'spajər] *verb* inspirera; besjäla
installation [ˌinstə'lejschən] *subst* installation
installment [in'sta:lmənt] *subst* avbetalning; *purchase on the* ~ *plan* köpa på avbetalning
instance ['instəns] *subst* exempel; *for* ~ till exempel
instant ['instənt] **I** *adj* **1** omedelbar **2** ~ *coffee* snabbkaffe; ~ *replay* repris i TV, ofta i ultrarapid **II** *subst* ögonblick
instantly ['instəntli] *adv* omedelbart; genast
instead [in'stedd] *adv* i stället; ~ *of* i stället för
instep ['instepp] *subst* vrist
instigate ['instigejt] *verb* anstifta
instinct ['instingkt] *subst* instinkt; ingivelse; *act on* ~ handla instinktivt
institute ['instito:t] **I** *subst* institut; ~ *of higher learning* högskola, universitet **II** *verb* inrätta, stifta
institution [ˌinsti'to:schən] *subst* institution; anstalt; stiftelse
instruct [in'strakkt] *verb* **1** undervisa **2** instruera
instruction [in'strakkschən] *subst* instruktion; *instructions* bruksanvisning
instructive [in'strakktivv] *adj* lärorik
instructor [in'strakktər] *subst* lärare, ung. högskolelektor
instrument ['instrəmənt] *subst* instrument; redskap; ~ *panel* instrumentbräda

instrumental [ˌinstrə'menntl] *adj* **1** instrumental **2** *be ~ in* bidra till

insufficient [ˌinsə'fischənt] *adj* otillräcklig

insular ['insələr] *adj* trångsynt

insulation [ˌinsə'lejschən] *subst* isolering

insulin ['insələn] *subst* insulin

insult I ['insallt] *subst* förolämpning **II** [in'sallt] *verb* förolämpa

insurance [in'schorəns] *subst* försäkring; *~ company* försäkringsbolag; *~ policy* försäkringsbrev

insure [in'schoər] *verb* försäkra; *insured letter* assurerat brev

insurmountable [ˌinsər'maontəbl] *adj* oöverstiglig

intact [in'täkkt] *adj* orörd, intakt

intake ['intejk] *subst* **1** intag **2** intagning

integral ['intiggrəl] *adj* nödvändig, väsentlig

integrate ['intəgrejt] *verb* integrera

intellect ['intəlekkt] *subst* intellekt, förstånd; person begåvning

intellectual [ˌintə'lekktchoəl] *adj* o. *subst* intellektuell

intelligence [in'tellidʒəns] *subst* **1** intelligens **2** *~ service* underrättelsetjänst

intelligent [in'tellidʒənt] *adj* intelligent, begåvad

intend [in'tennd] *verb* avse, ämna

intended [in'tenndidd] **I** *adj* avsedd, planerad **II** *subst, her ~* hennes fästman; *his ~* hans fästmö

intense [in'tenns] *adj* intensiv; häftig

intensive [in'tennsivv] *adj* intensiv; *~ care unit* (*ward*) intensivvårdsavdelning

intent [in'tennt] **I** *adj* spänt uppmärksam **II** *subst* avsikt

intention [in'tennschən] *subst* avsikt, syfte

intentional [in'tennschənl] *adj* avsiktlig

intently [in'tenntli] *adv* med spänd uppmärksamhet

interactive [ˌintər'äktivv] *adj* interaktiv

interchange ['intərtchejndʒ] *subst* **1** utbyte **2** trafikplats, motorvägskorsning

interchangeable [ˌintər'tchejndʒəbl] *adj* utbytbar

intercom ['intərka:m] *subst* snabbtelefon

intercourse ['intərkå:rs] *subst* umgänge; *~* el. *sexual ~* samlag

interest ['intrəst] **I** *subst* **1** intresse; *take an ~ in* intressera sig för **2** ränta **II** *verb* intressera

interesting ['intrəsting] *adj* intressant

interface ['intərfejs] *subst* gränssnitt; bildligt kontaktyta

interfere [ˌintər'fiər] *verb* lägga sig i; störa

interference [ˌintər'firrəns] *subst* inblandning; störning

interim ['intərimm] *adj* interims-, gällande tillsvidare

interior [in'tirriər] *adj* **1** inre; invändig; inomhus-; *~ decoration* heminredning **2** *the Department of the Interior* inrikesdepartementet

interjection [ˌintər'dʒekkschən] *subst* utrop, interjektion

interlude ['intərlo:d] *subst* mellanspel

intermediate [ˌintər'mi:djət] *adj* mellan-; *~ course* fortsättningskurs, kurs på B-nivå; *~ landing* mellanlandning

intermission [ˌintər'mischən] *subst* paus, mellanakt

intern ['intö:rn] *subst* ung. AT-läkare

internal [in'tö:rnl] *adj* inre; invärtes; inrikes-; *~ medicine* invärtes medicin

international [ˌintər'näschənəl] *adj* internationell; *~ call* utrikessamtal

interplay ['intərplej] *subst* samspel

interpret [in'tö:rprət] *verb* tolka

interpreter [in'tö:rprətər] *subst* tolk

interrogate [in'terrəgejt] *verb* förhöra

interrogation [inˌterrə'gejschən] *subst* förhör

interrupt [ˌintə'rappt] *verb* avbryta

interruption [ˌintə'rappschən] *subst* avbrott

intersect [ˌintər'sekkt] *verb* skära, korsa

intersection [ˌintər'sekkschən] *subst* gatukorsning, vägkorsning

intersperse [ˌintər'spö:rs] *verb* blanda in; blanda upp

interstate ['intərstejt] *subst* motorväg mellan delstater

intertwine [ˌintər'twajn] *verb* fläta samman

interval ['intərvəl] *subst* **1** intervall **2** mellanakt, paus

intervene [ˌintər'vi:n] *verb* ingripa; intervenera

intervention [ˌintər'vennschən] *subst* intervention

interview ['intərvjo:] **I** *subst* intervju **II** *verb* intervjua

intestines [in'tesstinns] *subst pl* tarmar; inälvor
intimacy ['intəməsi] *subst* förtrolighet; intimitet
intimate ['intəmət] *adj* förtrolig, intim
into ['into:] *prep* in i; ned i; upp i; ut i; i
intolerant [in'ta:lərənt] *adj* intolerant
intonation [ˌintə'nejschən] *subst* tonfall; intonation
intoxicated [in'ta:ksikejtəd] *adj* berusad
intoxication [inˌta:ksi'kejschən] *subst* **1** berusning **2** förgiftning
intravenous [ˌintrə'vi:nəs] *adj* intravenös
intricate ['intrikkət] *adj* invecklad
intrigue [in'tri:g] **I** *subst* intrig **II** *verb* **1** intrigera **2** väcka intresse
intriguing [in'tri:ging] *adj* fängslande
intrinsic [in'trinnsikk] *adj* inre; verklig
introduce [ˌintrə'do:s] *verb* **1** introducera **2** presentera
introduction [ˌintrə'dakkschən] *subst* introduktion; inledning
introductory [ˌintrə'dakktəri] *adj* inledande, introduktions-
intrude [in'tro:d] *verb* inkräkta
intruder [in'tro:dər] *subst* inkräktare; vard. inbrottstjuv
intuition [ˌinto'ischən] *subst* intuition
invade [in'vejd] *verb* invadera
1 invalid ['invələd] **I** *subst* sjukling; invalid **II** *adj* sjuklig; invalid-
2 invalid [in'vällidd] *adj* ogiltig
invaluable [in'välljoəbl] *adj* ovärderlig
invariably [in'verriəbli] *adv* **1** oföränderligt **2** jämt, alltid
invent [in'vennt] *verb* **1** uppfinna **2** hitta på
invention [in'vennschən] *subst* **1** uppfinning **2** ren dikt
inventive [in'venntivv] *adj* uppfinningsrik
inventor [in'venntər] *subst* uppfinnare
inventory ['invəntå:ri] *subst* inventarieförteckning; *take ~* göra inventering
invert [in'vö:rt] *verb* vända upp och ned på
invest [in'vesst] *verb* investera
investigate [in'vesstigejt] *verb* undersöka; utreda
investigation [inˌvessti'gejschən] *subst* utredning
investment [in'vesstmənt] *subst* investering

investor [in'vesstər] *subst* investerare
invisible [in'vizəbl] *adj* osynlig
invitation [ˌinvi'tejschən] *subst* **1** inbjudan; inbjudningskort **2** invit
invite [in'vajt] *verb* **1** bjuda hem, på lunch o.d.; ~ *out* bjuda ut på restaurang **2** inbjuda till
inviting [in'vajting] *adj* inbjudande
invoice ['invåjs] *subst* faktura
involuntary [in'va:lənteri] *adj* ofrivillig
involve [in'va:lv] *verb* **1** dra in, involvera **2** innebära
involved [in'va:lvd] *adj* inblandad; engagerad
involvement [in'va:lvmənt] *subst* engagemang
inward ['inwərd] **I** *adj* inre **II** *adv* inåt
iodine ['ajədajn] *subst* jod
iota [aj'outə] *subst* jota
IQ [ˌaj'kjo:] (förk. för *intelligence quotient*) IQ
Ireland ['ajərlənd] Irland
iris ['ajəriss] *subst* iris
Irish ['ajərisch] **I** *adj* irländsk **II** *subst* irländska språk
iron ['ajərn] **I** *subst* **1** järn **2** strykjärn; *steam* ~ ångstrykjärn **II** *adj* järn-; järnhård **III** *verb* stryka kläder
ironic [aj'ra:nikk] *adj* ironisk
ironing ['ajərning] *subst* strykning med strykjärn
ironing board ['ajərning bå:rd] *subst* strykbräde
irony ['ajrəni] *subst* ironi
irrational [i'räschənl] *adj* irrationell
irregular [i'reggjələr] *adj* **1** oregelbunden **2** inkorrekt; mot reglerna
irrelevant [i'relləvənt] *adj* irrelevant
irresistible [ˌirri'zisstəbl] *adj* oemotståndlig
irrespective [ˌirri'spekktivv] *adj*, ~ *of* utan hänsyn till
irresponsible [ˌirri'spa:nsəbl] *adj* ansvarslös
irrevocable [i'revvəkəbl] *adj* oåterkallelig
irrigate ['irrigejt] *verb* konstbevattna
irrigation [ˌirri'gejschən] *subst* konstbevattning
irritate ['irritejt] *verb* irritera, reta
irritation [ˌirri'tejschən] *subst* irritation, retning
is [izz] *verb* (presens av *be*), *he* (*she, it*) ~ han (hon, det) är etc.
Islam ['izzla:m] *subst* islam
island ['ajlənd] *subst* ö
islander ['ajləndər] *subst* öbo
isle [ajl] *subst* ö
isn't ['izznt] = *is not*
isolate ['ajsəlejt] *verb* isolera
isolated ['ajsəlejtəd] *adj* isolerad; enstaka

isolation [ˌajsə'lejschən] *subst* isolering

Israel ['izzriəl] Israel

Israeli [izz'rejli] **I** *adj* israelisk **II** *subst* israel

issue ['ischo:] **I** *verb* utfärda **II** *subst* **1** fråga; ***make an ~ of sth.*** göra stor affär av ngt; ***the point at ~*** själva sakfrågan **2** upplaga, nummer

IT [ˌaj'ti:] (förk. för *information technology*) IT, informationsteknologi

it [itt] *pron* den, det; sig

Italian [i'tälljən] **I** *adj* italiensk **II** *subst* **1** italienare **2** italienska språk

italics [i'tällikks] *subst pl* kursivstil

Italy ['itəli] Italien

itch [ittch] **I** *subst* klåda **II** *verb* klia

itchy ['ittchi] *adj*, ***~ clothes*** stickiga kläder; ***have ~ feet*** vara reslysten

item ['ajtəm] *subst* punkt på lista, program o.d.; ***news ~*** notis i tidning

itinerary [aj'tinnərerri] *subst* reseguide; resplan

it'll ['ittl] = *it will*

its [itts] *pron* dess; sin, sina

it's [itts] = *it is*

itself [itt'sellf] *pron* sig, sig själv; själv; ***by ~*** av sig själv, automatiskt; ***in ~*** i sig själv

IUD [ˌajo:'di] (förk. för *intrauterine device*) *subst* spiral

I've [ajv] = *I have*

ivory ['ajvəri] **I** *subst* elfenben **II** *adj* elfenbensvit

ivy ['ajvi] *subst* murgröna

Ivy League [ˌajvi 'li:g], ***the ~*** en grupp högt ansedda universitet i östra USA

J

J, j [dʒej] *subst* J, j

jab [dʒäbb] *verb* sticka, stöta

jack [dʒäkk] **I** *subst* **1** knekt i kortlek **2** domkraft **II** *verb*, ~ *off* slang runka; ~ *up* trissa upp priser

jackal ['dʒäkkəl] *subst* sjakal

jackass ['dʒäkkäss] *subst* vard. idiot

jacket ['dʒäkkitt] *subst* jacka; kavaj

jackhammer ['dʒäkk,hämmər] *subst* tryckluftsborr

jackknife ['dʒäkknajf] *subst* stor fällkniv

jackpot ['dʒäkkpa:t] *subst* jackpot

jackrabbit ['dʒäkk,räbbitt] *subst* stor hare

Jacuzzi® [dʒə'ko:zi] *subst* bubbelpool

jaded ['dʒejdidd] *adj* blaserad, avtrubbad

jagged ['dʒäggidd] *adj* tandad, naggad; spetsig

jail [dʒejl] *subst* fängelse

jailbait ['dʒejlbejt] *subst* slang lammkött minderårig flicka

jailbird ['dʒejlbö:rd] *subst* slang kåkfarare

1 jam [dʒämm] *subst* sylt, marmelad

2 jam [dʒämm] **I** *subst* **1** *traffic* ~ trafikstockning **2** stopp i maskin o.d. **II** *verb* **1** trycka, pressa; *be jammed* vara smockfull **2** blockera; hänga upp sig; *be jammed* ha gått i baklås

jangle ['dʒänggl] *verb* skramla

janitor ['dʒännətər] *subst* fastighetsskötare; vaktmästare

January ['dʒännjoerri] *subst* januari

JAP [dʒäpp] (förk. för *Jewish American princess*) slang bortskämd judisk överklassflicka

Jap [dʒäpp] *subst* jappe, guling japan

Japan [dʒə'pänn] Japan

Japanese [,dʒäppə'ni:z] **I** *adj* japansk **II** *subst* **1** japan **2** japanska språk

1 jar [dʒa:r] *subst* kruka; burk

2 jar [dʒa:r] *verb* **1** gnissla; låta illa; skära sig **2** ~ *on* gå på nerverna

jargon ['dʒa:rgən] *subst* jargong

jasmine ['dʒäzzminn] *subst* jasmin

jaundice ['dʒa:ndəs] *subst* gulsot

javelin ['dʒävvəlinn] *subst* spjut

jaw [dʒå:] **I** *subst* käke **II** *verb*, ~ *at* tjata på, skälla på

jay-walk ['dʒejˌwa:k] *verb* vard. gå över gatan på fel ställe

jazz [dʒäzz] **I** *subst* **1** jazz **2** vard. snack, nonsens **II** *verb*, ~ *up* piffa upp

jealous ['dʒelləs] *adj* svartsjuk; avundsjuk

jealousy ['dʒelləsi] *subst* svartsjuka; avundsjuka

jeer [dʒiər] **I** *verb* håna, skratta ut; vara spydig mot **II** *subst* gliring

Jell-O® ['dʒellou] *subst* gelé dessert

jelly ['dʒelli] *subst* gelé; fruktgelé; ~ *roll* rulltårta

jellyfish ['dʒellifisch] *subst* manet

jeopardy ['dʒepərdi] *subst* fara, risk

jerk [dʒö:rk] **I** *subst* **1** ryck, knyck **2** slang tönt; odåga **II** *verb* **1** rycka till **2** ~ *off* slang runka

jersey ['dʒö:rzi] *subst* **1** stickad tröja **2** jersey tyg

jet [dʒett] *subst* **1** stråle **2** jetplan

jet-black [ˌdʒett'bläkk] *adj* kolsvart

jet lag ['dʒett lägg] *subst* jet-lag, rubbad dygnsrytm efter längre flygning

jettison ['dʒettissn] *verb* göra sig av med

jetty ['dʒetti] *subst* vågbrytare; angöringsbrygga

Jew [dʒo:] *subst* jude

jewel ['dʒo:əl] *subst* juvel; bildligt klenod, pärla; *jewels* äv. smycken

jeweler ['dʒo:ələr] *subst* juvelerare; *jeweler's shop* guldsmedsaffär

jewelery ['dʒo:əlri] *subst* smycken

Jewess ['dʒo:əs] *subst* judinna

Jewish ['dʒo:isch] *adj* judisk

jigsaw ['dʒiggsa:] *subst*, ~ el. ~ *puzzle* pussel

jilt [dʒillt] *verb* ge på båten

jingle ['dʒinggl] **I** *verb* pingla **II** *subst* melodisnutt i reklam

jinx [dʒingks] *subst* vard. olycksfågel, olycka; trolldom

jive [dʒajv] *subst* tomt prat, svada

job [dʒa:b] *subst* jobb; göra; *be out of a* ~ vara arbetslös; *put-up* ~ beställningsjobb

jobless ['dʒa:bləs] *adj* arbetslös

jock [dʒa:k] *subst* **1** idrottare, sportig typ **2** suspensoar

jockey ['dʒa:ki] **I** *subst* jockey **II** *verb* manipulera; manövrera för att få en bättre position

jocular ['dʒa:kjələr] *adj* skämtsam

jog [dʒa:g] *verb* **1** ~ *sb.'s memory* friska upp ngns minne **2** jogga

jogging ['dʒa:ging] *subst* joggning

john [dʒa:n] *subst, the* ~ vard. toa, muggen
join [dʒåjn] *verb* **1** förena **2** ansluta sig till; ~ *in* vara med, delta; ~ *up* ta värvning
joint [dʒåjnt] **I** *subst* **1** fog, skarv **2** led i kroppen; *out of* ~ ur led; i olag **3** slang joint marijuanacigarett **II** *adj* gemensam
joke [dʒouk] **I** *subst* skämt **II** *verb* skämta
joker ['dʒoukər] *subst* **1** skämtare; lustigkurre **2** joker
jolly ['dʒa:li] *adj* glad
jolt [dʒoult] **I** *verb* skaka; skaka om; ge en chock **II** *subst* skakning; omskakning; chock
jostle ['dʒa:sl] *verb* knuffas; ~ *one's way* armbåga sig fram
jot [dʒa:t] *verb,* ~ *down* krafsa ned
journal ['dʒö:rnl] *subst* **1** tidskrift **2** dagbok
journalism ['dʒö:rnəlizzəm] *subst* journalistik
journey ['dʒö:rni] *subst* o. *verb* resa
joy [dʒåj] *subst* glädje
joyful ['dʒåjfəl] *adj* glädjande; lycklig
joystick ['dʒåjstikk] *subst* styrspak, joystick
jubilant ['dʒo:billənt] *adj* jublande
Judaism ['dʒo:dej,izzəm] *subst* judendomen
judge [dʒaddʒ] **I** *subst* domare **II** *verb* döma; bedöma
judgment ['dʒaddʒmənt] *subst* **1** dom **2** omdöme; omdömesförmåga; *against one's better* ~ mot bättre vetande; *Day of Judgment* domedagen; *error of* ~ felbedömning
judicial [dʒo'dischəl] *adj* rättslig; ~ *system* rättsväsen
judo ['dʒo:dou] *subst* judo
jug [dʒagg] *subst* kanna; tillbringare
juggernaut ['dʒaggərna:t] *subst* bildligt ångvält
juggle ['dʒaggl] *verb* jonglera
juice [dʒo:s] *subst* **1** saft; juice **2** slang dricka sprit **3** slang, elektrisk ström
juicy ['dʒo:si] *adj* **1** saftig **2** lönsam, fördelaktig
July [dʒo'laj] *subst* juli
jumble ['dʒammbl] *subst* röra
jumbo ['dʒammbou] *adj* jätte-
jump [dʒammp] **I** *verb* hoppa; hoppa till; ~ *the light* köra innan det blir grönt; ~ *rope* hoppa hopprep; ~ *start* putta igång **II** *subst* **1** hopp; *have the* ~ *on* vard. ha försprång framför **2** plötslig höjning
jumper ['dʒammpər] *subst* **1** ärmlös klänning **2** ~ *cable* startkabel

jumpy ['dʒammpi] *adj* vard. nervös
junction ['dʒangkschən] *subst* järnvägsknut; vägkorsning
June [dʒo:n] *subst* juni
jungle ['dʒanggl] *subst* djungel; ~ *gym* klätterställning
junior ['dʒo:njər] **I** *adj* yngre; underordnad; ~ *college* 2-årigt college **II** *subst* **1** person som är yngre; junior; den yngre **2** tredjeårsstudent
juniper ['dʒo:nippər] *subst* en
junk [dʒangk] *subst* skräp; lump; ~ *food* skräpmat; *the* ~ *yard* skroten
jurisdiction [ˌdʒorriss'dikkschən] *subst* jurisdiktion
juror ['dʒorər] *subst* juryledamot
jury ['dʒori] *subst* jury; *grand* ~ åtalsjury
just [dʒasst] **I** *adj* rättvis, rättskaffens **II** *adv* **1** just; precis **2** nyss; strax; ~ *now* just nu; alldeles nyss **3** bara
justice ['dʒasstiss] *subst* rättvisa; *bring to* ~ dra inför rätta
justification [ˌdʒasstifi'kejschən] *subst* berättigande; motivering
justify ['dʒasstifaj] *verb* försvara; urskulda
jut [dʒatt] *verb* sticka ut
juvenile ['dʒo:vənəl] **I** *subst*, *juveniles* minderåriga; ungdomar **II** *adj* **1** ungdoms-; ~ *delinquent* ungdomsbrottsling **2** omogen

K

K, k [kej] *subst* K, k
kale [kejl] *subst* grönkål
kangaroo [ˌkänggəˈro:] *subst* känguru
kayak [ˈkäjjäkk] *subst* kajak
keel [ki:l] *subst* köl
keen [ki:n] *adj* skarp; intensiv; ivrig; ~ *on* pigg på
keep* [ki:p] **I** *verb* **1** hålla; hålla sig **2** behålla; förvara **3** försörja **4** ~ *doing* fortsätta att göra **5** ~ *away* hålla på avstånd; ~ *back* hålla inne med; ~ *down* hålla nere; ~ *from* avhålla från; ~ *off* stänga ute; ~ *on* hålla i sig; fortsätta med; ~ *out of* hålla sig borta ifrån; ~ *to* hålla sig till **II** *subst* uppehälle; *for keeps* för gott; på allvar
keeper [ˈki:pər] *subst* **1** djurskötare **2** intendent vid museum
keepsake [ˈki:psejk] *subst* minnesgåva
kennel [ˈkennl] *subst* hundkoja; *kennels* kennel
kept [keppt] *verb* imperf. o. perf.p. av *keep*
kernel [ˈkö:rnl] *subst* kärna
kerosene [ˈkerrasi:n] *subst* fotogen
kettle [ˈkettl] *subst* vattenkokare
key [ki:] *subst* **1** nyckel **2** tangent **3** tonart
keyboard [ˈki:bå:rd] *subst* klaviatur; tangentbord; keyboard instrument
keyhole [ˈki:houl] *subst* nyckelhål; ~ *surgery* titthålskirurgi
keynote [ˈki:nout] *subst* grundton; ~ *address* inledningsanförande
key ring [ˈki: ring] *subst* nyckelring
khaki [ˈkäkki] *subst* kaki
kibbitz [ˈkibbitts] *verb* vard. titta på och kommentera
kick [kikk] **I** *verb* sparka; ~ *off* sparka i gång; göra avspark; *be kicked out* bli utkastad; få sparken; ~ *up a fuss* ställa till bråk **II** *subst* spark; *penalty* ~ straffspark
kickback [ˈkikkbäkk] *subst* mutor vid försäljning
kicker [ˈkikkər] *subst* amer. fotboll sparkspecialist
kick-off [ˈkikka:f] *subst* avspark
1 kid [kidd] *subst* vard. barn, unge
2 kid [kidd] *verb* lura; *no kidding!* det är säkert!
kid gloves [ˌkidd ˈglavvz] *subst pl, treat with* ~ behandla med silkesvantar

kidnap ['kiddnäpp] *verb* kidnappa
kidney ['kiddni] *subst* njure
kill [kill] **I** *verb* döda, mörda; bildligt ta död på; ***be killed*** äv. omkomma **II** *subst* jaktbyte; ***be in on the*** ~ vara med när det händer
killer ['killər] *subst* **1** mördare; ~ ***whale*** späckhuggare **2** slang häftig person (sak)
killing ['killing] *subst* mord; ***make a*** ~ göra ett klipp
kill-joy ['killdʒåj] *subst* glädjedödare
kiln [killn] *subst* brännugn
kilo ['killou] *subst* kilo
kilogram ['killəgrämm] *subst* kilogram
kilometer [kə'la:mətər] *subst* kilometer
kilowatt ['killəwa:t] *subst* kilowatt
kilt [killt] *subst* kilt
1 kind [kajnd] *subst* **1** slag, sort; ~ ***of*** slags, sorts; vard. liksom; ~ ***of cute*** rätt så söt **2** ***in*** ~ in natura; ***repay in*** ~ betala med samma mynt
2 kind [kajnd] *adj* vänlig, snäll
kindergarten ['kinndərˌga:rtn] *subst* lekskola för 5-åringar
kind-hearted [ˌkajnd'ha:rtəd] *adj* godhjärtad
kindle ['kinndl] *verb* tända eld
kindly ['kajndli] **I** *adj* vänlig **II** *adv* vänligt
kindness ['kajndnəs] *subst* vänlighet
kindred ['kinndrəd] *adj* besläktad
king [king] *subst* kung
kingdom ['kingdəm] *subst* **1** kungarike **2** bildligt rike; ~ ***come*** livet efter detta
king-size ['kingsajz] *adj* extra stor (lång)
kinky ['kingki] *adj* vard. **1** bisarr; pervers **2** krulligt om hår
kiosk ['ki:ask] *subst* kiosk
kiss [kiss] **I** *verb* kyssa; kyssas **II** *subst* kyss, puss
kit [kitt] *subst* uppsättning; byggsats; ***make-up*** ~ sminkväska
kitchen ['kittchən] *subst* kök
kitchen sink [ˌkittchən 'singk] *subst* diskbänk; ***everything but the*** ~ vard. rubbet
kite [kajt] *subst* drake av papper o.d.
kitten ['kittn] *subst* kattunge
kitty ['kitti] *subst* **1** kissekatt **2** pott; kassa
kleenex® ['kli:nekks] *subst* pappersnäsduk
knack [näkk] *subst*, ***get the*** ~ ***of*** få kläm på
knapsack ['näppsäkk] *subst* ryggsäck
knead [ni:d] *verb* knåda

knee [ni:] *subst* knä
kneecap ['ni:käpp] *subst* knäskål
kneel [ni:l] *verb* falla (ligga) på knä
knew [no:] *verb* imperf. av *know*
knife [najf] **I** *subst* kniv **II** *verb* knivhugga
knight [najt] **I** *subst* **1** riddare **2** häst i schack **II** *verb* adla
knit [nitt] *verb* sticka t.ex. strumpor
knitting ['nitting] *subst* stickning
knitting-needle ['nitting,ni:dl] *subst* sticka för stickning
knitwear ['nittwerr] *subst* stickade plagg
knives [najvz] *subst* pl. av *knife*
knob [na:b] *subst* knopp, knapp
knock [na:k] **I** *verb* **1** knacka **2** slå, slå till **3** ~ ***about*** misshandla; ~ ***back*** vard. svepa i sig; ~ ***down*** köra på; slå ner; riva ned; ~ ***off*** slå av på priset; sluta för dagen; ~ ***it off!*** lägg av!; ~ ***out*** knocka; ~ ***up*** slang göra på smällen **II** *subst* slag; knackning
knocker ['na:kər] *subst* portklapp
knock-out ['na:kaot] **I** *adj* knockout- **II** *subst* knockout
knot [na:t] **I** *subst* **1** knut **2** knop **II** *verb* knyta knut
knotty ['na:ti] *adj* kvistig; ~ ***pine*** furu-
know* [nou] *verb* **1** veta; ~ ***about*** känna till **2** kunna **3** känna vara bekant med; ***get to*** ~ lära känna
know-all ['noua:l] *subst* vard. besserwisser
know-how ['nouhao] *subst* vard. know-how, expertis
knowing ['nouing] *adj* insiktsfull; menande
knowingly ['nouingli] *adv* **1** medvetet **2** menande
knowledge ['na:liddʒ] *subst* kunskap; kännedom
knowledgeable ['na:liddʒəbl] *adj* kunnig; klyftig; välunderrättad
known [noun] *verb* perf.p. av *know*
knuckle ['nakkl] *subst* knoge; ***brass knuckles*** knogjärn

L

L, l [ell] *subst* L, l
lab [läbb] *subst* vard., kortform för *laboratory*
label ['lejbl] **I** *subst* etikett **II** *verb* sätta etikett på
labor ['lejbər] **I** *subst* **1** arbete **2** arbetskraft; facket; ***Labor Day*** helgdag tidigt i september; ~ ***union*** fackförening **3** värkar vid förlossning **II** *verb* anstränga sig; arbeta hårt
laboratory ['läbbrətå:ri] *subst* laboratorium
labored ['lejbərd] *adj* överarbetad, krystad; mödosam
laborer ['lejbərər] *subst* arbetare
labyrinth ['läbbərinnθ] *subst* labyrint
lace [lejs] **I** *subst* **1** snöre **2** spets **II** *verb* **1** snöra **2** spetsa kaffe o.d.
lack [läkk] **I** *subst* brist **II** *verb* sakna; ***be lacking in*** sakna
lacquer ['läkkər] **I** *subst* fernissa **II** *verb* lackera
lad [lädd] *subst* grabb
ladder ['läddər] *subst* stege
ladle ['lejdl] **I** *subst* slev **II** *verb* ösa med slev
lady ['lejdi] *subst* dam; ***ladies'*** ofta dam-
ladybug ['lejdibagg] *subst* nyckelpiga
ladylike ['lejdilajk] *adj* elegant
lag [lägg] **I** *verb,* ~ ***behind*** ligga (sacka) efter **II** *subst* försening; ***time*** ~ tidsfördröjning; försening
lagoon [lə'go:n] *subst* lagun
laid [lejd] *verb* imperf. o. perf.p. av *3 lay*
laid-back [ˌlejd'bäkk] *adj* vard. avspänd, tillbakalutad
lain [lejn] *verb* perf.p. av *2 lie*
lake [lejk] *subst* sjö
lamb [lämm] *subst* lamm; ***roast*** ~ lammstek
lame [lejm] *adj* **1** halt **2** bildligt lam; ~ ***duck*** politiker som sitter kvar under en övergångsperiod
lamé [la:'mej] *subst* lamé
lament [lə'mennt] *subst* klagan
lamp [lämmp] *subst* lampa
lamppost ['lämmppoust] *subst* lyktstolpe
lampshade ['lämmpschejd] *subst* lampskärm
lance [länns] **I** *subst* lans **II** *verb* sticka hål på böld
land [lännd] **I** *subst* land; mark **II** *verb* **1** landa; landsätta **2** ~ ***up in*** hamna i
landing ['lännding] *subst* **1** landning; ~ ***gear*** landningsställ **2** trappavsats
landing-strip ['länndingstripp] *subst* landningsbana

landlady ['lännd,lejdi] *subst* hyresvärdinna
landlocked ['länndla:kt] *adj* omgiven av land
landlord ['länndlå:rd] *subst* hyresvärd
landmark ['länndma:rk] *subst* hållpunkt; bildligt milstolpe
landowner ['lännd,ounər] *subst* jordägare
landscape ['länndskejp] *subst* landskap; natur
landslide ['länndslajd] *subst* jordskred
lane [lejn] *subst* **1** smal väg **2** fil; ***fast ~*** vard. gräddfil **3** bana vid tävlingar
language ['länggwiddʒ] *subst* språk
lanky ['längki] *adj* lång och gänglig
lantern ['länntərn] *subst* lanterna
1 lap [läpp] *subst* knä; ***on her*** (***his***) ***lap*** i knät
2 lap [läpp] **I** *verb* varva **II** *subst* varv
3 lap [läpp] *verb* lapa; ***~ up*** slicka i sig
lapel [lə'pell] *subst* slag på kavaj o.d.
lapse [läpps] *subst* **1** ***the ~ of time*** tidens gång; ***after a ~ of time*** efter en tid **2** ***a ~ of the pen*** ett skrivfel
laptop ['läppta:p] *subst* portföljdator, laptop
larceny ['la:rsəni] *subst* stöld; ***grand ~*** grov stöld; ***petty ~*** snatteri, småstöld
larch [la:rtch] *subst* lärkträd
lard [la:rd] *subst* ister; ***tub of ~*** slang tjockis
larder ['la:rdər] *subst* skafferi
large [la:rdʒ] **I** *adj* stor **II** *subst*, ***at ~*** i stort; på fri fot **III** *adv*, ***by and ~*** i stort sett
largely ['la:rdʒli] *adv* till stor del
large-scale ['la:rdʒskejl] *adj* storskalig
lark [la:rk] *subst* lärka
laser ['lejzər] *subst* laser
lash [läsch] **I** *verb* piska; ***~ out at*** bildligt fara ut mot **II** *subst* **1** piskrapp **2** ögonfrans
lass [läss] *subst* tös
1 last [lässt] *adj* sist; senast; till sist; ***~ evening*** i går kväll; ***~ name*** efternamn; ***~ time*** förra gången; ***~ year*** i fjol
2 last [lässt] *verb* vara; räcka; hålla
lasting ['lässting] *adj* bestående
lastly ['lässtli] *adv* till sist
last-minute ['lässt,minnitt] *adj* i sista minuten
latch [lättch] **I** *subst* dörrklinka **II** *verb*, ***~ on to*** vard. få tag i
late [lejt] **I** *adj* **1** sen; försenad; långt framskriden **2** framliden; förre, förra;

före detta **II** *adv* sent; för sent
latecomer ['lejtˌkammər] *subst* eftersläntrare
lately ['lejtli] *adv* på sistone
later ['lejtər] *adj* o. *adv* senare
latest ['lejtisst] *adj* o. *adv* senast, sist
lathe [lejð] *subst* svarv
lather ['läðər] *subst* lödder; raklödder
Latin ['lättən] **I** *adj* latinsk **II** *subst* latin
Latin-American [ˌlättənə'merrikkən] o. **Latino** [lät'ti:nou] **I** *adj* latinamerikansk **II** *subst* latinamerikan
latitude ['lättəto:d] *subst* **1** breddgrad **2** spelrum, handlingsfrihet
latter ['lättər] *adj* sista, senare
latterly ['lättərli] *adv* på sista tiden
laudable ['la:dəbl] *adj* lovvärd
laugh [läff] **I** *verb* skratta; *don't make me ~!* lägg av! **II** *subst* skratt
laughable ['läffəbl] *adj* skrattretande
laughing-stock ['läffingsta:k] *subst* föremål för åtlöje
laughter ['läfftər] *subst* skratt
1 launch [la:ntsch] *verb* **1** sjösätta; skjuta upp **2** lansera; starta
2 launch [la:ntsch] *subst* större motorbåt
laundromat® ['la:ndrəmätt] *subst* tvättomat
laundry ['la:ndri] *subst* tvätt; *~ room* tvättstuga
laureate ['la:riət] **I** *adj* lagerkrönt **II** *subst, Nobel ~* nobelpristagare
laurel ['la:rəl] *subst* lagerträd
lava ['la:və] *subst* lava
lavatory ['lävvətå:ri] *subst* toalett
lavender ['lävvəndər] **I** *subst* lavendel **II** *adj* lavendelblå
lavish ['lävvisch] **I** *adj* frikostig **II** *verb* slösa med
law [la:] *subst* **1** lag; *~ of nature* naturlag **2** juridik; *court of ~* domstol
law-abiding ['la:əˌbajding] *adj* laglydig
law court ['la: kå:rt] *subst* domstol
lawful ['la:fəl] *adj* laglig
lawless ['la:ləs] *adj* laglös
lawn [la:n] *subst* gräsmatta
lawn mower ['la:n ˌmouər] *subst* gräsklippare
lawn tennis ['la:n ˌtenniss] *subst* grästennis
lawsuit ['la:so:t] *subst* civilprocess
lawyer ['la:jər] *subst* advokat
lax [läkks] *adj* slapp
laxative ['läkksətivv] *subst* laxermedel
1 lay [lej] *adj* lekmanna-
2 lay [lej] *verb* imperf. av 2 *lie*

3 lay* [lej] *verb* **1** lägga; ~ *by* lägga undan **2** duka **3** värpa **4** slang knulla **5** ~ *down* fastslå; ~ *down the law* tala om hur saker och ting skall vara; ~ *off* friställa; lägga av

layer ['lejər] *subst* lager, skikt; ~ *cake* tårta med flera bottnar

layman ['lejmən] *subst* lekman

layoff ['leja:f] *subst* friställning

layout ['lejaot] *subst* **1** anläggning **2** layout; arrangemang

laze [lejz] *verb*, ~ *around* lata sig

laziness ['lejzinnəs] *subst* lättja

lazy ['lejzi] *adj* lat

lb. [paond] pund 454 gram

1 lead [ledd] *subst* **1** bly **2** blyerts

2 lead [li:d] **I** *verb* **1** leda, föra; ~ *astray* föra vilse **2** ~ *to* leda till, medföra **3** leva **II** *subst* **1** ledning; försprång **2** ledtråd **3** huvudroll **4** kabel, sladd

leaden ['leddn] *adj* blytung

leader ['li:dər] *subst* **1** ledare **2** dirigent; konsertmästare

leadership ['li:dərschipp] *subst* ledning ledarskap

leading ['li:ding] *adj* ledande; ~ *part* huvudroll

leaf [li:f] *subst* löv

leaflet ['li:flət] *subst* flygblad, reklamlapp

league [li:g] *subst* **1** förbund; *in ~ with* i maskopi med **2** serie i sportsammanhang

leak [li:k] *subst* o. *verb* läcka

1 lean [li:n] *adj* smal; om kött mager

2 lean [li:n] *verb* luta, stödja

leaning ['li:ning] *subst* **1** lutning **2** böjelse, tendens, sympati

leap [li:p] **I** *verb* hoppa **II** *subst* hopp, språng

leapfrog ['li:pfra:g] *verb* bildligt komma förbi, passera språngvis

leap year ['li:p jiər] *subst* skottår

learn [lö:rn] *verb* **1** lära sig **2** få veta

learned ['lö:rnəd] *adj* lärd

learner ['lö:rnər] *subst* elev; nybörjare

learning ['lö:rning] *subst* bildning kunnande

lease [li:s] **I** *subst* **1** hyreskontrakt **2** uthyrning **II** *verb* hyra ut; hyra

leash [li:sch] *subst* hundkoppel; *on a ~* i koppel

least [li:st] **I** *adj* o. *adv* minst **II** *pron, the ~* det minsta; *at ~* åtminstone

leather ['leðər] *subst* läder; ~ *jacket* skinnjacka

leatherneck ['leðərnekk] *subst* vard. marinsoldat

leave* [li:v] **I** *verb* **1** lämna; lämna kvar; överge; ~ *behind* lämna, lämna för gott **2** resa; avgå **3** ge sig av; sluta **4** ~ *aside* bortse ifrån; ~ *off* avbryta; ~ *out* utelämna **II** *subst,* ~ el. ~ *of absence* tjänstledighet; permission

leaves [li:vz] *subst* pl. av *leaf*

lecherous ['lettchərəs] *adj* liderlig

lecture ['lekktchər] **I** *subst* föreläsning; ~ *hall* hörsal **II** *verb* föreläsa

lecturer ['lekktchərər] *subst* **1** föreläsare **2** ung. högskolelektor

led [ledd] *verb* imperf. o. perf.p. av *2 lead*

ledge [leddʒ] *subst* klippavsats

leech [li:tch] *subst* blodigel

leek [li:k] *subst* purjolök

leer [liər] **I** *subst* lömsk (lysten) blick **II** *verb* snegla lömskt (lystet)

leeway ['li:wej] *subst* vard. spelrum; marginal

1 left [lefft] *verb* imperf. o. perf.p. av *leave*

2 left [lefft] **I** *adj* vänster **II** *subst* vänster sida; *the Left* vänstern politiskt

left-handed [ˌlefft'hänndidd] *adj* vänsterhänt

leftover ['lefftouvər] **I** *subst, leftovers* matrester **II** *adj* överbliven

left-wing ['lefftwing] *adj* vänster-

leg [legg] *subst* ben; byxben

legacy ['leggəsi] *subst* arv

legal ['li:gəl] *adj* laglig; rättslig; ~ *aid* rättshjälp; ~ *holiday* allmän helgdag

legend ['leddʒənd] *subst* legend; sägen

legible ['leddʒəbl] *adj* läslig

legislation [ˌleddʒi'slejschən] *subst* lagstiftning

legislature ['leddʒəslejtchər] *subst* lagstiftande församling

legitimate [li'dʒittəmət] *adj* **1** legitim **2** befogad

legroom ['leggro:m] *subst* plats för benen

leisure ['li:ʒər] *subst* fritid; ~ *occupation* fritidssysselsättning; ~ *wear* fritidskläder

leisurely ['li:ʒərli] **I** *adj* lugn, maklig **II** *adv* utan brådska

lemon ['lemmən] **I** *subst* **1** citron **2** slang måndagsexemplar **II** *adj* citrongul

lemonade [ˌlemmə'nejd] *subst* lemonad

lend* [lennd] *verb* låna, låna ut; ~ *itself to abuse* inbjuda till missbruk; ~ *an ear* lyssna

length [lengθ] *subst* **1** längd **2** *at* ~ länge; utförligt

lengthen ['lengθən] *verb* förlänga

lengthy ['lengθi] *adj* långvarig

lenient ['li:njənt] *adj* mild; *be* ~ *with* ha överseende med

lens [lennz] *subst* objektiv på kamera

Lent [lennt] *subst* fastan, fastlagen

lent [lennt] *verb* imperf. o. perf.p. av *lend*

lentil ['lenntl] *subst* lins baljväxt

Leo ['li:ou] *subst* Lejonet stjärntecken

leopard ['leppərd] *subst* leopard

leper ['leppər] *subst* spetälsk; utstött

leprosy ['lepprəsi] *subst* lepra

lesbian ['lezzbiən] **I** *adj* lesbisk **II** *subst* lesbisk kvinna

less [less] *adj* o. *adv* mindre

lessen ['lessn] *verb* minska

lesser ['lessər] *adj* mindre

lesson ['lessn] *subst* **1** lektion **2** bildligt läxa

let* [lett] *verb* **1** låta; tillåta **2** hyra ut **3** ~ *alone* låta vara i fred; ~ *be* låta bli; ~ *down* svika; ~ *go* släppa taget; ~ *in* släppa in; ~ *into* låta få veta; ~ *loose* släppa lös; *get* ~ *off* slippa undan; ~ *out* släppa ut; ge ifrån sig; ~ *through* släppa igenom

letdown ['lettdaon] *subst* besvikelse

lethal ['li:θəl] *adj* dödlig

letter ['lettər] *subst* **1** bokstav **2** brev

letter bomb ['lettər ba:m] *subst* brevbomb

letterbox ['lettərba:ks] *subst* brevlåda

lettering ['lettəring] *subst* textning

letter-perfect [ˌlettər'pö:rfikkt] *adj* perfekt; utantill

lettuce ['lettəs] *subst* sallad grönsak; *head of* ~ salladshuvud

leukemia [lo'ki:miə] *subst* leukemi

levee ['levvi] *subst* skyddsvall längs Mississippifloden

level ['levvl] **I** *subst* nivå **II** *adj* **1** plan **2** på samma plan; i jämnhöjd **III** *verb* jämna; jämna ut

level-headed [ˌlevvl'heddidd] *adj* sansad

lever ['levvər] *subst* hävstång; spak

leverage ['levvəriddʒ] *subst* inflytande

levy ['levvi] *verb* uttaxera; ~ *war* börja föra krig

lewd [lo:d] *adj* liderlig; oanständig

liability [ˌlajəˈbilləti] *subst* **1** ansvar **2** bildligt belastning
liable [ˈlajəbl] *adj* **1** ansvarig **2** benägen
liaison [ˈli:əza:n] *subst* förbindelse
liar [ˈlajər] *subst* lögnare
libel [ˈlajbəl] *subst* ärekränkning
liberal [ˈlibbərəl] *adj* **1** frikostig **2** frisinnad; politiskt liberal
liberation [ˌlibbəˈrejschən] *subst* befrielse
liberty [ˈlibbərti] *subst* frihet
Libra [ˈli:brə] *subst* Vågen stjärntecken
librarian [lajˈbrerriən] *subst* bibliotekarie
library [ˈlajbrerri] *subst* bibliotek; ~ *card* lånekort
lice [lajs] *subst* pl. av *louse*
license [ˈlajsəns] **I** *subst* licens; tillstånd; ***driver's*** ~ körkort; ~ ***plate*** registreringsskylt **II** *verb* bevilja licens (tillstånd)
licensed [ˈlajsənst] *adj* behörig; med spriträttigheter
lick [likk] **I** *verb* slicka **II** *subst* slickning
licorice [ˈlikkəris] *subst* lakrits
lid [lidd] *subst* **1** lock **2** ögonlock
1 lie [laj] **I** *subst* lögn; ***tell a*** ~ ljuga **II** *verb* ljuga
2 lie* [laj] *verb* ligga; ~ ***about*** el. ~ ***around*** ligga och skräpa; ~ ***down*** lägga sig och vila
lieutenant [lo:ˈtennənt] *subst* löjtnant
life [lajf] *subst* **1** liv **2** livstid dom
lifeboat [ˈlajfbout] *subst* livbåt
lifebuoy [ˈlajfbåj] *subst* livboj
lifeguard [ˈlajfga:rd] *subst* badvakt
life insurance [ˈlajf inˌschorrəns] *subst* livförsäkring
life jacket [ˈlajf ˌdʒäkkitt] *subst* flytväst
lifeless [ˈlajfləs] *adj* livlös
lifelike [ˈlajflajk] *adj* verklighetstrogen
lifeline [ˈlajflajn] *subst* **1** livlina **2** räddningslina; räddning
lifelong [ˈlajfla:ng] *adj* livslång
life-preserver [ˈlajfpriˌzö:rvər] *subst* flytväst
life sentence [ˈlajf ˌsenntəns] *subst* livstid dom
life-size [ˌlajfˈsajz] o. **life-sized** [ˌlajfˈsajzd] *adj* i naturlig storlek
life span [ˈlajf spänn] *subst* livslängd
lifestyle [ˈlajfstajl] *subst* livsföring, livsstil
lifetime [ˈlajftajm] *subst* livstid
lift [lifft] **I** *verb* lyfta **II** *subst* **1** lift skjuts **2** skidlift
1 light [lajt] **I** *subst* ljus; dagsljus; trafikljus; *fluores-*

cent ~ lysrör; *get the green* ~ få klartecken; *can I have a* ~? kan jag få eld? **II** *adj* ljus **III** *verb* tända

2 light [lajt] *adj* lätt; lätt- med låg halt av fett o.d.

light bulb ['lajt ballb] *subst* glödlampa

1 lighten ['lajtn] *verb* lätta, göra lättare

2 lighten ['lajtn] *verb* ljusna, klarna

lighter ['lajtər] *subst* tändare

light-headed [ˌlajt'heddidd] *adj* yr i huvudet

light-hearted [ˌlajt'ha:rtəd] *adj* glad, sorglös

lighthouse ['lajthaos] *subst* fyr

lighting ['lajting] *subst* belysning; *fluorescent* ~ lysrörsbelysning

lightly ['lajtli] *adv* **1** lätt; ~ *done* lättstekt **2** lättsinnigt

lightness ['lajtnəs] *subst* lätthet; lättnad, sorglöshet

lightning ['lajtning] *subst* blixt; *a flash of* ~ en blixt; *like greased* ~ som en oljad blixt; ~ *bug* eldfluga

lightning conductor ['lajtning kənˌdakktər] *subst* åskledare

lightweight ['lajtwejt] *subst* lättvikt; lättviktare

1 like [lajk] **I** *adj* lik; liknande **II** *prep* **1** som, såsom **2** likt **3** *nothing* ~ inte alls; *something* ~ ungefär **III** *adv* vard. liksom, 'ba'

2 like [lajk] *verb* tycka om; vilja ha

likeable ['lajkəbl] *adj* sympatisk

likelihood ['lajklihodd] *subst* sannolikhet

likely ['lajkli] **I** *adj* trolig **II** *adv, very* ~ el. *most* ~ troligtvis

likeness ['lajknəs] *subst* **1** likhet **2** porträtt, avbild

likewise ['lajkwajz] *adv* **1** likaledes **2** också

liking ['lajking] *subst* tycke

lilac ['lajlək] **I** *subst* syren **II** *adj* lila

lily ['lilli] *subst* lilja

lily of the valley [ˌlilli əv ðə 'välli] *subst* liljekonvalj

limb [limm] *subst* lem; *tear* ~ *from* ~ slita i stycken; *out on a* ~ illa ute, i knipa

1 lime [lajm] *subst* lime frukt

2 lime [lajm] *subst* lind

3 lime [lajm] *subst* kalk; *slaked* ~ släckt kalk

limelight ['lajmlajt] *subst* bildligt rampljus

limestone ['lajmstoun] *subst* kalksten

limit ['limmitt] **I** *subst* gräns; *off limits* förbjudet område; över gränsen för det tillåtna **II** *verb* begränsa

limited ['limmətəd] *adj* begränsad

1 limp [limmp] *adj* slapp, lealös; *go ~* sloka

2 limp [limmp] **I** *verb* linka **II** *subst, walk with a ~* halta

1 line [lajn] *subst* **1** linje; lina; ledning; *power ~* kraftledning; *hand sb. a ~* dra en vals för ngn; *hold the ~, please!* var god och dröj! **2** rad; kö; *wait in ~* köa

2 line [lajn] *verb* **1** fodra **2** fylla

1 lined [lajnd] *adj* linjerad

2 lined [lajnd] *adj* fodrad

linen ['linninn] *subst* **1** linne **2** sänglinne

linesman ['lajnzmən] *subst* **1** linjeman i t.ex. fotboll **2** linjearbetare; kabelläggare

line-up ['lajnapp] *subst* **1** uppställning; startfält **2** vittneskonfrontation

linger ['linggər] *verb* dröja sig kvar

linguist ['linggwisst] *subst* lingvist

linguistics [ling'gwisstikks] *subst* språkvetenskap

lining ['lajning] *subst* foder

link [lingk] **I** *subst* länk; förbindelse **II** *verb* förbinda; *~ up* länka (koppla) ihop

links [lingks] *subst pl* golfbana

linoleum [li'nouljəm] *subst* linoleum

lion ['lajən] *subst* lejon

lioness ['lajənəs] *subst* lejoninna

lip [lipp] *subst* läpp; *none of your ~!* slang tyst med dig!

lip-read ['lippri:d] *verb* läsa på läpparna

lip service ['lipp ˌsö:rvəs] *subst* tomma ord

lipstick ['lippstikk] *subst* läppstift

liqueur [li'kö:] *subst* likör

liquid ['likkwidd] **I** *adj* flytande **II** *subst* vätska

liquidation [ˌlikkwi'dejschən] *subst* **1** avveckling **2** undanröjande

liquor ['likkər] *subst* sprit drycker

lisp [lissp] *verb* läspa

list [lisst] *subst* o. *verb* lista

listen ['lissn] *verb* lyssna; *~ to* lyssna på

listless ['lisstləs] *adj* håglös

lit [litt] *verb* imperf. o. perf.p. av *1 light*

liter ['li:tə] *subst* liter

literacy ['littərəsi] *subst* läs- och skrivkunnighet

literal ['littərəl] *adj* bokstavlig; *have a ~ mind* sakna fantasi

literally ['littərəli] *adv* bokstavligen; faktiskt

literary ['littərerri] *adj* litterär

literature ['littərətchər] *subst* litteratur
lithe [lajð] *adj* vig
litigation [ˌlitti'gejschən] *subst* rättstvist; processande
litter ['littər] **I** *subst* **1** skräp **2** kull ungar **II** *verb* skräpa ner
litterbug ['littərbagg] *subst* vard. typ som skräpar ner
little ['littl] **I** *adj* liten; små; lill- **II** *adj* o. *adv* o. *pron* lite, litet; ~ *by* ~ litet i sänder
1 live [lajv] *adj* **1** levande **2** direktsänd
2 live [livv] *verb* **1** leva; ~ *off* leva av (på); ~ *on* leva på; leva vidare; ~ *together* sammanbo **2** bo
livelihood ['lajvlihodd] *subst* levebröd
lively ['lajvli] *adj* livlig
liver ['livvər] *subst* lever
lives [lajvz] *subst* pl. av *life*
livestock ['lajvsta:k] *subst* kreatursbesättning
livid ['livvidd] *adj* blygrå; ~ *with rage* vit av ilska
living ['livving] **I** *adj* levande; levnads- **II** *subst* liv; uppehälle
living room ['livving ro:m] *subst* vardagsrum
lizard ['lizzərd] *subst* ödla
load [loud] **I** *subst* last; börda **II** *verb* lasta
loaded ['loudidd] *adj* **1** lastad **2** bildligt laddad **3** vard. stenrik **4** vard. packad berusad
1 loaf [louf] *subst* limpa
2 loaf [louf] *verb* stå och hänga; slöa
loafers ['loufərz] *subst pl* loafers lågskor
loan [loun] **I** *subst* lån **II** *verb* låna ut
loath [louθ] *adj* ovillig
loathe [louð] *verb* avsky
loaves [louvz] *subst* pl. av *loaf 1*
lobby ['la:bi] **I** *subst* **1** entréhall, lobby **2** intressegrupp, lobbygrupp **II** *verb* bedriva lobbyverksamhet
lobster ['la:bstər] *subst* hummer
local ['loukəl] **I** *adj* lokal, orts-; *the ~ authorities* de lokala myndigheterna **II** *subst* **1** ortsbo **2** lokaltåg, lokalbuss
locality [lou'källəti] *subst* plats, ställe
locate [lou'kejt] *verb* **1** lokalisera; leta reda på, spåra **2** om företag etablera sig
location [lou'kejschən] *subst* läge, plats
1 lock [la:k] *subst* lock av hår
2 lock [la:k] **I** *subst* lås **II** *verb* låsa; ~ *up* låsa efter sig, stänga
locker ['la:kər] *subst* låsbart

skåp; ~ *room* omklädningsrum
locket ['la:kitt] *subst* medaljong
lockout ['la:kaot] *subst* lockout
locksmith ['la:ksmiθ] *subst* låssmed
loco ['loukou] *adj* slang tokig, vild
lodge [la:dʒ] **I** *subst* **1** stuga **2** loge avdelning av ordenssällskap **II** *verb*, ~ *a complaint* framföra ett klagomål
lodging ['la:dʒing] *subst* husrum, logi
loft [la:ft] *subst* vind, loft
log [la:g] *subst* timmerstock; vedträ
logbook ['la:gˌbokk] *subst* loggbok
logic ['la:dʒikk] *subst* logik
logical ['la:dʒikəl] *adj* logisk
loins [låjnz] *subst pl* länder på kroppen
loiter ['låjtər] *verb* söla; gå och driva; *no loitering!* på skylt, ung. förbjudet för obehöriga att uppehålla sig på området
loll [la:l] *verb* ligga (sitta) och slappa
lollipop ['la:lipa:p] *subst* klubba slickepinne
lone [loun] *adj* ensam
loneliness ['lounlinəs] *subst* ensamhet
lonely ['lounli] *adj* ensam; enslig
Lone-Star State ['lounsta:r ˌstejt] *subst* Texas
1 long [la:ng] *verb* längta
2 long [la:ng] **I** *adj* lång; ~ *jump* längdhopp **II** *adv* länge; ~ *ago* för länge sedan **III** *before* ~ inom kort
long-distance [ˌla:ng'disstəns] *adj* långdistans-, fjärr-
longing ['la:nging] *subst* längtan
longitude ['la:ndʒəto:d] *subst* longitud, längdgrad
long-range [ˌla:ng'rejndʒ] *adj* långsiktig
longshoreman ['la:ngschå:rmən] *subst* hamnarbetare, stuvare
long-standing ['la:ngˌstännding] *adj* mångårig
long-suffering [ˌla:ng'saffəring] *adj* tålmodig
long-term ['la:ngtö:rm] *adj* långsiktig; ~ *care* långvård
long-winded [ˌla:ng'winndidd] *adj* långrandig
look [lokk] **I** *verb* **1** se, titta **2** se ut, verka **3** vetta **4** ~ *after* se efter, passa; ~ *at* titta på; ~ *for* leta efter; ~ *into* undersöka; ~ *out!* se upp!; ~ *over* se (gå) igenom; ~ *round* se sig omkring; ~ *upon*

betrakta **II** *subst* **1** titt **2** utseende
lookout ['lokkaot] *subst* utkik
1 loom [lo:m] *subst* vävstol
2 loom [lo:m] *verb* hotfullt framträda
loony ['lo:ni] vard. **I** *adj* galen **II** *subst* galning
loop [lo:p] **I** *subst* ögla; ***be in the ~*** slang hänga med, vara välinformerad **II** *verb* **1** göra en ögla **2** cirkla
loophole ['lo:phoul] *subst* bildligt kryphål
loose [lo:s] **I** *adj* **1** lös; slapp; ***come ~*** lossna; ***set ~*** släppa lös (fri) **2** lösaktig **II** *subst*, ***be on the ~*** vara på fri fot
looseleaf binder ['lo:sli:f 'bajndər] *subst* pärm
loosen ['lo:sn] *verb* **1** lossa, lossna **2** lätta på
loot [lo:t] **I** *subst* byte **II** *verb* plundra
lop-sided [ˌla:p'sajdidd] *adj* sned, skev
lord [lå:rd] *subst* herre; ***the Lord*** Herren, Gud
lore [lå:r] *subst* **1** folksagor och sägner **2** kunskap, kännedom
lose* [lo:z] *verb* förlora; tappa; missa
loser ['lo:zər] *subst* förlorare
loss [la:s] *subst* **1** förlust **2** ***be at a ~*** vara villrådig
lost [la:st] **I** *verb* imperf. o. perf.p. av *lose* **II** *adj*, ***get ~*** gå (köra) vilse; ***get ~!*** försvinn!
lost and found ['la:st ənd 'faond] *subst* hittegods
lot [la:t] *subst* **1** lott **2** tomt, plats; ***vacant ~*** rivningstomt; obebyggd tomt **3** ***a ~*** mycket; ***lots of*** el. ***a ~ of*** en massa
lottery ['la:təri] *subst* lotteri
loud [laod] **I** *adj* hög; högljudd **II** *adv* högt
loudmouth ['laodmaoθ] *subst* gaphals
loudspeaker [ˌlaod'spi:kər] *subst* högtalare
lounge [laondʒ] **I** *verb*, ***~ around*** slöa **II** *subst* på hotell sällskapsrum; på flygplats vänthall; bar, restaurang
louse [laos] *subst* lus
lousy ['laozi] *adj* vard. urdålig, botten-
lout [laot] *subst* slyngel
love [lavv] **I** *subst* **1** kärlek; ***make ~ to*** älska (ligga) med; ***fall in ~*** bli kär **2** i brevslut hälsningar, kram **3** i tennis o.d. noll **II** *verb* älska; tycka om
love affair ['lavv əˌfäər] *subst* kärlekshistoria
lovely ['lavvli] *adj* förtjusande
lover ['lavvər] *subst* älskare; ***~ boy*** snygging
loving ['lavving] *adj* kärleksfull, öm
low [lou] **I** *adj* **1** låg **2** nere,

deppig **II** *adv* lågt; *lie* ~ vard. ligga lågt **III** *subst* **1** bottenläge **2** lågtryck
low-cut [ˌloukatt] *adj* urringad
lower ['louər] **I** *adj* o. *adv* lägre **II** *verb* sänka
low-fat [ˌlou'fätt] *adj* lätt-, med låg fetthalt
lox [la:ks] *subst* rökt lax
loyalty ['låjəlti] *subst* lojalitet
lube job ['lo:b dʒa:b] *subst* vard. rundsmörjning
lubricant ['lo:brikənt] *subst* smörjmedel
lubricate ['lo:brikejt] *verb* smörja; olja
luck [lakk] **I** *subst* tur; *bad* ~ otur; *good* ~*!* lycka till! **II** *verb,* ~ *out* ha tur
luckily ['lakkəli] *adv* lyckligtvis, som tur var
lucky ['lakki] *adj* som har tur; lyckosam
ludicrous ['lo:dikrəs] *adj* löjlig
luggage ['laggiddʒ] *subst* bagage
luggage rack ['laggiddʒ räkk] *subst* bagagehylla
lukewarm ['lo:kwå:rm] *adj* ljum
lull [lall] **I** *verb,* ~ *to sleep* vyssja till sömns **II** *subst* paus, uppehåll
lullaby ['lalləbaj] *subst* vaggvisa
lumbago [lamm'bejgou] *subst* ryggskott
1 lumber ['lammbər] *verb* lufsa
2 lumber ['lammbər] *subst* timmer, virke; ~ *yard* brädgård
lumberjack ['lammbərdʒäkk] *subst* skogsarbetare
luminous ['lo:minəs] *adj* lysande
lump [lammp] **I** *subst* **1** klump; *a* ~ *of sugar* en sockerbit **2** knöl utväxt; bula **II** *verb,* ~ *together* bunta ihop
lunar ['lo:nər] *adj* mån-
lunatic ['lo:nətikk] *subst* galning
lunch [lantch] **I** *subst* lunch; ~ *box* matlåda; ~ *hour* lunchrast, lunchdags; *out to* ~ slang blåst, töntig **II** *verb* äta lunch
luncheon ['lantchən] *subst* lunch med möte; affärslunch
lung [lang] *subst* lunga
lunge [lanndʒ] **I** *subst* utfall **II** *verb* göra ett utfall
lurch [lö:rtch] *subst, leave in the* ~ lämna i sticket
lure [loər] **I** *subst* **1** lockbete **2** lockelse **II** *verb* locka
lurid ['lorrəd] *adj* **1** gräll **2** makaber, otäck
lurk [lö:rk] *verb* stå (ligga) på lur
luscious ['laschəs] *adj* läcker, delikat

lush [lasch] **I** *adj* **1** frodig **2** lyxig **II** *subst* suput
lust [lasst] **I** *subst* lusta, åtrå **II** *verb*, ~ *for* åtrå
lusty ['lassti] *adj* kraftfull, livskraftig; hjärtlig
luxurious [lagg'ʒorriəs] *adj* **1** luxuös **2** njutningsfylld
luxury ['lakkschəri] *subst* lyx, överflöd; ~ *goods* lyxartiklar; ~ *liner* lyxkryssare
lying ['lajing] *adj* lögnaktig
lyrical ['lirrikkəl] *adj* lyrisk

M

M, m [emm] *subst* M, m
ma [ma:] *subst* vard. mamma
macaroni [ˌmäkkə'rouni] *subst* makaroner
macaroon [ˌmäkkə'ro:n] *subst* biskvi
Mace® [mejs] *subst* slags tårgas
machine [mə'schi:n] *subst* maskin
machine gun [mə'schi:n gann] *subst* kulspruta
machinery [mə'schi:nəri] *subst* **1** maskiner **2** maskineri
mackerel ['mäkkrəl] *subst* makrill
mad [mädd] *adj* **1** galen, tokig; *drive sb.* ~ göra ngn tokig **2** arg, förbannad
madam ['mäddəm] *subst*, ~ el. *Madam* frun, fröken tilltal, ofta utan motsvarighet i sv.
madden ['mäddn] *verb* göra rasande
made [mejd] *verb* imperf. o. perf.p. av *make*
madman ['mäddmən] *subst* dåre
madness ['mäddnəs] *subst* vansinne

magazine ['mäggəzi:n] *subst* veckotidning; månadstidning
maggot ['mäggət] *subst* flugularv
magic ['mäddʒikk] **I** *adj* magisk; trolsk **II** *subst* magi; trolleri
magical ['mäddʒikkəl] *adj* magisk; trolsk
magician [mə'dʒischən] *subst* trollkarl
magistrate ['mäddʒistrejt] *subst* domare
magnet ['mäggnət] *subst* magnet
magnetic [mägg'nettikk] *adj* magnetisk
magnificent [mägg'niffisnt] *adj* magnifik
magnify ['mäggnifaj] *verb* förstora; ***magnifying glass*** förstoringsglas
magnitude ['mäggnito:d] *subst* omfattning; storlek
magpie ['mäggpaj] *subst* skata
mahogany [mə'ha:gəni] *subst* mahogny
maid [mejd] *subst* hembiträde; ~ ***of honor*** viktigaste brudtärna; ***old*** ~ gammal ungmö
maiden ['mejdn] *adj* allra första, jungfru-; ~ ***name*** flicknamn
mail [mejl] **I** *subst* post försändelser; ~ ***carrier*** brevbärare **II** *verb* skicka, posta
mailbox ['mejlba:ks] *subst* brevlåda; brevfack
mailman ['mejlmänn] *subst* brevbärare
mail-order ['mejlˌå:rdər] *adj* postorder-
maim [mejm] *verb* lemlästa
main [mejn] **I** *adj* huvud-; ***the*** ~ ***floor*** bottenvåningen, gatuplanet i varuhus; ~ ***highway*** riksväg; ~ ***street*** huvudgata **II** *subst* huvudledning för vatten, gas, elektricitet
mainframe ['mejnfrejm] *subst* stordator
mainland ['mejnlənd] *subst* fastland
mainly ['mejnli] *adv* huvudsakligen
mainstay ['mejnstej] *subst* bildligt stöttepelare
mainstream ['mejnstri:m] **I** *subst* huvudströmning **II** *adj* konventionell
maintain [mejn'tejn] *verb* **1** upprätthålla **2** underhålla **3** hävda
maintenance ['mejntənəns] *subst* underhåll
maître d' [mejtrə 'di:] *subst* hovmästare
majesty ['mäddʒəsti] *subst* majestät
major ['mejdʒər] **I** *adj* större, viktigare; ~ ***league*** högsta serie; ~ ***road*** huvudled **II** *subst* **1** major **2** dur **3** hu-

vudämne; student med visst huvudämne **III** *verb*, *~ in sth.* ha ngt som huvudämne

majority [mə'dʒå:rəti] *subst* majoritet

make* [mejk] **I** *verb* **1** göra; tillverka, laga till, koka, brygga; sy; *~ the bed* bädda; *~ a phone call* ringa ett samtal **2** få att, tvinga att **3** tjäna; skaffa sig **4** bli, vara **5** *~ sb.* slang få ngn i säng **6** *~ believe* låtsas; *~ do* klara sig; *~ it* vard. hinna; lyckas **7** *~ out* skriva ut; förstå; påstå; vard. hångla; *~ up* utgöra; hitta på; bli sams igen; *~ oneself up* måla sig; *~ up for* ersätta; ta igen **II** *subst* märke fabrikat

make-believe ['mejkbi,li:v] *subst* inbillning; *it is only ~* äv. det är bara spelat

maker ['mejkər] *subst* **1** tillverkare **2** *meet one's maker* dö

makeshift ['mejkschifft] *adj* provisorisk; *~ solution* nödlösning

make-up ['mejkapp] *subst* **1** smink **2** beskaffenhet

making ['mejking] *subst*, *in the ~* i vardande; *have the makings of...* ha goda förutsättningar att bli...

malaria [mə'lärriə] *subst* malaria

male [mejl] **I** *adj* manlig; han- **II** *subst* **1** man **2** hane

malevolent [mə'levvələnt] *adj* illvillig

malfunction [,mäll'fangkschən] **I** *subst* tekniskt fel **II** *verb* inte fungera

malice ['mälliss] *subst* illvilja

malicious [mə'lischəs] *adj* illvillig

malignant [mə'lignənt] *adj* ondskefull; elakartad

mall [ma:l] *subst* **1** esplanad **2** köpcenter

mallet ['mällit] *subst* klubba för krocket och polo

malpractice [,mäll'präkktiss] *subst* tjänstefel; läkares felbehandling

malt [må:lt] *subst* malt

mammal ['mämməl] *subst* däggdjur

mammoth ['mämməθ] *adj* kolossal

man [männ] **I** *subst* **1** man, karl; i tilltal du, hörru, grabben, polarn; *men's* herr- **2** människan **3** *men* meniga; matroser; *the men* äv. manskapet **II** *verb* bemanna

manage ['männiddʒ] *verb* **1** sköta, leda **2** lyckas med; klara sig

manageable ['männiddʒəbl] *adj* hanterlig

management ['männiddʒmənt] *subst* **1** förvaltning **2** ledning, direktion
manager ['männiddʒər] *subst* **1** chef, direktör **2** manager; lagledare
mandarin ['männdərinn] *subst*, ~ el. ~ *orange* mandarin
mandatory ['männdətå:ri] *adj* obligatorisk, påbjuden
mane [mejn] *subst* man på djur
maneuver [mə'no:vər] **I** *subst* manöver; drag **II** *verb* manövrera; manipulera
manger ['mejndʒər] *subst* krubba
1 mangle ['mänggl] *subst* mangel
2 mangle ['mänggl] *verb* illa tilltyga
mangy ['mejndʒi] *adj* skabbig
manhandle ['männˌhänndl] *verb* illa tilltyga
manhattan [männ'hättn] *subst* manhattan cocktail
manhole ['männhoul] *subst* inspektionsbrunn i gata o.d.
manhood ['männhodd] *subst* manlighet
man-hour ['männˌaoər] *subst* arbetstimme
manhunt ['männhannt] *subst* människojakt, klappjakt
mania ['mejnjə] *subst* mani
maniac ['mejniäkk] *subst* galning
manicure ['männikjor] *subst* manikyr
manifest ['männifesst] *verb* visa
manifesto [ˌmänni'fesstou] *subst* manifest
manipulate [mə'nippjəlejt] *verb* manipulera
mankind [männ'kajnd] *subst* mänskligheten
manly ['männli] *adj* manlig
manner ['mänər] *subst* **1** sätt **2** beteende; *he has good manners* han är väluppfostrad
mannerism ['männərizzəm] *subst* manér
manor ['männər] *subst* gods lantegendom
manpower ['männˌpaoər] *subst* arbetskraft
mansion ['männschən] *subst* herrgårdshus
manslaughter ['männˌsla:tər] *subst* dråp
mantelpiece ['männtlpi:s] *subst* spiselhylla
manual ['männjoəl] **I** *adj* manuell; ~ *labor* kroppsarbete **II** *subst* handbok
manufacture [ˌmännjə'fäkktchər] **I** *subst* tillverkning **II** *verb* tillverka

manufacturer [ˌmännjə'fäkktchərər] *subst* tillverkare
manure [mə'noər] *subst* gödsel; *horse* ~ vard. skitsnack
manuscript ['männjəskrippt] *subst* manuskript
many ['menni] *adj* o. *pron* många; mycket; *a great* ~ en massa, en hel del
map [mäpp] **I** *subst* karta **II** *verb*, ~ *out* kartlägga
maple ['mejpl] *subst* lönn träd; ~ *syrup* lönnsirap
mar [ma:r] *verb* fördärva; skada
marathon ['märrəθən] *subst* maraton
marble ['ma:rbl] *subst* marmor
March [ma:rtch] *subst* mars
march [ma:rtch] **I** *verb* marschera **II** *subst* marsch
mare [mäər] *subst* sto, märr
margarine [ˌma:rdʒə'rən] *subst* margarin
margin ['ma:rdʒinn] *subst* marginal
marginal ['ma:rdʒinnəl] *adj* marginell
marigold ['märrəgould] *subst* ringblomma
marijuana [ˌmärri'wa:nə] *subst* marijuana
marina [mə'ri:nə] *subst* småbåtshamn
marinate ['märrinejt] *verb* marinera
marine [mə'ri:n] **I** *adj* marin; havs-; *the Marine Corps* marinsoldatkåren **II** *subst* marinsoldat
marital ['märrətl] *adj* äktenskaps-; ~ *status* civilstånd
maritime ['märritajm] *adj* sjö-; ~ *forecast* sjörapport
marjoram ['ma:rdʒərəm] *subst* mejram
mark [ma:rk] **I** *subst* märke; tecken **II** *verb* **1** märka; markera; stryka för **2** rätta prov
marker ['ma:rkər] *subst* markör; ~ *pen* färgpenna
market ['ma:rkət] **I** *subst* torg; marknad; *the black* ~ svarta börsen **II** *verb* marknadsföra
market garden [ˌma:rkət 'ga:rdn] *subst* handelsträdgård
marketing ['ma:rkəting] *subst* marknadsföring
marketplace ['ma:rkətplejs] *subst* marknad
marksman ['ma:rksmən] *subst* skicklig skytt
marmalade ['ma:rməlejd] *subst* marmelad av citrusfrukter
1 maroon [mə'ro:n] *adj* rödbrun
2 maroon [mə'ro:n] *verb* strandsätta
marquee [ma:r'ki:] *subst*

1 stort tält **2** skärmtak, baldakin över entré o.d.
marriage ['märriddʒ] *subst* äktenskap; ~ *counselling* (*guidance*) äktenskapsrådgivning; ~ *settlement* äktenskapsförord
married ['märridd] *adj* gift; ~ *couple* äkta par
marrow ['märrou] *subst* märg
marry ['märri] *verb* gifta sig
marsh [ma:rsch] *subst* sumpmark
marshal ['ma:rschəl] *subst* **1** marskalk **2** ung. sheriff, polischef **3** *fire* ~ brandchef
marshy ['ma:rschi] *adj* sumpig
martyr ['ma:rtər] *subst* martyr
martyrdom ['ma:rtərdəm] *subst* martyrskap
marvel ['ma:rvəl] *subst* underverk
marvellous ['ma:rvələs] *adj* underbar
Mary Jane ['merri 'dʒejn] *subst* slang marijuana
mascara [mä'skärrə] *subst* mascara
masculine ['mässkjələn] *adj* maskulin
mash [mäsch] *verb* mosa; *mashed potatoes* potatismos
mask [mässk] **I** *subst* mask **II** *verb* maskera
mason ['mejsn] *subst* stenhuggare
masquerade [ˌmässkə'rejd] *subst* maskerad
1 mass o. **Mass** [mäss] *subst* mässa
2 mass [mäss] **I** *subst* massa **II** *verb* samlas
massacre ['mässəkər] **I** *subst* massaker **II** *verb* massakrera
massage ['məsa:ʒ] **I** *subst* massage **II** *verb* massera
massive ['mässivv] *adj* massiv
mast [mässt] *subst* mast
master ['mässtər] **I** *subst* **1** mästare **2** djurs husse **3** lärare **II** *adj* mästar- **III** *verb* behärska
mastermind ['mässtərmajnd] *verb* vara hjärnan bakom
masterpiece ['mässtərpi:s] *subst* mästerverk
mastery ['mässtəri] *subst* herravälde
masturbation [ˌmässtər'bejschən] *subst* onani
mat [mätt] *subst* liten matta
1 match [mättch] *subst* tändsticka
2 match [mättch] **I** *subst* **1** match **2** like **II** *verb* **1** kunna mäta sig med **2** matcha
matchbook ['mättchbokk] *subst* ung. tändsticksask
1 mate [mejt] *subst* styrman
2 mate [mejt] *verb* om djur para sig

material [mə'tirriəl] **I** *adj* materiell **II** *subst* **1** material **2** tyg

maternal [mə'tö:rnl] *adj* moderlig

maternity [mə'tö:rnəti] *adj*, ~ *leave* mammaledighet; ~ *ward* BB-avdelning

math [mäθ] (kortform för *mathematics*) *subst* vard. matte, matematik

mathematics [ˌmäθə'mättikks] *subst* matematik

matinée [ˌmättən'ej] *subst* matiné

matrimonial [ˌmättri'mounjəl] *adj* äktenskaplig

matrimony ['mättrəmouni] *subst* äktenskap

matron ['mejtrən] *subst* mogen kvinna, gift dam

matt [mätt] *adj* matt

matted ['mättidd] *adj* tovig

matter ['mättər] **I** *subst* **1** ämne **2** sak; fråga; ***a ~ of fact*** ett faktum **3** ***no ~!*** det spelar ingen roll! **II** *verb* vara av betydelse

matter-of-fact [ˌmättərəv'fäkkt] *adj* saklig

mattress ['mättrəs] *subst* madrass

mature [mə'toər] **I** *adj* mogen **II** *verb* mogna

maul [ma:l] *verb* klösa; ge ett kok stryk

mausoleum [ˌma:sə'li:əm] *subst* mausoleum

mauve [mouv] *adj* ljuslila

maverick ['mävvərikk] *subst* partilös person; politisk vilde

max [mäkks] *subst*, ***to the ~*** slang till max, helt

maximum ['mäkksiməm] **I** *subst* maximum **II** *adj* högst; maximal

May [mej] *subst* maj

may [mej] *verb* **1** kan kanske, kan tänkas **2** ***~ I?*** får jag? **3** må, måtte

maybe ['mejbi] *adv* kanske

mayday ['mejdej] *subst* nödläge; nöd

mayhem ['mejhemm] *subst* förödelse; storbråk

mayonnaise [ˌmejə'nejz] *subst* majonnäs

mayor [mejər] *subst* borgmästare

maze [mejz] *subst* labyrint

MC [ˌemm'si:] (förk. för *Master of Ceremonies*) konferencier; programledare

MCP [ˌemmsi:'pi:] (förk. för *male chauvinist pig*) mansgris

MD [ˌemm'di:] (förk. för *Medical Doctor*) leg. läk., legitimerad läkare

me [mi:] *pron* mig

meadow ['meddou] *subst* äng

meager ['mi:gər] *adj* mager

meal [mi:l] *subst* måltid; ~

ticket vard. födkrok; försörjare
mealtime ['mi:ltajm] *subst* måltid
1 mean [mi:n] *adj* **1** snål; gemen **2** vard. elak; *feel ~* skämmas
2 mean [mi:n] **I** *adj* medel- **II** *subst* medelvärde
3 mean* [mi:n] *verb* **1** betyda **2** mena
meander [mi'änndər] *verb* snirkla sig fram
meaning ['mi:ning] *subst* mening; betydelse
meaningless ['mi:ninglәs] *adj* meningslös
meanness ['mi:nnәs] *subst* snålhet; gemenhet
means [mi:nz] *subst* **1** medel; *by ~ of* med hjälp av; *by no ~* inte alls, långtifrån **2** tillgångar, medel
meant [mennt] *verb* imperf. o. perf.p. av *3 mean*
meantime ['mi:ntajm] *subst, in the ~* under tiden
meanwhile ['mi:nhwajl] *adv* under tiden
measles [mi:zlz] *subst* mässlingen
measly ['mi:zli] *adj* vard. futtig
measure ['meʒәr] **I** *subst* **1** mått **2** åtgärd **3** takt musik **II** *verb* mäta
meat [mi:t] *subst* kött; *cold ~* kallskuret
meatball ['mi:tba:l] *subst* köttbulle
mechanic [mә'kännikk] *subst* mekaniker
mechanical [mi'kännikәl] *adj* mekanisk
mechanism ['mekkәnizzәm] *subst* mekanism
medal [meddl] *subst* medalj; *Medal of Honor* USA:s högsta tapperhetsmedalj
medallion [mә'dälljәn] *subst* medaljong
meddle [meddl] *verb* lägga sig 'i
media ['mi:djә] *subst* media
mediate ['mi:diejt] *verb* medla
mediation [ˌmi:di'ejschәn] *subst* medling
Medicaid ['meddikejd] *subst* sjukvårdsprogram för låginkomsttagare
medical ['meddikkәl] *adj* medicinsk; *~ care* läkarvård; *~ certificate* friskintyg; läkarintyg vid sjukdom; *~ examination* (*check-up*) hälsoundersökning; läkarundersökning
Medicare ['meddikäәr] *subst* offentlig sjukförsäkring för pensionärer
medication [ˌmeddi'kejschәn] *subst* medicin läkemedel
medicine ['meddsәn] *subst* medicin

medieval [ˌmi:'di:vəl] *adj* medeltida
mediocre [ˌmi:di'oukər] *adj* medelmåttig
meditate ['medditejt] *verb* meditera; fundera
Mediterranean [ˌmedditə'rejnjən], *the* ~ Medelhavet
medium ['mi:djəm] *subst* o. *adj* medium
medium-priced ['mi:djəmˌprajst] *adj* i mellanprisklass
medley ['meddli] *subst* potpurri
meek [mi:k] *adj* foglig; saktmodig
meet* [mi:t] **I** *verb* **1** möta; träffa **2** bemöta **3** tävla mot **II** *subst* tävling; ***track*** ~ friluftsmöte
meeting ['mi:ting] *subst* möte; sammanträde
meeting-place ['mi:tingplejs] *subst* samlingsplats
megaphone ['meggəfoun] *subst* megafon utan förstärkare
melancholy ['mellənka:li] *subst* melankoli
mellow ['mellou] **I** *adj* **1** fyllig, djup **2** slang avspänd; på lyran **II** *verb* **1** mildra **2** slang spänna av
melody ['mellədi] *subst* melodi
melon ['mellən] *subst* melon
melt [mellt] *verb* smälta
meltdown ['melltdaon] *subst* härdsmälta
melting-pot ['melltingpa:t] *subst* smältdegel
member ['memmbər] *subst* medlem, ledamot
membership ['memmbərschipp] *subst* medlemskap; ~ ***card*** medlemskort
memento [mi'menntou] *subst* minnessak
memo ['memmou] *subst* PM
memorandum [ˌmemmə'ränndəm] *subst* promemoria
memorial [mə'må:riəl] *subst* minnesmärke; ***Memorial Day*** minnesdagen i USA till minne av stupade soldater, 30 maj; ~ ***park*** parkliknande kyrkogård
memorize ['memmərajz] *verb* memorera; lära sig utantill
memory ['memməri] *subst* minne
men [menn] *subst* pl. av ***man***
menace ['mennəs] **I** *subst* hot **II** *verb* hota
mend [mennd] *verb* laga, reparera
menial ['mi:njəl] *adj* enkel, simpel, tarvlig
meningitis [ˌmennin'dʒajtəs] *subst* hjärnhinneinflammation

menopause ['mennəpa:z] *subst* klimakterium
menstruation [ˌmennstro'ejschən] *subst* menstruation
mental [menntl] *adj* mental; ~ *disorder* psykisk störning; ~ *state* sinnestillstånd
mentality [menn'tälləti] *subst* mentalitet; sinnesstämning
mentally ['menntəli] *adv*, ~ *handicapped* utvecklingsstörd; ~ *ill* sinnessjuk
mention ['mennschən] *verb* nämna; *don't ~ it!* ingen orsak!
menu ['mennjo:] *subst* meny
mercenary ['mö:rsənerri] *subst* legosoldat
merchandise ['mö:rtchəndajz] *subst* vara, varor
merchant ['mö:rtchənt] *subst* detaljhandlare
merciful ['mör:sifəl] *adj* barmhärtig
merciless ['mö:rsiləs] *adj* obarmhärtig
mercury ['mö:rkjəri] *subst* kvicksilver
mercy ['mö:rsi] *subst* nåd
mere [miər] *adj* blott
merely ['mirrli] *adv* endast
merge [mö:rdʒ] *verb* slå ihop
merger ['mö:rdʒər] *subst* sammanslagning
meringue [mə'räng] *subst* maräng
merit ['merrət] **I** *subst* förtjänst, merit **II** *verb* förtjäna
mermaid ['mö:rmejd] *subst* sjöjungfru
merry ['merri] *adj* munter; *Merry Christmas!* God Jul!
merry-go-round ['merrigouraond] *subst* karusell
mesa ['mejsə] *subst* mesa, högplatå
mesh [mesch] *subst* nät; ~ *stocking* nätstrumpa
mesmerize ['mezzmərajz] *verb* hypnotisera; trollbinda
mess [mess] **I** *subst* **1** röra; knipa **2** mäss **II** *verb*, ~ *about* (*around*) slå dank; ~ *up* stöka till; sabba; ~ *with* djävlas med
message ['messiddʒ] *subst* meddelande; budskap
messenger ['messəndʒər] *subst* budbärare
messy ['messi] *adj* stökig
Met [mett], *the* ~ New Yorks operahus
met [mett] *verb* imperf. o. perf.p. av *meet*
metal [mettl] **I** *subst* metall **II** *adj* metall-
metallic [me'tällikk] *adj* metall-
meteorology [ˌmi:tjə'ra:lədʒi] *subst* meteorologi
1 meter ['mi:tər] *subst* meter
2 meter ['mi:tər] *subst*

mätare; taxameter; ~ *maid* lapplisa
method ['meθəd] *subst* metod
metric ['mettrikk] *adj* meter-
metropolitan [ˌmettrə'pa:lətən] *adj* storstads-
mettle [mettl] *subst* mod; livlighet
mew [mjo:] **I** *verb* jama **II** *subst* jamande
mezzanine ['mezzəni:n] *subst* främre första raden
mice [majs] *subst* pl. av *mouse*
Mickey Mouse [ˌmikki 'maos] **I** Musse Pigg **II** *adj* ynklig; futtig
microchip ['majkroutchipp] *subst* mikrochips
microphone ['majkrəfoun] *subst* mikrofon
microscope ['majkrəskoup] *subst* mikroskop
microwave ['majkrəwejv] *subst* mikrovåg
mid [midd] *adj* mitt-, i mitten av
midday ['middej] *subst* middag, klockan tolv på dagen
middle [middl] **I** *adj* mellersta; ~ *age* medelålder; *the Middle Ages* medeltiden; *the Middle East* Mellersta Östern **II** *subst* **1** *in the ~ of* i mitten av **2** midja
middle-aged [ˌmiddl'ejdʒd] *adj* medelålders
middle-class [ˌmiddl'kläss] *adj* medelklass-
middleman ['middlmänn] *subst* mellanhand
middleweight ['middlwejt] *subst* mellanvikt; mellanviktare
Mideast [ˌmidd'i:st], *the ~* Mellanöstern
midget ['middʒitt] *subst* dvärg
midnight ['middnajt] *subst* midnatt
midriff ['middriff] *subst* mellangärde
midsummer ['middˌsammər] *subst* midsommar
midway [ˌmidd'wej] *adv* halvvägs
Midwest [ˌmidd'wesst], *the ~* Mellanvästern i USA
midwife ['middwajf] *subst* barnmorska
midwinter [ˌmidd'winntər] *subst* midvinter
might [majt] **I** *verb* **1** skulle kanske kunna **2** fick **II** *subst* kraft, makt
mighty ['majti] *adj* mäktig
migraine ['majgrejn] *subst* migrän
migrant ['majgrənt] *subst, ~ worker* säsongsarbetare
migrate ['majgrejt] *verb* flytta
mike [majk] *subst* vard. mick mikrofon
mild [majld] *adj* mild

mildew ['milldo:] *subst* mögel, mögelfläck; mjöldagg
mile [majl] *subst* engelsk mil 1,6 km
mileage ['majliddʒ] *subst* antal körda 'miles'; mått på bensinförbrukning
milestone ['majlstoun] *subst* milstolpe
militant ['millitənt] *adj* militant
military ['millətterri] **I** *adj* militär- **II** *subst, the ~* militären
militia [mi'lischə] *subst* milis
milk [millk] **I** *subst* mjölk; *skim ~* skummjölk; *~ run* lätt uppgift **II** *verb* mjölka
milkman ['millkmən] *subst* mjölkbud
milkshake ['millkˌschejk] *subst* milkshake dryck
milky ['millki] *adj* mjölkaktig
mill [mill] *subst* kvarn
millenium [mi'lennjəm] *subst* årtusende
miller ['millər] *subst* mjölnare
milligram ['milligrämm] *subst* milligram
millimeter ['milləˌmi:tər] *subst* millimeter
million ['milljən] *subst* miljon
millionaire [ˌmilljə'neər] *subst* miljonär
mime [majm] **I** *subst* pantomim **II** *verb* mima
mimic ['mimmikk] **I** *subst* imitatör **II** *verb* härma
mince [minns] *verb* hacka fint
mind [majnd] **I** *subst* sinne **II** *verb* bry sig om; *~ your head!* akta huvudet!; *I don't ~* gärna för mig; *never ~!* strunt i det!; bry dig inte om det!
mindful ['majndfəl] *adj* uppmärksam
mindless ['majndləs] *adj* meningslös
1 mine [majn] *pron* min, mina
2 mine [majn] **I** *subst* **1** gruva **2** mina **II** *verb* bryta malm o.d.
minefield ['majnfi:ld] *subst* minfält; bildligt krutdurk
miner ['majnər] *subst* gruvarbetare
mineral ['minnərəl] *subst* mineral
mingle [minggl] *verb* blanda, blanda sig
miniature ['minnjətchər] *subst* miniatyr
minibus ['minnibass] *subst* minibuss
minimal ['minniməl] *adj* minimal
minimize ['minnimajz] *verb* begränsa till ett minimum
minimum ['minniməm] *subst* minimum
mining ['majning] *subst* gruvdrift
miniskirt ['minniskö:rt] *subst* kort-kort kjol

minister ['minnistər] *subst* **1** minister **2** präst, pastor
ministerial [ˌminni'stirriəl] *adj* minister-
ministry ['minnistri] *subst* **1** prästämbete; ***enter the ~*** bli präst **2** ministär; departement
mink [mingk] *subst* mink
minor ['majnər] **I** *adj* mindre, mindre betydande; ***~ league*** lägre serie **II** *subst* **1** minderårig **2** moll **3** tillvalsämne, mindre kurs **4** ***the minors*** lägre serier i sportsammanhang
minority [mə'nå:rəti] *subst* minoritet
1 mint [minnt] *subst* **1** mynta; ***~ julep*** whiskydrink med mynta, socker och is; ***~ sauce*** mintsås **2** mintkaramell
2 mint [minnt] **I** *subst* myntverk **II** *verb* mynta
minus ['majnəs] *subst* minus
1 minute [maj'no:t] *adj* ytterst liten
2 minute ['minnət] *subst* **1** minut; ***just a ~!*** ett ögonblick bara! **2** ***the minutes*** mötesprotokoll
miracle ['mirrəkl] *subst* mirakel
mirage ['məra:ʒ] *subst* hägring
mirror ['mirrər] **I** *subst* spegel **II** *verb* spegla
mirth [mö:rθ] *subst* munterhet
misadventure [ˌmissəd'venntchər] *subst* missöde
misapprehension ['missˌäppri'hennschən] *subst* missuppfattning
misbehave [ˌmissbi'hejv] *verb* bära sig illa åt
miscalculate [ˌmiss'källkjəlejt] *verb* **1** räkna fel **2** felbedöma
miscarriage ['missˌkärriddʒ] *subst* missfall
miscellaneous [ˌmissə'lejnjəs] *adj* blandad; varjehanda
mischief ['misstchiff] *subst* ofog
mischievous ['misstchivvəs] *adj* busig, rackar-
misconception [ˌmisskən'seppschən] *subst* missuppfattning
misconduct [miss'ka:ndakkt] *subst, **professional ~*** tjänstefel
misdemeanor [ˌmissdi'mi:nər] *subst* förseelse, mindre lagöverträdelse (brott) där straffet understiger ett år
miser ['majzər] *subst* girigbuk
miserable ['mizzərəbl] *adj* olycklig; bedrövlig
miserly ['majzərli] *adj* girig
misery ['mizzəri] *subst* elände; misär
misfire [ˌmiss'fajər] *verb* slå slint

misfit ['missfitt] *subst* missanpassad person
misfortune [miss'få:rtchən] *subst* olycka
misgiving [miss'givving] *subst* farhåga
misguided [ˌmiss'gajdidd] *adj* vilseförd
mishap ['misshäpp] *subst* missöde
misinform [ˌmissin'få:rm] *verb* felunderrätta
misinterpret [ˌmissin'tö:rprət] *verb* feltolka
misjudge [ˌmiss'dʒaddʒ] *verb* felbedöma
mislay [miss'lej] *verb* förlägga
mislead [miss'li:d] *verb* vilseleda
mismanage [ˌmiss'männiddʒ] *verb* missköta
misplaced [ˌmiss'plejst] *adj* malplacerad; missriktad
misprint ['missprinnt] *subst* tryckfel
Miss [miss] *subst* **1** fröken före namn **2** skönhetsmiss
miss [miss] **I** *verb* **1** missa; gå miste om **2** sakna **II** *subst* miss
misshapen [ˌmis'schejpən] *adj* missbildad, vanskapt
missile ['missill] *subst* robot, missil
missing ['missing] *adj* saknad; *be ~* saknas, fattas
mission ['mischən] *subst* uppdrag
missionary ['mischənerri] *subst* missionär
mist [misst] *subst* dis; imma
mistake [mi'stejk] **I** *verb* ta miste på **II** *subst* misstag; ***make a ~*** missta sig, begå ett misstag
mistaken [mi'stejkən] *adj* felaktig
mister ['misstər] *subst* herr, herrn
mistletoe ['missltou] *subst* mistel
mistress ['misstrəs] *subst* älskarinna
mistrust [ˌmiss'trasst] *subst* o. *verb* misstro
misty ['missti] *adj* disig; immig
misunderstand [ˌmissanndər'stännd] *verb* missförstå
misunderstanding [ˌmissanndər'stännding] *subst* missförstånd
mitigate ['mittigejt] *verb* lindra; ***mitigating circumstances*** förmildrande omständigheter
mitt [mitt] *subst* basebollhandske
mitten [mittn] *subst* tumvante
mix [mikks] **I** *verb* **1** blanda; mixa; ***be mixed up in*** vara

insyltad i **2** umgås **II** *subst* blandning; kakmix

mixed [mikkst] *adj* **1** blandad **2** gemensam, sam-

mixed-up [ˌmikkst'app] *adj* förvirrad

mixer ['mikksər] *subst* **1** *hand ~* elvisp; *food ~* mixer **2** groggvirke **3** skoldans **4** *good ~* sällskapsmänniska

mixture ['mikkstchər] *subst* blandning

mix-up ['mikksapp] *subst* vard. förväxling

moan [moun] **I** *verb* jämra sig **II** *subst* jämmer

moat [mout] *subst* vallgrav

mob [ma:b] **I** *subst, the ~* maffian; pöbeln; folkmassan **II** *verb* **1** ansätta **2** invadera, översvämma

mobile ['moubəl] *adj* rörlig; *~ home* husvagn som permanent bostad; *~ telephone* mobiltelefon

mock [ma:k] **I** *verb* driva med **II** *adj* falsk; sken-

mockery ['ma:kəri] *subst* hån

mocking bird ['ma:king bö:rd] *subst* härmtrast

mock-up ['ma:kapp] *subst* modell

mode [moud] *subst* sätt; *~ of payment* betalningssätt

model [ma:dl] **I** *subst* modell **II** *adj* mönster-; perfekt **III** *verb* forma

modem ['moudemm] *subst* modem

moderate I ['ma:dərət] *adj* måttlig; moderat **II** ['ma:dərejt] *verb* mildra, dämpa

modern ['ma:dərn] *adj* modern

modernize ['ma:dərnajz] *verb* modernisera

modest ['ma:dəst] *adj* anspråkslös

modesty ['ma:dəsti] *subst* **1** anspråkslöshet, blygsamhet **2** anständighet

modify ['ma:difaj] *verb* modifiera

mogul ['mougəl] *subst* puckelpist

mohair ['mouhärr] *subst* mohair

moist [måjst] *adj* fuktig

moisten [måjsn] *verb* fukta

moisture ['måjstchər] *subst* fuktighet

moisturizer ['måjstchərajzər] *subst* fuktkräm

molar ['moulər] *subst* oxeltand

molasses [mə'lässizz] *subst* **1** melass **2** sirap

1 mold [mould] **I** *subst* form, mall **II** *verb* gjuta; forma, dana

2 mold [mould] *subst* mögel

moldy ['mouldi] *adj* möglig

1 mole [moul] *subst* födelsemärke
2 mole [moul] *subst* mullvad
molecule ['ma:likjo:l] *subst* molekyl
molest [mə'lesst] *verb* antasta
mollusc ['ma:ləsk] *subst* blötdjur
mollycoddle ['ma:lika:dl] *verb* pjoska med
molt [moult] *verb* rugga; fälla hår
molten ['moultən] *adj* smält; flytande
mom [ma:m] *subst* vard. mamma
moment ['moumənt] *subst* ögonblick; ***just a ~*** ett ögonblick; ***at the ~*** för tillfället
momentary ['moumənterri] *adj* en kort stunds
momentous [mou'menntəs] *adj* mycket viktig
momentum [mou'menntəm] *subst* fart; styrka
monarch ['ma:nərk] *subst* monark
monarchy ['ma:nərki] *subst* monarki
monastery ['ma:nəsterri] *subst* munkkloster
Monday ['manndej] *subst* måndag
monetary ['ma:nəterri] *adj* penning-; valuta-
money ['manni] *subst* pengar
money order ['manni å:rdər] *subst* postanvisning
mongrel ['manggrəl] *subst* byracka
monitor ['ma:nətər] **I** *subst* monitor; datorskärm **II** *verb* övervaka
monk [mangk] *subst* munk
monkey ['mangki] *subst* apa
monkey wrench ['mangki renntch] *subst* skiftnyckel
monopoly [mə'na:pəli] *subst* monopol
monotonous [mə'na:tənəs] *adj* monoton
monsoon [ma:n'so:n] *subst* monsun
monster ['ma:nstər] *subst* monster
monstrous ['ma:nstrəs] *adj* monstruös; ohygglig
month [manθ] *subst* månad; ***by the ~*** månadsvis
monthly ['manθli] *adj* månatlig; ***~ salary*** månadslön; ***~ ticket*** (***pass***) månadskort
monument ['ma:njəmənt] *subst* monument; ***historic ~*** ung. kulturminnesmärke
moo [mo:] **I** *verb* säga 'mu', råma **II** *subst* mu
mood [mo:d] *subst* sinnesstämning; ***be in the ~*** ha lust
moody ['mo:di] *adj* lynnig
moon [mo:n] *subst* måne
moonlight ['mo:nlajt] **I** *subst*

månsken **II** *verb* vard. extra-knäcka
moonlit ['mo:nlitt] *adj* månbelyst
moonshine [mo:nschajn] *subst* **1** månsken **2** vard. hembränt
1 moor [moər] *subst* hed
2 moor [moər] *verb* förtöja
moose [mo:s] *subst* amerikansk älg
mop [ma:p] **I** *subst* mopp **II** *verb* moppa
mope [moup] *verb* tjura; vara ledsen
moral ['må:rəl] **I** *adj* moralisk **II** *subst* **1** sensmoral **2** ***morals*** moral
morale [mə'räll] *subst* moral, kampanda
morality [mə'rälləti] *subst* moral
morass [mə'räss] *subst* träsk
more [må:r] *adj* o. *pron* o. *adv* **1** mer, mera; ***no ~*** el. ***not any ~*** inte mer **2** fler, flera **3** ytterligare; ***once ~*** en gång till
moreover [må:'rouvər] *adv* dessutom
morning ['må:rning] *subst* morgon, förmiddag; ***this ~*** i morse, i förmiddags
moron ['må:ra:n] *subst* vard. idiot
morsel ['må:rsəl] *subst* munsbit; smula
mortality [må:r'tälləti] *subst* dödlighet; ***~ rate*** dödstal
1 mortar ['må:rtər] *subst* mortel
2 mortar ['må:rtər] *subst* murbruk
mortgage ['må:rgiddʒ] **I** *subst* inteckning; bolån **II** *verb* inteckna
mortician [må:r'tischən] *subst* begravningsentreprenör
mortuary ['må:rtchoerri] *subst* bårhus
mosaic [mou'zejikk] *subst* mosaik
Moscow ['ma:skao] Moskva
mosque [ma:sk] *subst* moské
mosquito [mə'ski:tou] *subst* mygga
moss [ma:s] *subst* mossa
most [moust] **I** *adj* o. *pron* mest, flest, den (det) mesta, de flesta **II** *adv* mest
mostly ['moustli] *adv* mestadels
motel [mou'tell] *subst* motell
moth [ma:θ] *subst* mal, mott
mothball ['ma:θbå:l] *subst* malkula; ***in mothballs*** bildligt i malpåse
mother ['maðər] **I** *subst* moder, mamma; ***~ tongue*** modersmål; ***Mother's Day*** mors dag andra söndagen i maj **II** *verb* vara som en mor för
motherhood ['maðərhodd] *subst* moderskap

mother-in-law ['maðərənla:] *subst* svärmor
motherly ['maðərli] *adj* moderlig
mother-of-pearl [ˌmaðərəv'pö:rl] *subst* pärlemor
motion ['mouschən] *subst* rörelse; *in ~* i rörelse, i gång; *~ sickness* åksjuka
motionless ['mouschənləs] *adj* orörlig
motive ['moutivv] *subst* motiv; anledning
motley ['ma:tli] *adj* brokig; *~ crew* brokig skara
motor ['moutər] *subst* motor
motorbike ['moutərbajk] *subst* motorcykel
motorboat ['moutərbout] *subst* motorbåt
motorcycle ['moutərˌsajkl] *subst* motorcykel
motorist ['moutərisst] *subst* bilist
motorman ['moutərmən] *subst* tunnelbaneförare
motto ['ma:tou] *subst* motto; ordspråk
mound [maond] *subst* hög, kulle
mount [maont] *verb* **1** montera; sätta upp **2** sitta upp på häst
mountain ['maontən] *subst* berg; *~ range* bergskedja
mountaineer [ˌmaontə'niər] *subst* bergsbestigare
mountainous ['maontənəs] *adj* bergig
mountainside ['maontənsajd] *subst* bergssluttning
mounting ['maonting] *subst* beslag handtag o.d.
mourn [må:rn] *verb* sörja
mourning ['må:rning] *subst* sorg; *in ~* sorgklädd
mouse [maos] *subst* mus
mousetrap ['maosträpp] *subst* råttfälla
mousse [mo:s] *subst* mousse
moustache ['masstäsch] *subst* mustasch
mousy ['maosi] *adj* musgrå; råttfärgad
mouth [maoθ] *subst* **1** mun; *shut your ~!* håll mun! **2** mynning
mouthful ['maoθfoll] *subst* munfull
mouth organ ['maoθ ˌå:rgən] *subst* munspel
mouthpiece ['maoθpi:s] *subst* **1** munstycke **2** språkrör
mouthwash ['maoθwa:sch] *subst* munvatten
mouth-watering ['maoθˌwa:təring] *adj* aptitretande
movable ['mo:vəbl] *adj* flyttbar
move [mo:v] **I** *verb* **1** flytta, flytta på **2** röra sig **3** göra

rörd; ***be moved*** bli rörd **4** yrka på **II** *subst* **1** flyttning **2** bildligt drag; ***a wrong ~*** ett feldrag

movement ['mo:vmənt] *subst* rörelse

movers [mo:vərz] *subst pl* stadsbud

movie ['mo:vi] *subst* vard. film; ***go to the movies*** gå på bio

movie camera ['mo:vi ˌkämmərə] *subst* filmkamera

movie star ['mo:vi sta:r] *subst* filmstjärna

moving ['mo:ving] *adj* **1** rörande **2** *~* ***van*** flyttbil

mow [mou] *verb* klippa gräsmatta; slå äng

mower ['mouər] *subst* gräsklippare

MP [ˌemm'pi:] (förk. för *military police*) militärpolis

mph (förk. för *miles per hour*) 'miles' i timmen, jfr *mile*

Mr. ['misstər] hr, herr före namn

Mrs. ['missizz] fru före namn

Ms. [mizz] frk, fröken; fru före namn

much [mattch] *adj* o. *adv* o. *pron* mycket; ***how ~ is this?*** vad kostar den här?; ***thank you very ~*** tack så mycket

muck [makk] *subst* gödsel; vard. skit

mucus ['mjo:kəs] *subst* slem

mud [madd] *subst* gyttja; lera

muddle [maddl] *verb* **1** röra ihop; *~* ***it up*** ställa till oreda **2** förvirra

muddy ['maddi] *adj* lerig; gyttjig

mudguard ['maddga:rd] *subst* stänkskärm på bil

muffin ['maffinn] *subst* muffin; ***English ~*** slags tebröd

muffle [maffl] *verb* dämpa

muffler ['mafflər] *subst* **1** halsduk **2** ljuddämpare

mug [magg] **I** *subst* **1** mugg **2** slang tryne, fejs; *~* ***shot*** bild för polisarkiv **II** *verb* vard. överfalla och råna

mugging ['magging] *subst* vard. rånöverfall

muggy ['maggi] *adj* kvav

mule [mjo:l] *subst* mula, mulåsna

multiple ['malltippl] *adj* mångfaldig; *~* ***collision*** seriekrock

multiplication [ˌmalltippli'kejschən] *subst* multiplikation

multiply ['malltiplaj] *verb* **1** multiplicera **2** öka

multistory [ˌmallti'stå:ri] *adj* flervånings-

mum [mamm] *adj* vard. tyst; ***mum's the word!*** säg inte ett knäpp!

mumble [mammbl] **I** *verb* mumla **II** *subst* mummel

mummy ['mammi] *subst* mumie

mumps [mammps] *subst* påssjuka
munch [mantch] *verb* mumsa; knapra
mundane ['manndejn] *adj* vardaglig
municipal [mjo'nissippəl] *adj* kommunal; stads-
murder ['mö:rdər] **I** *subst* mord **II** *verb* mörda
murderer ['mö:rdərər] *subst* mördare
murderous ['mö:rdərəs] *adj* mordisk
murky ['mö:rki] *adj* mörk, skum
murmur ['mö:rmər] **I** *subst* mummel **II** *verb* mumla
muscle [massl] *subst* muskel
musclebound ['masslbaond] *adj* muskulös
muscular ['masskjələr] *adj* muskulös
1 muse [mjo:z] *subst* musa
2 muse [mjo:z] *verb* fundera, grunna
museum [mjo'zi:əm] *subst* museum
mushroom ['maschro:m] *subst* svamp; champinjon
music ['mjo:zikk] *subst* musik
musical ['mjo:zikkl] **I** *adj* musikalisk; musik- **II** *subst* musikal
musician [mjo'zischən] *subst* musiker
muskrat ['masskrätt] *subst* bisamråtta
Muslim ['mozzləm] **I** *subst* muslim **II** *adj* muslimsk
muslin ['mazzlinn] *subst* muslin; bomullslärft
mussel [massl] *subst* mussla
must [masst] *verb* måste, är tvungen att; ~ ***not*** får inte, bör inte
mustache ['masstäsch] *subst* mustasch
mustard ['masstərd] *subst* senap; ***cut the*** ~ vard. motsvara förväntningarna, lyckas
muster ['masstər] *verb* uppbåda
mustn't [massnt] = *must not*
musty ['massti] *adj* unken, sur; möglig; mossig
mute [mjo:t] **I** *adj* stum **II** *subst* sordin
mutilate ['mjo:təlejt] *verb* stympa, vanställa
mutiny ['mjo:tinni] *subst* myteri
mutt [matt] *subst* hundracka
mutter ['mattər] *verb* muttra
mutton [mattn] *subst* fårkött
mutual ['mjo:tchoəl] *adj* **1** ömsesidig **2** ~ ***fund*** aktiefond
muzzle [mazzl] *subst* **1** nos **2** munkorg
my [maj] *pron* min, mina

myself [maj'sellf] *pron* mig, mig själv; jag själv, själv
mysterious [mi'stirriəs] *adj* mystisk
mystery ['misstri] *subst* mysterium, gåta
mystify ['misstifaj] *verb* förbrylla
myth [miθ] *subst* myt
mythology [mi'θa:lədʒi] *subst* mytologi

N

N, n [enn] *subst* N, n
nag [nägg] *verb* tjata
nail [nejl] **I** *subst* **1** nagel **2** spik **II** *verb* spika
nail file ['nejl fajl] *subst* nagelfil
nail polish ['nejl ˌpa:lisch] *subst* nagellack
nail scissors ['nejl ˌsizzərz] *subst pl* nagelsax
naive [na'i:v] *adj* naiv
naked ['nejkidd] *adj* naken; ***the ~ eye*** blotta ögat
name [nejm] **I** *subst* namn; ***the ~ of the game*** vard. vad det handlar om **II** *verb* **1** kalla för; ~ ***after*** uppkalla efter **2** namnge; nämna
nameless ['nejmləs] *adj* namnlös
namely ['nejmli] *adv* nämligen
namesake ['nejmsejk] *subst* namne
nap [näpp] *subst* tupplur
nape [nejp] *subst* nacke
napkin ['näppkinn] *subst* servett
narcissus [na:r'sissəs] *subst* pingstlilja
narcotic [na:r'ka:tikk] *subst* narkotiskt preparat; ***narcotics*** äv. narkotika

narrative ['närrətivv] *subst* berättelse
narrow ['närrou] **I** *adj* **1** smal, trång **2** *have a ~ escape* undkomma med knapp nöd **II** *verb* smalna av; *~ down* begränsa
narrowly ['närrouli] *adv* med knapp nöd
narrow-minded [ˌnärrou'majndidd] *adj* trångsynt
nasty ['nässti] *adj* otäck; elak; besvärlig; *~ surprise* kalldusch
natch [nättch] *adv* vard. så klart, förstås
nation ['nejschən] *subst* nation
national ['näschnəl] *adj* nationell; *~ guard* nationalgardet militära reservförband; *~ hero* folkhjälte; *~ holiday* nationaldag; landsomfattande helgdag
nationalism ['näschnəlizzəm] *subst* nationalism
nationalist ['näschnəlisst] **I** *subst* nationalist **II** *adj* nationalistisk
nationality [ˌnäschə'nälləti] *subst* nationalitet
nationalize ['näschnəlajz] *verb* förstatliga
nationwide ['nejschnwajd] *adj* landsomfattande
native ['nejtivv] **I** *adj* **1** födelse- **2** infödd; *Native American* indian- **II** *subst* infödd; inföding; *~ country* fosterland
natural ['nättchrəl] **I** *adj* naturlig; *~ resources* naturtillgångar; *~ science* naturvetenskap **II** *subst* vard. naturbegåvning
naturalized ['nättchrəlajzd] *adj* naturaliserad; *become ~* få amerikanskt medborgarskap
naturally ['nättchrəli] *adv* naturligtvis
nature ['nejtchər] *subst* natur; *by ~* till sin natur; av naturen; *~ preserve* el. *~ reserve* naturreservat
naughty ['na:ti] *adj* **1** om barn stygg; olydig **2** oanständig
nausea ['na:zjə] *subst* kväljningar
nauseate ['na:ziejt] *verb* kvälja; äckla
nautical ['na:tikkl] *adj* sjö-; nautisk
naval [nejvl] *adj* marin-
nave [nejv] *subst* nav
navel [nejvl] *subst* navel
navigate ['nävvigejt] *verb* navigera
navigation [ˌnävvi'gejschən] *subst* navigering
navy ['nejvi] *subst, the ~* flottan
navy-blue [ˌnejvi'blo:] *adj* marinblå

near [niər] *adj* o. *adv* o. *prep* nära; *come (get)* ~ närma sig
nearby I ['nirrbaj] *adj* närbelägen **II** [niər'baj] *adv* i närheten
nearly ['nirrli] *adv* nästan
near-sighted [ˌnirr'sajtəd] *adj* närsynt
neat [ni:t] *adj* **1** ordentlig; prydlig **2** om whisky outspädd **3** vard. kul, häftig
necessarily ['nessəserrəli] *adv* nödvändigtvis
necessary ['nessəserri] *adj* nödvändig
necessity [nə'sessəti] *subst* nödvändighet; *the necessities of life* livets nödtorft
neck [nekk] *subst* hals; *back of the* ~ nacke; *save one's* ~ rädda skinnet
necklace ['nekkləs] *subst* halsband
neckline ['nekklajn] *subst* halsringning; *plunging* ~ djup urringning
necktie ['nekktaj] *subst* slips
need [ni:d] **I** *subst* behov **II** *verb* behöva
needle [ni:dl] **I** *subst* **1** nål **2** kanyl **II** *verb* tråka, retas med
needless ['ni:dləs] *adj* onödig
needlework ['ni:dlwö:rk] *subst* handarbete
needn't [ni:dnt] = *need not*
needy ['ni:di] *adj* behövande
negative ['neggətivv] *adj* o. *subst* negativ
neglect [ni'glekkt] **I** *verb* försumma **II** *subst* försummelse
negligee ['neggləʒej] *subst* negligé
negligence ['negglidʒəns] *subst* försumlighet
negotiate [ni'gouschiejt] *verb* förhandla
negotiation [niˌgouschi'ejschən] *subst* förhandling
Negro ['ni:grou] *subst* neger
neigh [nej] *verb* gnägga
neighbor ['nejbər] *subst* granne
neighborhood ['nejbərhodd] *subst* grannskap; kvarter
neighboring ['nejbəring] *adj* grann-
neighborly ['nejbərli] *adj* som det anstår en god granne; sällskaplig, vänskaplig
neither [ni:ðr] **I** *pron* ingen **II** *konj* inte heller; ~ *she nor I* varken hon eller jag
neon ['nia:n] *subst* neon
nephew ['neffjo:] *subst* brorson, systerson
nerd [nö:rd] *subst* nörd, tönt, nolla
nerve [nö:rv] *subst* **1** nerv **2** mod
nerve-racking ['nö:rvˌräkking] *adj* nervpåfrestande
nervous ['nö:rvəs] *adj* nervös;

orolig, ängslig; *a ~ breakdown* ett nervsammanbrott

nest [nesst] *subst* rede; näste, bo; *hornet's ~* bildligt getingbo

nest egg ['nesst egg] *subst* sparad slant

nestle ['nessl] *verb, ~ down* kura ihop sig; krypa ner

1 net [nett] **I** *subst* nät; håv **II** *verb* i tennis o.d. slå bollen i nät

2 net [nett] *adj* netto; *~ profit* nettovinst

Netherlands ['neðərləndz], *the ~* Nederländerna

nettle [nettl] **I** *subst* nässla **II** *verb* irritera, reta

network ['nettwö:rk] **I** *subst* **1** nätverk **2** TV-bolag **II** *verb* använda sina kontakter

neurotic [ˌno'ra:tikk] *adj* neurotisk

neuter ['no:tər] **I** *adj* könlös **II** *verb* kastrera, sterilisera

neutral ['no:trəl] *adj* neutral

neutralize ['no:trəlajz] *verb* neutralisera

never ['nevvər] *adv* aldrig; *~ again* aldrig mera

nevertheless [ˌnevvərðə'less] *adv* likväl, ändå

new [no:] *adj* **1** ny; *~ mother* nybliven mor **2** färsk

newborn ['no:bå:rn] *adj* nyfödd

newcomer ['no:ˌkammər] *subst* nykomling

newfangled [ˌno:'fänggld] *adj* nymodig

newly ['no:li] *adv* nyligen

newly-weds ['no:liweddz] *subst pl, the ~* vard. de nygifta

news [no:z] *subst* nyheter

news agency ['no:z ˌejdʒənsi] *subst* nyhetsbyrå

newsboy ['no:zbåj] *subst* tidningsbud

newscaster ['no:zˌkässtər] *subst* nyhetsuppläsare

newsdealer ['no:zˌdi:lər] *subst* innehavare av tidningskiosk

newsflash ['no:zfläsch] *subst* extra nyhetssändning

newsletter ['no:zˌlettər] *subst* informationsblad

newsman ['no:zmänn] *subst* journalist

newspaper ['no:zˌpejpər] *subst* tidning

newsreader ['no:zˌri:dər] *subst* nyhetsuppläsare

newsreel ['no:zri:l] *subst* journalfilm

newsstand ['no:zstännd] *subst* tidningskiosk

newt [no:t] *subst* vattenödla

New Year [ˌno: 'jiər] *subst* nyår; *Happy ~!* Gott nytt år!; *New Year's Day* nyårsdagen; *New Year's Eve* nyårsafton

New Zealand [ˌno: 'zi:lənd] Nya Zeeland
New Zealander [ˌno: 'zi:ləndər] *subst* nyzeeländare
next [nekkst] **I** *adj* nästa; *the girl ~ door* en alldeles vanlig flicka; *~ Sunday* nu på söndag **II** *adv* **1** därefter **2** näst
next door [ˌnekks 'då:r] **I** *adj* närmast **II** *adv, live ~ to* vara granne med
next of kin [ˌnekkst əv 'kinn] *subst* närmaste anhörig
nib [nibb] *subst* stift på reservoarpenna
nibble [nibbl] *verb* knapra på; nafsa
nice [najs] *adj* trevlig; snäll; skön
nicely ['najsli] *adv* utmärkt
niche [nittch] *subst* nisch
nick [nikk] *subst* hack
nickel [nikkl] *subst* **1** femcentare mynt **2** nickel
nickname ['nikknejm] *subst* smeknamn; öknamn
niece [ni:s] *subst* brorsdotter, systerdotter
night [najt] *subst* natt; *first ~* premiär; *last ~* i går kväll; i natt; *make a ~ of it* vard. göra sig en helkväll; *by ~* nattetid
nightcap ['najtkäpp] *subst* vard. sängfösare
night clerk ['najt ˌklö:rk] *subst* nattportier
nightclub ['najtklabb] *subst* nattklubb
night crawler ['najt kra:lər] *subst* mask för metning
nightfall ['najtfa:l] *subst* mörkrets inbrott
nightgown ['najtgaon] *subst* nattlinne
nightie ['najti] *subst* nattlinne
nightingale ['najtəngejl] *subst* näktergal
nightly ['najtli] *adj* nattlig
nightmare ['najtmärr] *subst* mardröm
night school ['najt sko:l] *subst* kvällskurs
nightstick ['najtstikk] *subst* batong
night-time ['najttajm] *subst, in the ~* nattetid
night watchman [ˌnajt 'wa:tchmən] *subst* nattvakt
nil [nill] *subst* ingenting; noll
nimble [nimmbl] *adj* kvick, flink
nine [najn] *räkn* nio
nineteen [ˌnajn'ti:n] *räkn* nitton
ninety ['najnti] *räkn* nitti
ninth [najnθ] **I** *räkn* nionde **II** *subst* niondel
nip [nipp] *verb* nypa; nafsa
nipple [nippl] *subst* bröstvårta; dinapp
Nisei ['ni:sej] *subst* andra

generationens invandrare från Japan till USA
nitrogen ['najtrədʒən] *subst* kväve
nitty-gritty [ˌnitti'gritti] *subst, the* ~ det viktigaste, de svåra detaljerna
1 no [nou] *adj* ingen, inte någon; ~ *one* ingen, inte någon; ~ *man's land* ingenmansland; ~ *smoking* rökning förbjuden; ~ *way!* vard. aldrig i livet!
2 no [nou] *adv* nej
nobility [nou'billəti] *subst* **1** adel **2** ädelhet
noble [noubl] *adj* **1** adlig **2** ädel
nobody ['noubədi] *pron* ingen, inte någon
nod [na:d] **I** *verb* nicka; ~ *off* nicka till **II** *verb* nick
noise [nåjz] *subst* ljud; oljud
noisy ['nåjzi] *adj* bullrig, bråkig
nominate ['na:minnejt] *verb* föreslå; utnämna
nominee [ˌna:mi'ni:] *subst* kandidat
non-alcoholic ['na:nˌällkə'ha:likk] *adj* alkoholfri
non-committal [ˌna:nkə'mittl] *adj* till intet förpliktande
nondescript ['na:ndisskrippt] *adj* obestämbar
none [nann] *pron* ingen, inte någon
nonentity [na:'nenntəti] *subst* obetydlig person
nonetheless [ˌnannðə'less] *adv* likväl, ändå
non-existent [ˌna:nigg'zisstənt] *adj* obefintlig
non-fiction [ˌna:n'fikkschn] *subst* sakprosa
no-no ['nounou] *subst, be a* ~ vara förbjuden
nonsense ['na:nsenns] *subst* nonsens
non-smoker [ˌna:n'smoukər] *subst* icke-rökare
non-stick [ˌna:n'stikk] *adj* teflonbehandlad
non-stop [ˌna:n'sta:p] *adj* o. *adv* utan uppehåll, i ett
noodle [no:dl] *subst* **1** nudel **2** slang skalle
nook [nokk] *subst* vrå
noon [no:n] *subst* klockan tolv på dagen
noose [no:s] *subst* snara
nor [nå:r] *konj* och inte heller; *neither she* ~ *I* varken hon eller jag
norm [nå:rm] *subst* norm
normal ['nå:rməl] *adj* normal
normally ['nå:rməli] *adv* normalt sett
north [nå:rθ] **I** *subst* norr **II** *adj* norra **III** *adv* norrut

north-east [ˌnå:rθ'i:st] *subst* nordost
northerly ['nå:rðərli] *adj* nordlig
northern ['nå:rðərn] *adj* **1** nordlig; ~ *lights* norrsken **2** nordisk
northward ['nå:rθwərd] *adv* mot (åt) norr
north-west [ˌnå:rθ'wesst] *subst* nordväst
Norway ['nå:rwej] Norge
Norwegian [nå:r'wi:dʒən] **I** *adj* norsk **II** *subst* **1** norrman **2** norska språk
nose [nouz] *subst* näsa
nose-bleed ['nouzˌbli:d] *subst* näsblod
nosedive ['nouzdajv] *subst* störtdykning
nosey ['nouzi] *adj* vard. nyfiken; närgången
no-smoking ['nouˌsmouking] *adj,* ~ *section* rökfri avdelning
nostalgia [na:'ställdʒə] *subst* nostalgi
nostril ['na:strəl] *subst* näsborre
nosy ['nouzi] *adj* vard. nyfiken; närgången
not [na:t] *adv* inte; ~ ***until then*** först då
notably ['noutəbli] *adv* i synnerhet
notary public [ˌnoutəri 'pabblikk] *subst* notarius publicus
notch [na:tch] *subst* **1** hack, skåra **2** vard. pinnhål, grad
note [nout] **I** *subst* **1** anteckning; ***make a*** ~ ***of*** anteckna; ~ ***pad*** kollegieblock **2** not; ***quarter*** ~ fjärdedelsnot **II** *verb* **1** lägga märke till **2** ~ ***down*** anteckna
notebook ['noutbokk] *subst* anteckningsbok
noted ['noutəd] *adj,* ~ ***for*** känd för
notepaper ['noutˌpejpər] *subst* brevpapper
nothing ['naθing] *pron* ingenting, inget; ~ ***but*** ingenting annat än; ~ ***much*** inte särskilt mycket; ***for*** ~ till ingen nytta
notice ['noutəs] **I** *subst* **1** meddelande; ***give public*** ~ meddela, kungöra **2** uppmärksamhet **3** ***give*** ~ säga upp sig **II** *verb* märka
noticeable ['noutəsəbl] *adj* märkbar
notice board ['noutəs bå:rd] *subst* anslagstavla
notify ['noutəfaj] *verb* tillkännage
notion [nouschn] *subst* **1** uppfattning **2** infall
notorious [nou'tå:riəs] *adj* ökänd

nought [na:t] *subst* noll; *all for* ~ förgäves
noun [naon] *subst* substantiv
nourishing ['nö:risching] *adj* närande
nourishment ['nö:rischmənt] *subst* näring, föda
novel ['na:vəl] **I** *adj* ny **II** *subst* roman
novelist ['na:vəlisst] *subst* romanförfattare
novelty ['na:vəlti] *subst* **1** nyhet **2** *novelties* krimskrams
November [nou'vemmbər] *subst* november
now [nao] **I** *adv* nu; *every* ~ *and then* då och då; *by* ~ vid det här laget; *for* ~ tillsvidare **II** *konj* nu då, när
nowadays ['naoədejz] *adv* nuförtiden
no-waiting ['nou,wejting] *adj*, ~ *zone* plats där det råder stoppförbud
nowhere ['nouhwärr] *adv* ingenstans
nozzle ['na:zl] *subst* munstycke, pip
nuclear ['no:kliər] *adj* kärn-; atom-; ~ *bomb* atombomb; ~ *family* kärnfamilj; ~ *power* kärnkraft
nude [no:d] *adj* naken, bar
nudge [naddʒ] *verb* knuffa, puffa
nudist ['no:dəst] *subst* nudist
nuisance [no:sns] *subst* otyg, elände
null [nall] *adj*, ~ *and void* ogiltig
numb [namm] **I** *adj* domnad; stelfrusen **II** *verb* bildligt förlama
number ['nammbər] **I** *subst* **1** antal **2** nummer; ~ *one* en själv **II** *verb* numrera
numerical [no'merrikkəl] *adj* siffer-
numerous ['no:mərəs] *adj* talrik
nun [nann] *subst* nunna
nurse [nö:rs] **I** *subst* sjuksköterska **II** *verb* sköta barn el. sjuka
nursery ['nö:rsəri] *subst* barnkammare; ~ *school* förskola för barn under 5 år
nursing ['nö:rsing] *subst* sjukvård
nursing home ['nö:rsing houm] *subst* sjukhem, vårdhem
nut [natt] *subst* **1** nöt **2** vard. tokstolle, knäppis
nutmeg ['nattmegg] *subst* muskotnöt
nutritious [no'trischəs] *adj* näringsrik
nuts [natts] *adj* vard. knäpp
nutshell ['nattschell] *subst* nötskal
nylon ['najla:n] *subst* nylon

O

O, o [ou] *subst* O, o
oak [ouk] *subst* ek
oar [å:r] *subst* åra
oasis [ou'ejsiss] *subst* oas
oath [ouθ] *subst* ed; svordom
oatmeal ['outmi:l] *subst* havregryn; gröt
oats [outs] *subst pl* havre
obedience [ou'bi:djəns] *subst* lydnad
obedient [ou'bi:djənt] *adj* lydig
obesity [ou'bi:səti] *subst* fetma
obey [ou'bej] *verb* lyda
obituary [ə'bittchoeri] *subst* dödsruna
object I ['a:bdʒikkt] *subst* **1** föremål; objekt **2** syfte, mål **3** ~ ***lesson*** statuerat exempel **II** [əb'dʒekkt] *verb* invända
objection [əb'dʒekkschn] *subst* invändning, protest
objective [əb'dʒekktivv] **I** *adj* objektiv **II** *subst* mål
obligation [ˌa:bli'gejschn] *subst* förpliktelse
oblige [ə'blajdʒ] *verb* **1** förpliktiga **2** tillmötesgå; ***much obliged*** vard. tusen tack!
obliging [ə'blajdʒing] *adj* tjänstvillig
oblique [ə'bli:k] *adj* **1** sned **2** indirekt
obliterate [ə'blittərejt] *verb* utplåna
oblivion [ə'blivviən] *subst* glömska; ***sink into*** ~ råka i glömska
oblivious [ə'blivviəs] *adj* omedveten
obnoxious [a:b'na:kschəs] *adj* motbjudande; vidrig; om barn odräglig
obscene [əb'si:n] *adj* oanständig; vidrig
obscure [əb'skjoər] **I** *adj* dunkel; svårfattlig **II** *verb* fördunkla
observant [əb'zö:rvənt] *adj* uppmärksam
observation [ˌa:bzər'vejschən] *subst* **1** observation **2** anmärkning
observatory [əb'zö:rvətå:ri] *subst* observatorium
observe [əb'zö:rv] *verb* observera; iaktta; ~ ***a holiday*** fira en helg
obsess [əb'sess] *verb*, ***be obsessed with*** vara besatt av
obsessive [əb'sessivv] *adj* tvångsmässig
obsolete [ˌa:bsə'li:t] o. **obsolescent** [ˌa:bsə'lessnt] *adj* föråldrad

obstacle ['a:bstəkl] *subst* hinder
obstinate ['a:bstinnət] *adj* envis
obstruct [əb'strakkt] *verb* **1** blockera **2** hindra
obtain [əb'tejn] *verb* lyckas få; skaffa sig; erhålla
obvious ['a:bviəs] *adj* tydlig; uppenbar
occasion [ə'kejʒən] *subst* tillfälle; anledning; *on ~* då och då
occasional [ə'kejʒənl] *adj* enstaka
occasionally [ə'kejʒnəli] *adv* emellanåt
occupation [ˌa:kjə'pejschn] *subst* **1** ockupation **2** yrke
occupational [ˌa:kjə'pejschnəl] *adj, ~ hazard* yrkessjukdom
occupy ['a:kjəpaj] *verb* **1** ockupera; besätta **2** sysselsätta **3** *be occupied* om plats o.d. vara upptagen
occur [ə'kö:r] *verb* inträffa; hända
occurrence [ə'kö:rəns] *subst* händelse; förekomst
ocean ['ouschən] *subst* ocean
o'clock [ə'kla:k] *adv, it is ten ~* klockan är tio
October [a:k'toubər] *subst* oktober
octopus ['a:ktəpəs] *subst* bläckfisk
odd [a:d] *adj* **1** udda **2** enstaka **3** underlig
oddball ['a:dba:l] *subst* kuf, underlig typ
oddity ['a:dəti] *subst* underlighet
oddly ['a:dli] *adv, ~ enough* konstigt nog
odds [a:dz] *subst* odds; *against the ~* mot alla odds; *at ~ with sb.* osams med ngn
odor ['oudər] *subst* doft; odör, lukt
of [avv] *prep* om; av; från; med; *a cup ~ tea* en kopp te; *a boy ~ ten* en pojke på tio år; *five minutes ~ twelve* fem minuter i tolv
off [a:f] **I** *adv* o. *adj* **1** bort; av **2** *be ~* vara av; ha lossnat; ge sig av; vara ledig; *my night ~* min lediga kväll **II** *prep* borta från
off-color [ˌa:f'kallər] *adj* **1** lite krasslig **2** slipprig, tvetydig
offend [ə'fennd] *verb* stöta; förolämpa
offender [ə'fenndər] *subst* lagbrytare
offense [ə'fenns] *subst* **1** förseelse **2** anstöt **3** *the ~* anfallet i sporter
offensive [ə'fennsivv] **I** *adj* **1** anfalls- **2** stötande **II** *subst* offensiv
offer ['a:fər] **I** *verb* erbjuda

II *subst* erbjudande; offert, bud
offhand [ˌa:f'hännd] *adv* o. *adj* på rak arm; lätt nonchalant
office ['a:fəs] *subst* **1** kontor; ~ *hours* kontorstid **2** läkares mottagningsrum **3** ämbete
officer ['a:fəsər] *subst* officer; polis; befäl
office worker ['a:fəs ˌwö:rkər] *subst* kontorist
official [ə'fischəl] *adj* officiell
officiate [ə'fischiejt] *verb* tjänstgöra
officious [ə'fischəs] *adj* beskäftig
offing ['a:fing] *subst, in the ~* under uppsegling, på gång
off-peak ['a:fpi:k] *adj* låg-; *at ~ hours* vid lågtrafik
offputting ['a:fˌpotting] *adj* frånstötande, motbjudande
off-season ['a:fˌsi:zn] *adj* lågsäsong-
offset ['a:fsett] *verb* uppväga
offshoot ['a:fscho:t] *subst* sidoskott; oväntad effekt, följd
offshore [ˌa:f'schå:r] *adj* o. *adv* utanför kusten; utlandsbaserad om verksamhet, särskilt av skattetekniska skäl
offside [ˌa:f'sajd] *subst* offside
offspring ['a:fspring] *subst* avkomma
offstage [ˌa:f'stejdʒ] *adj* o. *adv* utanför scenen
off-white [ˌa:f'hwajt] *adj* benvit
often ['a:fn] *adv* ofta
ogle ['ougl] *verb* glo; snegla; kasta ögon
oil [åjl] *subst* olja; ***burn the midnight ~*** jobba sent; ***strike ~*** ha framgång
oil painting ['åjl ˌpejnting] *subst* oljemålning
oilskins ['åjlskinnz] *subst pl* kraftigt regnställ
oily ['åjli] *adj* oljig
ointment ['åjntmənt] *subst* salva
OK [ˌou'kej] vard. **I** *adj* o. *adv* OK **II** *verb* godkänna
old [ould] *adj* gammal; ~ ***people's home*** ålderdomshem
old-fashioned [ˌould'fäschənd] **I** *adj* gammalmodig **II** *subst* slags cocktail
Old Glory [ˌould 'glå:ri] *subst, the ~* stjärnbaneret USA:s flagga
olive ['a:livv] **I** *subst* oliv **II** *adj* olivgrön; ~ ***drab*** militärgrön
olive oil [ˌa:livv 'åjl] *subst* olivolja
Olympic [ə'limmpikk] *adj, the ~ Games* olympiska spelen
Olympics [ə'limmpikks] *subst pl, the ~* olympiska spelen
omelette ['a:mlət] *subst* omelett
omen ['oumen] *subst* omen, förebud

ominous ['a:minəs] *adj* illavarslande
omit [ou'mitt] *verb* utelämna
on [a:n] **I** *prep* på; vid; i; om; *this is ~ me* vard. det är jag som bjuder **II** *adv* o. *adj* **1** på sig **2** på, vidare **3** *be ~* vara på; spelas
once [wanns] *adv* en gång; *at ~* med detsamma
oncoming ['a:nˌkamming] *adj* förestående t.ex. storm; mötande trafik
one [wann] **I** *räkn* o. *adj* en, ett **II** *pron* man; *~ another* varandra
one-horse [ˌwannhå:rs] *adj*, *~ town* landsortshåla
one-man [ˌwann'männ] *adj* enmans-
one-off ['wanna:f] **I** *adj* enstaka **II** *subst* engångsföreteelse
oneself [wann'sellf] *pron* sig; sig själv; själv; en själv
one-sided [ˌwann'sajdidd] *adj* ensidig
one-way ['wannwej] *adj* **1** enkelriktad **2** *~ ticket* enkel biljett
ongoing ['a:nˌgouing] *adj* pågående
onion ['annjən] *subst* lök
on-line ['a:nlajn] *adj* direktansluten, on-line
onlooker ['a:nˌlokkər] *subst* åskådare
only ['ounli] **I** *adj* enda **II** *adv* **1** bara **2** först; senast
onset ['a:nsett] *subst* början
onshore [ˌa:n'schå:r] *adj* o. *adv* på kusten
onslaught ['a:nslå:t] *subst* våldsamt angrepp
on-the-job ['a:nðəˌdʒa:b] *adj*, *~ training* internutbildning på verkstadsgolvet
onto ['a:ntə] *prep* på
onward ['a:nwərd] *adj* framåt-
onwards ['a:nwərdz] *adv* framåt, vidare
ooze [o:z] **I** *verb* sippra fram **II** *subst* gyttja, dy
opaque [ou'pejk] *adj* ogenomskinlig; dunkel, oklar
op-ed page ['a:pedd ˌpeidʒ] *subst* tidnings debattsida
open ['oupən] **I** *adj* öppen; *~ evenings* kvällsöppen; *in the ~ air* i det fria, under bar himmel **II** *verb* **1** öppna; öppna sig **2** börja; ha premiär
opening ['oupəning] **I** *adj* öppnings-; *~ hours* öppettid; *~ night* premiär **II** *subst* öppning; premiär; vernissage
openly ['oupənli] *adv* öppet
open-minded [ˌoupən'majndidd] *adj* öppen för nya idéer
opera ['a:prə] *subst* opera
operate ['a:pərejt] *verb* **1** verka **2** operera **3** sköta

operating ['a:parejting] *adj*, ~ *instruction* bruksanvisning
operation [ˌa:pə'rejschən] *subst* **1** operation **2** *be in* ~ vara i gång
operative ['a:pərətivv] **I** *adj* verkande **II** *subst* vard. detektiv; hemlig agent
operator ['a:pərejtər] *subst* **1** telefonist **2** driftsledare; ägare
ophthalmologist [ˌa:fθäll'ma:lədʒisst] *subst* ögonläkare
opinion [ə'pinnjən] *subst* åsikt; ~ *poll* opinionsundersökning
opinionated [ə'pinnjənejtəd] *adj* påstridig; envis
opponent [ə'pounənt] *subst* motståndare
opportunity [ˌa:pər'to:nəti] *subst* tillfälle, chans
oppose [ə'pouz] *verb* motsätta sig
opposite ['a:pəzitt] **I** *adv* o. *prep* mitt emot **II** *subst* motsats
opposition [ˌa:pə'zischən] *subst* motstånd
oppress [ə'press] *verb* förtrycka
oppressive [ə'pressivv] *adj* **1** förtryckande **2** om luft, värme kvalmig, tryckande
opt [a:pt] *verb* välja; ~ *out* vard. hoppa av
optical ['a:ptikkəl] *adj* optisk; syn-
optician [a:p'tischən] *subst* optiker
optimist ['a:ptimmisst] *subst* optimist
optimistic [ˌa:pti'misstikk] *adj* optimistisk
option ['a:pschən] *subst* val; alternativ
optional ['a:pschənəl] *adj* valfri
or [å:r] *konj* eller; ~ *else* annars så
oral ['å:rəl] *adj* muntlig; mun-
orange ['å:rindʒ] *subst* apelsin
orbit ['å:rbət] *subst* bana
orchard ['å:rtchərd] *subst* fruktträdgård
orchestra ['å:rkisstrə] *subst* **1** orkester **2** främre parkett
orchid ['å:rkəd] *subst* orkidé
ordain [å:r'dejn] *verb* prästviga
ordeal [å:r'di:l] *subst* eldprov; pärs, prövning
order ['å:rdər] **I** *subst* **1** ordning; *out of* ~ ur funktion; opassande **2** order **II** *verb* **1** beordra **2** beställa
orderly ['å:rdərli] **I** *adj* välordnad **II** *subst* manligt sjukvårdsbiträde
ordinance ['å:rdənəns] *subst* lokal förordning
ordinary ['å:rdənerri] *adj* vanlig

ore [å:r] *subst* malm
Oregon Trail ['å:riggən ˌtrejl] *subst* rutt västerut som användes av nybyggare
organ ['å:rgən] *subst* **1** organ **2** orgel
organic [å:r'gännikk] *adj* organisk
organization [ˌå:rgənə'zejschən] *subst* organisation
organize ['å:rgənajz] *verb* organisera
orgasm ['å:rgäzzəm] *subst* orgasm
orgy ['å:rdʒi] *subst* orgie
orient I ['å:riənt] *subst, the Orient* Orienten **II** ['å:riennt] *verb* orientera; rikta in
Oriental [ˌå:ri'enntl] *adj* österländsk
origin ['å:riddʒinn] *subst* ursprung; *country of ~* ursprungsland
original [ə'riddʒənəl] **I** *adj* **1** ursprunglig **2** originell **II** *subst* original; förlaga
originally [ə'riddʒənəli] *adv* ursprungligen
originate [ə'riddʒənejt] *verb* härröra; uppstå; ge upphov till
ornament ['å:rnəmənt] *subst* ornament; prydnad
ornamental [ˌå:rnə'menntl] *adj* prydnads-
ornate [å:r'nejt] *adj* utsirad
ornery ['å:rnəri] *adj* vard. grinig; påstridig
orphan ['å:rfən] *subst* föräldralöst barn
orphanage ['å:rfəniddʒ] *subst* barnhem
orthopedic [ˌå:rθə'pi:dikk] *adj* ortopedisk
ostensibly [a:'stennsəbli] *adv* till synes; skenbart
ostentatious [ˌa:stenn'tejschəs] *adj* prålig; skrytsam
ostracize ['a:strəsajz] *verb* frysa ut
ostrich ['a:strittch] *subst* struts
other ['aðər] *pron* annan, annat, andra; ***the ~ day*** häromdagen; ***every ~ week*** varannan vecka; ***among ~ things*** bland annat
otherwise ['aðərwajz] *adv* **1** annorlunda, på annat sätt **2** annars
otter ['a:tər] *subst* utter
ouch [aotch] *interj* aj!
ought [a:t] *verb* bör, borde
ounce [aons] *subst* **1** uns 28,35 gram **2** gnutta
our [aor] *pron* vår, våra
ours [aorz] *pron* vår, våra
ourselves [ˌaor'sellvz] *pron* oss, oss själva; vi själva, själva
out [aot] *adv* o. *adj* **1** ute, borta; ut, bort **2** ***be ~ after***

vara ute efter; ~ *of* ut ur; borta från; utav; *be ~ of sth.* ha slut på ngt; ~ *with it!* ut med språket!
out-and-out [ˌaotn'aot] *adj* vard. tvättäkta
outboard ['aotbå:rd] *adj* utombords-
outbreak ['aotbrejk] *subst* utbrott
outburst ['aotbö:rst] *subst* utbrott, anfall
outcast ['aotkässt] *subst* utstött person
outcome ['aotkamm] *subst* utgång resultat
outcry ['aotkraj] *subst* ramaskri
outdated [ˌaot'dejtəd] *adj* omodern
outdo [ˌaot'do:] *verb* överträffa
outdoor ['aotdå:r] *adj* utomhus-; ~ *clothes* ytterkläder
outdoors [ˌaot'då:rz] *adv* utomhus
outer ['aotər] *adj* yttre, ytter-
outfit ['aotfitt] *subst* **1** kläder **2** vard. företag
outgoing [ˌaot'gouing] *adj* **1** utgående **2** utåtriktad
outgrow [ˌaot'grou] *verb* växa ifrån; växa ur kläder
outhouse ['aothaos] *subst* utedass
outing ['aoting] *subst* utflykt
outlandish [ˌaot'länndisch] *adj* besynnerlig; löjeväckande
outlaw ['aotla:] *subst* bandit
outlet ['aotlett] *subst* **1** utlopp **2** uttag **3** ~ *store* filial; fabriksförsäljning
outline ['aotlajn] **I** *subst* **1** kontur **2** utkast **II** *verb* skissera
outlive [ˌaot'livv] *verb* överleva
outlook ['aotlokk] *subst* utsikt; bildligt sätt att se, inställning
outlying ['aotˌlajing] *adj* avlägsen
outmoded [ˌaot'moudidd] *adj* omodern
outnumber [ˌaot'nammbər] *verb* vara numerärt överlägsen
out-of-date [ˌaotəv'dejt] *adj* omodern
out-of-the-way [ˌaotəvðə'wej] *adj* avlägsen
out-patient ['aotˌpejschənt] *subst* dagpatient
outpost ['aotpoust] *subst* **1** utpost **2** bas i utlandet
output ['aotpott] *subst* produktion
outrage ['aotrejdʒ] **I** *subst* **1** skandal **2** indignation **II** *verb* chockera, uppröra
outrageous [ˌaot'rejdʒəs] *adj* skandalös
outright ['aotrajt] *adj* fullständig, total

outset ['aotsett] *subst* början
outside [ˌaot'sajd] **I** *subst* utsida **II** *adj* utvändig, yttre; utomhus- **III** *adv* ute; ut **IV** *prep* utanför
outsider [ˌaot'sajdər] *subst* outsider
outskirts ['aotskö:rts] *subst pl* utkanter av stad
outspoken [ˌaot'spoukən] *adj* frispråkig
outstanding [ˌaot'stännding] *adj* framstående
outstrip [ˌaot'stripp] *verb* distansera; överträffa
outward ['aotwərd] **I** *adj* **1** utgående **2** yttre **II** *adv* utåt
outwardly ['aotwərdli] *adv* till det yttre
outweigh [ˌaot'wej] *verb* uppväga
outwit [ˌaot'witt] *verb* överlista
oval ['ouvəl] *adj* oval
ovary ['ouvəri] *subst* äggstock
oven [avvn] *subst* ugn
ovenproof ['avvnpro:f] *adj* ugnseldfast
over ['ouvər] **I** *prep* **1** över; ovanför **2** på andra sidan **3** ~ *the years* genom åren **II** *adv* **1** över **2** slut **3** ~ *and* ~ om och om igen
overall ['ouvəra:l] **I** *subst, overalls* blåställ, overall **II** *adj* helhets-
overbearing [ˌouvər'bärring] *adj* högdragen
overboard ['ouvərbå:rd] *adv* överbord
overcast [ˌouvər'kässt] *adj* mulen
overcharge [ˌouvər'tcha:rdʒ] *verb* ta för mycket betalt
overcoat ['ouvərkout] *subst* överrock
overcome [ˌouvər'kamm] **I** *verb* övervinna **II** *adj* överväldigad
overcrowded [ˌouvər'kraodidd] *adj* överbefolkad
overdo [ˌouvər'do:] *verb* överdriva
overdose I ['ouvərdous] *subst* överdos **II** [ˌouvər'dous] *verb* överdosera
overdraft ['ouvərdräfft] *subst* övertrassering
overdrawn [ˌouvər'dra:n] *adj* övertrasserad
overdue [ˌouvər'do:] *adj* **1** förfallen till betalning **2** försenad; *she's ten days* ~ hon har gått tio dagar över tiden
overestimate [ˌouvər'esstimejt] *verb* övervärdera
overflow [ˌouvər'flou] *verb* svämma över; bildligt svalla över

overgrown [ˌouvərˈgroun] *adj* igenvuxen
overhaul [ˈouvərha:l] *subst* översyn
overhead [ˈouvərhedd] *subst* fasta utgifter
overhear [ˌouvərˈhiər] *verb* råka få höra
overheat [ˌouvərˈhi:t] *verb* överhetta; om bil koka över
overjoyed [ˌouvərˈdʒåjd] *adj* utom sig av glädje
overland [ˈouvərlännd] *adv* o. *adj* till lands
overlap [ˌouvərˈläpp] *verb* överlappa varandra
overload [ˌouvərˈloud] **I** *verb* överbelasta **II** *subst* överbelastning
overlook [ˌouvərˈlokk] *verb* **1** ha utsikt över **2** förbise
overnight [ˌouvərˈnajt] *adv* **1** över natten **2** över en natt
overpass [ˈouvərˌpäss] *subst* planskild korsning
overpowering [ˌouvərˈpaoəring] *adj* överväldigande
overrate [ˌouvərˈrejt] *verb* övervärdera
override [ˌouvərˈrajd] *verb* bildligt köra över
overrule [ˌouvərˈro:l] *verb* åsidosätta; ogilla, upphäva
overrun [ˌouvərˈrann] *verb* invadera; översvämma
overseas [ˈouvərsi:z] **I** *adj* utländsk **II** *adv* utomlands
overshadow [ˌouvərˈschäddou] *verb* överskugga
oversight [ˈouvərsajt] *subst* förbiseende
oversleep [ˌouvərˈsli:p] *verb* försova sig
overstate [ˌouvərˈstejt] *verb* överdriva
overstep [ˌouvərˈstepp] *verb* överskrida
overt [ouˈvö:rt] *adj* öppen
overtake [ˌouvərˈtejk] *verb* köra om
overthrow [ˌouvərˈθrou] *verb* störta, fälla
overtime [ˈouvərtajm] *subst* övertid
overtone [ˈouvərtoun] *subst* överton; biklang
overture [ˈouvərtcho] *subst* ouvertyr
overturn [ˌouvərˈtö:rn] *verb* välta; bildligt störta
overweight [ˈouvərwejt] *subst* övervikt
overwhelm [ˌouvərˈhwellm] *verb* överväldiga
overwork [ˌouvərˈwö:rk] *verb* arbeta för mycket
overwrought [ˌouvərˈra:t] *adj* överspänd
owe [ou] *verb* vara skyldig
owl [aol] *subst* uggla, uv
own [oun] **I** *verb* äga **II** *adj* egen; ***on one's ~*** ensam; själv

owner ['ounər] *subst* ägare
ownership ['ounərschipp] *subst* äganderätt
ox [a:ks] *subst* oxe
oxygen ['a:ksiddʒən] *subst* syre
oyster ['åjstər] *subst* ostron
oz. (förk. för *ounce*) uns 28,35 gram

P

P, p [pi:] *subst* P, p
pa [pa:] *subst* vard. pappa
pace [pejs] **I** *subst* **1** steg **2** tempo, fart **II** *verb* gå av och an i
Pacific [pə'siffikk], ***the ~ Ocean*** Stilla havet
pacifier ['pässifajər] *subst* tröstnapp
pack [päkk] **I** *subst* **1** packe **2** hop **3** paket **4** kortlek **II** *verb* packa; ***~ it in*** ge upp; lägga sig; ***~ off*** skicka iväg
package ['päkkiddʒ] *subst* paket
packing ['päkking] *subst* packning; emballage
packing case ['päkking kejs] *subst* packlår
pact [päkkt] *subst* fördrag
pad [pädd] *subst* **1** anteckningsblock **2** ***shoulder ~*** axelvadd
padding ['pädding] *subst* vaddering
1 paddle [päddl] **I** *subst* **1** paddel **2** pingisracket **II** *verb* paddla
2 paddle [päddl] *verb* plaska omkring
paddock ['päddək] *subst* paddock

padlock ['päddla:k] **I** *subst* hänglås **II** *verb* låsa med hänglås
pagan ['pejgən] **I** *subst* hedning **II** *adj* hednisk
1 page [pejdʒ] *subst* sida
2 page [pejdʒ] *verb* söka med personsökare o.d.
pageant ['päddʒənt] *subst* historiskt festspel; parad
pageantry ['päddʒəntri] *subst* pompa och ståt
pager ['pejdʒər] *subst* personsökare mottagare
paid [pejd] *verb* imperf. o. perf.p. av *pay*
pail [pejl] *subst* hink, spann
pain [pejn] **I** *subst* **1** värk; ***he's a ~ in the neck*** (vulgärt ***ass***) vard. han är en riktig pest **2** ***pains*** besvär **II** *verb* smärta
painful ['pejnfəl] *adj* smärtsam
painkiller ['pejn,killər] *subst* smärtstillande medel
painless ['pejnləs] *adj* smärtfri
painstaking ['pejnz,tejking] *adj* noggrann
paint [pejnt] **I** *subst* målarfärg **II** *verb* måla
paintbrush ['pejntbrasch] *subst* målarpensel
painting ['pejnting] *subst* tavla, målning
pair [päər] *subst* par
pajamas [pə'dʒa:məz] *subst pl* pyjamas
pal [päll] *subst* kompis
palace ['pälləs] *subst* slott, palats
palatable ['pällətəbl] *adj* **1** acceptabel **2** smaklig
palate ['pällət] *subst* gom
1 pale [pejl] *subst* påle; ***beyond the ~*** otänkbar, bortom alla rimliga gränser
2 pale [pejl] **I** *adj* blek; ***~ ale*** ljust öl; ***go*** (***turn***) ~ blekna **II** *verb* blekna
palette ['pällət] *subst* palett
palisades [,pälli'sejdz] *subst pl* klippor i New York el. Kalifornien
pall [pa:l] *verb* förlora sin dragningskraft
pallbearer ['pa:lberrər] *subst* kistbärare
pallid ['pällidd] *adj* blek
1 palm [pa:m] *subst* handflata
2 palm [pa:m] *subst* palm
palomino [,pällə'mi:nou] *subst* gulvit häst
palpable ['pällpəbl] *adj* påtaglig; kännbar
paltry ['pa:ltri] *adj* futtig
pamper ['pämmpər] *verb* dalta med; skämma bort
pamphlet ['pämmflət] *subst* broschyr
pan [pänn] *subst* stekpanna
pancake ['pännkejk] *subst* pannkaka
pandemonium [,pänndi'mounjəm] *subst* tumult

pander ['pänndər] *verb, ~ to* uppmuntra; ge efter för
pane [pejn] *subst* glasruta
panel ['pännəl] *subst* **1** panel **2** instrumentbräda
paneling ['pännəling] *subst* träpanel
pang [päng] *subst* sting; kval; *pangs of conscience* samvetskval
panhandle ['pännhänndl] *verb* slang tigga på gatan
panic ['pännikk] **I** *subst* panik **II** *verb* gripas av panik
panic-stricken ['pännikk,strikkən] *adj* panikslagen
pansy ['pännzi] *subst* **1** pensé växt **2** slang bög
pant [pännt] *verb* flämta
panties ['pänntizz] *subst pl* trosor
pantomime ['pänntəmajm] *subst* pantomim
pantry ['pänntri] *subst* skafferi
pants [pännts] *subst pl* byxor, brallor
pantyhose ['pänntihouz] *subst* strumpbyxor
paper ['pejpər] **I** *subst* **1** papper **2** tidning **II** *verb* tapetsera
paperback ['pejpərbäkk] *subst* paperback
paper bag [,pejpər 'bägg] *subst* papperskasse
paper clip ['pejpər klipp] *subst* gem
paper cup [,pejpər 'kapp] *subst* pappersmugg
paper towel ['pejper ,taoəl] *subst* hushållspapper
paperweight ['pejpərwejt] *subst* brevpress
paperwork ['pejpərwö:rk] *subst* pappersarbete
par [pa:r] *subst* **1** *on a ~ with* lika (jämställd) med **2** i golf par
parable ['pärrəbl] *subst* liknelse
parachute ['pärrəscho:t] *subst* fallskärm; *golden ~* fallskärmsavtal
parade [pə'rejd] **I** *subst* parad **II** *verb* **1** tåga genom **2** skylta med
paradise ['pärrədajs] *subst* paradis
paradox ['pärrəda:ks] *subst* paradox
paraffin ['pärrəfinn] *subst* paraffin
paragon ['pärrəgən] *subst* förebild; fulländat mönster
paragraph ['pärrəgräff] *subst* stycke av text
parakeet ['pärrəki:t] *subst* parakit; undulat
parallel ['pärrəlell] *subst* o. *adj* parallell
paralysis [pə'rälləsiss] *subst* förlamning

paralyze ['pärrəlajz] *verb* förlama; lamslå
paramount ['pärrəmaont] *adj* ytterst viktig; främst, högst
paranoid ['pärrənåjd] *adj* paranoid
paraphernalia [ˌpärrəfər'nejljə] *subst* grejer; tillbehör
parasite ['pärrəsajt] *subst* parasit
parasol ['pärrəsa:l] *subst* parasoll
paratrooper ['pärrəˌtro:pər] *subst* fallskärmsjägare
parcel [pa:rsl] *subst* paket
parch [pa:rtch] *verb* sveda; *be parched* vara jättetörstig
parchment ['pa:rtchmənt] *subst* pergament
pardon [pa:rdn] **I** *subst*, *~* el. *I beg your ~!* förlåt!; hur sa? **II** *verb* **1** förlåta **2** benåda
parent ['pärrənt] *subst* förälder
parenthesis [pə'rennθəsiss] *subst* o. **parentheses** [pə'rennθəsi:z] *subst pl* parentes
parish ['pärrisch] *subst* kyrklig församling
park [pa:rk] **I** *subst* park **II** *verb* parkera
parka ['pa:rkə] *subst* parkas, anorak
parking ['pa:rking] *subst* parkering; *No Parking* Parkering förbjuden; *~ garage* parkeringshus; *~ lot* parkeringsplats, parkeringsområde; *~ meter* parkeringsautomat; *~ space* parkeringsplats; *~ ticket* parkeringsböter lapp; *~ violation* felparkering
parkway ['pa:rkwej] *subst* genomfartsled, motorväg med planteringar
parlay ['pa:rlej] *subst* överläggningar
parliament ['pa:rləmənt] *subst* parlament
parliamentary [ˌpa:rlə'menntəri] *adj* parlamentarisk
parlor ['pa:rlər] *subst* **1** finrum; extra vardagsrum; mindre salong **2** salong; *funeral ~* begravningsbyrå
parochial [pə'roukjəl] *adj* församlings-; *~ school* katolsk privatskola
parody ['pärrədi] *subst* parodi
parole [pə'roul] *subst* villkorlig frigivning
parquet [pa:r'kej] *subst* parkett golv
parrot ['pärrət] **I** *subst* papegoja **II** *verb* imitera; säga efter
parry ['pärri] *verb* parera
parsley ['pa:rsli] *subst* persilja
parsnip ['pa:rsnipp] *subst* palsternacka
parson [pa:rsn] *subst* kyrkoherde

part [pa:rt] **I** *subst* **1** del **2** roll **3** *take* ~ deltaga **4** bena **II** *verb* **1** skiljas åt **2** dela

partial ['pa:rschəl] *adj* **1** partisk **2** partiell, del- **3** *be* ~ *to* vara svag för

partially ['pa:rschəli] *adv* delvis; ~ *deaf* hörselskadad; ~ *sighted* synskadad

participate [pa:r'tissipejt] *verb* delta

participation [pa:r,tissi'pejschən] *subst* deltagande

particle ['pa:rtikkl] *subst* partikel; dammkorn

particular [pər'tikkjələr] *adj* **1** särskild; *in* ~ i synnerhet **2** nogräknad

particularly [pər'tikkjələrli] *adv* särskilt

parting ['pa:rting] *subst* avsked

partisan ['pa:rtəzən] *subst* **1** partisan **2** anhängare

partition [pa:r'tischən] **I** *subst* skiljevägg; delning **II** *verb* dela

partly ['pa:rtli] *adv* delvis; ~...~... dels...dels...

partner ['pa:rtnər] *subst* kompanjon; partner

partridge ['pa:rtriddʒ] *subst* rapphöna

part-time ['pa:rttajm] *adj* deltids-

party ['pa:rti] **I** *subst* **1** parti **2** fest; kalas **II** *verb* vard. festa, slå runt

party line ['pa:rti lajn] *subst* partilinje; ståndpunkt

pass [päss] **I** *verb* **1** passera, gå (fara osv.) förbi; ~ *by* gå (fara) förbi **2** om tid o.d. gå **3** godkänna; klara prov **4** tillbringa **5** i sporter passa **6** ~ *away* dö; ~ *on* skicka vidare; ~ *out* svimma; ~ *round* skicka runt **II** *subst* **1** godkännande i prov **2** i sporter passning **3** bergspass **4** *make a* ~ *at sb.* vard. stöta på ngn göra närmanden

passable ['pässəbl] *adj* **1** framkomlig **2** godtagbar

passage ['pässiddʒ] *subst* **1** överfart **2** passage; korridor

passbook ['pässbokk] *subst* bankbok

passenger ['pässindʒər] *subst* passagerare; ~ *plane* trafikflygplan

passer-by [,pässər'baj] *subst* förbipasserande

passing ['pässing] *adj* övergående; *no* ~ omkörning förbjuden

passion ['päschən] *subst* passion; lidelse; glöd

passionate ['päschənət] *adj* passionerad

passive ['pässivv] *adj* passiv

Passover ['päss,ouvər] *subst* judarnas påskhögtid
passport ['pässpå:rt] *subst* pass
password ['pässwö:rd] *subst* lösenord
past [pässt] **I** *adj* förfluten **II** *subst, the* ~ det förflutna; *in the* ~ förr i tiden **III** *prep* förbi; bortom; om tid o.d. över; *at half* ~ *one* klockan halv två **IV** *adv* förbi
pasta ['pa:stə] *subst* pasta spaghetti o.d.
paste [pejst] *subst* **1** deg; *tomato* ~ tomatpuré **2** bredbar pastej
pastime ['pässtajm] *subst* tidsfördriv
pastry ['pejstri] *subst* bakelse, bakverk
pasture ['pässtchər] *subst* betesmark; *put out to* ~ slang pensionera
pasty ['pejsti] *adj* blekfet
pat [pätt] **I** *subst* klapp **II** *verb* klappa
patch [pättch] **I** *subst* **1** lapp **2** fläck, bit; *bad* ~ nedgångsperiod **II** *verb* lappa
patchy ['pättchi] *adj* ojämn
pâté [pa:'tej] *subst* paté
1 patent ['pättənt] **I** *subst* patent **II** *verb* patentera
2 patent ['pejtənt] *adj* uppenbar, klar
patent leather [,pättənt 'leðər] *subst* lack; ~ *shoes* lackskor
paternal [pə'tö:rnl] *adj* faderlig
path [päθ] *subst* stig
pathetic [pə'θettikk] *adj* patetisk
pathological [,päθə'la:dʒikkəl] *adj* patologisk
pathos ['pejθa:s] *subst* patos
pathway ['päθwej] *subst* stig; bildligt bana
patience ['pejschəns] *subst* tålamod
patient ['pejschənt] **I** *adj* tålig, tålmodig **II** *subst* patient
patriotic [,pejtri'a:tikk] *adj* patriotisk
patrol [pə'troul] **I** *subst* patrull; ~ *car* polisbil **II** *verb* patrullera
patrolman [pə'troulmänn] *subst* patrullerande polis
patron ['pejtrən] *subst* mecenat; beskyddare
patronize ['pejtrənajz] *verb* behandla nedlåtande
patsy ['pättsi] *subst* slang lätt byte; syndabock
1 patter ['pättər] **I** *verb* om regn smattra **II** *subst* **1** smattrande **2** tassande ljud
2 patter ['pättər] *subst* svada
pattern ['pättərn] *subst* **1** mönster; modell **2** varuprov

paunch [pa:ntsch] *subst* vard. ölmage
pause [pa:z] **I** *subst* paus, uppehåll **II** *verb* göra en paus
pave [pejv] *verb* belägga gata; ~ *the way for* bana väg för
pavement ['pejvmənt] *subst* körbana
pavilion [pə'villjən] *subst* **1** stort tält **2** lusthus **3** sjukhuspaviljong
paw [pa:] **I** *subst* djurs tass **II** *verb* tafsa på
1 pawn [pa:n] *subst* bonde i schack
2 pawn [pa:n] **I** *subst* pant **II** *verb* pantsätta
pawnbroker ['pa:n,broukər] *subst* pantlånare
pawnshop ['pa:nscha:p] *subst* pantbank
pay* [pej] **I** *verb* **1** betala **2** löna sig **3** ~ *for* få sota för **4** ~ *back* betala tillbaka; bildligt ge igen; ~ *off* betala färdigt; bildligt löna sig; slang muta **II** *subst* lön
payable ['pejəbl] *adj* om växel o.d. att betalas
pay dirt ['pej dö:rt] *subst*, *hit* ~ göra storsuccé, lyckas stort
payment ['pejmənt] *subst* betalning; *down* ~ handpenning
payoff ['peja:f] *subst* **1** betalning **2** utdelning
pay phone ['pej foun] *subst* telefonkiosk
payroll ['pejroul] *subst* lönelista
pay-TV ['pej,ti:vi:] *subst* betal-TV
pea [pi:] *subst* ärta
peace [pi:s] *subst* fred; lugn
peaceful ['pi:sfəl] *adj* fridfull; fredlig
peach [pi:tch] *subst* persika
peacock ['pi:ka:k] *subst* påfågel
peak [pi:k] *subst* **1** bergstopp **2** höjdpunkt; *at* ~ *hours* under högtrafik; ~ *load* toppbelastning
peal [pi:l] **I** *subst* klockspel **II** *verb* runga
peanut ['pi:natt] *subst* jordnöt
pear [päər] *subst* päron
pearl [pö:rl] *subst* pärla
peasant ['pezzənt] *subst* bonde
peat [pi:t] *subst* torv; ~ *moss* torv för trädgården
pebble [pebbl] *subst* småsten
pecan [pi'ka:n] *subst* pecannöt
1 peck [pekk] *subst* ung. 9 liter
2 peck [pekk] *verb* **1** om fåglar picka **2** kyssa lätt
peculiar [pi'kjo:ljər] *adj* märklig, egendomlig
pedal [peddl] *subst* pedal

pedantic [pi'dänntikk] *adj* pedantisk

peddler ['peddlər] *subst* **1** gatuförsäljare, dörrknackare **2** knarklangare

pedestal ['peddistl] *subst* piedestal

pedestrian [pə'desstriən] **I** *adj*, ~ *crossing* övergångsställe; ~ *street* gågata **II** *subst* fotgängare

pediatrician [ˌpi:diə'trischən] *subst* barnläkare

pediatrics [ˌpi:di'ättrikks] *subst* pediatrik

pedigree ['peddigri:] *subst* stamträd

pee [pi:] vard. *verb* kissa

peek [pi:k] **I** *verb* kika **II** *subst* titt

peel [pi:l] **I** *subst* skal på frukt o.d. **II** *verb* skala frukt o.d.

1 peep [pi:p] *subst* knyst

2 peep [pi:p] **I** *verb* kika **II** *subst* titt

peephole ['pi:phoul] *subst* titthål

1 peer [piər] *verb* kisa; kika

2 peer [piər] *subst* **1** jämlike; ~ *group* kamratgrupp **2** pär

peg [pegg] *subst* hängare

Pekinese [ˌpi:ki'ni:z] *subst* pekines hund

pellet ['pellət] *subst* liten kula av papper, bröd osv.

pelt [pellt] *verb* **1** bombardera **2** ~ *down* om regn vräka ner

pelvis ['pellviss] *subst* bäckenben

1 pen [penn] *subst* fålla, kätte

2 pen [penn] *subst* penna

3 pen [penn] (kortform för *penitentiary*) *subst* vard., *the* ~ kåken fängelse

penal ['pi:nl] *adj* straff-; fångvårds-; ~ *code* brottsbalk

penalize ['pi:nəlajz] *verb* straffa

penalty ['pennəlti] *subst* straff

penance ['pennəns] *subst* bot

pencil [pennsl] *subst* blyertspenna

pencil sharpener ['pennsl ˌscha:rpnər] *subst* pennvässare

pendant ['penndənt] *subst* hängsmycke

pendulum ['penndʒələm] *subst* pendel

penetrate ['pennətrejt] *verb* tränga igenom; tränga in i

penguin ['penggwinn] *subst* pingvin

penicillin [ˌpennə'sillinn] *subst* penicillin

peninsula [pə'ninnsjələ] *subst* halvö

penis ['pi:niss] *subst* penis

penitentiary [ˌpenni'tennschəri] *subst* straffanstalt; fängelse

penknife ['pennajf] *subst* pennkniv, mindre fickkniv
pen name ['penn nejm] *subst* pseudonym
pennant ['pənnənt] *subst, win the ~* i baseboll vinna den ordinarie serien
penniless ['pennilәs] *adj* utan ett öre
penny ['penni] *subst* penny, encentare
pen pal ['penn päll] *subst* brevvän
pension ['pennschən] **I** *subst* pension **II** *verb, ~ off* avskeda med pension
pensioner ['pennschənər] *subst* pensionär
penthouse ['pennthaos] *subst* lyxig takvåning
pent-up ['penntapp] *adj* undertryckt, uppdämd
penultimate [pə'nalltimət] *adj* näst sista
peony ['pi:əni] *subst* pion
people ['pi:pl] **I** *subst* folk **II** *verb* befolka
pep [pepp] *verb, ~* ***up*** vard. pigga (elda) upp
pepper ['peppər] **I** *subst* **1** peppar **2** ~ el. ***sweet ~*** paprika **II** *verb* peppra
peppermint ['peppərminnt] *subst* pepparmint
per [pö:r] *prep* per; ***~ diem*** per dag; traktamente
perceive [pər'si:v] *verb* uppfatta; märka; inse
percent [pö:r'sennt] *subst* procent
percentage [pər'senntiddʒ] *subst* procent
perception [pər'seppschən] *subst* uppfattningsförmåga
perceptive [pər'sepptivv] *adj* insiktsfull
1 perch [pö:rtch] *subst* abborre
2 perch [pö:rtch] **I** *subst* pinne för höns o.d. **II** *verb* sitta uppflugen
percolator ['pö:rkəlejtər] *subst* kaffebryggare
perennial [pə'rennjəl] **I** *adj* evig **II** *subst* perenn flerårig växt
perfect ['pö:rfekkt] *adj* **1** perfekt **2** fullkomlig
perforated ['pö:rfərejtidd] *adj* perforerad; genomborrad
perform [pər'få:rm] *verb* **1** utföra **2** uppträda
performance [pər'få:rməns] *subst* **1** föreställning **2** prestation; prestanda
performer [pər'få:rmər] *subst* artist
perfume ['pö:rfjo:m] *subst* parfym
perfunctory [pər'fangktəri] *adj* oengagerad
perhaps [pər'häpps] *adv* kanske

perimeter [pə'rimmətər] *subst* omkrets
period ['pirriəd] *subst* **1** period **2** menstruation; *get one's ~* få mens **3** *~!* punkt slut!
periodic [ˌpirri'a:dikk] *adj* periodisk
periodical [ˌpirri'a:dikkəl] *subst* tidskrift
peripheral [pə'riffərəl] **I** *adj* perifer **II** *subst, peripherals* kringutrustning
perish ['perrisch] *verb* gå under
perishable ['perrischəbl] **I** *adj* lättförstörbar **II** *subst, perishables* färskvaror
perjury ['pö:rdʒəri] *subst* mened; *commit ~* begå mened
1 perk [pö:rk] *verb, ~ up* piggna till; pigga upp
2 perk [pö:rk] *subst* vard. löneförmån
perky ['pö:rki] *adj* pigg
perm [pö:rm] **I** *subst* permanent; *have (get) a ~* permanenta sig **II** *verb* permanenta hår
permanent ['pö:rmənənt] *adj* bestående; *~ job* fast anställning
permeate ['pö:rmiejt] *verb* **1** tränga in i **2** genomsyra
permissible [pər'missəbl] *adj* tillåtlig
permission [pər'mischən] *subst* tillåtelse
permissive [pər'missivv] *adj* tolerant; släpphänt
permit I [pər'mitt] *verb* tillåta **II** ['pö:rmitt] *subst* tillstånd; licens; *residence ~* uppehållstillstånd; *work ~* arbetstillstånd
perpendicular [ˌpö:rpən'dikkjələr] *adj* lodrät; vinkelrät
perpetrate ['pö:rpətrejt] *verb* begå brott
perpetrator ['pö:rpətrejtər] *subst* gärningsman
perplex [pər'plekks] *verb* förbrylla
persecute ['pö:rsikjo:t] *verb* förfölja
persevere [ˌpö:rsə'viər] *verb* framhärda
persimmon [pər'simmən] *subst* persimonfrukt
persist [pər'sisst] *verb* framhärda; bestå
persistent [pər'sisstənt] *adj* ihärdig
person [pö:rsn] *subst* person; *in ~* personligen
personal ['pö:rsənl] *adj* personlig; privat
personality [ˌpö:rsə'nälləti] *subst* personlighet
personally ['pö:rsnəli] *adv* personligen
personnel [ˌpö:rsə'nell] *subst* personal

perspective [pər'spekktivv] *subst* perspektiv
perspiration [ˌpö:rspə'rejschən] *subst* svett
persuade [pər'swejd] *verb* **1** övertyga **2** övertala
persuasion [pər'swejʒən] *subst* övertalning
perturb [pər'tö:rb] *verb* oroa; förvirra
peruse [pə'ro:z] *verb* läsa igenom
pervade [pər'vejd] *verb* genomsyra
perverse [pər'vö:rs] *adj* egensinnig; onaturlig, pervers
pervert I [pər'vö:rt] *verb* förvränga **II** ['pö:rvö:rt] *subst* pervers person
pesky ['pesski] *adj* vard. förbaskad; envist störande
pessimist ['pessəmisst] *subst* pessimist
pessimistic [ˌpessə'misstikk] *adj* pessimistisk
pest [pesst] *subst* plåga
pester ['pesstər] *verb* plåga; tjata på
pet [pett] **I** *subst* **1** sällskapsdjur; ~ *shop* zoologisk affär **2** favorit; ~ *name* smeknamn **II** *verb* kela med; hångla med
petal [pettl] *subst* blomblad
petite [pə'ti:t] *adj* liten och nätt om kvinna
petition [pə'tischən] *subst* petition
petroleum [pə'trouljəm] *subst* petroleum
petticoat ['pettikout] *subst* underkjol
petty ['petti] *adj* obetydlig
petulant ['petchələnt] *adj* retlig
pew [pjo:] *subst* kyrkbänk
pewter ['pjo:tər] *subst* tenn
phantom ['fänntəm] *subst* spöke; *the Phantom* Fantomen
pharmacy ['fa:rməsi] *subst* apotek
phase [fejz] *subst* fas; *go through a ~* vara inne i en besvärlig period
pheasant ['fezznt] *subst* fasan
phenomenon [fə'na:məna:n] *subst* fenomen
philosophical [ˌfillə'sa:fikkəl] *adj* filosofisk
philosophy [fi'la:səfi] *subst* filosofi
phobia ['foubjə] *subst* fobi
phone [foun] **I** *subst* telefon **II** *verb* ringa till
phone book ['foun bokk] *subst* telefonkatalog
phone booth ['foun bo:θ] *subst* telefonkiosk
phone card ['foun ka:rd] *subst* telefonkort
phone-in ['founinn] *subst* telefonväktarprogram
phonetics [fə'nettikks] *subst* fonetik

phony ['founi] vard. **I** *adj* falsk, bluff-, låtsas- **II** *subst* bluff
photo ['foutou] *subst* foto
photocopier ['foutou,ka:piər] *subst* kopieringsapparat
photograph ['foutəgräff] *subst* fotografi
photographer [fə'ta:grəfər] *subst* fotograf
photography [fə'ta:grəfi] *subst* fotografi som konst
phrase [frejz] **I** *subst* fras; *set ~* stående uttryck **II** *verb* formulera
phrase book ['frejz bokk] *subst* parlör
physical ['fizzikəl] **I** *adj* fysisk; kroppslig **II** *subst* vard. hälsokontroll
physical education [,fizzikkl eddʒə'kejschən] *subst* skolämne idrott; gymnastik
physician [fi'zischən] *subst* läkare
physicist ['fizzisisst] *subst* fysiker
physics ['fizzikks] *subst* fysik vetenskap
physiotherapy [,fizziou'θerrəpi] *subst* sjukgymnastik
physique [fi'zi:k] *subst* fysik kroppsbyggnad
pianist ['piännisst] *subst* pianist
piano [pi'ännou] *subst* piano
pick [pikk] **I** *verb* **1** plocka **2** välja **3** *~ out* handplocka; *~ up* plocka upp; hämta; lägga sig till med; vard. ragga; *~ up the tab* vard. betala, stå för notan **II** *subst, take your ~* varsågod och välj
picket ['pikkət] *subst* strejkvakt
pickle [pikkl] **I** *subst* inlagd gurka; *in a ~* i knipa **II** *verb* sylta; marinera
pickpocket ['pikk,pa:kət] *subst* ficktjuv
pick-up ['pikkapp] *subst* **1** varubil, pickup **2** mikrofon
picky ['pikki] *adj* kräsen; kinkig
picnic ['pikknikk] **I** *subst* picknick **II** *verb* picknicka
picture ['pikktchər] **I** *subst* **1** bild **2** film **II** *verb* föreställa sig
picture book ['pikktchər bokk] *subst* bilderbok
picturesque [,pikktchə'ressk] *adj* pittoresk
pie [paj] *subst* paj
piece [pi:s] **I** *subst* bit, stycke; del; *a ~ of advice* ett råd; *a ~ of furniture* en enstaka möbel; *come (go) to pieces* gå i kras **II** *verb, ~ together* laga, lappa ihop
piecemeal ['pi:smi:l] *adv* o. *adj* gradvis; bit för bit
piecework ['pi:swö:rk] *subst* ackordsarbete

pie chart ['paj tcha:rt] *subst* tårtdiagram
pier [piər] *subst* pir
pierce [piərs] *verb* genomborra; *have one's ears pierced* göra hål i öronen
pig [pigg] *subst* gris
pigeon ['piddʒən] *subst* duva
pigeonhole ['piddʒənhoul] **I** *subst* postfack i hylla o.d. **II** *verb* bildligt placera i ett fack
piggyback ['piggibäkk] *adv, ride ~* rida på ryggen (axlarna)
piggy bank ['piggi bängk] *subst* spargris
piglet ['pigglət] *subst* spädgris
pigskin ['piggskinn] *subst* svinläder; slang, amer. fotboll boll
pigsty ['piggstaj] *subst* svinstia
pigtail ['piggtejl] *subst* hårfläta
pike [pajk] *subst* gädda
1 pile [pajl] **I** *subst* hög, stapel **II** *verb* stapla; *~ up* hopa sig; dra på sig
2 pile [pajl] *subst* lugg på mattor o.d.
piles [pajlz] *subst pl* hemorrojder
pile-up ['pajlapp] *subst* seriekrock
pilfer ['pillfər] *verb* snatta
pilgrim ['pillgrimm] *subst* **1** pilgrim **2** 1600-talets invandrare i New England
pill [pill] *subst* piller; *be on the ~* äta p-piller
pillage ['pilliddʒ] **I** *subst* plundring **II** *verb* plundra
pillar ['pillər] *subst* **1** pelare **2** bildligt stöttepelare
pillow ['pillou] *subst* kudde; *~ case* örngott
pilot ['pajlət] *subst* pilot
pilot light ['pajlət lajt] *subst* tändlåga på gasspis o.d.
pimp [pimmp] *subst* hallick
pimple [pimmpl] *subst* finne
PIN [pinn] personlig kod till t.ex. kreditkort
pin [pinn] **I** *subst* knappnål **II** *verb* **1** nåla fast **2** *~ down* fastställa; *~ up* sätta upp
pinball ['pinnba:l] *subst* flipperspel
pincers ['pinnsərz] *subst pl* kniptång
pinch [pinntsch] **I** *verb* **1** nypa **2** klämma, dra ner på resurser **II** *subst* nypa; *~ of salt* nypa salt
pinched [pinntcht] *adj* tärd, infallen om ansikte
pinch hit [ˌpinntch 'hitt] *verb* vikariera
pincushion ['pinnˌkoschən] *subst* nåldyna
1 pine [pajn] *verb* **1** *~ away* tyna bort **2** tråna
2 pine [pajn] *subst* tall

pineapple ['pajn,äppl] *subst* ananas
pine cone ['pajn koun] *subst* tallkotte
ping [ping] *subst* pling
ping-pong ['pingpa:ng] *subst* pingpong
pink [pingk] **I** *adj* skär; ~ *slip* varsel om avsked **II** *subst, be in the* ~ må prima, se strålande ut
pinkie ['pingki] *subst* vard. lillfinger
pinpoint ['pinnpåjnt] *verb* precisera
pint [pajnt] *subst* ung. halvliter
pint-size ['pajntsajz] o. **pint-sized** ['pajntsajzd] *adj* småväxt, liten
pioneer [,pajə'niər] **I** *subst* pionjär **II** *verb* bana väg för
pious ['pajəs] *adj* from
pipe [pajp] *subst* **1** ledning **2** pipa
pipe dream ['pajp dri:m] *subst* önskedröm
pipeline ['pajplajn] *subst* pipeline
piper ['pajpər] *subst* säckpipblåsare; *pay the* ~ stå för fiolerna
pique [pi:k] *subst* förtrytelse
pirate ['pajərət] *subst* pirat
Pisces ['pajsi:z] *subst* Fiskarna stjärntecken
piss [piss] *verb* vard. pinka, pissa
pissed [pisst] *adj,* ~ el. ~ *off* vard. skitförbannad
pistol [pisstl] *subst* pistol
piston ['pisstən] *subst* pistong
pit [pitt] *subst* **1** grop; gruvschakt **2** avgrund **3** *orchestra* ~ orkesterdike
pitch [pittch] **I** *verb* **1** sätta upp **2** kasta **II** *subst* **1** tonläge **2** vard. säljsnack **3** lutning
pitch-black [,pittch'bläkk] *adj* kolsvart
pitcher ['pittchər] *subst* **1** kastare i baseboll **2** tillbringare
pitfall ['pittfa:l] *subst* fallgrop; fälla
pithy ['piθi] *adj* kärnfull
pitiful ['pittifoll] *adj* ömklig
pitiless ['pittiləs] *adj* skoningslös
pittance ['pittəns] *subst* spottstyver
pity ['pitti] **I** *subst* medlidande; *what a* ~*!* vad synd! **II** *verb* tycka synd om
pizazz [pə'zäzz] *subst* fart, schvung
pizza ['pi:tsə] *subst* pizza
pj's ['pi:dʒeiz] *subst pl* vard. pyjamas
placard ['pläkka:rd] *subst* plakat
placate [plə'kejt] *verb* blidka
place [plejs] **I** *subst* ställe, plats; *in* ~ *of* i stället för; *out of* ~ inte på sin plats;

olämplig; *any* (*some*) ~ någonstans; *take* ~ hända, ske **II** *verb* placera
place mat ['plejs mätt] *subst* tablett
place setting ['plejs ˌsetting] *subst* bordskuvert
plagiarism ['plejdʒərizzəm] *subst* plagiat
plague [plejg] **I** *subst* pest; farsot **II** *verb* plåga
plaid [plädd] **I** *adj* skotskrutig **II** *subst* pläd
plain [plejn] **I** *adj* **1** tydlig **2** enkel; alldaglig **II** *subst* slätt; jämn mark
plain-clothes ['plejnklouðz] *adj* civilklädd
plain-Jane [plejndʒein] *adj* alldaglig, vanlig
plaintiff ['plejntiff] *subst* kärande
plait [plejt] *verb* o. *subst* fläta
plan [plänn] **I** *subst* plan **II** *verb* planera
1 plane [plejn] *subst* plan
2 plane [plejn] **I** *subst* hyvel **II** *verb* hyvla
planet ['plännitt] *subst* planet
plank [plängk] *subst* **1** planka **2** programpunkt
planner ['plännər] *subst* planerare
plant [plännt] **I** *subst* **1** planta **2** fabrik; *nuclear* ~ kärnkraftverk **II** *verb* plantera, så
plantation [plänn'tejschən] *subst* plantage
plaster ['plässtər] *subst* **1** murbruk **2** ~ *of Paris* gips
plastered ['plässtərd] *adj* packad berusad
plastic ['plässtikk] **I** *adj* **1** plast-; ~ *bag* plastkasse **2** ~ *surgery* plastikkirurgi **II** *subst* plast
plate [plejt] *subst* **1** tallrik; kuvert **2** platta
plateau [plä'tou] *subst* platå; högplatå
plate-glass window [ˌplejt'gläss winndou] *subst* skyltfönster
platform ['plättfå:rm] *subst* plattform; ~ *shoe* platåsko
platinum ['plättənəm] *subst* platina
platter ['plättər] *subst* stort uppläggningsfat
plausible ['pla:zəbl] *adj* rimlig, plausibel
play [plej] **I** *verb* **1** leka **2** spela **3** ~ *along with* gå med på; ~ *down* tona ner; ~ *hooky* vard. skolka **II** *subst* **1** lek **2** pjäs
player ['plejər] *subst* spelare
playful ['plejfoll] *adj* lekfull
playground ['plejgraond] *subst* lekplats
playgroup ['plejgro:p] *subst* lekskola

playing card ['plejing ka:rd] *subst* spelkort
playing field ['plejing fi:ld] *subst* idrottsplan
playmate ['plejmejt] *subst* lekkamrat
play-off ['pleja:f] *subst* i sporter omspel; *play-offs* slutspelsserie
playpen ['plejpenn] *subst* lekhage
plaything ['plejθing] *subst* leksak
playtime ['plejtajm] *subst* lekstund
playwright ['plejrajt] *subst* dramatiker
plea [pli:] *subst* vädjan; *~ bargaining* förhandling om erkännande som ger lindrigare straff
plead [pli:d] *verb* **1** vädja **2** *~ guilty* erkänna; *~ not guilty* neka
pleasant [plezznt] *adj* angenäm; *~ dreams!* sov gott!
please [pli:z] *verb* **1** behaga **2** *coffee, ~* kan jag få kaffe, tack; *yes ~* ja tack; *come in, ~!* var så god och kom in!
pleased [pli:zd] *adj* belåten, glad
pleasing ['pli:zing] *adj* behaglig
pleasure ['pleʒər] *subst* nöje; njutning; *with ~* gärna
pleat [pli:t] *subst* veck
pledge [pleddʒ] **I** *subst* löfte; *~ of allegiance* trohetslöfte **II** *verb* lova
plentiful ['plenntifoll] *adj* riklig
plenty ['plennti] **I** *subst* massor; *~ of* gott om **II** *adv* vard. ganska så
pliable ['plajəbl] *adj* böjlig
pliers ['plajərz] *subst* tång
plight [plajt] *subst* svår situation
plod [pla:d] *verb* lunka
plonk [pla:ngk] *verb* ställa ner med en duns
1 plot [pla:t] *subst* **1** liten jordbit **2** diagram
2 plot [pla:t] **I** *subst* **1** komplott **2** handling i roman o.d. **II** *verb* konspirera
plough o. **plow** [plao] **I** *subst* plog **II** *verb* plöja; ploga
ploy [plåj] *subst* trick
pluck [plakk] **I** *verb* plocka **II** *subst* mod; styrka
plug [plagg] **I** *subst* **1** gummipropp **2** stickkontakt **II** *verb* **1** plugga igen **2** slang skjuta, knäppa
plum [plamm] *subst* plommon
plumb [plamm] *adv* vard. hel-, rakt-; alldeles
plumber ['plammər] *adj* rörmokare
plumbing ['plamming] *subst* rör i hus

plummet ['plammitt] *verb* sjunka kraftigt
plump [plammp] *adj* knubbig
plunder ['planndər] *subst* plundring
plunge [planndʒ] **I** *verb* störta; dyka ner **II** *subst, take the ~* våga språnget; ofta gifta sig
plunger ['planndʒər] *subst* vaskrensare sugklocka med skaft
plural ['plorrəl] *subst* plural
plurality [plo'rälləti] *subst* röstövervikt, majoritet
plus [plass] *subst* o. *prep* plus
plush [plasch] *adj* vräkig, lyxig
ply [plaj] *verb* trafikera; bedriva
plywood ['plajwodd] *subst* plywood
p.m. o. **P.M.** [ˌpi:'emm] (förk. för *post meridiem*) på eftermiddagen, e.m.
pneumonia [no'mounjə] *subst* lunginflammation
1 poach [poutch] *verb* pochera
2 poach [poutch] *verb* tjuvjaga, tjuvfiska
pocket ['pa:kitt] *subst* ficka
pocketbook ['pa:kətbokk] *subst* handväska
pocket book ['pa:kət bokk] *subst* pocketbok
pocket calculator [ˌpa:kət 'källkjollejtər] *subst* miniräknare
pocketknife ['pa:kətnajf] *subst* fickkniv
pocket money ['pa:kət ˌmanni] *subst* fickpengar
pod [pa:d] *subst* skida, balja
poem ['pouəm] *subst* dikt
poet ['pouitt] *subst* poet
poetry ['pouətri] *subst* poesi
poignant ['påjnənt] *adj* gripande, intensiv; rörande
point [påjnt] **I** *subst* **1** punkt **2** tidpunkt **3** spets **4** *at the ~ of* på vippen att **5** poäng; *the ~ is that* saken är den att; *get the ~* förstå vad saken gäller; *get to the ~!* kom till saken!; *what's the ~?* vad är det för mening med det? **II** *verb* peka; *~ out* påpeka
point-blank [ˌpåjnt'blängk] *adj* o. *adv* rakt på sak
pointed ['påjntidd] *adj* spetsig
pointer ['påjntər] *subst* **1** fingervisning **2** visare **3** fågelhund
pointless ['påjntləs] *adj* meningslös
poise [påjz] *subst* värdighet; upphöjt lugn
poison ['påjzn] **I** *subst* gift **II** *verb* förgifta
poisonous ['påjzənəs] *adj* giftig, gift-
poke [pouk] *verb* **1** peta **2** röra om i eld o.d.
1 poker ['poukər] *subst* poker

2 poker ['poukər] *subst* eldgaffel
pokey ['pouki] *adj* vard. långsam, trög
Poland ['poulənd] Polen
polar ['poulər] *adj* polar; ~ *bear* isbjörn
Pole [poul] *subst* polack
1 pole [poul] *subst* stolpe; skidstav
2 pole [poul] *subst* pol; ~ *star* polstjärna
pole vault ['poul va:lt] *subst* stavhopp
police [pə'li:s] *subst* polis; ~ *department* el. ~ *force* poliskår; ~ *investigation* polisutredning; *a* ~ *officer* en polis
policeman [pə'li:smən] *subst* polis person
policewoman [pə'li:swommən] *subst* kvinnlig polis
1 policy ['pa:lissi] *subst* politik; policy
2 policy ['pa:lissi] *subst* försäkringsbrev
Polish ['poulisch] **I** *adj* polsk **II** *subst* polska språk
polish ['pa:lisch] **I** *subst* polermedel; polish **II** *verb* polera
polished ['pa:lischt] *adj* förfinad
polite [pə'lajt] *adj* artig
political [pə'littikəl] *adj* politisk; ~ *science* statsvetenskap
politician [ˌpa:li'tischən] *subst* politiker
politics ['pa:littikks] *subst* politik
poll [poul] *subst* **1** *the polls* politiskt val **2** opinionsundersökning
pollen ['pa:lən] *subst* pollen
polling-booth ['pouling,bo:θ] *subst* valbås
pollute [pə'lo:t] *verb* förorena
pollution [pə'lo:schən] *subst* miljöförstöring; *air* ~ luftförorening
Pollyanna [ˌpa:li'änna] *subst* evig optimist
polo ['poulou] *subst* polo sport
polyester [ˌpa:li'esstər] *subst* polyester
polytechnic [ˌpa:li'tekknikk] *subst,* ~ *institute* teknisk högskola
pomegranate ['pa:mi,grännitt] *subst* granatäpple
pomp [pa:mp] *subst* pomp
pompous ['pa:mpəs] *adj* uppblåst, pompös
pond [pa:nd] *subst* damm; mindre sjö
ponder ['pa:ndər] *verb* begrunda
pony ['pouni] *subst* **1** ponny **2** slang lathund
ponytail ['pounitejl] *subst* hästsvans frisyr

poodle [po:dl] *subst* pudel
1 pool [po:l] *subst* **1** pöl **2** simbassäng, pool
2 pool [po:l] *subst* pool slags biljard
poop [po:p] *subst* barnspråk bajs; *dog ~* hundbajs
poor [poər] *adj* fattig
poorly ['poərli] *adv* illa
1 pop [pa:p] **I** *subst* **1** smäll **2** vard. läsk **II** *verb* **1** smälla **2** *~ up* dyka upp
2 pop [pa:p] *subst* pop
pope [poup] *subst, the Pope* påven
poplar ['pa:plər] *subst* poppel
poppy ['pa:pi] *subst* vallmo
Popsicle® ['pa:psikkəl] *subst* isglass pinne
popular ['pa:pjolər] *adj* populär
population [ˌpa:pjo'lejschən] *subst* befolkning
porcelain ['på:rsəlinn] *subst* finare porslin
porch [på:rtch] *subst* veranda
porcupine ['på:rkjəpajn] *subst* piggsvin
1 pore [på:r] *subst* por
2 pore [på:r] *verb, ~ over* hänga med näsan över; lusläsa
pork [på:rk] *subst* griskött
pork barrel ['på:rk bärrəl] *subst* ung. valfläsk
pork chop [ˌpå:rk 'tcha:p] *subst* fläskkotlett
porn [på:rn] *subst* vard. porr
pornography [på:r'na:grəfi] *subst* pornografi
porous ['på:rəs] *adj* porös
1 port [på:rt] *subst* portvin
2 port [på:rt] *subst* hamn
3 port [på:rt] *subst* babord
portable ['på:rtəbl] *adj* bärbar
1 porter ['på:rtər] *subst* vaktmästare
2 porter ['på:rtər] *subst* **1** bärare vid järnvägsstation o.d. **2** städare
portfolio [ˌpå:rt'fouljou] *subst* portfölj
porthole ['på:rthoul] *subst* hyttventil
portion ['på:rschən] **I** *subst* **1** del **2** portion **II** *verb, ~ out* fördela
portrait ['på:rtrət] *subst* porträtt
portray [på:r'trej] *verb* porträttera; framställa
portrayal [på:r'trejəl] *subst* framställning, porträtt
Portuguese [ˌpå:rtcho'gi:z] **I** *adj* portugisisk **II** *subst* **1** portugis **2** portugisiska språk
pose [pouz] **I** *subst* pose; ställning **II** *verb* **1** posera **2** *~ a threat* utgöra ett hot **3** *~ as* ge sig ut för att vara
posh [pa:sch] *adj* vard. flott, fin
position [pə'zischən] **I** *subst*

1 position, läge **2** befattning **3** ståndpunkt **II** *verb* placera
positive ['pa:zətivv] *adj* positiv; absolut; säker
posse ['pa:si] *subst* uppbåd lett av sheriff; slang gäng, grupp
possess [pə'zcss] *verb* äga, ha
possession [pə'zeschən] *subst* besittning, ägo; ***possessions*** ägodelar
possibility [ˌpa:sə'billəti] *subst* möjlighet
possible ['pa:səbl] *adj* möjlig
possibly ['pa:səbli] *adv* möjligtvis
possum ['pa:səm] *subst* pungråtta; ***play*** ~ spela sjuk (död), simulera
1 post [poust] *subst* stolpe
2 post [poust] *subst* befattning
postage ['poustiddʒ] *subst* porto
postcard ['poustka:rd] *subst* vykort
postcollege ['ka:lidʒ] *subst* college; ~ ***graduate*** akademiker; ***go to*** ~ läsa på universitet
poster ['poustər] *subst* affisch
postgraduate [ˌpoust'gräddʒoət] *subst* forskarstuderande
posthumous ['pa:stchəməs] *adj* postum
postmark ['poustma:rk] *subst* poststämpel
postmortem [ˌpoust'må:rtəm] *subst* obduktion
post office ['poust ˌa:fiss] *subst* **1** postkontor **2** vard. ryska posten
postpone [poust'poun] *verb* skjuta upp i tiden
posture ['pa:stchər] *subst* **1** kroppshållning **2** konstlad attityd
postwar [ˌpoust'wå:r] *adj* efterkrigs-
1 pot [pa:t] *subst* burk; kruka; gryta; kanna
2 pot [pa:t] *subst* slang marijuana
potato [pə'tejtou] *subst* potatis
potato chips [pəˌtejtou 'tchipps] *subst pl* potatischips
potent ['poutənt] *adj* mäktig; stark
potential [pə'tennschəl] **I** *adj* potentiell, möjlig; slumrande **II** *subst* potential
pothole ['pa:thoul] *subst* grop i gata
pot luck [ˌpa:t 'lakk] *subst*, ~ ***supper*** ung. knytkalas
pot roast ['pa:t roust] *subst* grytstek
potted ['pa:təd] *adj* **1** ~ ***plant*** krukväxt **2** slang packad berusad
potter ['pa:tər] *subst* krukmakare

pottery ['pa:təri] *subst* keramik; lergods
potty ['pa:ti] *subst, go ~* bajsa
pouch [paotch] *subst* pung påse
poultry ['poultri] *subst* fjäderfä
pounce [paons] *verb* slå ner på
1 pound [paond] *subst* **1** vikt pund 454 gram **2** myntenhet pund
2 pound [paond] *verb* dunka, bulta
pour [på:r] *verb* **1** hälla **2** strömma; ***pouring rain*** ösregn
pout [paot] *verb* pluta med munnen
poverty ['pa:vərti] *subst* fattigdom
poverty-stricken ['pa:vərtiˌstrikkn] *adj* utfattig
POW [ˌpi:ou'dabbljo:] (förk. för *prisoner of war*) krigsfånge
pow [pao] *interj* pang!, smock!, smack!
powder ['paodər] **I** *subst* **1** pulver **2** puder **II** *verb* pudra
powder puff ['paodər paff] *subst* pudervippa
power ['paoər] *subst* **1** makt; ***be in ~*** sitta vid makten **2** kraft
power failure ['paoər ˌfejljər] *subst* strömavbrott
powerful ['paoərfoll] *adj* mäktig
power saw [paoər sa:] *subst* motorsåg
power station ['paoər ˌstejschən] *subst* kraftverk
power tool ['paoər to:l] *subst* elverktyg
pow-wow o. **powwow** ['paowao] **I** *subst* möte, rådslag **II** *verb* rådslå
practical ['präkktikkəl] *adj* praktisk; ***~ nurse*** undersköterska
practicality [ˌpräkkti'källəti] *subst* praktisk möjlighet; ***practicalities*** praktiska frågor
practically ['präkktikkli] *adv* så gott som
practice ['präkktiss] **I** *subst* **1** praktik; ***in ~*** i praktiken **2** träning; ***~ run*** övning; ***out of ~*** otränad **II** *verb* **1** tillämpa **2** öva
prairie ['prerri] *subst* prärie
praise [prejz] **I** *verb* berömma **II** *subst* beröm
praiseworthy ['prejzˌwö:rði] *adj* lovvärd
prance [pränns] *verb* kråma sig
prank [prängk] *subst* upptåg; busstreck
prawn [pra:n] *subst* räka
pray [prej] *verb* be en bön
prayer ['preər] *subst* bön

preach [pri:tch] *verb* predika
preacher ['pri:tchər] *subst* vard., protestantisk präst; predikant
precarious [pri'kerrjəs] *adj* vansklig, betänklig; farlig
precaution [pri'ka:schən] *subst* försiktighet; försiktighetsåtgärd
precede [pri'si:d] *verb* föregå, komma före
precedent ['pressidənt] *subst* precedensfall
precinct ['pri:singkt] *subst* **1** polisdistrikt; ~ ***house*** polisstation **2** valdistrikt
precious ['preschəs] *adj* dyrbar; ~ ***stone*** ädelsten
precipice ['pressəpiss] *subst* brant, stup
precipitate [pri'sippitejt] *verb* påskynda, framkalla
precipitation [pri,sippi'tejschən] *subst* nederbörd
precise [pri'sajs] *adj* exakt
precocious [pri'kouschəs] *adj* brådmogen
precondition [,pri:kən'dischən] *subst* förutsättning
predator ['preddətər] *subst* rovdjur
predecessor ['preddəsessər] *subst* företrädare
predicament [pri'dikkəmənt] *subst* besvärlig situation; belägenhet
predict [pri'dikkt] *verb* förutsäga
predictable [pri'dikktəbl] *adj* förutsägbar
predominantly [pri'da:minnəntli] *adv* huvudsakligen
pre-empt [pri'emmpt] *verb* förekomma, föregripa
preen [pri:n] *verb,* ~ ***oneself*** kråma sig, berömma sig
prefab ['pri:fäbb] *adj* element-; monteringsfärdigt
preface ['preffəs] *subst* förord
prefer [pri'fö:r] *verb* föredra
preferably ['preffərəbli] *adv* helst
preference ['preffərəns] *subst,* ***have a*** ~ ***for*** föredra; ***in*** ~ ***to*** hellre än
preferential [,preffə'renschəl] *adj* förmåns-, prioriterad
pregnancy ['preggnənsi] *subst* graviditet
pregnant ['preggnənt] *adj* gravid
prehistoric [,pri:hi'stå:rikk] *adj* förhistorisk, urtids-; ~ ***monument*** fornminne
prejudice ['preddʒədəs] *subst* fördom, fördomar
prejudiced ['preddʒədəst] *adj* fördomsfull
prelude ['prelljo:d] *subst* förspel; upptakt

premarital [pri'märritəl] *adj* föräktenskaplig
premature [ˌpri:mə'tchoər] *adj* för tidig
premier ['pri'miər] *subst* premiärminister
première [pri'miər] *subst* premiär
premise ['premmiss] *subst* antagande
premises ['premmissizz] *subst pl*, ***on the*** ~ på området, i lokalerna
premium ['pri:mjəm] **I** *subst* försäkringspremie **II** *adj* bättre, av hög kvalitet
premonition [ˌpremmə'nischən] *subst* föraning; förvarning
preoccupied [pri'a:kjopajd] *adj* helt upptagen
prepaid [ˌpri:'pejd] *adj* på svarsbrev o.d. frankerat
preparation [ˌpreppə'rejschən] *subst* förberedelse
preparatory [pri'pärrətå:ri] *adj* förberedande
prepare [pri'päər] *verb* förbereda
preponderance [pri'pa:ndərəns] *subst* slagsida, övervikt
preposition [ˌpreppə'zischən] *subst* preposition
preposterous [pri'pa:stərəs] *adj* befängd; löjlig
preppy ['preppi] **I** *adj* i collegestil **II** *subst* student vid *prep school*
prep school ['prepp sko:l] (kortform för *preparatory school*) *subst* privat internatskola
prerequisite [ˌpri:'rekkwəzitt] *subst* förutsättning
prescribe [pri'skrajb] *verb* ordinera medicin; föreskriva
prescription [pri'skrippschən] *subst* recept; ***on*** ~ receptbelagd
presence [prezzns] *subst* närvaro
1 present [prezznt] *adj* **1** närvarande; ***those*** ~ de närvarande **2** nuvarande
2 present I [prezznt] *subst* present **II** [pri'zennt] *verb* **1** presentera **2** lägga fram
present-day ['prezzntdej] *adj* nutidens
presently ['prezzntli] *adv* snart; kort därefter
preservative [pri'zö:rvətivv] *subst* konserveringsmedel
preserve [pri'zö:rv] **I** *verb* **1** bevara **2** konservera **II** *subst*, ***preserves*** sylt; marmelad
president ['prezzidənt] *subst* **1** president **2** verkställande direktör **3** rektor vid universitet
press [press] **I** *subst* **1** tryck-

ning; press, jäkt **2** ***the*** ~ pressen **II** *verb* pressa; trycka

pressing ['pressing] *adj* brådskande

pressure ['preschər] **I** *subst* tryck; påtryckning; ***under*** ~ i trångmål **II** *verb* pressa

pressure gauge ['preschər gejdʒ] *subst* tryckmätare

pressure group ['preschər gro:p] *subst* påtryckningsgrupp

prestige [pre'sti:ʒ] *subst* prestige; status, anseende

presumably [pri'zo:məbli] *adv* antagligen

presume [pri'zo:m] *verb* förmoda

pretence [pri'tenns] *subst* förespegling; svepskäl

pretend [pri'tennd] *verb* låtsas

pretext ['pri:tekkst] *subst* förevändning

pretty ['pritti] **I** *adj* söt **II** *adv* vard. ganska, rätt så; ~ ***much*** så gott som

pretzel ['prettsl] *subst* saltkringla; ~ ***sticks*** salta pinnar

prevail [pri'vejl] *verb* **1** segra, ha framgång **2** vara rådande **3** ~ ***upon*** förmå, övertala

prevailing [pri'vejling] *adj* rådande

prevalent ['prevvələnt] *adj* rådande; utbredd

prevent [pri'vennt] *verb* förhindra

preventive [pri'venntivv] *adj* förebyggande

preview ['pri:vjo:] *subst* förhandsvisning

previous ['pri:vjəs] *adj* föregående

previously ['pri:vjəsli] *adv* förut

prewar [ˌpri:'wå:r] *adj* förkrigs-

prey [prej] *subst* rov; ***bird of*** ~ rovfågel

price [prajs] *subst* pris; ***at any*** ~ till varje pris

price freeze ['prajs fri:z] *subst* prisstopp

priceless ['prajsləs] *adj* ovärderlig

price list ['prajs lisst] *subst* prislista

price tag ['prajs tägg] *subst* prislapp

prick [prikk] **I** *subst* **1** stick **2** slang pitt, kuk **3** skällsord skit, skitstövel **II** *verb* sticka hål i

prickle [prikkl] **I** *subst* tagg **II** *verb* knottra sig

prickly ['prikkli] *adj* taggig; retlig

pride [prajd] *subst* stolthet

priest [pri:st] *subst* präst

priesthood ['pri:sthodd] *subst* prästerskap

prim [primm] *adj* pryd

primarily [praj'merrəli] *adv* först och främst

primary ['prajmerri] **I** *adj*

1 huvud- **2** ~ *school* låg- och mellanstadiet **II** *subst* primärval

prime [prajm] **I** *adj* främsta; ~ *minister* premiärminister; ~ *time* bästa sändningstid i TV **II** *subst, in one's* ~ i sina bästa år

primeval [praj'mi:vəl] *adj* urtids-, ur-

primitive ['primmitivv] *adj* primitiv

primrose ['primmrouz] *subst* primula

prince [prinns] *subst* prins; *Prince Charming* drömprinsen

princess [prinn'sess] *subst* prinsessa

principal ['prinnsəpəl] **I** *adj* huvudsaklig, huvud- **II** *subst* rektor

principle ['prinnsəpəl] *subst* princip

print [prinnt] **I** *subst* tryck; konst plansch; reproduktion; *in* ~ i tryck; *out of* ~ utgången på förlaget **II** *verb* trycka

printer ['prinntər] *subst* **1** tryckeri **2** skrivare

print-out ['prinntaot] *subst* utskrift

prior ['prajər] **I** *adj* tidigare **II** *prep*, ~ *to starting the motor* innan man startar motorn

priority [praj'å:rəti] *subst* prioritet

prise [prajz] *verb* bända

prison [prizzn] *subst* fängelse

prisoner ['prizznər] *subst* fånge; ~ *of war* krigsfånge

privacy ['prajvəsi] *subst* avskildhet; privatliv; *in* ~ mellan fyra ögon

private ['prajvət] **I** *adj* privat; enskild; ~ *parts* könsdelar; *in* ~ mellan fyra ögon **II** *subst* menig

private eye [ˌprajvət 'aj] *subst* privatdetektiv

privatize ['prajvətajz] *verb* privatisera

privilege ['privvəliddʒ] *subst* privilegium

prize [prajz] **I** *subst* pris; ~ *ceremony* prisutdelning **II** *adj* prisbelönt

prizewinner ['prajzˌwinnər] *subst* pristagare

1 pro [prou] *subst, the pros and cons* för- och nackdelarna

2 pro [prou] *subst* vard. proffs

probability [ˌpra:bə'billəti] *subst* sannolikhet

probable ['pra:bəbl] *adj* trolig

probably ['pra:bəbli] *adv* sannolikt

probation [prou'bejschən] *subst* skyddstillsyn; *released on* ~ villkorligt frigiven

probe [proub] **I** *subst* sond **II** *verb* sondera; undersöka

problem ['pra:bləm] *subst* problem; ***what's your ~?*** vard. vad tjafsar du om?, vad är det?

procedure [prə'si:dʒər] *subst* procedur

proceed [prə'si:d] *verb* fortsätta

proceeds ['prousi:dz] *subst pl* intäkter

process ['pra:sess] **I** *subst* process; ***be in ~*** pågå **II** *verb* behandla; bearbeta

procession [prə'seschən] *subst* procession

proclaim [prə'klejm] *verb* proklamera

proctor ['pra:ktər] *subst* skrivvakt

procure [prə'kjoər] *verb* skaffa

prod [pra:d] **I** *verb* stöta till **II** *subst* stöt

prodigy ['pra:dədʒi] *subst* underbarn

produce [prə'do:s] *verb* producera

producer [prə'do:sər] *subst* producent; ***executive ~*** produktionsledare; teaterchef

product ['pra:dakkt] *subst* produkt

production [prə'dakkschən] *subst* produktion

productivity [ˌproudakk'tivvəti] *subst* produktivitet

profession [prə'feschən] *subst* yrke; ***by ~*** till yrket

professional [prə'feschənl] **I** *adj* **1** yrkes- **2** professionell **II** *subst* yrkesman; proffs

professor [prə'fessər] *subst* professor

proficiency [prə'fischənsi] *subst* färdighet

profile ['proufajl] *subst* **1** profil **2** porträtt levnadsbeskrivning

profit ['pra:fət] *subst* vinst

profitable ['pra:fətəbl] *adj* vinstgivande; givande

profound [prə'faond] *adj* djup

profuse [prə'fjo:s] *adj* riklig, översvallande

prognosis [pra:g'nousəs] *subst* prognos

program ['prougrämm] **I** *subst* program **II** *verb* programmera

programmer ['prougrämmər] *subst* programmerare

progress **I** ['pra:grəs] *subst* framsteg; ***be in ~*** pågå **II** [prə'gress] *verb* göra framsteg

progressive [prə'gressivv] *adj* progressiv

prohibit [prou'hibbitt] *verb* förbjuda

Prohibition [ˌprouə'bischən] *subst* spritförbudet på 30-talet

project I [prə'dʒekkt] *verb* **1** projektera, planera **2** projicera **II** ['pra:dʒekkt] *subst* projekt

projector [prə'dʒekktər] *subst* projektor

prolong [prə'la:ng] *verb* förlänga

prom [pra:m] *subst* vard. studentbal, skolbal

promenade [ˌpra:mə'nejd] *subst* strandpromenad

prominent ['pra:minnənt] *adj* framstående

promiscuous [prə'misskjoəs] *adj* lösaktig, promiskuös

promise ['pra:məs] **I** *subst* löfte; ***show ~*** verka lovande **II** *verb* lova

promote [prə'mout] *verb* **1** främja **2** ***be promoted*** bli befordrad

promoter [prə'moutər] *subst* **1** främjare, gynnare **2** promotor

promotion [prə'mouschən] *subst* **1** befordran **2** marknadsföring

prompt [pra:mpt] **I** *adj* snabb **II** *adv* på slaget **III** *verb* mana

prone [proun] *adj* **1** benägen; hemfallen **2** framstupa; på magen

prong [pra:ng] *subst* på gaffel o.d. klo, spets

pronoun ['prounaon] *subst* pronomen

pronounce [prə'naons] *verb* uttala; ***pronounced*** uttalad; utpräglad

pronunciation [prəˌnannsi'ejschən] *subst* uttal

proof [pro:f] *subst* **1** bevis **2** korrektur

prop [pra:p] **I** *subst* stöd **II** *verb*, ***~ up*** stötta upp, stödja

propaganda [ˌpra:pə'gänndə] *subst* propaganda

propel [prə'pell] *verb* driva framåt

propeller [prə'pellər] *subst* propeller

propensity [prə'pennsəti] *subst* benägenhet

proper ['pra:pər] *adj* **1** rätt, riktig **2** ***in the ~ sense*** i egentlig betydelse

properly ['pra:pərli] *adv* riktigt; ordentligt

property ['pra:pərti] *subst* **1** egendom; ***personal ~*** lösöre **2** ***properties*** rekvisita

prophecy ['pra:fəsi] *subst* profetia

prophet ['pra:fət] *subst* profet

proportion [prə'på:rschən] *subst* proportion; ***out of ~*** oproportionerlig

proposal [prə'pouzəl] *subst* **1** förslag **2** frieri

propose [prə'pouz] *verb* **1** föreslå **2** ***~ to*** fria till

proposition [ˌpra:pəˈzischən] **I** *subst* förslag; sats, påstående **II** *verb* komma med skamliga förslag
propriety [prəˈprajəti] *subst* anständighet
prose [prouz] *subst* prosa
prosecute [ˈpra:sikjo:t] *verb* åtala
prosecution [ˌpra:siˈkjo:schən] *subst* åtal; *the ~* åklagarsidan
prosecutor [ˈpra:sikjo:tər] *subst* åklagare; *public ~* allmän åklagare
prospect [ˈpra:spekkt] **I** *subst* bildligt utsikt **II** *verb, ~ for* leta efter guld, olja o.d.
prospective [prəˈspekktivv] *adj* eventuell; *~ son-in-law* blivande måg
prospectus [prəˈspekktəs] *subst* broschyr
prosperity [pra:ˈsperrəti] *subst* välstånd
prostitute [ˈpra:stəto:t] *subst* prostituerad
protect [prəˈtekkt] *verb* skydda
protection [prəˈtekkschən] *subst* skydd; *~ money* beskyddarpengar
protective [prəˈtekktivv] *adj* skydds-
protein [ˈprouti:n] *subst* protein
protest I [ˈproutcst] *subst* protest **II** [prəˈtest] *verb* protestera, protestera mot
Protestant [ˈpra:tisstənt] *subst* protestant
protrude [prəˈtro:d] *verb* sticka fram (ut)
proud [praod] *adj* stolt; *~ of* stolt över
prove [pro:v] *verb* bevisa; *~ oneself* visa vad man duger till
proverb [ˈpra:vö:rb] *subst* ordspråk
provide [prəˈvajd] *verb* skaffa, sörja för; *~ for* försörja
provided [prəˈvajdidd] o. **providing** [prəˈvajding] *konj, ~ that* förutsatt att
province [ˈpra:vinns] *subst* provins; *the provinces* landsorten
provincial [prəˈvinnschəl] *adj* **1** regional **2** provinsiell, inskränkt
provision [prəˈviʒən] *subst* **1** åtgärd, förberedelse **2** *provisions* livsmedel, proviant
provisional [prəˈviʒənl] *adj* provisorisk
proviso [prəˈvajzou] *subst* förbehåll
provocative [prəˈva:kətivv] *adj* provocerande; utmanande
provoke [prəˈvouk] *verb* **1** provocera, reta **2** utlösa
prow [prao] *subst* för på båt

prowl [praol] *verb* stryka omkring
proxy ['pra:ksi] *subst, by ~* genom fullmakt (ombud)
prudent ['pro:dənt] *adj* klok, försiktig
1 prune [pro:n] *subst* katrinplommon
2 prune [pro:n] *verb* beskära
1 pry [praj] *verb* snoka
2 pry [praj] *verb* bända
psalm [sa:m] *subst* psalm i Psaltaren
pseudo- ['so:dou] *prefix* pseudo-, kvasi-
pseudonym ['so:dənimm] *subst* pseudonym
psych [sajk] *verb, ~ out* psyka motståndare; *get psyched up* komma upp i varv
psyche ['sajki] *subst* psyke
psychiatrist [saj'kajətrisst] *subst* psykiater
psychic ['sajkikk] *adj* **1** psykisk **2** *be ~* vara synsk
psychoanalyst [ˌsajkou'ännəlisst] *subst* psykoanalytiker
psychological [ˌsajkə'la:dʒikkəl] *adj* psykologisk
psychologist [saj'ka:lədʒisst] *subst* psykolog
psychology [saj'ka:lədʒi] *subst* psykologi
pub [pabb] *subst* pub
puberty ['pjo:bərti] *subst* pubertet
public ['pabblikk] **I** *adj* **1** offentlig, allmän; *~ address system* högtalaranläggning; *~ convenience* offentlig toalett; *~ debt* statsskuld; *~ enemy* samhällsfiende; *~ services* offentliga sektorn; *~ transportation* kollektivtrafik **2** *go ~* bli börsnoterad
II *subst* allmänhet
publicity [pabb'lissəti] *subst* publicitet
publicize ['pabblissajz] *verb* offentliggöra; göra reklam för
publish ['pabblisch] *verb* publicera; ge ut
publisher ['pabblischər] *subst* bokförläggare
publishing ['pabblisching] *subst* förlagsbranschen; *~ house* bokförlag
pucker ['pakkər] *verb* snörpa ihop; rynka
pudding ['podding] *subst* pudding
puddle [paddl] *subst* pöl, göl
pudgy ['pa:dʒi] *adj* vard. knubbig
puff [paff] **I** *subst* puff; bloss
II *verb* **1** pusta **2** bolma på
puffy ['paffi] *adj* uppsvälld, pösig
pull [poll] *verb* **1** dra **2** sträcka en muskel **3** *~ down* riva; ~

in köra in; ~ *off* vard. greja; ~ *off the road* stanna vid vägkanten; ~ *out* köra ut; bildligt backa ur; ~ *over* köra åt sidan och stanna; ~ *through* klara sig igenom krisen; ~ *oneself together* ta sig samman

pulley ['polli] *subst* trissa; talja

pullover ['poll,ouvər] *subst* pullover

pulp [pallp] **I** *subst* **1** mos **2** fruktkött **II** *verb* mosa

pulpit ['pollpitt] *subst* predikstol

pulsate ['pallsejt] *verb* pulsera

pulse [palls] *subst* puls

pump [pammp] **I** *subst* pump **II** *verb* pumpa

pumpkin ['pammpkinn] *subst* pumpa

pumps [pammps] *subst pl* pumps

pun [pann] *subst* ordlek

1 punch [panntch] **I** *subst* hålslag **II** *verb* slå hål i, klippa

2 punch [panntch] **I** *subst* knytnävsslag **II** *verb* klippa till

3 punch [panntch] *subst* bål dryck

punch line ['panntch lajn] *subst* poäng i rolig historia

punctual ['pangktchoəl] *adj* punktlig

punctuation [,pangktcho'ejschən] *subst* interpunktion

puncture ['pangktchər] **I** *subst* punktering **II** *verb* punktera

pundit ['pannditt] *subst* vard. förståsigpåare; mediaorakel

pungent ['panndʒənt] *adj* skarp, frän; stickande

punish ['pannisch] *verb* straffa

punishment ['pannischmənt] *subst* straff

punk [pangk] *subst* **1** ligist **2** punk musik m.m.

punt [pannt] **I** *verb* **1** amer. fotboll punta sparka till motståndaren på 4:e down **2** slang ge upp; göra bort sig **II** *subst* spark

puny ['pjo:ni] *adj* ynklig

pup [papp] *subst* hundvalp

1 pupil [pjo:pl] *subst* elev

2 pupil [pjo:pl] *subst* pupill

puppet ['pappitt] *subst* marionett

puppy ['pappi] *subst* hundvalp

purchase ['pö:rtchəs] **I** *subst* köp **II** *verb* köpa

purchaser ['pö:rtchəsər] *subst* köpare

pure [pjoər] *adj* ren

purely ['pjoərli] *adv* rent, bara

purge [pö:rdʒ] *verb* rensa, rena; rensa ut

purple [pö:rpl] *adj* mörklila

purport [pər'på:rt] *verb* påstå sig; påstås

purpose ['pö:rpəs] *subst* syfte, avsikt; *on ~* med avsikt (flit)

purposeful ['pö:rpəsfəl] *adj* målmedveten

purr [pö:r] *verb* spinna

purse [pö:rs] *subst* portmonnä; handväska

purser ['pö:rsər] *subst* purser

pursue [pər'so:] *verb* **1** sträva efter **2** fortsätta

pursuit [pər'so:t] *subst* **1** jakt; strävan **2** syssla

pus [pass] *subst* var i sår

push [posch] **I** *verb* **1** skjuta; trycka på; *~ sb. around* vard. köra med ngn **2** pressa; tvinga **II** *subst* knuff

pusher ['poschər] *subst* vard. knarklangare

pushover ['posch,ouvər] *subst* vard. barnlek

push-up ['poschapp] *subst* armhävning från golvet

pushy ['poschi] *adj* vard. framfusig; gåpåig

1 pussy ['possi] o. **pussy-cat** ['possikätt] *subst* kissekatt

2 pussy ['possi] *subst* vulgärt mus, fitta

put* [pott] *verb* **1** lägga, sätta, ställa **2** säga; *to ~ it briefly* för att fatta mig kort **3** *~ aside* lägga ifrån sig; lägga undan; *~ back* skjuta upp; försena; *~ by* spara; *~ down* slå ned; *~ sb. down* slang racka ner på ngn; *~ forward* föreslå; *~ in* lägga ner tid o.d.; *~ off* skjuta upp; hindra; få att tappa lusten; *~ on* ta på sig; sätta på; *~ on weight* gå upp i vikt; *~ out* släcka; *~ through* koppla telefonsamtal; *~ together* lägga ihop; *~ up* sätta upp; betala; *~ up with* stå ut med

putt [patt] **I** *verb* putta **II** *subst* putt

putter ['pattər] *verb*, *~ about* pyssla

putting-green ['pattinggri:n] *subst* green i golf

putty ['patti] *subst* fönsterkitt

puzzle [pazzl] **I** *verb* förbrylla **II** *subst* **1** gåta **2** pussel

pyramid ['pirrəmidd] *subst* pyramid

Q

Q, q [kjo:] *subst* Q, q
1 quack [kwäkk] **I** *verb* snattra **II** *subst* snatter
2 quack [kwäkk] *subst* kvacksalvare
quad [kwa:d] *subst* **1** inhägnad gård på college **2** vard. fyrling
quadrangle ['kwa:dränggl] *subst* fyrhörning
quadruple [kwa:'dro:pl] *adj* fyrfaldig
quadruplet [kwa:'dro:plət] *subst* fyrling
quagmire ['kwäggmajər] *subst* gungfly, moras
1 quail [kwejl] *subst* vaktel
2 quail [kwejl] *verb* rygga tillbaka; tappa modet
quaint [kwejnt] *adj* lustig
quake [kwejk] **I** *verb* skaka **II** *subst* skalv, jordskalv
qualification [ˌkwa:lifi'kejschən] *subst* kvalifikation, merit
qualified ['kwa:lifajd] *adj* kvalificerad, meriterad
qualify ['kwa:lifaj] *verb* **1** kvalificera, berättiga **2** modifiera; inskränka
quality ['kwa:ləti] *subst* kvalitet
qualm [kwa:m] *subst* skrupel, betänklighet
quandary ['kwa:ndəri] *subst* bryderi
quantity ['kwa:ntəti] *subst* kvantitet
quarantine ['kwå:rənti:n] *subst* karantän
quarrel ['kwå:rəl] **I** *subst* gräl; ***pick a ~*** mucka gräl **II** *verb* gräla
quarrelsome ['kå:rəlsəm] *adj* grälsjuk
1 quarry ['kwå:ri] *subst* villebråd
2 quarry ['kwå:ri] *subst* stenbrott
quart [kwå:rt] *subst* ung. liter
quarter ['kwå:rtər] *subst* **1** fjärdedel; ***~ note*** fjärdedelsnot **2** kvart; ***~ after ten*** kvart över tio; ***~ of*** (***to, till***) ***ten*** kvart i tio **3** 25-centare
quarterback ['kwå:rtərbäkk] *subst* amer. fotboll kvartsback
quarterfinal [ˌkwå:rtər'fajnl] o. **quarterfinals** [ˌkwå:rtərfajnlz] *subst* kvartsfinal
quarterly ['kwå:rtərli] **I** *adj* kvartals- **II** *subst* kvartalstidskrift
quartet [kwå:r'tett] *subst* kvartett
quartz [kwå:rts] *subst* kvarts
quaver ['kweivər] **I** *verb* darra **II** *subst* skälvning

quay [ki:] *subst* kaj
queasy ['kwi:zi] *adj* kväljande; kräsen mage
queen [kwi:n] *subst* **1** drottning **2** dam i kortlek **3** bög; *drag* ~ transvestit
queer [kwiər] **I** *adj* konstig **II** *subst* vard. bög
quench [kwenntch] *verb* släcka
querulous ['kwerrələs] *adj* grinig
query ['kwirri] **I** *subst* fråga, förfrågan **II** *verb* **1** fråga, förhöra sig hos **2** ifrågasätta
quest [kwesst] *subst* sökande; strävan
question ['kwesstchən] **I** *subst* fråga; *it is out of the* ~ det kommer aldrig på fråga **II** *verb* **1** fråga **2** ifrågasätta
questionable ['kwesstchənəbl] *adj* tvivelaktig
question mark ['kwesstchən ma:rk] *subst* frågetecken
questionnaire [ˌkwesstchə'näər] *subst* frågeformulär
quibble [kwibbl] *verb* gnabbas om småsaker; anmärka på petitesser
quick [kwikk] **I** *adj* **1** snabb, rapp **2** levande **II** *subst, cut to the* ~ såra djupt
quicken ['kwikkən] *verb* påskynda; öka
quicksand ['kwikksännd] *subst* kvicksand
quiet ['kwajət] **I** *adj* lugn, tyst; *be ~!* var tyst! **II** *subst* tystnad **III** *verb* lugna, få tyst på
quietness ['kwajətnəs] *subst* stillhet
quilt [kwillt] **I** *subst* täcke; ~ *cover* påslakan **II** *verb* vaddera
quip [kwipp] **I** *verb* skämta, vara spydig **II** *subst* spydighet, vits
quirk [kwö:rk] *subst* besynnerlighet
quit [kwitt] *verb* sluta; lägga av
quite [kwajt] *adv* **1** helt, helt och hållet **2** ganska
quits [kwitts] *adj* kvitt
quiver ['kwivvər] *verb* darra
quiz [kwizz] **I** *subst* **1** frågesport **2** muntligt förhör; litet prov **II** *verb* hålla förhör med; ge litet prov
quotation [kwou'tejschən] *subst* citat; ~ *mark* citationstecken
quote [kwout] **I** *verb* citera **II** *subst* citat
quotient ['kwouʃənt] *subst* kvot

R

R, r [a:r] *subst* R, r
rabbi ['räbbaj] *subst* rabbin
rabbit ['räbbət] *subst* kanin; hare
rabbit ears ['räbbət irrz] *subst pl* teleskopantenn
rabbit hutch ['räbbət hattch] *subst* kaninbur
rabble-rouser ['räbblraozər] *subst* uppviglare
rabies ['rejbi:z] *subst* rabies
1 race [rejs] *subst* ras; *the human ~* människosläktet
2 race [rejs] **I** *subst* lopp; kapplöpning, kappkörning o.d. **II** *verb* springa (köra, rida, o.d.) i kapp
racehorse ['rejsshå:rs] *subst* kapplöpningshäst
racetrack ['rejsträkk] *subst* kapplöpningsbana; racerbana
racial ['rejschəl] *adj* ras-, folk-
racing ['rejsing] *subst* tävlings-, racer-
racism ['rejsizzəm] *subst* rasism
racist ['rejsisst] *subst* rasist
rack [räkk] **I** *subst* diskställ; bagagehylla **II** *verb, ~ one's brains* tänka efter
1 racket ['räkkət] *subst* racket
2 racket ['räkkət] *subst* **1** oväsen **2** skumraskaffär, skoj
racketeer ['räkkətirr] *subst* gangster; svindlare, skojare
racquet ['räkkitt] *subst* racket
racy ['rejsi] *adj* mustig, pikant
radar ['rejda:r] *subst* radar
radial ['rejdjəl] *subst* radialdäck
radiant ['rejdjənt] *adj* strålande
radiate ['rejdiejt] *verb* stråla; utstråla
radiation [ˌrejdi'ejschən] *subst* strålning
radiator ['rejdiejtər] *subst* värmeelement
radical ['räddikkəl] *subst* o. *adj* radikal
radio ['rejdiou] *subst* radio
radioactive [ˌrejdiou'äkktivv] *adj* radioaktiv
radish ['räddisch] *subst* rädisa
radius ['rejdjəs] *subst* radie
raffle [räffl] **I** *subst* lotteri **II** *verb, ~ off* lotta ut
raft [räfft] *subst* flotte
rafter ['räfftər] *subst* taksparre
rag [rägg] *subst* trasa; *be on the ~* vara arg; ha mens
rage [rejdʒ] **I** *subst* raseri **II** *verb* vara rasande
ragged ['räggidd] *adj* trasig; klädd i trasor; *run sb. ~* köra slut på ngn

raid [rejd] **I** *subst* räd; razzia **II** *verb* göra en räd (razzia)

rail [rejl] *subst* **1** ledstång **2** skena; *go by* ~ ta tåget

railing ['rejling] *subst,* ~ el. *railings* järnstaket

railroad ['rejlroud] **I** *subst* järnväg **II** *verb* vard. forcera igenom; fälla med falska bevis

railway ['rejlwej] *subst* järnväg

rain [rejn] **I** *subst* regn **II** *verb* regna; ***be rained out*** inställas på grund av regn

rainbow ['rejnbou] *subst* regnbåge

rain check ['reint chekk] *subst* ersättningsbiljett; *take a* ~ vard. ha ngt innestående, be att få återkomma

raincoat ['rejnkout] *subst* regnrock

raindrop ['rejndra:p] *subst* regndroppe

rainfall ['rejnfa:l] *subst* nederbörd

rainy ['rejni] *adj* regnig

raise [rejz] **I** *verb* **1** resa upp **2** höja **3** föda upp; uppfostra; ~ *a family* skaffa (uppfostra) barn **4** samla ihop **II** *subst* löneförhöjning

raisin [rejzn] *subst* russin

rake [rejk] *subst* o. *verb* kratta

rally ['rälli] **I** *verb* samla ihop; samlas; återhämta sig **II** *subst* **1** massmöte **2** rally

ram [rämm] **I** *subst* bagge **II** *verb* ramma

ramble [rämmbl] **I** *verb* **1** ströva omkring **2** prata osammanhängande; ~ *on* pladdra på **II** *subst* vandring utan mål

rambler ['rämmblər] *subst* klängväxt, klätterros

rambunctuous [rämm'bangkschəs] *adj* stojande; oregerlig, småvild

ramp [rämmp] *subst* **1** ramp; avfart; påfart **2** *parking* ~ platta för flygplan

rampage ['rämmpejdʒ] **I** *subst, go on the* ~ leva rövare **II** *verb* härja

rampant ['rämmpənt] *adj, be* ~ frodas

ramshackle ['rämm,schäkkl] *adj* fallfärdig; ~ *house* ruckel

ran [ränn] *verb* imperf. av *run*

ranch house ['ränntch haos] *subst* större enplansvilla

rancid ['rännsidd] *adj* härsken

rancor ['rängkər] *subst* hätskhet, hat; agg

random ['ränndəm] *subst, at* ~ på måfå

randy ['ränndi] *adj* vard. kåt

rang [räng] *verb* imperf. av *1 ring*

range [rejndʒ] **I** *subst* **1** räckvidd; avstånd **2** urval, sortiment **3** vidsträckt betesmark;

öppet landområde **4** köksspis **II** *verb* sträcka sig

ranger ['rejndʒər] *subst* **1** skogvaktare; parkvakt i nationalpark **2** polis i vissa lantdistrikt

1 rank [rängk] **I** *subst* **1** led; *close ranks* sluta leden **2** rang **II** *verb* **1** ranka **2** ha högre grad (rang) än; ~ *with* vara jämställd med **3** slang tråka

2 rank [rängk] *adj* **1** övervuxen **2** illaluktande; vidrig

rankle [rängkl] *verb* ligga och gnaga i sinnet

ransack ['rännsäkk] *verb* söka igenom

ransom ['rännsəm] *subst* lösensumma

rap [räpp] **I** *subst* **1** knackning **2** slang, *a murder* ~ en mordanklagelse; *beat the* ~ klara sig undan; *take the* ~ få (ta på sig) skulden för brott o.d. **II** *verb* knacka på

1 rape [rejp] **I** *verb* våldta **II** *subst* våldtäkt; *date* ~ våldtäkt i samband med en träff, påtvingat samlag

2 rape [rejp] *subst* raps

rapid ['räppidd] **I** *adj* hastig **II** *subst, rapids* fors

rapist ['rejpisst] *subst* våldtäktsman

rapport [rä'på:r] *subst* god relation

rapture ['räpptchər] *subst* hänryckning

1 rare [räər] *adj* sällsynt

2 rare [räər] *adj* blodig om kött

rascal ['rässkəl] *subst* rackare, busunge

1 rash [räsch] *subst* hudutslag

2 rash [räsch] *adj* överilad

raspberry ['räzzberri] *subst* hallon

rat [rätt] *subst* råtta

rate [rejt] **I** *subst* **1** takt; tal; *at any* ~ i alla fall **2** sats; ~ *of interest* ränta **II** *verb* **1** räkna, anse **2** vara berättigad till; vara värd **3** ha betydelse

rather ['räðər] *adv* **1** ganska **2** *I'd* ~ *not* helst inte

rating ['rejting] *subst* **1** ranking **2** *ratings* tittarsiffror **3** *octane* ~ oktantal

ratio ['rejschiou] *subst* förhållande

ration ['räschən] **I** *subst* ranson **II** *verb* ransonera

rational ['räschənəl] *adj* rationell

rationalize ['räschnəlajz] *verb* rationalisera

rat race ['rätt rejs] *subst* vard. karriärjakt

rattle [rättl] **I** *subst* skallra **II** *verb* **1** skramla **2** ~ *off* rabbla; ~ *on* pladdra 'på

raucous ['ra:kəs] *adj* **1** uppsluppen och högljudd **2** hes

raunchy ['ra:ntchi] *adj* kåt; slipprig
ravaged ['rävviddʒd] *adj* härjad
rave [rejv] *verb* yra
raven ['rejvn] *subst* korp
ravenous ['rävvənəs] *adj* hungrig som en varg
ravine [rə'vi:n] *subst* ravin, bergsklyfta
raving ['rejving] **I** *adj* yrande **II** *subst, ravings* galna fantasier
ravishing ['rävvisching] *adj* hänförande
raw [ra:] *adj* rå
ray [rej] *subst* stråle
raze [rejz] *verb, ~ to the ground* jämna med marken
razor ['rejzər] *subst* rakhyvel; rakapparat
razor blade ['rejzər blejd] *subst* rakblad
reach [ri:tch] **I** *verb* **1** sträcka **2** räcka; nå **II** *subst* räckhåll; *out of ~* utom räckhåll
react [ri'äkkt] *verb* reagera
reaction [ri'äkkschən] *subst* reaktion; bakslag
reactor [ri'äkktər] *subst* reaktor
read* [ri:d] *verb* läsa
reader ['ri:dər] *subst* läsare
readership ['ri:dərschipp] *subst* läsekrets
readily ['reddəli] *adv* **1** gärna **2** med lätthet
readiness ['reddinəs] *subst* beredvillighet
reading ['ri:ding] *subst* läsning
ready ['reddi] *adj* färdig, redo; *~ cash* reda pengar; *get ~* göra sig i ordning
ready-made [ˌreddi'mejd] **I** *adj* färdigsydd; färdiggjord; bildligt packad och klar **II** *subst* konfektion
ready-to-wear [ˌredditə'wäər] *adj* färdigsydd; konfektionssydd
real [riəl] **I** *adj* verklig; *the ~ thing* vard. äkta vara **II** *subst, for ~* vard. på riktigt **III** *adv* vard. verkligen, riktigt
real estate ['ri:əl iˌstejt] *subst* fast egendom; *~ agent* fastighetsmäklare
realistic [ri:ə'lisstikk] *adj* realistisk
reality [ri'älləti] *subst* verklighet; *in ~* i verkligheten
realization [ˌri:ələ'ze:jschən] *subst* insikt
realize ['ri:əlajz] *verb* **1** inse, fatta **2** förverkliga
really ['ri:əli] *adv* verkligen, faktiskt
realm [rellm] *subst* rike; sfär, värld
realtor ['riəltə] *subst* fastighetsmäklare
reap [ri:p] *verb* skörda
reappear [ˌri:ə'piər] *verb* åter visa sig

1 rear [riər] *verb* uppfostra
2 rear [riər] *subst* **1** baksida; ~ *door* bakdörr **2** vard. bak, rumpa
rear-view ['rirrvjo:] *adj*, ~ *mirror* backspegel
reason [ri:zn] **I** *subst* **1** orsak; *without* ~ utan anledning **2** förnuft **II** *verb* resonera, diskutera
reasonable ['ri:zənəbl] *adj* **1** förnuftig **2** rimlig
reasonably ['ri:zənəbli] *adv* skäligen
reasoning ['ri:zəning] *subst* tankegång
reassurance [ˌri:ə'schorrəns] *subst* uppmuntran
reassure [ˌri:ə'schoər] *verb* uppmuntra
rebate ['ri:bejt] *subst* återbäring
rebel I [rebbl] *subst* rebell **II** [ri'bell] *verb* göra uppror
rebellious [ri'belljəs] *adj* upprorisk
rebound ['ri:baond] *subst*, *on the* ~ som plåster på såren
rebuff [ri'baff] **I** *subst* avsnäsning **II** *verb* snäsa av
rebuke [ri'bjo:k] *verb* tillrättavisa
rebut [ri'batt] *verb* motbevisa
recall [ri'ka:l] *verb* erinra sig
recant [ri'kännt] *verb* ta tillbaka sina ord
recede [ri'si:d] *verb* avta; försvinna
receipt [ri'si:t] *subst* kvitto; mottagandebevis
receive [ri'si:v] *verb* ta emot
receiver [ri'si:vər] *subst* mottagare
recent ['ri:snt] *adj* nyare, senare
recently ['ri:sntli] *adv* nyligen
receptacle [ri'sepptəkl] *subst* förvaringskärl
reception [ri'seppschən] *subst* mottagning fest; ~ *desk* reception på hotell
receptionist [ri'seppschənisst] *subst* receptionist
recess ['ri:sess] **I** *subst* **1** rast; uppehåll **2** vrå **II** *verb* ta rast; göra uppehåll
recession [ri'sesschən] *subst* konjunkturnedgång
recipe ['ressəpi] *subst* recept
recipient [ri'sippjənt] *subst* mottagare
recital [ri'sajtl] *subst* solokonsert; recitation
recite [ri'sajt] *verb* **1** citera, upprepa **2** recitera
reckless ['rekkləs] *adj* hänsynslös; vårdslös
reckon ['rekkən] *verb* **1** räkna **2** räkna med, anta **3** vard. tycka, tro
reckoning ['rekkəning] *subst* beräkning; *day of* ~ bildligt räkenskapens dag

recline [ri'klajn] *verb* luta sig tillbaka
recluse ['rekklo:s] *subst* enstöring
recognition [ˌrekkəg'nischən] *subst* **1** erkännande **2** igenkännande; *beyond* ~ till oigenkännlighet
recognize ['rekkəgnajz] *verb* **1** känna igen **2** erkänna
recoil [ri'kåjl] *verb* rygga tillbaka
recollect [ˌrekkə'lekkt] *verb* erinra sig; vard. tro, anse
recollection [ˌrekkə'lekkschən] *subst* hågkomst
recommend [ˌrekkə'mennd] *verb* rekommendera; förorda
recon [ri'ka:n] *subst* spaning; ~ *mission* spaningsuppdrag
reconcile ['rekkənsajl] *verb* försona; ~ *oneself to* finna sig i; *be reconciled* försonas
recondition [ˌri:kən'dischən] *verb* renovera
reconnaissance [ri'ka:nəzəns] *subst* spaning
reconstruct [ˌri:kən'strakkt] *verb* rekonstruera, återuppbygga
record I ['rekkərd] *subst* **1** register; *records* äv. arkiv **2** ngns förflutna **3** rekord **4** grammofonskiva; ~ *player* skivspelare **II** [ri'kå:rd] *verb* **1** registrera **2** spela in
recorder [ri'kå:rdər] *subst* **1** inspelningsapparat **2** blockflöjt
recording [ri'kå:rding] *subst* inspelning
1 recount [ri'kaont] *verb* berätta, förtälja
2 recount ['ri:kaont] *subst* omräkning
recoup [ri'ko:p] *verb*, ~ *one's losses* ta skadan igen
recourse ['ri:kå:rs] *subst*, *have ~ to* tillgripa
recover [ri'kavvər] *verb* återhämta sig
recovery [ri'kavvəri] *subst* tillfrisknande
recreation [ˌrekkri'ejschən] *subst* fritidssysselsättning; ~ *area* fritidsområde; ~ *room* gillestuga
recreational [ˌrekkri'ejschənl] *adj* fritids-
recruit [ri'kro:t] **I** *subst* rekryt **II** *verb* värva
rectangle ['rekktänggl] *subst* rektangel
rectify ['rekktifaj] *verb* rätta till
rector ['rekktər] *subst* **1** kyrkoherde **2** rektor
recuperate [ri'ko:pərejt] *verb* bli frisk igen; återfå krafterna
recur [ri'kö:r] *verb* återkomma
recurrence [ri'karrəns] *subst* återkomst

recurrent [ri'karrənt] *adj* återkommande
recycle [ˌri:'sajkl] *verb* återvinna
red [redd] **I** *adj* röd; ~ *alert* högsta larmberedskap; *a ~ cent* vard. ett rött öre; *the Red Cross* Röda korset; ~ *pepper* rödpeppar; röd paprika **II** *subst, be in the ~* ha övertrasserat
reddish ['reddisch] *adj* rödaktig
redeem [ri'di:m] *verb* gottgöra, sona
redeploy [ˌri:di'plåj] *verb* gruppera om
red-handed [ˌredd'hänndidd] *adj, catch sb. ~* ta ngn på bar gärning
redhead ['reddhedd] *subst* vard. rödhårig person
red-hot [ˌredd'ha:t] *adj* glödhet; vard. passionerad, sexig
redirect [ˌri:də'rekkt] *verb* dirigera om
red-light ['reddlajt] *adj, ~ district* glädjekvarter
redneck ['reddnekk] *subst* vard., vit sydstatsbo; fördomsfull lantbo
redo [ˌri:'do:] *verb* göra om
redolent ['reddələnt] *adj* doftande; ~ *of* som påminner om
redress [ri'dress] **I** *verb* gottgöra **II** *subst* gottgörelse
red tape [ˌredd 'tejp] *subst* vard. byråkrati
reduce [ri'do:s] *verb* reducera; skära ned; *reduced price* nedsatt pris
reduction [ri'dakkschən] *subst* reducering, minskning
redundancy [ri'danndənsi] *subst* överflöd; onödig upprepning
redundant [ri'danndənt] *adj* överflödig
reed [ri:d] *subst* vasstrå; *reeds* vass
reef [ri:f] *subst* rev
reek [ri:k] **I** *subst* stank **II** *verb* stinka
reel [ri:l] **I** *subst* rulle, spole **II** *verb* ragla, vingla
ref [reff] *subst* vard. domare i sporter
refer [ri'fö:r] *verb* hänvisa till; syfta på
referee [ˌreffə'ri:] *subst* domare i sporter
reference ['reffərəns] *subst* **1** hänvisning **2** referens **3** ~ *work* uppslagsbok
referendum [ˌreffə'renndəm] *subst* folkomröstning
referral [ri'fö:ral] *subst* läkares remiss
refill I [ˌri:'fill] *verb* fylla på **II** ['ri:fill] *subst* **1** påfyllning **2** patron till penna
refine [ri'fajn] *verb* raffinera

refined [ri'fajnd] *adj* raffinerad; elegant
reflect [ri'flekkt] *verb* **1** reflektera, spegla **2** ~ *on* begrunda
reflection [ri'flekkschən] *subst* spegelbild; reflexion
reflex ['ri:flekks] *subst* reflex
reform [ri'få:rm] **I** *verb* reformera **II** *subst* reform
reformation [ˌreffər'mejschən] *subst* reformation
reformatory [ri'få:rmətəri] *subst* ungdomsvårdsskola
reform school [ri'få:rm ˌsko:l] *subst* ungdomsvårdskola
1 refrain [ri'frejn] *subst* refräng
2 refrain [ri'frejn] *verb* avhålla sig, avstå
refresh [ri'fresch] *verb* friska upp; *refreshed* äv. utvilad
refreshing [ri'freschinq] *adj* uppfriskande
refreshments [ri'freschmənts] *subst pl* förfriskningar
refrigerator [ri'friddʒərejtər] *subst* kylskåp
refuel [ˌri:'fjo:əl] *verb* tanka
refuge ['reffjo:dʒ] *subst* tillflykt, fristad
refugee [ˌreffjo'dʒi:] *subst* flykting; ~ *camp* flyktingläger
refund ['ri:fannd] *subst* återbetalning
refurbish [ˌri:'fö:rbisch] *verb* snygga upp, renovera
refusal [ri'fjo:zəl] *subst* vägran
refuse I [ri'fjo:z] *verb* vägra **II** ['reffjo:s] *subst* avfall; ~ *dump* soptipp
regain [ri'gejn] *verb* återfå
regal ['ri:gəl] *adj* kunglig
regard [ri'ga:rd] **I** *verb* **1** anse **2** *as regards...* vad...beträffar **II** *subst* **1** aktning **2** *regards* hälsningar
regarding [ri'ga:rding] *prep* beträffande
regardless [ri'ga:rdləs] *adj, ~ of* oavsett
regime [rə'ʒi:m] *subst* regim; ordning
regiment ['reddʒimənt] *subst* regemente
regimental [ˌreddʒi'menntl] *adj* regements-
region ['ri:dʒən] *subst* region
regional ['ri:dʒənl] *adj* regional
register ['reddʒisstər] **I** *subst* register **II** *verb* **1** registrera **2** *registered letter* rekommenderat brev; ~ *nurse* legitimerad sjuksköterska
registrar [ˌreddʒə'stra:r] *subst* registrator
registration [ˌreddʒi'strejschən] *subst* ung. folkbokföring
registry ['reddʒisstri] *subst* lista, register

regret [ri'grett] **I** *verb* ångra; *we ~ to inform you* vi måste tyvärr meddela **II** *subst* ånger
regretfully [ri'grettfəli] *adv* **1** tyvärr **2** ångerfullt
regular ['reggjələr] **I** *adj* regelbunden **II** *subst* stamkund
regulate ['reggjəleit] *verb* reglera
regulation [ˌreggjə'lejschən] *subst* regel, föreskrift
regulator ['reggjəlejtər] *subst* reglage
rehabilitation ['ri:əˌbilli'tejschən] *subst* rehabilitering
rehearsal [ri'hö:rsəl] *subst* repetition; *dress ~* generalrepetition
rehearse [ri'hö:rs] *verb* repetera
reign [rejn] **I** *subst* regeringstid **II** *verb* regera
reimburse [ˌri:imm'bö:rs] *verb* återbetala; ersätta
rein [rejn] **I** *subst* tygel **II** *verb, ~ in* tygla, bromsa
reindeer ['rejndirr] *subst* ren
reinforce [ˌri:inn'få:rs] *verb* förstärka
reinstate [ˌri:inn'stejt] *verb* återinsätta
reject [ri'dʒekkt] *verb* förkasta
rejection [ri'dʒekkschən] *subst* förkastande; avslag
rejoice [ri'dʒåjs] *verb* jubla; glädjas
rejuvenate [ri'dʒo:vənejt] *verb* föryngra
relapse [ri'läpps] **I** *verb* återfalla **II** *subst* återfall
relate [ri'lejt] *verb, ~ to* relatera till; sätta i samband med; slang förstå
related [ri'lejtidd] *adj* besläktad
relation [ri'lejschən] *subst* **1** relation; samband **2** släkting
relationship [ri'lejschənschipp] *subst* förhållande
relative ['rellətivv] **I** *adj* relativ **II** *subst* släkting
relatively ['rellətivvli] *adv* förhållandevis
relax [ri'läkks] *verb* koppla av; *relaxed* avslappnad
relaxation [ˌri:läkk'sejschən] *subst* avkoppling
relaxing [ri'läkksing] *adj* avkopplande
relay ['ri:lej] *subst* **1** ~ el. *~ race* stafett **2** relä
release [ri'li:s] **I** *subst* **1** frigivning **2** *~ button* utlösningsknapp; *press ~* pressmeddelande **II** *verb* **1** frige **2** släppa ut
relegate ['relləgejt] *verb* **1** hänskjuta **2** förvisa

relentless [ri'lenntləs] *adj* obeveklig
relevant ['relləvənt] *adj* relevant
reliable [ri'lajəbl] *adj* pålitlig
relic ['rellik] *subst* **1** relik **2** kvarleva
relief [ri'li:f] *subst* **1** lättnad **2** bistånd; socialhjälp; ***be on ~*** få socialhjälp
relieve [ri'li:v] *verb* lätta, lugna; ***~ oneself*** uträtta sina behov
religion [ri'liddʒən] *subst* religion
religious [ri'liddʒəs] *adj* religiös
relish ['rellisch] **I** *subst* **1** välbehag **2** slags pickles **II** *verb* njuta av
relocate [ˌri:'loukejt] *verb* omlokalisera
reluctance [ri'lakktəns] *subst* motvilja
reluctant [ri'lakktənt] *adj* motvillig
rely [ri'laj] *verb, ~ on* lita på; vara beroende av
remain [ri'mejn] *verb* återstå; förbli
remainder [ri'mejndər] *subst* återstod
remains [ri'mejnz] *subst pl* kvarlevor
remark [ri'ma:rk] **I** *subst* anmärkning **II** *verb* säga
remarkable [ri'ma:rkəbl] *adj* anmärkningsvärd
remedy ['remmədi] *subst* botemedel
remember [ri'memmbər] *verb* minnas
remembrance [ri'memmbrəns] *subst* minne
remind [ri'majnd] *verb* påminna
reminder [ri'majndər] *subst* påminnelse
reminisce [ˌremmi'niss] *verb* minnas; prata gamla minnen
reminiscent [ˌremmi'nissnt] *adj, ~ of* som påminner om
remiss [ri'miss] *adj* försumlig
remnant ['remmnənt] *subst* rest
remold [ˌri:'mould] *verb* stöpa om
remorse [ri'må:rs] *subst* samvetskval
remorseful [ri'må:rsfəl] *adj* ångerfull
remorseless [ri'må:rsləs] *adj* **1** samvetslös **2** obeveklig
remote [ri'mout] *adj* avlägsen; ***~ control*** fjärrkontroll
removable [ri'mo:vəbl] *adj* **1** avsättlig **2** flyttbar **3** löstagbar
remove [ri'mo:v] *verb* ta bort; ta av
render ['renndər] *verb* återge t.ex. roll

rendering ['renndəring] *subst* tolkning
rendezvous ['ra:ndejvo:] *subst* rendezvous, möte
renew [ri'no:] *verb* förnya
renewal [ri'no:əl] *subst* förnyelse; *urban* ~ sanering i stad
renounce [ri'naons] *verb* avsäga sig
renovate ['rennəvejt] *verb* renovera
renown [ri'naon] *subst* rykte
renowned [ri'naond] *adj* berömd
rent [rennt] *subst* o. *verb* hyra
rental [renntl] *adj* uthyrnings-; ~ *car* hyrbil
rep [repp] *subst* vard. rykte
repair [ri'päər] **I** *verb* reparera, laga **II** *subst* reparation, lagning; ~ *shop* bilverkstad
repatriate [ri:'pejtriejt] *verb* repatriera, sända hem
repay [ri'pej] *verb* betala tillbaka
repayment [ri'pejmənt] *subst* återbetalning
repeal [ri'pi:l] *verb* upphäva
repeat [ri'pi:t] **I** *verb* **1** upprepa **2** sända i repris **II** *subst* repris
repeatedly [ri'pi:tədli] *adv* upprepade gånger
repel [ri'pell] *verb* verka motbjudande
repellent [ri'pellənt] **I** *adj* motbjudande **II** *subst*, *insect* ~ insektsmedel
repent [ri'pennt] *verb* ångra
repentance [ri'penntəns] *subst* ånger
repercussions [ˌri:pər'kaschənz] *subst pl* återverkningar
repertory ['reppərtå:ri] *subst* repertoar
repetition [ˌreppə'tischən] *subst* upprepning
repetitive [ri'pettətivv] *adj* enformig
replace [ri'plejs] *verb* ersätta
replacement [ri'plejsmənt] *subst* ersättare
replay **I** [ˌri:'plej] *verb* spela om **II** ['ri:ple:j] *subst* omspel i sporter
replenish [ri'plennisch] *verb* fylla på
replica ['repplikkə] *subst* kopia
reply [ri'plaj] **I** *verb* svara **II** *subst* svar
report [ri'på:rt] **I** *verb* rapportera **II** *subst* **1** rapport **2** ~ *card* terminsbetyg
reporter [ri'på:rtər] *subst* reporter
repose [ri'pouz] *subst* vila
represent [ˌreppri'zennt] *verb* representera; företräda
representative [ˌreppri'zenntətivv] **I** *adj* representativ **II** *subst* represen-

tant; ***Representative*** medlem i representanthuset

repress [ri'press] *verb* undertrycka; ***repressed*** äv. hämmad

repression [ri'preschən] *subst* förtryck

reprieve [ri'pri:v] **I** *verb* ge uppskov **II** *subst* uppskov

reprisal [ri'prajzəl] *subst* vedergällning; ***reprisals*** repressalier

reproach [ri'proutch] **I** *subst* förebråelse **II** *verb* förebrå

reproachful [ri'proutchfəl] *adj* förebrående

reproduce [ˌri:prə'do:s] *verb* **1** reproducera **2** fortplanta sig

reproduction [ˌri:prə'dakkschən] *subst* **1** reproduktion **2** fortplantning

reproof [ri'pro:f] *subst* förebråelse

reptile ['reptəl] *subst* reptil

republic [ri'pabblikk] *subst* republik

republican [ri'pabblikkən] **I** *adj* republikansk **II** *subst* republikan

repudiate [ri'pjo:diejt] *verb* förkasta

repulsive [ri'pallsivv] *adj* frånstötande

reputable ['reppjətəbl] *adj* aktningsvärd

reputation [ˌreppjə'tejschən] *subst* rykte

reputedly [ri'pjo:tədli] *adv* enligt allmänna omdömet

request [ri'kwesst] **I** *subst* begäran **II** *verb* anhålla om

require [ri'kwajər] *verb* kräva; ***required*** nödvändig

requirement [ri'kwajərmənt] *subst* krav

requisite ['rekkwizitt] *adj* erforderlig

rerun ['ri:rann] *subst* repris på TV

rescue ['resskjo:] **I** *verb* rädda **II** *subst* räddning; ~ ***party*** räddningsmanskap

research [ri'sö:rtch] **I** *subst* forskning **II** *verb* forska

resemblance [ri'zemmbləns] *subst* likhet

resemble [ri'zemmbl] *verb* likna

resent [ri'zennt] *verb* bli förbittrad över

resentful [ri'zenntfəl] *adj* harmsen

resentment [ri'zenntmənt] *subst* förtrytelse

reservation [ˌrezər'vejschən] *subst* **1** reservation **2** ***make a*** ~ beställa plats (rum, bord) **3** ***Indian*** ~ indianreservat

reserve [ri'zö:rv] **I** *verb* **1** reservera **2** lägga undan, spara **II** *subst* **1** reserv; ~ ***team***

B-lag **2** ***nature*** ~ naturreservat

reserved [ri'zö:rvd] *adj* reserverad

reshuffle [ˌri:'schaffl] *verb* blanda om

residence ['rezzidəns] *subst* bostad; ***place of*** ~ hemvist

resident ['rezzidənt] *subst,* ***be a*** ~ vara bosatt; bo

residential [ˌrezzi'dennschəl] *adj,* ~ ***area*** bostadsområde

residue ['rezzido:] *subst* rest

resign [ri'zajn] *verb* **1** avgå från tjänst o.d. **2** resignera; ~ ***oneself to*** foga sig i

resignation [ˌrezzigg'nejschən] *subst* **1** avskedsansökan **2** resignation, uppgivenhet

resigned [ri'zajnd] *adj* resignerad, uppgiven

resilient [ri'zilljənt] *adj* som har lätt för att återhämta sig

resin ['rezzin] *subst* kåda; harts

resist [ri'zisst] *verb* göra motstånd; motstå

resistance [ri'zisstəns] *subst* motstånd

resolution [ˌrezzə'lo:schən] *subst* **1** beslutsamhet; ***New Year's*** ~ nyårslöfte **2** upplösning

resolve [ri'za:lv] **I** *verb* besluta sig **II** *subst* beslut; beslutsamhet

resort [ri'zå:rt] **I** *verb,* ~ ***to*** tillgripa **II** *subst,* ***seaside*** ~ badort

resound [ri'zaond] *verb* genljuda

resource [ri'så:rs] *subst,* ***resources*** resurser; ***natural resources*** naturtillgångar

resourceful [ri'så:rsfəl] *adj* rådig

respect [ri'spekkt] **I** *subst* respekt **II** *verb* respektera

respectable [ri'spekktəbl] *adj* respektabel; aktningsvärd

respectful [ri'spekktfəl] *adj* aktningsfull

respectively [ri'spekktivvli] *adv* respektive

respite ['resspət] *subst* respit, anstånd

resplendent [ri'splenndənt] *adj* praktfull

respond [ri'spa:nd] *verb* svara

response [ri'spa:ns] *subst* svar; gensvar

responsibility [risˌpa:nsə'billəti] *subst* ansvar; ***on one's own*** ~ på eget ansvar

responsible [ri'spa:nsəbl] *adj* ansvarig; ansvarsfull

responsive [ri'spa:nsivv] *adj* mottaglig, lyhörd

1 rest [resst] **I** *verb* förbli **II** *subst,* ***the*** ~ resten

2 rest [resst] **I** *subst* vila; ~ ***area*** rastplats **II** *verb* vila sig

restaurant ['resstərənt] *subst* restaurang
restful ['resstfəl] *adj* vilsam
restless ['resstləs] *adj* rastlös
restoration [ˌresstə'rejschən] *subst* renovering
restore [ri'stå:r] *verb* **1** återställa **2** restaurera
restrain [ri'strejn] *verb* hindra, avhålla
restrained [ri'strejnd] *adj* återhållen, behärskad
restraint [ri'strejnt] *subst* inskränkning, hinder
restrict [ri'strikkt] *verb* inskränka
restriction [ri'strikkschən] *subst* restriktion
rest room ['rest ro:m] *subst* toalett på restaurang m.m.
result [ri'zallt] **I** *verb* vara (bli) resultatet **II** *subst* resultat
resume [ri'zo:m] *verb* återuppta
résumé ['rezzjomej] *subst* **1** meritförteckning **2** sammanfattning
resumption [ri'zammpschən] *subst* återupptagande
resurgence [ri'sö:rdʒəns] *subst* återuppblomstring
resurrection [ˌrezzə'rekkschən] *subst* återuppståndelse
resuscitate [ri'sassitejt] *verb* återuppliva
retail ['ri:tejl] **I** *subst* detaljhandel; *at ~* i minut **II** *adj, ~ price* detaljhandelspris; *recommended ~ price* rekommenderat cirkapris
retain [ri'tejn] *verb* behålla
retaliate [ri'tälliejt] *verb* vedergälla
retaliation [riˌtälli'ejschən] *subst* vedergällning
retch [rettch] *verb* försöka kräkas
retentive [ri'tenntivv] *adj, ~ memory* gott minne
retina ['rettənə] *subst* ögats näthinna
retire [ri'tajər] *verb* gå i pension; dra sig tillbaka
retired [ri'tajərd] *adj* pensionerad
retirement [ri'tajərmənt] *subst* pensionering; *early ~* förtidspension
retiring [ri'tajəring] *adj* tillbakadragen
retort [ri'tå:rt] **I** *verb* svara skarpt **II** *subst* skarpt svar
retrace [ri'trejs] *verb* följa tillbaka spår m.m.
retract [ri'träkkt] *verb* ta tillbaka ord o.d.
retread ['ri:tredd] *subst* regummerat bildäck
retreat [ri'tri:t] **I** *subst* reträtt **II** *verb* retirera
retribution [ˌrettri'bjo:schən] *subst* vedergällning
retrieval [ri'tri:vəl] *subst* återvinnande

retrieve [ri'tri:v] *verb* återfå
retriever [ri'tri:vər] *subst* retriever hundras
retrospect ['retrrəspekkt] *subst, in ~* i efterhand
retrospective [ˌrettrə'spekktivv] *adj* retrospektiv, tillbakablickande
return [ri'tö:rn] **I** *verb* **1** återvända **2** returnera; lämna (skicka) tillbaka **3** besvara **II** *subst* **1** återkomst; *in ~* i gengäld; i retur **2** återgång **3** i sporter retur
reunion [ˌri:'jo:njən] *subst* **1** återförening **2** möte; *class ~* klassträff
reunite [ˌri:jo:'najt] *verb* återförena
re-use I [ri:'jo:z] *verb* återanvända **II** [ˌri:'jo:s] *subst* återanvändning
reveal [ri'vi:l] *verb* avslöja; yppa
revealing [ri'vi:ling] *adj* avslöjande
reveille ['revvəli] *subst* revelj
revel [revvl] *verb, ~ in* frossa i
revenge [ri'venndʒ] **I** *verb* hämnas **II** *subst* hämnd
revenue ['revvənjo:] *subst* statsinkomster; skatteinkomster
reverberate [ri'vö:rbərejt] *verb* genljuda
reverence ['revvərəns] *subst* vördnad
Reverend ['revvərənd] pastor i titel
reversal [ri'vö:rsəl] *subst* omkastning
reverse [ri'vö:rs] **I** *adj* motsatt **II** *subst* **1** motsats **2** baksida **3** *put the car in ~* lägga i backen **III** *verb* **1** vända på; *~ one's opinion* ändra uppfattning **2** backa
revert [ri'vö:rt] *verb* återgå
review [ri'vjo:] **I** *subst* **1** recension **2** repetition inför prov **II** *verb* **1** recensera **2** repetera inför prov
reviewer [ri'vjo:ər] *subst* recensent
revile [ri'vajl] *verb* smäda
revise [ri'vajz] *verb* omarbeta
revision [ri'viʒən] *subst* omarbetning
revival [ri'vajvəl] *subst* **1** återupplivning, förnyelse **2** väckelsemöte
revive [ri'vajv] *verb* återuppliva
revoke [ri'vouk] *verb* återkalla; *~ sb.'s driver's license* dra in ngns körkort
revolt [ri'voult] **I** *verb* revoltera **II** *subst* revolt
revolting [ri'voulting] *adj* motbjudande
revolution [ˌrevvə'lo:schən] *subst* revolution

revolutionary [ˌrevvəˈlo:schənerri] *subst* o. *adj* revolutionär
revolve [riˈva:lv] *verb* rotera
revolver [riˈva:lvər] *subst* revolver
revolving [riˈva:lving] *adj*, ~ *chair* kontorsstol; ~ *door* svängdörr
revulsion [riˈvallschən] *subst* motvilja
reward [riˈwå:rd] **I** *subst* belöning **II** *verb* belöna
rewarding [riˈwå:rding] *adj* givande
rewind [ri:ˈwajnd] *verb* spola tillbaka band m.m.
rheumatism [ˈro:mətizzəm] *subst* reumatism
rheumatoid arthritis [ˌro:mətåjd a:rˈθrajtiss] *subst* ledgångsreumatism
rhino [ˈrajnou] o. **rhinoceros** [rajˈna:sərəs] *subst* noshörning
rhubarb [ˈro:ba:rb] *subst* **1** rabarber **2** slang bråk
rhyme [rajm] **I** *subst* rim; *nursery* ~ barnramsa **II** *verb* rimma
rhythm [ˈriðəm] *subst* rytm
rib [ribb] **I** *subst* revben **II** *verb* slang retas lite med
ribbon [ˈribbən] *subst* band hårband o.d.
rice [rajs] *subst* ris; *brown* ~ råris
rich [rittch] *adj* rik
riches [ˈrittchizz] *subst pl* rikedomar
richly [ˈrittchli] *adv* rikt; rikligt
rickety [ˈrikkəti] *adj* skraltig, vinglig
rid [ridd] *verb*, *get* ~ *of* göra sig av med
riddle [riddl] *subst* gåta
ride [rajd] **I** *verb* **1** rida **2** köra **3** slang köra med **II** *subst* ridtur; åktur; lift
rider [ˈrajdər] *subst* **1** ryttare **2** tillägg till lag
ridge [riddʒ] *subst* **1** bergkam **2** *high pressure* ~ högtrycksrygg
ridicule [ˈriddikjo:l] **I** *subst* åtlöje **II** *verb* förlöjliga
ridiculous [riˈdikkjələs] *adj* löjlig, fånig
riding-school [ˈrajdingsko:l] *subst* ridskola
rife [rajf] *adj* utbredd, talrik
riff-raff [ˈriffräff] *subst* slödder
1 rifle [rajfl] *verb* plundra, länsa
2 rifle [rajfl] *subst* gevär; ~ *range* skjutbana
rift [rifft] *subst* spricka, klyfta
1 rig [rigg] *verb* göra upp på förhand
2 rig [rigg] *subst* **1** rigg **2** vard. långtradare
rigging [ˈrigging] *subst* rigg
right [rajt] **I** *adj* **1** rätt, riktig

2 höger **II** *adv* **1** precis; genast, strax; ~ ***now*** just nu; ~ *off* genast, med detsamma; utan vidare, direkt **2** vard. mycket, hemskt **III** *subst* **1** rätt **2** rättighet **3** höger sida; *the Right* högern

righteous ['rajtchəs] *adj* rättfärdig

rightful ['rajtfəl] *adj* rättmätig

right-handed [ˌrajt'hänndidd] *adj* högerhänt

rightly ['rajtli] *adv* med rätta

right of way [ˌrajt əv 'wej] *subst* förkörsrätt

right-wing ['rajtwing] *adj* höger-

rigid ['riddʒidd] *adj* rigid; sträng

rigmarole ['riggmərəoul] *subst* svammel

rigorous ['riggərəs] *adj* sträng

rile [rajl] *verb* vard. reta

rim [rimm] *subst* kant

rind [rajnd] *subst* kant, skalk

1 ring [ring] **I** *verb* ringa; ~ *back* ringa upp igen **II** *subst* ringning

2 ring [ring] *subst* **1** ring **2** liga

ringer ['ringər] *subst* vard. **1** ***be a dead ~ for sb.*** vara ngns dubbelgångare **2** proffs som uppträder som amatör

ringing ['ringing] *adj* klingande

ringleader ['ringˌli:dər] *subst* ligaledare

rink [ringk] *subst* ishall; hall för rullskridskoåkning

rinse [rinns] *verb* skölja

riot ['rajət] *subst* upplopp

riotous ['rajətəs] *adj* tygellös

rip [ripp] **I** *verb* riva, slita, fläka, skära; ~ *off* slang blåsa lura; ~ ***open*** sprätta upp **II** *subst* lång reva

ripe [rajp] *adj* mogen

ripen ['rajpən] *verb* mogna

ripple [rippl] **I** *verb* krusa sig **II** *subst* krusning

rise [rajz] **I** *verb* **1** resa sig **2** stiga; tillta **II** *subst* ökning

risk [rissk] **I** *subst* risk; ***be at ~*** vara i farozonen; ***at one's own ~*** på egen risk **II** *verb* riskera

risky ['risski] *adj* riskabel

rite [rajt] *subst* rit

ritual ['rittchoəl] **I** *adj* rituell **II** *subst* ritual

rival ['rajvəl] **I** *subst* rival **II** *adj* rivaliserande **III** *verb* tävla med

rivalry ['rajvəlri] *subst* rivalitet

river ['rivvər] *subst* flod

rivet ['rivvət] **I** *subst* nit av metall **II** *verb* nita fast; fånga uppmärksamheten

roach [routch] *subst* **1** kackerlacka **2** slang marijuanacigarett **3** mört

road [roud] *subst* väg

roadblock ['roudbla:k] *subst* vägspärr
road map ['roud mäpp] *subst* vägkarta
road safety ['roud sejfti] *subst* trafiksäkerhet
roadside ['roudsajd] *subst* vägkant
road sign ['roud sajn] *subst* trafikskylt, trafikmärke
roadway ['roudwej] *subst* väg
roadwork ['roudwö:rk] *subst* vägarbete
roam [roum] *verb* ströva (flacka) omkring
roar [rå:r] **I** *subst* rytande **II** *verb* ryta; ~ *with laughter* gapskratta
roast [roust] **I** *verb* steka i ugn el. på spett; rosta **II** *subst* **1** stek **2** grillparty utomhus
rob [ra:b] *verb* råna
robber ['ra:bər] *subst* rånare
robbery ['ra:bəri] *subst* rån
robe [roub] *subst* **1** badkappa; morgonrock **2** *robes* ämbetsdräkt
robust [rou'basst] *adj* robust
1 rock [ra:k] *subst* klippa; sten
2 rock [ra:k] *verb* vagga
3 rock [ra:k] *subst*, ~ *music* rockmusik
rock-and-roll [ˌra:kn'roul] *subst* rock'n'roll
rock-bottom [ˌra:k'ba:təm] *subst* vard. absoluta botten
rocket ['ra:kət] *subst* raket
rocking chair ['ra:king tchäər] *subst* gungstol
rocking horse ['ra:king hå:rs] *subst* gunghäst
rocky ['ra:ki] *adj* klippig; *the Rocky Mountains* Klippiga bergen
rod [ra:d] *subst* käpp; stång
rode [roud] *verb* imperf. av *ride*
rodent ['roudənt] *subst* gnagare
rodeo [rou'dejou, 'roudiou] *subst* rodeo
roe [rou] *subst* fiskrom
rogue [roug] *subst* skurk; rackare
role [roul] *subst* roll
roll [roul] **I** *subst* **1** rulle **2** småfranska **II** *verb* rulla
roll call ['roul ka:l] *subst* upprop
roller ['roulər] *subst* hårspole
roller-coaster ['roulərˌkoustər] *subst* berg- och dalbana
roller skate ['roulər skejt] *subst* rullskridsko
rolling pin ['rouling pinn] *subst* brödkavel
rolling stock ['rouling sta:k] *subst* rullande materiel; vagnpark
Roman ['roumən] *adj*, ~ *Catholic* katolsk; katolik; ~ *numerals* romerska siffror
romance [rou'männs] *subst* **1** romantik **2** romans

romantic [rou'männtikk] *adj* romantisk
Rome [roum] Rom
romp [ra:mp] *verb* isht om barn stoja
roof [ro:f] *subst* tak
roofing ['ro:fing] *subst* tak-täckningsmaterial
roof rack ['ro:f räkk] *subst* takräcke
1 rook [rokk] *verb* slang lura; skinna
2 rook [rokk] *subst* torn i schack
rookie ['rokki] *subst* nybörjare
room [ro:m] **I** *subst* **1** rum **2** plats **II** *verb, they ~ together* de delar bostad (rum)
roommate ['ro:mmejt] *subst* rumskamrat
room service ['ro:m ˌsö:rviss] *subst* rumservice
roomy ['ro:mi] *adj* rymlig
rooster ['ro:stər] *subst* tupp
1 root [ro:t] **I** *subst* rot; *~ canal work* rotfyllning; *put down roots* rota sig **II** *verb, rooted* rotad; inrotad
2 root [ro:t] *verb* rota, böka
3 root [ro:t] *verb* heja på
rope [roup] *subst* rep; lasso; *be at the end of one's ~* inte orka mer; *know the ropes* vard. känna till knepen
rosary ['rouzəri] *subst* radband
1 rose [rouz] *verb* imperf. av *rise*
2 rose [rouz] **I** *subst* ros **II** *adj* rosa
rosebud ['rouzbadd] *subst* rosenknopp
rosemary ['rouzmerri] *subst* rosmarin
roster ['ra:stər] *subst* tjänstgöringslista
rostrum ['ra:strəm] *subst* podium
rosy ['rouzi] *adj* rosenröd
rot [ra:t] **I** *verb* ruttna **II** *subst* röta
rotary ['routəri] **I** *adj* roterande **II** *subst* **1** cirkulationsplats, rondell **2** *Rotary* rotaryklubb
rotate [rou'tejt] *verb* rotera; *~ crops* idka växelbruk
rote [rout] *subst, by ~* utantill
rotten ['ra:tn] *adj* rutten; *~ to the core* genomrutten
rotund [rou'tannd] *adj* rund
rough [raff] *adj* grov; rå; obehandlad; *have a ~ time* ha det svårt
roughage ['raffiddʒ] *subst* kostfibrer
rough-and-ready [ˌraffnd'reddi] *adj* om person otvungen; om metod enkel
roughhouse ['raffhaos] *verb* tumla omkring, busa
roughly ['raffli] *adv* **1** grovt **2** på ett ungefär

roulette [ro'lett] *subst* roulett
round [raond] **I** *adj* rund; ~ *trip* tur och retur-resa **II** *adv* o. *prep* runt, omkring **III** *subst* rond, runda; *buy a ~ of drinks* bjuda laget runt
roundly ['raondli] *adv* rent ut, öppet
round-shouldered [ˌraond'schouldərd] *adj* kutryggig
round-trip ['raondtripp] *adj* tur och retur-
roundup ['raondapp] *subst* sammandrag
rouse [raoz] *verb* väcka; egga
rousing ['raozing] *adj* eldande
rout [raot] **I** *subst* nederlag **II** *verb* fullständigt besegra
route [ro:t, raot] *subst* rutt, väg; huvudväg; sträcka; linje för trafik; *paper ~* tidningsbuds rutt
routine [ro:'ti:n] **I** *subst* rutin **II** *adj* rutinmässig
1 row [rou] *subst* rad; *in a ~* i följd; *~ house* radhus
2 row [rou] *verb* ro
3 row [rao] *subst* gräl, bråk
rowboat ['roubout] *subst* roddbåt
rowdy ['raodi] *adj* bråkig
royal ['råjəl] *adj* kunglig
royalty ['råjəlti] *subst* **1** kungligheter **2** royalty
RSVP [ˌa:ressvi:'pi:] på bjudningskort o.s.a
rub [rabb] *verb* gnida; polera; *~ the wrong way* irritera; *~ out* sudda ut
rubber ['rabbər] *subst* **1** gummi; *rubbers* galoscher **2** slang gummi kondom
rubber band [ˌrabbər 'bännd] *subst* gummiband
rubbing alcohol ['rabbing ˌällkəha:l] *subst* ung. alsolsprit
rubbish ['rabbisch] *subst* skräp
rubble [rabbl] *subst* spillror
ruby ['ro:bi] *subst* rubin
rudder ['raddər] *subst* roder
ruddy ['raddi] *adj* röd, rödblommig
rude [ro:d] *adj* ohyfsad; grov; *~ awakening* smärtsamt uppvaknande
ruffle [raffl] **I** *verb* rufsa till; *~ sb.'s feathers* förarga ngn **II** *subst* krås, krus
rug [ragg] *subst* liten matta
rugby ['raggbi] *subst* rugby
rugged ['raggid] *adj* ojämn; oländig
ruin ['ro:inn] **I** *subst* ruin **II** *verb* **1** förstöra **2** ruinera
rule [ro:l] **I** *subst* regel; *as a ~* i regel **II** *verb* **1** regera **2** *~ out sth.* utesluta ngt
ruler ['ro:lər] *subst* **1** härskare **2** linjal
ruling ['ro:ling] **I** *adj* härskande **II** *subst* domstolsutslag
rum [ramm] *subst* rom dryck

rumble [rammbl] **I** *verb* mullra **II** *subst* mullrande
rummage ['rammiddʒ] *verb* leta, rota; ~ *sale* loppmarknad
rumor ['ro:mər] **I** *subst* rykte **II** *verb, it is rumored that* det ryktas att
rump [rammp] *subst* bakdel, rumpa
rumpsteak [ˌrammp'stejk] *subst* rumpstek
rumpus ['rammpəs] *subst* vard. bråk
run* [rann] **I** *verb* **1** springa; löpa **2** fly **3** om maskin, tid, buss o.d. gå; *it runs in the family* det ligger i släkten **4** rinna; tappa; ~ *high* bildligt svalla **5** ~ *for* kandidera till **6** driva; leda **7** ~ *about* (*around*) springa omkring; ~ *against sb.* ställa upp mot ngn; ~ *away* rymma; ~ *down* köra i botten; ~ *into* kollidera med; stöta 'på; ~ *on* fortsätta; ~ *out* gå ut; hålla på att ta slut; ~ *over* köra över; ~ *through* genomsyra; ~ *up* dra på sig skulder; ~ *up against* stöta 'på **II** *subst* **1** löpning **2** resa **3** serie; *in the long* ~ i det långa loppet **4** maska på nylonstrumpa
runaway ['rannəwej] **I** *subst* rymling **II** *adj* bildligt skenande
run-down ['ranndaon] *adj* **1** slutkörd **2** förfallen
1 rung [rang] *verb* perf.p. av *1 ring*
2 rung [rang] *subst* pinne på stege
run-in ['rannin] *subst* i hästsport o.d. upplopp
runner ['rannər] *subst* löpare
runner-up [ˌrannər'app] *subst* andra plats i tävling
running ['ranning] *adj* **1** rinnande; ~ *mate* parhäst, vicepresidentkandidat **2** fortlöpande
runny ['ranni] *adj*, ~ *nose* vard. rinnande näsa
run-off ['rannåf] *adj*, ~ *primary* nytt primärval, omval
run-of-the-mill [ˌrannəvðə'mill] *adj* ordinär
runt [rannt] *subst* puttefnask; minsting
run-through ['rannθro:] *subst* snabbgenomgång
runway ['rannwej] *subst* landningsbana
rupture ['rapptchər] **I** *subst* bristning; bildligt brytning **II** *verb* brista
rural ['rorrəl] *adj* lantlig
rush [rasch] **I** *verb* **1** rusa **2** skynda 'på; jäkta **II** *subst* **1** rusning **2** *no* ~ ingen brådska **3** *get a* ~ slang bli hög på droger

rush hour ['rasch ˌaoər] *subst* rusningstid
Russia ['raschə] Ryssland
Russian ['raschən] **I** *adj* rysk **II** *subst* **1** ryss **2** ryska språk
rust [rasst] **I** *subst* rost **II** *verb* rosta
rustic ['rasstikk] *adj* lantlig; primitiv
rustle [rassl] **I** *verb* **1** rassla **2** ~ *up* laga mat **II** *subst* rassel
rustproof ['rasstpro:f] *adj* rostfri
rusty ['rassti] *adj* **1** rostig **2** ringrostig
rut [ratt] *subst* hjulspår; *get into a* ~ fastna i slentrian
ruthless ['ro:θləs] *adj* hänsynslös
rye [raj] *subst* råg; ~ *whiskey* whisky av amerikansk typ

S

S, s [ess] *subst* S, s
Sabbath ['säbbəθ] *subst* sabbat
sabbatical [sə'bättikl] *subst* sabbatsår; längre tjänstledighet
sabotage ['säbbəta:ʒ] **I** *subst* sabotage **II** *verb* sabotera
saccharin ['säkkərinn] *subst* sackarin
sack [säkk] **I** *subst* **1** säck; påse, plastkasse **2** *get the* ~ vard. få sparken; *hit the* ~ vard. knyta sig sova **II** *verb* vard. sparka avskeda
sacking ['säkking] *subst* säckväv
sacrament ['säkkrəmənt] *subst* sakrament
sacred ['sejkridd] *adj* helig
sacrifice ['säkkrifajs] **I** *subst* offer **II** *verb* offra
sad [sädd] *adj* **1** ledsen **2** sorglig; ~ *sack* slang förlorare
saddle ['säddl] **I** *subst* sadel; ~ *horse* ridhäst **II** *verb* sadla
saddlebag ['säddlbägg] *subst* **1** sadelficka **2** cykelväska
sadistic [sə'disstikk] *adj* sadistisk

sadness ['säddnəs] *subst* sorgsenhet

safe [sejf] **I** *adj* **1** säker; ofarlig; pålitlig; ***better ~ than sorry*** det är bäst att ta det säkra före det osäkra **2** *~ and sound* välbehållen **II** *subst* kassaskåp

safe conduct [ˌsejf 'ka:ndakkt] *subst* fri lejd

safe-deposit ['sejfdiˌpa:zət] *subst, ~ box* bankfack

safeguard ['sejfga:rd] **I** *subst* garanti **II** *verb* skydda

safekeeping [ˌsejf'ki:ping] *subst* säkert förvar

safely ['sejfli] *adv* säkert; lyckligt och väl

safety ['sejfti] *subst* **1** säkerhet **2** *release the ~* osäkra vapen

safety belt ['sejfti bellt] *subst* säkerhetsbälte

safety pin ['sejfti pinn] *subst* säkerhetsnål

safety razor ['sejfti ˌreijzər] *subst* rakhyvel

saffron ['säffrən] *subst* saffran

sag [sägg] *verb* svikta; dala; hänga

1 sage [sejdʒ] *subst* salvia

2 sage [sejdʒ] *subst* vis man

Sagittarius [ˌsäddʒi'tärrjəs] *subst* Skytten stjärntecken

said [sedd] *verb* imperf. o. perf.p. av *say*

sail [sejl] **I** *subst* segel **II** *verb* segla

sail-boat ['sejlbout] *subst* segelbåt

sailing-ship ['sejlingschipp] *subst* segelfartyg

sailor ['sejlər] *subst* sjöman; ***be a bad ~*** ha lätt för att bli sjösjuk; ***be a good ~*** tåla sjön bra

saint [sejnt] *subst* helgon

sake [sejk] *subst, for the ~ of sth.* för ngts skull

salad ['sälləd] *subst* sallad rätt

salad dressing ['sälləd ˌdressing] *subst* salladsdressing

salary ['sälləri] *subst* månadslön; ***annual ~*** årslön

sale [sejl] *subst* försäljning; rea; ***for ~*** till salu; ***on ~*** på rea; till salu

sales clerk ['sejlz klö:rk] *subst* expedit, affärsbiträde

salesman ['sejlzmən] *subst* försäljare; expedit

salesroom ['sejlzro:m] *subst* försäljningslokal

sales tax ['sejlz täkks] *subst* moms

saleswoman ['sejlzˌwommən] *subst* kvinnlig försäljare; expedit

sallow ['sällou] *adj* gulblek, om hy

salmon ['sämmən] *subst* lax

saloon [sə'lo:n] *subst* saloon, krog

salt [sa:lt] **I** *subst* salt **II** *verb* salta

saltcellar ['sa:lt,sellər] *subst* saltkar

salt shaker ['sa:lt schejkər] *subst* saltströare

salty ['sa:lti] *adj* salt

salute [sə'lo:t] **I** *subst* **1** honnör **2** salut **II** *verb* göra honnör

salvage ['sällviddʒ] **I** *subst* bärgning **II** *verb* bärga, rädda

salvation [säll'vejschən] *subst* frälsning; ***the Salvation Army*** Frälsningsarmén

same [sejm] *adj* o. *adv* o. *pron, **the ~*** samma; samma sak; likadan; ***all the ~*** ändå; i alla fall; ***the ~ to you!*** tack detsamma!

sample [sämmpl] *subst* prov; varuprov

sanctimonious [,sängkti'mounjəs] *adj* skenhelig

sanction ['sängkschən] **I** *subst* **1** tillstånd **2** *sanctions* sanktioner **II** *verb* godkänna, sanktionera

sanctity ['sängktəti] *subst* **1** okränkbarhet **2** fromhet

sanctuary ['sängktjo,erri] *subst* fristad; reservat

sand [sännd] **I** *subst* sand; *sands* dyner **II** *verb* sanda, putsa

sandal ['sänndl] *subst* sandal

sandbag ['sänndbägg] **I** *subst* sandsäck **II** *verb* slå till överraskande

sandbox ['sänndba:ks] *subst* sandlåda för barn

sand castle ['sännd ,kässl] *subst* sandslott

sandpaper ['sännd,pejpər] *subst* sandpapper

sandstone ['sänndstoun] *subst* sandsten

sandwich ['sännwiddʒ, 'sänndwittch] *subst* dubbel lunchsmörgås

sandy ['sänndi] *adj* **1** sandig **2** rödblond

sane [sejn] *adj* själsligt sund; vid sina sinnens fulla bruk

sang [säng] *verb* imperf. av *sing*

sanitary ['sännəterri] *adj* hygienisk; ~ ***napkin*** dambinda

sanitation [,sänni'tejschən] *subst* sanitär utrustning; ~ ***department*** renhållningsavdelning

sanity ['sännəti] *subst* mental hälsa

sank [sängk] *verb* imperf. av *sink*

Santa Claus ['sänntə kla:z] *subst* jultomten

1 sap [säpp] *subst* **1** sav **2** slang dumbom, nöt

2 sap [säpp] *verb* tära på

sapling ['säppling] *subst* ungt träd

sapphire ['säffajər] *subst* safir
saranwrap [sə'rännräpp] *subst* plastfolie
sarcasm ['sa:rkäzzəm] *subst* sarkasm
sardine [sa:r'di:n] *subst* sardin
1 sash [säsch] *subst* skärp
2 sash [säsch] *subst* fönsterram
SAT [ˌessej'ti:] (förk. för *Scholastic Aptitude Test*), ***the SATs*** ung. högskoleprovet
sat [sätt] *verb* imperf. o. perf.p. av *sit*
satchel ['sättchəl] *subst* axelväska
satellite ['sättəlajt] *subst* satellit; ~ ***broadcast*** satellitsändning; ~ ***dish*** parabolantenn
satin ['sättən] *subst* siden
satire ['sättajər] *subst* satir
satisfaction [ˌsättiss'fäkkschən] *subst* tillfredsställelse
satisfactory [ˌsättiss'fäkktəri] *adj* tillfredsställande
satisfy ['sättissfaj] *verb* tillfredsställa
Saturday ['sättərdej] *subst* lördag; ~ ***night special*** liten pistol
sauce [sa:s] *subst* sås; mos, sylt; bildligt krydda
saucepan ['sa:spən] *subst* kastrull
saucer ['sa:sər] *subst* tefat
saucy ['sa:si] *adj* vard. uppnosig
sauerkraut ['sauərkraot] *subst* surkål
sauna ['sa:nə] *subst* bastu
saunter ['sa:ntər] *verb* spankulera; flanera
sausage ['sa:siddʒ] *subst* korv
savage ['sävviddʒ] **I** *adj* vild; grym **II** *subst* vilde
save [sejv] *verb* **1** rädda **2** spara; ~ ***a seat for*** reservera en plats för
saving ['sejving] *subst* besparing
savings account ['sejvingz əˌkaont] *subst* sparkonto
savings bank ['sejvingz bängk] *subst* sparbank
savior ['sejvjər] *subst* **1** frälsare **2** räddare
savor ['sejvər] *verb* njuta av; smaka på
savory ['sejvəri] *adj* välsmakande; välluktande
1 saw [sa:] *verb* imperf. av *see*
2 saw [sa:] **I** *subst* såg **II** *verb* såga
sawdust ['sa:dasst] *subst* sågspån
sawmill ['sa:mill] *subst* sågverk
sawn-off ['sa:na:ff] *adj* avsågad
saxophone ['säkksəfoun] *subst* saxofon
say* [sej] *verb* säga; ***to ~ the***

least minst sagt; *that is to ~* det vill säga; *you can ~ that again!* det kan du skriva upp!

saying ['sejing] *subst* talesätt

scab [skäbb] *subst* **1** sårskorpa **2** slang strejkbrytare

scaffold ['skäffəld] *subst* schavott

scaffolding ['skäffəlding] *subst* byggnadsställning

scald [ska:ld] *verb* skålla

1 scale [skejl] *subst* vågskål; *a pair of scales* en våg

2 scale [skejl] **I** *subst* skala **II** *verb* **1** klättra uppför **2** *~ down* trappa ner

3 scale [skejl] *subst* fjäll på fisk m.m.

scallion ['skälljən] *subst* knipplök

scallop ['skälləp] *subst* kammussla

scalp [skällp] **I** *subst* huvudsvål **II** *verb* **1** skalpera **2** kränga biljetter till konsert, match osv.

scam [skämm] *subst* bedrägeri, skoj

scamper ['skämmpər] *verb* kila, skutta

scan [skänn] *verb* granska; avsöka

scandal [skänndl] *subst* skandal

Scandinavian [ˌskänndi'nejvjən] **I** *adj* skandinavisk, nordisk **II** *subst* skandinav; nordbo

scant [skännt] o. **scanty** ['skännti] *adj* knapp, mager, torftig; minimal; lättklädd

scapegoat ['skejpgout] *subst* syndabock

scar [ska:r] **I** *subst* ärr **II** *verb* efterlämna bestående men

scarce [skäərs] *adj, be ~* vara ont om

scarcely ['skäərsli] *adv* knappast

scarcity ['skerrsəti] *subst* brist

scare [skäər] **I** *verb* skrämma; *~ away* (*off*) skrämma bort; *~ the hell out of sb.* el. *~ sb. stiff* vard. skrämma slag på ngn **II** *subst* panik; *get* (*have*) *a ~* bli skrämd

scarecrow ['skerrkrou] *subst* fågelskrämma

scared [skäərd] *adj* rädd; *~ stiff* livrädd

1 scarf [ska:rf] *subst* halsduk; sjal, sjalett

2 scarf [ska:rf] *verb, ~ down* (*up*) slang glufsa i sig

scarlet ['ska:rlət] *adj* scharlakansröd; *~ fever* scharlakansfeber

scary ['skerri] *adj* vard. hemsk, skrämmande, kuslig

scathing ['skejðing] *adj* dräpande; svidande

scatter ['skättər] *verb* sprida; strö ut; skingra; skingras

scatterbrained ['skättərbrejnd] *adj* virrig, blåst

scavenger ['skävvinndʒər] *subst* djur asätare; person sopletare

scene [si:n] *subst* scen; *change of ~* miljöombyte; *the ~ of the crime* brottsplatsen

scenery ['si:nəri] *subst* landskap

scenic ['si:nikk] *adj* naturskön

scent [sennt] **I** *verb* vädra byte o.d. **II** *subst* **1** doft **2** parfym

schedule ['skeddʒo:l] **I** *subst* tidtabell; plan; skolschema; *on ~* enligt tidtabell; som planerat; *be ahead of ~* ha hunnit längre än beräknat; *be behind ~* vara försenad **II** *verb, be scheduled* planeras; *scheduled flights* reguljärt flyg

scheme [ski:m] **I** *subst* plan; *the ~ of things* tingens ordning **II** *verb* intrigera, smida ränker

scheming ['ski:ming] *adj* intrigerande

schlemiel [schlə'mi:l] *subst* slang dumbom; klumpeduns

schlep [schlepp] *verb* slang **1** kånka omkring **2** släpa sig fram

schlock [schla:k] *subst* krimskrams, smörja

schmaltzy ['schma:ltsi] *adj* sliskig, tårdrypande

schmooze [schmo:z] *verb* vard. småsnacka, kallprata

scholar ['ska:lər] *subst* forskare vanligen inom humaniora

scholarly ['ska:lərli] *adj* akademisk; vetenskaplig

scholarship ['ska:lərschipp] *subst* stipendium

1 school [sko:l] *subst* skola; *go to ~* gå i skolan

2 school [sko:l] *subst* stim, flock

schoolboy ['sko:lbåj] *subst* skolpojke

schoolgirl ['sko:lgö:rl] *subst* skolflicka

schooling ['sko:ling] *subst* bildning

schoolmate ['sko:lmejt] *subst* skolkamrat

school year [ˌsko:l 'jiər] *subst* läsår

sciatica [saj'ättikkə] *subst* ischias

science ['sajəns] *subst* vetenskap; naturvetenskap

science fiction [ˌsajəns 'fikkschən] *subst* science fiction

scientific [ˌsajən'tiffikk] *adj* vetenskaplig

scientist ['sajəntisst] *subst* forskare

scissors ['sizzərz] *subst* sax; *a pair of ~* en sax

scoff [ska:f] *verb* hånskratta; förhåna
scold [skould] *verb* skälla på, skälla ut
scoop [sko:p] **I** *subst* **1** skopa; glasskopa **2** scoop **II** *verb* skopa, skeda; ~ ***out*** gröpa ur
scooter ['sko:tər] *subst* skoter
1 scope [skoup] *subst* omfattning, spännvidd, ram
2 scope [skoup] *subst* slang teleskop; mikroskop
scorch [skå:rtch] *verb* sveda, bränna
score [skå:r] **I** *subst* i tävling ställning; resultat **II** *verb* **1** göra succé **2** i tävling få poäng, göra mål **3** slang lyckas få ett ligg **4** slang köpa droger
scoreboard ['skå:rbå:rd] *subst* resultattavla
scorn [skå:rn] **I** *subst* förakt **II** *verb* håna
Scorpio ['skå:rpjou] *subst* Skorpionen stjärntecken
Scot [ska:t] *subst* skotte
Scotch [ska:tch] **I** *adj* skotsk **II** *subst* skotsk whisky
scot-free [ˌska:t'fri:] *adj* oskadd
Scotland ['ska:tlənd] Skottland
Scots [ska:ts] **I** *adj* skotsk **II** *subst* skotska dialekt
Scotsman ['ska:tsmən] *subst* skotte
Scotswoman ['ska:tsˌwommən] *subst* skotska kvinna
Scottish ['ska:tisch] *adj* skotsk
scoundrel ['skaondrəl] *subst* skurk
scour ['skaoər] *verb* **1** skura, skrubba **2** leta igenom, söka överallt i
scourge [skö:rdʒ] *subst* gissel, plågoris
scout [skaot] **I** *subst* **1** spanare **2** pojkscout; flickscout **II** *verb* spana; ~ ***out*** leta upp
scrabble [skräbbl] *verb* krafsa
scram [skrämm] *verb* vard. sticka, dra
scramble [skrämmbl] *verb* **1** rusa; klättra ivrigt; kravla **2** förvränga tal i telefon **3** ***scrambled eggs*** äggröra
1 scrap [skräpp] **I** *subst* bit, lapp; *scraps* rester **II** *verb* kassera
2 scrap [skräpp] *subst* vard. gräl
scrapbook ['skräppbokk] *subst* minnesalbum
scrape [skrejp] *verb* skrapa; ~ ***up*** (***together***) skrapa ihop
scrap heap ['skräpp hi:p] *subst* skrothög
scrappy ['skräppi] *adj* stridslysten, kämpaglad
scratch [skrättch] **I** *verb* **1** klia; riva **2** stryka från lista **II** *subst* **1** skrubbsår **2** ***from*** ~

från början; från ingenting **3** ~ ***pad*** anteckningsblock

scrawl [skra:l] *verb* klottra, krafsa ner

scrawny ['skra:ni] *adj* tanig, mager

scream [skri:m] **I** *verb* skrika **II** *subst* skrik

screech [skri:tch] **I** *verb* gallskrika; tjuta **II** *subst* gallskrik

screen [skri:n] **I** *subst* **1** bildskärm; ***television*** ~ TV-ruta **2** ***the*** ~ filmen **II** *verb* skyla; avskärma

screen door ['skri:n då:r] *subst* ytterdörr med myggnät

screenplay ['skri:nplej] *subst* filmmanus

screw [skro:] **I** *subst* **1** skruv; ***put the screws on*** bildligt dra åt tumskruvarna **2** slang plit **II** *verb* **1** skruva **2** ~ ***up*** vard. misslyckas, göra bort sig **3** slang knulla

screwdriver ['skro:ˌdrajvər] *subst* **1** skruvmejsel **2** drink screwdriver

scribble [skribbl] **I** *verb* klottra **II** *subst* kladd

scrimmage line ['skrimmiddʒ ˌlajn] *subst* amer. fotboll bollinje

script [skrippt] *subst* manus

scripture ['skripptchər] *subst* helig skrift; ***the Scripture*** Bibeln

scroll [skroul] *subst* skriftrulle

scrounge [skraondʒ] *verb,* ~ ***around for*** vard. snoka efter; ~ ***up*** vard. lyckas leta upp

1 scrub [skrabb] *verb* skura

2 scrub [skrabb] *subst* busksnår; ~ ***pine*** småväxt tall

scruff [skraff] *subst,* ***by the*** ~ ***of the neck*** i nackskinnet

scruffy ['skraffi] *adj* vard. sjaskig

scrum [skramm] o. **scrummage** ['skrammiddʒ] *subst* i rugby klunga

scruples ['skro:plz] *subst pl* skrupler; ***have no*** ~ ***about*** inte dra sig för

scrutiny ['skro:təni] *subst* granskning

scuba-diving ['sku:bədajving] *subst* sportdykning

scuff [skaff] *verb* släpa med fötterna

scuffle [skaffl] **I** *verb* slåss **II** *subst* handgemäng

sculptor ['skallptər] *subst* skulptör

sculpture ['skallptchər] *subst* skulptur

scum [skamm] *subst* avskum

scumbag ['skammbägg] *subst* slang skitstövel; idiot

scurrilous ['skö:rələs] *adj* plump, grov

scurry ['skö:ri] *verb* kila, rusa

scuttle [skattl] *verb* **1** rusa, skutta **2** grusa planer

scythe [sajð] *subst* lie

sea [si:] *subst* **1** hav; *at ~* till sjöss (havs) **2** *~ change* stor förändring, förvandling
seaboard ['si:bå:rd] *subst* strandlinje; kust; *the Eastern ~* Östkusten i USA
seafood ['si:fo:d] *subst* fisk och skaldjur
seafront ['si:frannt] *subst* strandpromenad; *~ hotel* strandhotell
seagull ['si:gall] *subst* fiskmås
1 seal [si:l] *subst* säl
2 seal [si:l] **I** *subst* sigill **II** *verb* försegla; *~ one's fate* avgöra ens öde
sea level ['si: ˌlevvl] *subst* havets vattennivå
seam [si:m] *subst* söm; kol skikt
seaman ['si:mən] *subst* sjöman
seance ['seja:ns] *subst* seans
seaplane ['si:plejn] *subst* sjöflygplan
search [sö:rtch] **I** *verb* **1** söka **2** kroppsvisitera **II** *subst* sökande
searching ['sö:rtching] *adj* forskande
searchlight ['sö:rtchlajt] *subst* strålkastarljus
search party ['sö:rtch ˌpa:rti] *subst* skallgångskedja
search warrant ['sö:rtch ˌwå:rənt] *subst* husrannsakningsorder
seashore ['si:schå:r] *subst* havsstrand
seasick ['si:sikk] *adj* sjösjuk
seaside ['si:sajd] *subst* kust; *~ resort* badort
season ['si:zn] **I** *subst* **1** årstid **2** säsong; *be in ~* vara säsong för; *... is out of ~* det är inte säsong för... **II** *verb* krydda
seasonal ['si:zənəl] *adj* säsong-
seasoning [si:zəning] *subst* krydda; smaksättning
season ticket ['si:zn ˌtikkət] *subst* periodkort; abonnemangskort
seat [si:t] **I** *subst* sittplats; *take a ~!* sitt ned! **II** *verb* sätta sig
seat belt ['si:t bellt] *subst* säkerhetsbälte
seaweed ['si:wi:d] *subst* sjögräs; tång
seaworthy ['si:ˌwö:rði] *adj* sjöduglig
sec [sekk] *subst* vard. ögonblick; *just a ~!* ett ögonblick bara!
secluded [si'klo:didd] *adj* avskild
1 second ['sekkənd] **I** *räkn* o. *adj* andra, andre; *the ~ floor* en trappa upp; *~ name* efternamn **II** *subst, seconds* andrasortering

2 second ['sekkənd] *subst* sekund; ögonblick
secondary ['sekkənd,erri] *adj* underordnad; ~ *school* högstadiet och gymnasiet
second-guess [,sekkənd'gess] *verb* vara efterklok; klandra med facit i hand
second-hand [,sekkənd'hännd] **I** *adj* **1** begagnad, second hand **2** andrahands- **II** *adv* i andra hand
secondly ['sekkəndli] *adv* för det andra
second-rate [,sekkənd'rejt] *adj* andra klassens
secrecy ['si:krəsi] *subst* förtegenhet
secret ['si:krət] **I** *adj* hemlig; ~ *service* underrättelsetjänst **II** *subst* hemlighet
secretary ['sekkrəterri] *subst* **1** sekreterare **2** minister; *Secretary of State* utrikesminister
secretive ['si:krətivv] *adj* hemlighetsfull, förtegen
sectarian [sek'terrjən] *adj* sekteristisk
section ['sekkschən] *subst* del; sektion; genomskärning
sector ['sekktər] *subst* sektor
secular ['sekkjələr] *adj* världslig
secure [si'kjoər] **I** *adj* säker, trygg **II** *verb* befästa; säkra
security [si'kjorrəti] *subst* **1** trygghet; säkerhet **2** säkerhetsavdelning; ~ *guard* portvakt **3** *securities* värdepapper
sedan [si'dänn] *subst* sedan bil
sedative ['seddətivv] **I** *adj* lugnande **II** *subst* lugnande medel
seduce [si'do:s] *verb* förföra
seductive [si'dakktivv] *adj* förförisk, lockande
see* [si:] *verb* **1** se; titta på; ~ *about* ordna; ~ *off* vinka av; ~ *through* genomskåda; ~ *to* ta hand om; ordna **2** förstå **3** besöka; ~ *you!* vard. vi ses!
seed [si:d] *subst* frö, säd; upprinnelse; ~ *money* startkapital
seedling ['si:dling] *subst* planta
seedy ['si:di] *adj* sjaskig
seeing ['si:ing] *konj*, ~ *that* eftersom
seek [si:k] *verb* söka, leta efter; ~ *asylum* söka asyl
seem [si:m] *verb* verka, förefalla
seemingly ['si:mingli] *adv* till synes
seen [si:n] *verb* perf.p. av *see*
seep [si:p] *verb* sippra
seesaw ['si:sa:] **I** *subst* gungbräde **II** *verb* bildligt pendla
seethe [si:ð] *verb* sjuda; ~ *with rage* koka av ilska

see-through ['si:θro:] *adj* genomskinlig
segment ['seggmənt, segg'mennt] *subst* segment
segregate ['seggrigejt] *verb* segregera, åtskilja
seize [si:z] *verb* gripa, ta; ~ *the opportunity* ta tillfället i akt
seizure ['si:ʒər] *subst* **1** övertagande **2** anfall, attack
seldom ['selldəm] *adv* sällan
select [sə'lekkt] **I** *adj* utvald **II** *verb* välja
selection [sə'lekkschən] *subst* urval
selectman [sə'lekktmən] *subst* medlem av stadsfullmäktige
self [sellf] *subst* o. *pron* jag
self-assured [ˌsellfə'schoərd] *adj* självsäker
self-centered [ˌsellf'senntərd] *adj* självupptagen
self-confidence [ˌsellf'ka:nfiddəns] *subst* självförtroende
self-conscious [ˌsellf'ka:nschəs] *adj* förlägen, osäker
self-contained [ˌsellfkən'tejnd] *adj* komplett; självständig
self-control [ˌsellfkən'troul] *subst* självbehärskning
self-deception [ˌsellfdi'seppschən] *subst* självbedrägeri
self-defense [ˌsellfdi'fens] *subst* självförsvar
self-discipline [ˌsellf'dissəplinn] *subst* självdisciplin
self-employed [ˌsellfimm'plåjd] *adj*, *be* ~ vara egen företagare
self-esteem [ˌsellfi'sti:m] *subst* självaktning; självkänsla
self-evident [ˌsellf'evvidənt] *adj* självklar
self-governing [ˌsellf'gavvərning] *adj* självstyrande
self-indulgent [ˌsellfinn'dalldʒənt] *adj* njutningslysten
self-interest [ˌsellf'inntrəst] *subst* egennytta
selfish ['sellfisch] *adj* självisk
selfishness ['sellfischnəs] *subst* själviskhet
selfless ['sellfləs] *adj* osjälvisk
self-pity [ˌsellf'pitti] *subst* självömkan
self-possessed [ˌsellfpə'zesst] *adj* behärskad
self-preservation ['sellfˌprezzər'vejschən] *subst* självbevarelse; *instinct of* ~ självbevarelsedrift
self-respect [ˌsellfri'spekkt] *subst* självaktning
self-righteous [ˌsellf'rajtchəs] *adj* självrättfärdig

self-satisfied [ˌsellf'sättissfajd] *adj* självbelåten
self-service [ˌsellf'sö:rviss] *subst* självbetjäning, självservering
self-sufficient [ˌsellfsə'fischənt] *adj* självförsörjande
self-taught [ˌsellf'ta:t] *adj* självlärd
sell* [sell] *verb* sälja; ~ ***out*** förråda; sälja sig; ***sold out*** utsåld
seller ['sellər] *subst* försäljare
semblance ['semmbləns] *subst* yttre sken
semen ['si:mən] *subst* sädesvätska; sperma
semester [sə'messtər] *subst* termin; ***fall*** ~ hösttermin
semiautomatic [ˌsemmia:tə'mättikk] **I** *adj* halvautomatisk **II** *subst* halvautomatiskt vapen
semicolon [ˌsemmi'koulən] *subst* semikolon
semifinal [ˌsemmi'fajnl] o. **semifinals** [ˌsemmi'fajnlz] *subst* semifinal
seminar ['semmina:r] *subst* seminarium
seminary ['semmiˌnerri] *subst* prästseminarium
semi-retirement [ˌsemmiri'tajərmənt] *subst* ung. delpension
semiskilled [ˌsemmi'skilld] *adj*, ~ ***worker*** kvalificerad tempoarbetare
senator ['sennətər] *subst* senator
send* [sennd] *verb* sända, skicka; ~ ***for*** skicka efter; ~ ***off*** skicka iväg; ~ ***on*** eftersända
sender ['senndər] *subst* **1** avsändare **2** sändare
senior ['si:njər] *adj* **1** äldre; högre i rang; ~ ***citizen*** pensionär **2** sistaårsstudent
seniority [ˌsi:n'jå:rəti] *subst* rang, betydelse; ~ ***system*** 'sist in, först ut'
sensation [senn'sejschən] *subst* **1** känsla **2** sensation, uppseende
sensational [senn'sejschənəl] *adj* sensationell
sense [senns] **I** *subst* **1** sinne; ***come to one's senses*** sansa sig **2** känsla; ~ ***of duty*** pliktkänsla **3** förstånd **4** betydelse; ***it makes*** ~ det låter vettigt **II** *verb* känna på sig
senseless ['sennsləs] *adj* **1** meningslös **2** medvetslös
sensible ['sennsəbl] *adj* vettig, förståndig
sensitive ['sennsətivv] *adj* känslig; mottaglig
sensual ['sennschoəl] *adj* sensuell
sensuous ['sennschoəs] *adj* sinnlig

sent [sennt] *verb* imperf. o. perf.p. av *send*
sentence ['senntəns] **I** *subst* **1** dom **2** mening **II** *verb* döma
sentiment ['senntimmənt] *subst* känsla; känslosamhet
sentimental [ˌsennti'menntl] *adj* sentimental, gråtmild
sentry ['senntri] *subst* vaktpost; *be on* (*have*) ~ *duty* stå på vakt
separate I ['seppərət] *adj* skild, separat **II** ['seppərejt] *verb* skilja; separera; *separated* frånskild
separately ['sepərətli] *adv* separat; var för sig
separation [ˌseppə'rejschən] *subst* skilsmässa; separation
September [sepp'temmbər] *subst* september
septic ['sepptikk] *adj* infekterad; ~ *tank* septiktank
sequel ['si:kwəl] *subst* uppföljare; följd, resultat
sequence ['si:kwəns] *subst* ordningsföljd; sekvens
sequin ['si:kwinn] *subst* paljett
serene [sə'ri:n] *adj* stilla, fridfull
sergeant ['sa:rdʒənt] *subst* sergeant; korpral inom flyget; *police* ~ ung. polisinspektör
serial ['sirriəl] **I** *subst* följetong; serie **II** *adj* serie-
series ['sirri:z] *subst* serie
serious ['sirriəs] *adj* allvarlig; *are you* ~? menar du allvar?
sermon ['sö:rmən] *subst* predikan; straffpredikan, uppläxning
servant ['sö:rvənt] *subst* tjänare; *domestic* ~ hembiträde, betjänt; *civil* ~ statstjänsteman
serve [sö:rv] **I** *verb* **1** tjäna; avtjäna straff **2** ~ *as* fungera som **3** servera **4** serva i tennis o.d. **II** *subst* serve i tennis o.d.
service ['sö:rvəs] *subst* **1** tjänst; *branch of* ~ vapengren; *social* ~ socialvård **2** servering; service; ~ *area* utbyggd rastplats **3** servis **4** *divine* ~ gudstjänst
serviceman ['sö:rvəsmən] *subst* militär
serviette [ˌsö:rvi'ett] *subst* servett
session ['seschən] *subst* sammanträde
set [sett] **I** *verb* **1** sätta, ställa **2** bestämma **3** gå ner om sol **4** stelna **5** duka bord **6** ~ *about* ta itu med; ~ *aside* bortse från; avsätta; ~ *back* försena; ~ *in* börja; ~ *off* ge sig i väg; ~ *on* hetsa; ~ *out* ge sig av; föresätta sig; ~ *up* upprätta, inrätta; vard. sätta dit, gillra en fälla för **II** *adj* fast; bestämd; *be* ~ *on* vara

fast besluten **III** *subst* **1** uppsättning, sats **2** apparat **3** i tennis o.d. set

setback ['settbäkk] *subst* motgång

settee [se'ti:] *subst* mindre soffa

setting ['setting] *subst* scen, bakgrund

settle [settl] *verb* **1** slå sig ner; ~ ***down*** stadga sig, bosätta sig **2** klara upp; göra upp; ~ ***out of court*** göra upp i godo **3** fastställa; ~ ***for*** bestämma sig för

settlement ['settlmənt] *subst* **1** uppgörelse **2** nybygge

settler ['settlər] *subst* nybyggare

set-up ['settapp] *subst* **1** uppbyggnad, struktur **2** läge, situation **3** slang fälla

seven ['sevvən] *räkn* sju

seventeen [ˌsevvən'ti:n] *räkn* sjutton

seventh ['sevvənθ] *räkn* sjunde

seventy ['sevvənti] *räkn* sjuttio

sever ['sevvər] *verb* avskilja; klippa av

several ['sevvrəl] *adj* o. *pron* åtskilliga

severe [si'viər] *adj* **1** sträng **2** svår

sew [sou] *verb* sy; ~ ***on*** sy fast; ~ ***up*** greja, göra upp

sewage ['so:iddʒ] *subst* avloppsvatten; ~ ***treatment works*** reningsverk

sewer ['so:ər] *subst* kloak; ~ ***pipe*** avloppsrör

sewing ['souing] *subst* sömnad; ~ ***circle*** el. ~ ***bee*** syjunta

sewing machine ['souing məˌschi:n] *subst* symaskin

sewn [soun] *verb* perf.p. av *sew*

sex [sekks] *subst* **1** kön **2** sex

sexist ['sekksisst] **I** *subst* sexist **II** *adj* sexistisk

sexual ['sekkschoəl] *adj* sexuell; ~ ***harassment*** sexuella trakasserier; ~ ***organ*** könsorgan

sexy ['sekksi] *adj* vard. sexig

SF [ˌess'eff] förk. för *science fiction*

shabby ['schäbbi] *adj* sjaskig, ruffig; ynklig ursäkt

shack [schäkk] **I** *subst* skjul; kåk **II** *verb*, ~ ***up with*** slang bo ihop med

shade [schejd] *subst* **1** skugga **2** nyans **3** ~ el. ***window*** ~ rullgardin **4** ***shades*** vard. solglasögon

shadow ['schäddou] *subst* skugga

shadowy ['schäddoui] *adj* skuggig

shady ['schejdi] *adj* **1** skuggig **2** vard. skum

shaft [schäfft] *subst* **1** schakt;

trumma **2** skaft; ***get the ~*** slang bli blåst

shaggy ['schäggi] *adj* lurvig; ***~ dog story*** historia med västgötaklimax

shake [schejk] **I** *verb* skaka; ***~ hands*** skaka hand; ***~ down*** prova, testa; slang pressa pengar av; ***~ off*** skaka av sig **II** *subst* skakning

shaken ['schejkən] *verb* perf.p. av *shake*

shake-up ['schejkapp] *subst* omorganisation, ommöblering

shaky ['schejki] *adj* skakig; osäker

shall [schäl] *verb* ska, skall

shallow ['schällou] *adj* **1** grund **2** ytlig

sham [schämm] **I** *subst* bluff, sken **II** *adj* sken-; falsk

shambles [schämmblz] *subst* röra, soppa

shame [schejm] *subst* skam; ***what a ~!*** så synd!

shamefaced ['schejmfejst] *adj* skamsen

shameful ['schejmfəl] *adj* skamlig

shampoo [schämm'po:] *subst* schampo

shan't [schännt] = *shall not*

shanty town ['schännti taon] *subst* kåkstad

shape [schejp] **I** *subst* **1** form; gestalt **2** tillstånd **II** *verb* forma

shapeless ['schejpləs] *adj* formlös

shapely ['schejpli] *adj* välformad

share [schäər] **I** *subst* **1** del **2** aktie **II** *verb* dela; ***~ and ~ alike*** dela lika

sharecropper ['scherrkra:pər] *subst* ung. arrendator

shareholder ['scherˌhouldər] *subst* aktieägare

shark [scha:rk] *subst* haj

sharp [scha:rp] **I** *adj* **1** skarp **2** smart **II** *subst, D ~* diss ton **III** *adv* **1** på slaget **2** ***look ~*** se upp; vard. se bra ut

sharpen ['scha:rpən] *verb* skärpa; vässa, slipa

sharpshooter ['scha:rpscho:tər] *subst* prickskytt

shatter ['schättər] *verb* förstöra; krossa

shave [schejv] **I** *verb* raka sig **II** *subst* rakning; ***a close ~*** nära ögat

shaver ['schejvər] *subst* rakapparat

shaving ['schejving] *adj* rak-; ***~ cream*** raklödder

shawl [scha:l] *subst* sjal

she [schi:] *pron* hon

sheaf [schi:f] *subst* kärve; bunt handlingar

shear [schiər] *verb* klippa

shears [schiərz] *subst pl* trädgårdssax; grov sax
sheath [schi:θ] *subst* slida, balja
shebang [schi'bäng] *subst, the whole* ~ vard. hela rasket, rubbet
1 shed [schedd] *subst* skjul, bod
2 shed [schedd] *verb* fälla; ~ *blood* gjuta blod; ~ *light on* belysa; ~ *its needles* om julgran barra
she'd [schi:d] = *she had*; *she would*
sheen [schi:n] *subst* lyster
sheep [schi:p] *subst* får
sheepish ['schi:pisch] *adj* fåraktig
sheepskin ['schi:pskinn] *subst* fårskinn
sheer [schiər] *adj* **1** ren, idel **2** skir; mycket tunn **3** tvärbrant
sheet [schi:t] *subst* **1** lakan **2** pappersark; *a clean* ~ ett fläckfritt förflutet
shelf [schellf] *subst* hylla; *be left on the* ~ bli skjuten åt sidan; hamna på glasberget
shell [schell] *subst* **1** skal; snäcka **2** granat
she'll [schi:l] = *she will*; *she shall*
shellac [schə'läkk] **I** *subst* schellack **II** *verb* vard. spöa, ge stryk
shellfish ['schellfisch] *subst* skaldjur
shelter ['schelltər] **I** *subst* **1** skydd **2** härbärge, tillflykt; *air-raid* ~ skyddsrum **3** logi **II** *verb* skydda
sheltered-living [ˌschelltərd'livving] *adj*, ~ *apartments* ung. servicehus
shelve [schellv] *verb* bildligt lägga på hyllan
shelves [schellvz] *subst* pl. av *shelf*
shepherd ['scheppərd] *subst* herde
sheriff ['scherriff] *subst* sheriff, polischef
sherry ['scherri] *subst* sherry
she's [schi:z] = *she is*; *she has*
shield [schi:ld] **I** *subst* sköld; polisbricka **II** *verb* skydda
shift [schifft] **I** *verb* **1** skifta; flytta **2** växla; ~ *into second* lägga i tvåan **II** *subst* **1** skifte **2** arbetsskift; *graveyard* ~ slang nattsskift
shifty ['schiffti] *adj* opålitlig; ~ *eyes* flackande blick
shilly-shally ['schilliˌschälli] *verb* vard. vela, tveka
shimmer ['schimmər] **I** *verb* skimra **II** *subst* skimmer
shin [schinn] *subst* skenben
shine [schajn] *verb* **1** skina, lysa **2** putsa skor
shingles [schingglz] *subst* bältros

shiny ['schajni] *adj* glänsande
ship [schipp] **I** *subst* skepp, fartyg **II** *verb* **1** skeppa **2** sända, skicka iväg
shipment ['schippmənt] *subst* **1** sändning, transport **2** parti, last
shipper ['schippər] *subst* speditör
shipping ['schipping] *subst* sjöfart; ~ *company* rederi
shipwreck ['schipprekk] *subst* skeppsbrott
shipyard ['schippja:rd] *subst* skeppsvarv
shirk [schö:rk] *verb* smita, dra sig undan
shirt [schö:rt] *subst* skjorta; tröja t.ex. lagtröja
shirtwaist ['schö:rtwejst] *subst* blus
shit [schitt] vulgärt **I** *subst* skit; ~*!* fan!; *you* ~*!* din skitstövel! **II** *verb* skita
shiver ['schivvər] **I** *verb* darra **II** *subst* skälvning; *it gives me the shivers* det får mig att rysa
shoal [schoul] *subst* grund, sandrev; bildligt blindskär
shock [scha:k] **I** *subst* **1** chock **2** stöt **II** *verb* chockera
shock absorber ['scha:k əbˌså:rbər] *subst* stötdämpare
shoddy ['scha:di] *adj* slarvig; usel; sjaskig
shoe [scho:] *subst* sko; känga; *if the* ~ *fits* om du känner dig träffad
shoelace ['scho:lejs] *subst* skosnöre
shoepolish ['scho:pa:lisch] *subst* skokräm
shoestring ['scho:string] *subst* skosnöre; *on a* ~ med knappa medel
shone [schoun] *verb* imperf. o. perf.p. av *shine*
shoo [scho:] *verb* schasa iväg; ~*!* schas!
shoo-in ['scho:inn] *subst* garanterad vinnare
shook [schokk] *verb* imperf. av *shake*
shoot [scho:t] **I** *verb* **1** skjuta; ~ *down* skjuta ner; vard. krossa, förkasta idé; ~ *up* ränna i höjden **2** filma; vard. spela **II** *subst* **1** skott på planta **2** jakt **III** *interj* sjutton också!
shooting ['scho:ting] *subst* skottdrama med sårade el. döda
shooting star ['scho:ting sta:r] *subst* stjärnfall
shoot-out ['scho:taot] *subst* eldstrid
shop [scha:p] **I** *subst* **1** affär **2** verkstad **II** *verb* handla, shoppa
shop assistant ['scha:p əˌsisstənt] *subst* expedit
shop floor [ˌschap 'flå:r] *subst, on the* ~ på verkstadsgolvet

shopkeeper ['scha:pˌki:pər] *subst* butiksinnehavare
shoplifting ['scha:pˌliffting] *subst* snatteri
shopper ['scha:pər] *subst* shoppande person
shopping ['scha:ping] *subst* inköp; ~ *bag* shoppingväska; plastpåse; ~ *cart* kundvagn; ~ *mall* galleria; köpcentrum
shop steward [ˌscha:p 'sto:ərd] *subst* fackligt ombud
shopwindow [ˌscha:p'winndou] *subst* skyltfönster
shore [schå:r] *subst* strand; kust
short [schå:rt] **I** *adj* **1** kort **2** brysk **3** *be ~ of* ha ont om **II** *adv, cut ~* avbryta; *fall ~ of* understiga, inte nå; *run ~* börja få ont om; *in ~* kort sagt
shortage ['schå:rtiddʒ] *subst* brist
shortbread ['schå:rtbredd] o. **shortcake** ['schå:rtkejk] *subst* mördegskaka
short-circuit [ˌschå:rt'sö:rkət] **I** *subst* kortslutning **II** *verb* kortsluta
shortcoming [ˌschå:rt'kamming] *subst* brist, fel
shortcut ['schå:rtkatt] *subst* genväg
shorten ['schå:rtn] *verb* förkorta, minska; lägga upp plagg
shortening ['schå:rtəning] *subst* matfett till bakning
shortfall ['schå:rtfå:l] *subst* brist
shorthand ['schå:rthännd] *subst* stenografi
short-lived [ˌschå:rt'livd] *adj* kortlivad
shortly ['schå:rtli] *adv* **1** kort; inom kort **2** kortfattat
shorts [schå:rts] *subst pl* **1** shorts **2** boxershorts, kalsonger
short-sighted [ˌschå:rt'sajtəd] *adj* närsynt
short-staffed [ˌschå:rt'stäfft] *adj* underbemannad
shortstop ['schå:rtsta:p] *subst* i baseboll mellanbasman innerspelare mellan 2:a och 3:e basen
short story ['schå:rt ˌstå:ri] *subst* novell
short-tempered [ˌschå:rt'temmpərd] *adj* lättretad
short-term ['schå:rttö:rm] *adj* kortsiktig
short-wave ['schå:rtwejv] *subst* kortvåg
shot [scha:t] **I** *verb* imperf. o. perf.p. av *shoot* **II** *subst* **1** skott **2** foto **3** spruta injektion **4** glas sprit **5** *put the ~* stöta kula **6** *have a ~ at sth.* försöka sig på ngt

shotgun ['scha:tgann] *subst* hagelgevär
shot-put ['scha:tpott] **I** *subst* kulstötning **II** *verb* stöta kula
should [schodd] *verb* skulle; borde, bör; torde
shoulder ['schouldər] *subst* skuldra, axel
shoulder bag ['schouldər bägg] *subst* axelremsväska
shoulder strap ['schouldər sträpp] *subst* axelband
shouldn't [schoddnt] = *should not*
shout [schaot] **I** *verb* skrika **II** *subst* skrik
shove [schavv] **I** *verb* knuffa, fösa; ~ *off* vard. sticka **II** *subst* knuff
shovel [schavvl] **I** *subst* skyffel **II** *verb* skyffla, skotta
show* [schou] **I** *verb* visa; synas; ~ *off* briljera, glänsa; ~ *up* vard. komma; dyka upp **II** *subst* **1** utställning; show; *get this ~ on the road* komma igång; *give the ~ away* prata bredvid mun; *on ~* utställd **2** *for ~* för syns skull
show business ['schou ˌbizznəs] *subst* nöjesbranschen
showcase ['schoukejs] *subst* monter
showdown ['schoudaon] *subst* kraftmätning
shower ['schaoər] **I** *subst* **1** dusch **2** lysningsmottagning; slags möhippa **3** *baby ~* mottagning för nyfödd **4** skur **II** *verb* duscha
show-jumping ['schouˌdʒammping] *subst* hinderhoppning
shown [schoun] *verb* perf.p. av *show*
showroom ['schouro:m] *subst* utställningslokal
shrank [schrängk] *verb* imperf. av *shrink*
shrapnel ['schräppnəl] *subst* granatsplitter
shred [schredd] **I** *subst* bit, stump, lapp; remsa; *no ~ of* inte en tillstymmelse till **II** *verb* strimla; riva
shredder ['schreddər] *subst* **1** rivjärn **2** dokumentförstörare
shrewd [schro:d] *adj* listig, smart, klipsk
shriek [schri:k] **I** *verb* skrika; tjuta av skratt, rädsla **II** *subst* gallskrik
shrill [schrill] *adj* gäll
shrimp [schrimmp] *subst* **1** räka **2** vard. plutt
shrine [schrajn] *subst* helgedom; altare vid landsväg
shrink* [schringk] **I** *verb* krympa; ~ *away* rygga tillbaka; ~ *from* dra sig för

II *subst* vard. hjärnskrynklare psykoanalytiker o.d.

shrinkage ['schringkiddʒ] *subst* krympning

shrivel [schrivvl] *verb* skrumpna; ~ *up* vissna bort, förtorka

shroud [schraod] **I** *subst* svepning **II** *verb, be shrouded in* vara höljd i

shrub [schrabb] *subst* buske

shrubbery ['schrabbəri] *subst* buskage

shrug [schragg] **I** *verb, ~ one's shoulders* rycka på axlarna **II** *subst* axelryckning

shrunk [schrangk] *verb* imperf. o. perf.p. av *shrink*

shuck [schakk] *verb* skala

shudder ['schaddər] **I** *verb* rysa; fasa **II** *subst* rysning

shuffle [schaffl] **I** *verb* **1** gå släpigt, hasa **2** blanda kortlek **II** *subst* hasande

shun [schann] *verb* undvika, sky

shunt [schannt] *verb, ~ to one side* vard. skjuta undan; skuffa undan

shut [schatt] **I** *verb* stänga; ~ *one's eyes* blunda; ~ *your mouth!* håll käften!; ~ *down* maskin stänga av; fabrik lägga ner; ~ *out* utestänga; ~ *up* vard. hålla mun **II** *adj* stängd

shutdown ['schattdaon] *subst* tillfällig stängning; permanent nedläggning

shut-out ['schattaot] *subst* match där det segrande laget håller nollan

shutter ['schattər] *subst* **1** fönsterlucka **2** slutare i kamera

shuttle [schattl] *subst* pendel tåg, båt el. flyg; *space ~* rymdfärja

shuttlecock ['schattlka:k] *subst* fjäderboll i badminton

shy [schaj] *adj* **1** blyg **2** ~ *of* så när som

sibling ['sibbling] *subst* syskon

sick [sikk] *adj* sjuk; *be ~* kräkas; *be ~ to one's stomach* el. *feel ~* må illa

sicken ['sikkən] *verb* **1** äckla; äcklas **2** tröttna, ledsna

sickening ['sikkəning] *adj* vämjelig; beklämmande

sickle [sikkl] *subst* skära

sick leave ['sikk li:v] *subst, be on ~* vara sjukskriven

sickly ['sikkli] *adj* sjuklig; glåmig hy; osund om klimat

sickness ['sikknəs] *subst* **1** sjukdom; ~ *benefit* sjukpenning **2** kräkningar

sick pay ['sikk pej] *subst* sjuklön

side [sajd] **I** *subst* sida; *at* (*by*) *sb.'s ~* vid ngns sida; *on the*

~ vid sidan om **II** *verb, ~ with* ta parti för
sideboard ['sajdbå:rd] *subst* skänk, sideboard
sideburns ['sajdbö:rnz] *subst pl* polisonger
side effect ['sajd iˌfekkt] *subst* biverkan
sidekick ['sajdkikk] *subst* kompis, högra hand
sidelight ['sajdlajt] *subst* **1** sidomarkeringsljus på fordon **2** aspekt
sideline ['sajdlajn] *subst* **1** sidlinje; ***be on the sidelines*** bildligt vara utanför **2** bisyssla
sidelong ['sajdla:ng] *adj* o. *adv* från sidan
side road ['sajd roud] *subst* avtagsväg
sidesaddle ['sajdˌsäddl] *adv* i damsadel
sideshow ['sajdschou] *subst* stånd; show på nöjesfält o.d.
sidestep ['sajdstepp] *verb* sidsteppa; undvika
side street ['sajd stri:t] *subst* sidogata
sideswipe ['sajdswajp] *verb* skrapa (smälla) emot, toucha med bil
sidetrack ['sajdträkk] **I** *subst* sidospår **II** *verb* bildligt leda in på ett sidospår
sidewalk ['sajdwa:k] *subst* trottoar
sideways ['sajdwejz] **I** *adv* från sidan; åt sidan **II** *adj* sido-
siding ['sajding] *subst* **1** stickspår **2** fasad, ytterbeklädnad
sidle [sajdl] *verb* smyga sig; *~ up to* komma smygande fram till
siege [si:dʒ] *subst* belägring; *lay ~ to* belägra
sieve [sivv] *subst* sil, sikt
sift [sifft] *verb* sålla, sikta; granska bevis
sigh [saj] **I** *verb* sucka **II** *subst* suck
sight [sajt] **I** *subst* **1** syn; ***at first ~*** vid första anblicken; ***be in ~*** kunna ses; ***be out of ~*** vara utom synhåll; ***a long ~ better*** vard. bra mycket bättre **2** sevärdhet **II** *verb* bli sedd
sight-read ['sajtri:d] *verb* spela avista
sightseeing ['sajtˌsi:ing] *subst* sightseeing, rundtur
sign [sajn] **I** *subst* **1** tecken **2** skylt **II** *verb* **1** underteckna; ***signed, sealed and delivered*** klappad och klar; *~ off* sluta sändning; *~ on* anmäla sig; *~ up* ta värvning **2** teckna dövspråk
signal ['siggnəl] **I** *subst* signal **II** *verb* signalera
signature ['siggnətchər] *subst* **1** signatur, namnteckning **2** förtecken i noter

signet ring ['siggnitt ring] *subst* klackring
significance [sigg'niffikəns] *subst* betydelse, innebörd; vikt
significant [sigg'niffikənt] *adj* betydande; viktig
signing ['sajning] *subst* tecknande med händerna
signpost ['sajnpoust] *subst* vägskylt
silence ['sajləns] **I** *subst* tystnad **II** *verb* tysta ned
silencer ['sajlənsər] *subst* ljuddämpare på vapen
silent ['sajlənt] *adj* tyst; ~ *film* stumfilm
silhouette [ˌsillo'ett] *subst* silhuett
silk [sillk] *subst* silke; siden
silky ['sillki] *adj* silkeslen
silly ['silli] *adj* dum, fånig; löjlig, enfaldig
silt [sillt] **I** *subst* bottenslam **II** *verb*, ~ *up* slammas igen
silver ['sillvər] *subst* silver; bordssilver; ~ *lining* oväntad fördel; ~ *wedding* silverbröllop
silver-plated [ˌsillvər'pleijtəd] *adj* försilvrad
silvery ['sillvəri] *adj* silverglänsande
similar ['simmələr] *adj* lik, liknande
similarly ['simmələrli] *adv* likaledes
simile ['simməli] *subst* liknelse
simmer ['simmər] *verb* puttra, sjuda
simple [simmpl] *adj* enkel
simplicity [simm'plissəti] *subst* enkelhet
simplistic [simm'plisstikk] *adj* onyanserad, förenklad
simply ['simmpli] *adv* helt enkelt
simultaneously [ˌsajməl'tejnjəsli] *adv* samtidigt
sin [sinn] **I** *subst* synd **II** *verb* synda
since [sinns] **I** *adv* sedan; *ever* ~ alltsedan dess **II** *prep*, ~ *1992* sedan 1992; ~ *Tuesday* sedan i tisdags **III** *konj* eftersom
sincere [sinn'siər] *adj* uppriktig
sincerely [sinn'siərli] *adv*, *Sincerely yours* i brevslut Med vänlig hälsning
sine qua non [ˌsinni kwa:'na:n] *subst* nödvändig förutsättning
sinew ['sinnjo:] *subst* sena
sinful ['sinnfəll] *adj* syndig
sing* [sing] *verb* sjunga; ~ *out* vard. hojta till
singe [sinndʒ] **I** *verb* sveda **II** *subst* lätt brännskada
singer ['singər] *subst* sångare; sångerska

single [singgl] **I** *adj* **1** enda, enstaka **2** ensamstående; ogift **3** enkel; *in ~ file* i gåsmarsch; *~ room* enkelrum **II** *subst* **1** *singles* singel i tennis o.d. **2** enkel biljett **III** *verb*, *~ out* välja ut

single-breasted [ˌsinggl'bresstidd] *adj* enkelknäppt

single-handed [ˌsinggl'hänndidd] *adv* på egen hand

single-minded [ˌsinggl'majndidd] *adj* enkelspårig; målmedveten

single-spaced ['singglspejst] *adj* med enkelt radavstånd

singly ['singgli] *adv* **1** en och en **2** på egen hand

singular ['singgjələr] **I** *adj* enastående **II** *subst* singularis

sinister ['sinnisstər] *adj* olycksbådande

sink [singk] **I** *verb* sjunka; gå under; sänka **II** *subst*, *~* el. *kitchen ~* diskho

sinner ['sinnər] *subst* syndare

sinus ['sajnəs] *subst*, *~ infection* bihåleinflammation

sip [sipp] **I** *verb* smutta på **II** *subst* smutt

siphon ['sajfən] *subst* hävert

sir [sö:r] *subst* i tilltal herrn, sir vanligen utan motsvarighet i svenskan; *Sir* adlig titel sir

siren ['sajərən] *subst* siren

sirloin ['sö:rlåjn] *subst*, *~ steak* utskuren biff

sis [siss] (kortform för *sister*) *subst* vard. syrra, lillsyrra

sissy ['sissi] *subst* vard. mes, fjolla

sister ['sisstər] *subst* syster; vard., i tilltal tjejen, hörru

sister-in-law ['sisstərinnla:] *subst* svägerska

sit* [sitt] *verb* sitta; sätta sig; *~ down* sätta sig; *~ in on* närvara vid; *~ out* sitta över dans; *~ up* sitta uppe och vänta

sitcom ['sittka:m] *subst* komediserie

sit-down ['sittdaon] *adj*, *~ strike* sittstrejk

site [sajt] *subst* plats; tomt, byggplats

sit-in ['sittin] *subst* sittstrejk; ockupation

sitting-room ['sittingro:m] *subst* vardagsrum

situated ['sittchoejtəd] *adj* belägen

situation [ˌsittcho'ejschən] *subst* **1** situation, läge **2** anställning; plats

sit-up ['sittapp] *subst* sit-up

six [sikks] *räkn* sex

sixteen [ˌsikks'ti:n] *räkn* sexton

sixth [sikksθ] **I** *räkn* sjätte **II** *subst* sjättedel

sixty ['sikksti] *räkn* sextio

size [sajz] *subst* storlek

sizeable ['sajzəbl] *adj* ganska stor, rätt stor; betydande
sizzle [sizzl] *verb* fräsa; om väder vara stekhett
skate [skejt] **I** *subst* skridsko; rullskridsko **II** *verb* åka skridskor; åka rullskridskor
skateboard ['skejtbå:rd] *subst* rullbräda
skating rink ['skejting ringk] *subst* skridskobana; rullskridskobana
skeleton ['skellittən] *subst* skelett; ~ ***key*** huvudnyckel; ~ ***staff*** minimistyrka
skeptical ['skepptikkəl] *adj* skeptisk
sketch [skettch] **I** *subst* **1** skiss **2** sketch **II** *verb* skissera
sketchbook ['skettchbokk] *subst* skissblock
sketchy ['skettchi] *adj* skissartad; knapphändig
skewer [skjoər] *subst* stekspett, grillspett
ski [ski:] **I** *subst* skida **II** *verb* åka skidor
ski boot ['ski: bo:t] *subst* pjäxa
skid [skidd] **I** *subst* sladd på bil; ***he hit the skids*** det gick utför med honom **II** *verb* få sladd
skier ['ski:ər] *subst* skidåkare
ski jacket ['ski: dʒäkkitt] *subst* täckjacka
ski jump ['ski: dʒammp] *subst* backhoppning
skilift ['ski:lifft] *subst* skidlift
skill [skill] *subst* skicklighet
skilled [skilld] *adj* **1** skicklig **2** yrkesutbildad
skillet ['skillitt] *subst* stekpanna
skillful ['skillfəl] *adj* skicklig
skim [skimm] *verb* skumma
skim milk [ˌskimm 'millk] *subst* skummjölk; lättmjölk
skimp [skimmp] *verb* snåla med
skimpy ['skimmpi] *adj* knapp; för liten; snålt tilltagen
skin [skinn] **I** *subst* hud; skinn **II** *verb* flå; skala
skin-deep [ˌskinn'di:p] *adj* ytlig
skindiving ['skinnˌdajving] *subst* sportdykning
skinny ['skinni] *adj* mager; bara skinn och ben
skinny-dipping ['skinnidipping], ***go*** ~ bada näck
skintight [ˌskinn'tajt] *adj* åtsittande
skip [skipp] *verb* skutta; bildligt hoppa över
ski pole ['ski: poul] *subst* skidstav
skipper ['skippər] *subst* **1** skeppare **2** lagkapten; ledare

ski resort [ˌski: ri'zå:rt] *subst* skidort

skirmish ['skö:rmisch] *subst* skärmytsling; lätt sammandrabbning

skirt [skö:rt] *subst* kjol

skirting-board ['skö:rtingbå:rd] *subst* golvlist

ski slope ['ski: sloup] *subst* skidbacke

ski tow ['ski: tou] *subst* släplift

skulk [skallk] *verb* hålla sig undan; smyga omkring

skull [skall] *subst* skalle; *~ and crossbones* dödskalle med korslagda ben

skunk [skangk] *subst* skunk; om person kräk, skitstövel

sky [skaj] *subst* himmel; *the sky's the limit* det finns ingen övre gräns

skycap ['skajkäpp] *subst* bärare på flygplats

skylight ['skajlajt] *subst* takfönster

skyscraper ['skajˌskrejpər] *subst* skyskrapa

slab [släbb] *subst* platta; skiva

slack [släkk] **I** *adj* slö, slapp; trög **II** *subst, take up the ~* strama till rep o.d.

slacken ['släkkən] *verb* minska; slakna

slam [slämm] **I** *verb* slå (smälla) igen **II** *subst* **1** i kortspel slam; *grand ~* storslam **2** *grand ~* i baseboll home run

slander ['slänndər] **I** *subst* förtal **II** *verb* förtala

slang [släng] *subst* slang

slant [slännt] **I** *verb* **1** slutta **2** vinkla **II** *subst* vinkling

slap [släpp] **I** *verb* smälla 'till **II** *subst* smäll; slag; *a ~ on the back* en dunkning i ryggen

slapdash ['släppdäsch] *adv* vard. hafsigt

slapstick ['släppstikk] *subst* filmfars, slapstick

slash [släsch] **I** *verb* skära sönder; slitsa upp; kraftigt sänka pris **II** *subst* snedstreck

slat [slätt] *subst* spjäla, lamell i persienn o.d.

slate [slejt] *subst* **1** skiffer; *clean ~* fläckfritt förflutet **2** kandidatlista inför val

slaughter ['sla:tər] **I** *subst* slakt; bildligt blodbad, massaker **II** *verb* slakta

slaughterhouse ['sla:tərhaos] *subst* slakteri

slave [slejv] **I** *subst* slav **II** *verb, ~ away* slita och slava

slavish ['slejvisch] *adj* slavisk

sleaze [sli:z] *subst* vard. **1** äcklig typ **2** tarvlighet; sjaskighet

sleazy ['sli:zi] *adj* vard. sjaskig; sliskig

sled [sledd] *subst* pulka

sledge [sleddʒ] *subst* släde

sledgehammer ['sleddʒhämmər] *subst* slägga

sleek [sli:k] *adj* slät, glänsande päls; elegant

sleep* [sli:p] **I** *verb* sova; ~ *with* ligga med **II** *subst* sömn; *go to* ~ somna; *put to* ~ avliva djur

sleeper ['sli:pər] *subst* **1** sovvagn **2** *be a heavy* ~ sova tungt **3** oväntad succé

sleeping bag ['sli:ping bägg] *subst* sovsäck

sleeping car ['sli:ping ka:r] *subst* sovvagn

sleeping partner [ˌsli:ping 'pa:rtnər] *subst* passiv delägare

sleeping pill ['sli:ping pill] *subst* sömnpiller

sleepwalker ['sli:pˌwa:kər] *subst* sömngångare

sleepy ['sli:pi] *adj* sömnig

sleet [sli:t] *subst* snöblandat regn

sleeve [sli:v] *subst* ärm

sleigh [slej] *subst* släde

sleight of hand ['slajt əv 'hännd] *subst* fingerfärdighet; trick

slender ['slenndər] *adj* **1** smärt, slank **2** klen, skral

slept [sleppt] *verb* imperf. o. perf.p. av *sleep*

slice [slajs] **I** *subst* skiva; del **II** *verb* skiva

slick [slikk] *adj* glättig; hal; smart; elegant

slide [slajd] **I** *verb* glida; slinka **II** *subst* **1** rutschkana **2** diabild; *color* ~ färgdia

sliding ['slajding] *adj* glid-; ~ *door* skjutdörr

slight [slajt] **I** *adj* ringa, liten; *not in the slightest* inte det minsta **II** *verb* ringakta; förolämpa **III** *subst* skymf; gliring

slightly ['slajtli] *adv* lätt, något

slim [slimm] *adj* smal

slime [slajm] *subst* slem; gyttja, dy

sling [sling] **I** *verb* slunga, slänga **II** *subst* **1** mitella **2** gindrink

slip [slipp] **I** *verb* glida; halka; ~ *a disk* få diskbråck; ~ *off* smyga iväg; ~ *through* slinka igenom; ~ *up* göra bort sig **II** *subst* **1** misstag, tabbe **2** underklänning

slipper ['slippər] *subst* toffel

slippery ['slippəri] *adj* hal

slipshod ['slippscha:d] *adj* hafsig

slip-up ['slippapp] *subst* vard. tabbe

slit [slitt] **I** *verb* sprätta upp **II** *subst* **1** snitt **2** slits
slither ['sliðər] *verb* hasa sig fram; slingra
sliver ['slivvər] *subst* flisa; strimla
slob [sla:b] *subst* vard. slashas; luns
slog [sla:g] *verb* vard. traska; ~ *through* jobba sig igenom
slogan ['slougən] *subst* slagord
slop [sla:p] *verb* spilla
slope [sloup] **I** *subst* sluttning **II** *verb* slutta
sloppy ['sla:pi] *adj* vard. slarvig, slapp
slot [sla:t] *subst* springa; myntinkast
sloth [sla:θ] *subst* **1** lättja **2** sengångare djur
slot machine ['sla:t məˌschi:n] *subst* **1** varuautomat **2** spelautomat, enarmad bandit
slouch [slaotch] **I** *verb* **1** sloka, hänga **2** hasa sig fram **II** *subst*, *she's no ~ at* slang hon är fena på
slovenly ['slavvnli] *adj* ovårdad
slow [slou] **I** *adj* långsam **II** *adv* sakta **III** *verb*, *~ down* (*up*) sakta in; slå av på takten
slow-motion [ˌslou'mouschən] *subst* slow motion, ultrarapid
sludge [sladdʒ] *subst* gyttja; slam, bottensats
1 slug [slagg] *subst* snigel utan skal; latmask
2 slug [slagg] **I** *verb* slå; drämma till **II** *subst* **1** kula **2** pollett; falskt mynt **3** slurk, sup
slugger ['slaggər] *subst* slugger basebollhjälte
sluggish ['slaggisch] *adj* trög
sluice [slo:s] *subst* sluss
slum [slamm] *subst* slum
slumber ['slammbər] *verb* slumra
slump [slammp] **I** *subst* plötsligt prisfall; lågkonjunktur **II** *verb* **1** rasa **2** *~ into a chair* sjunka ner i en stol
slung [slang] *verb* imperf. o. perf.p. av *sling*
slur [slö:r] **I** *verb* sluddra **II** *subst*, *racial ~* rasistiskt yttrande
slush [slasch] *subst* **1** snöslask **2** *~ fund* mutkassa
slut [slatt] *subst* slampa; subba
sly [slaj] **I** *adj* slug; skälmsk; illmarig; *~ dog* lurifax **II** *subst*, *on the ~* i smyg
smack [smäkk] **I** *subst* smäll **II** *verb* **1** smälla till **2** smacka med **III** *adv* vard. rakt, rätt
smackers ['smäkkərz] *subst pl* slang dollar
small [sma:l] *adj* liten; små; ~

change växel pengar; ~ *talk* kallprat

smallpox ['små:lpa:ks] *subst* smittkoppor

smart [sma:rt] **I** *adj* **1** skicklig; begåvad, smart; *look ~!* raska på! **2** stilig; snygg **II** *verb* **1** svida **2** få sota

smash [smäsch] **I** *verb* **1** slå sönder; krossa **2** smasha **II** *subst* **1** krock, smäll, skräll **2** jättesuccé **3** smash

smattering ['smättəring] *subst, he has a ~ of Spanish* han kan några ord spanska

smear [smiər] **I** *subst* fläck **II** *verb* smeta ner; smörja

smell [smell] **I** *verb* lukta; ~ *good* lukta gott; ~ *a rat* ana oråd **II** *subst* lukt

smile [smajl] **I** *verb* le **II** *subst* leende

smirk [smö:rk] **I** *verb* hånflina **II** *subst* självbelåtet flin

smock [sma:k] *subst* skyddsrock

smog [sma:g] *subst* smog rökblandad dimma

smoke [smouk] **I** *subst* rök **II** *verb* röka

smoke screen ['smouk skri:n] *subst* rökridå

smoking ['smouking] *subst* rökning; *no ~* rökning förbjuden; ~ *gun* slang avgörande bevis

smoky ['smouki] *adj* rökig

smooth [smo:ð] **I** *adj* slät; len; lugn; jämn; mild **II** *verb* släta 'till; ~ *over* släta över

smother ['smaðər] *verb* kväva; ~ *in gravy* dränka i sås

smoulder ['smouldər] *verb* pyra, glöda

smudge [smaddʒ] **I** *subst* suddigt märke; smutsfläck **II** *verb* kladda ner

smug [smagg] *adj* självbelåten

smuggle [smaggl] *verb* smuggla

snack [snäkk] *subst* matbit

snack bar ['snäkk ba:r] *subst* snackbar, lunchbar

snag [snägg] *subst* hake, aber, krux

snail [snejl] *subst* snigel; *at a snail's pace* med snigelfart

snake [snejk] *subst* orm

snap [snäpp] **I** *verb* **1** snäsa **2** gå av **3** knäppa med **II** *subst* **1** knäpp **2** *ginger snaps* ung. pepparkakor **III** *adj* snabb-

snappy ['snäppi] *adj* kvick; *make it ~!* skynda dig!

snapshot ['snäppscha:t] *subst* kort, snapshot

snare [snäər] **I** *subst* snara **II** *verb* snärja

snarl [sna:rl] *verb* morra; fräsa åt ngn

snatch [snättch] *verb* rycka till sig

sneak [sni:k] **I** *verb* smyga

II *subst* **1** vard. skvallerbytta; skitstövel **2** ***sneaks*** gymnastikskor **III** *adj,* ***~ preview*** förhandsvisning
sneakers ['sni:kərz] *subst pl* gymnastikskor
sneer [sniər] **I** *verb* hånle; ***not to be sneered at*** inte att förakta **II** *subst* hånleende
sneeze [sni:z] **I** *verb* nysa **II** *subst* nysning
sniff [sniff] **I** *verb* **1** sniffa, lukta på **2** fnysa **II** *subst* snörvling; fnysning
sniffles [snifflz] *subst,* ***have the ~*** vard. vara förkyld
snigger ['sniggər] **I** *verb* flina åt nedlåtande **II** *subst* flin
snip [snipp] *verb* klippa (knipsa) 'av
sniper ['snajpər] *subst* krypskytt
snivel ['snivvəl] *verb* snörvla
snob [sna:b] *subst* snobb
snobbish ['sna:bisch] *adj* snobbig
snoop [sno:p] *verb* snoka, spionera
snooty ['sno:ti] *adj* snorkig, högdragen
snooze [sno:z] *subst* vard. tupplur
snore [snå:r] **I** *verb* snarka **II** *subst* snarkning
snorkel ['snå:rkəl] *subst* snorkel
snort [snå:rt] **I** *verb* **1** fnysa, frusta; gapskratta **2** vard. sniffa kokain **II** *subst* fnysning
snotty ['sna:ti] *adj* **1** snorig **2** vard. snorkig
snout [snaot] *subst* nos, tryne
snow [snou] **I** *subst* snö **II** *verb* **1** snöa; ***be snowed in*** vara insnöad **2** slang lura, prata omkull
snow-bound ['snoubaond] *adj* insnöad
snowdrift ['snoudrifft] *subst* snödriva
snowdrop ['snoudra:p] *subst* snödroppe
snowflake ['snouflejk] *subst* snöflinga
snowman ['snoumänn] *subst* snögubbe
snowplow ['snouplao] *subst* snöplog; ***~ turn*** plogsväng
snowstorm ['snoustå:rm] *subst* snöstorm
snow tire ['snou tajər] *subst* vinterdäck
Snow White ['snou wajt] Snövit
snub-nosed ['snabbnouzd] *adj* trubbnäst
snuff [snaff] *subst* **1** luktsnus **2** ***be up to ~*** vara i sin ordning, hålla måttet
snug [snagg] *adj* **1** varm och skön; hemtrevlig **2** åtsittande
snuggle [snaggl] *verb* **1** krypa ihop **2** hålla ömt
so [sou] **I** *adv* **1** så **2** på detta

sätt **II** *konj* så; ~ *as* för att; ~ *that* så att

soak [souk] *verb* **1** lägga i blöt; ~ *up* suga åt sig **2** *be soaked* vara genomvåt

soap [soup] *subst* **1** tvål **2** såpopera

soap opera ['soup ˌa:pərə] *subst* såpopera

soapy ['soupi] *adj* tvål-

soar [så:r] *verb* **1** sväva högt **2** stiga våldsamt

sob [sa:b] **I** *verb* snyfta **II** *subst* snyftning; ~ *story* snyfthistoria

sober ['soubər] **I** *adj* **1** nykter; ~ *as a judge* spik nykter **2** saklig **II** *verb*, ~ *up* nyktra till

so-called [ˌsou'ka:ld] *adj* så kallad

soccer ['sa:kər] *subst* fotboll; ~ *field* fotbollsplan

social ['souschəl] *adj* **1** social; ~ *class* samhällsklass; ~ *security* socialförsäkring; *be on ~ security* ha pension; *Social Security number* ung. personnummer; ~ *services* socialtjänsten **2** sällskaplig; ~ *gathering* samkväm; ~ *life* sällskapsliv

socialism ['souschəlizzəm] *subst* socialism

socialist ['souschəlisst] **I** *subst* socialist; socialdemokrat **II** *adj* socialistisk; socialdemokratisk

socialite ['souschəlajt] *subst* societetslejon

socialize ['souschəlajz] *verb* **1** umgås **2** *socialized medicine* fri offentlig sjukvård

society [sə'sajəti] *subst* **1** samhälle **2** förening

sociology [ˌsousi'a:lədʒi] *subst* sociologi

sock [sa:k] **I** *subst* **1** strumpa, socka **2** slag, smäll; snyting **II** *verb* **1** slå, dänga till **2** ~ *away* vard. spara, lägga undan

socket ['sa:kət] *subst* sockel; uttag

soda ['soudə] *subst* sodavatten; läsk; ice-cream soda

sodden ['sa:dn] *adj* genomblöt

sofa ['soufə] *subst* soffa

soft [sa:ft] *adj* mjuk; slapp; ~ *drink* alkoholfri dryck; *have a ~ spot for* vara svag för

softball ['sa:ftbå:l] *subst* softboll basebollsport med större, mjukare boll

soft-boiled [ˌsa:ft'båjld] *adj*, ~ *egg* löskokt ägg

soften ['sa:fn] *verb* mjukna; ~ *up* knäcka motståndare

software ['sa:ftwerr] *subst* programvara

soggy ['sa:gi] *adj* blöt

1 soil [såjl] *subst* jord, jordmån

2 soil [såjl] *verb* smutsa ner
solace ['sa:ləs] **I** *subst* tröst **II** *verb* trösta; lindra
solar ['soulər] *adj* sol-
sold [sould] *verb* imperf. o. perf.p. av *sell*
solder ['sa:dər] *verb* löda
soldier ['souldʒər] *subst* soldat
1 sole [soul] *subst* **1** sula **2** sjötunga
2 sole [soul] *adj* enda; ~ ***right*** ensamrätt
solemn ['sa:ləm] *adj* högtidlig, allvars-
solicit [sə'lissət] *verb* enträget be; försöka värva som kund; om prostituerad bjuda ut sig
solicitor [sə'lissətər] *subst* **1** stadsjurist **2** insamlare av bidrag
solid ['sa:ləd] *adj* fast; solid; pålitlig; rejäl; ~ ***gold*** massivt guld
solidarity [ˌsa:lə'därrəti] *subst* solidaritet
solitaire ['sa:lətər] *subst, play* ~ lägga patiens
solitary ['sa:ləˌterri] *adj* ensam; enda; ~ ***confinement*** isoleringscell
solo ['soulou] **I** *subst* solo; soloflygning **II** *adv* ensam
soloist ['soulouisst] *subst* solist
soluble ['sa:ljəbl] *adj* upplösbar
solution [sə'lo:schən] *subst* lösning
solve [sa:lv] *verb* lösa; klara upp
solvent ['sa:lvənt] **I** *adj* solvent **II** *subst* lösningsmedel
some [samm] *pron* någon, något, några; lite; ~ ***people*** somliga
somebody ['sammbədi] *pron* någon
somehow ['sammhao] *adv* på något sätt
someone ['sammwann] *pron* någon
somersault ['sammərsa:lt] *subst* kullerbytta; saltomortal; volt
something ['sammθing] **I** *pron* något, någonting **II** *adv* något, litet
sometime ['sammtajm] *adv* någon gång
sometimes ['sammtajmz] *adv* ibland
somewhat ['sammhwa:t] *adv* något, ganska
somewhere ['sammhwäər] *adv* någonstans; ~ ***else*** någon annanstans
son [sann] *subst* son; ***he is his father's*** ~ han brås på sin far
song [sa:ng] *subst* sång; visa
son-in-law ['sannənnˌla:] *subst* svärson, måg
soon [so:n] *adv* snart, strax
sooner ['so:nər] *adv* **1** ~ ***or***

later förr eller senare; *the ~ the better* ju förr dess bättre **2** *I would ~* jag vill hellre
soot [sott] *subst* sot
soothe [so:ð] *verb* lugna; lindra
sophisticated [sə'fisstikkejtəd] *adj* sofistikerad
sophomore ['sa:fəmå:r] *subst* andraårsstudent på college
sophomoric [ˌsa:fə'må:rikk] *adj* omogen; egenkär
sopping ['sa:ping] *adv, ~ wet* genomblöt
soppy ['sa:pi] *adj* vard. fånig, sentimental
soprano [sə'prännou] *subst* sopran
sorcerer ['så:rsərər] *subst* trollkarl
sore [så:r] **I** *adj* **1** öm, ömtålig; *sight for ~ eyes* välkommen syn **2** vard. sur, på dåligt humör **II** *subst* sår, varböld
sorority [sə'rå:rəti] *subst* förening för kvinnliga studenter på college
sorrow ['så:rou] *subst* sorg
sorry ['så:ri] *adj* **1** *I'm ~* jag beklagar; *I'm ~!* förlåt!; *feel ~ for* tycka synd om **2** bedrövlig, ynklig, jämmerlig
sort [så:rt] **I** *subst* sort **II** *verb* sortera; *~ out* reda upp
so-so ['sousou] *adj* skaplig
sought [sa:t] *verb* imperf. o. perf.p. av *seek*
sought-after ['sa:täfftər] *adj* eftersökt
soul [soul] *subst* **1** själ **2** soulmusik
soul-destroying ['souldiˌstråjing] *adj* själsdödande
soulful ['soulfəl] *adj* själfull
1 sound [saond] *adj* frisk, sund; *~ sleep* god sömn
2 sound [saond] **I** *subst* ljud **II** *verb* låta, klinga, ljuda; *~ the alarm* slå larm
3 sound [saond] *verb* sondera, pejla
4 sound [saond] *subst* sund
sound barrier ['saond ˌbärriər] *subst* ljudvall; *break the ~* spränga ljudvallen
sound level ['saond levvəl] *subst* ljudstyrka
soundproof ['saondpro:f] *adj* ljudisolerad
soundtrack ['saondträkk] *subst* filmmusik
soup [so:p] **I** *subst* soppa; *thick ~* redd soppa **II** *verb, ~ up* trimma motor o.d.; liva upp, ge en kraftinjektion
sour ['saoər] *adj* sur; *~ cream* gräddfil, crème fraiche; *go ~* surna
source [så:rs] *subst* källa
south [saoθ] **I** *subst* söder **II** *adj* södra **III** *adv* söderut

south-east [ˌsaoθ'i:st] *subst* sydost
southerly ['saðərli] *adj* sydlig
southern ['saðərn] *adj* sydlig
southpaw ['saoθpa:] *subst* slang vänsterhänt person
southward ['saoθwərd] *adv* mot (åt) söder
south-west [ˌsaoθ'wesst] *subst* sydväst
souvenir [ˌso:və'niər] *subst* souvenir, minne
sovereign ['sa:vrən] **I** *adj* suverän; högsta t.ex. makt **II** *subst* monark
1 sow [sou] *verb* så
2 sow [sao] *subst* sugga
sown [soun] *verb* perf.p. av *1 sow*
soya ['såjə] *subst* soja
spa [spa:] *subst* brunnsort, spa
space [spejs] *subst* **1** rymden; *time and* ~ tid och rum **2** ~ *bar* mellanslagstangent **3** utrymme; *living* ~ bostadsutrymme
spacecraft ['spejskräfft] *subst* rymdskepp
spaced-out [ˌspejst'aot] *adj* slang hög, påtänd
spaceflight ['spejsflajt] *subst* rymdfärd
spaceman ['spejsmänn] *subst* rymdfarare
spaceship ['spejsschipp] *subst* rymdskepp
spacious ['spejschəs] *adj* rymlig, med gott om utrymme
1 spade [spejd] *subst* **1** *spades* spader **2** *in spades* slang ordentligt **3** slang blatte, neger
2 spade [spejd] *subst* spade
Spain [spejn] Spanien
span [spänn] **I** *subst* **1** spännvidd **2** tid **II** *verb* spänna (sträcka sig) över
Spaniard ['spännjərd] *subst* spanjor
spaniel ['spännjəl] *subst* spaniel; *cocker* ~ cockerspaniel
Spanish ['spännisch] **I** *adj* spansk **II** *subst* spanska språk
spank [spängk] *verb* smiska; daska till; *be spanked* få smisk
spar [spa:r] *verb* sparra, träningsboxas
spare [späər] **I** *adj* extra, reserv-; ~ *bed* extrasäng; ~ *parts* reservdelar; ~ *time* fritid **II** *verb* **1** avvara **2** skona
spareribs ['sperribbz] *subst pl* tunna revbensspjäll
sparing ['sperring] *adj* sparsam, njugg
spark [spa:rk] *subst* gnista
sparkle [spa:rkl] *verb* **1** gnistra; sprudla **2** om vin moussera
spark plug ['spa:rk plagg] *subst* tändstift

sparrow ['spärrou] *subst* sparv
sparse [spa:rs] *adj* gles; tunnsådd
spartan ['spa:rtən] *adj* spartansk
spasm ['späzzəm] *subst* kramp; anfall
spasmodic [späzz'ma:dikk] *adj* ryckvis; stötvis
spastic ['spässtikk] *adj* spastisk
spat [spätt] *verb* imperf. o. perf.p. av *2 spit*
spate [spejt] *subst* bildligt flod, skur; strid ström
spatter ['spättər] *verb* stänka ned; stänka
spatula ['spättchələ] *subst* **1** palettkniv **2** stekspade; slickepott
spawn [spa:n] *verb* **1** lägga rom (ägg) **2** framkalla, ge upphov till
speak* [spi:k] *verb* tala; ***so to ~*** så att säga; ***speaking of*** på tal om; ~ ***up*** (***out***) tala högre; tala ut
speaker ['spi:kər] *subst* **1** talare; talman **2** högtalare
spear [spiər] **I** *subst* spjut **II** *verb* spetsa
spearhead ['spirrhedd] *subst* spjutspets
special ['speschəl] **I** *adj* speciell, särskild; ~ ***delivery*** express brev **II** *subst,* ***today's ~*** dagens rätt på matsedel
specialist ['speschəlisst] *subst* specialist
speciality [ˌspeschi'älləti] *subst* specialitet
specialize ['speschəlajz] *verb* specialisera; specialisera sig
specially ['speschəli] *adv* särskilt, speciellt
species ['spi:schi:z] *subst* art; arter; ***the human ~*** människosläktet
specific [spə'siffikk] *adj* specificerad; specifik; uttrycklig
specifically [spə'siffikkli] *adv* särskilt
specification [ˌspessəfi'kejschən] *subst* specificering; detaljerad uppgift
specimen ['spessəminn] *subst* exemplar; prov; ***urine ~*** urinprov
speck [spekk] *subst* fläck; dammkorn
speckled [spekkld] *adj* prickig
specs [spekks] kortform för *specifications*
spectacle ['spekktəkl] *subst* **1** skådespel **2** ***spectacles*** glasögon
spectacular [spekk'täkkjələr] *adj* imponerande
spectator ['spekktejtər] *subst* åskådare; ***spectators*** äv. publik
spectrum ['spekktrəm] *subst* spektrum; skala

speculation [ˌspekkjəˈlejschən] *subst* spekulation; fundering
speech [spi:tch] *subst* tal; *freedom of ~* yttrandefrihet
speechless [ˈspi:tchləs] *adj* mållös
speed [spi:d] **I** *subst* fart, hastighet **II** *verb* köra för fort; ~ *up* öka farten
speedboat [ˈspi:dbout] *subst* racerbåt
speeding [ˈspi:ding] *subst* fortkörning
speed limit [ˈspi:d ˌlimmət] *subst* hastighetsbegränsning
speedometer [spidˈda:mətər] *subst* hastighetsmätare
speedway [ˈspi:dwej] *subst* speedway
speedy [ˈspi:di] *adj* hastig, rask; snabb
speed zone [ˈspi:d zoun] *subst* vägsträcka med en hastighetsbegränsning på 50 el. 70 km/tim
1 spell [spell] *verb* stava
2 spell [spell] *subst* förtrollning; *be under a ~* vara trollbunden
3 spell [spell] *subst* period
4 spell [spell] *verb* avlösa, byta av
spellbound [ˈspellbaond] *adj* trollbunden
spelling [ˈspelling] *subst* stavning
spend* [spennd] *verb* **1** lägga ut; göra av med **2** tillbringa
spendthrift [ˈspenndθrifft] *subst* slösare
spent [spennt] *verb* imperf. o. perf.p. av *spend*
sperm [spö:rm] *subst* spermie; sperma
spew [spjo:] *verb* spy
sphere [sfirr] *subst* sfär; område, gebit
spic [spikk] *subst* slang puertorican; latinamerikan
spice [spajs] **I** *subst* krydda; kryddor **II** *verb* krydda
spick-and-span [ˌspikkənˈspänn] *adj* skinande ren
spicy [ˈspajsi] *adj* kryddstark, aromatisk; pikant; vågad
spider [ˈspajdər] *subst* spindel
spike [spajk] **I** *subst* pigg, spets; ~ *heels* högklackade skor **II** *verb* vard. spetsa dryck
spill [spill] *verb* spilla; ~ *the beans* prata bredvid munnen, skvallra
spin [spinn] **I** *verb* **1** spinna **2** snurra; skruva boll **II** *subst* skruv på boll
spinach [ˈspinnitch] *subst* spenat
spinal [spajnl] *adj* ryggrads-; ~ *cord* ryggmärg
spindly [ˈspinndli] *adj* spinkig
spin doctor [ˈspinn da:ktər] *subst* vard. 'nyhetsfrisör' person som skriver fördelaktigt om

politikers mindre populära beslut och uttalanden
spine [spajn] *subst* ryggrad
spineless ['spajnləs] *adj* ryggradslös; mesig
spinning-wheel ['spinningwi:l] *subst* spinnrock
spin-off ['spinna:f] *subst* spin-off, biprodukt
spiral ['spajərəl] **I** *adj* spiralformad **II** *subst* spiral; spiralfjäder
spire ['spajər] *subst* tornspira
spirit ['spirrət] *subst* **1** ande **2** anda; ***high spirits*** gott humör **3** liv **4** ***spirits*** sprit
spirited ['spirrətəd] *adj* livlig
spiritual ['spirritchoəl] **I** *adj* andlig **II** *subst* gospelsång
1 spit [spitt] *subst* grillspett
2 spit [spitt] **I** *verb* **1** spotta; ***~ it out!*** ut med språket! **2** ***be the spitting image of sb.*** vara ngn upp i dagen **II** *subst* spott
spite [spajt] **I** *subst* illvilja; elakhet; ***in ~ of*** trots **II** *verb* reta
spiteful ['spajtfəl] *adj* illvillig
spittle ['spittl] *subst* saliv
splash [spläsch] **I** *verb* plumsa, stänka; plaska **II** *subst* **1** plask; ***make a ~*** väcka sensation **2** skvätt
spleen [spli:n] *subst* **1** mjälte **2** dåligt lynne
splendid ['splenndidd] *adj* lysande
splendor ['splenndər] *subst* prakt, glans
splint [splinnt] *subst* spjäla, skena
splinter ['splinntər] **I** *verb* flisa sig **II** *subst* flisa; ***splinters*** äv. splitter; ***~ group*** utbrytargrupp
split [splitt] **I** *verb* splittra; dela; slang sticka, dra; ***~ up*** skiljas; skiljas åt; om par äv. göra slut **II** *subst* spricka; ***do the splits*** gå ner i spagat
split second [ˌsplitt 'sekkənd] *subst* bråkdel av en sekund
splutter ['splattər] *verb* spotta och fräsa
spoil [spåjl] **I** *verb* **1** förstöra; bli förstörd **2** skämma bort **II** *subst*, ***the spoils*** rov, byte
spoilsport ['spåjlspå:rt] *subst* vard. glädjedödare
1 spoke [spouk] *verb* imperf. av *speak*
2 spoke [spouk] *subst* eker i hjul
spoken ['spoukən] **I** *verb* perf.p. av *speak* **II** *adj*, ***~ language*** talspråk
spokesman ['spouksmən] *subst* talesman; språkrör
sponge [spanndʒ] *subst* tvättsvamp; ***throw in the ~*** kasta in handduken

sponge cake ['spanndʒ kejk] *subst* slags sockerkaka
sponsor ['spa:nsər] **I** *subst* sponsor; fadder **II** *verb* sponsra
sponsorship ['spa:nsərschipp] *subst* sponsring
spontaneous [spa:n'tejnjəs] *adj* spontan
spooky ['spo:ki] *adj* vard. kuslig, spöklik
spool [spo:l] *subst* spole; ~ *of thread* trådrulle
spoon [spo:n] *subst* sked
spoonfeed ['spo:nfi:d] *verb* dalta med, servera färdiga lösningar åt
spoonful ['spo:nfoll] *subst* sked som mått
sport [spå:rt] *subst* sport; idrott
sporting ['spå:rting] *adj* sport-, idrotts-
sportsman ['spå:rtsmən] *subst* **1** idrottsman **2** god förlorare; hygglig prick
sportsmanship ['spå:rtsmənschipp] *subst* sportsmannaanda
sportswear ['spå:rtswerr] *subst* sportkläder
sportswoman ['spå:rts,wommən] *subst* idrottskvinna
sporty ['spå:rti] *adj* vard. sportig
spot [spa:t] **I** *subst* **1** fläck; ~ *remover* fläckborttagningsmedel **2** plats, ställe; ***in a tight*** ~ i knipa; ***on the*** ~ på platsen; genast **3** utslag **II** *verb* få syn på, se
spot-check [,spa:t'tchekk] *subst* stickprov
spotless ['spa:tləs] *adj* skinande ren
spotlight ['spa:tlajt] *subst* strålkastare; ***be in the*** ~ stå i rampljuset
spotted ['spa:təd] *adj* prickig; fläckig
spotty ['spa:ti] *adj* ojämn; sporadisk
spouse [spaos] *subst* äkta make (maka)
spout [spaot] **I** *verb* spruta; ~ *nonsense* prata strunt **II** *subst* pip; ***up the*** ~ borta; åt pipan
sprain [sprejn] **I** *verb* vricka, stuka **II** *subst* vrickning
sprang [spräng] *verb* imperf. av *spring*
sprawl [spra:l] **I** *verb* sträcka (breda) ut sig **II** *subst, **suburban*** ~ förorternas ohämmade tillväxt
spray [sprej] **I** *subst* sprej **II** *verb* spreja, spruta
spray-paint ['sprejpejnt] *verb* sprutmåla; måla med färgsprej
spread [spredd] **I** *verb* **1** sprida; sprida sig **2** breda

II *subst* **1** spridning **2** bredbart pålägg **3** uppslag i tidning **4** vard. ranch; flott ställe **5** vard., flott bjudning; ***put*** (*lay*) ***on a ~*** bjuda flott
spree [spri:] *subst, **go on a ~*** gå ut och festa; ***shopping ~*** shoppingrunda
sprightly ['sprajtli] *adj* pigg
spring [spring] **I** *verb* **1** hoppa **2** rinna upp, spruta **3** uppstå; härstamma **4** ***~ sth. on sb.*** överraska ngn med ngt **II** *subst* **1** vår; ***last ~*** förra våren, i våras **2** källa **3** fjäder, resår
springboard ['springbå:rd] *subst* språngbräda
springtime ['springtajm] *subst, **in the ~*** på (under) våren
sprinkle ['springkl] **I** *verb* strö, stänka **II** *subst, **sprinkles*** strössel
sprinkler ['springklər] *subst* vattenspridare; sprinkler
sprint [sprinnt] **I** *verb* spurta **II** *subst* sprinterlopp
sprout [spraot] **I** *verb* gro; ***~ up*** om tonåring skjuta i höjden **II** *subst* skott; grodd
1 spruce [spro:s] **I** *adj* prydlig, fin **II** *verb, **~ up*** piffa upp, snofsa till
2 spruce [spro:s] *subst* gran
sprung [sprang] *verb* perf.p. av *spring*
spry [spraj] *adj* pigg
spun [spann] *verb* imperf. o. perf.p. av *spin*
spur [spö:r] **I** *subst* sporre; ***on the ~ of the moment*** utan närmare eftertanke **II** *verb* sporra
spurious ['spjorriəs] *adj* falsk
1 spurt [spö:rt] **I** *verb* spurta **II** *subst* spurt
2 spurt [spö:rt] *verb* spruta
spy [spaj] **I** *verb* spionera **II** *subst* spion
squabble ['skwa:bl] **I** *subst* käbbel **II** *verb* käbbla, kivas
squad [skwa:d] *subst* **1** grupp del av pluton; ***death ~*** dödspatrull **2** rotel; ***~ car*** polisbil
squadron ['skwa:drən] *subst* division inom flyget
squalid ['skwa:ləd] *adj* smutsig, eländig, snuskig
squall [skwa:l] *subst* kastby
squalor ['skwa:lər] *subst* snusk; elände
squander ['skwa:ndər] *verb* slösa bort
square [skwäər] **I** *subst* **1** fyrkant; kvadrat; ruta **2** torg **3** slang nörd, insnöad typ **II** *adj* **1** fyrkantig; kvadratisk; ***~ foot*** kvadratfot **2** ***~ deal*** vard. schyst behandling
squarely ['skwäərli] *adv* rakt; rakt på sak

squash [skwa:sch] **I** *verb* mosa **II** *subst* squash
squat [skwa:t] **I** *verb* **1** sitta på huk **2** ockupera **II** *adj* satt
squatter ['skwa:tər] *subst* **1** nyodlare, bonde utan rätt till marken **2** husockupant
squawk [skwa:k] **I** *verb* **1** skria **2** protestera högljutt **II** *subst* skri
squeak [skwi:k] **I** *verb* gnissla; knarra **II** *subst* pip; gnissel
squeal [skwi:l] *verb* **1** skrika **2** slang tjalla
squeamish ['skwi:misch] *adj* blödig
squeeze [skwi:z] *verb* krama; pressa
squelch [skwelltch] **I** *verb* **1** klafsa **2** stoppa, sätta p för **II** *subst* dräpande replik
squid [skwidd] *subst* tioarmad bläckfisk
squiggle [skwiggl] *subst* krumelur
squint [skwinnt] **I** *verb* skela **II** *subst* vindögdhet
squirm [skwö:rm] *verb* skruva på sig; våndas
squirrel ['skwö:rəl] **I** *subst* ekorre **II** *verb, ~ away* stoppa undan pengar
squirt [skwö:rt] *verb* spruta
stab [stäbb] **I** *verb* sticka ned; *~ to death* knivmörda **II** *subst* sting; knivhugg
1 stable [stejbl] *adj* stabil; stadig
2 stable [stejbl] *subst* **1** stall **2** uppsättning
stack [stäkk] **I** *subst* trave; hög; *stacks of* vard. massor med **II** *verb* **1** stapla upp **2** *~ the cards* fiffla med kortleken; *the cards are stacked against her* hon har alla odds mot sig
stadium ['stejdjəm] *subst* stadion
staff [stäff] *subst* personal
stag [stägg] *subst* **1** hjort hanne **2** *~ night* el. *~ party* svensexa; kväll med grabbarna
stage [stejdʒ] **I** *subst* **1** scen; *~ fright* rampfeber **2** skede **II** *verb* sätta upp, iscensätta
stagger ['stäggər] *verb* vackla, ragla
staggering ['stäggəring] *adj* häpnadsväckande
stagnate ['stäggnejt] *verb* stagnera, stanna av
stain [stejn] **I** *verb* fläcka ned; bildligt besudla; *stained glass* blyinfattat glas **II** *subst* fläck
stainless ['stejnləs] *adj, ~ steel* rostfritt stål
stair [stäər] *subst* trappsteg; *stairs* trappa
staircase ['sterrkejs] *subst* trappa inomhus

stairwell ['sterrwell] *subst* trapphus

stake [stejk] **I** *subst* intresse; *stakes* insats; *be at ~* stå på spel **II** *verb* riskera, satsa

stale [stejl] *adj* unken, avslagen; gammal, nött

stalemate ['stejlmejt] *subst* dödläge

1 stalk [sta:k] *subst* stjälk

2 stalk [sta:k] *verb* smyga sig på; leta efter

1 stall [sta:l] *verb, ~ for time* försöka vinna tid

2 stall [sta:l] *subst* salustånd

3 stall [sta:l] **I** *verb* tjuvstanna **II** *subst* tjuvstopp; *go into a ~* om flygplan överstegra

stallion ['ställjən] *subst* hingst

stalwart ['sta:lwərt] *adj* trogen, plikttrogen; ståndaktig

stamina ['stämminnə] *subst* uthållighet; kondition

stammer ['stämmər] **I** *verb* stamma **II** *subst* stamning

stamp [stämmp] **I** *verb* **1** stampa; *~ out* krossa, slå ned; utrota t.ex. sjukdom **2** stämpla **II** *subst* **1** frimärke **2** stämpel **3** bildligt prägel

stamp album ['stämmp ˌällbəm] *subst* frimärksalbum

stampede [stämm'pi:d] **I** *subst* vild flykt **II** *verb* fly i panik; försätta i panik

stance [stänns] *subst* inställning, hållning

1 stanch [sta:ntch] *verb* stilla, hämma blödning

2 stanch [sta:ntch] *adj* trofast, pålitlig

stand* [stännd] **I** *verb* **1** stå; *~ up* resa sig **2** stå sig; stå ut med **3** *~ trial* stå inför rätta **4** *~ by* ligga i beredskap; *~ by sb.* stå vid ngns sida; *~ down* träda tillbaka; *~ for* stå för; kandidera till; *~ in for* vikariera för; *~ on* hålla på; *~ out* framhäva; utmärka sig; *~ up for* försvara **II** *subst* **1** ståndpunkt; *take a ~* ta ställning **2** ställ, hållare **3** stånd; kiosk

standard ['stänndərd] *subst* mått; standard, nivå; *~ of living* levnadsstandard

standby ['stänndbaj] **I** *subst* reserv **II** *adj* reserv-; *~ duty* bakjour; *fly ~* flyga som standby

stand-in ['stänndinn] *subst* vikarie

standing ['stännding] **I** *adj* stående; *~ room* ståplats **II** *subst* **1** anseende **2** *the standings* ligatabell särskilt i baseboll **3** *No ~* på skylt stoppförbud

stand-offish [ˌstännd'a:fisch] *adj* reserverad

standpoint ['stänndpåjnt] *subst* ståndpunkt

standstill ['stänndstill] *subst,*

come to a ~ stanna av; köra fast

stand-up ['stänndapp] *adj, ~ comedian* ståuppkomiker

stank [stängk] *verb* imperf. av *stink*

1 staple [stejpl] *subst* häftklammer

2 staple [stejpl] **I** *adj* bas- **II** *subst* basvara

stapler ['stejplər] *subst* häftapparat

star [sta:r] **I** *subst* stjärna; *the Stars and Stripes* Stjärnbaneret USA:s flagga **II** *verb* ha huvudrollen **III** *adj* stjärn-

starboard ['sta:rbərd] *subst* styrbord

starch [sta:rtch] **I** *subst* stärkelse **II** *verb* stärka t.ex. krage

stare [stäər] *verb* stirra, glo

stark [sta:rk] **I** *adj* kal; kall **II** *adv, ~ naked* spritt naken

starling ['sta:rling] *subst* stare

starry ['sta:ri] *adj* stjärnklar

starry-eyed ['sta:riajd] *adj* full av illusioner; romantisk

star-struck ['sta:rstrakk] *adj* idolfixerad

start [sta:rt] **I** *verb* börja, starta; *~ on one's own* starta eget; *to ~ with* till en början **II** *subst* början, start; *make a fresh ~* börja om från början

starter ['sta:rtər] *subst* förrätt; *for starters* vard. till att börja med, för det första

starting-point ['sta:rtingpåjnt] *subst* utgångspunkt

startle [sta:rtl] *verb* skrämma

startling ['sta:rtling] *adj* häpnadsväckande

starvation [sta:r'vejschən] *subst* svält

starve [sta:rv] *verb* svälta; *I'm starving* vard. jag är jättehungrig

state [stejt] **I** *subst* **1** tillstånd; *~ of emergency* nödläge; *lie in ~* ligga på lit de parade **2** stat; delstat; *the States* Staterna Förenta staterna; *State of the Union message* presidentens årliga tal till kongressen; *the State Department* Utrikesdepartementet; *~ university* statligt universitet **II** *verb* uppge; konstatera

Statehouse ['stejthaos] *subst, the ~* folkrepresentationens hus i delstat

stately ['stejtli] *adj* ståtlig

statement ['stejtmənt] *subst* uttalande

state-of-the-art [ˌstejtəvðiˈa:rt] *adj* aktuell, spjutspets-

statesman ['stejtsmən] *subst* statsman

static ['stättikk] *adj* statisk

station ['stejschən] **I** *subst* station; bas **II** *verb* stationera

stationary ['stejschənerri] *adj* stillastående

stationery ['stejschnənerri] *subst* skrivmateriel; brevpapper
stationmaster ['stejschən,mässtər] *subst* stationsföreståndare
station wagon ['stejschən ,wäggən] *subst* herrgårdsvagn
statistics [stə'tisstikks] *subst* statistik
statue ['stättcho:] *subst* staty
status ['stejtəs, 'stättəs] *subst* ställning, status; ~ ***quo*** oförändrat läge; normalläge
statute ['stättcho:t] *subst* lag; stadga
statutory ['stättchətå:ri] *adj* **1** lagstadgad **2** stadgeenlig
1 staunch [sta:ntsch] *adj* trofast, pålitlig
2 staunch [sta:ntch] *verb* stilla, hämma blödning
stay [stej] **I** *verb* **1** stanna; ~ ***the night*** stanna kvar över natten; ~ ***away from*** el. ~ ***out of*** hålla sig borta från; ~ ***up*** vara uppe inte lägga sig **2** tillfälligt bo **3** ***staying power*** uthållighet **II** *subst* vistelse
stead [stedd] *subst,* ***stand sb. in good*** ~ komma ngn väl till pass
steadfast ['steddfässt] *adj* ståndaktig, orubblig
steady ['steddi] *adj* stadig, stabil
steak [stejk] *subst* biff
steal* [sti:l] *verb* stjäla
stealth [stellθ] *subst,* ***by*** ~ i smyg, oförmärkt
steam [sti:m] *subst* ånga; ***let off*** ~ vard. avreagera sig
steam engine ['sti:m ,enndʒinn] *subst* ånglok
steamer ['sti:mər] *subst* **1** ångfartyg **2** ångkokare
steamship ['sti:mschipp] *subst* ångfartyg
steamy ['sti:mi] *adj* ångande het; erotisk, sexuellt laddad
steel [sti:l] **I** *subst* stål **II** *verb,* ~ ***oneself*** stålsätta sig
steelworks ['sti:lwö:rks] *subst* stålverk
1 steep [sti:p] *verb,* ***be steeped in*** vara genomsyrad av
2 steep [sti:p] *adj* **1** brant **2** orimligt hög om pris
steeple [sti:pl] *subst* spetsigt kyrktorn
steeplechase ['sti:pltchejs] *subst* **1** steeplechase **2** hinderlöpning
1 steer [stiər] *subst* ungtjur
2 steer [stiər] *verb* styra
steering wheel ['stirring wi:l] *subst* ratt
1 stem [stemm] **I** *subst* stam; stjälk **II** *verb,* ~ ***from*** stamma från
2 stem [stemm] *verb* stämma,

hejda; ~ ***the tide*** hejda utvecklingen
stench [stenntch] *subst* stank
step [stepp] **I** *subst* **1** steg **2** ***take steps*** vidta åtgärder **3** trappsteg **II** *verb* kliva, gå; ~ ***aside*** (***down***) träda tillbaka; ~ ***in*** ingripa; ~ ***out*** stiga ut; gå fortare; gå ut och roa sig
stepbrother ['stepp,braðər] *subst* styvbror
stepdaughter ['stepp,da:tər] *subst* styvdotter
stepfather ['stepp,fa:ðər] *subst* styvfar
stepladder ['stepp,läddər] *subst* trappstege
stepmother ['stepp,maðər] *subst* styvmor
stepping stone ['stepping stoun] *subst* bildligt steg
stepsister ['stepp,sisstər] *subst* styvsyster
stepson ['steppsann] *subst* styvson
stereo ['stirriou] *subst* stereo
sterile ['sterrəl] *adj* steril
sterilize ['sterrəlajz] *verb* sterilisera
sterling ['stö:rling] *subst* sterling brittisk valuta; ~ ***silver*** äkta silver
1 stern [stö:rn] *adj* sträng
2 stern [stö:rn] *subst* akter
stew [sto:] *subst* gryta maträtt; ***beef*** ~ köttgryta
steward ['sto:ərd] *subst* steward
stewardess [,sto:ər'dess] *subst* flygvärdinna
1 stick [stikk] *subst* pinne; käpp
2 stick [stikk] *verb* **1** sticka **2** klistra; fastna **3** ~ ***by*** förbli lojal mot; ~ ***in sb.'s mind*** fastna i ngns minne; ~ ***out*** falla i ögonen; ~ ***to*** (***with***) hålla sig till; ~ ***together*** hålla ihop; ~ ***up*** sätta upp; ~ ***up for*** försvara
sticker ['stikkər] *subst* klistermärke; ***bumper*** ~ dekal på bil
stickler ['stikklər] *subst, **be a** ~ **for*** vara noga med
stick shift ['stikk schifft] *subst* växelspak
sticky ['stikki] *adj* klibbig
stiff [stiff] *adj* styv, stel
stiff-arm ['stiffa:rm] *verb* **1** knuffa åt sidan **2** strunta i
stiffen ['stiffən] *verb* stelna; hårdna; stärka kläder
stifle [stajfl] *verb* kväva; undertrycka
stigma ['stiggmə] *subst* bildligt stämpel; tecken
stiletto [sti'lettou] *subst* stilett
still [still] **I** *adj* stilla **II** *subst* stillbild **III** *adv* **1** tyst och stilla **2** ännu **IV** *konj* likväl, ändå
stillborn ['stillbå:rn] *adj* dödfödd

still life [ˌstill 'lajf] *subst* stilleben
stilt [stillt] *subst* stylta
stilted ['stilltidd] *adj* uppstyltad, svulstig
stimulate ['stimmjəlejt] *verb* stimulera
stimulus ['stimmjələs] *subst* stimulans
sting [sting] **I** *subst* **1** stick, sting **2** slang fälla som gillrats av polisen **II** *verb* sticka, stickas
stingy ['stindʒi] *adj* knusslig, njugg
stink [stingk] **I** *verb* stinka **II** *subst* stank; ***raise a ~*** ställa till rabalder
stinking ['stingking] *adj* vard. avskyvärd
stint [stinnt] *subst* period, pass, omgång
stir [stö:r] *verb* röra; ***~ up*** väcka; ställa till med
stirrup ['stö:rəp] *subst* stigbygel
stitch [stittch] **I** *subst* stygn; ***be in stitches*** skratta sig halvt fördärvad **II** *verb* sy
stock [sta:k] **I** *subst* **1** aktier **2** lager; ***out of ~*** slutsåld **II** *adj* kliché- **III** *verb* lagerföra, ha på hyllan
stockbroker ['sta:kˌbroukər] *subst* börsmäklare
stock exchange ['sta:k ikksˌtchejndʒ] *subst* fondbörs
stocking ['sta:king] *subst* strumpa; ***a pair of stockings*** ett par strumpor
stock market ['sta:k ˌma:rkət] *subst* fondbörs
stockpile ['sta:kpajl] **I** *subst* förråd **II** *verb* hamstra, lägga upp lager av
stockroom ['sta:kro:m] *subst* lager lokal
stocktaking ['sta:kˌtejking] *subst* inventering
stocky ['sta:ki] *adj* satt; låg och kraftig
stodgy ['sta:dʒi] *adj* tung, mastig; oinspirerande
stoke [stouk] *verb*, ***~*** el. ***~ up*** lägga på ved; bildligt hetsa upp
stole [stoul] *verb* imperf. av *steal*
stolen ['stoulən] *verb* perf.p. av *steal*
stolid ['sta:ləd] *adj* trög, slö
stomach ['stammək] **I** *subst* mage **II** *verb* tåla, finna sig i
stomach ache ['stammək ejk] *subst* magknip
stomp [sta:mp] *verb* **1** stampa **2** dansa **3** slang utklassa; utplåna
stone [stoun] **I** *subst* sten; ädelsten; ***leave no ~ unturned*** inte lämna något ogjort **II** *verb* stena
stone-cold [ˌstoun'kould] *adj* iskall

stone-deaf [ˌstoun'deff] *adj* stendöv

stonewall ['stounwa:l] *verb* slang tiga som muren, vägra samarbeta

stood [stodd] *verb* imperf. o. perf.p. av *stand*

stool [sto:l] *subst* pall; ~ *pigeon* slang tjallare

stoop [sto:p] *verb* böja sig; nedlåta sig

stop [sta:p] **I** *verb* stoppa, stanna; hindra; sluta; ~ *dead* tvärstanna; ~ *off* (*by*) *at sb.'s place* el. ~ *in on sb.* titta in hos ngn; *stopped up* om näsa täppt **II** *subst* **1** stopp; uppehåll **2** hållplats

stopgap ['sta:pgäpp] *subst* tillfällig ersättning; ~ *measure* tillfällig åtgärd

stoplight ['sta:plajt] *subst* trafiksignal

stop-over ['sta:pˌouvər] *subst* uppehåll

stoppage ['sta:piddʒ] *subst*, *work* ~ arbetsnedläggelse

stopper ['sta:pər] *subst* kork

stopwatch ['sta:pwa:tch] *subst* stoppur

storage ['stå:riddʒ] *subst* lagring; ~ *battery* ackumulator, batteri

store [stå:r] **I** *subst* **1** förråd **2** butik, affär **II** *verb* förvara

storeroom ['stå:rro:m] *subst* förrådsrum; lagerlokal

stork [stå:rk] *subst* stork

storm [stå:rm] **I** *subst* storm; *take by* ~ ta med storm; ~ *window* ytterfönster **II** *verb* storma; rasa

1 story ['stå:ri] *subst* **1** berättelse; *it's the same old* ~ det är samma gamla visa; *tell stories* hitta på, ljuga **2** handling, story

2 story ['stå:ri] *subst* våningsplan; *the first* ~ nedre botten

storybook ['stå:ribokk] *subst* sagobok

stout [staot] *adj* kraftig, bastant

stove [stouv] *subst* spis; kamin

stow [stou] *verb*, ~ el. ~ *away* stuva undan

stowaway ['stouəwej] *subst* fripassagerare

straddle [sträddl] *verb* sitta grensle

straggler ['sträggləɾ] *subst* eftersläntrare

straight [strejt] **I** *adj* **1** rak **2** ärlig; genomgående **II** *adv* **1** rakt; raka vägen **2** *go* ~ vard. bli hederlig **3** vard. ej homosexuell **4** utan is om whisky

straighten [strejtn] *verb* räta; rätta till; ~ *out* reda upp

straight-faced [ˌstrejt'fejst] *adj* utan att röra en min

straightforward [ˌstrejt'få:rwərd] *adj* **1** uppriktig **2** enkel

1 strain [strejn] **I** *verb* **1** anstränga **2** sträcka muskel **II** *subst* **1** press, stress **2** sträckning

2 strain [strejn] *subst* **1** inslag **2** stam

strained [strejnd] *adj* spänd

strainer ['strejnər] *subst* sil; filter

strait [strejt] *subst,* ~ el. *straits* sund

straitjacket ['strejtˌdʒäkkitt] *subst* tvångströja

1 strand [strännd] *subst* tråd

2 strand [strännd] *verb, be stranded* stranda; stå på bar backe

strange [strejndʒ] *adj* **1** främmande **2** egendomlig

stranger ['strejndʒər] *subst* främling; *say, ~!* vard. hör du!

strangle [stränggl] *verb* strypa

stranglehold ['strängglhould] *subst* struptag; bildligt järngrepp

strap [sträpp] *subst* rem, tamp; urarmband

strapless ['sträppləs] *adj, ~ dress* axelbandslös klänning

strategic [strə'ti:dʒikk] *adj* strategisk

strategy ['strättədʒi] *subst* strategi

straw [stra:] **I** *subst* strå, halmstrå; *draw straws* dra lott; *the last ~* droppen; *~ poll* opinionspejling **II** *adj* halm-, strå-

strawberry ['stra:berri] *subst* jordgubbe

stray [strej] **I** *verb* förirra sig **II** *adj* **1** bortsprungen **2** enstaka

streak [stri:k] *subst* **1** strimma **2** drag

stream [stri:m] **I** *subst* **1** vattendrag, å **2** ström **II** *verb* strömma; rinna

streamer ['stri:mər] *subst* serpentin

street [stri:t] *subst* gata; *in the ~* på gatan

streetcar ['stri:tka:r] *subst* spårvagn

streetwise ['stri:twajz] *adj* som kan storstadens knep

strength [strengθ] *subst* styrka

strengthen ['strengθən] *verb* stärka, styrka

strenuous ['strennjoəs] *adj* **1** ansträngande, påfrestande **2** ihärdig

stress [stress] **I** *subst* **1** påfrestning; stress **2** betoning **II** *verb* betona, poängtera

stretch [strettch] **I** *verb* spänna, sträcka **II** *subst* **1** sträcka **2** period; *at a ~* i ett sträck

stretcher ['strettchər] *subst* bår

stricken ['strikkən] *adj* drabbad

strict [strikkt] *adj* sträng; noggrann; strikt

stride [strajd] *verb* ta långa kliv; *take sth. in ~* klara ngt utan svårighet, ta ngt med fattning

strife [strajf] *subst* stridighet; kamp

strike [strajk] **I** *verb* **1** slå; slå till; *~ back* slå tillbaka **2** träffa; drabba **3** strejka **4** *~ up* inleda **5** *~ out* i baseboll bli bränd **II** *subst* **1** strejk **2** i baseboll miss **3** *three strikes and out* vard. livstidsstraff för tredje brottet

striking ['strajking] *adj* slående

string [string] *subst* **1** snöre; *~ of pearls* pärlhalsband **2** sträng **3** *no strings attached* utan några förbehåll

string bean [ˌstring 'bi:n] *subst* **1** skärböna **2** bildligt flaggstång lång person

stringent ['strinndʒənt] *adj* sträng; drastisk

stringer ['stringər] *subst* frilans, extraanställd

1 strip [stripp] *verb* klä av sig; strippa

2 strip [stripp] *subst* remsa

strip cartoon [ˌstripp ka:r'to:n] *subst* tecknad serie

stripe [strajp] *subst* **1** rand **2** streck i gradbeteckning **3** typ, slag; inriktning

striped [strajpt] *adj* randig

strip lighting ['stripp ˌlajting] *subst* lysrörsbelysning

strip mining ['stripp ˌmajning] *subst* dagbrytning

strive [strajv] *verb* sträva; anstränga sig

strode [stroud] *verb* imperf. av *stride*

1 stroke [strouk] *subst* **1** klockslag **2** *~ of lightning* blixt; *~ of luck* lyckträff **3** simsätt **4** slaganfall **5** penseldrag

2 stroke [strouk] *verb* **1** stryka, smeka **2** vard. smöra, smickra

stroll [stroul] **I** *subst* promenad **II** *verb* ströva omkring

stroller ['stroulər] *subst* **1** sittvagn **2** flanör

strong [stra:ng] *adj* stark, kraftig; stor om t.ex. sannolikhet

stronghold ['stra:nghould] *subst* fäste

strove [strouv] *verb* imperf. av *strive*

struck [strakk] **I** *verb* imperf. o. perf.p. av *strike* **II** *adj, ~ with* förtjust i

structure ['strakktchər] **I** *subst* struktur **II** *verb* strukturera
struggle [straggl] **I** *verb* kämpa; strida **II** *subst* kamp, strid
strum [stramm] *verb* knäppa på gitarr
1 strut [stratt] *verb* svassa; kråma sig
2 strut [stratt] *subst* stag, tvärbjälke
stub [stabb] **I** *subst* stump; fimp **II** *verb*, ~ ***out*** fimpa
stubble [stabbl] *subst* stubb; skäggstubb
stubborn ['stabbərn] *adj* envis, halsstarrig
stubby ['stabbi] *adj* knubbig
stuck [stakk] **I** *verb* imperf. o. perf.p. av 2 *stick* **II** *adj* fast; ***be ~*** ha fastnat; sitta fast
stuck-up [ˌstakk'app] *adj* vard. mallig
stud [stadd] *subst* **1** stuteri **2** avelshingst **3** slang hingst viril man
studded ['staddidd] *adj*, ~ ***tire*** dubbdäck
student ['sto:dənt] *subst* student; elev
studio ['sto:diou] *subst* ateljé; studio; ~ ***apartment*** etta lägenhet; ungkarlslya
studious ['sto:djəs] *adj* **1** flitig, studieinriktad **2** medveten, utstuderad
studiously ['sto:djəsli] *adv* omsorgsfullt; avsiktligt
study ['staddi] **I** *subst* **1** studie; studier **2** arbetsrum **II** *verb* studera; undersöka
stuff [staff] **I** *subst* material; grejor; ***he knows his ~*** han kan sin sak **II** *verb* stoppa; fylla
stuffing ['staffing] *subst* stoppning; fyllning; färs
stuffy ['staffi] *adj* **1** kvalmig **2** förstockad
stumble ['stammbl] *verb* **1** snubbla; ~ ***across*** (***on***) stöta på **2** staka sig
stumbling block ['stammbling bla:k] *subst* stötesten
stump [stammp] *subst* stubbe; stump
stun [stann] *verb* **1** bedöva **2** chocka
stung [stang] *verb* imperf. o. perf.p. av *sting*
stunk [stangk] *verb* imperf. o. perf.p. av *stink*
stunning ['stanning] *adj* fantastisk; överväldigande
1 stunt [stannt] *subst* trick; jippo
2 stunt [stannt] *verb* hämma
stunted ['stanntəd] *adj* outvecklad
stupendous [sto'penndəs] *adj* enorm; häpnadsväckande
stupid ['sto:pəd] *adj* dum; fånig

stupidity [sto'piddəti] *subst* dumhet; enfald

sturdy ['stö:rdi] *adj* robust, kraftig; rejäl

stutter ['stattər] **I** *verb* stamma **II** *subst* stamning

1 sty [staj] *subst* svinstia

2 sty [staj] *subst* vagel i ögat

style [stajl] **I** *subst* stil; mode, modell; *in ~* elegant, vräkigt **II** *verb* formge

stylish ['stajlisch] *adj* elegant

suave [swa:v] *adj* förbindlig, älskvärd

sub [sabb] *subst* **1** ubåt **2** vikarie; reserv

subconscious [ˌsabb'ka:nschəs] *subst, the ~* det omedvetna

subdue [səbb'do:] *verb* **1** kuva, besegra **2** dämpa

subject I ['sabbdʒekkt] *subst* **1** undersåte **2** ämne **3** subjekt **II** [səb'dʒekkt] *verb* utsätta; *be subjected to* drabbas av, utsättas för

subjective [səbb'dʒekktivv] *adj* subjektiv

subject matter ['sabbdʒekkt ˌmättər] *subst* innehåll, ämne

sublet [ˌsabb'lett] *verb* hyra i andra hand; hyra ut i andra hand

submarine [ˌsabbmə'ri:n] *subst* ubåt

submerge [səbb'mö:rdʒ] *verb* dyka ner; översvämma

submission [səbb'mischən] *subst* underkastelse

submissive [səbb'missivv] *adj* undergiven

submit [səbb'mitt] *verb* **1** lämna in t.ex. ansökan **2** ge efter, falla till föga

subordinate [sə'bå:rdənət] *adj* underordnad

subpoena [sə'pi:nə] **I** *verb* kalla inför rätta **II** *subst* kallelse att inställa sig inför rätten

subscribe [səb'skrajb] *verb* **1** prenumerera, abonnera **2** *~ to* dela, ansluta sig till t.ex. mening

subscriber [səb'skrajbər] *subst* prenumerant, abonnent

subscription [səb'skrippschən] *subst* prenumeration; abonnemang

subsequent ['sabbsikwənt] *adj* efterföljande

subsequently ['sabbsikwəntli] *adv* därefter

subside [səbb'sajd] *verb* avta, lägga sig

subsidiary [səb'siddierri] **I** *adj* hjälp-; stöd-; bi- **II** *subst* dotterbolag

subsidize ['sabbsidajz] *verb* subventionera

subsidy ['sabbsiddi] *subst* subvention

substance ['sabbstəns] *subst* substans; innehåll; underlag

substantial [səb'stännschəl] *adj* väsentlig, ansenlig
substantially [səb'stännschəli] *adv* huvudsakligen; väsentligt
substantiate [səb'stännschiejt] *verb* underbygga, bevisa
substitute ['sabbstito:t] **I** *subst* **1** vikarie; reserv **2** ersättning, surrogat **II** *verb* **1** ersätta **2** vikariera
subterranean [ˌsabbtə'rejnjən] *adj* underjordisk
subtitles ['sabbˌtajtlz] *subst pl* undertext, textremsa
subtle [sattl] *adj* subtil, hårfin; raffinerad; skarpsinnig
subtract [səb'träkkt] *verb* subtrahera; dra av
subtraction [səb'träkkschən] *subst* subtraktion
suburb ['sabbö:rb] *subst* förort
suburban [sə'bö:rbən] *adj* **1** förorts- **2** småborgerlig
suburbanite [sə'bö:rbənajt] *subst* förortsbo
suburbia [sə'bö:rbjə] *subst* förortsliv
subway ['sabbwej] *subst* tunnelbana
succeed [sək'si:d] *verb* **1** lyckas **2** efterträda
success [sək'sess] *subst* framgång; succé
successful [sək'sessfəl] *adj* framgångsrik
succession [sək'seschən] *subst* serie; ***in ~*** i följd
successive [sək'sessivv] *adj* på varandra följande; i följd, i rad
successor [sək'sessər] *subst* efterträdare; ***~ to the throne*** tronföljare
such [sattch] *adj* o. *pron* sådan; liknande; ***as ~*** som sådan, i sig; ***~ as*** såsom, som till exempel
suck [sakk] *verb* **1** suga **2** ***it sucks*** slang den (det) är botten
sucker ['sakkər] *subst* vard. typ; tönt
suction ['sakkschən] *subst* sugning; ***~ fan*** utsugsfläkt
sudden ['saddən] *adj* plötslig
suds [saddz] *subst* **1** tvållödder **2** ölskum, öl
sue [so:] *verb* stämma, åtala
suede [swejd] *subst* mockaskinn
suffer ['saffər] *verb* lida, utstå; drabbas av
sufferer ['saffərər] *subst* lidande person
suffering ['saffəring] *subst* lidande
sufficient [sə'fischənt] *adj* tillräcklig
suffocate ['saffəkejt] *verb* kväva; kvävas

sugar ['schoggər] **I** *subst* **1** socker **2** vard. sötnos **II** *verb* sockra **III** *interj* jäklar också!
sugar cane ['schoggər kejn] *subst* sockerrör
suggest [səg'dʒesst] *verb* föreslå
suggestion [səg'dʒesstchən] *subst* **1** förslag **2** antydan
suicide ['so:isajd] *subst* självmord
suit [so:t] **I** *subst* **1** dräkt; kostym **2** mål; *file a ~* inleda en process **II** *verb* passa; klä; *~ yourself!* gör som du vill!
suitable ['so:təbl] *adj* passande
suitably ['so:təbli] *adv* lämpligt, som sig bör
suitcase ['so:tkejs] *subst* resväska
suite [swi:t] *subst* svit, följe; rumssvit
sulfur ['sallfər] *subst* svavel
sulk [sallk] *verb* tjura, sura
sulky ['sallki] *adj* sur och trumpen
sullen ['sallən] *adj* butter, trumpen; vresig
sulphur ['sallfər] *subst* svavel
sultry ['salltri] *adj* kvav
sum [samm] **I** *subst* summa **II** *verb, ~ up* sammanfatta
summarize ['sammərajz] *verb* sammanfatta
summary ['sammməri] **I** *adj* summarisk **II** *subst* sammanfattning
summer ['sammər] *subst* sommar; *last ~* förra sommaren, i somras
summerhouse ['sammərhaos] *subst* sommarställe, sommarstuga; lusthus
summertime ['sammərtajm] *subst, in the ~* på (under) sommaren
summer vacation [ˌsammər vej'kejschən] *subst* sommarlov; semester
summit ['sammitt] *subst* **1** topp **2** toppmöte
summon ['sammən] *verb* **1** kalla **2** *~ up* uppbringa; frammana
summons ['sammənz] *subst* **1** kallelse **2** juridisk stämning
sun [sann] **I** *subst* sol **II** *verb* sola
sunbathe ['sannbejð] *verb* solbada
sunburn ['sannbö:rn] *subst, have a ~* ha bränt sig i solen
sunburned ['sannbö:rnd] *adj* solbränd
Sunday ['sanndej] *subst* söndag; *~ driver* väglus
sundial ['sanndajəl] *subst* solur
sundry ['sanndri] *adj* alla möjliga
sunfactor ['sannfäkktər] *subst* solskyddsfaktor

sunflower ['sann,flaoər] *subst* solros

sung [sang] *verb* perf.p. av *sing*

sunglasses ['sann,glässəz] *subst pl* solglasögon

sunk [sangk] *verb* perf.p. av *sink*

sunlight ['sannlajt] *subst* solljus

sunlit ['sannlitt] *adj* solig

sunny ['sanni] *adj* solig; sol-; ~ *side up* om ägg stekt på ena sidan

sunrise ['sannrajz] *subst* soluppgång

sunroof ['sannro:f] *subst* soltak på bil

sunset ['sannsett] *subst* solnedgång

sunstroke ['sannstrouk] *subst* solsting

suntan ['sanntänn] *subst* solbränna; ~ ***lotion*** solkräm; ~ ***oil*** sololja

1 super ['so:pər] *adj* vard. toppen; super-, jätte-

2 super ['so:pər] *subst* vard., kortform för *superintendent*

superb [so'pö:rb] *adj* storartad, utmärkt

supercilious [,so:pər'silliəs] *adj* högdragen

superficial [,so:pər'fischəl] *adj* ytlig; yt-

superfluous [so'pö:rfloəs] *adj* överflödig, onödig

superhighway [,so:pər'hajwej] *subst* motorväg

superhuman [,so:pər'hjo:mən] *adj* övermänsklig

superimpose [,so:pərimm'pouz] *verb* lägga ovanpå

superintendent [,so:pərinn'tenndənt] *subst* **1** intendent; direktör **2** ~ el. ***building*** ~ vicevärd

superior [so'pirriər] **I** *adj* **1** högre i rang o.d. **2** överlägsen **II** *subst* överordnad

superiority [so,pirri'å:rəti] *subst* överlägsenhet

superlative [so'pö:rlətivv] **I** *subst* superlativ **II** *adj* ypperlig, enastående

superman ['so:pərmänn] *subst* övermänniska; ***Superman*** Stålmannen

supermarket ['so:pər'ma:rkət] *subst* snabbköp

supernatural [,so:pər'nättchrəl] *adj* övernaturlig

superpower ['so:pər,paoər] *subst* supermakt

supersede [,so:pər'si:d] *verb* ersätta

superstitious [,so:pər'stischəs] *adj* vidskeplig, skrockfull

supervise ['so:pərvajz] *verb* övervaka; handleda

supervision [,so:pər'viʒən] *subst* övervakning

supervisor ['so:pəvajzər] *subst* **1** arbetsledare **2** handledare; tillsynslärare
supine ['so:pajn] *adj* liggande; loj, slö
supper ['sappər] *subst* kvällsmat
supple [sappl] *adj* mjuk, smidig; spänstig
supplement ['sapplimənt] *subst* tillägg; bilaga
supplementary [ˌsappli'menntəri] *adj* tilläggs-
supplier [sə'plajər] *subst* leverantör
supply [sə'plaj] **I** *verb* tillhandahålla; leverera; täcka **II** *subst* **1** tillgång; *~ and demand* tillgång och efterfrågan **2** förråd; *supplies* förnödenheter
support [sə'på:rt] **I** *verb* **1** stödja **2** försörja **II** *subst* stöd i olika betydelser
supporter [sə'på:rtər] *subst* supporter, anhängare
suppose [sə'pouz] *verb* anta, förmoda
supposedly [sə'pouziddli] *adv* förmodligen
supposing [sə'pouzing] *konj* antag att
suppress [sə'press] *verb* undertrycka; slå ner revolt
supreme [so'pri:m] *adj* högst; *the Supreme Court* högsta domstolen på federal nivå; *State Supreme Court* högsta domstolen på delstatlig nivå
sure [schoər] **I** *adj* säker; *make ~ of* förvissa sig om **II** *adv, ~!* el. *~ thing!* ja visst!, naturligtvis!, absolut!; säkert!; *as ~ as* så säkert som; vard. säkert; verkligen, minsann
surely ['schorrli] *adv* **1** säkert **2** sannerligen **3** *~!* ja (jo) visst!, naturligtvis!
surety ['schorrəti] *subst* säkerhet, borgen
surf [sö:rf] **I** *subst* bränning **II** *verb* surfa
surface ['sö:rfəs] **I** *subst* yta **II** *verb* dyka upp
surface mail ['sö:rfəs mejl] *subst* ytpost
surfboard ['sö:rfbå:rd] *subst* surfingbräda
surfeit ['sö:rfət] *subst* övermått; överflöd
surge [sö:rdʒ] **I** *verb* svalla; välla **II** *subst* bildligt våg
surgeon ['sö:rdʒən] *subst* kirurg
surgery ['sö:rdʒəri] *subst* kirurgi; *it will need ~* det måste opereras
surgical ['sö:rdʒikkəl] *adj* kirurgisk
surly ['sö:rli] *adj* vresig, butter, sur

surname ['sö:rnejm] *subst* efternamn
surpass [sər'päss] *verb* överträffa; överstiga; trotsa
surplus ['sö:rplass] *subst* överskott; *army* ~ överskottslager
surprise [sər'prajz] **I** *subst* överraskning; förvåning **II** *verb* överraska; förvåna
surprising [sər'prajzing] *adj* förvånansvärd
surrender [sə'renndər] **I** *verb* överlämna sig; ge upp; avträda mark **II** *subst* kapitulation
surreptitious [ˌsö:rəp'tischəs] *adj* förstulen, i smyg
surrogate ['sö:rəgət] *subst* surrogat
surround [sə'raond] *verb* omge; omringa; ***surrounded by*** omgiven av
surrounding [sə'raonding] *adj* omgivande; ~ ***countryside*** omnejd
surroundings [sə'raondingz] *subst pl* omgivning
surveillance [sər'vejləns] *subst* bevakning; övervakning
survey I [sər'vej] *verb* överblicka **II** ['sö:rvej] *subst* undersökning; granskning; kartläggning
surveyor [sər'vejər] *subst* lantmätare
survival [sər'vajvəl] *subst* överlevnad
survive [sər'vajv] *verb* överleva; ***the surviving relatives*** de efterlevande
survivor [sər'vajvər] *subst* överlevande
susceptible [sə'sepptəbl] *adj* känslig, mottaglig; ömtålig
suspect I [sə'spekkt] *verb* misstänka, betvivla **II** ['sasspekkt] *subst* o. *adj* misstänkt
suspend [sə'spennd] *verb* **1** hänga i luften **2** avstänga, dra in tillfälligt; suspendera
suspenders [sə'spenndərz] *subst pl* hängslen
suspense [sə'spenns] *subst* spänd väntan
suspension [sə'spennschən] *subst* **1** avstängning, indragning **2** ~ ***bridge*** hängbro
suspicion [sə'spischən] *subst* misstanke
suspicious [sə'spischəs] *adj* **1** misstänksam **2** suspekt
sustain [sə'stejn] *verb* hålla i gång, hålla vid liv
sustained [sə'stejnd] *adj* ihållande, oavbruten
sustenance ['sasstənəns] *subst* näring
swab [swa:b] *subst* bomullstopp; bakterieprov
swagger ['swäggər] *verb* stoltsera, svassa omkring

1 swallow ['swa:lou] *subst* svala

2 swallow ['swa:lou] *verb* svälja

swam [swämm] *verb* imperf. av *swim*

swamp [swa:mp] **I** *subst* träsk, kärr, myr **II** *verb* översvämma; *be swamped with work* drunkna i arbete

swan [swa:n] *subst* svan; ~ *dive* svanhopp

swap [swa:p] **I** *verb* byta **II** *subst* byte

swarm [swå:rm] **I** *subst* svärm; myller **II** *verb* svärma; myllra, krylla

swarthy ['swå:rði] *adj* svartmuskig

swastika ['swa:stikkə] *subst* hakkors

swat [swa:t] *verb* smälla till; vard. plugga

SWAT team ['swa:t ˌti:m] *subst* terroristbekämpningsstyrka

sway [swej] **I** *verb* svänga, svaja; vackla **II** *subst, hold* ~ förhärska

swear [swäər] *verb* svära; svära på; ~ *off* lova att avhålla sig från; ~ *to secrecy* låta avlägga tysthetslöfte; ~ *like a trooper* svära som en borstbindare

swearword ['swerrwö:rd] *subst* svordom

sweat [swett] **I** *subst* svett; *no ~!* inga problem!, ingen fara!; *be in a cold ~* kallsvettas **II** *verb* svettas

sweater ['swettər] *subst* tröja

Swede [swi:d] *subst* **1** svensk **2** *swede* kålrot

Sweden ['swi:dən] Sverige

Swedish ['swi:disch] **I** *adj* svensk **II** *subst* svenska språk

sweep [swi:p] *verb* **1** sopa **2** svepa; ~ *sb. off their feet* ta ngn med storm

sweeping ['swi:ping] *adj* svepande, generaliserande

sweet [swi:t] *adj* **1** söt **2** ljuv, rar

sweet corn [ˌswi:t 'kå:rn] *subst* majs

sweeten [swi:tn] *verb* söta, sockra

sweetheart ['swi:tha:rt] *subst* flickvän, pojkvän

sweetness ['swi:tnəs] *subst* **1** sötma **2** charm

sweet pea [ˌswi:t 'pi:] *subst* luktärt

sweet pepper [ˌswi:t 'peppər] *subst* paprika

sweet potato [ˌswi:t pə'tejtou] *subst* sötpotatis

swell [swell] **I** *verb* svälla; svullna **II** *subst* dyning **III** *adj* vard. flott; toppen

swelling ['swelling] *subst* svullnad, bula

sweltering ['swelltəring] *adj* tryckande; olidligt hett

swept [sweppt] *verb* imperf. o. perf.p. av *sweep*
swerve [swö:rv] *verb* gira; svänga undan
swift [swifft] **I** *adj* snabb **II** *subst* tornsvala
swill [swill] *subst* skulor
swim [swimm] **I** *verb* simma **II** *subst* simtur
swimming pool ['swimming po:l] *subst* simbassäng
swimming trunks ['swimming trangks] *subst pl* badbyxor
swimsuit ['swimmso:t] *subst* baddräkt
swindle [swinndl] **I** *verb* svindla; lura, bedra **II** *subst* svindel; skoj, bluff
swine [swajn] *subst* svin
swing [swing] **I** *verb* svänga **II** *subst* **1** svängning; ***in full ~*** i full fart, för fullt **2** gunga
swipe [swajp] *verb* vard. stjäla, sno
swirl [swö:rl] **I** *verb* virvla **II** *subst* virvel
Swiss [swiss] **I** *adj* schweizisk; ~ ***roll*** rulltårta, drömtårta **II** *subst* schweizare
switch [switttch] **I** *subst* **1** strömbrytare **2** omsvängning **II** *verb* ändra; byta; ~ ***off*** stänga av; släcka; ~ ***on*** sätta på; tända
switchblade ['switttchblejd] *subst* stilett
switchboard ['switttchbå:rd] *subst* telefonväxel
switch hitter [ˌswittch 'hittər] *subst* **1** i baseboll slagman som slår lika bra med båda händerna **2** slang bisexuell
Switzerland ['swittsərlənd] Schweiz
swollen ['swoulən] **I** *verb* perf.p. av *swell* **II** *adj* svullen
swoon [swo:n] *verb* svimma av, dåna
swoop [swo:p] **I** *verb* slå till **II** *subst* attack; ***at one fell ~*** på en gång, i ett slag
sword [så:rd] *subst* svärd
swordfish ['så:rdfisch] *subst* svärdfisk
swore [swå:r] *verb* imperf. av *swear*
sworn [swå:rn] **I** *verb* perf.p. av *swear* **II** *adj* svuren
swum [swamm] *verb* perf.p. av *swim*
swung [swang] *verb* imperf. o. perf.p. av *swing*
syllable ['silləbl] *subst* stavelse
syllabus ['silləbəs] *subst* kursplan för visst ämne
symbol ['simmbəl] *subst* symbol
symmetry ['simmətri] *subst* symmetri
sympathetic [ˌsimmpə'θettikk] *adj* **1** förstående **2** sympatisk

sympathize ['simmpəθajz] *verb,* ~ *with* känna med (för)
sympathy ['simmpəθi] *subst* sympati
symphony ['simmfəni] *subst* symfoni; symfoniorkester
symptom ['simmptəm] *subst* symtom
synagogue ['sinnəga:g] *subst* synagoga
syndicate ['sinndikkət, 'sinndikkejt] *subst* syndikat; *the* ~ slang maffian
synonym ['sinnənimm] *subst* synonym
synthetic [sinn'θettikk] *adj* syntetisk; konst-
syphilis ['siffəliss] *subst* syfilis
syringe [si'rinndʒ] *subst* injektionsspruta
syrup ['sirrəp] *subst* **1** sockerlag **2** sirap
system ['sisstəm] *subst* system
systematic [ˌsisstə'mättikk] *adj* systematisk

T

T, t [ti:] *subst* T, t; *it suits me to a T* det passar mig alldeles utmärkt
tab [täbb] *subst* **1** lapp, etikett **2** vard. krognota
table [tejbl] **I** *subst* **1** bord; *clear the* ~ duka av; *at the* ~ vid matbordet **2** tabell **II** *verb* bordlägga ärende
tablecloth ['tejblkla:θ] *subst* bordsduk
tablemat ['tejblmätt] *subst* tablett
table salt ['tejbl sa:lt] *subst* koksalt
tablespoon ['tejblspo:n] *subst* matsked
tablet ['täbblət] *subst* **1** minnestavla **2** tablett, piller
table tennis ['tejbl ˌtenniss] *subst* bordtennis
tabloid ['täbblåjd] *subst* sensationstidning
taboo [tə'bo:] *subst* o. *adj* tabu
tacit ['tässit] *adj* underförstådd
taciturn ['tässitö:rn] *adj* tystlåten
tack [täkk] **I** *subst* nubb, stift; *thumb* ~ häftstift **II** *verb* spika, fästa
tackle [täkkl] **I** *subst* **1** grejer

2 amer. fotboll tacklare, tackle **3** tackling **II** *verb* ta itu med; tackla

tacky ['täkki] *adj* **1** klibbig **2** slang smaklös; sjabbig; billig

tact [täkkt] *subst* taktfullhet

tactical ['täkktikkəl] *adj* taktisk

tactics ['täkktikks] *subst* taktik

tad [tädd] *subst* aning; *a ~ old* lite gammal

tadpole ['täddpoul] *subst* grodyngel

taffy ['täffi] *subst* seg kola

1 tag [tägg] **I** *subst* lapp, märke **II** *verb, ~ along* vard. följa med; ~ el. *~ out* i baseboll bränna

2 tag [tägg] *subst* tafatt, kull

tail [tejl] **I** *subst* **1** svans **2** *tails* frack **3** *heads or tails?* krona eller klave? **4** *put a ~ on sb.* slang låta skugga ngn **II** *verb* skugga

tailback ['tejlbäkk] *subst* amer. fotboll springback

tailcoat ['tejlkout] *subst* frack

tail end [ˌtejl 'ennd] *subst* sluttamp

tailgate ['tejlgejt] **I** *subst* bakdörr på halvkombi **II** *verb* inte hålla tillräckligt avstånd

tailor ['tejlər] *subst* skräddare

tailor-made ['tejlərmejd] *adj* skräddarsydd

tailpipe ['tejlpajp] *subst* avgasrör

tailwind ['tejlwinnd] *subst* medvind

take* [tejk] *verb* **1** ta; fatta, gripa; ta tag i **2** behövas **3** stå ut med; *I can't ~ it any more* äv. jag orkar inte med det längre **4** *~ after* brås på; *~ along* ta med; *~ apart* ta isär; *~ away* ta bort; *~ down* ta ned; skriva ner; *~ in* förstå; *be taken in* låta lura sig; *~ off* ta av; starta; *~ a day off* ta ledigt en dag; *~ on* ta på sig; anställa; *~ out* bjuda ut; *~ sth. out on sb.* låta ngt gå ut över ngn; *~ over* ta över; *~ to* börja; tycka om; *~ up* börja; ta upp

taken [tejkn] *verb* perf.p. av *take*

takeoff ['tejka:f] *subst* flygplans start

takeout ['tejkaot] *adj* för avhämtning; *~ restaurant* restaurang med mat för avhämtning

takeover ['tejkˌouvər] *subst* övertagande

talc [tällk] *subst* talk

talcum powder ['tällkəm ˌpaodər] *subst* talkpuder

tale [tejl] *subst* historia, saga; *tell tales* skvallra

talent ['tällənt] *subst* talang

talented ['tällәntidd] *adj* begåvad

talk [ta:k] **I** *verb* tala, prata; ~ *shop* prata jobb; ~ *back* svara uppkäftigt; ~ *into* övertala; ~ *over* prata igenom, diskutera; ~ *to* (*with*) prata med; *talking of* på tal om; *now you're talking!* så ska det låta!; *you should ~!* och det ska du säga! **II** *subst* samtal; föredrag; *talks* förhandlingar

talkative ['ta:kәtivv] *adj* pratsam

talk show ['ta:k schou] *subst* pratshow

tall [ta:l] *adj* lång; ~ *story* el. ~ *tale* rövarhistoria

tally ['tälli] **I** *subst, keep ~ of* hålla räkning på **II** *verb* stämma överens, rimma med

talon ['tällәn] *subst* klo på rovfågel

tame [tejm] **I** *adj* tam; tråkig, trist **II** *verb* tämja

tamper ['tämmpәr] *verb, ~ with* fiffla med, fingra på

tampon ['tämmpa:n] *subst* tampong

tan [tänn] *subst* solbränna

tandem ['tänndәm] *subst* tandemcykel; par; *in ~* tillsammans

tang [täng] *subst* skarp smak (lukt)

tangle [tänggl] **I** *subst* trassel; *in a ~* tilltrasslad **II** *verb* trassla till

tank [tängk] *subst* **1** tank; *fish ~* akvarium; *the ~* slang kåken **2** stridsvagn

tanker ['tängkәr] *subst* tanker

tantalizing ['tänntәlajzing] *adj* lockande

tantamount ['tänntәmaont] *adj, be ~ to* vara liktydig med

tantrum ['tänntrәm] *subst* raseriutbrott

1 tap [täpp] **I** *subst* kran vattenkran o.d.; *on ~* om öl o.d. på fat **II** *verb* **1** tappa **2** avlyssna telefon

2 tap [täpp] **I** *verb* slå lätt **II** *subst* knackning; *taps* tapto

tap-dancing ['täpp,dännsing] *subst* stepp

tape [tejp] **I** *subst* **1** band; *adhesive ~* tejp **2** målsnöre **II** *verb* banda

tape deck ['tejp dekk] *subst* kassettdäck

tape measure ['tejp ,meʒәr] *subst* måttband

taper ['tejpәr] *verb* smalna av

tape recorder ['tejp ri,kå:rdәr] *subst* bandspelare

tapestry ['täppәstri] *subst* gobeläng

tar [ta:r] *subst* tjära; asfalt

tardy ['ta:rdi] *adj* sen, försenad

target ['ta:rgət] *subst* måltavla; mål; ~ *group* målgrupp
tariff ['tärriff] *subst* tulltaxa; taxa, prislista
tarmac ['ta:rmäkk] *subst* landningsbana
tarnish ['ta:rnisch] *verb* **1** göra glanslös **2** skamfila
tarp [ta:rp] o. **tarpaulin** [ta:r'pa:lən] *subst* presenning
tarragon ['tärrəgən] *subst* dragon ört
1 tart [ta:rt] *subst* **1** mördegstårta med frukt **2** vard. fnask
2 tart [ta:rt] *adj* sträv, besk
tartan ['ta:rtən] *adj* skotskrutig
1 tartar ['ta:rtər] *subst*, *steak* ~ ung. råbiff
2 tartar ['ta:rtər] *subst* tandsten
task [tässk] *subst* uppgift; *take* (*call*) *to* ~ läxa upp
task force ['tässk få:rs] *subst* **1** specialstyrka **2** arbetsgrupp; utredning
tassel ['tässəl] *subst* tofs
taste [tejst] **I** *subst* smak, smakprov; *it is a matter of* ~ det är en smaksak **II** *verb* smaka, provsmaka; ~ *good* smaka bra
tasty ['tejsti] *adj* smaklig, välsmakande; läcker
1 tattoo [tä'to:] *subst* militärparad
2 tattoo [tä'to:] **I** *verb* tatuera **II** *subst* tatuering
taught [ta:t] *verb* imperf. o. perf.p. av *teach*
taunt [ta:nt] **I** *verb* håna, pika **II** *subst* gliring
Taurus ['tå:rəs] *subst* Oxen stjärntecken
taut [ta:t] *adj* spänd, styv
tax [täkks] **I** *subst* skatt; ~ *arrears* kvarskatt; ~ *evasion* skattefusk; ~ *exemption* skattebefrielse; ~ *haven* skatteparadis; ~ *rate* skattesats **II** *verb* beskatta
taxable ['täkksəbl] *adj* skattepliktig
taxation [täkk'sejschən] *subst* beskattning
tax-deductible ['täkksdidakktəbl] *adj* avdragsgill
taxi ['täkksi] o. **taxicab** ['täkksikäbb] *subst* taxi
taxi driver ['täkksi ˌdrajvər] *subst* taxichaufför
taxpayer ['täkksˌpejər] *subst* skattebetalare
tea [ti:] *subst* te; *have* ~ dricka te
tea bag ['ti: bägg] *subst* tepåse
teach [ti:tch] *verb* undervisa; ~ *school* vara lärare; ~ *sb. sth.* lära ngn ngt
teacher ['ti:tchər] *subst* lärare
teaching ['ti:tching] *subst* undervisning

teak [ti:k] *subst* teak
team [ti:m] *subst* lag; team
teamster ['ti:mstər] *subst* lastbilschaufför, långtradarchaufför
teamwork ['ti:mwö:rk] *subst* lagarbete, teamwork
teapot ['ti:pa:t] *subst* tekanna
1 tear [tiər] *subst* tår; ***burst into tears*** brista i gråt
2 tear [täər] **I** *verb* slita, riva; ~ ***apart*** splittra; plåga; ~ ***open*** slita upp; ~ ***up*** riva sönder **II** *subst* reva
tearful ['tirfəl] *adj* tårfylld
tear gas ['tir gäss] *subst* tårgas
tear-jerker ['tirrdʒö:rkər] *subst* snyftare
tea room ['ti: ro:m] *subst* konditori
tease [ti:z] **I** *verb* reta, retas med **II** *subst* retsticka
teaspoon ['ti:spo:n] *subst* tesked
teat [ti:t] *subst* **1** spene **2** dinapp
technical ['tekknikkəl] *adj* teknisk
technicality [ˌtekkni'källəti] *subst* **1** formalitet; ***get off on a*** ~ klara sig tack vare ett formellt fel **2** teknisk detalj
technician [tekk'nischən] *subst* tekniker
technique [tekk'ni:k] *subst* teknik
technological [ˌtekknə'la:dʒikkəl] *adj* teknologisk
technology [tekk'na:lədʒi] *subst* teknologi; ***institute of*** ~ teknisk högskola
teddy ['teddi] o. **teddy bear** ['teddi bäər] *subst* nalle, teddybjörn
tedious ['ti:djəs] *adj* långtråkig
tee [ti:] **I** *subst* utslagsplats, tee i golf **II** *verb,* ~ ***off*** i golf slå ut; bildligt börja; ***be teed off*** vara förbannad
teem [ti:m] *verb* vimla
teenage ['ti:nejdʒ] *adj* tonårs-
teenager ['ti:nˌejdʒər] *subst* tonåring
teens [ti:nz] *subst pl* tonår
teeter ['ti:tər] *verb* vackla
teeter-totter ['ti:tərta:tər] *subst* gungbräde
teeth [ti:θ] *subst* (pl. av *tooth*); ***false*** ~ löständer
teethe [ti:ð] *verb* få tänder; ***teething problems*** bildligt barnsjukdomar
teetotaller [ti:'toutlər] *subst* nykterist, absolutist
telegraph ['telligräff] **I** *subst* telegraf **II** *verb* telegrafera
telephone ['telləfoun] *subst* telefon; ~ ***booth*** telefonkiosk; ~ ***call*** telefonsamtal; ~ ***directory*** telefonkatalog; ~

operator telefonist; *be on the ~* sitta i telefon

telescope ['telləskoup] *subst* teleskop

televise ['tellivajz] *verb* sända på TV

television ['telli,viʒən] *subst* television, TV; *~ audience* TV-tittare; *~ set* TV-apparat

tell* [tell] *verb* **1** tala 'om, säga **2** säga 'till ('åt) **3** *I can't ~ them apart* jag kan inte skilja dem åt; *~ the difference between* skilja mellan (på); *~ off* läxa upp, skälla ut

teller ['tellər] *subst* kassör i bank

telling ['telling] *adj* talande; träffande

telltale ['telltejl] *subst* skvallerbytta

temp [temmp] *subst* ersättare från sekreterarpool o.d.

temper ['temmpər] *subst* humör; *in a ~* på dåligt humör

temperament ['temmpərəmənt] *subst* temperament, sinnelag; läggning

temperamental [,temmpərə'menntl] *adj* temperamentsfull; nyckfull

temperate ['temmpərət] *adj* måttlig

temperature ['temmpərətchər] *subst* temperatur; *have (run) a ~* ha feber

1 temple [temmpl] *subst* tempel; icke-ortodox judisk synagoga

2 temple [temmpl] *subst* tinning

temporary ['temmpərerri] *adj* tillfällig; provisorisk

tempt [temmpt] *verb* fresta, locka; förleda; *~ fate* utmana ödet

temptation [temmp'tejschən] *subst* frestelse

ten [tenn] *räkn* tio; *~ to one* tio mot ett, jag slår vad om

tenacity [tə'nässəti] *subst* ihärdighet

tenant ['tennənt] *subst* hyresgäst

1 tend [tennd] *verb* vårda; *~ to your own business!* sköt du ditt!

2 tend [tennd] *verb* tendera; luta åt

tendency ['tenndənsi] *subst* tendens, benägenhet; anlag

1 tender ['tenndər] *adj* **1** mör **2** öm, kärleksfull

2 tender ['tenndər] **I** *verb* erbjuda; lämna in t.ex. avskedsansökan **II** *subst* anbud, offert

tenement ['tennəmənt] *subst* hyreshus

tenet ['tennit] *subst* grundsats; trossats

tennis ['tenniss] *subst* tennis; ~ *court* tennisbana
tenor ['tennər] *subst* **1** tenor **2** innebörd, andemening
1 tense [tenns] *subst* tempus
2 tense [tenns] *adj* spänd; nervös
tension ['tennschən] *subst* spänning
tent [tennt] *subst* tält
tentative ['tenntətivv] *adj* preliminär, trevande; försöks-
tenth [tennθ] **I** *räkn* tionde **II** *subst* tiondel
tenuous ['tennjoəs] *adj* tunn, svag
tenure ['tennjər] *subst*, *get* (*have*) ~ få (ha) anställningstrygghet som lärare
tepid ['teppidd] *adj* ljum
term [tö:rm] *subst* **1** termin; tidsperiod; ~ *of office* ämbetsperiod, mandattid; *go to* ~ föda vid beräknad nedkomsttid; *in the short* (*long*) ~ på kort (lång) sikt **2** term; *terms* äv. ordalag **3** *terms* villkor; ~ *of payment* betalningsvillkor; *come to terms with sth.* acceptera ngt
terminal ['tö:rmənəl] **I** *adj* obotlig; ~ *care* terminalvård **II** *subst* slutstation; terminal
terminate ['tö:rminnejt] *verb* avsluta
terminus ['tö:rminnəs] *subst* slutstation; terminal
termite ['tö:rmajt] *subst* termit
terrace ['terrəs] *subst* terrass
terrain [tə'rejn] *subst* terräng
terrible ['terrəbl] *adj* förfärlig, förskräcklig, hemsk
terrier ['terriər] *subst* terrier
terrific [tə'riffikk] *adj* fantastisk, underbar, jättebra
terrify ['terrəfaj] *verb* skrämma
territory ['terrətå:ri] *subst* territorium; outvecklat landområde
terror ['terrər] *subst* skräck, terror
terrorist ['terrərisst] *subst* terrorist
terror-stricken ['terrərstrikkən] *adj* skräckslagen
terse [tö:rs] *adj* koncis, kärnfull; brysk, sträv
test [tesst] **I** *subst* prov, test **II** *verb* prova, pröva, undersöka; kontrollera
Testament ['tesstəmənt] *subst*, *the Old* (*New*) ~ Gamla (Nya) testamentet
testicle ['tesstikkl] *subst* testikel
testify ['tesstifaj] *verb* vittna, vittna om
testimony ['tesstimmənі] *subst* vittnesmål

test tube ['tessto:b] *subst* provrör
tetanus ['tettənəs] *subst* stelkramp
tether ['teðər] *verb* tjudra; *be at the end of one's ~* inte orka mer, vara alldeles förtvivlad
text [tekkst] *subst* text
textbook ['tekkstbokk] *subst* lärobok; *~ example* skolexempel
textile ['tekkstajl] *subst* tyg, textil
texture ['tekkstchər] *subst* konsistens, struktur
than [ðänn] *konj* **1** än; *rather ~* hellre än att **2** förrän
thank [θängk] **I** *verb* tacka **II** *subst, ~ you* el. *thanks* tack; *thanks a million!* tusen tack!
thankful ['θängkfəl] *adj* tacksam
thankless ['θängkləs] *adj* otacksam
Thanksgiving Day [θängks'givving dej] *subst* tacksägelsedagen fjärde torsdagen i november; i Canada andra måndagen i oktober
that [ðätt] **I** *pron* **1** den där, det där; denna, detta; den, det; *~ is* el. *~ is to say* det vill säga **2** som **II** *konj* att **III** *adv, not ~ bad* (*good*) inte så dålig (bra)
thaw [θa:] **I** *verb* töa **II** *subst* töväder
the [ðə] *best art* **1** motsvaras av bestämd slutartikel: *~ book* boken; *~ old man* den gamle mannen **2** utan motsvarighet i svenskan t.ex. före floder, hotell, popgrupper: *the Ritz* Ritz; *the Beatles* Beatles
theater o. **theatre** ['θiətər] *subst* teater
theatergoer ['θiətər,gouər] *subst* teaterbesökare
theatrical [θi'ättrikkəl] *adj* **1** teater- **2** teatralisk
theft [θefft] *subst* stöld
their [ðäər] *pron* deras, dess; sin, sina
theirs [ðäərz] *pron* deras; sin, sina
them [ðemm] *pron* dem
theme [θi:m] *subst* tema; i skolan uppsatsämne; *~ park* temapark fritidsanläggning
themselves [ðəm'sellvz] *pron* sig, sig själva; själva
then [ðenn] *adv* då; sedan; *since ~* sedan dess; *till ~* till dess
theology [θi'a:lədʒi] *subst* teologi
theoretical [,θiə'rettikkəl] *adj* teoretisk
theorize ['θi:ərajz] *verb* teoretisera
theory ['θi:əri] *subst* teori
therapy ['θerrəpi] *subst* terapi

there [ðäər] *adv* **1** där; dit **2** det; ~ *is* (*are*) det finns
thereabouts ['ðäərəbaots] *adv* däromkring
thereby [ˌðerr'baj] *adv* därigenom
therefore ['ðerrfå:r] *adv* därför, följaktligen
there's [ðärrz] = *there is*; *there has*
thermal ['θö:rməl] *adj* värme-; termo-
thermometer [θər'ma:mətər] *subst* termometer
thermos® ['θö:rməs] *subst* termos
thermostat ['θö:rməstätt] *subst* termostat
thesaurus [θi'så:rəs] *subst* synonymordbok
these [ði:z] *pron* de här; dessa; ~ *days* nuförtiden
thesis ['θi:sis] *subst* **1** tes; teori **2** doktorsavhandling
they [ðej] *pron* de; ~ *say* äv. det sägs
they'd [ðejd] = *they had*; *they would*
they'll [ðejl] = *they will*; *they shall*
they're [ðärr] = *they are*
they've [ðejv] = *they have*
thick [θikk] **I** *adj* **1** tjock; *a bit too* ~ lite väl magstarkt; ~ *as thieves* såta vänner **2** dum **II** *adv*, ~ *and fast* slag i slag **III** *subst*, *in the* ~ *of it* mitt uppe i; *through* ~ *and thin* i vått och torrt
thicken ['θikkən] *verb* **1** tjockna **2** reda
thickness ['θikknəs] *subst* tjocklek
thick-skinned [ˌθikk'skinnd] *adj* tjockhudad
thief [θi:f] *subst* tjuv; *stop* ~! ta fast tjuven!
thigh [θaj] *subst* lår kroppsdel
thimble [θimmbl] *subst* fingerborg
thin [θinn] **I** *adj* tunn; mager; knapp **II** *verb* gallra; *his hair is thinning* hans hår börjar glesna
thing [θing] *subst* **1** sak, grej; *poor* ~! stackare!; *the latest* ~ sista skriket **2** *things* det, läget; *the way things are* som det är nu
think* [θingk] *verb* **1** tänka; tänka efter; ~ *about* fundera på; ~ *of* tänka på; tänka sig; komma på; ~ *over* tänka igenom **2** tro; tycka; ~ *about* (*of*) tycka om
think tank ['θingk tängk] *subst* vard. hjärntrust
third [θö:rd] **I** *räkn* tredje **II** *subst* tredjedel
thirdly ['θö:rdli] *adv* för det tredje
third-party insurance ['θö:rdˌpa:rti inn'schorrəns] *subst* trafikförsäkring

third-rate [ˌθö:rd'rejt] *adj* tredje klassens
thirst [θö:rst] *subst* törst
thirteen [ˌθö:r'ti:n] *räkn* tretton
thirty ['θö:rti] *räkn* trettio
this [ðiss] **I** *pron* den här, det här; denna, detta; ~ *Sunday* nu på söndag; ~ *past Sunday* förra söndag **II** *adv* så här
thistle [θissl] *subst* tistel
thorn [θå:rn] *subst* tagg
thorny ['θå:rni] *adj* kvistig, knivig
thorough ['θö:rou] *adj* grundlig; noga, ingående
thoroughbred ['θö:roubredd] *subst* fullblod
those [ðouz] *pron* **1** de; dem **2** de där; dessa; *in ~ days* på den tiden
though [ðou] **I** *konj* men, fast; *even* ~ trots att **II** *adv* ändå
thought [θa:t] **I** *subst* tanke; tankegång; *deep* (*lost*) *in* ~ försjunken i tankar; *on second* ~ vid närmare eftertanke **II** *verb* imperf. o. perf.p. av *think*
thoughtful ['θa:tfəl] *adj* **1** tankfull **2** omtänksam
thousand ['θaozənd] **I** *räkn* tusen **II** *subst* hundratal; *thousands of* tusentals
thrash [θräsch] *verb* slå, ge stryk; ~ *about* fäkta med armar och ben; ~ *out a solution* jobba fram en lösning
thread [θredd] *subst* **1** tråd; *worn to a* ~ trådsliten **2** *threads* slang kläder
threadbare ['θreddberr] *adj* luggsliten
threat [θrett] *subst* hot
threaten ['θrettn] *verb* hota
three [θri:] *räkn* tre
three-dimensional [ˌθri:daj'mennschənl] *adj* tredimensionell
thresh [θresch] *verb* **1** tröska **2** se *thrash*
threshold ['θreschhould] *subst* tröskel; *pain* ~ smärtgräns
threw [θro:] *verb* imperf. av *throw*
thrift [θrifft] *subst* sparsamhet
thrifty ['θriffti] *adj* **1** sparsam **2** blomstrande, framgångsrik
thrill [θrill] **I** *verb* rysa; ~ *to bits* göra stormförtjust **II** *subst* **1** ilning **2** spänning
thriller ['θrillər] *subst* thriller, rysare
thrilling ['θrilling] *adj* nervkittlande
thrive [θrajv] *verb* frodas; blomstra
throat [θrout] *subst* strupe, hals
throb [θra:b] **I** *verb* bulta **II** *subst* dunkande; *heart* ~ drömkille

throes [θrouz] *subst pl, in the ~ of* mitt uppe i
throne [θroun] *subst* tron
throttle [θra:tl] **I** *subst, at full ~* med gasen i botten **II** *verb* strypa
through [θro:] *prep* o. *adv* genom, igenom; *~ and ~* alltigenom; *be ~ with* ha fått nog av; *May ~ July* maj till och med juli
throughout [θro'aot] **I** *adv* genomgående **II** *prep* över hela; under hela
throve [θrouv] *verb* imperf. av *thrive*
throw* [θrou] *verb* **1** kasta; *~ away* kasta bort; *~ out* kasta ut; köra ut; *~ together* tota (rafsa) ihop **2** *~ up* kräkas **3** *~ a party* ställa till med fest
throwaway ['θrouəˌwej] *adj* engångs-
throw-in ['θrouinn] *subst* inkast i fotboll
thrown [θroun] *verb* perf.p. av *throw*
thru [θro:] *prep* o. *adv* se *through*
thrush [θrasch] *subst* trast
thrust [θrasst] **I** *verb* stoppa, köra; *~ aside* knuffa (skjuta) åt sidan **II** *subst* **1** stöt **2** huvudinriktning, huvudtema
thruway ['θro:wej] *subst* motorväg
thud [θadd] **I** *subst* duns **II** *verb* dunsa
thug [θagg] *subst* ligist
thumb [θamm] **I** *subst* tumme **II** *verb, ~ through* bläddra igenom
thumbtack ['θammtäkk] *subst* häftstift
thump [θammp] **I** *verb* dunka **II** *subst* smäll, duns
thunder ['θanndər] **I** *subst* åska **II** *verb* åska; dundra
thunderbolt ['θanndərboult] *subst* blixt
thunderclap ['θanndərkläpp] *subst* åskknall
thunderstorm ['θanndərstå:rm] *subst* åskväder
Thursday ['θö:rzdej] *subst* torsdag
thus [ðass] *adv* sålunda; alltså, följaktligen
thwart [θwå:rt] *verb* korsa, hindra
thyme [tajm] *subst* timjan
1 tick [tikk] **I** *verb* ticka **II** *subst* tickande
2 tick [tikk] *subst* fästing
ticket ['tikkət] *subst* **1** biljett; *get a ~* få p-böter; *that's the ~* det är så det ska vara **2** kandidatlista

ticket-collector ['tikkətkə,lekktər] *subst* spärrvakt; konduktör
ticket office ['tikkət ,a:fəs] *subst* förköpsställe
tickle [tikkl] **I** *verb* kittla **II** *subst* kittling
ticklish ['tikklisch] *adj* **1** kittlig **2** kinkig, knepig
tic-tac-toe o. **tick-tack-toe** [,tikktäkk'tou] *subst* luffarschack
tidal ['tajdl] *adj* tidvattens-; ~ *wave* flodvåg
tidbit ['tiddbitt] *subst* godbit, smaskig sak för pratmakare
tiddlywinks ['tiddliwingks] *subst* loppspel
tide [tajd] *subst* tidvatten; ebb och flod; ***the ~ is out*** det är ebb; ***high ~*** högvatten; ***the ~ has turned*** bildligt vinden har vänt
tidy ['tajdi] **I** *adj* städad, ordentlig, prydlig; nätt summa **II** *verb*, ~ el. ~ ***up*** städa
tie [taj] **I** *verb* knyta; knyta fast; ***be tied down with*** vara bunden av; ~ ***in with*** stämma med; ~ ***one on*** vard. ta sig en bläcka; ***tied up*** upptagen **II** *subst* **1** band **2** slips **3** sliper, syll
tier [tiər] *subst* rad
tiger ['tajgər] *subst* tiger; ~ ***cub*** tigerunge
tight [tajt] *adj* **1** snäv; pressad om t.ex. schema **2** tät
tighten [tajtn] *verb* dra åt
tight-fisted [,tajt'fisstidd] *adj* vard. snål
tight-fitting [,tajt'fitting] *adj* åtsittande
tightrope ['tajtroup] *subst* lina; ~ ***walker*** lindansare; ***walk a ~*** gå på lina
tights [tajts] *subst pl* **1** tights **2** trikåer
tile [tajl] *subst* tegel; kakel
1 till [till] *prep* o. *konj* till, tills
2 till [till] *subst* kassa
tilt [tillt] *verb* luta; välta; ***full ~*** med full fart
timber ['timmbər] *subst* timmer; timmerskog; ~ ***line*** trädgräns
time [tajm] *subst* **1** tid; tiden; ***any ~*** när som helst; ***have a good ~*** ha roligt; ***from ~ to ~*** då och då; ***on ~*** i tid; ***what ~ is it?*** vad är klockan?; ***take one's ~*** ta god tid på sig **2** ***one more ~*** en gång till
time bomb ['tajm ba:m] *subst* tidsinställd bomb
time-consuming ['tajmkən,so:ming] *adj* tidsödande
time lag ['tajm lägg] *subst* tidsintervall
timely ['tajmli] *adj* läglig
timer ['tajmər] *subst* stoppur; tidur

time switch ['tajm swittch] *subst* tidströmställare
timetable ['tajm,tejbl] *subst* tidtabell
timid ['timmidd] *adj* blyg
timing ['tajming] *subst* tajming
timpani ['timmpəni] *subst pl* pukor
tin [tinn] *subst* tenn
tinge [tinndʒ] *subst* nyans; antydan
tingle [tinggl] **I** *verb* pirra, sticka, svida, hetta **II** *subst* pirr, susande
tinker ['tingkər] *verb* mixtra, meka
tinkle [tingkl] **I** *verb* **1** plinga **2** vard. kissa om småbarn **II** *subst* pling
tinsel ['tinnsəl] *subst* glitter i julgranar o.d.
tint [tinnt] **I** *subst* färgton **II** *verb* tona hår
tiny ['tajni] *adj* mycket liten
1 tip [tipp] *subst* spets, topp; ***have sth. on the ~ of one's tongue*** ha ngt på tungan
2 tip [tipp] **I** *verb* tippa; tippa omkull **II** *subst* soptipp
3 tip [tipp] **I** *verb* **1** ge dricks **2** tipsa; ~ ***off*** varna i förväg, ge en vink **II** *subst* **1** dricks **2** tips
tip-off ['tippa:f] *subst* vard. förvarning
tipsy ['tippsi] *adj* salongsberusad
tiptoe ['tipptou] **I** *verb* gå på tå **II** *subst,* ***on ~*** på tå
tiptop [,tipp'ta:p] *adj* perfekt
1 tire ['tajər] *verb* trötta; tröttna
2 tire ['tajər] *subst* däck; ***snow ~*** vinterdäck
tired ['tajərd] *adj* trött
tireless ['tajərləs] *adj* outtröttlig
tiresome ['tajərsəm] *adj* tröttsam; besvärlig
tissue ['tischo:] *subst* **1** vävnad **2** ~ el. ***facial ~*** pappersnäsduk
tissue paper ['tischo: ,pejpər] *subst* silkespapper
tit [titt] *subst,* ***~ for tat*** lika för lika; ***give ~ for tat*** ge lika gott igen, ge svar på tal
title [tajtl] *subst* titel; ***~ role*** titelroll
title deed ['tajtl di:d] *subst* lagfartsbevis
tits [titts] *subst pl* vard. tuttar
titter ['tittər] *verb* fnissa
to [to] *prep* till; mot; på; hos; ***a quarter ~ six*** kvart i sex
toad [toud] *subst* padda
toadstool ['toudsto:l] *subst* giftsvamp
toast [toust] **I** *subst* **1** rostat bröd **2** skål; ***propose a ~*** utbringa (föreslå) en skål; ***the ~ of the town*** stans hjälte

(berömdhet) **II** *verb* **1** rosta **2** skåla för
toaster ['toustər] *subst* brödrost
tobacco [tə'bäkkou] *subst* tobak
toboggan [tə'ba:gən] *subst* kälke
today [tə'dej] *adv* i dag; *the youth of ~* dagens ungdom
toddler ['ta:dlər] *subst* litet barn 1-2 år
to-do [tə'do:] *subst* vard. ståhej, väsen
toe [tou] *subst* tå
toehold ['touhould] *subst*, *gain a ~* få in en fot
toenail ['tounejl] *subst* tånagel
together [tə'geðər] **I** *adv* tillsammans **II** *adj* slang schysst; balanserad person
toil [tåjl] **I** *verb* arbeta hårt **II** *subst* slit
toilet ['tåjlət] *subst* toalett
toilet paper ['tåjlət ˌpejpər] *subst* toalettpapper
toiletries ['tåjlətrizz] *subst pl* toalettsaker
toiletry kit ['tåjlətri kitt] *subst* necessär
token ['toukən] **I** *subst* **1** tecken **2** polett **II** *adj* symbolisk
told [tould] *verb* imperf. o. perf.p. av *tell*
tolerable ['ta:lərəbl] *adj* dräglig; vard. skaplig
tolerant ['ta:lərənt] *adj* tolerant
tolerate ['ta:lərejt] *verb* tolerera
1 toll [toul] *subst* avgift; *~ bridge* avgiftsbelagd bro
2 toll [toul] *verb* klämta
tollbooth ['toulbo:θ] *subst* betalstation vid väg o.d.
toll-free [ˌtoul'fri:] *adj* utan avgift; *~ call* avgiftsfritt samtal
tomahawk ['ta:məha:k] *subst* **1** tomahawk **2** kryssningsrobot
tomato [tə'mejtou] *subst* tomat
tomb [to:m] *subst* grav
tomboy ['ta:mbåj] *subst* pojkflicka
tombstone ['to:mstoun] *subst* gravsten
tomcat ['ta:mkätt] *subst* hankatt
tomorrow [tə'må:rou] *adv* i morgon
ton [tann] *subst* 907,2 kg; *tons of* vard. massor av; *like a ~ of bricks* stort; ordentligt
tone [toun] *subst* ton, tonfall; *dial ~* kopplingston
tone-deaf [ˌtoun'deff] *adj* tondöv
tongs [ta:ngz] *subst pl* tång
tongue [tang] *subst* tunga
tongue-tied ['tangtajd] *adj*

som lider av tunghäfta; tystlåten

tongue-twister ['tang,twisstər] *subst* tungvrickare

tonic ['ta:nikk] *subst* **1** stärkande medel **2** tonic **3** grundton

tonight [tə'najt] *adv* i kväll; i natt

tonsil ['ta:nsəl] *subst* halsmandel, tonsill

tonsillitis [,ta:nsə'lajtəs] *subst* halsfluss

too [to:] *adv* **1** alltför, för; *that's ~ bad!* vad tråkigt!; *that's just ~ bad!* lagom åt dig! **2** också, med

took [tokk] *verb* imperf. av *take*

tool [to:l] *subst* **1** verktyg, redskap; hjälpmedel **2** slang snopp penis

toolbox ['to:lba:ks] *subst* verktygslåda

toot [to:t] *verb* tuta

tooth [to:θ] *subst* tand; *have a sweet ~* vara en gottegris

toothache ['to:θejk] *subst* tandvärk

toothbrush ['to:θbrasch] *subst* tandborste

toothpaste ['to:θpejst] *subst* tandkräm

toothpick ['to:θpikk] *subst* tandpetare

top [ta:p] **I** *subst* topp; övre del; *at the ~* överst; *on ~* ovanpå; *on ~ of* ovanpå; utöver; *blow one's ~* explodera, bli rasande; *at the ~ of one's voice* högljutt; *off the ~ of my head* oförberett; på ett ungefär; *at the ~ of the world* i toppform, prima **II** *adj* **1** översta; högsta **2** främsta, topp- **III** *verb* toppa

top hat [,ta:p 'hätt] *subst* hög hatt

top-heavy [,ta:p'hevvi] *adj* ostadig, för tung upptill

topic ['ta:pikk] *subst* samtalsämne; ämne

topical ['ta:pikkəl] *adj* aktuell

top-level ['ta:p,levvl] *adj* på toppnivå

topmost ['ta:pmoust] *adj* överst

topple [ta:pl] *verb, ~* el. *~ over* störta, ramla

top-secret [,ta:p'si:krət] *adj* hemligstämplad

topsoil ['ta:psåjl] *subst* matjord

topsy-turvy [,ta:psi'tö:rvi] *adv* uppochner; huller om buller

torch [tå:rtch] *subst* **1** fackla **2** *blow ~* blåslampa

tore [tå:r] *verb* imperf. av 2 *tear*

torment I ['tå:rmennt] *subst* kval **II** [tå:r'mennt] *verb* pina

torn [tå:rn] *verb* perf.p. av 2 *tear*

tornado [tå:r'nejdou] *subst* tornado

torpedo [tå:r'pi:dou] *subst* torped
torrent ['tå:rənt] *subst* störtflod, strid ström
tortoise ['tå:rtəs] *subst* sköldpadda
torture ['tå:rtchər] **I** *subst* tortyr **II** *verb* tortera
torturer ['tå:rtchərər] *subst* bödel, plågoande
Tory ['tå:ri] *subst* tory, konservativ; Englandsanhängare under befrielsekriget
toss [ta:s] *verb* **1** kasta, slänga; ~ *off* stjälpa i sig; ~ *and turn* vrida och vända sig **2** singla slant
tot [ta:t] *subst* liten pys (tös)
total [toutl] **I** *adj* total; ~ *impression* helhetsintryck **II** *subst* slutsumma **III** *verb* **1** uppgå till **2** slang totalkvadda bil
totter ['ta:tər] *verb* vackla; svikta
touch [tattch] **I** *verb* röra; beröra; ~ *bottom* nå botten; få bottenkänning **II** *subst* **1** beröring **2** känsel **3** *keep in* ~ *with* hålla kontakt med **4** aning, antydan, glimt, släng **5** *he is an easy* (*soft*) ~ det är lätt att klämma honom på ett lån
touch-and-go [ˌtattchən'gou] *adj* osäker, farlig; *it was* ~ det var nära, det hängde på ett hår
touchdown ['tattchdaon] *subst* amer. fotboll touchdown ger 6 poäng
touched [tattcht] *adj* rörd
touch football ['tattch fottba:l] *subst* touch fotboll
touching ['tattching] *adj* rörande
touchy ['tattchi] *adj* lättretlig
tough [taff] *adj* **1** seg **2** jobbig; tuff; ~ *luck!* otur!, osis!; ~ *cookie* (*hombre*) tuff typ
toughen [taffn] *verb* **1** tuffa till sig **2** göra segare; göra jobbigare (tuffare)
toupee [to:'pej] *subst* tupé
tour [toər] **I** *subst* **1** rundresa; tur **2** turné **II** *verb* resa runt i
tourism ['torrizzəm] *subst* turism
tournament ['torrnəmənt] *subst* turnering
tout [taot] *verb* vard. berömma; lovorda ofta för att sälja ngt
tow [tou] *verb* bogsera
toward [tå:rd] o. **towards** [tå:rdz] *prep* **1** mot, i riktning mot **2** gentemot **3** framemot
towel ['taoəl] *subst* handduk; *beach* ~ badhandduk; *paper* ~ hushållspapper; *throw in the* ~ kasta in handduken
tower ['taoər] **I** *subst* torn **II** *verb* torna upp sig

towering ['taoəring] *adj* jättehög, imponerande
town [taon] *subst* stad; *out of ~* bortrest
tow rope ['tou roup] *subst* bogserlina
tow truck ['tou trakk] *subst* bärgningsbil
toxic substance ['ta:ksikk ˌsabbstəns] *subst* miljögift
toy [tåj] **I** *subst* leksak **II** *verb, ~ with* leka med
trace [trejs] **I** *verb* spåra **II** *subst* spår
tracing-paper ['trejsingˌpejpər] *subst* kalkerpapper
track [träkk] **I** *subst* **1** spår; stig; i sporter bana; *keep ~ of* hålla reda på; *throw off the ~* vilseleda; *live on the wrong side of the tracks* bo i ett fattigt område **2** friidrott; *~ meet* idrottstävling **II** *verb* spåra
tracking ['träkking] *subst* nivågruppering i skola
track shoes ['träkk scho:z] *subst pl* spikskor
track suit ['träkk so:t] *subst* träningsoverall
1 tract [träkkt] *subst* område
2 tract [träkkt] *subst* traktat
tractor ['träkktər] *subst* traktor
trade [trejd] **I** *subst* **1** handel **2** yrke **3** *~ union* fackförening **II** *verb* **1** handla **2** byta; *~ in* lämna i byte
trademark ['trejdma:rk] *subst* varumärke
trader ['trejdər] *subst* affärsman, börsmäklare
tradesman ['trejdzmən] *subst* detaljhandlare
trade-unionist [ˌtrejd'jo:njənəst] *subst* fackföreningsman
tradition [trə'dischən] *subst* tradition
traditional [trə'dischənl] *adj* traditionell
traffic ['träffikk] *subst* trafik; *~ circle* rondell; *~ light (signal)* trafikljus; *through ~* genomfartstrafik
tragedy ['träddʒədi] *subst* tragedi
tragic ['träddʒikk] *adj* tragisk
trail [trejl] **I** *subst* **1** spår; *hot on the ~* tätt i hälarna **2** stig, vildmarksväg **II** *verb* släpa; släpa efter; *~ off* dö bort
trailer ['trejlər] *subst* släpvagn; *house ~* husvagn
train [trejn] **I** *verb* öva; lära upp; träna **II** *subst* tåg; *go by ~* ta tåget
trained [trejnd] *adj* utbildad
trainee [trej'ni:] *subst* praktikant
training ['trejning] *subst* utbildning; träning; *~ as a doctor* läkarutbildning

traipse [trejps] *verb* traska
trait [trejt] *subst* karaktärsdrag, egenskap
traitor ['trejtər] *subst* förrädare
tram [trämm] *subst* spårvagn
tramp [trämmp] **I** *verb* traska; trampa, stampa **II** *subst* luffare; vard. slampa, fnask
trample [trämmpl] *verb*, ~ *on* trampa på; förakta; ~ *to death* trampa ihjäl
tranquil ['trängkwill] *adj* lugn, stilla
tranquillizer ['trängkwəlajzər] *subst* lugnande medel
transact [tränn'säkkt] *verb* göra upp; avtala
transaction [tränn'säkkschən] *subst* transaktion, affärsuppgörelse
transfer I [tränns'fö:r] *verb* överföra; omplacera; sälja spelare **II** ['trännsfər] *subst* **1** omplacering; överföring **2** övergångsbiljett
transform [tränns'få:rm] *verb* förvandla, förändra i grunden
transfusion [tränns'fjo:ʒən] *subst* blodtransfusion
transient ['trännziənt] **I** *adj* förgänglig, flyktig **II** *subst* tillfällig gäst; luffare, uteliggare
transistor [trän'zisstər] *subst* transistor
transit ['trännsət] *subst* genomresa; ~ *lounge* (*hall*) transithall
transition [tränn'zischən] *subst* övergång
translate [tränns'lejt] *verb* översätta
translation [tränns'lejschən] *subst* översättning
transmission [tränns'mischən] *subst* **1** överföring **2** sändning i radio el. TV
transmit [tränns'mitt] *verb* **1** sända **2** överföra
transparent [tränn'spärrənt] *adj* genomskinlig
transplant I [tränn'splännt] *verb* transplantera **II** ['trännsplännt] *subst* transplantation; *heart* ~ hjärttransplantation
transport [tränn'spå:rt] *verb* transportera
transportation [ˌtrännspå:r'tejschən] *subst* transportmedel
trap [träpp] **I** *subst* fälla **II** *verb* fånga i en fälla
trapdoor [ˌträpp'då:r] *subst* fallucka
trapeze [trä'pi:z] *subst* trapets
trappings ['träppingz] *subst pl* symboler
trash [träsch] *subst* skräp; *white* ~ fattiga vita i södra USA

trash can ['träsch känn] *subst* soptunna
trauma ['traomə] *subst* trauma; ~ *center* akutmottagning
traumatic [trə'mättikk] *adj* traumatisk
travel ['trävvəl] **I** *verb* resa **II** *subst, travels* resor
travel agency ['trävvəl ˌejdʒənsi] *subst* resebyrå
travel agent ['trävvəl ˌejdʒənt] *subst* resebyråtjänsteman
traveler ['trävvələr] *subst* resenär; *traveler's check* resecheck
travel sickness ['trävvəl ˌsikknəs] *subst* åksjuka
traverse [trə'vö:rs] *verb* korsa, genomkorsa; passera
travesty ['trävvəsti] *subst* travesti
trawler ['tra:lər] *subst* trålare
tray [trej] *subst* serveringsbricka; brevkorg
treacherous ['trettchərəs] *adj* förrädisk
treachery ['trettchərri] *subst* förräderi; svek; trolöshet
tread [tredd] **I** *verb* trampa; trampa på; ~ *lightly* gå försiktigt fram; ~ *on air* sväva på moln **II** *subst* däckmönster
treason [tri:zn] *subst* högförräderi; landsförräderi
treasure ['treʒər] *subst* skatt
treasurer ['treʒərər] *subst* kassör; skattmästare; finanschef
Treasury ['treʒərri] *subst, the* ~ finansdepartementet
treat [tri:t] **I** *verb* **1** behandla **2** bjuda **3** betrakta **II** *subst* bjudning; fest; *it's my* ~ jag bjuder!
treatment ['tri:tmənt] *subst* behandling
treaty ['tri:ti] *subst* fördrag, pakt
treble [trebbl] **I** *adj* **1** diskant- **2** ~ *damages* tredubblat skadestånd **II** *subst* diskant
tree [tri:] *subst* träd
trek [trekk] *verb* fotvandra; resa långt
tremble [tremmbl] *verb* darra, bäva; ängslas
tremendous [trə'menndəs] *adj* **1** enorm, jättestor **2** kul, fantastisk
tremor ['tremmər] *subst* **1** skälvning **2** jordskalv
trench [trenntsch] *subst* **1** dike, ränna **2** skyttegrav
trend [trennd] *subst* trend; tendens
trepidation [ˌtreppi'dejschən] *subst* bävan, oro
trespass ['tresspəs] *verb,* ~ *on* inkräkta på; *No trespassing* Tillträde förbjudet
trestle [tressl] *subst* bock som stöd för t.ex. bord
trial ['trajəl] *subst* **1** försök; *on*

~ på prov; ~ *balloon* trevare; ~ *offer* introduktionserbjudande; *by ~ and error* genom att pröva sig fram **2** *be on ~* stå inför rätta

triangle ['trajänggl] *subst* triangel

tribe [trajb] *subst* folkstam; skämtsamt släkt, klan

tribesman ['trajbzmən] *subst* stammedlem

tribunal [traj'bjo:nl] *subst* tribunal

tributary ['tribbjəterri] *subst* biflod

tribute ['tribbjo:t] *subst* hyllning, tribut; *pay ~ to sb.* hylla ngn

trick [trikk] **I** *subst* spratt; trick; knep; *be up to tricks* ha något fuffens för sig **II** *verb* lura

trickery ['trikkəri] *subst* bluff; humbug

trickle [trikkl] **I** *verb* droppa, sippra **II** *subst* droppe; rännil

tricky ['trikki] *adj* **1** knepig, kvistig **2** listig, slug, slipad

tricycle ['trajsikkl] *subst* trehjuling

trifle [trajfl] **I** *subst* bagatell, struntsak **II** *adj* aning, smula

trifling ['trajfling] *adj, ~ matter* struntsak

trigger ['triggər] **I** *subst* avtryckare **II** *verb* utlösa

trim [trimm] **I** *adj* välskött; nätt, välbehållen figur **II** *verb* klippa, putsa; dekorera julgran; beskära fruktträd

trinket ['tringkitt] *subst* billigt smycke

trip [tripp] **I** *verb* **1** snava, snubbla **2** slang trippa, tända på **3** *~ of the tongue* felsägning **II** *subst* **1** resa **2** slang tripp narkotikarus

tripe [trajp] *subst* **1** komage **2** skitsnack, nonsens, smörja

triple [trippl] **I** *adj* tredubbel **II** *verb* tredubbla

triplet ['tripplət] *subst* **1** trilling **2** triol

triplicate ['tripplikət] *subst, in ~* i tre exemplar

tripod ['trajpa:d] *subst* stativ

trite [trajt] *adj* banal

triumph ['trajəmf] **I** *subst* triumf, seger; segerjubel **II** *verb* triumfera

trivial ['trivviəl] *adj* obetydlig, futtig

trod [tra:d] *verb* imperf. o. perf.p. av *tread*

trodden [tra:dn] *verb* perf.p. av *tread*

trolley ['tra:li] *subst* spårvagn

trombone [tra:m'boun] *subst* trombon

troop [tro:p] *subst* trupp; scoutavdelning

trophy ['troufi] *subst* trofé

tropical ['tra:pikkəl] *adj* tropisk

tropics ['tra:pikks] *subst pl, the ~* tropikerna
trot [tra:t] **I** *verb* trava; *~ out* komma dragande med **II** *subst* trav; *have the trots* vard. ha diarré
trouble [trabbl] **I** *verb* bekymra; besvära **II** *subst* bekymmer; besvär; problem
troublemaker ['trabbl,mejkər] *subst* bråkstake
troubleshooter ['trabbl,scho:tər] *subst* problemlösare
troublesome ['trabblsəm] *adj* besvärlig
trough [tra:f] *subst* **1** tråg; ho **2** vågdal; lågtrycksområde
trousers ['traozərz] *subst pl* långbyxor
trout [traot] *subst* forell
truant ['tro:ənt] *subst* skolkare; *play ~* skolka
truce [tro:s] *subst* vapenvila
truck [trakk] *subst* lastbil; *fire ~* brandbil; *~ stop* lastbilsfik
trudge [traddʒ] *verb* traska, gå mödosamt
truffle [traffl] *subst* tryffel
truly ['tro:li] *adv* verkligen; *Yours ~* i brev Högaktningsfullt
trump [trammp] **I** *subst* trumf; *no ~* i kortspel sang **II** *verb* sticka med trumf; *~ up* koka ihop t.ex. historia
trumpet ['trammpət] *subst* trumpet; *blow one's own ~* slå på stora trumman för sig själv
truncheon ['tranntchən] *subst* batong
trundle [tranndl] *verb* rulla
trunk [trangk] *subst* **1** trädstam **2** koffert; bagageutrymme i bil **3** snabel
trust [trasst] **I** *subst* **1** förtroende **2** förvaltning; deposition **II** *verb* lita på
trustee [,tra'sti:] *subst* **1** förtroendeman **2** styrelsemedlem
trustworthy ['trasst,wö:rði] *adj* pålitlig
truth [tro:θ] *subst* sanning, sanningshalt; verklighet; *home ~* besk sanning
truthful ['tro:θfəl] *adj* sann, uppriktig
try [traj] **I** *verb* försöka; pröva; åtala; döma; *~ on* prova kläder **II** *subst* försök
trying ['trajing] *adj* påfrestande
T-shirt ['ti:schö:rt] *subst* T-shirt
tub [tabb] *subst* balja; badkar
tube [to:b] *subst* **1** rör; tub; *go down the ~* gå åt pipan **2** *the ~* vard. burken TV
tuberculosis [to,bö:rkjə'lousəs] *subst* tuberkulos
tuck [takk] *verb* stoppa in

(ner); ~ *away* stoppa undan; ~ *the children in* stoppa om barnen
Tuesday ['to:zdej] *subst* tisdag
tuft [tafft] *subst* tofs, test
tug [tagg] **I** *verb* rycka; dra, släpa på; ~ *at* rycka i **II** *subst* **1** ryck **2** bogserbåt
tug-of-war [ˌtaggəv'wå:r] *subst* dragkamp
tuition [to'ischən] *subst* undervisning; undervisningsavgift
tulip ['to:ləp] *subst* tulpan
tumble [tammbl] **I** *verb* ramla; ~ *down* rasa **II** *subst* fall
tumble drier [ˌtammbl 'drajər] *subst* torktumlare
tumbler ['tammblər] *subst* tumlare glas
tummy ['tammi] *subst* vard. mage
tumor ['to:mər] *subst* tumör
tuna ['to:nə] *subst* tonfisk
tune [to:n] **I** *subst* melodi; låt; *out of* ~ ostämt; falskt; *sing a different* ~ bildligt ändra ton **II** *verb* **1** stämma instrument **2** ~ *in to* ställa (ta) in
tuner ['to:nər] *subst* tuner radiomottagare
tunnel [tannl] *subst* tunnel; ~ *vision* trångsynthet
turbulence ['tö:rbjələns] *subst* oro, turbulens
tureen [tə'ri:n] *subst* soppskål
turf [tö:rf] *subst* **1** grästorv **2** *the* ~ galoppbanan **3** slang territorium, revir
turgid ['tö:rdʒidd] *adj* svulstig
turkey ['tö:rki] *subst* **1** kalkon; *cold* ~ vard. abrupt avvänjning; *talk* ~ vard. tala allvar **2** slang fiasko; kalkonfilm
turmoil ['tö:rmåjl] *subst* kaos, tumult; virrvarr, röra
turn [tö:rn] **I** *verb* **1** vända; vrida, snurra **2** göra **3** bli; ~ *sour* surna; ~ *50* fylla 50 **4** ~ *against* vända sig emot; ~ *away* vända sig bort; köra bort; ~ *back* driva tillbaka; återvända; ~ *down* skruva ner; ~ *in* lägga sig; överlämna till polisen; ~ *off* stänga av; ~ *out* släcka; tillverka; kasta ut; utfalla; ~ *up* dyka upp **II** *subst* **1** vändning; svängning; förändring **2** tur i kö o.d. **3** krök, sväng **4** tjänst
turning ['tö:rning] *subst* avtagsväg; ~ *space* vändplats
turning-point ['tö:rningpåjnt] *subst* vändpunkt
turnip ['tö:rnəp] *subst* rova; *Swedish* ~ kålrot
turnout ['tö:rnaot] *subst* deltagande
turnover ['tö:rnˌouvər] *subst* **1** omsättning **2** *apple* ~ äppelknyte
turnpike ['tö:rnpajk] *subst* motorväg

turnstile ['tö:rnstajl] *subst* vändkors; spärr
turpentine ['tö:rpəntajn] *subst* terpentin
turquoise ['tö:rkwåjz] *adj* turkos
turret ['tö:rət] *subst* litet torn; torn på stridsvagn
turtle [tö:rtl] *subst* sköldpadda
turtleneck ['tö:rtlnekk] *subst* polokrage; ~ el. ~ *sweater* polotröja
tusk [tassk] *subst* bete på t.ex. elefant
tussle [tassl] **I** *subst* kamp **II** *verb* kämpa, strida; bråka
tutor ['to:tər] *subst* handledare; privatlärare
tutorial [to'tå:riəl] *subst* seminarium i mindre grupp; enskild undervisning
tuxedo [takk'si:dou] *subst* smoking
TV [ˌti:'vi:] *subst* TV; *watch* ~ se på TV; *on* ~ på TV
1 twang [twäng] *subst, speak with a* ~ tala nasalt
2 twang [twäng] *subst* bismak
tweed [twi:d] *subst* tweed
tweezers ['twi:zərz] *subst pl* pincett
twelfth [twellfθ] *räkn* tolfte
twelve [twellv] **I** *räkn* tolv; ~ *noon* klockan tolv på dagen; ~ *midnight* midnatt **II** *subst* tolftedel
twentieth ['twenntiəθ] **I** *räkn* tjugonde; ~ *century* nittonhundratalet **II** *subst* tjugondel
twenty ['twennti] *räkn* tjugo
twice [twajs] *adv* två gånger
twiddle [twiddl] *verb,* ~ *one's thumbs* rulla tummarna, sitta med armarna i kors
twig [twigg] *subst* kvist
twilight ['twajlajt] *subst* skymning; *pre-dawn* ~ gryning
twin [twinn] *subst* tvilling; ~ *bill* biljett för två matcher (föreställningar)
twine [twajn] *verb* linda, vira
twin-engine ['twinnˌenndʒinn] *adj* tvåmotorig
twinge [twinndʒ] *subst* sting
twinkle [twingkl] **I** *verb* tindra, blinka **II** *subst* glimt i ögat
twirl [twö:rl] *verb* snurra
twist [twisst] **I** *subst* **1** vridning; oväntad förveckling, vändning **2** twist dans **II** *verb* sno, vrida; snedvrida; ~ *sb.'s arm* utöva påtryckningar på ngn
twister ['twisstər] *subst* vard. tornado
twit [twitt] *subst* vard. dumskalle

twitch [twittch] **I** *verb* rycka **II** *subst* ryckning
two [to:] *räkn* två; båda, bägge; ~ ***bits*** 25 cent
two-bit ['to:bitt] *adj* dussin-, billig
two-faced [ˌto:'fejst] *adj* falsk, hycklande
twofold ['to:fould] *adj* tvåfaldig
two-piece ['to:pi:s] *subst* dräkt; bikini; ~ ***suit*** kostym utan väst
twosome ['to:səm] *subst* tvåspel i golf
two-timing ['to:tajming] *adj* otrogen, falsk
two-way ['to:wej] *adj* **1** tvåvägs- **2** dubbelriktad
tycoon [taj'ko:n] *subst* vard. magnat
type [tajp] **I** *subst* typ, sort **II** *verb* skriva maskin
typeface ['tajpfejs] *subst* typsnitt
typewriter ['tajpˌrajtər] *subst* skrivmaskin
typical ['tippikkəl] *adj* typisk
typing ['tajping] *subst* maskinskrivning
typist ['tajpisst] *subst* maskinskriverska
tyrant ['tajərənt] *subst* tyrann

U, u [jo] *subst* U, u
ubiquitous [jo'bikkwətəs] *adj* allestädes närvarande
udder ['addər] *subst* juver
UFO o. **ufo** ['jo:fou] *subst* ufo
ugly ['aggli] *adj* ful; otäck
ulcer ['allsər] *subst* sår; ***gastric*** ~ magsår
ulterior [all'tirriər] *adj,* ~ ***motive*** baktanke
ultimate ['alltimmət] **I** *adj* slutlig; yttersta **II** *subst, **the ~ in luxury*** höjden av lyx
ultimately ['alltimmətli] *adv* till sist (slut)
ultrasound ['alltrəsaond] *subst* ultraljud
umbrella [amm'brellə] **I** *subst* paraply; parasoll **II** *adj* paraply-
umpire ['ammpajər] **I** *subst* domare i t.ex. baseboll **II** *verb* döma vid idrottstävling
umpteenth ['ammpti:nθ] *adj* vard. femtielfte
UN [jo:'enn] (förk. för *United Nations*), ***the*** ~ FN
unable [ˌann'ejbl] *adj, **be ~ to*** inte kunna
unaccompanied [ˌannə'kammpənidd] *adj* **1** ensam; ~ ***minor*** obeledsa-

gat barn **2** oackompanjerad; solo

unaccustomed [ˌannə'kasstəmd] *adj*, ~ *to* ovan vid

unaffected [ˌannə'fekktidd] *adj* oberörd

unambiguous [ˌannämm'biggjoəs] *adj* otvetydig, entydig

unanimous [jo'nännimməs] *adj* enhällig

unappealing [ˌannə'pi:ling] *adj* oattraktiv

unarmed [ˌann'a:rmd] *adj* obeväpnad

unashamed [ˌannə'schejmd] *adj* öppen, oblyg

unassuming [ˌannə'so:ming] *adj* anspråkslös

unattached [ˌannə'tättcht] *adj* fri, oberoende

unattended [ˌannə'tenndidd] *adj* utan tillsyn; ~ *to* försummad

unattractive [ˌannə'träkktivv] *adj* oattraktiv; charmlös; osympatisk

unauthorized [ˌann'a:θərajzd] *adj* inte auktoriserad; obehörig

unavailable [ˌannə'vejləbl] *adj* oanträffbar; inte tillgänglig

unavoidable [ˌannə'våjdəbl] *adj* oundviklig

unaware [ˌannə'wäər] *adj*, ~ *of* omedveten om; okunnig om

unawares [ˌannə'wäərz] *adv*, *take* (*catch*) *sb.* ~ överrumpla ngn

unbalanced [ˌann'bällənst] *adj* obalanserad, överspänd; ojämn

unbeatable [ˌann'bi:təbl] *adj* oöverträffbar; oslagbar

unbelievable [ˌannbə'li:vəbl] *adj* otrolig

unbend [ˌann'bennd] *verb* bildligt släppa loss

unbiased [ˌann'bajəst] *adj* fördomsfri; opartisk

unbreakable [ˌann'brejkəbl] *adj* okrossbar; oförstörbar

unbutton [ˌann'battn] *verb* knäppa upp

uncalled-for [ˌann'ka:ldfå:r] *adj* onödig; oförskämd

uncanny [ˌann'känni] *adj* **1** kuslig, spöklik **2** häpnadsväckande

unceasing [ˌann'si:sing] *adj* oavbruten

unceremonious ['annˌserri'mounjəs] *adj* otvungen, enkel

uncertain [ˌann'sö:rtn] *adj* osäker; otrygg; ostadig om väder

unchecked [ˌann'tchekkt] *adj* okontrollerad; ~ *luggage* handbagage

uncivilized [ˌann'sivvəlajzd] *adj* ociviliserad

uncle [angkl] *subst* farbror;

morbror; *~!* i barnlek jag ger mig!; *Uncle Tom* fjäskande typ
uncomfortable [ˌann'kammfərtəbl] *adj* **1** obekväm **2** illa till mods; *be ~* äv. vantrivas
uncommon [ˌann'ka:mən] *adj* ovanlig
uncompromising [ˌann'ka:mprəmajzing] *adj* kompromisslös
unconditional [ˌannkən'dischənl] *adj* villkorslös
unconscious [ˌann'ka:nschəs] *adj* **1** omedveten **2** medvetslös
uncontrollable [ˌannkən'trouləbl] *adj* omöjlig att behärska; våldsam ilska
unconventional [ˌannkən'venschənl] *adj* okonventionell; originell
uncouth [ˌann'ko:θ] *adj* ohyfsad; grov, ofin
uncover [ˌann'kavvər] *verb* blotta; avslöja
undecided [ˌanndi'sajdidd] *adj* tveksam
undeniably [ˌanndi'najəbli] *adv* onekligen
under ['anndər] *prep* under; *study ~ sb.* studera för ngn
underage [ˌanndər'ejdʒ] *adj* minderårig
undercover ['anndərˌkavvər] *adj* hemlig; under täckmantel
undercurrent ['anndərˌkö:rənt] *subst* underström
undercut [ˌanndər'katt] *verb* **1** undergräva **2** bjuda under
underdog ['anndərda:g] *subst, the ~* den som är i underläge
underdone [ˌanndər'dann] *adj* för lite stekt (kokt)
underestimate [ˌanndər'esstimejt] *verb* underskatta
underfed [ˌanndər'fedd] *adj* undernärd
underfoot [ˌanndər'fott] *adv* på marken; i vägen
undergo [ˌanndər'gou] *verb* genomgå
undergraduate [ˌanndər'gräddʒoət] **I** *subst* student på universitet **II** *adj, ~ education* grundutbildning på universitet
underground ['anndərgraond] *adj* underjordisk
undergrowth ['anndərgrouθ] *subst* undervegetation
underhand ['anndərhännd] *adj* lömsk; under bordet; *use ~ methods* gå smygvägar
underlie [ˌanndər'laj] *verb* bildligt ligga i botten på
underline [ˌanndər'lajn] *verb* **1** stryka under **2** framhäva
underling ['anndərling] *subst* underhuggare

undermine [ˌanndər'majn] *verb* underminera; undergräva
underneath [ˌanndər'ni:θ] *prep* o. *adv* under, inunder; bildligt under ytan
underpants ['anndərpännts] *subst pl* underbyxor; kalsonger
underpass ['anndərpäss] *subst* tunnel; gångtunnel; planskild korsning
underprivileged [ˌanndər'privvəliddʒd] *adj* sämre lottad
underrate [ˌanndər'rejt] *verb* undervärdera
undershirt ['anndərschö:rt] *subst* undertröja
underside ['anndərsajd] *subst* undersida
underskirt ['anndərskö:rt] *subst* underkjol
understand [ˌanndər'stännd] *verb* förstå, begripa; ha hört
understandable [ˌanndər'stänndəbl] *adj* begriplig; rimlig
understanding [ˌanndər'stännding] **I** *subst* förståelse; ***on the ~ that*** på det villkoret att **II** *adj* förstående
understatement [ˌanndər'stejtmənt] *subst* underdrift, understatement
understood [ˌanndər'stodd] **I** *verb* imperf. o. perf.p. av *understand* **II** *adj*, ***is that ~?*** är det uppfattat?
understudy ['anndərˌstaddi] *subst* ersättare på teater
undertake [ˌanndər'tejk] *verb* åta sig; förbinda sig
undertaker *subst* **1** ['anndərˌtejkər] begravningsentreprenör **2** [ˌanndər'tejkər] entreprenör
undertaking [ˌanndər'tejking] *subst* företag; åtagande
undertone ['anndərtoun] *subst* underton
underwater ['anndərwa:tər] *adj* undervattens-
underwear ['anndərwerr] *subst* underkläder
underworld ['anndərwö:rld] *subst* undre värld
undies ['anndizz] *subst pl* vard. barnunderkläder
undiplomatic ['annˌdipplə'mättikk] *adj* odiplomatisk
undo [ˌann'do:] *verb* **1** knäppa upp **2** göra ogjord
undoing [ˌann'do:ing] *subst* fördärv
undoubted [ann'daotəd] *adj* obestridlig
undoubtedly [ˌann'daotədli] *adv* utan tvivel
undress [ann'dress] *verb* klä av; klä av sig

undue [ˌann'do:] *adj* otillbörlig; onödig
unduly [ˌann'do:li] *adv* oskäligt
unearth [ˌann'ö:rθ] *verb* gräva fram
unearthly [ˌann'ö:rθli] *adj* överjordisk; *at an ~ hour* okristligt tidigt (sent)
uneasy [ann'i:zi] *adj* olustig, orolig; ängslig
uneconomic ['annˌi:kə'na:mikk] *adj* dyr, oekonomisk
uneconomical ['annˌi:kə'na:mikkəl] *adj* oekonomisk; odryg
uneducated [ˌann'eddʒəkejtəd] *adj* obildad
unemployed [ˌannimm'plåjd] *adj* arbetslös
unemployment [ˌannimm'plåjmənt] *subst* arbetslöshet; *~ compensation* (*benefits*) arbetslöshetsunderstöd
unending [ann'ennding] *adj* oändlig
unerring [ann'erring] *adj* osviklig
uneven [ˌann'i:vən] *adj* ojämn; skrovlig; udda siffra
uneventful [ˌanni'venntfəl] *adj* händelselös
unexpected [ˌannikk'spekktidd] *adj* oväntad
unfailing [ann'fejling] *adj* aldrig svikande
unfair [ˌann'fäər] *adj* orättvis, ojust
unfaithful [ˌann'fejθfəl] *adj* otrogen, falsk
unfamiliar [ˌannfə'milljər] *adj* obekant; inte förtrogen, ovan; ovanlig
unfashionable [ˌann'fäschənəbl] *adj* omodern
unfasten [ˌann'fässn] *verb* lossa; knäppa upp
unfavorable [ˌann'fejvərəbl] *adj* ogynnsam; ofördelaktig
unfeeling [ann'fi:ling] *adj* okänslig; känslokall
unfinished [ˌann'finnischt] *adj* oavslutad
unfit [ˌann'fitt] *adj* olämplig; *medically ~* inte vapenför
unfold [ˌann'fould] *verb* **1** veckla ut; öppna sig **2** uppenbara
unforeseen [ˌannfå:r'si:n] *adj* oförutsedd
unforgettable [ˌannfər'gettəbl] *adj* oförglömlig
unfortunate [ann'få:rtchənət] *adj* olycklig; *be ~* äv. ha otur
unfortunately [ann'få:rtchənətli] *adv* tyvärr

unfounded [ˌann'faondidd] *adj* ogrundad; obefogad
unfriendly [ˌann'frenndli] *adj* ovänlig
ungainly [ˌann'gejnli] *adj* klumpig, otymplig
ungodly [ann'ga:dli] *adj* ogudaktig
ungrateful [ˌann'grejtfəl] *adj* otacksam
unhappiness [ann'häppinnəs] *subst* bedrövelse, olycka; elände
unhappy [ann'häppi] *adj* olycklig, ledsen; eländig; misslyckad val
unhealthy [ann'hellθi] *adj* **1** sjuklig **2** ohälsosam
unheard-of [ˌann'hö:rdavv] *adj* **1** förut okänd **2** makalös
unidentified [ˌannaj'denntifajd] *adj* oidentifierad
uniform ['jo:nifå:rm] **I** *adj* likformig **II** *subst* uniform
uninhabited [ˌannin'häbbətəd] *adj* obebodd, öde
uninhibited [ˌannin'hibbətəd] *adj* hämningslös, lössläppt
unintentional [ˌannin'tennschənl] *adj* oavsiktlig
union ['jo:njən] *subst* **1** förening **2** fackförening; ***students'*** ~ studentkår
unique [jo:'ni:k] *adj* unik
unison ['jo:nissən] *subst, **in** ~* unisont; i samförstånd
unit ['jo:nitt] *subst* enhet; element; aggregat; ~ ***price*** styckepris
unite [jo'najt] *verb* förena; samlas, förena sig
united [jo'najtəd] *adj* förenad; enad; ***the United Kingdom*** Förenade kungariket Storbritannien och Nordirland; ***the United Nations*** Förenta nationerna; ***the United States of America*** Förenta staterna
unity ['jo:nəti] *subst* **1** enighet; harmoni; sammanhållning **2** talet ett
universal [ˌjo:ni'vö:rsəl] *adj* allmän; världs-
universe ['jo:nivö:rs] *subst* universum
university [ˌjo:ni'vö:rsəti] *subst* universitet
unjust [ˌann'dʒasst] *adj* orättvis; oberättigad
unjustified [ann'dʒasstifajd] *adj* obefogad; omotiverad
unkempt [ˌann'kemmpt] *adj* okammad; ovårdad
unkind [ˌann'kajnd] *adj* ovänlig, hård; ogästvänlig
unknown [ˌan'noun] *adj* okänd
unlawful [ˌann'la:fəl] *adj* olaglig; otillåten

unleaded [ˌann'leddidd] *adj* blyfri
unleash [ˌann'li:sch] *verb* släppa lös (loss)
unless [ən'less] *konj* om inte; med mindre än att
unlike [ˌann'lajk] *prep* olikt; till skillnad från
unlikely [ˌann'lajkli] *adj* osannolik
unlimited [ann'limmətəd] *adj* obegränsad, oinskränkt
unlisted [ann'lisstidd] *adj*, ~ ***number*** hemligt telefonnummer
unload [ˌann'loud] *verb* lasta av
unlock [ˌann'la:k] *verb* låsa upp
unlucky [ˌann'lakki] *adj* olycklig; olycksbringande; ***be*** ~ ha otur
unmade [ˌann'mejd] *adj* obäddad säng
unmanned [ˌann'männd] *adj* obemannad
unmarried [ˌann'märridd] *adj* ogift
unmistakable [ˌannmi'stejkəbl] *adj* omisskännlig
unnatural [ˌan'nättchrəl] *adj* onaturlig; pervers
unnecessary [an'nessəserri] *adj* onödig
unnoticed [ˌan'noutisst] *adj* obemärkt
unobtainable [ˌannəb'tejnəbl] *adj* oåtkomlig, ouppnåelig
unofficial [ˌannə'fischəl] *adj* inofficiell
unorthodox [ˌann'å:rθəda:ks] *adj* okonventionell; oortodox
unpack [ˌann'päkk] *verb* packa upp
unpalatable [ann'pällətəbl] *adj* oaptitlig; motbjudande
unparalleled [ˌan'pärrəlelld] *adj* utan like (motstycke)
unpleasant [an'plezznt] *adj* otrevlig; obehaglig; pinsam
unplug [ˌann'plagg] *verb* dra ur sladd o.d.; vard. spela akustiskt utan elförstärkning; ~ ***the telephone*** dra ur jacket
unpopular [ˌann'pa:pjələr] *adj* impopulär, illa omtyckt
unprecedented [ann'pressədenntəd] *adj* makalös; oöverträffad
unpredictable [ˌannpri'dikktəbl] *adj* oförutsägbar
unprofessional [ˌannprə'feschənl] *adj* oprofessionell; icke fackmannamässig
unprotected [ˌannprə'tekktidd] *adj* oskyddad
unqualified [ˌann'kwa:lifajd] *adj* **1** inte behörig, omerite-

rad **2** oförbehållen, fullständig

unravel [ˌann'rävvəl] *verb* repa upp; bildligt nysta upp

unreasonable [ˌann'ri:zənəbl] *adj* **1** oförnuftig, oresonlig **2** absurd, orimlig

unrecognizable [ˌann'rekkəgnajzəbl] *adj* oigenkännlig

unrelated [ˌannri'lejtəd] *adj* obesläktad; utan samband

unrelenting [ˌannri'lennting] *adj* obeveklig; ihållande

unreliable [ˌannri'lajəbl] *adj* opålitlig

unreservedly [ˌannri'zö:rviddli] *adv* utan förbehåll

unrest [ˌann'resst] *subst* oro

unroll [ˌann'roul] *verb* rulla (veckla) upp; rulla ut

unruly [ann'ro:li] *adj* bångstyrig; upprorisk; vild

unsafe [ˌann'sejf] *adj* inte säker; farlig

unsaid [ˌann'sedd] *adj* osagd

unsatisfactory ['annˌsättiss'fäkktəri] *adj* otillfredsställande

unsavory [ˌann'sejvəri] *adj* osmaklig; motbjudande; vidrig

unscathed [ˌann'skejðd] *adj* helskinnad

unscrupulous [ann'skro:pjələs] *adj* samvetslös, skrupelfri

unsettled [ˌann'settld] *adj* **1** orolig, osäker; kringflackande **2** lös mage **3** obetald skuld

unshakable [ˌann'schejkəbl] *adj* orubblig

unskilled [ˌann'skilld] *adj* okvalificerad; outbildad

unspeakable [ann'spi:kəbl] *adj* avskyvärd; obeskrivlig

unstable [ˌann'stejbl] *adj* instabil, labil; skiftande

unsteady [ˌann'steddi] *adj* ostadig, ombytlig; flackande

unstuck [ˌann'stakk] *adj, come ~* lossna; slang bli galen, tappa kontrollen

unsuccessful [ˌannsək'sessfəl] *adj* misslyckad; *be ~* äv. misslyckas

unsuitable [ˌann'so:təbl] *adj* olämplig, inte passande

unsure [ˌann'schoər] *adj, ~ of* (*about*) osäker på

unsuspecting [ˌannsə'spekkting] *adj* intet ont anande

unsweetened [ˌann'swi:tənd] *adj* osockrad

unsympathetic [ˌann'simmpə'θettikk] *adj* oförstående; avvisande

untapped [ˌann'täppt] *adj* outnyttjad

unthinkable [ann'θingkəbl] *adj* otänkbar
untidy [ˌann'tajdi] *adj* ovårdad, slarvig; ostädad
until [ən'till] *prep* o. *konj* **1** till, tills **2** *not* ~ inte förrän
untimely [ˌann'tajmli] *adj* för tidig död; oläglig
untold [ˌann'tould] *adj* oändlig
unused *adj* **1** [ˌann'jo:zd] oanvänd **2** [ˌann'jo:st], ~ *to* ovan vid
unusual [ann'jo:ʒoəl] *adj* ovanlig, sällsynt
unveil [ˌann'vejl] *verb* avtäcka; avslöja
unwanted [ˌann'wa:ntəd] *adj* oönskad
unwell [ˌann'well] *adj* sjuk
unwieldy [ˌann'wi:ldi] *adj* klumpig; tungrodd
unwilling [ˌann'willing] *adj* ovillig, obenägen
unwillingly [ann'willingli] *adv* motvilligt
unwind [ˌann'wajnd] *verb* koppla av, gå ner i varv
unwise [ˌann'wajz] *adj* oklok, oförståndig; obetänksam
unwittingly [ˌann'wittingli] *adv* oavsiktligt; ovetandes
unworkable [ˌann'wö:rkəbl] *adj* ogenomförbar, outförbar
unworthy [ˌann'wö:rði] *adj* ovärdig
unwrap [ˌann'räpp] *verb* öppna paket o.d.
up [app] **I** *adv* o. *adj* **1** upp; uppe; ~ *and down* fram och tillbaka; ~ *there* däruppe; dit upp **2** över, slut; *time's ~!* tiden är ute! **3** *be* ~ vara uppe; *be ~ and about* vara på benen igen; *be ~ for* ställa upp till; *be ~ to sb.* vara upp till ngn; *be ~ to sth.* ha ngt fuffens för sig; *feel ~ to* känna för; *what's ~?* vad står på? **4** ~ *to now* hittills; ~ *close* på nära håll **II** *prep* uppför; uppåt; ~ *your ass!* el. ~ *yours!* ta dig i häcken! **III** *subst, ups and downs* med- och motgångar
up-and-coming [ˌappən'kamming] *adj* lovande
upbeat **I** ['appbi:t] *subst* upptakt **II** [app'bi:t] *adj* optimistisk; glad
upbringing ['appˌbringing] *subst* uppfostran
update [app'dejt] *verb* uppdatera
up front [ˌapp 'frannt] **I** *adj* vard. öppen, ärlig **II** *adv* i förskott
upgrade **I** ['appgrejd] *subst* **1** uppförsbacke **2** uppgradering **II** [app'grejd] *verb* förbättra; uppgradera
upheaval [app'hi:vəl] *subst* omvälvning

uphold [app'hould] *verb* upprätthålla
upholstery [app'houlstəri] *subst* stoppade möbler
upkeep ['appki:p] *subst* underhåll
upon [ə'pa:n] *prep* på; *once ~ a time there was* det var en gång
upper ['appər] *adj* övre; över-
upper class [ˌappər 'kläss] *subst, the ~* överklassen
uppermost ['appərmoust] *adj* överst; främst
upright ['apprajt] *adj* o. *adv* **1** upprätt **2** hederlig
uprising ['appˌrajzing] *subst* uppror, resning; revolt
uproar ['apprå:r] *subst* liv, oväsen; *in an ~* i uppror
uproot [app'ro:t] *verb* rycka upp med rötterna
upset [app'sett] **I** *verb* rubba; göra upprörd **II** *adj* upprörd; i olag; *have an ~ stomach* vara magsjuk; ha magbesvär
upshot ['appscha:t] *subst* resultat
upside-down [ˌappsajd'daon] *adv* o. *adj* upp och ned
upstairs [ˌapp'stäərz] *adv* i övervåningen
upstart ['appsta:rt] *subst* uppkomling
upstream [ˌapp'stri:m] *adv* o. *adj* uppåt floden; uppför strömmen
uptight ['apptajt] *adj* vard. spänd, nervös
up-to-date [ˌapptə'dejt] *adj* à jour; fullt modern
uptown [ˌapp'taon] *subst* övre del av stan
upturn ['apptö:rn] *subst* uppåtgående trend
upward ['appwərd] *adj* uppåtriktad; stigande
upwards of ['appwardz avv] *adv* mer än
urban ['ö:rbən] *adj* stads-; *~ area* tätort
urbane [ö:r'bejn] *adj* världsvan
urge [ö:rdʒ] **I** *verb* **1** driva, sporra; försöka övertala **2** yrka på, kräva **II** *subst* **1** starkt behov **2** begär, drift
urgency ['ö:rdʒənsi] *subst* **1** yttersta vikt, angelägenhet **2** enträgenhet; iver
urgent ['ö:rdʒənt] *adj* **1** brådskande **2** enträgen
urinal ['jorənəl] *subst* urinoar
urine ['jorrən] *subst* urin
urn [ö:rn] *subst* urna
US [ˌjo:'ess] (förk. för *United States*), *the ~* USA
us [ass] *pron* oss
USA [ˌjo:ess'ej] (förk. för *United States of America*), *the ~* USA
usable ['jo:zəbl] *adj* användbar
use I [jo:s] *subst* användning;

nytta; ***make ~ of*** använda; ***be in ~*** vara i bruk; ***be of ~*** komma till nytta; ***be out of ~*** vara ur bruk **II** *verb* **1** [jo:z] använda **2** [jo:s], ***used to*** brukade

used *adj* **1** [jo:zd] använd **2** [jo:st], ***~ to*** van vid

useful ['jo:sfəl] *adj* nyttig; användbar

usefulness ['jo:sfəlnəs] *subst* nytta

useless ['jo:sləs] *adj* värdelös; lönlös

user-friendly ['jo:zər,frenndli] *adj* användarvänlig

usher ['aschər] **I** *subst* **1** vaktmästare på bio o.d. **2** marskalk vid fest o.d. **II** *verb* **1** föra, visa **2** ***~ in*** inleda epok

usual ['jo:ʒoəl] *adj* vanlig; ***as ~*** som vanligt

usually ['jo:ʒoəli] *adv* vanligtvis

utensil [jo:'tennsl] *subst*, ***household utensils*** husgeråd

uterus ['jo:tərəs] *subst* livmoder

utility [jo:'tilləti] *subst* **1** nytta **2** samhällsservice

utmost ['attmoust] **I** *adj* ytterst **II** *subst*, ***to the ~*** till det yttersta

1 utter ['attər] *adj* fullständig

2 utter ['attər] *verb* ge ifrån sig ljud; tala

utterance ['attərəns] *subst* yttrande

utterly ['attərli] *adv* fullständigt

U-turn ['jo:tö:rn] *subst* **1** U-sväng **2** helomvändning

V

V, v [vi:] *subst* V, v
vacancy ['vejkənsi] *subst* vakans; ledig plats; ***no*** ~ på motell o.d. fullbokat
vacant ['vejkənt] *adj* tom, ledig
vacate ['vejkejt] *verb* utrymma, evakuera
vacation [vəj'kejschən] **I** *subst* lov; semester; ***be on*** ~ ha lov (semester) **II** *verb* **1** semestra **2** ta semester
vaccinate ['väkksinnejt] *verb* vaccinera
vacuum ['väkkjoəm] **I** *subst* **1** vakuum **2** ~ ***cleaner*** dammsugare **II** *verb* dammsuga
vacuum-packed ['väkkjoəmpäkkt] *adj* vakuumförpackad
vagina [və'dʒajnə] *subst* vagina
vagrant ['vejgrənt] *subst* lösdrivare; hemlös person
vague [vejg] *adj* vag, oklar, dunkel
vain [vejn] *adj* fåfäng; egenkär; gagnlös; ***in*** ~ förgäves
valiant ['välljənt] *adj* tapper, modig
valid ['vällidd] *adj* giltig
valley ['välli] *subst* dal; ***river*** ~ floddal
valuable ['välljəbl] **I** *adj* värdefull **II** *subst,* ***valuables*** värdesaker
valuation [ˌvälljo'ejschən] *subst* värde; värdering
value ['välljo:] **I** *subst* **1** värde **2** ***values*** värderingar **II** *verb* värdera
value-added tax [ˌvälljo:'äddidd täkks] *subst* moms
valued ['välljo:d] *adj* värderad; ***highly*** ~ högt uppskattad
valve [vällv] *subst* ventil, klaff; hjärtklaff
vamoose [və'mo:s] *verb* slang sticka, försvinna
van [vänn] *subst* skåpbil; van
vandal ['vänndəl] *subst* vandal
vandalism ['vänndəlizzəm] *subst* vandalism; förstörelse
vanguard ['vännga:rd] *subst* förtrupp; spets
vanilla [və'nillə] *subst* vanilj
vanish ['vännisch] *verb* försvinna
vanity ['vännəti] *subst* fåfänga; ~ ***case*** sminkväska
vapor ['vejpər] *subst* ånga; imma
variable ['verriəbl] **I** *adj* växlande, föränderlig **II** *subst* variabel

variance ['verriəns] *subst* skillnad
varied ['verridd] *adj* varierande
variety [və'rajəti] *subst* **1** mångfald **2** varieté **3** ~ *is the spice of life* ombyte förnöjer
various ['verriəs] *adj* olika; åtskilliga
varnish ['va:rnisch] *subst* o. *verb* fernissa
vary ['verri] *verb* variera, växla; *opinions* ~ meningarna går isär
vase [vejs] *subst* vas
vast [vässt] *adj* omfattande
VAT [ˌviej'ti:, vätt] (förk. för *value-added tax*) moms
vat [vätt] *subst* fat; kar
vaudeville ['va:dəvill] *subst* varieté, revy
1 vault [va:lt] *subst* valv; *family* ~ familjegrav
2 vault [va:lt] *verb* svinga sig över
VCR [ˌvi:si:'a:r] *subst* video apparat
veal [vi:l] *subst* kalvkött; *roast* ~ kalvstek
veep [vi:p] (förk. för *vice president*) *subst* vicepresident
veer [viər] *verb* svänga; vända
vegetable ['veddʒətəbl] **I** *adj*, ~ *oil* vegetabilisk olja **II** *subst* **1** grönsak; ~ *garden* (*patch*) köksträdgård **2** slang kolli skadad person
vegetarian [ˌveddʒi'terriən] **I** *subst* vegetarian **II** *adj* vegetarisk
vehement ['vi:əmənt] *adj* häftig, våldsam
vehicle ['vi:ikl] *subst* fordon
veil [vejl] **I** *subst* slöja **II** *verb* beslöja; *veiled threat* dolt hot
vein [vejn] *subst* **1** ven **2** stämning; inslag
velvet ['vellvitt] *subst* sammet
vending machine ['vennding məˌschi:n] *subst* automat för t.ex. kaffe
veneer [və'niər] *subst* **1** faner **2** bildligt fernissa
venereal [vi'nirrjəl] *adj* venerisk, köns-
vengeance ['venndʒəns] *subst* hämnd
venison ['vennisən] *subst* vilt kött, rådjurskött
venom ['vennəm] *subst* gift
vent [vennt] *subst* **1** ventil **2** *give* ~ *to* ge utlopp för
ventilator ['venntəlejtər] *subst* fläkt
ventriloquist [venn'trilləkwisst] *subst* buktalare
venture ['venntchər] **I** *subst* vågstycke; satsning **II** *verb* våga sig på

verbal ['vö:rbəl] *adj* språklig; verbal
verbatim [vö:r'bejtəm] *adj* ordagrann
verdict ['vö:rdikkt] *subst* jurys utslag
verge [vö:rdʒ] **I** *subst, be on the ~ of* stå på gränsen till, vara på vippen att **II** *verb, ~ on* vara på gränsen till
verify ['verrifaj] *verb* verifiera
vermin ['vö:rmən] *subst* ohyra
versatile ['vö:rsətl] *adj* mångsidig, mångkunnig
verse [vö:rs] *subst* vers; *in ~* på vers
version ['vö:rschən] *subst* version
versus ['vö:rsəs] *prep* mot
vertebra ['vö:rtibbrə] *subst* ryggkota
vertical ['vö:rtikkəl] *adj* vertikal, lodrät
vertigo ['vö:rtiggou] *subst* svindel; yrsel
verve [vö:rv] *subst* schvung; fart, kläm
very ['verri] **I** *adv* **1** mycket; *not ~* inte så värst **2** allra **II** *adj, in the ~ center* i själva centrum; *the ~ idea of it* blotta tanken på det; *at that ~ moment* just i det ögonblicket
vessel [vessl] *subst* **1** båt **2** kärl
vest [vesst] *subst* väst
vested interest [ˌvesstidd 'inntrəst] *subst* egenintresse; *have a ~ in* ha anledning att stödja
vet [vett] *subst* vard. veterinär
veteran ['vettərən] *subst* veteran, krigsveteran; *Veterans Day* allmän helg 11 november till minne av världskrigen
veterinarian [ˌvettərə'nerrjən] *subst* veterinär
veto ['vi:tou] *subst* veto; vetorätt
vexed [vekkst] *adj* förargad, irriterad
via ['vajə] *prep* via, över
viable ['vajəbl] *adj* genomförbar; livskraftig
vibrate [vaj'brejt] *verb* vibrera
vicarious [vi'kerrjəs] *adj* ställföreträdande
vice [vajs] *subst* last; synd; *~ squad* sedlighetsrotel
vice- [vajs] *prefix* vice-, vice
vice president [ˌvajs 'prezziddənt] *subst* vicepresident
vice versa [ˌvajs 'vö:rsə] *adv* vice versa
vicinity [və'sinnəti] *subst* omgivning; *in the ~ of* i närheten av
vicious ['vischəs] *adj* grym; elak; *~ circle* ond cirkel; *~ habit* ful vana
victim ['vikktimm] *subst* offer
victor ['vikktər] *subst* segrare

Victorian [vikk'tå:riən] **I** *adj* viktoriansk **II** *subst* viktorian
victory ['vikktəri] *subst* seger
video ['viddiou] **I** *subst* video **II** *adj* vard. TV- **III** *verb* spela in på video
videotape ['viddioutejp] **I** *subst* videoband **II** *verb* spela in på video
view [vjo:] **I** *subst* **1** utsikt; ***in ~*** i sikte **2** åsikt; syn; ***point of ~*** synpunkt; ***in my ~*** enligt min mening; ***in ~ of*** med tanke på **II** *verb* betrakta
viewer ['vjo:ər] *subst* TV-tittare
view-finder ['vjo:ˌfajndər] *subst* sökare i kamera
viewpoint ['vjo:påjnt] *subst* synpunkt
vigil ['viddʒill] *subst* vaka, nattvak
vigilant ['viddʒələnt] *adj* vaksam, försiktig
vigilante [ˌviddʒi'lännti] *subst* medlem av medborgargarde i västra USA
vigorous ['viggərəs] *adj* kraftig; energisk
vile [vajl] *adj* usel, eländig
villa ['villə] *subst* villa i Medelhavsområdet
village ['villiddʒ] *subst* by
villain ['villən] *subst* bov, skurk
vindicate ['vinndikkejt] *verb* rättfärdiga; ***be vindicated*** få upprättelse
vindictive [vinn'dikktivv] *adj* hämndlysten, oförsonlig
vine [vajn] *subst* vinranka; klängväxt, slingerväxt
vinegar ['vinniggər] *subst* ättika; ***wine ~*** vinäger
vineyard ['vinnjərd] *subst* vingård; vinodling
vintage ['vinntiddʒ] *adj*, ***~ wine*** årgångsvin
viola [vaj'oulə] *subst* altfiol
violate ['vajəlejt] *verb* **1** kränka **2** våldta
violation [ˌvajə'lejschən] *subst* **1** brott, överträdelse; ***moving ~*** trafikförseelse; ***parking ~*** parkeringsböter **2** våldtäkt
violence ['vajələns] *subst* våld; våldsamhet; ***act of ~*** våldsdåd
violent ['vajələnt] *adj* våldsam
violet ['vajələt] *subst* viol; ***African ~*** saintpaulia
violin [ˌvajə'linn] *subst* fiol
VIP [ˌvi:aj'pi:] *subst* VIP, höjdare
virgin ['vö:rdʒən] **I** *subst* jungfru, oskuld **II** *adj* orörd; ***~ forest*** urskog; ***~ wool*** ny ull
Virgo ['vö:rgou] *subst* Jungfrun stjärntecken
virile ['virrəl] *adj* viril
virtually ['vö:rtchoəli] *adv* praktiskt taget

virtue ['vö:rtcho:] *subst* **1** dygd **2** fördel, förtjänst
virus ['vajrəs] *subst* virus
visa ['vi:zə] *subst* visum; ***entry ~*** inresevisum; ***exit ~*** utresevisum; ***~ requirement*** visumtvång
vise [vajs] *subst* skruvstäd
visibility [ˌvizzə'billəti] *subst* sikt; ***improved ~*** siktförbättring
visible ['vizzəbl] *adj* synlig
vision ['viʒən] *subst* syn; synförmåga
visit ['vizzət] **I** *verb* besöka; söka vård **II** *subst* besök; ***pay a ~*** besöka
visiting ['vizzəting] *adj* besökande, gäst-; ***~ hours*** besökstid; ***~ rights*** umgängesrätt; ***~ team*** bortalag
visitor ['vizzətər] *subst* besökare; gäst
visor ['vajzər] *subst* visir
vista ['visstə] *subst* utsikt; perspektiv
visual ['viʒjoəl] *adj* syn-; visuell; ***the ~ arts*** bildkonsten
visualize ['viʒjoəlajz] *verb* föreställa sig
vital ['vajtəl] *adj* livsviktig; avgörande
vitamin ['vajtəminn] *subst* vitamin; ***~ deficiency*** vitaminbrist
vivacious [vi'vejschəs] *adj* livfull; livlig; pigg
vivid ['vivvidd] *adj* levande
V-neck ['vi:nekk] *subst* v-ringad tröja
vocabulary [vou'käbbjəlerri] *subst* vokabulär; ordförråd
vocal ['voukəl] **I** *adj* röst-, vokal; ***~ cord*** stämband **II** *subst, **vocals*** sång
vocation [vou'kejschən] *subst* yrke; sysselsättning; kall
vocational [vou'kejschənl] *adj* yrkes-
vociferous [vou'siffərəs] *adj* högljudd
vogue [voug] *subst* mode; ***in ~*** på modet
voice [våjs] **I** *subst* **1** röst; ***raise one's ~*** höja rösten; ***in a loud ~*** med hög röst **2** talan **II** *verb* uttrycka
void [våjd] **I** *subst* tomrum **II** *adj, **~ of*** fri från; ***null and ~*** ogiltig
volatile ['va:lətəl] *adj* flyktig
volcano [va:l'kejnou] *subst* vulkan
volition [vou'lischən] *subst, **of one's own ~*** av fri vilja
volley ['va:li] *subst* volley i tennis o.d.
volleyball ['va:liba:l] *subst* volleyboll
volt [voult] *subst* volt
voltage ['voultiddʒ] *subst* spänning i volt

volume ['va:ljəm] *subst* volym
voluntarily [ˌva:lən'terrəli] *adv* frivilligt
voluntary ['va:lənterri] *adj* frivillig; ~ ***manslaughter*** dråp; ~ ***organization*** frivilligorganisation; ~ ***worker*** volontär
volunteer [ˌva:lən'tiər] **I** *subst* frivillig; volontär **II** *verb* frivilligt anmäla sig
voluptuous [və'lapptchoəs] *adj* vällustig
vomit ['va:mət] *verb* kräkas
vote [vout] **I** *subst* röst; antal röster; ~ ***of no confidence*** misstroendevotum; ***get the*** ~ få rösträtt **II** *verb* rösta
voucher ['vaotchər] *subst* kupong, fribiljett
vow [vao] **I** *subst* löfte **II** *verb* lova
vowel ['vaoəl] *subst* vokal
voyage ['våjiddʒ] *subst* färd; resa
vulgar ['vallgər] *adj* vulgär; tarvlig
vulnerable ['vallnərəbl] *adj* sårbar
vulture ['valltchər] *subst* gam

W

W, w ['dabbljo:] *subst* W, w
wad [wa:d] *subst* **1** tuss **2** bunt
waddle [wa:dl] *verb* vagga som en anka
wade [wejd] *verb* vada; ~ ***in*** sätta igång; ~ ***into sb.*** gå lös på ngn
wafer ['wejfər] *subst* rån; oblat
waffle [wa:fl] *subst* våffla
waft [wäfft] *verb* bäras av vinden
wag [wägg] *verb* vifta på (med); ~ ***one's tongue*** (***chin***) pladdra på; ***set tongues wagging*** sätta fart på skvallret
wage [wejdʒ] **I** *subst, **wages*** lön ofta veckolön; ~ ***demand*** lönekrav; ~ ***earner*** löntagare; familjeförsörjare; ~ ***freeze*** lönestopp; ~ ***talks*** löneförhandlingar **II** *verb,* ~ ***war*** föra krig
waggle [wäggl] *verb* vippa (vicka) med
wagon ['wäggən] *subst* **1** vagn; ***the*** ~ vard. polispiket **2** ***go on the*** ~ spola kröken
wail [wejl] **I** *verb* klaga, jämra sig **II** *subst* jämmer

waist [wejst] *subst* **1** midja **2** skjortblus; klänningsliv
waistcoat ['wejstkout] *subst* väst
waistline ['wejstlajn] *subst* midja
wait [wejt] **I** *verb* **1** vänta; ~ *and see* se tiden an; ~ *for sb.* vänta på ngn; ~ *up for sb.* sitta uppe tills ngn kommer hem **2** ~ *on* servera, vara servitör **II** *subst* väntan
waiter ['wejtər] *subst* kypare
waiting ['wejting] *subst, No Waiting!* på skylt stoppförbud
waiting list ['wejting lisst] *subst* väntelista
waiting room ['wejting ro:m] *subst* väntrum
waitress ['wejtrəs] *subst* servitris
waive [wejv] *verb* **1** bortse från; göra undantag för **2** ~ *one's rights* avstå från sina rättigheter
waiver ['wejvər] *subst* försäkran om att operation o.d. sker på egen risk
1 wake [wejk] *subst, in the ~ of* till följd av
2 wake* [wejk] *verb, ~ up* vakna; väcka
wake-up call ['wejkapp ka:l] *subst* telefonväckning
walk [wa:k] **I** *verb* gå; promenera; ~ *away* gå sin väg; ~ *away* (*off*) *with* ta hem seger o.d.; ~ *in on sb.* hälsa på ngn oanmäld; ~ *out* gå ut; gå i strejk; ~ *out on sb.* gå ifrån ngn **II** *subst* promenad
walking ['wa:king] *subst* gång; ~ *papers* avsked på grått papper
walkout ['wa:kaot] *subst* strejk
walkover ['wa:kˌouvər] *subst* walkover; promenadseger
walkway ['wa:kwej] *subst* gångbana
wall [wa:l] *subst* **1** vägg **2** mur
wallet ['wa:lət] *subst* plånbok
wallflower ['wa:lˌflaoər] *subst* panelhöna
wallop ['wa:ləp] *verb* vard. smocka till
wallow ['wa:lou] *verb, ~ in* vältra sig i
wallpaper ['wa:lˌpejpər] *subst* tapet, tapeter
wall-to-wall carpet [ˌwa:ltəwa:l 'ka:rpət] *subst* heltäckningsmatta
walnut ['wa:lnatt] *subst* valnöt
waltz [wa:lts] **I** *subst* vals **II** *verb* dansa vals
wampum ['wa:mpəm] *subst* slang stålar
wan [wa:n] *adj* glåmig; blek
wand [wa:nd] *subst, magic ~* trollspö
wander ['wa:ndər] *verb* irra; ströva omkring, vandra
wane [wejn] **I** *verb* avta **II** *subst, on the ~* i avtagande

wangle [wänggl] vard. **I** *verb* fiffla; mygla till sig **II** *subst* fiffel

want [wa:nt] **I** *subst* **1** ~ *of* brist på **2** *wants* behov **II** *verb* vilja; vilja ha; *wanted* efterlyst; ~ *in* (*out*) vard. vilja in (ut)

wanting ['wa:nting] *adj* bristfällig; *there's something* ~ det fattas något

wanton ['wa:ntən] *adj* **1** meningslös **2** lättfärdig

war [wå:r] *subst* **1** krig; *civil* ~ inbördeskrig; *be at* ~ vara i krig **2** ~ *chest* kampanjfond; ~ *room* högkvarter för valkampanj

ward [wå:rd] **I** *subst* **1** avdelning, sal på sjukhus o.d. **2** valdistrikt **II** *verb,* ~ *off* avvärja

warden [wå:rdn] *subst* fängelsedirektör

wardrobe ['wå:rdroub] *subst* garderob

warehouse ['werrhaoz] *subst* lagerlokal

warfare ['wå:rferr] *subst* krigföring

warhead ['wå:rhedd] *subst* stridsspets i robot

warily ['werrəlli] *adv* varsamt, försiktigt

warm [wå:rm] **I** *adj* varm **II** *verb* värma; ~ *up* värma upp; *look like death warmed over* se ut som ett lik

warmed-over ['wårmd,ouvər] *adj* uppvärmd mat; bildligt gammal

warmth [wå:rmθ] *subst* värme

warm-up ['wå:rmapp] *subst* uppvärmning; ~ *band* förband vid popkonsert

warn [wå:rn] *verb* varna; ~ *against* avråda från

warning ['wå:rning] *subst* varning; ~ *light* varningslampa

warp [wå:rp] *verb* **1** bukta sig; *warped* vind **2** bildligt snedvrida; *warped* slang pervers

warrant ['wå:rənt] *subst* fullmakt; häktningsorder

warranty ['wå:rənti] *subst* garanti

warren ['wå:rən] *subst* kaningård

warrior ['wå:riər] *subst* krigare

warship ['wå:rschipp] *subst* örlogsfartyg

wart [wå:rt] *subst* vårta; *warts and all* utan försköning

wartime ['wå:rtajm] *subst* krigstid

wary ['werri] *adj* på sin vakt, vaksam

was [wazz] *verb* (imperf. av *be*), *I* (*he, she, it*) ~ jag (han, hon, det) var etc.

wash [wa:sch] **I** *verb* **1** tvätta; tvätta sig; ~ *the dishes* diska;

~ *off* gå bort i tvätten; ~ *up* diska **2** skölja; ~ *away* spola bort; ~ *down* skölja ner med dryck; *be all washed up* vara slut **II** *subst* **1** *have a* ~ tvätta sig **2** tvätt; *it'll all come out in the* ~ det ordnar sig till slut

washable ['wa:schəbl] *adj* tvättbar

washbasin ['wa:sch,bejsn] *subst* tvättställ

washboard road [,wa:schbå:rd 'roud] *subst* knagglig grusväg

washcloth ['wa:schkla:θ] *subst* disktrasa; tvättlapp

washer ['wa:schər] *subst* packning till kran o.d.

washing-machine ['wa:schingmə,schi:n] *subst* tvättmaskin

washout ['wa:schaot] *subst* vard. fiasko

wasn't [wazznt] = *was not*

WASP [wa:sp] (förk. för *White Anglo-Saxon Protestant*) ibland nedsättande, ung. vit medelklassamerikan

wasp [wa:sp] *subst* geting

wastage ['wejstiddʒ] *subst* slöseri

waste [wejst] **I** *adj* **1** öde **2** avfalls-; ~ *paper basket* papperskorg **II** *verb* **1** slösa (kasta) bort **2** slang döda våldsamt **3** *be wasted* slang vara hög; vara packad berusad **III** *subst* **1** slöseri; *a* ~ *of time* bortkastad tid **2** avfall; sopor

wasteful ['wejstfəl] *adj* slösaktig

watch [wa:tch] **I** *subst* **1** armbandsur **2** *keep* ~ hålla vakt **II** *verb* **1** se på, titta på **2** bevaka; passa **3** ~ *the step* (*your head*)*!* akta trappsteget (huvudet)!

watchdog ['wa:tchda:g] *subst* vakthund

watchful ['wa:tchfəl] *adj* vaksam

watchmaker ['wa:tch,mejkər] *subst* urmakare

watchman ['wa:tchmən] *subst* väktare; *night* ~ nattvakt

watchstrap ['wa:tchsträpp] *subst* klockarmband

water ['wa:tər] **I** *subst* vatten; *white* ~ fors; *make* (*pass*) ~ urinera; *spend money like* ~ ha spenderbyxorna på; *keep one's head above* ~ hålla sig flytande; *white* ~ fors **II** *verb* vattna; vattnas; *watered down* urvattnad; utspädd

watercolor ['wa:tər,kallər] *subst* **1** vattenfärg **2** akvarell

watercress ['wa:tərkress] *subst* vattenkrasse

waterfall ['wa:tərfa:l] *subst* vattenfall

watering-can ['wa:təringkänn] *subst* vattenkanna

water lily ['wa:tər ˌlilli] *subst* näckros
waterline ['wa:tərlajn] *subst* vattenlinje
watermark ['wa:tərma:rk] *subst* vattenstämpel
watermelon ['wa:tərˌmellən] *subst* vattenmelon
waterproof ['wa:tərpro:f] *adj* vattentät; ***make ~*** impregnera
watershed ['wa:tərschedd] *subst* bildligt brytningspunkt
water-skiing ['wa:tərˌski:ing] *subst* vattenskidåkning
watertight ['wa:tərtajt] *adj* vattentät
waterway ['wa:tərwej] *subst* vattenled
waterworks ['wa:tərwö:rks] *subst* vattenverk
watery ['wa:təri] *adj* vattnig
watt [wa:t] *subst* watt
wave [wejv] **I** *subst* **1** våg; ***heat ~*** värmebölja **2** vinkning **II** *verb* **1** bölja **2** permanenta hår **3** vinka **4** vifta med
wavelength ['wejvlengθ] *subst* våglängd
waver ['wejvər] *verb* vackla; tveka
wavy ['wejvi] *adj* vågig
1 wax [wäkks] *verb* tillta
2 wax [wäkks] **I** *subst* vax; ***~ paper*** smörgåspapper **II** *verb* vaxa
way [wej] *subst* **1** väg; ***know the ~*** hitta, känna till vägen; ***in the ~ of*** i vägen för; ***make way*** gå ur vägen **2** sätt; ***~ of life*** livsstil; ***that's the ~ it is*** sånt är livet; ***have one's own ~*** få sin vilja fram; ***in a ~*** på sätt och vis **3** ***by the ~*** förresten
wayward ['wejwərd] *adj* egensinnig
we [wi:] *pron* vi
weak [wi:k] *adj* svag; ***~ heart*** hjärtfel
weaken ['wi:kən] *verb* försvaga; försvagas
weakling ['wi:kling] *subst* vekling
weakness ['wi:knəs] *subst* svaghet
wealth [wellθ] *subst* rikedom
wealthy ['wellθi] *adj* rik
wean [wi:n] *verb* avvänja; ***be weaned on*** uppfostras med
weapon ['weppən] *subst* vapen
wear* [wäər] **I** *verb* **1** vara klädd i, använda; ***~ a beard*** ha skägg; ***~ lipstick*** måla läpparna **2** nötas; ***~ off*** gå över (bort); ***~ out*** slita ut **II** *subst* **1** bruk, användning **2** kläder; ***men's ~*** herrkläder
weary ['wirri] *adj* trött
weasel [wi:zl] *subst* vessla; vard. filur, hal typ
weather ['weðər] *subst* väder

weather-beaten ['weðər,bi:tn] *adj* väderbiten
weathercock ['weðərka:k] *subst* vindflöjel
weather forecast ['weðər ,få:rkässt] *subst* väderprognos
weatherman ['weðərmänn] *subst* vard. meteorolog
weathervane ['weðərvejn] *subst* vindflöjel
weave [wi:v] **I** *verb* väva **II** *subst* väv
web [webb] *subst* spindelväv; nät; härva
we'd [wi:d] = *we had*; *we would*; *we should*
wedding ['wedding] *subst* bröllop
wedding ring ['wedding ring] o. **wedding band** ['wedding bännd] *subst* vigselring
wedge [weddʒ] **I** *subst* **1** kil **2** klyfta citron **II** *verb* kila fast
Wednesday ['wennzdej] *subst* onsdag
wee [wi:] *adj* mycket liten
weed [wi:d] *subst* ogräs
weed-killer ['wi:d,killər] *subst* ogräsmedel
week [wi:k] *subst* vecka; ***last ~*** förra veckan; ***this ~*** den här veckan; ***by the ~*** veckovis
weekday ['wi:kdej] *subst* vardag
weekend [,wi:k'ennd] *subst* helg, veckoslut; ***on the weekends*** på helgerna
weekly ['wi:kli] **I** *adj* vecko-; ***~ allowance*** veckopeng **II** *adv* en gång i veckan **III** *subst* veckotidning
weenie ['wi:ni] *subst* vard. varmkorv
weep [wi:p] *verb* gråta
wee-wee ['wi:wi] *subst* barnspråk **1** ***go ~*** kissa **2** vard. snopp
weigh [wej] *verb* väga; ***~ down*** tynga ned; ***~ on*** trycka, tynga
weight [wejt] *subst* vikt; tyngd; ***pull one's ~*** göra sin del
weightlifter ['wejt,lifftər] *subst* tyngdlyftare
weighty ['wejti] *adj* tung; viktig
weir [wiər] *subst* fördämning
weird [wiərd] *adj* konstig, kuslig
welcome ['wellkəm] **I** *adj* välkommen; ***you're ~!*** ingen orsak! **II** *subst* välkomnande, mottagande; ***roll (put) out the ~ mat*** vard. varmt välkomna **III** *verb* välkomna
weld [welld] *verb* svetsa, svetsa ihop
welfare ['wellferr] *subst* **1** välfärd; ***the ~ state*** välfärdssamhället; ***child ~*** barnomsorg **2** ***~ services*** socialtjäns-

ten; ~ *worker* kurator, socialarbetare **3** *be on* ~ leva på bidrag; ~ *mother* ensamstående mor med socialbidrag

1 well [well] **I** *subst* brunn; *oil* ~ oljekälla **II** *verb*, ~ *up* välla upp

2 well [well] **I** *adv* väl, bra, gott; *not very* ~ inte så bra; *as* ~ också; *as* ~ *as* såväl som **II** *adj* frisk, bra **III** *interj* nåväl!; så!; tjaa!

we'll [wi:l] = *we will*; *we shall*

well-behaved [ˌwellbiˈhejvd] *adj* väluppfostrad, välartad

well-being [ˌwellˈbi:ing] *subst* välbefinnande

well-built [ˈwellbillt] *adj* välbyggd

well-deserved [ˌwelldiˈzö:rvd] *adj* välförtjänt

well-educated [ˌwellˈeddʒəkejtəd] *adj* bildad

well-founded [ˌwellˈfaondidd] *adj* berättigad, välgrundad

well-heeled [ˈwellhi:ld] *adj* vard. tät, rik

well-informed [ˌwellinnˈfå:rmd] *adj* välunderrättad; allmänbildad

well-known [ˈwellnoun] *adj* känd, väl känd

well-managed [ˌwellˈmänniddʒd] *adj* välskött

well-mannered [ˌwellˈmännərd] *adj* väluppfostrad, välartad

well-meaning [ˌwellˈmi:ning] *adj* välmenande

well-off [ˌwellˈa:f] *adj* välbärgad

well-read [ˈwellredd] *adj* beläst

well-stocked [ˌwellsta:kt] *adj* välsorterad

well-to-do [ˌwelltəˈdo:] *adj* förmögen

Welsh [wellsch] **I** *adj* walesisk **II** *subst* walesiska språk

went [wennt] *verb* imperf. av *go*

wept [weppt] *verb* imperf. o. perf.p. av *weep*

were [wö:r] *verb* (imperf. av *be*), *you* ~ du (ni) var etc.; *we* (*they*) ~ vi (de) var etc.

we're [wiər] = *we are*

weren't [wö:rnt] = *were not*

west [wesst] **I** *subst* väster; *the West* västvärlden **II** *adj* västra **III** *adv* västerut

westerly [ˈwesstərli] *adj* västlig

western [ˈwesstərn] **I** *adj* västlig; *Western* västerländsk **II** *subst* västern; vildavästernfilm

westward [ˈwesstwərd] *adv* mot (åt) väster

wet [wett] **I** *adj* våt, blöt; *Wet Paint!* Nymålat!; ~ *behind*

the ears vard. inte torr bakom öronen **II** *verb* fukta; blöta ner; ~ ***oneself*** kissa på sig; ~ ***one's whistle*** vard. fukta strupen
wetback ['wettbäkk] *subst* slang, illegalt invandrad mexikanare
wet blanket [ˌwett 'blängkət] *subst* vard. glädjedödare
wet suit ['wett so:t] *subst* våtdräkt
we've [wi:v] = *we have*
whack [hwäkk] *verb* vard. slå till; ~ ***off*** slang runka
whale [hwejl] *subst* val djur; ***have a ~ of a time*** ha jättekul
whammy ['hwämmi] *subst* slang, ***double ~*** ung. krokben; ***put the ~ on*** ung. dra olycka över
wharf [hwå:rf] *subst* kaj
what [hwatt] *pron* **1** vad, vilken, vilket, vilka; ~ ***for?*** varför?; ***so ~?*** än sen då? **2** vad som, det som
whatever [hwatt'evvər] o. **whatsoever** [ˌhwattsou'evvər] *pron* vad...än, vad som än...; i nekande sammanhang alls, överhuvudtaget; ***or ~*** vard. eller nåt sånt
wheat [hwi:t] *subst* vete
wheedle [hwi:dl] *verb* lirka med
wheel [hwi:l] *subst* **1** hjul **2** ratt **3** ~ ***and deal*** vard. handla smart; fixa, mygla
wheelbarrow ['hwi:lˌbärrou] *subst* skottkärra
wheel boot ['wi:l bo:t] *subst* hjullås vid parkeringsförseelse
wheelchair ['hwi:ltcherr] *subst* rullstol
wheel clamp ['hwi:l klämmp] *subst* hjullås vid parkeringsförseelse
wheeze [hwi:z] *verb* väsa, rossla
when [hwenn] **I** *adv* när, hur dags; ***say ~!*** säg stopp! t.ex. vid påfyllning av glas **II** *konj* o. *pron* då, när; som
whenever [hwenn'evvər] *konj* när...än, närhelst; ~ ***you like*** när som helst
where [hwäər] **I** *adv* **1** var **2** vart **II** *konj* o. *pron* **1** där **2** dit; vart
whereabouts ['hwerrəbaots] *subst* uppehållsort
whereas [hwerr'äzz] *konj* medan
whereby [hwerr'baj] *pron* varmed
whereupon [ˌhwerrə'pa:n] *konj* varpå
wherever [hwerr'evvər] *adv* varhelst, var...än; varthelst, vart...än
whet [hwett] *verb* **1** bryna, slipa **2** skärpa; reta t.ex. aptit

whether ['hweðər] *konj* om, huruvida
which [hwittch] *pron* vilken, vilket, vilka, vem; vilkendera; som
whichever [hwittch'evvər] *pron* vilken...än, vilket...än
whiff [hwiff] *subst* **1** pust, fläkt **2** doft
while [hwajl] **I** *subst* stund; tid; *for a* ~ en stund, ett tag; *once in a* ~ då och då; *worth one's* ~ mödan värt **II** *konj* medan
whim [hwimm] *subst* nyck, infall
whimper ['hwimmpər] **I** *verb* gny, gnälla **II** *subst* gnyende
whimsical ['hwimmzikkəl] *adj* nyckfull
whine [hwajn] **I** *verb* gnälla; kinka; vina **II** *subst* gnällande
whip [hwipp] **I** *verb* **1** piska; ~ *off* rusa iväg **2** vispa **II** *subst* **1** piska **2** inpiskare
whipped cream [ˌhwippt 'kri:m] *subst* vispgrädde
whirl [hwö:rl] **I** *verb* virvla **II** *subst* virvel; *give sth. a* ~ vard. pröva på ngt
whirlpool ['hwö:rlpo:l] *subst* **1** strömvirvel **2** ~ *bath* bubbelpool
whirlwind ['hwö:rlwinnd] *subst* virvelvind
whisk [hwissk] **I** *subst* visp; ~ *broom* klädborste; ~ *off* föra (köra) i flygande fläng **II** *verb* vispa
whiskey o. **whisky** ['hwisski] *subst* whisky
whisper ['hwisspər] **I** *verb* viska **II** *subst* viskning
whistle [hwissl] **I** *verb* vissla; ~ *in the dark* spela modig; *and I'm not just whistling Dixie* och det kan du skriva upp **II** *subst* **1** vissling **2** visselpipa; *as clean as a* ~ lekande lätt; *blow the* ~ *on* tjalla på; slå larm om
white [hwajt] **I** *adj* vit; ~ *elephant* onödig pryl; ~ *goods* vitvaror; *at a* ~ *heat* vitglödgad; *great* ~ *hope* stora hopp; ~ *lightning* slang hemkört; ~ *lie* nödlögn; ~ *meat* ljust kött t.ex. kalvkött; ~ *sale* vit vecka; ~ *water derby* forsränning **II** *subst* **1** äggvita **2** ögonvita
white-collar worker [hwajt'ka:lər ˌwö:rkər] *subst* tjänsteman
whitewash ['hwajtwa:sch] **I** *subst* kalkfärg; vard. skönmålning, bortförklaring **II** *verb* vitmena; vard. skönmåla, bortförklara
whiting ['hwajting] *subst* slags kummel
whittle [hwittl] *verb,* ~ *away*

bildligt kapa bort bit för bit; ~ ***down*** minska; skära ner
who [ho:] *pron* **1** vem, vilka **2** som
whodunit [ˌho:'dannitt] *subst* vard. deckare bok
whoever [ho:'evvər] *pron* vem som än, vem (vilka)...än; vem
whole [houl] **I** *adj* hel; ~ ***note*** helnot; ***the ~ thing*** alltsammans **II** *subst* helhet; ***the ~ of*** hela; alla; ***on the ~*** på det hela taget
whole-grain bread ['houlgrejn ˌbredd] *subst* fullkornsbröd
wholesale ['houlsejl] *adj* grossist-
wholesome ['houlsəm] *adj* hälsosam
whole-wheat flour ['houlhwi:t ˌflaoər] *subst* grahamsmjöl
wholly ['houli] *adv* helt och hållet
whom [ho:m] *pron* vem; som; ***all of ~*** vilka alla
whooping cough ['ho:ping ka:f] *subst* kikhosta
whopping ['hwa:ping] *adj* vard. jätte-, väldig
whore [hå:r] *subst* hora
whorehouse ['hå:rhaos] *subst* bordell
whose [ho:z] *pron* vems, vilkens, vilkas; vars
why [hwaj] **I** *adv* varför; ~ ***is it that...?*** hur kommer det sig att...? **II** *pron* varför, därför; ***so that is ~*** jaså, det är därför
wicked ['wikkidd] *adj* **1** ond, elak **2** slang kul, häftig
wide [wajd] **I** *adj* vid; bred; ~ ***of the mark*** över målet, alldeles galet **II** *adv*, ~ ***open*** på vid gavel; vard. släpphänt, laglös
wide-angle lens ['wajdänggl ˌlenns] *subst* vidvinkelobjektiv
wide-awake [ˌwajdə'wejk] *adj* klarvaken
widely ['wajdli] *adv* vitt, vida; brett
widen [wajdn] *verb* vidga; vidga sig
widespread [ˌwajd'spredd] *adj* omfattande; vitt utbredd; allmän
widow ['widdou] *subst* änka
widower ['widdouər] *subst* änkling
width [widdθ] *subst* bredd; vidd
wield [wi:ld] *verb* använda; sköta
wife [wajf] *subst* fru, hustru
wig [wigg] *subst* peruk
wiggle [wiggl] **I** *verb* vicka på (med) **II** *subst* vickande
wild [wajld] *adj* vild; ~ ***weather*** häftigt oväder
wildcat strike [ˌwajldkätt 'strajk] *subst* vild strejk

wilderness ['willdərnəs] *subst* vildmark

wildlife ['wajldlajf] *subst* djurlivet

wilful ['willfəl] *adj* **1** egensinnig **2** avsiktlig, uppsåtlig, medveten

will [will] **I** *verb* **1** kommer att; ska; ***that ~ do*** det får räcka (duga) **2** vill; ***shut that door, ~ you?*** stäng dörren är du snäll! **II** *subst* **1** vilja; ***at ~*** fritt, efter eget gottfinnande **2** testamente

willing ['willing] *adj* villig

willingly ['willingli] *adv* gärna, villigt

willingness ['willingnəs] *subst* beredvillighet

willow ['willou] *subst* pil träd

willpower ['will,paoər] *subst* viljekraft

willy-nilly [,willi'nilli] *adv* vare sig han (hon etc.) vill eller inte, i vilket fall som helst

wilt [willt] *verb* vissna, sloka; tappa suget

wily ['wajli] *adj* bakslug, förslagen

wimp [wimmp] *subst* slang mes, tönt

win* [winn] **I** *verb* vinna **II** *subst* vinst; seger

wince [winns] *verb, **without wincing*** utan att röra en min

winch [winntch] **I** *subst* vinsch **II** *verb* vinscha upp

1 wind [winnd] *subst* **1** vind, blåst; ***throw all caution to the winds*** slänga all försiktighet överbord **2** ***break ~*** släppa sig **3** ***winds*** blåsinstrument

2 wind [wajnd] *verb* **1** linda, vira **2** dra upp klocka **3** ***~ back*** spola tillbaka; ***~ forward*** spola fram **4** ***~ up*** avsluta; hamna till slut

windbreaker ['winndbrejkər] *subst* vindtygsjacka

winded ['winndidd] *adj* andfådd; tröttkörd

windfall ['winndfa:l] *subst* skänk från ovan

winding ['wajnding] *adj* slingrande

wind instrument ['winnd ,innstrəmennt] *subst* blåsinstrument

windmill ['winndmill] *subst* väderkvarn

window ['winndou] *subst* fönster

window box ['winndou ba:ks] *subst* balkonglåda för växter

window-cleaner ['winndou,kli:nər] *subst* fönsterputsare

windowpane ['winndoupejn] *subst* fönsterruta

windowsill ['winndousill] *subst* fönsterbräda

windpipe ['winndpajp] *subst* luftstrupe

windshield ['winndschi:ld] *subst* vindruta på bil; ~ ***wiper*** vindrutetorkare; ~ ***washer fluid*** spolarvätska
windsurfing ['winndsö:rfing] *subst* brädsegling, vindsurfing
windswept ['winndsweppt] *adj* vindpinad
windy ['winndi] *adj* blåsig; ***it's ~*** det blåser
wine [wajn] *subst* vin
wine cellar ['wajn ˌsellər] *subst* vinkällare
wineglass ['wajngläss] *subst* vinglas
wing [wing] **I** *subst* **1** vinge **2** flygel **3** flygeskader **II** *verb* **1** såra lätt genom skott **2** ~ ***it*** improvisera
wingding ['wingding] *subst* vard. röjarskiva
wink [wingk] **I** *verb* blinka **II** *subst* **1** blinkning **2** ***not sleep a ~*** inte få en blund i ögonen
winner ['winnər] *subst* segrare; ***winner's stand*** prispall
winning ['winning] **I** *adj* vinnande **II** *subst*, ***winnings*** vinst
winter ['winntər] *subst* vinter; ***last ~*** förra vintern, i vintras
wintry ['winntri] *adj* vinter-; kall, frostig
wipe [wajp] *verb* **1** torka; torka bort **2** radera **3** ~ ***out*** utplåna
wire ['wajər] **I** *subst* ståltråd; kabel; telegram; ~ ***service*** telegrambyrå; ***the ~*** målsnöre; ***under the ~*** vard. i sista stund **II** *verb* dra in ledningar i
wiry ['wajəri] *adj* **1** tagelaktig **2** senig; seg, uthållig
wisdom ['wizzdəm] *subst* visdom
wise [wajz] **I** *adj* vis, klok; ~ ***guy*** vard. stöddig kille; besserwisser; ***get ~ to sth.*** få nys om ngt; ***get ~ with sb.*** slang bli stöddig mot ngn, sticka upp mot ngn **II** *verb*, ~ ***up*** slang haja förstå
wisecrack ['wajzkräkk] *subst* spydighet; kvickhet
wish [wisch] **I** *verb* önska; vilja; ~ ***sth. on sb.*** pracka ngt på ngn **II** *subst* önskan; ***best wishes*** hälsningar
wishful ['wischfəl] *adj*, ~ ***thinking*** önsketänkande
wistful ['wisstfəl] *adj* längtande; tankfull
wit [witt] *subst* kvickhet; ***wits*** äv. vett; ***keep one's wits*** hålla huvudet kallt; ***live by one's wits*** fiffla sig fram
witch [wittch] *subst* häxa
witchcraft ['wittchkräfft] *subst* trolldom, magi
with [wið] *prep* med; tillsam-

mans med; av; hos; ***be ~ sb.*** hålla med ngn; hänga med förstå

withdraw [wið'dra:] *verb* **1** dra tillbaka; dra sig tillbaka **2** ta ut pengar

withdrawal [wið'dra:əl] *subst* **1** tillbakadragande **2** uttag från bankkonto **3** ***~ treatment*** avvänjningskur

withdrawn [wið'dra:n] **I** *verb* perf.p. av *withdraw* **II** *adj* tillbakadragen

wither ['wiðər] *verb* vissna; ***~ away*** tyna bort

withhold [wið'hould] *verb* hålla inne med

withholding tax [wið'houlding ˌtäkks] *subst* källskatt

within [wið'inn] *prep* inom, inuti, inne i, i

without [wið'aot] **I** *prep* utan **II** *konj* utan att

withstand [wið'stännd] *verb* stå emot, trotsa; tåla

witness ['wittnəs] **I** *subst* vittne; ***hear a ~*** förhöra ett vittne **II** *verb* bevittna

witness box ['wittnəs ba:ks] *subst* vittnesbås

witticism ['wittəsizzəm] *subst* kvickhet

witty ['witti] *adj* kvick, spirituell

wives [wajvz] *subst* pl. av *wife*

wizard ['wizzərd] *subst* trollkarl; mästare, snille

wobble [wa:bl] *verb* vackla, kränga; vicka om t.ex. bord

woke [wouk] *verb* imperf. av 2 *wake*

woken ['woukən] *verb* perf.p. av 2 *wake*

wolf [wollf] *subst* varg; ***cry ~*** ge falskt alarm

woman ['wommən] *subst* kvinna; ***~ doctor*** kvinnlig läkare; ***woman's*** el. ***women's*** kvinno-; ***women's lib*** vard. kvinnorörelsen

womanly ['wommənli] *adj* kvinnlig

womb [wo:m] *subst* livmoder

women ['wimminn] *subst* pl. av *woman*

won [wann] *verb* imperf. o. perf.p. av *win*

wonder ['wanndər] **I** *subst* **1** under **2** förundran **II** *verb* **1** förundra sig **2** undra

wonderful ['wanndərfəl] *adj* underbar

wonk [wångk] *subst, **policy ~*** vard. expert

won't [wount] = *will not*

wood [wodd] *subst* **1** trä; ved; ***knock on ~!*** peppar, peppar!; ***~ chip*** flis; ***~ alcohol*** träsprit **2** ***woods*** skog; ***take to the woods*** smita

wood-carving ['woddˌka:rving] *subst* träsnideri

woodchuck ['woddtchakk] *subst* skogsmurmeldjur
wooden [woddn] *adj* **1** av trä **2** träig; stel
woodpecker ['woddˌpekkər] *subst* hackspett
woodwind ['woddwinnd] *subst* träblåsinstrument
woodwork ['woddwö:rk] *subst* snickerier; *fade into the ~* försvinna, bli osynlig
woodworm ['woddwö:rm] *subst* trämask
wool [woll] *subst* ull; ylle
woollen ['wollən] **I** *adj* ylle- **II** *subst, wollens* ylleplagg
woolly ['wolli] *adj* **1** ylle- **2** bildligt luddig
wop [wa:p] *subst* slang italienare; dego
word [wö:rd] *subst* ord; *a ~ of advice* ett litet råd; *stand by one's ~* stå vid sitt ord; *my ~!* kors!; *by ~ of mouth* muntligen; *play on words* ordlek
wording ['wö:rding] *subst* formulering, ordalydelse
word processor ['wö:rd ˌpra:sessər] *subst* ordbehandlare
wore [wå:r] *verb* imperf. av *wear*
work [wö:rk] **I** *subst* **1** arbete; *at ~* på arbetet; i arbete; *out of ~* utan arbete; *make short ~ of* göra processen kort med **2** verk; *shoot the works* göra sitt yttersta **3** *works* fabrik; verk **II** *verb* **1** arbeta; *~ at (on)* arbeta på (med); *~ off the books* arbeta svart **2** fungera **3** göra verkan **4** *~ out* utarbeta; avlöpa; gympa; *~ free* slita sig loss; *~ up an appetite* skaffa sig aptit; *~ sb. over* slå sönder ngn
workable ['wö:rkəbl] *adj* genomförbar
worker ['wö:rkər] *subst* arbetare
work experience ['wö:rk ikk'spirrjəns] *subst* arbetslivserfarenhet
workforce ['wö:rkfå:rs] *subst* arbetskraft
working class [ˌwö:rking 'kläss] *subst, the ~* arbetarklassen
workman ['wö:rkmən] *subst* arbetare; hantverkare
workmanship ['wö:rkmənschipp] *subst* yrkesskicklighet
work-out ['wö:rkaot] *subst* träningspass
workshop ['wö:rkscha:p] *subst* **1** verkstad **2** workshop
world [wö:rld] *subst* värld; *~ champion* världsmästare; *World Series* finalserie i baseboll; *not for the ~* inte för allt i världen; *give the ~ to know* ge vad som helst för

att få veta; *think the ~ of sb.* uppskatta ngn jättemycket
worldly ['wö:rldli] *adj* världslig
worldwide [ˌwö:rld'wajd] *adj* världsomfattande
worm [wö:rm] *subst* mask; *can of worms* bildligt ormbo, getingbo
worn [wå:rn] **I** *verb* perf.p. av *wear* **II** *adj* sliten
worn-out ['wå:rnaot] *adj* **1** utsliten **2** slutkörd
worried ['wö:ridd] *adj* orolig; bekymrad, ängslig
worry ['wö:ri] **I** *verb* oroa (bekymra) sig; oroa; *I should ~!* vard. vad bryr jag mig om det? **II** *subst* bekymmer
worse [wö:rs] *adj* o. *adv* värre, sämre; *be the ~ for drink* vara berusad; *be none the ~ for sth.* inte ta skada av ngt
worsen [wö:rsn] *verb* förvärra, försämra
worship ['wö:rschəp] **I** *subst* **1** gudstjänst; dyrkan; *freedom of ~* religionsfrihet **2** *Your Worship* Ers nåd **II** *verb* dyrka, tillbe
worst [wö:rst] **I** *adj* o. *adv* värst, sämst **II** *subst, at ~* i värsta fall; *if ~ comes to ~* i sämsta fall
worth [wö:rθ] **I** *adj* värd; *~ considering* tänkvärd **II** *subst* värde
worthwhile ['wö:rθwajl] *adj* som är mödan värd
worthy ['wö:rði] *adj* värdig
would [wodd] *verb* **1** skulle; *how ~ I know?* hur skulle jag kunna veta det? **2** ville; skulle vilja; *shut the door, ~ you?* stäng dörren är du snäll!
would-be ['woddbi:] *adj* tilltänkt, blivande; eventuell
wouldn't [woddnt] = *would not*
1 wound [waond] *verb* imperf. o. perf.p. av 2 *wind*
2 wound [wo:nd] **I** *subst* sår; *bullet ~* skottskada **II** *verb* såra
wove [wouv] *verb* imperf. av *weave*
woven ['wouvən] *verb* perf.p. av *weave*
wrangler ['ränglər] *subst* cowboy
wrap [räpp] **I** *verb, ~ up* slå in; avsluta **II** *subst* sjal; ytterkläder
wrapping-paper ['räppingˌpejpər] *subst* omslagspapper
wrath [räθ] *subst* vrede
wreak [ri:k] *verb* vålla; *~ havoc on* anställa förödelse på
wreath [ri:θ] *subst* begravningskrans; *laurel ~* segerkrans

wreck [rekk] **I** *subst* vrak **II** *verb* förstöra; ***be wrecked*** lida skeppsbrott; skrota, riva
wreckage ['rekkiddʒ] *subst* vrakspillror
wrecker ['rekkər] *subst* bärgningsbil
wren [renn] *subst* gärdsmyg
wrench [renntch] **I** *subst* **1** ryck **2** ***monkey ~*** skiftnyckel; ***pipe ~*** rörtång; ***socket ~*** hylsnyckel **II** *verb* vrida; vricka
wrestle [ressl] *verb*, ***~ with*** brottas med
wrestler ['resslər] *subst* brottare
wretched ['rettchidd] *adj* vard. förbaskad; bedrövlig, eländig
wriggle [riggl] *verb* slingra sig; skruva på sig
wring [ring] *verb* vrida (krama) ur; ***~ sb.'s neck*** vrida nacken av ngn
wrinkle [ringkl] **I** *subst* **1** rynka **2** idé, påhitt, uppslag **II** *verb* rynka, rynka på
wrist [risst] *subst* handled
wristwatch ['risstwa:tch] *subst* armbandsur
writ [ritt] *subst* skrivelse
write* [rajt] *verb* skriva; skriva ut; ***~ down*** anteckna; ***~ off*** avskriva; efterskriva
write-off ['rajta:f] *subst* vard. värdelös tillgång, flopp
writer ['rajtər] *subst* författare
write-up ['rajtapp] *subst* fin recension; tidningsnotis
writhe [rajð] *verb* vrida sig av smärta o.d.
writing ['rajting] *subst* **1** skrift; ***in ~*** skriftligen **2** skrivande
writing-paper ['rajtingˌpejpər] *subst* brevpapper
written [rittn] *verb* perf.p. av *write*
wrong [ra:ng] **I** *adj* fel, felaktig; ***be ~*** ha fel; ***~ side out*** ut och in om kläder; ***the ~ way around*** bakvänd, bakfram **II** *adv* fel; ***don't get me ~!*** missförstå mig inte!, förstå mig rätt!; ***go ~*** gå snett; gå sönder **III** *subst* orätt; oförrätt **IV** *verb* förorätta
wrongful ['ra:ngfəl] *adj* orättfärdig
wrongly ['ra:ngli] *adv* **1** felaktigt **2** med orätt
wrote [rout] *verb* imperf. av *write*
wrought [ra:t] *adj*, ***~ iron*** smidesjärn
wrung [rang] *verb* imperf. o. perf.p. av *wring*
wry [raj] *adj* sned; ironisk; ***~ humor*** torr humor
WWI (förk. för *World War One*) första världskriget
WWII (förk. för *World War Two*) andra världskriget

X

X, x [ekks] *subst* X, x; ***make an*** ~ sätta ett kryss
xenophobia [ˌzennəˈfoubjə] *subst* främlingshat
xerox® [ˈzirra:ks] *verb* fotokopiera
Xmas [ˈkrissməs, ˈekksməs] *subst* (kortform för *Christmas*) jul
x-rated [ˈekksrejtəd] *adj* barnförbjuden film
X-ray [ˈekksrej] **I** *subst* röntgen **II** *verb* röntga
xylophone [ˈzajləfoun] *subst* xylofon

Y, y [wai] *subst* Y, y
yacht [ja:t] *subst* lustjakt
yachting [ˈja:ting] *subst* segling
yachtsman [ˈja:tsmən] *subst* seglare
yam [jämm] *subst* sötpotatis
Yank [jängk] *subst* vard. jänkare
yank [jängk] *verb* rycka i
Yankee [ˈjängki] **I** *subst* **1** vard. jänkare; nordstatsamerikan; New Englandsbo; historiskt nordstatssoldat **2** New Englandsdialekt **3** nordamerikan i motsats till sydamerikan **II** *adj* vard. yankee-, amerikansk; nordstats-, New Englands-
yap [jäpp] *verb* gläfsa
1 yard [ja:rd] *subst* yard 0,9 m
2 yard [ja:rd] *subst* gårdsplan; ***front*** (***back***) ~ gräsmatta, trädgård på framsidan (baksidan) av huset
yardbird [ˈja:rdbö:rd] *subst* slang kåkfarare
yardstick [ˈja:rdstikk] *subst* måttstock
yarn [ja:rn] *subst* **1** garn **2** ***spin a*** ~ dra en rövarhistoria

yawn [ja:n] **I** *verb* gäspa **II** *subst* gäspning

yeah [jäə] *adv* vard. ja

year [jiər] *subst* år; årtal; ~ *of birth* födelseår; *last* ~ i fjol; *this* ~ i år; *years and years ago* för många herrans år sedan; *for* (*in*) *years* i (på) åratal; ~ *off* sabbatsår

yearly ['jirrli] **I** *adj* årlig **II** *adv* årligen

yearn [jö:rn] *verb* trängta, tråna; ~ *for* åtrå

yeast [ji:st] *subst* jäst

yell [jell] **I** *verb* gallskrika; tjuta; gasta **II** *subst* tjut; hejarop

yellow ['jellou] **I** *adj* **1** gul; *the* ~ *pages* gula sidorna; *the* ~ *press* skvallertidningarna **2** vard. feg **II** *verb* gulna

yelp [jellp] *verb* gläfsa

yes [jess] *adv* o. *subst* ja

yesterday ['jesstərdi] *adv* i går

yet [jett] **I** *adv* ännu; *not just* ~ inte riktigt än **II** *konj* ändå

yew [jo:] *subst* idegran

yield [ji:ld] **I** *verb* **1** ge avkastning **2** resultera i **3** ge efter **4** lämna företräde i trafiken **II** *subst* avkastning

yo [jou] *interj* hej!, hej du!

yogurt ['jougərt] *subst* yoghurt

yoke [jouk] *subst* ok

yolk [jouk] *subst* äggula

you [jo:] *pron* **1** du; ni; dig; er **2** man

you-all [jo:'a:l] *pron* vard., i sydstaterna ni

you'd [jo:d] = *you had*; *you would*

you'll [jo:l] = *you will*; *you shall*

young [jang] **I** *adj* ung; *in my younger days* i min ungdom **II** *subst pl* ungar djur

youngster ['jangstər] *subst* unge, ungdom

your [joər] *pron* din, dina; er, era

you're [joər] = *you are*

yours [joərz] *pron* din, dina; er, era

yourself [jorr'sellf] *pron* dig (er) själv; själv; en själv

youth [jo:θ] *subst* ungdom; ungdomlighet; ~ *hostel* vandrarhem

youthful ['jo:θfəl] *adj* ungdomlig

you've [jo:v] = *you have*

yo-yo ['joujou] *subst* **1** jojo **2** slang tönt, nörd

Z

Z, z [zi:] *subst* Z, z
zany ['zejni] *adj* smågalen, rolig
zap [zäpp] *verb* vard. **1** döda **2** bläddra mellan TV-kanaler; zappa
zapper ['zäppər] *subst* vard. fjärrkontroll för TV
zeal [zi:l] *subst* iver, nit
zebra ['zi:brə] *subst* sebra
zero ['zirrou] **I** *subst* noll **II** *verb, ~ in on* inrikta sig på
zest [zesst] *subst* entusiasm
zigzag ['ziggzägg] **I** *subst* sicksack **II** *verb* sicksacka
zilch [zilltch] *subst* slang noll, inget
zinc [zingk] *subst* zink
zip [zipp] **I** *subst* **1** noll **2** *~ code* postnummer **3** *~ gun* hemmagjord pistol **II** *verb, ~ up* dra upp (igen) blixtlåset
zipper ['zippər] *subst* blixtlås
zodiac ['zoudiäkk] *subst, the ~* zodiaken, djurkretsen
zone [zoun] *subst* zon; taxezon; *industrial ~* industriområde
zonked [za:ngkt] *adj* slang hög på droger
zoom [zo:m] **I** *subst* zoomobjektiv **II** *verb, ~ in* zooma in
zucchini [zo'ki:ni] *subst* zucchini, squash

Swedish
and
English

a a-et a-n **1** bokstav a [utt. ej] **2** ton A
à *prep* **1** at, @ [utt. ätt]; *3 kilo ~ 10 dollar* 3 kilos @ 10 dollars **2** or; *2 ~ 3* 2 or 3
AB (förk. för *aktiebolag*) ung. Inc. (förk. för Incorporated)
abborr|e -en -ar perch (pl. lika)
abonnemang -et = subscription
abonnent -en -er subscriber
abonnera *verb* subscribe; *abonnerad buss* chartered bus
abort -en -er abortion; *göra ~* have* an abortion
absolut I *adj* absolute, definite **II** *adv* absolutely, certainly, definitely
absolutist -en -er teetotaller
abstrakt I *adj* abstract **II** *adv* in the abstract
absurd *adj* absurd, ridiculous
acceleration -en -er acceleration
accelerera *verb* accelerate
accent -en -er accent
acceptabel *adj* acceptable
acceptera *verb* accept
accessoarer pl. accessories
aceton -et acetone
ackompanjera *verb* accompany
ackord -et = **1** musik chord **2** *arbeta på ~* do* piecework
acne -n acne
addera *verb* add, add up
addition -en -er addition
adel -n nobility
adels|man -mannen -män nobleman (pl. noblemen)
adjö *interj* goodbye!; *säga ~ till ngn* say* goodbye to sb.
administration -en -er administration, management
adoptera *verb* adopt
adoption -en -er adoption
adoptivbarn -et = adopted child (pl. children)
adress -en -er address
adressat -en -er addressee
adressera *verb* address; *adresserad till ngn* addressed to sb.
adresslapp -en -ar label; som knyts fast tag
Adriatiska havet the Adriatic
advent -et Advent; *första ~* Advent Sunday
advokat -en -er lawyer, attorney
affisch -en -er bill; större poster
affär -en -er **1** business; butik store; transaktion transaction; *göra en bra ~* om affärsman make* a good business deal; om kund get* a good deal **2** kärleksaffär affair **3** *göra stor ~ av ngt* make* a great fuss about sth.

affärs|man -mannen -män businessman (pl. businessmen)
affärsres|a -an -or business trip
affärstid -en -er business hours
Afrika Africa
afrikan -en -er African
afrikansk *adj* African
afrikansk|a -an -or kvinna African woman (pl. women)
aft|on -onen -nar evening
aga I -n corporal punishment **II** *verb* beat
agent -en -er agent
agera *verb* act
aggregat -et -en unit
aggressiv *adj* aggressive
aggressivitet -en aggressiveness
agitera *verb* agitate
aids oböjl. AIDS
aj *interj* ouch!, ow!
akademi -[e]n -er academy
akademiker -n = academic; med högskoleutbildning college graduate
akademisk *adj* academic
akrobat -en -er acrobat
akryl -en acrylic
1 akt -en -er **1** i teaterpjäs act **2** dokument document
2 akt, *ge ~ på ngt* notice sth.; *ta tillfället i ~* seize the opportunity
akta *verb* be* careful with; *~ huvudet!* watch your head!; *~ sig* take* care
akt|er -ern -rar på båt stern
aktie -n -r share
aktiebolag -et = corporation
aktion -en -er action
aktiv *adj* active
aktivera *verb* activate
aktivitet -en -er activity
aktning -en respect
aktuell *adj* current; nu rådande present
aktör -en -er skådespelare actor; t.ex. på börsen operator
akupunktur -en acupuncture
akustik -en acoustics
akut I *adj* acute; *akuta smärtor* acute pain **II** *akuten* emergency ward
akutmottagning -en -ar emergency ward
akvarell -en -er watercolor
akvari|um -et -er aquarium
al -en -ar alder
à la carte *adv* à la carte
aladåb -en -er aspic
alarm -et = alarm
alarmerande *adj* alarming
alban -en -er Albanian
Albanien Albania
albansk *adj* Albanian
albansk|a -an **1** pl. -or kvinna Albanian woman (pl. women) **2** språk Albanian
album -et = album
aldrig *adv* never; *~ mer* never again; *~ i livet!* no way!
alert *adj* alert
alfabet -et = alphabet
alger pl. algae

Algeriet Algeria
alibi -t -n alibi
alkohol -en -er alcohol
alkoholfri *adj* non-alcoholic
alkoholhalt -en -er alcoholic content
alkoholist -en -er alcoholic
alkotest -et -er breathalyzer test
alkov -en -er alcove
all *pron* all; varje every; ~ *mjölk* all the milk; *för ~ del!* ingen orsak you're welcome!
alla *pron* fristående all; varenda en everybody, everyone; ~ *böckerna* all the books; ~ *vet* everyone knows
alldaglig *adj* everyday
alldeles *adv* quite; ~ *nyss* just now; ~ *riktigt* quite right
allé -n -er avenue
allemansrätt -en ung. public right of access
allergi -n -er allergy
allergiker -n = allergic person
allergisk *adj* allergic; ~ *mot ngt* allergic to sth.
allesammans *pron* all of us (you)
allians -en -er alliance
allierad *adj* allied
allihopa se *allesammans*
allmän *adj* general; vanlig common; offentlig public
allmänbildad *adj* well-informed
allmänhet, *i ~* in general; *allmänheten* the public
allra *adv*, *den ~ bästa eleven* the very best pupil; ~ *mest* (*minst*) most (least) of all
allriskförsäkring -en -ar comprehensive insurance
alls *adv*, *inte ~* not at all
allsidig *adj* comprehensive; vard. all-round
allt *pron* all; everything
allteftersom *konj* efter hand som as
alltför *adv* too
alltid *adv* always
alltihop *pron* all, all of it
allting *pron* everything
alltsammans *pron* all, all of it, all of them
alltså *adv* följaktligen accordingly; det vill säga in other words
allvar -et seriousness; *mena ~* be* serious; *på fullt ~* in all seriousness
allvarlig *adj* serious, grave
alm -en -ar elm
almanack|a -an -or almanac; fickalmanacka diary
Alperna the Alps
alpin *adj* alpine
alst|er -ret = product
alstra *verb* produce
alt -en -ar kvinnoröst contralto; körstämma alto
altan -en -er terrace
altare -t -n altar

alternativ I -et = alternative **II** *adj* alternative
aluminium -et aluminum
aluminiumfolie -n -r aluminum foil
amatör -en -er amateur
ambassad -en -er embassy
ambassadör -en -er ambassador
ambition -en -er ambition
ambitiös *adj* ambitious
ambulans -en -er ambulance
amen *interj* amen
Amerika America
amerikan -en -er American
amerikansk *adj* American
amerikansk|a -an **1** pl. -or kvinna American woman (pl. women) **2** språk American English
ametist -en -er amethyst
amma *verb* breast-feed
ammoniak -en ammonia
ammunition -en ammunition
amortera *verb* pay* off; *~ på ett lån* pay* off a loan by installments
amp|el -eln -lar hanging flower-pot
ampull -en -er ampule
amputera *verb* amputate
amulett -en -er amulet
an, *av och ~* to and fro
ana *verb* have* a feeling
analfabet -en -er illiterate
analys -en -er analysis (pl. analyses)
analysera *verb* analyze
analöppning -en -ar anus
ananas -en -er pineapple
anatomi -n anatomy
anblick -en sight; *vid första anblicken* at first sight
anbud -et = offer
and -en änder duck
anda -n **1** *tappa andan* lose* one's breath; *hålla andan* hold* one's breath **2** stämning spirit
andakt -en devotion
andas *verb* breathe
and|e -en -ar spirit; *anden i flaskan* the genie in the bottle
andedräkt -en breath; *dålig ~* bad breath, halitosis
andel -en -ar share
andetag -et = breath
andfådd *adj* breathless
andlig *adj* spiritual
andning -en breathing
andnöd -en shortness of breath
andra I *räkn* second (förk. 2nd); *för det ~* secondly; *hyra ut i ~ hand* sublet **II** *pron* others, other people; *alla ~* all the others, everybody else
andraklassbiljett -en -er second-class ticket
andrum -met frist breathing-space
anemi -n anemia
anemon -en -er anemone
anfall -et = attack

anfalla *verb* attack
anförande -t -n yttrande statement; tal speech
anförtro *verb* **1** överlämna entrust **2** delge confide
ange *verb* **1** uppge state **2** ~ *ngn* report sb., inform on sb.
angelägen *adj* urgent
angelägenhet -en -er affair
angenäm *adj* pleasant
angivare -n = informer
angrepp -et = attack
angripa *verb* attack
angränsande *adj* adjacent
angå *verb* concern
angående *prep* concerning
anhålla *verb* arrest; ~ *om* ask for
anhängare -n = supporter
anhörig en ~, pl. -a relative
aning -en -ar idea; *ingen* ~ no idea
ank|a -an -or duck
ankare -t = (-n) anchor
ank|el -eln -lar ankle
anklaga *verb* accuse; ~ *ngn för ngt* accuse sb. of sth.
anklagelse -n -r accusation, charge
anknyta *verb* attach; ~ *till ngt* refer to sth.
anknytning -en -ar connection; telefonanknytning extension
ankomma *verb* arrive
ankommande *adj* om post, trafik incoming; ~ *tåg* (*flyg* etc.) arrivals
ankomst -en -er arrival; *vid min ~ till Chicago* on my arrival in Chicago
ankomstdag -en -ar day of arrival
ankomsthall -en -ar arrivals hall
ankomsttid -en -er time of arrival
ankra *verb* anchor
anlag -et = begåvning gift, talent
anledning -en -ar skäl reason; orsak cause
anlita *verb*, ~ *ngn* call in sb.
anlägga *verb* uppföra build*; ~ *skägg* grow* a beard
anläggning -en -ar maskinanläggning plant
anlända *verb* arrive; ~ *till New York* arrive in New York; ~ *till banken* arrive at the bank
anmäla *verb* report; ~ *sig till ngt* sign up for sth.; ~ *sig till en tävling* enter a competition
anmäl|an en ~, pl. -ningar report
anmälningsavgift -en -er entry fee
anmärka *verb* påpeka remark; ~ *på ngt* criticize sth.
anmärkning -en -ar påpekande remark; klander criticism; klagomål complaint
annan *pron*, *en* ~ another; *någon* ~ somebody else; *det*

är en helt ~ sak that's quite a different matter
annanstans *adv*, *någon ~* somewhere else
annars *adv* otherwise
annat *pron*, *ett ~* another; *något ~* something else; *något ~?* anything else?
annex -et = annex
annons -en -er advertisement; vard. ad
annonsera *verb* advertise; *~ efter ngt* advertise for sth.
annorlunda I *adv* otherwise **II** *adj* different
annullera *verb* cancel
anonym *adj* anonymous
anorak -en -er parka, ski jacket
anordna *verb* organize, arrange
anordning -en -ar arrangement
anpassa *verb* adapt; *~ sig till ngt* adjust oneself to sth.
anpassning -en -ar adaptation
anropa *verb* call
ansats -en -er försök attempt
anse *verb* think*, consider
ansedd *adj* respected
anseende -t -n reputation
ansenlig *adj* considerable
ansikte -t -n face
ansiktskräm -en -er face cream
ansiktsvatt|en -net = skin bracer
ansjovis -en -ar ung. anchovy
anslag -et = **1** affisch bill **2** pengar grant
anslagstavl|a -an -or notice board, bulletin board
ansluta *verb*, *~ ngt till ngt* connect sth. with sth.; *~ sig till* join; t.ex. union äv. enter
anslutning -en -ar connection
anslutningsflyg -et = connecting flight
anspråk -et = claim; *göra ~ på ngt* claim sth.
anspråksfull *adj* pretentious
anspråkslös *adj* modest; om måltid o.d. simple
anstalt -en -er institution
anstränga *verb* strain; *~ sig* make* an effort
ansträngande *adj* hard
ansträngning -en -ar effort
anstå *verb*, *det får ~* it will have to wait
anstånd -et = respite
anställa *verb* employ; vard. hire
anställd I *adj* employed **II** en ~, pl. -a employee
anställning -en -ar employment; plats position
anständig *adj* respectable
ansvar -et responsibility
ansvara *verb*, *~ för ngt* be* responsible for sth.
ansvarig *adj* responsible; *den ansvarige* the person responsible
ansvarsfull *adj* responsible
ansvarslös *adj* irresponsible

ansöka *verb*, *~ om ngt* apply for sth.
ansök|an en ~, pl. -ningar application
ansökningsblankett -en -er application form
anta *verb* **1** förmoda suppose **2** acceptera accept
antagligen *adv* probably
antal -et = number
antasta *verb* handgripligen molest; trakassera harass
anteckna *verb* write* down
anteckning -en -ar note
antecknings|bok -boken -böcker notebook
antenn -en -er **1** radioantenn aerial **2** på TV el. hos djur antenna
antibiotika pl. antibiotics
antik *adj* antique
antikvariat -et = antiquarian bookseller's
antikvitet -en -er antique
antikvitetsaffär -en -er antique shop, antique store
antingen *konj* **1** either; *~ bananer eller päron* either bananas or pears **2** vare sig whether
antiseptisk *adj* antiseptic
antologi -n -er anthology
anträffbar *adj* available
antyda *verb* låta förstå hint
antyd|an en ~, pl. -ningar hint
anvisa *verb* assign
anvisningar pl. instructions
använda *verb* use; t.ex. tid, pengar spend*
användbar *adj* usable; nyttig useful
användning -en -ar use
apa apan apor monkey; utan svans ape
apatisk *adj* apathetic
apelsin -en -er orange
apelsinjuice -n -r orange juice
apelsinsaft -en -er orange juice
aperitif -en -er aperitif
apostrof -en -er apostrophe
apotek -et = druggist's, drug store, pharmacy
apotekare -n = pharmacist; vard. druggist
apparat -en -er instrument apparatus; anordning device; radioapparat, TV-apparat set
applåd -en -er applause
applådera *verb* applaud
aprikos -en -er apricot
april oböjl. April; *i ~* in April; *~, ~!* April fool!
apropå *prep*, *~ det* by the way
aptit -en appetite
aptitretare -n = appetizer
arab -en -er Arab
arabisk *adj* om t.ex. folk Arab; om t.ex. språk, siffror Arabic
arabisk|a -an **1** pl. -or kvinna Arab woman (pl. women) **2** språk Arabic
arbeta *verb* work; *~ in tid* ung. work overtime to get time off; *~ på ett företag*

work at a company; ~ *på ett problem* work on a problem; ~ *sig upp* work one's way up
arbetare -n = worker
arbete -t -n work; *söka* ~ look for work, look for a job
arbetsam *adj* hard-working
arbetsdag -en -ar working-day; *8 timmars* ~ eight-hour day
arbetsförmedling -en -ar ung. employment agency
arbetsgivare -n = employer
arbetskamrat -en -er fellow worker, co-worker
arbetskraft -en labor
arbetsliv -et working life
arbetslivserfarenhet -en -er work experience
arbetslös *adj* unemployed, jobless
arbetslöshet -en unemployment
arbetsmarknad -en -er labor market
arbetsplats -en -er place of work, workplace
arbetstagare -n = employee
arbetstid -en -er working hours
arbetstillstånd -et = work permit
areal -en -er area
aren|a -an -or arena
arg *adj* angry
Argentina Argentina
argsint *adj* ill-tempered
argument -et = argument
argumentera *verb* argue
ari|a -an -or aria
ark -et = sheet; sheet of paper
arkeolog -en -er archeologist
arkeologi -n archeology
arkitekt -en -er architect
arkitektur -en -er architecture
arkiv -et = archives
arkivera *verb* file
arm -en -ar arm
armband -et = bracelet; för klocka strap
armbandsur -et = wristwatch
armbrott -et = broken arm
armbåg|e -en -ar elbow
armé -n -er army
arom -en -er aroma
arrak -en arrack
arrangemang -et = arrangement
arrangera *verb* arrange
arrangör -en -er arranger, sponsor
arrendator -n -er leaseholder
arrendera *verb* lease, rent
arrest -en -er custody; *sitta i* ~ be* in custody; vard. be* under arrest
arrestera *verb* arrest
arrogant I *adj* arrogant **II** *adv* arrogantly
arsenik -en arsenic
art -en -er kind, sort; vetenskapligt species (pl. lika)
artig *adj* polite
artik|el -eln -lar article
artist -en -er artist
arton *räkn* eighteen, för

sammansättningar med arton jfr *femton* med sammansättningar
artonde *räkn* eighteenth
arv -et = inheritance; ***gå i ~*** be* handed down; ***sjukdomen går i ~*** the disease is hereditary; ***få ngt i ~*** inherit sth.
arving|e -en -ar heir; kvinnlig heiress
arvode -t -n fee
arvsanlag -et = gene
arvtagare -n = heir
as -et = **1** djurkropp carcass **2** skällsord swine (pl. lika), bastard
asfalt -en -er asphalt, blacktop
asfaltera *verb* pave
asiat -en -er Asian
asiatisk *adj* Asiatic, Asian
asiatisk|a -an -or kvinna Asian woman (pl. women)
Asien Asia
1 ask -en -ar träd ash
2 ask -en -ar låda box
aska -n ashes, ash
askfat -et = ashtray
askkopp -en -ar ashtray
asp -en -ar träd aspen
aspekt -en -er aspect
assiett -en -er small plate
assistera *verb* assist
association -en -er association
associera *verb* associate
assurera *verb* insure
aster -n astrar aster
astma -n asthma
astrologi -n astrology
astronaut -en -er astronaut
astronomi -n astronomy
asyl -en -er asylum; ***söka ~*** seek asylum
asylsökande en ~, pl. = person seeking asylum; vard. refugee
ateist -en -er atheist
ateljé -n -er studio
Aten Athens
Atlanten the Atlantic Ocean
atlas -en -er kartbok atlas
atlet -en -er good athlete, strong man (pl. men)
atmosfär -en -er atmosphere
atom -en -er atom
atombomb -en -er atom bomb, A-bomb
att I *infinitivmärke* to; ***hon lovade ~ inte göra det*** she promised not to do it **II** *konj* that; ***jag visste ~ det var sant*** I knew that it was true
attachéväsk|a -an -or briefcase, attaché case
attack -en -er attack
attackera *verb* attack
attentat -et = attack
attestera *verb* certify; räkning sign
attityd -en -er attitude
attraktiv *adj* attractive
aubergine -n -r eggplant
augusti oböjl. August; ***i ~*** in August
auktion -en -er auction

auktionsförrättare -n = auctioneer
auktoritet -en -er authority
auktoritär *adj* authoritarian
aul|a -an -or auditorium
au pair, *jobba som ~* work as an au pair; *jag har varit ~ i Washington* I've worked as an au pair in Washington
Australien Australia
australiensare -n = Australian
australiensisk *adj* Australian
australiensisk|a -an -or kvinna Australian woman (pl. women)
autentisk *adj* authentic
autograf -en -er autograph
automat -en -er varuautomat vending machine
automatisk *adj* automatic
automatväx|el -eln -lar, *bil med ~* an automatic
av I *prep* **1** vanl. of; *tre ~ dem* three of them; *gjord ~ ylle* made of wool **2** by; *dödad ~ ett lejon* killed by a lion **3** orsak with; *darra ~ rädsla* tremble with fear **II** *adv* off; *borsta ~ smutsen* brush off the dirt
avancera *verb* advance
avancerad *adj* advanced; om utrustning m.m. sophisticated
avbeställa *verb* cancel
avbeställning -en -ar cancellation
avbeställningsskydd -et = cancellation insurance
avbetalning -en -ar belopp installment; *köpa på ~* buy* on the installment plan
avboka *verb* cancel
avbokning -en -ar cancellation
avbrott -et = break*
avbryta *verb* break* off; samtal interrupt
avbytare -n = substitute
avböja *verb* avvisa decline, refuse
avdelning -en -ar department; på sjukhus ward
avdrag -et -en reduction; skatteavdrag deduction
avdunsta *verb* evaporate
avel -n breeding
aveny -n -er avenue
avfall -et vått garbage; torrt trash, rubbish
avfart -en -er exit, turn-off
avfärd -en -er departure
avfärda *verb* dismiss
avföring -en -ar excrement; *ha ~* have* a BM (bowel movement)
avgaser pl. från bil exhaust fumes
avgasrör -et -en exhaust pipe, tailpipe
avge *verb* **1** värme o.d. give* off **2** löfte o.d. give*
avgift -en -er charge, fee
avgiftsfri *adj* free
avgjord *adj* decided

avgränsa *verb* mark off
avguda *verb* adore
avgå *verb* **1** om tåg, flyg etc. leave*, depart **2** från t.ex. tjänst resign
avgående *adj* departing; ~ *tåg* (*flyg* etc.) departures
avgång -en -ar **1** t.ex. tågs, flygs departure **2** från t.ex. tjänst resignation
avgångshall -en -ar departures hall
avgångstid -en -er time of departure
avgöra *verb* decide
avgörande I *adj* decisive **II** -t -n decision
avhandling -en -ar dissertation
avhjälpa *verb* remedy
avhållsamhet -en abstinence
avi -n -er notice slip
avig *adj* wrong; ovänlig unfriendly; ~ *maska* purl stitch
avigsid|a -an -or **1** på t.ex. tyg wrong side **2** nackdel drawback
avkastning -en yield
avkoppling -en relaxation
avlastning -en -ar **1** unloading **2** lättnad relief
avleda *verb* divert
avlida *verb* die, pass away
avliva *verb* destroy; sällskapsdjur put* to sleep
avlopp -et -en drain; i gatan sewer pipe
avlossa *verb* fire
avlyssna *verb* listen to
avlång *adj* oblong
avlägsen *adj* distant, remote
avlägsna *verb* remove; ~ *sig* go* away
avlöning -en -ar pay; månadslön salary; veckolön wages
avlösa *verb* relieve
avokado -n -r avocado
avpassa *verb* suit; ~ *ngt efter ngt* adjust sth. to sth.
avreagera *verb*, ~ *sig* let* off steam
avres|a I *verb* depart, start **II** -an -or departure
avresedag -en -ar day of departure
avrunda *verb* round off; ~ *uppåt* round off upwards
avråda *verb*, ~ *ngn från ngt* warn sb. against sth.
avrätta *verb* execute
avrättning -en -ar execution
avsats -en -er på klippa ledge; i trappa landing
avse *verb* **1** syfta på refer to **2** ha för avsikt mean*, intend
avseende -t -n respect
avsevärd *adj* considerable
avsides I *adv* aside; *ligga* ~ lie* apart **II** *adj* distant, remote
avsikt -en -er intention; *ha för* ~ *att* intend to; *med* ~ on purpose
avsiktlig *adj* intentional

avsiktligen *adv* deliberately, on purpose
avskaffa *verb* abolish
avsked -et = **1** ur tjänst discharge **2** farväl leave-taking; *ta ~ av ngn* say* goodbye to sb.
avskeda *verb* dismiss; vard. fire
avskild *adj* secluded
avskildhet -en seclusion
avskilja *verb* separate
avskrift -en -er copy
avskräcka *verb* deter
avsky I *verb* loathe, detest **II** -n disgust, horror
avskyvärd *adj* abominable
avslag -et = rejection; *han fick ~ på sin ansökan* his application was turned down
avslagen *adj* flat, stale
avsluta *verb* finish, complete
avslutning -en -ar conclusion; slut end
avslå *verb* turn down, refuse
avslöja *verb* reveal; t.ex. brott expose
avslöjande -t -n exposure
avsmak -en dislike, distaste; *känna ~ för ngt* feel* disgusted by sth.
avsnitt -et = part; av TV-serie episode
avspegla *verb* reflect; *~ sig* be* reflected
avspänd *adj* relaxed
avstickare -n = detour; *göra en ~ till en stad* make* a little detour to a town
avstå *verb* give* up; *~ från att göra ngt* abstain from doing sth.
avstånd -et = distance; mellanrum space
avsäga *verb*, *~ sig allt ansvar för* disclaim responsibility for
avsändare -n = sender
avta *verb* decrease
avtagsväg -en -ar side road
avtal -et = agreement, contract
avtala *verb* agree, agree on
avtjäna *verb*, *~ ett straff* serve a sentence
avtryck -et = impression
avund -en envy, jealousy
avundas *verb* envy
avundsjuk *adj* envious, jealous
avundsjuka -n envy, jealousy
avvakta *verb* await; med tvekan wait and see
avveckla *verb* wind up; *~ en verksamhet* shut down an operation
avveckling -en -ar liquidation
avvika *verb* **1** ~ skilja sig *från ngt* differ from sth. **2** rymma run* away
avvikande *adj* different, divergent; om beteende deviant
avvikelse -n -r deviation
avvisa *verb* **1** vägra tillträde

turn away **2** t.ex. förslag reject, refuse
avvisande I *adj* negative **II** *adv* negatively
avväga *verb* avpassa adjust; överväga weigh
avvägning -en -ar adjustment, balance
avvänja *verb* spädbarn wean; från drogberoende o.d. detoxify
avvänjningskur -en -er withdrawal treatment
ax -et = sädesax ear
ax|el -eln -lar **1** skuldra shoulder; ***rycka på axlarna*** shrug, shrug one's shoulders **2** hjulaxel axle
axelremsväsk|a -an -or shoulder bag
axelryckning -en -ar shrug

b b-et b-n **1** bokstav b [utt. bi:] **2** ton B flat
babbla *verb* babble
babord oböjl. port
baby -n -ar (-er) baby
bacill -en -er germ; vard. bug
1 back -en -ar ölback o.d. crate
2 back I -en **1** pl. -ar i bollspel back **2** backväxel reverse; ***lägga in backen*** put* it into reverse **II** *adv*, ***gå ~*** run* at a loss
backa *verb* back, reverse; ***~ upp ngn*** back sb. up
back|e -en **1** pl. -ar höjd hill; sluttning slope **2** mark ground
backhoppning -en -ar ski jumping
backspeg|el -eln -lar rear-view mirror
backväx|el -eln -lar reverse, reverse gear
bacon -en (-et) bacon
bad -et = **1** i badkar bath; ***ta ett ~*** have* a bath; utomhus go* for a swim **2** badplats beach
bada *verb* swim, bathe; i badkar have* a bath
badbyxor pl. swim trunks, swimming trunks
baddräkt -en -er swimsuit
badhandduk -en -ar bath towel

badhus -et = bath house
badhytt -en -er bathing hut
badkapp|a -an -or bathrobe
badkar -et = bathtub, tub
badkläder pl. beachwear
badlakan -et = bath towel, beach towel
badminton -en badminton
badmöss|a -an -or bathing cap
badort -en -er seaside resort
badplats -en -er beach
badrum -met = bathroom
bad|strand -stranden -stränder beach
badvakt -en -er lifeguard
bag -en -ar bag
bagage -t luggage, baggage
bagageinlämning -en -ar check room
bagageluck|a -an -or trunk
bagageutrymme -t -n trunk
bagare -n = baker
bagatell -en -er trifle
bageri -et -er bakery
bajsa *verb* barnspråk go* potty, do* number two
bak -en -ar stjärt behind; ~ *och fram* the wrong way round
baka *verb* bake
bakben -et = hind leg
bakdel -en -ar på ett föremål back; människas buttocks
bakdörr -en -ar back door; på bil rear door
bakelse -n -r pastry
bakfick|a -an -or på byxor hip pocket; ***ha något i bakfickan*** have* something up one's sleeve
bakfram *adv* back to front
bakfull *adj*, ***vara*** ~ have* a hangover
bakgrund -en -er background
bakhjul -et = rear wheel
bakifrån *adv* from behind
bakluck|a -an -or trunk
baklykt|a -an -or taillight
baklås, ***dörren har gått i*** ~ the lock is jammed
baklänges *adv* backwards
bakom *prep* o. *adv* behind
bakplåt -en -ar cookie sheet
bakpulv|er -ret = baking powder
bakre *adj* back
bakrut|a -an -or rear window
baksid|a -an -or back
bakslag -et -en setback
baksmäll|a -an -or hangover
baksäte -t -n back seat
bakterie -n -r germ
bakverk -et = pastry; större cake
bakväg -en -ar back door; ***på bakvägar*** indirectly
bakvänt *adv* awkwardly; galet absurdly
bakåt *adv* backwards
1 bal -en -er dans ball; mindre dance
2 bal -en -ar packe bale
balans -en -er balance; ***tappa balansen*** lose* one's balance
balansera *verb* balance
balett -en -er ballet

balj|a -an -or kärl tub
balkong -en -er balcony
ballad -en -er ballad
ballong -en -er balloon
balsam -en (-et) -er balsam; hårbalsam conditioner
balt -en -er Balt
baltisk *adj* Baltic
bambu -n bamboo
ban|a -an -or **1** väg path; omloppsbana orbit **2** löparbana o.d. track **3** järnväg line
banal *adj* commonplace, banal
banan -en -er banana
band -et = **1** remsa band; snöre string; kassettband tape; hårband ribbon; *löpande ~* i fabrik o.d. assembly line; *på löpande ~* bildligt in a steady stream; *lägga ~ på sig* keep* one's temper **2** följe el. popband o.d. band
bandage -t = bandage
bandit -en -er bandit; *enarmad ~* one-armed bandit
bandspelare -n = tape recorder
bandy -n bandy
banjo -n -r banjo
bank -en -er bank; *ha pengar på banken* have* money in the bank
banka *verb* knock
bank|bok -boken -böcker passbook
bankfack -et -en safe-deposit box
bankgiro -t -n bank giro
bankkonto -t -n bank account
banklån -et = bank loan
bankomat® -en -er ATM (förk. för automatic teller machine)
bannlysa *verb* ban
banta *verb* diet, be* on a diet
1 bar *adj* bare; naked; *på ~ gärning* redhanded; *under ~ himmel* in the open
2 bar -en -er bar
bara I *adv* only **II** *konj* såvida as long as
barack -en -er barracks
barbent *adj* bare-legged
bardisk -en -ar bar
barfota *adj* o. *adv* barefoot
barhuvad *adj* bare-headed
bark -en -ar på träd bark
barm -en -ar bosom, breast
barmhärtig *adj* merciful
barn -et = child (pl. children); vard. kid; *hon är med ~* she's pregnant
barnbarn -et = grandchild (pl. grandchildren)
barnbidrag -et = child benefit
barn|bok -boken -böcker children's book
barndom -en childhood
barndop -et = christening
barnfamilj -en -er family with children
barnförbjuden *adj* for adults only, X-rated
barnhem -met = för föräldralösa orphanage

barnkammare -n = children's room, nursery
barnkläder pl. children's clothes
barnledig *adj*, ***hon är ~*** she's on maternity leave
barnläkare -n = pediatrician
barnmisshandel -n child abuse
barnmorsk|a -an -or midwife (pl. midwives)
barnomsorg -en child care
barnsjukdom -en -ar children's disease; hos ny produkt teething problems
barnskor pl. children's shoes
barnslig *adj* childish
barnstol -en -ar high chair
barnsäker *adj* childproof
barnsäng -en -ar för spädbarn crib; för större barn child's bed
barntillåten *adj*, ***~ film*** movie rated G
barnvagn -en -ar baby carriage
barnvakt -en -er baby sitter
baromet|er -ern -rar barometer
barr -et = på träd needle
barra *verb* shed its needles
barrskog -en -ar pine forest
barrträd pl. conifers; vard. pines and firs
barservering -en -ar snack bar
barsk *adj* harsh
bartend|er -ern -rar bartender
baryton -en -er baritone
1 bas -en -er grund base; bildligt foundation
2 bas -en -ar röst, stämma, sångare bass
3 bas -en -ar förman foreman (pl. foremen); vard. boss
ba-samtal -et = collect call
basar -en -er bazaar
basera *verb* base; ***vara baserad på*** be* based on
basfiol -en -er double bass
basilik|a -an -or växt basil
bask|er -ern -rar beret
basket -en basketball
bassäng -en -er basin; simbassäng swimming pool
bast -et bast
basta *verb* take* a sauna
bastu -n -r sauna, sauna bath
basun -en -er instrument trombone
batong -en -er nightstick; vard. billy club
batteri -et -er battery
batteridriven *adj* battery--powered
BB BB-t BB-n maternity ward
be *verb* **1** en bön pray **2** anhålla ask; ***~ ngn om ngt*** ask sb. for sth.; ***får jag ~ om notan?*** check, please!; ***jag ska ~ att få tre öl*** three beers, please!
bearbeta *verb* omarbeta adapt; söka inverka på try to influence
beboelig *adj* habitable
bebyggelse -n -r houses; buildings
bedra *verb* deceive, swindle;

vara otrogen mot be* unfaithful to; ~ *sig* be* mistaken
bedragare -n = deceiver, swindler
bedrift -en -er exploit
bedriva *verb*, ~ *studier* study; ~ *forskning* do* research
bedrägeri -et -er brott fraud; skoj scam, swindle
bedrövad *adj* sorrowful, sad
bedrövlig *adj* deplorable; usel miserable
bedöma *verb* judge; uppskatta estimate
bedöva *verb*, ~ *ngn* med bedövningsvätska give* an anesthetic to sb.
bedövning -en -ar med bedövningsvätska anesthesia
bedövningsmed|el -let = anesthetic
befalla *verb* order; kommendera command
befallning -en -ar order, command
befattning -en -ar syssla post; ämbete office
befinna *verb*, ~ *sig* vara be*; känna sig feel*
befogad *adj* justified
befogenhet -en -er authority; *ha* ~ be* authorized
befolkning -en -ar population
befordra *verb* upphöja promote
befordr|an en ~, pl. -ingar avancemang promotion
befria *verb*, ~ *ngn* set sb. free; ~ *ngn från ngt* exempt sb. from sth.; ~ *sig från ngt* free oneself from sth.
befrielse -n -r liberation
befrukta *verb* fertilize
befruktning -en -ar fertilization; *konstgjord* ~ artificial insemination
befäl -et = **1** kommando command **2** befälspersoner officers; underofficer NCO (förk. för non-commissioned officer)
begagnad *adj* used; second-hand
bege *verb*, ~ *sig* go*
begoni|a -an -or begonia
begrava *verb* bury
begravning -en -ar burial; ceremoni funeral
begrepp -et = idea; *reda ut begreppen* straighten things out; *stå i* ~ *att göra ngt* be* just about to do sth.
begripa *verb* understand; inse see*; ~ *sig på ngt* understand sth.
begriplig *adj* understandable
begränsa *verb* inskränka limit; ~ *sig* limit oneself
begränsning -en -ar limitation
begå *verb* ett brott commit; ett misstag make*
begåvad *adj* talented
begåvning -en -ar talent
begär -et = desire; ~ *efter* craving for

begära *verb* ask, ask for; anhålla om request

begäran en ~, best. form = anhållan request; ansökan application

behag -et = välbehag pleasure; tjusning charm; *efter ~* as you like

behaga *verb* tilltala please

behaglig *adj* angenäm pleasant; tilltalande attractive

behandla *verb* treat; handla om deal with; *bli illa behandlad* be* badly treated

behandling -en -ar treatment

behov -et = need

behå -n = (-ar) brassiere; vard. bra

behålla *verb* keep*

behållare -n = container

behållning -en -ar **1** återstod remainder **2** vinst profit

behärska *verb* **1** råda över control; vara herre över be* in command of; *~ sig* control oneself **2** kunna master

behärskad *adj* restrained

behörig *adj* authorized; kompetent qualified; om läkare licensed; om lärare certified

behöva *verb* need

behövas *verb* be* needed; *det behövs inte* it is not necessary

beige *adj* beige

bekant **I** *adj* välkänd well-known; välbekant familiar **II** en ~, pl. -a acquaintance

beklaga *verb*, *~ ngt* be* sorry about sth.; *~ sig* complain

beklaglig *adj* unfortunate

bekosta *verb* pay* for

bekräfta *verb* confirm

bekräftelse -n -r confirmation

bekväm *adj* comfortable; *~ av sig* lazy, easy-going

bekym|mer -ret = worry, trouble

bekymra *verb*, *~ sig* worry; *det bekymrar henne* she is worried about it

bekymrad *adj* worried

bekänna *verb* confess

bekännelse -n -r confession

belasta *verb* load, charge

belastning -en -ar load

belgare -n = Belgian

Belgien Belgium

belgisk *adj* Belgian

belgisk|a -an -or kvinna Belgian woman (pl. women)

belopp -et = amount, sum

belysning -en -ar lighting

belåten *adj* satisfied

belägen *adj* situated; *vara ~* be*, lie*

beläggning -en -ar covering, coating

belöna *verb* reward

belöning -en -ar reward

bemöta *verb* behandla treat; besvara answer; *bli illa bemött* be* badly treated

ben -et = **1** skelettdel bone **2** kroppsdel leg; ***vara på benen igen*** be* up and about again

ben|a -an -or part

benbrott -et = fractured leg, fracture; svårt broken leg

benfri *adj* boneless

bensin -en gasoline; vard. gas

bensindunk -en -ar gas can

bensinmack -en -ar gas station

bensinmätare -n = gas gauge

bensinstation -en -er gas station; service station

bensintank -en -ar gas tank

benägen *adj* inclined

benägenhet -en -er tendency

benämning -en -ar name

beordra *verb* order, command

bereda *verb* **1** förbereda prepare; ~ ***sig på ngt*** make* ready for sth. **2** förorsaka cause

beredd *adj* prepared; ***vara ~ på ngt*** be* prepared for sth.

beredskap -en preparedness; ***ligga*** (***stå***) ***i*** ~ stand* by

berest *adj*, ***vara mycket ~*** have* traveled a lot

berg -et = **1** mountain; mindre hill **2** berggrund rock

bergig *adj* mountainous; hilly

bergkristall -en -er rock crystal

bergskedj|a -an -or mountain chain

bergskid|a -an -or uphill ski

bergstopp -en -ar mountain peak

bergsäker *adj* dead certain

berika *verb* enrich

berlock -en -er charm

bero *verb*, ~ ***på*** ha sin grund i be* due to; komma an på depend on

beroende *adj* dependent

berså -n -er arbor

berusad *adj* intoxicated, drunk; ***berusat tillstånd*** drunken state

beryktad *adj* notorious; ***illa ~*** with a bad reputation

beräkna *verb* calculate; uppskatta estimate

beräkning -en -ar calculation; uppskattning estimate

berätta *verb* tell*; ~ ***ngt för ngn*** tell* sb. sth.

berättelse -n -r story

berättigad *adj* om person entitled; om t.ex. kritik, misstro well-founded

beröm -met praise

berömd *adj* famous

berömma *verb* praise

beröra *verb* touch

beröring -en -ar contact, touch

besatt *adj* **1** occupied **2** ***vara ~ av ngt*** be* obsessed by sth.

besegra *verb* defeat

besiktiga *verb* inspect; ~ ***bilen*** have* one's car inspected

besiktning -en -ar inspection

besinning -en self-control;

förlora besinningen lose* one's head
besk *adj* bitter
beskatta *verb* tax
besked -et = upplysning information; *få ~* be* informed; *lämna ~ om ngt* let* sb. know about sth.
beskriva *verb* describe
beskrivning -en -ar description
beskydd -et protection
beskydda *verb* protect
beskylla *verb*, *~ ngn för ngt* accuse sb. of sth.
beslag -et = **1** till skydd, prydnad mounting **2** *lägga ~ på* seize
beslagta *verb* confiscate
beslut -et = decision; *fatta ett ~* come* to a decision
besluta *verb* decide; *~ sig för ngt* decide on sth.
beslutsam *adj* determined
besläktad *adj*, *~ med* related to
besparingar pl. savings
bespruta *verb* frukt o.d. spray
bestick -et = knife, fork and spoon
bestiga *verb* climb
bestraffa *verb* punish
bestraffning -en -ar punishment, penalty
bestseller -n = (-s) best-seller
bestyrka *verb* confirm; *~ identitet* show* proof of identity
bestå *verb*, *~ av* consist of
beståndsdel -en -ar component
beställa *verb* order; boka, t.ex. bord, resa, rum book; *får jag ~?* may I order, please?; *~ tid hos tandläkaren* make* an appointment with the dentist
beställning -en -ar order
bestämd *adj* fastställd fixed; orubblig determined
bestämma *verb* determine; *~ sig för ngt* decide on sth.
bestämmelse -n -r regulation, rule
besvara *verb* svara på answer; hälsning return
besvikelse -n -r disappointment
besviken *adj* disappointed
besvär -et = trouble, bother
besvära *verb* trouble; *~ sig* trouble oneself
besvärlig *adj* troublesome; svår hard
besynnerlig *adj* strange, odd
besättning -en -ar **1** manskap crew **2** rollbesättning cast
besök -et = visit; *~ hos* visit to; *få ~ av ngn* have* a visit from sb.
besöka *verb* visit
besökare -n = visitor
besökstid -en -er visiting hours
beta *verb* äta gräs graze; *~ av* bildligt deal with one by one
betagen *adj*, *~ i* charmed by
betala *verb* pay*; varor pay*

for; *får jag ~?* check, please!; *~ av* pay* off; *~ sig* pay*
betalning -en -ar payment
betalningsvillkor -et = terms of payment
1 bet|e -t -n betesmark pasture
2 bete -t -n vid fiske bait
3 bet|e -en -ar på t.ex. elefant tusk
4 bete *verb*, *~ sig* behave; *~ sig som en idiot* act like a fool
beteckning -en -ar designation
beteende -t -n behavior, conduct
betjäna *verb* serve; *vara betjänt av* benefit from
betjäning -en service; personal staff
betjänt -en -er servant
betona *verb* stress
betong -en concrete
betoning -en -ar stress
betrakta *verb* **1** se på look at **2** anse consider
beträffande *prep* concerning
bets|el -let = bridle
bett -et = bite*
betungande *adj* heavy
betyda *verb* mean*
betydande *adj* important; *~ förluster* considerable losses
betydelse -n -r meaning
betydlig *adj* considerable
betyg -et = **1** handling el. examensbetyg certificate; terminsbetyg report **2** betygsgrad grade
betänksam *adj* cautious, thoughtful
beundra *verb* admire, idolize
beundran en ~, best. form = admiration
beundransvärd *adj* admirable
beundrare -n = admirer; vard. fan
bevaka *verb* **1** vakta guard **2** tillvarata look after
bevakning -en -ar guard
bevara *verb* bibehålla preserve
bevilja *verb* grant
bevingad *adj* winged; *bevingat ord* famous saying
bevis -en = proof, evidence
bevisa *verb* prove
bevittna *verb* **1** bestyrka attest; *bevittnad kopia* certified copy **2** vara vittne till witness
bh -n = (-ar) brassiere; vard. bra
bi -et -n bee
bib|el -eln -lar bible, Bible
bibliotek -et = library
bidé -n -er bidet
bidra *verb*, *~ till* contribute to
bidrag -et = **1** tillskott contribution **2** understöd allowance
bifall -et approval
biff -en -ar steak
biffstek -en -ar beefsteak, steak
bifoga *verb* enclose; *bifogad räkning* bill enclosed
bihål|a -an -or sinus
bihåleinflammation -en -er sinusitis
bijouterier pl. jewelry

bikini -n = bikini
bikt -en -er confession
bikta *verb*, ~ ***sig*** confess
bikup|a -an -or beehive
bil -en -ar car; taxibil taxicab, taxi, vard. cab
bila *verb* go* by car
bilag|a -an -or i brev enclosure; tidningsbilaga supplement
bilbälte -t -n seat belt
bild -en **1** pl. -er picture **2** skolämne art
bilda *verb* åstadkomma form; utgöra make*; ~ ***sig*** skaffa sig bildning educate oneself; ~ ***sig en uppfattning om*** form an opinion of
bildad *adj* cultivated, well--educated
bildelar pl. auto parts
bilder|bok -boken -böcker picture book
bildlig *adj* figurative
bildning -en skolutbildning o.d. education; bildande formation
bildskärm -en -ar screen; dators monitor
bilfärj|a -an -or car ferry
bilförare -n = car driver
bilförsäkring -en -ar car insurance
bilist -en -er car driver, motorist
biljard -en -er billiards
biljett -en -er ticket
biljettautomat -en -er ticket machine
biljettkontor -et = ticket office
biljettluck|a -an -or ticket window
biljettpris -et = för inträde admission; för resa fare
bilkö -n -er line of cars
billig *adj* cheap; ej alltför dyr inexpensive
bilmekaniker -n = car mechanic
bilmärke -t -n make, make of car
bilolyck|a -an -or car accident
bilradio -n -r car radio
bilres|a -an -or journey by car
bilsjuk *adj* car-sick
bilskol|a -an -or driving school
bilstöld -en -er car theft
biltelefon -en -er car phone
biltrafik -en traffic
biltur -en -er ride; vard. spin
biltvätt -en -ar car wash
biluthyrning -en -ar car rental agency
bilverk|stad -staden -städer garage, repair shop
bind|a I -an -or bandage; dambinda sanitary napkin
II *verb* bind; knyta tie; ~ ***sig*** el. ~ ***upp sig*** commit oneself
bindande *adj*, ~ ***anmälan*** binding application; ~ ***bevis*** conclusive evidence
bindestreck -et = hyphen
bingo -n bingo
bio -n -r movies; ***gå på*** ~ go* to the movies

biobiljett -en -er movie ticket
biodynamisk *adj* biodynamic; *biodynamiskt odlad mat* organic food
biograf -en -er movie theater, cinema; vard. movies
biografi -n -er biography
biologi -n biology
biologisk *adj* biological
bisarr *adj* bizarre, odd
biskop -en -ar bishop
biskvi -n -er ung. macaroon
bismak -en -er funny taste
bister *adj* om min o.d. grim; om klimat hard, harsh
bistro -n bistro, café
bistånd -et aid
bit -en -ar stycke piece; matbit bite; vägsträcka distance; *det är en bra ~ kvar* we have quite a ways to go; *äta en ~* have* a snack; *gå i bitar* fall* to pieces
bita *verb* bite*; *~ av* bite* off
bitas *verb* bite*
biträdande *adj* deputy, assistant
biträde -t -n **1** affärsbiträde clerk, sales clerk **2** medhjälpare assistant
bitsock|er -ret sugar cubes
bitter *adj* bitter
bittermand|el -eln -lar bitter almond
bitti *adv* early; *i morgon ~* early tomorrow morning
bjuda *verb* **1** erbjuda offer; servera serve; *jag bjuder!* this one's on me!; *~ ngn på middag* invite sb. to dinner; *~ upp ngn* ask sb. for a dance **2** göra anbud bid
bjudning -en -ar party
bjälk|e -en -ar beam
bjällr|a -an -or little bell
bjäss|e -en -ar big guy
björk -en -ar birch
björn -en -ar bear
blackout -en -er blackout; *drabbas av en ~* have* a blackout
blad -et = **1** på växt leaf (pl. leaves) **2** av papper sheet
bland *prep* among; *~ annat* among other things
blanda *verb* mix; spelkort shuffle; *~ sig i* butt in; *~ ihop* mix up
blandad *adj* mixed
blandning -en -ar mixture; av olika kvaliteter blend; röra mess
blank *adj* bright, shining
blankett -en -er form
blaz|er -ern -rar jacket, sports jacket
blek *adj* pale
bleka *verb* bleach
blekna *verb* om person turn pale; om färg fade
bli *verb* be*, become*; vard. get*; *hur mycket blir det?* kostar how much will that be?; *det blir regn* it is going

to rain; ~ ***av med ngt*** lose* sth.; ~ ***över*** be* left over
blick -en -ar look; hastig glance
blind *adj* blind
blindtarm -en -ar appendix
blindtarmsinflammation -en -er appendicitis
blinka *verb* om ljus twinkle; med ögonen blink; ***utan att ~*** without batting an eye
blink|er r på bil turn signal
blivande *adj* future
blixt -en -ar **1** lightning; ***en ~*** a flash of lightning **2** kamerablixt flash
blixtlås -et = zipper
blixtra *verb* flash
block -et = **1** stycke block **2** skrivblock pad
blockera *verb* block
blockflöjt -en -er recorder
blod -et blood
blodbrist -en anemia
blodcirkulation -en blood circulation
blodfläck -en -ar bloodstain
blodfläckad *adj* blood-stained
blodförgiftning -en -ar blood poisoning
blodgivare -n = blood donor
blodgrupp -en -er blood group
blodig *adj* **1** blodfläckad blood-stained, covered with blood **2** om biff o.d. rare
blodpropp -en -ar blood clot; sjukdom thrombosis
blodprov -et = blood test, blood sample
blodpudding -en -ar ung. blood sausage
blodsock|er -ret blood sugar
blodtransfusion -en -er blood transfusion
blodtryck -et =, ***högt ~*** high blood pressure; ***lågt ~*** low blood pressure
blodvärde -t -n blood count
blom -men, ***stå i ~*** be* in bloom
blomblad -et = petal
blombukett -en -er bunch of flowers; köpt bouquet
blomkruk|a -an -or flowerpot
blomkål -en cauliflower
blomm|a I -an -or flower **II** *verb* bloom
blommig *adj* flowery
blomsterhand|el -eln -lar flower shop, florist's
blomstra *verb* blossom; frodas prosper
blomstrande *adj* flourishing
blond *adj* fair; blond; om kvinna blonde
blondin -en -er blonde
bloss -et = **1** fackla torch **2** vid rökning puff; drag; ***dra ett ~*** take* a puff (drag)
blott I *adj* mere; ***med blotta ögat*** with the naked eye **II** *adv* only
blottare -n = flasher

bluff -en -ar humbug, bluff; bedragare fraud
bluffa *verb* bluff
blunda *verb* shut one's eyes
blus -en -ar blouse
bly -et lead
blyad *adj*, ~ *bensin* leaded gasoline
blyertspenn|a -an -or pencil
blyfri *adj*, ~ *bensin* unleaded gasoline
blyg *adj* shy
blygsam *adj* modest
blyhaltig *adj* containing lead
blå *adj* blue
blåbär -et = blueberry
blåklint -en -ar bachelor's button, cornflower
blåklock|a -an -or harebell, bluebell
blåmes -en -ar blue tit
blåmärke -t -n bruise
1 blås|a -an -or **1** t.ex. urinblåsa bladder **2** i huden blister
2 blåsa *verb* **1** blow; *det blåser* it is windy **2** vard., lura rip off
1 blåsig *adj* windy
2 blåsig *adj* med blåsor blistered
blåsinstrument -et = wind instrument
blåsipp|a -an -or hepatica
blåskatarr -en -er inflammation of the bladder
blåsorkest|er -ern -rar brass band
blåst -en wind
blåsväd|er -ret = **1** stormy weather **2** *ute i* ~ bildligt in hot water
blåögd *adj* blue-eyed; godtrogen etc. naive
bläck -et ink
bläckfisk -en -ar octopus
bläckpenn|a -an -or pen
bläddra *verb*, ~ *igenom* (*i*) *en bok* leaf through a book
blända *verb* blind; ~ *av* dim one's headlights
bländande *adj* dazzling
bländare -n = stop, setting
blänka *verb* shine
blöda *verb* bleed
blödning -en -ar bleeding; *inre blödningar* internal bleeding
blöj|a -an -or diaper
blöt I *adj* wet **II** *lägga* (*ligga*) *i* ~ soak
blöta *verb* soak; ~ *ner* wet; ~ *ner sig* get* all wet
bo I *verb* permanent live; tillfälligt stay; ~ *på hotell* stay at a hotel **II** -et -n fågels nest
boaorm -en -ar boa constrictor
bock -en -ar **1** get billy goat **2** stöd horse
bocka *verb* buga bow
bod -en -ar **1** marknadsstånd booth **2** skjul shed
bofast *adj* resident
bofink -en -ar chaffinch
bog -en -ar **1** på djur shoulder **2** del av fartyg bow

bogsera *verb* tow
bogserlin|a -an -or towline
bohag -et = household goods
bohem -en -er bohemian; vard. hippy, hippie
boj -en -ar buoy
bojkott -en -er boycott
bojkotta *verb* boycott
1 bok -en böcker book
2 bok -en -ar träd beech
boka *verb* book, make* a reservation
bokföring -en -ar bookkeeping
bokförlag -et = publishing house
bokhand|el -eln -lar bookstore
bokhyll|a -an -or bookcase
bokklubb -en -ar book club
bokmärke -t -n bookmark
bokning -en -ar reservation
bok|stav -staven -stäver letter
bokstavera *verb* spell
bokstavsordning -en -ar alphabetical order
bolag -et = company, corporation
boll -en -ar ball
bollspel -et = ball game
1 bom -men -mar stång bar; på segelbåt boom; i gymnastik o.d. horizontal bar
2 bom -men -mar felskott miss
bomb -en -er bomb
bomba *verb* bomb
bomull -en cotton; vadd absorbent cotton
bomullstyg -et -er cotton cloth
bona *verb* wax
bondbön|a -an -or broad bean
bonde -n bönder farmer; i schack pawn
bondgård -en -ar farm
bonus -en bonus
bord -et = table
bordduk -en -ar tablecloth
bordeaux -en -er Bordeaux
bordell -en -er brothel; vard. whorehouse
bordsbeställning -en -ar reservation
bordsdam -en -er dinner partner
bordskavaljer -en -er dinner partner
bordsvatt|en -net = mineral water
bordsvin -et -er table wine
bordtennis -en table tennis; vard. ping-pong
borg -en -ar castle
borgare -n = bourgeois; icke-socialist non-Socialist
borgen oböjl. security
borgens|man -mannen -män guarantor, co-signer
borgerlig *adj* middle class, bourgeois; icke-socialistisk non-Socialist; ~ ***vigsel*** civil marriage
borgmästare -n = mayor
borr -en -ar drill
borra *verb* bore; i tand drill
borrmaskin -en -er drill
borst -et (-en) = bristle

borsta *verb* brush; ~ *tänderna* brush one's teeth
borst|e -en -ar brush
bort *adv* away; *dit* ~ over there; *vi ska* ~ *ikväll* we are invited out tonight
borta *adv* för tillfället away; försvunnen gone; som inte går att finna missing; *där* ~ over there; *långt* ~ far away; *den är* ~ it's gone
bortbjuden *adj* invited out
bortblåst *adj*, *vara som* ~ have* completely vanished
bortfall -et = decline
bortförklaring -en -ar excuse
bortkastad *adj*, ~ *tid* a waste of time
bortkommen *adj* lost
bortom *prep* beyond
bortre *adj* further
bortrest *adj*, *hon är* ~ she's gone away, she's out of town
bortskämd *adj* spoiled
bortsprungen *adj* runaway, stray
bosatt *adj* resident; *vara* ~ *i* be* a resident of
boskap -en cattle
Bosnien Bosnia
bosnier -n = Bosnian
bosnisk *adj* Bosnian
bosnisk|a -an -or kvinna Bosnian woman (pl. women)
bo|stad -staden -städer hem place; hus house
bostadsadress -en -er permanent address
bostadsbidrag -et = housing allowance
bostadshus -et = house; större apartment house
bostadslös I *adj* homeless **II** en ~, pl. -a homeless person
bostadsrätt -en -er condominium; vard. condo
bostadsrättslägenhet -en -er condominium apartment; vard. condo
bosätta *verb*, ~ *sig* settle down
bot -en remedy
bota *verb* cure
botanik -en botany
botanisk *adj* botanical; ~ *trädgård* botanical gardens
botemed|el -let = remedy, cure
bott|en -nen -nar bottom; *på nedre* ~ on the ground floor
bottenvåning -en -ar ground floor, first floor
bottna *verb* touch bottom
boules pl. boccie, lawn bowling
boulevard -en -er boulevard
bourgogne -n -r burgundy
bov -en -ar villain; förbrytare criminal
bowling -en bowling
bowlinghall -en -ar bowling alley
box -en -ar box
boxas *verb* box

box|er -ern -rar boxer
boxning -en -ar boxing
bra I *adj* **1** good; utmärkt excellent; ***det är ~ så*** that's fine, thank you **2** frisk well **II** *adv* well; ***tack ~*** fine, thank you
bragd -en -er exploit
brak -et = crash
braka *verb* crash
brand -en bränder fire
brandbil -en -ar fire engine
brandfara -n risk of fire
brandfarlig *adj* inflammable
brandgul *adj* orange
brandkår -en -er fire department
brand|man -mannen -män fireman (pl. firemen), firefighter
brandredskap -et = firefighting equipment
brandsläckare -n = fire extinguisher
brandstation -en -er fire house
brandsteg|e -en -ar fire escape
brandvarnare -n = fire alarm
bransch -en -er line of business
brant I *adj* steep **II** -en -er precipice
bras|a -an -or fire
Brasilien Brazil
bravo *interj* bravo!
bre *verb*, ***~ en smörgås*** make* a sandwich; ***~ 'på*** lay* it on thick
bred *adj* broad, wide
bredbar *adj* easy-to-spread
bredd -en -er breadth
bredda *verb* broaden
breddgrad -en -er latitude
bredsid|a -an -or broadside
bredvid I *prep* beside; om hus o.d. next door to **II** *adv* close by; ***hon bor i huset ~*** she lives next door
Bretagne Brittany
brev -et = letter
brevbärare -n = mailman (pl. mailmen)
brevlåd|a -an -or mailbox, box
brevpapper -et = stationery
brevporto -t -n postage
brevvåg -en -ar letter scales
brevvän -nen -ner pen pal
brevväxla *verb* correspond
brick|a -an -or **1** för servering tray **2** för tekniskt bruk washer **3** för identifiering badge **4** spelbricka counter
bridge -n bridge
briljant I *adj* brilliant **II** *adv* brilliantly **III** -en -er gem
briljera *verb* show* off
bring|a -an -or breast; maträtt brisket
brinna *verb* burn*
brinnande *adj* burning
bris -en -ar (-er) breeze
brist -en -er avsaknad lack; knapphet shortage; bristfällighet deficiency; ***det råder ~ på...*** there is a shortage of...
brista *verb* burst; ***~ ut i skratt*** burst into laughter

bristfällig *adj* defective
bristningsgräns -en -er breaking point
brits -en -ar bunk
britt -en -er Briton; vard. Brit
brittisk *adj* British
bro -n -ar bridge
broccoli -n broccoli
brodera *verb* embroider
broderi -et -er embroidery
brokig *adj* motley; ~ ***skara*** motley crew
1 broms -en -ar på fordon o.d. brake
2 broms -en -ar insekt gadfly
bromsa *verb* brake
bromsljus -et = brake light
bromsolj|a -an -or brake fluid
bromspedal -en -er brake pedal
bromsvätsk|a -an -or brake fluid
bronkit -en -er bronchitis
brons -en bronze
bror brodern bröder brother
brors|dotter -dottern -döttrar niece
bror|son -sonen -söner nephew
brosch -en -er brooch
broschyr -en -er brochure, pamphlet
brosk -et = cartilage
brott -et = **1** förbrytelse crime; kränkning violation **2** benbrott fracture
brottas *verb* wrestle
brottning -en -ar wrestling
brottslig *adj* criminal
brottslighet -en crime
brottsling -en -ar criminal
brud -en -ar bride
brudgum -men -mar bridegroom
brudklänning -en -ar wedding dress
brudnäbb -en -ar flicka flower girl, junior bridesmaid; pojke page
brudpar -et = bridal couple
brudtärn|a -an -or bridesmaid
bruk -et = användning use; ***endast för utvärtes*** ~ for external use only
bruka *verb* **1** använda use **2** odla cultivate **3** ***vi brukar äta vid den tiden*** we usually have dinner at that time
bruksanvisning -en -ar operating instructions
brumma *verb* growl
brun *adj* brown
brunn -en -ar well
brunögd *adj* brown-eyed
brus -et havets roar; störning i radio o.d. noise
brusa *verb* roar; ~ ***upp*** lose* one's temper; vard. blow up
brutal *adj* brutal
brutalitet -en -er brutality
brutto *adv* gross
bry *verb*, ~ ***sig om ngt*** pay* attention to sth.; ~ ***sig om ngn*** care about sb.; ***han bryr sig inte*** he just doesn't care
1 brygg|a -an -or bridge; för landning dock

2 brygga *verb* brew
bryggeri -et -er brewery
bryggmalen *adj* fine-ground
brylépudding -en -ar ung. custard
bryna *verb* steka brown
Bryssel Brussels
brysselkål -en Brussels sprouts
bryta *verb* break*; förbindelse break* off; i uttal speak* with an accent; ~ ***benet*** break* one's leg; ***samtalet bröts*** the call was cut off; ~ ***sig in i ngt*** break* into sth.; ***det har brutit ut en epidemi*** an epidemic has broken out
brytning -en -ar **1** oenighet breach, estrangement **2** i uttal accent
bråck -et = hernia
brådska I -n hurry **II** *verb*, ***det brådskar*** it is urgent
brådskande *adj* urgent
1 bråk -et = **1** buller noise **2** besvär trouble
2 bråk -et = matematiskt uttryck fraction
bråka *verb* **1** väsnas be* noisy **2** krångla make* a fuss **3** gräla quarrel
bråkdel -en -ar fraction; ***bråkdelen av en sekund*** a split second
bråkig *adj* bullersam noisy; besvärlig troublesome
bråkstak|e -en -ar troublemaker
brås *verb*, ~ ***på ngn*** take* after sb.
bråttom *adv*, ***ha*** ~ be* in a hurry
bräcklig *adj* skör fragile; skröplig frail
bräd|a -an -or board
brädd -en -ar brim
bräde -t -r (-n) board
brädsegling -en -ar windsurfing
bränna *verb* burn*; ~ ***sig*** burn* oneself; ~ ***hemma*** vard. make* moonshine
brännas *verb* burn*; ***det bränns!*** du är nära you're getting close!
brännblås|a -an -or blister
brännskad|a -an -or burn
brännsår -et = burn
brännvidd -en -er focal distance
brännvin -et schnaps
brännässl|a -an -or stinging nettle
bränsle -t -n fuel
bränslesnål *adj* economical; ***denna bil är*** ~ this car gets good mileage
bröd -et = bread
brödkak|a -an -or round flat loaf (pl. loaves)
brödkniv -en -ar breadknife
brödrost -en -ar toaster
brödskiv|a -an -or slice of bread
bröllop -et = wedding
bröllopsdag -en -ar wedding day

bröllopsres|a -an -or honeymoon
bröst -et = breast; barm bosom; bröstkorg chest
bröstcanc|er -ern -rar breast cancer
bröstfick|a -an -or breast pocket
bröstkorg -en -ar chest
bua *verb* boo; ~ *åt ngn* boo at sb.
bubbelpool -en -er Jacuzzi®, whirlpool bath
bubbl|a I -an -or bubble **II** *verb* bubble
buckl|a -an -or dent
bucklig *adj* dented
bud -et = **1** budskap message; person från budfirma messenger; *skicka ngt med ~* send* sth. by messenger; *skicka ~ till ngn* send* sb. a message **2** anbud offer; på auktion bid
buddism -en Buddhism
buddist -en -er Buddhist
budget -en -ar budget
budgetår -et = fiscal year
budskap -et = message
buffé -n -er buffet
buff|el -eln -lar djur buffalo; person lout, boor
buffert -en -ar buffer
buga *verb*, ~ *sig* bow
buk -en -ar belly
bukett -en -er bouquet; liten nosegay
bukt -en -er vik bay
bul|a -an -or bump, lump
bulgar -en -er Bulgarian
Bulgarien Bulgaria
bulgarisk *adj* Bulgarian
bulgarisk|a -an **1** pl. -or kvinna Bulgarian woman (pl. women) **2** språk Bulgarian
buljong -en -er soppa clear soup; avkok stock
buljongtärning -en -ar boullion cube
bulldogg -en -ar bulldog
bull|e -en -ar bun
bull|er -ret = noise
bullra *verb* make* a noise
bult -en -ar bolt
bulta *verb* dunka pound; om puls throb
bumerang -en -er boomerang
bums *adv* right away; vard. PDQ, ASAP
bungalow -en -er bungalow
bunk|e -en -ar av metall pan; av porslin bowl
bunt -en -ar pack; *hela bunten* the whole lot
bunta *verb*, ~ *ihop ngt* make* sth. into bundles
bur -en -ar cage; målbur goal
burk -en -ar can; av glas jar; *på ~* canned
burköppnare -n = can opener
busa *verb* be* up to mischief; om småbarn romp, tumble
bus|e -en -ar ruffian
busig *adj* bråkig noisy; livlig lively
busk|e -en -ar bush

buss -en -ar bus; för turism coach
busschaufför -en -er bus driver
bussförbindelse -n -r bus connection
busshållplats -en -er bus stop
bussig *adj* nice
busslinje -n -r bus service
bussres|a -an -or bus ride; längre bus trip
butelj -en -er bottle
butik -en -er store
butter *adj* sullen
by -n -ar litet samhälle village
bygd -en -er area
byg|el -eln -lar loop
bygga *verb* **1** build*; ~ *om ett hus* renovate a house **2** *vara kraftigt byggd* be* powerfully built
bygge -t -n building project
byggnad -en -er building
byggsats -en -er do-it-yourself kit
byrå 1 -n -ar möbel chest of drawers, bureau **2** -n -er kontor office
byråkrati -n -er bureaucracy; vard. red tape
byrålåd|a -an -or drawer
byst -en -er bust
bysthållare -n = brassiere
byta *verb* change; vid byteshandel trade; buss o.d. change, transfer; ~ *om* change; ~ *ut A mot B* replace A with B
byte -t -n **1** utbyte exchange **2** rov booty; vid jakt quarry
byxfick|a -an -or pants pocket
byxkjol -en -ar culottes
byxor pl. pants, trousers
båda *pron* both; *de ~ flickorna* the two girls
bådadera *pron* both
både *konj*, ~ *flugor och getingar* both flies and wasps
båg|e -en -ar **1** kroklinje curve **2** pilbåge bow **3** vard., motorcykel bike
1 bål -en -ar kroppsdel trunk
2 bål -en -ar dryck punch
3 bål -et = brasa bonfire
bår -en -ar stretcher
bård -en -er border
bårhus -et = mortuary
bås -et = stall
båt -en -ar boat
båtres|a -an -or voyage
båttur -en -er trip by boat
bäck -en -ar brook, creek
bäcken -et = **1** kroppsdel pelvis **2** potta bedpan
bädd -en -ar bed
bädda *verb*, ~ *sängen* make* one's bed
bäddsoff|a -an -or convertible couch (sofa)
bägare -n = cup
bägge *pron* both; *de ~ flickorna* the two girls
bälte -t -n belt
bända *verb* prize; ~ *upp ngt* prize sth. open
bänk -en -ar bench

bänkrad -en -er row
bär -et = berry
bära *verb* carry; vara klädd i wear*; ~ *in* (*ut*) *ngt* carry in (out) sth.; ~ *sig* löna sig pay*; ~ *sig dumt åt* behave badly
bärare -n = carrier; stadsbud porter; på flygplats skycap
bärga *verb* **1** rädda save; bil tow; fartyg salvage **2** ~ *sig* contain oneself
bärgningsbil -en -ar tow truck, wrecker
bärkass|e -en -ar plastic bag
bärnsten -en -ar amber
bäst I *adj* best; *det är ~ att stanna* we'd better stay **II** *adv* best
bästa, *göra sitt ~* do* one's best
bättra *verb* improve; *hon har bättrat sig* she has improved; ~ *på ngt* touch up sth.
bättre *adj* o. *adv* better
bäva *verb* tremble
bävan en ~, best. form = fear
bäv|er -ern -rar beaver
böckling -en -ar smoked Baltic herring
bög -en -ar gay
böja *verb* bend; ~ *sig* bend down; ~ *av till vänster* turn left
böjelse -n -r inclination
böjning -en -ar **1** böjande bend **2** bukt curve
böld -en -er boil
bön -en -er **1** anhållan request **2** till gudom prayer
bön|a -an -or bean
bönfalla *verb* plead
böra *verb*, *du bör* (*borde*) *sluta röka* you should stop smoking; *han borde vara här snart* he should be here soon
börd|a -an -or burden
bördig *adj* fruktbar fertile
börja *verb* begin*, start; ~ *om* start all over again
början en ~, best. form = beginning; *från ~* from the beginning
börs -en **1** pl. -er fondbörs stock exchange **2** pl. -ar portmonnä purse
böss|a -an -or gun
böta *verb* pay* a fine
böter pl. fine; *få 1.000 kronor i ~* be* fined 1,000 crowns

C

c c-et c-n **1** bokstav c [utt. si:] **2** ton C
cabriolet -en -er convertible
café -et -er café
campa *verb* camp, go* camping
campare -n = camper
camping -en camping
campingplats -en -er campground; för husvagnar trailer camp
Canada Canada
canc|er -ern -rar cancer
cancerframkallande *adj* carcinogenic
cancertumör -en -er tumor
cape -n -r cape
cardigan -en -er (-s) cardigan
CD-skiv|a -an -or CD
CD-spelare -n = CD player
cell -en -er cell
cellist -en -er cellist
cello -n -r cello
Celsius, *10 grader* ~ 10 degrees Celsius
cembalo -n -r harpsichord
cement -en (-et) cement
cendré *adj* ash-blond
censur -en censorship
censurera *verb* censor
Centerpartiet the Center Party
centiliter -n = centiliter
centimeter -n = centimeter
central I -en -er center **II** *adj* central, key
Centralamerika Central America
centralamerikansk *adj* Central American
centralstation -en -er central station
centralvärme -n central heating
centrifug -en -er centrifuge
centrifugera *verb* centrifuge, spin-dry
centrum -et = center, downtown
cerat -et = Chapstick®
ceremoni -n -er ceremony
certifikat -et = certificate
champagne -n -r champagne
champinjon -en -er mushroom, champignon
chans -en -er chance, opportunity
chansa *verb* take* a chance
charkdisk -en -ar meat department
charkuteriaffär -en -er the butcher's
charkuterivaror pl. delicatessen
charm -en charm
charmig *adj* charming
charterflyg -et = flygning charter flight

charterres|a -an -or charter trip (tour)
chartra *verb* charter
chassi -t -er chassis
chaufför -en -er driver; privat chauffeur
check -en -ar (-er) check; ***betala med ~*** pay* by check
checka *verb* check; ***~ in*** check in; ***~ ut*** check out
checkhäfte -t -n checkbook
chef -en -er head; direktör manager; vard. boss
chic *adj* chic
Chile Chile
chip -et -s datachip chip
chips pl. potatischips potato chips
chock -en -er shock
chockad *adj* shocked
chockera *verb* shock
chok|e -en -ar choke
choklad -en -er chocolate
chokladask -en -ar box of chocolates
chokladkak|a -an -or godis bar of chocolate
chokladmousse -n -r chocolate mousse
chokladsås -en -er chocolate sauce, fudge sauce
cider -n engelsk hard cider; svensk low-alcohol cider
cigarett -en -er cigarette
cigarettetui -et -er (-n) cigarette case
cigarettfimp -en -ar cigarette butt
cigarettpaket -et = pack of cigarettes
cigarettändare -n = lighter
cigarill -en -er cigarillo
cigarr -en -er cigar
cirka *adv* about, roughly
cirk|el -eln -lar circle
cirkulera *verb* circulate
cirkus -en -ar circus
cistern -en -er tank
citat -et = quotation
citera *verb* quote
citron -en -er lemon
citronklyft|a -an -or wedge of lemon
citronsaft -en -er lemon juice; dryck lemonade
city -t -n center; ***Stockholm ~*** downtown Stockholm
civil *adj* civil, civilian
civilbefolkning -en -ar civilian population
civilisation -en -er civilization
civilklädd *adj* ...in civilian clothes; ***en ~ polis*** a plain-clothes police officer
civilstånd -et = marital status
clementin -en -er clementine
clips -et = earclip
clown -en -er clown
c/o i adress care of
cockerspaniel -n -ar (-s) cocker spaniel
cocktail -en -ar cocktail
collie -n -r collie

Colombia Colombia
comeback -en -er comeback; *göra ~* make* a comeback
contain|er -ern -rar Dumpster®
copyright -en copyright
cornflakes pl. cornflakes
cortison -et cortisone
crème fraiche® -n ung. sour cream
crêpe -n -s crepe
Cuba Cuba
cup -en -er cup
curry -n krydda curry powder
cyk|el -eln -lar bicycle; vard. bike
cykelban|a -an -or bike path; i stad bike lane
cykelbyxor pl. tights
cykeldäck -et = bicycle tire
cykelhjälm -en -ar bicycle helmet
cykelpump -en -ar bicycle pump
cykelslang -en -ar inner tube
cykeltur -en -er bike ride
cykeluthyrning -en -ar bicycle rental service
cykla *verb* bike, cycle
cyklist -en -er biker, cyclist
cyklopög|a -at -on face mask
cylind|er -ern -rar cylinder
cymbal -en -er cymbal
Cypern Cyprus
cypress -en -er cypress

D

d d-et d-n **1** bokstav d [utt. di:] **2** ton D
dad|el -eln -lar date
dag -en -ar day; ***i ~*** today; ***vad är det för ~ i ~?*** what day is it today?; ***en gång om dagen*** once a day; ***på dagen*** in the daytime
dag|bok -boken -böcker diary
dagg -en dew
daggmask -en -ar earthworm
daghem -met = daycare center
daglig *adj* daily
dagligen *adv* daily
dagmamm|a -an -or child-minder
dags *adv*, ***hur ~?*** what time?; ***det är ~ att åka*** it's time to leave
dagsljus -et daylight
dagstidning -en -ar daily paper
dagtid *adv* på dagen in the daytime
dahli|a -an -or dahlia
dal -en -ar valley
dala *verb* sink
Dalarna Dalecarlia, Dalarna
dalskid|a -an -or downhill ski
dam -en -er **1** lady **2** i kortspel el. schack queen
dambind|a -an -or sanitary napkin

dambyxor pl. ladies' pants
damcyk|el -eln -lar lady's bicycle
damfrisering -en -ar ladies' hairdresser
damkläder pl. ladies' wear
damkonfektion -en -er ladies' wear
1 damm -en -ar **1** fördämning dam **2** vattensamling pond
2 damm -et stoft dust
damma *verb* **1** städa dust; ~ *av ngt* dust sth. **2** röra upp damm raise a great deal of dust
dammig *adj* dusty
dammsuga *verb* vacuum
dammsugare -n = vacuum cleaner
dammtras|a -an -or duster, dustcloth
damrum -met = ladies' room, powder room
damsko -n -r lady's shoe
damtidning -en -ar ladies' magazine
damtoalett -en -er ladies' room
Danmark Denmark
dans -en -er dance
dansa *verb* dance
dansban|a -an -or dance floor
dansk I *adj* Danish **II** -en -ar Dane
dansk|a -an **1** pl. -or kvinna Danish woman (pl. women) **2** språk Danish
dansmusik -en dance music
dansställe -t -n dance
dansör -en -er dancer
dansös -en -er dancer
darra *verb* tremble
dass -et = outhouse; vard. john
1 data -n datasystem o.d. computer; *ligga på ~* be* on the computer
2 data pl. fakta facts
datanät -et = computer network
dataregist|er -ret = computerized data bank
dataskärm -en -ar monitor
dataspel -et = computer game
dataterminal -en -er computer terminal
datavirus -et = computer virus
dataåldern best. form, *i ~* in the computer age
datera *verb* date
dator -n -er computer
datorisering -en -ar computerization
datum -et = date
datumstämp|el -eln -lar date stamp
de *pron* they; ~ *som vet* those who know; ~ *här är bättre än ~ där* these are better than those
debatt -en -er debate
debattera *verb* debate
debitera *verb* charge
debut -en -er debut
debutera *verb* make* one's debut

december oböjl. December; *i ~* in December
decenni|um -et -er decade
decibel en ~, pl. = decibel
deciliter -n = deciliter
decimal -en -er decimal
decimeter -n = decimeter
deckare -n = **1** bok el. film detective story **2** person private eye
defekt I -en -er defect **II** *adj* defective
defensiv I -en defensive **II** *adj* defensive
definiera *verb* define
definition -en -er definition
definitiv *adj* definite
defrost|er -ern -rar defroster
deg -en -ar dough; för paj pastry
deklaration -en -er declaration; självdeklaration income tax return
deklarera *verb* **1** göra sin självdeklaration do* one's tax return **2** ståndpunkt o.d. declare
dekor -en -er décor
dekoration -en -er decoration
dekorera *verb* decorate
del -en -ar **1** part **2** ***en hel ~ människor*** a lot of people; ***en hel ~ pengar*** a lot of money; ***till stor ~*** to a large extent **3** andel share **4** ***få ~ av ngt*** be* informed of sth.
dela *verb* **1** divide; ***~ 25 med 5*** divide 25 by 5 **2** dela med ngn share; ***~ på notan*** split the check **3** ***~ sig*** divide
delaktig *adj*, ***vara ~ i*** take* part in
delaktighet -en i brott complicity
delegation -en -er delegation
delfin -en -er dolphin
delge *verb*, ***~ ngn ngt*** inform sb. of sth.
delikat *adj* om mat delicious
delikatess -en -er delicacy
delpension -en -er partial pension, semi-retirement
dels *konj*, ***~ mor, ~ yrkeskvinna*** a mother as well as a career woman
delstat -en -er state; ***delstaten Virginia*** the State of Virginia
delta -t -n delta
deltaga *verb* **1** ***~ i*** take* part in **2** närvara be* present
deltagare -n = participant
deltid -en -er part-time; ***arbeta ~*** have* a part-time job
delvis I *adv* partly **II** *adj* partial
delägare -n = partner
dem *pron* them
dementera *verb* deny
demokrati -n -er democracy
demokratisk *adj* democratic
demon -en -er demon
demonstration -en -er demonstration
demonstrera *verb* demonstrate

den I *best art* the; ~ ***blå stolen*** the blue chair **II** *pron* **1** it; ~ ***ligger på golvet*** it is on the floor **2** ***jag tycker om ~ här men inte ~ där*** I like this one but not that one **3** ***den ~***: om speciell person, ***du är ~ som känner mig bäst*** you are the one who knows me best; om alla, ~ ***som vill komma*** those who want to come; om sak, ***köp ~ som är billigast*** buy the one that is cheapest

denna (*denne*, *detta*) *pron* den här this; den där that; ~ ***gång*** this time

densamma (*densamme*) *pron* the same

deodorant -en -er deodorant

departement -et = department

deponera *verb* deposit

deposition -en -er deposit

deppa *verb* feel* low (blue)

deppig *adj* depressed

depression -en -er depression

deprimerad *adj* depressed

deras *pron* their; ***den är*** ~ it is theirs

desamma *pron* the same

design -en design

designer -n = (-s) designer

desinfektionsmed|el -let = disinfectant

desperat *adj* desperate

dess I *pron* its **II** *adv*, ***innan*** ~ before then; ***till*** ~ till then

dessa *pron* om saker these ones; ~ ***människor*** these people; ~ ***ord*** these words

dessert -en -er dessert

dessertsked -en -ar dessert spoon

dessertvin -et = dessert wine

dessutom *adv* besides

desto *adv*, ***ju förr ~ bättre*** the sooner the better

destruktiv *adj* destructive

det I *best art* the; ~ ***blå huset*** the blue house **II** *pron* **1** it; ~ ***ligger på bordet*** it is on the table **2** i uttryck som, ~ ***regnar*** it is raining **3** när 'det' ersätter ett subst.: there; ~ ***är en tjuv i garaget*** there is a thief in the garage **4** när 'det' är utbytbart mot 'han', hon' el. 'de': he, she resp. they; ~ ***är en kollega till mig*** she is a colleague of mine **5** när 'det som' är utbytbart mot 'vad som': what; ~ ***som måste göras*** what must be done

detalj -en -er detail

detaljhandel -n retail trade

detektiv -en -er detective

detektivroman -en -er detective story

detsamma *pron* the same

detta se *denna*

devalvering -en -ar devaluation

1 dia *verb* suck

2 di|a -an -or slide

diabetes en ~, best. form = diabetes

diabetiker -n = diabetic
diabild -en -er slide
diagnos -en -er diagnosis (pl. diagnoses)
diagonal I -en -er diagonal **II** *adj* diagonal
diagram -met = diagram
dialekt -en -er dialect
dialog -en -er dialogue
diamant -en -er diamond
diamet|er -ern -rar diameter
diarré -n -er diarrhea
dieselolj|a -an -or diesel oil
diet -en -er diet; ***hålla*** ~ be* on a diet
diffus *adj* diffuse
difteri -n diphtheria
dig *pron* you
dike -t -n ditch
dikt -en -er **1** poem poem **2** diktning m.m. fiction
dikta *verb* skriva vers write* poetry
diktare -n = författare writer; poet poet
diktator -n -er dictator
diktatur -en -er dictatorship
diktsamling -en -ar collection of poems
dilemma -t -n dilemma
dill -en dill
dimension -en -er dimension
dimm|a -an -or fog; lättare mist; dis haze
din (*ditt*, *dina*) *pron* your; ***dina*** your; ***den är*** ~ it is yours; ***de är dina*** they are yours
diplom -et = diploma
diplomat -en -er diplomat
diplomatisk *adj* diplomatic
direkt I *adj* direct **II** *adv* straight, directly
direktiv -et = instructions
direktsändning -en -ar live broadcast
direktör -en -er vice-president, manager
dirigent -en -er conductor
dirigera *verb* direct; orkester conduct
dis -et haze
disciplin -en discipline
disco -t -n disco
disig *adj* hazy
1 disk -en -ar i affär counter; i bar bar
2 disk -en -ar odiskad disk dishes
1 diska *verb* rengöra do* the dishes
2 diska *verb* diskvalificera disqualify
diskbänk -en -ar sink
diskett -en -er disk
diskmaskin -en -er dishwasher
diskmed|el -let = detergent
diskotek -et = discotheque; vard. disco
diskret I *adj* discreet **II** *adv* discreetly
diskriminera *verb*, ~ ***ngn*** discriminate against sb.

diskriminering -en -ar discrimination
disktras|a -an -or dishcloth
diskus -en -ar discus
diskussion -en -er discussion
diskutera *verb* discuss
diskvalificera *verb* disqualify
dispens -en -er exemption
disponera *verb*, ~ *över ngt* have* sth. at one's disposal
dispyt -en -er dispute
distans -en -er distance
distrahera *verb* distract; störa disturb
distribuera *verb* distribute
distribution -en -er distribution
distrikt -et = district
disträ *adj* absent-minded
dit *adv* there; ~ *bort* over there
ditt se *din*
dittills *adv* up to then
ditåt *adv* in that direction
diverse *adj* various
dividera *verb* **1** resonera discuss at length **2** ~ *med sex* divide by six
division -en -er division
djung|el -eln -ler jungle
djup I *adj* deep; ~ *tallrik* soup plate **II** -et = depth
djupfryst *adj* frozen
djur -et = animal
djurpark -en -er zoo; större wildlife conservation park
djurplågeri -et cruelty to animals
djurvän -nen -ner animal lover
djärv *adj* bold, daring
djävla *adj* o. *adv* damn, goddamn
djävlig *adj* damn; riktigt really
djävul -en djävlar devil
docent -en -er ung. associate professor
dock *adv* o. *konj* likväl yet; emellertid however
1 dock|a -an -or leksak doll
2 dock|a -an -or skeppsdocka dock
dockskåp -et = dollhouse
doft -en -er scent, fragrance
dofta *verb* smell
doktor -n -er doctor
dokument -et = document
dokumentärfilm -en -er documentary
dold *adj* hidden
dolk -en -ar dagger
dollar -n = dollar; vard. buck
1 dom se *de* resp. *dem*
2 dom -en -er kyrka cathedral
3 dom -en -ar judgment; i brottmål sentence; jurys utslag verdict; *fällande* ~ conviction; *friande* ~ acquittal
domare -n = judge; i tennis m.m. umpire; i fotboll el. boxning referee
domherr|e -en -ar bullfinch
dominera *verb* dominate
domino -t spel dominoes
domkraft -en -er jack
domkyrk|a -an -or cathedral

domna *verb* go* numb
domstol -en -ar court, court of law
Donau the Danube
donera *verb* donate
dop -et = christening
dopa *verb* dope
doping -en doping
dopp -et =, ***ta sig ett ~*** have* a dip
doppa *verb* dip; ***~ sig*** have* a dip
dos -en -er dose
dos|a -an -or box
dosera *verb* dose
dotter -n döttrar daughter
dotter|dotter -dottern -döttrar granddaughter
dotter|son -sonen -söner grandson
dov *adj* dull
dra *verb* **1** draw*; kraftigare pull; ***det drar*** there's a draft; ***~ av ngt från ngt*** deduct sth. from sth.; ***~ ifrån ngt från ngt*** take* away sth. from sth. **2** förbruka use **3** ***~ sig för att göra ngt*** hesitate to do sth.
drabba *verb* hit*
drag -et = **1** ryck pull **2** i spel move **3** särdrag, anletsdrag feature **4** luftdrag draft **5** fiskredskap trolling spoon
dragkedj|a -an -or zipper
dragning -en -ar **1** i lotteri drawing **2** attraktion attraction
dragningskraft -en -er attraction
dragningslist|a -an -or lottery prize list
dragon -en krydda tarragon
dragspel -et = accordion
drak|e -en -ar dragon; pappersdrake kite
dram|a -at -er drama
dramatik -en drama
dramatisk *adj* dramatic
draperi -et -er drapery
drastisk *adj* drastic
dregla *verb* drool
dressera *verb* train
drick|a I *verb* drink* **II** -an -or soft drink
dricks -en tip
dricksglas -et = drinking-glass
drickspengar pl. tip
dricksvatt|en -net drinking--water
drift -en **1** pl. -er begär drive, instinct **2** verksamhet operation; ***billig i ~*** economical
drink -en -ar drink
driv|a I -an -or drift **II** *verb* **1** drive*; om moln, båt etc. drift **2** ***~ med ngn*** pull sb.'s leg
drivmed|el -let = fuel
drog -en -er drug
dropp -et droppande drip; på sjukhus etc. IV
droppa *verb* drip
dropp|e -en -ar drop

drottning -en -ar queen
drummel -n drumlar lout; skällsord clumsy idiot
drunkna *verb* be* drowned
druv|a -an -or grape
druvsaft -en -er grape juice
druvsock|er -ret dextrose
dryck -en -er drink; tillagad beverage
dryg *adj* **1** högfärdig haughty **2** om tvål o.d. concentrated **3** väl tilltagen liberal; ***en ~ kilometer*** a good kilometer **4** betungande heavy
dråp -et = manslaughter
dräglig *adj* tolerable
dräkt -en -er dress; jacka och kjol suit
dräng -en -ar farmhand
dränka *verb* drown
dräpa *verb* kill; mer formellt slay
dröja *verb*, ***var god och dröj!*** hold on, please!; ***det dröjer länge innan han är färdig*** it will be a long time before he has finished
dröjsmål -et = delay
dröm -men -mar dream
drömma *verb* dream*; ***~ om*** i sömn dream* about; vaken dream* of
du *pron* you
dubb -en -ar stud
dubba *verb* film dub
dubbdäck -et = studded tire
dubb|el **I** *adj* double **II** -eln -lar i t.ex. tennis doubles
dubbelknäppt *adj* double--breasted
dubbelmoral -en double standard
dubbelrum -met = double room
dubbelsäng -en -ar double bed
dubblera *verb* double
dubblett -en -er **1** extra exemplar duplicate **2** två rum two-room apartment
Dublin Dublin
ducka *verb* duck
duell -en -er duel
duett -en -er duet
duga *verb*, ***det får ~*** that'll do
dugga *verb* drizzle
duggregn -et = drizzle
duk -en -ar cloth; för segel canvas
duka *verb*, ***~ bordet*** lay* the table; ***~ av*** clear the table; ***~ fram ngt*** put* sth. on the table
duktig *adj* good; i skolan bright, clever
dum *adj* stupid; vard. dumb
dumhet -en -er egenskap stupidity; handling stupid thing
dun -et = down
dund|er -ret = rumble; ***med ~ och brak*** with a crash
dundra *verb* thunder
dung|e -en -ar clump of trees
dunjack|a -an -or down jacket

1 dunk -en -ar behållare can; av plast jug
2 dunk -en -ar dunkande thumping
dunka *verb* thump; ~ *ngn i ryggen* slap sb. on the back
dunk|el I *adj* obscure **II** -let dusk
duns -en -ar thud
dunsa *verb* thud
duntäcke -t -n down quilt
dur oböjl. major
durkslag -et = colander, strainer
dusch -en -ar shower
duscha *verb* have* a shower
dussin -et = dozen
dust -en -er fight
duv|a -an -or pigeon
dvala -n torpor; onaturlig trance
dvärg -en -ar dwarf
dy -n mud
dygd -en -er virtue
dygn -et = 24 hours; *två* ~ 48 hours; *dygnet runt* around the clock
dyka *verb* dive; ~ *upp* turn up
dykare -n = diver
dykning -en -ar diving; enstaka dive
dylik *adj* ...like that
dyn|a -an -or cushion
dynamisk *adj* dynamic
dynamit -en dynamite
dynga -n dung; bildligt nonsense
dyr *adj* expensive
dyrbar *adj* **1** expensive **2** värdefull valuable
dyrgrip -en -ar valuable article; bildligt pearl, gem
1 dyrka *verb*, ~ *upp ett lås* pick a lock
2 dyrka *verb* tillbedja worship
dysenteri -n dysentery
dyster *adj* gloomy
då I *adv* then; ~ *och* ~ now and then; ~ *så!* well, then; *vem ~?* who? **II** *konj* **1** när when; ~ *jag var barn* when I was a child **2** eftersom as, because
dålig *adj* bad; krasslig poorly, ill; *hon känner sig* ~ she doesn't feel well
dån -et = roar
dåna *verb* roar
dår|e -en -ar fool
dåsa *verb* doze, be* half--asleep
dåsig *adj* drowsy
dåvarande *adj*, *den* ~ *ägaren* the then owner
däck -et = **1** på båt o.d. deck **2** på hjul tire
däggdjur -et = mammal
dämpa *verb* minska reduce; belysning lower
där *adv*, ~ *borta* over there; *så* ~ *ja!* well, that's that; ~ *hon sitter* where she is sitting
därefter *adv* after that
däremot *adv* on the other hand

därför *adv* therefore; ~ ***att*** because; ***det är ~ som hon aldrig kom*** that's why she never came
däribland *adv* among them
därifrån *adv* from there
därmed *adv* with that
därutöver *adv* in addition
dö *verb* die; ~ ***ut*** die out
död I *adj* dead **II** -en -ar death
döda *verb* kill
dödlig *adj* lethal, fatal
dödlighet -en mortality
dödsannons -en -er obituary
dödsbädd -en -ar deathbed
dödsdom -en -ar death sentence
dödsfall -et = death, fatality
dödsoff|er -ret = casualty
dödsolyck|a -an -or fatal accident
dödsstraff -et = capital punishment
dölja *verb* conceal; maskera äv. disguise; ~ ***sig*** hide
döma *verb* judge; ~ ***ngn till två års fängelse*** sentence sb. to two years' imprisonment
döpa *verb* baptize; ge namn christen
dörr -en -ar door
dörrhandtag -et = doorhandle; runt doorknob
dörrnyck|el -eln -lar doorkey
dörrvakt -en -er doorman (pl. doormen); utkastare bouncer
döv *adj* deaf, hard of hearing
dövstum *adj* deaf and dumb

E

e e-et e-n **1** bokstav e [utt. i:] **2** ton E
eau-de-cologne -n eau-de-Cologne
eau-de-toilette -n eau-de-toilette
ebb -en ebb tide
ed -en -er oath
effekt -en -er effect; tekniskt o.d. power
effektfull *adj* striking
effektförvaring -en -ar checkroom
effektiv *adj* **1** om person efficient **2** om sak effective
effektivitet -en efficiency
efter *prep* after; ***längta*** ~ long for
efterbliven *adj* backward
efterforskning -en -ar investigation, inquiry
efterfråg|an en ~, pl. -ningar demand
1 efterhand *adv* gradually
2 efterhand, *i* ~ afterwards
efterhängsen *adj* persistent
efterlysa *verb* look for; om polisen put* out an APB on
efterlysning -en -ar av polisen APB; som rubrik Wanted
efterlämna *verb* leave*

efterlängtad *adj*, ***en ~ semester*** a longed-for vacation
eftermiddag -en -ar afternoon; ***i eftermiddags*** this afternoon; ***på eftermiddagen*** in the afternoon; ***klockan 4 på eftermiddagen*** at 4 o'clock in the afternoon
efternamn -et = last name; surname
efterrätt -en -er dessert
efterskott, ***betala i ~*** pay* afterwards
efterskänka *verb* remit; vard. write* off
eftersom *konj* since, as
eftersträva *verb* aim at
eftersända *verb* forward
eftersändes *verb* please forward
eftersökt *adj* in great demand
eftertanke -n reflection
efterträda *verb* succeed
efterträdare -n = successor
eftertänksam *adj* thoughtful
efteråt *adv* afterwards
Egeiska havet the Aegean
egen *adj* **1** ***ha ett eget hus*** have* a house of one's own, have* one's own house; ***för ~ del*** as for me; ***på ~ hand*** on one's own **2** säregen peculiar
egendom -en -ar property; ***fast ~*** real estate
egendomlig *adj* strange, odd
egendomlighet -en -er peculiarity
egenkär *adj* conceited
egenskap -en -er **1** drag quality **2** ställning, roll capacity
egentlig *adj* real
egentligen *adv* really, actually
egg -en -ar edge
egga *verb* excite
egoist -en -er egoist
egoistisk *adj* egoistic
Egypten Egypt
egyptier -n = Egyptian
egyptisk *adj* Egyptian
egyptisk|a -an -or **1** kvinna Egyptian woman (pl. women) **2** forntida språk Egyptian
ek -en -ar oak
1 ek|a -an -or rowboat
2 eka *verb* echo
EKG EKG, electrocardiogram
eko -t -n echo (pl. echoes)
ekologi -n ecology
ekologisk *adj* ecological
ekonom -en -er economist
ekonomi -n economy; vetenskap economics; hushållsekonomi finances
ekonomiförpackning -en -ar, ***i ~*** in economy-size
ekonomisk *adj* **1** economic; finansiell financial **2** sparsam economical
ekorr|e -en -ar squirrel
eksem -et = eczema
ekvatorn best. form equator

elak *adj* naughty; ond evil, wicked
elakartad *adj* malignant
elastisk *adj* elastic
eld -en -ar fire; *fatta ~* catch* fire; *göra upp ~* make* a fire; *har du ~?* have you got a light?
elda *verb* göra upp eld light a fire
eldfast *adj* fireproof
eldning -en -ar för att värma upp heating
eldsläckare -n = fire extinguisher
eld|stad -staden -städer fireplace
eldsvåd|a -an -or fire
elefant -en -er elephant
elegant I *adj* smart, elegant
II *adv* smartly
elektricitet -en electricity
elektriker -n = electrician
elektrisk *adj* eldriven electric; som rör elektricitet electrical
element -et = **1** element **2** för värme radiator
elementär *adj* elementary, basic
elev -en -er pupil, student
elfenben -et ivory
elfte *räkn* eleventh
elgitarr -en -er electric guitar
eliminera *verb* eliminate
elit -en -er elite
eller *konj* or; *hon vill komma, ~ hur?* she wants to come, doesn't she?
elspis -en -ar electric stove
elv|a I *räkn* eleven, för sammansättningar med elva jfr *fem* o. *femton* med sammansättningar
II -an -or eleven
elvisp -en -ar electric mixer
elvärme -n electric heating
elände -t -n misery
eländig *adj* miserable
emalj -en -er enamel
emballage -t = packing
emellan I *prep* mellan två between; mellan flera among
II *adv* between
emellanåt *adv* occasionally
emellertid *adv* o. *konj* however
emigrant -en -er emigrant
emigrera *verb* emigrate
emot *adv*, *mitt ~* opposite
emotse *verb* look forward to
1 en -en -ar buske juniper
2 en (*ett*) **I** *räkn* one, för sammansättningar med en (ett) jfr *fem* med sammansättningar
II *obest art* **1** a, framför vokalljud an **2** *~ möbel* a piece of furniture **3** i vissa tidsuttryck one; *~ dag* one day
1 ena *verb* unite; *~ sig* agree
2 ena *pron*, *den ~ systern* one sister
enastående I *adj* unique
II *adv* exceptionally
enbart *adv* merely
enda (*ende*) *pron* only; *den ~ katten utan svans* the only

cat without a tail; ***inte en ~ av dem*** not a single one of them; ***inte en ~ gång*** not once
endast *adv* only
endera (*ettdera*) *pron*, *~ dagen* one of these days
energi -n energy
energisk *adj* energetic
energisnål *adj* energy-saving, economical
enfaldig *adj* silly
enformig *adj* monotonous
engagemang -et = **1** anställning engagement **2** åtagande commitment
engagera *verb* **1** anställa engage **2** ***~ sig för ngt*** become* absorbed in sth.
engelsk *adj* English; brittisk British
engelsk|a -n **1** pl. -or kvinna Englishwoman (pl. Englishwomen) **2** språk English
Engelska kanalen the English Channel
engels|man -mannen -män Englishman (pl. Englishmen)
England England; Storbritannien ofta Britain
engångsartik|el -eln -lar disposable article
enhet -en -er **1** del unit **2** endräkt unity
enhetlig *adj* uniform
enig *adj* unanimous
enighet -en samförstånd agreement; endräkt unity
enkel *adj* simple; inte dubbel single
enkelbiljett -en -er one-way ticket
enkelhet -en simplicity
enkelknäppt *adj* single-breasted
enkelriktad *adj* one-way
enkelrum -met = single room
enkät -en -er inquiry
enligt *prep* according to
enorm *adj* enormous
ensak -en -er, ***det är min ~*** that's my business
ensam *adj* allena alone; enstaka solitary; endast en single; som känner sig ensam lonely
ensamhet -en solitude; övergivenhet loneliness
ensamstående *adj* single
ense *adj*, ***vara ~*** agree
ensidig *adj* one-sided
enskild *adj* private; särskild separate
enslig *adj* solitary
enstaka *adj* occasional; ***någon ~ gång*** once in a while
entonig *adj* monotonous
entré -n -er **1** entrance **2** inträde admission
enträgen *adj* urgent; ihärdig insistent
entusiasm -en enthusiasm
entusiastisk *adj* enthusiastic
entydig *adj* unambiguous

envis *adj* obstinate
envisas *verb* persist
enväldig *adj* absolute
enäggstvillingar pl. identical twins
epidemi -n -er epidemic
epilepsi -n epilepsy
episod -en -er episode
epok -en -er epoch
er *pron* **1** you **2** (*ert*, *era*) your; ***era*** your; ***den är ~*** it is yours; ***de är era*** they are yours
erbjuda *verb* offer
erbjudande -t -n offer
erektion -en -er erection
erfaren *adj* experienced
erfarenhet -en -er experience
erhålla *verb* receive
erkänna *verb* acknowledge; bekänna confess
erotik -en sex
erotisk *adj* sexual, erotic
ersätta *verb* **1** ***~ ngn för ngt*** compensate sb. for sth. **2** byta ut replace
ersättare -n = substitute
ersättning -en -ar **1** gottgörelse compensation **2** utbyte replacement
ert se *er*
ertappa *verb* catch*
erövra *verb* land conquer
eskimå -n -er Eskimo
espresso -n espresso
ess -et = spelkort ace
est -en -er Estonian
estet -en -er esthete
estetisk *adj* esthetic
Estland Estonia
estländare -n = Estonian
estnisk *adj* Estonian
estnisk|a -an **1** pl. -or kvinna Estonian woman (pl. women) **2** språk Estonian
estrad -en -er platform
etablera *verb* establish; ***~ sig*** establish oneself
etapp -en -er stage
etik -en ethics
etikett -en -er **1** regler etiquette **2** lapp label
Etiopien Ethiopia
etnisk *adj* ethnic
ett se *2 en*
ett|a -an -or **1** one **2** lägenhet one-room apartment
ettårig *adj* **1** ***en ~ flicka*** a one-year-old girl **2** som varar i ett år one-year; om växt annual
ettåring -en -ar barn one-year-old child (pl. children)
etui -et -er (-n) case
EU (förk. för *Europeiska Unionen*) EU (förk. för the European Union)
Europa Europe
europamästare -n = European champion
europé -n -er European
europeisk *adj* European; ***Europeiska Unionen*** the European Union
evenemang -et = event

eventuell *adj* possible; ***vid eventuella fel*** if there are any problems, should any problems arise
evig *adj* eternal
evighet -en -er eternity; ***det är evigheter sedan*** it is ages since
exakt I *adj* exact **II** *adv* exactly
exam|en en ~, pl. -ina betyg degree; ***ta en ~*** graduate
exemp|el -let = example; fall instance; ***till ~*** for example
exemplar -et = copy
exil -en exile; ***leva i ~*** live in exile
existens -en -er existence
existera *verb* exist
exklusiv *adj* exclusive
exklusive *prep* excluding
exotisk *adj* exotic
expandera *verb* expand
expansion -en expansion
expediera *verb* **1** sända send* **2** betjäna serve **3** utföra carry out
expedit -en -er clerk, sales clerk
expedition -en -er **1** lokal office **2** resa expedition
experiment -et = experiment
experimentera *verb* experiment
expert -en -er expert
explodera *verb* explode
explosion -en -er explosion
export -en -er export; varor exports
exportera *verb* export
express *adv* express
expressbrev -et =, ***skicka som ~*** send* as special delivery mail
expressionism -en expressionism
expresståg -et = express train
extas -en ecstasy
exteriör -en -er exterior
extra *adj* o. *adv* extra
extrasäng -en -ar extra bed
extrem *adj* extreme

F

f f-et f **1** bokstav f [utt. eff] **2** ton F
fabrik -en -er factory, plant; för halvfabrikat mill
fabrikat -et = manufacture
facit ett ~, pl. = **1** bok key **2** lösning answer
fack -et = **1** i hylla compartment **2** yrkesgren branch **3** vard., fackförening union
fackförening -en -ar labor union
fackl|a -an -or torch
fack|man -mannen -män expert
fadd|er -ern -rar dopvittne godfather, godmother; i skolan etc. big brother (sister)
fadderverksamhet -en -er sponsor (buddy) system
fader -n fäder father
fagott -en -er bassoon
Fahrenheit, *32°* ~ 32° Fahrenheit; motsvarar 0° Celsius
faktisk *adj* actual
faktor -n -er factor
faktum -et = (fakta) fact; ~ *är att...* the fact is that...
faktur|a -an -or invoice
fakturera *verb* invoice
falk -en -ar falcon
fall -et = **1** fall **2** förhållande el. rättsfall case; *i alla* ~ in any case; *i bästa* ~ at best; *i så* ~ in that case; *i värsta* ~ at worst
falla *verb* **1** fall*; ~ *ihop* break* down; ~ *omkull* fall*; ~ *sönder* fall* to pieces **2** ~ *sig* happen; *det föll mig in att...* it struck me that...
fallenhet -en talent
fallfärdig *adj* ramshackle
fallgrop -en -ar pitfall
fallskärm -en -ar parachute
falsett -en -er falsetto
falsk *adj* false; *falskt alarm* false alarm
familj -en -er family
familjeföretag -et = family business
familjär *adj* familiar
famla *verb* grope
famn -en -ar armar arms
famntag -et = embrace
1 fan oböjl. the Devil; *fy ~!* hell!; *det ger jag ~ i!* I don't give a damn!; *vem ~ har tagit mitt vinglas?* who the hell took my glass of wine?
2 fan en ~, pl. fans beundrare fan
fan|a -an -or flag
fanatiker -n = fanatic
fanatisk *adj* fanatic
fanfar -en -er flourish
fantasi -n -er imagination
fantasifull *adj* imaginative
fantasilös *adj* dull
fantastisk *adj* fantastic
fantisera *verb* fantasize

far fadern fäder father; vard. dad
1 far|a -an -or danger; ***det är ingen ~ med honom*** he'll be all right
2 fara *verb* **1** go*; ~ ***bort*** go* away **2** rusa rush; ~ ***fram*** carry on; ~ ***upp*** jump up **3** ***hon far illa av att...*** it's bad for her to...
far|bror -brodern -bröder uncle
far|far -fadern -fäder grandfather; vard. granddad, grandpa
farföräldrar pl. grandparents
farinsock|er -ret brown sugar
farled -en -er channel
farlig *adj* dangerous; ***det är väl inte så farligt?*** it's not all that bad, is it?
farm -en -ar (-er) farm
farmaceut -en -er pharmacist; vard. druggist
far|mor -modern -mödrar grandmother; vard. grandma
fars -en -er farce
fars|a -an -or vard. dad
farstu -n -r hall
fart -en -er **1** hastighet speed **2** ***det är ~ i henne*** she's got a lot of go
fartbegränsning -en -ar speed limit
fartyg -et = vessel
farvatten pl. waters
farväl -et = goodbye
fas -en -er skede phase
fas|a I -an -or, ***fasor*** horrors **II** *verb*, ~ ***för*** dread
fasad -en -er front, façade
fasan -en -er pheasant
fasansfull *adj* förfärlig horrible, terrible; ohygglig ghastly; vard. awful
fascinerad *adj* fascinated
fascist -en -er Fascist
fashionabel *adj* fashionable
fason -en -er **1** form shape **2** beteende manners
1 fast I *adj* firm; fastsatt fixed; ~ ***anställning*** a permanent job **II** *adv* firmly; ***vara ~ besluten*** be* determined
2 fast *konj* although, though
fast|a I -an -or fast **II** *verb* fast
fast|er -ern -rar aunt
fastighet -en -er house
fastighetsmäklare -n = realtor, real estate agent
fastland -et mainland
fastna *verb* get* caught; klibba stick
fastslå *verb* establish
fastställa *verb* **1** bestämma fix **2** konstatera establish
fastän *konj* though, although
fat -et = **1** uppläggningsfat dish; tefat saucer; tallrik plate **2** tunna barrel
1 fatt *adj*, ***hur är det ~?*** what's the matter?
2 fatt *adv*, ***få ~ i*** get* hold of
fatta *verb* **1** begripa understand **2** gripa catch* **3** ~ ***ett beslut*** come* to a decision
fattas *verb* inte finnas be*

lacking; saknas be* missing; *det fattades bara!* I should think so!
fattig *adj* poor
fattigdom -en poverty
fattning -en **1** grepp grip **2** behärskning composure; *tappa fattningen* lose* one's head
fatöl -et (-en) = draft beer
faun|a -an -or fauna
favorit -en -er favorite
fax -et = fax
faxa *verb* fax
fe -n -er fairy
feb|er -ern -rar fever; *ha* ~ run* a temperature; hög have* a fever
feberfri *adj* free from fever
febertermomet|er -ern -rar clinical thermometer
febrig *adj* feverish
febril *adj* feverish
februari oböjl. February; *i* ~ in February
feg *adj* cowardly
feghet -en cowardice
fejd -en -er feud
fel I -et = **1** defekt flaw **2** misstag mistake **3** skuld fault; *det är mitt* ~ I am to blame **II** *adj* wrong; *slå* ~ *nummer* dial the wrong number **III** *adv* wrong; *ha* ~ be* wrong
felaktig *adj* wrong; med fel defective
felfri *adj* faultless
felparkering -en -ar parking violation
felstavad *adj* spelled incorrectly
felsteg -et = slip
fem *räkn* five
femhundra *räkn* five hundred
feminin *adj* feminine
feminist -en -er feminist
femkamp -en -er pentathlon
femm|a -an -or five; femkrona five-krona coin
femrumslägenhet -en -er five--room apartment with kitchen
femsidig *adj* five-sided
femsiffrig *adj* five-digit
femte *räkn* fifth
femtedel -en -ar fifth
femtiden, *vid* ~ at about 5 o'clock
femtio *räkn* fifty
femtionde *räkn* fiftieth
femtiotal -et = fifty; *ett* ~ some fifty
femtioårig *adj* fifty-year-old
femtioåring -en -ar man fifty-year-old man (pl. men); kvinna fifty-year-old woman (pl. women)
femtioårsdag -en -ar persons fiftieth birthday; av händelse o.d. fiftieth anniversary
femtioårsåldern best. form, *i* ~ around fifty, in one's fifties
femton *räkn* fifteen
femtonde *räkn* fifteenth

femtonhundratalet best. form, *på ~* in the sixteenth century
femtonåring -en -ar fifteen--year-old
femvåningshus -et = five-story house
femväxlad *adj* five-speed
femårig *adj* **1** fem år gammal five-year-old **2** som varar i fem år five-year
femåring -en -ar barn five-year--old child (pl. children)
femårsåldern best. form, *i ~* around five
fen|a -an -or fin
fenomen -et = phenomenon (pl. phenomena)
fenomenal *adj* phenomenal
ferier pl. vacation
ferniss|a I -an -or varnish **II** *verb* varnish
fest -en -er party
festa *verb* party; ha roligt have* a good time
festival -en -er festival
festlig *adj* festive; komisk comical
festspel pl. festival
fet *adj* fat; *~ mat* rich food
fetma -n obesity
fett -et -er fat
fetthalt -en -er fat content
fiasko -t -n flop, fiasco
fib|er -ern -rer fiber
fick|a -an -or pocket
fickformat -et = pocket size
fickkniv -en -ar pocketknife (pl. pocketknives)
ficklamp|a -an -or flashlight
fickord|bok -boken -böcker pocket dictionary
fickpengar pl. pocket money
ficktjuv -en -ar pickpocket
fiende -n -r enemy
fiendskap -en hostility
fientlig *adj* hostile
fiff|el -let cheating
fiffla *verb* cheat
figur -en -er figure
fik -et = café
fika I *verb* have* some coffee (tea) **II** -t (-n) coffee, tea
fikapaus -en -er coffee break
fikon -et = fig
fikus -en -ar **1** växt india-rubber tree **2** homosexuell gay
1 fil -en -er **1** körfält lane **2** datafil file **3** rad row
2 fil -en filmjölk sour milk culture
3 fil -en -ar verktyg file
fila *verb* file; *~ på ngt* bildligt give* the finishing touches to sth.
filé -n -er fillet
filial -en -er branch
Filippinerna the Philippines
film -en -er film
filma *verb* film
filminspelning -en -ar filming
filmjölk -en ung. sour milk culture
filmkamer|a -an -or film

camera; för smalfilm movie camera
filmregissör -en -er film director
filmrull|e -en -ar roll of film
filmskådespelare -n = film actor
filmstjärn|a -an -or film star
filosof -en -er philosopher
filosofi -n -er philosophy
filt -en -ar **1** sängfilt blanket **2** tyg felt
filt|er -ret = filter
filtrera *verb* filter
fimp -en -ar cigarette butt
fimpa *verb* cigarett stub out
fin *adj* fine; ***en ~ middag*** a first-rate dinner; ***vara i ~ form*** be* in great shape
final -en -er i tävling final; ***gå till ~*** get* to the finals
finanser pl. finances
finansiera *verb* finance
finbageri -et -er fancy bakery
finess -en -er refinement
fing|er -ret -rar finger
fingeravtryck -et = fingerprint
fingerborg -en -ar thimble
fingervant|e -en -ar woollen glove
fingra *verb*, ***~ på ngt*** avsiktligt tamper with sth.; tanklöst fiddle with sth.
finklädd *adj* dressed up
finkänslig *adj* tactful
Finland Finland
finländare -n = Finn
finländsk *adj* Finnish
finländsk|a -an -or kvinna Finnish woman (pl. women)
finna *verb* find*; ***~ sig i ngt*** accept sth.
finnas *verb* be*; ***det finns*** there is, plural there are
1 finn|e -en -ar finländare Finn
2 finn|e -en -ar kvissla pimple
finsk *adj* Finnish
finsk|a -an **1** pl. -or kvinna Finnish woman (pl. women) **2** språk Finnish
1 fint -en -er i sport feint; bildligt trick
2 fint *adv* finely; ***må ~*** feel* fine
fintvätt -en -ar tvättråd cold wash
fiol -en -er violin
1 fira *verb*, ***~ ner*** sänka let* down
2 fira *verb* celebrate
firm|a -an -or firm, business
fisk -en -ar fish (pl. vanligen lika); ***Fisken*** stjärntecken Pisces
fiska *verb* fish
fiskaffär -en -er fish market (store)
fiskare -n = fisherman (pl. fishermen)
fiske -t -n fishing
fiskebåt -en -ar fishing boat
fiskekort -et = fishing license
fiskeredskap -et = fishing tackle
fiskfilé -n -er fillet of fish

fiskmås -en -ar gull, seagull
fiskpinn|e -en -ar fish stick
fiskrätt -en -er fish course
fitt|a -an -or vulgärt cunt
fixa *verb* fix
fixera *verb* fix
fjol, *i* ~ last year
fjorton *räkn* fourteen, för sammansättningar med fjorton jfr *fem* o. *femton* med sammansättningar
fjortonde *räkn* fourteenth
fjun -et = down
fjäd|er -ern -rar feather; i klocka, säng etc. spring
fjädring -en -ar på bil suspension
1 fjäll -et = berg mountain
2 fjäll -et = på fisk scale
fjälla *verb* fisk scale; om hud peel
fjärde *räkn* fourth
fjärdedel -en -ar quarter
fjäril -en -ar butterfly
fjärran I *adj* distant **II** *adv* far away **III** *i* ~ in the distance
fjärrkontroll -en -er remote control; vard., för TV, video zapper
fjäska *verb*, ~ ***för ngn*** suck up to sb.
flacka *verb*, ~ ***omkring*** roam about
fladder|mus -musen -möss bat
fladdra *verb* flutter
flag|a I -an -or flake **II** *verb* flake off
flagg|a I -an -or flag **II** *verb* fly* a flag
flagg|stång -stången -stänger flagpole
flagna *verb* flake off
flak -et = **1** av is floe **2** på lastbil flat-bed
flamberad *adj* flambé; ***flamberade räkor*** shrimp flambé
flamländsk *adj* Flemish
flamm|a I -an -or flame **II** *verb* blaze; ~ ***till*** flare up
flammig *adj* blotchy
Flandern Flanders
flanell -en -er flannel
flanera *verb* stroll
flask|a -an -or bottle
flasköppnare -n = bottle--opener
flat *adj* **1** platt flat; ~ ***tallrik*** dinner plate **2** häpen taken aback; eftergiven weak
flaxa *verb* flutter
flera I *adj* ytterligare more **II** *pron* åtskilliga several
flertal -et, ***flertalet människor*** most people; ***ett ~ gäster*** quite a few guests
flesta *adj*, ***de*** ~ the majority; ***de ~ katter*** most cats
flexibel *adj* flexible
flextid -en -er flex time
flick|a -an -or girl
flicknamn -et = girl's name; som ogift maiden name
flickvän -nen -ner girlfriend

flik -en -ar på kuvert flap; hörn corner
flimra *verb* flicker; ***det flimrar för ögonen på mig*** everything is swimming before my eyes
flina *verb* grin
fling|a -an -or flake
flintskallig *adj* bald; ***bli ~*** grow* bald
flipperspel -et = pinball machine
flis|a -an -or chip
flit -en **1** arbetsamhet diligence **2** ***med ~*** on purpose
flitig *adj* diligent
flock -en -ar flock
flod -en -er **1** vattendrag river **2** högvatten high tide
flodhäst -en -ar hippopotamus; vard. hippo
flor|a -an -or flora
Florens Florence
1 flott I *adj* smart **II** *adv* smartly
2 flott -et grease
flott|a -an -or **1** ett lands marine; sjövapen navy **2** samling fartyg fleet
flott|e -en -ar raft
flug|a -an -or **1** insekt fly **2** rosett bow tie
flugsvamp -en -ar fly agaric
flundr|a -an -or flounder
1 fly *adv*, ***~ förbannad*** raging mad
2 fly *verb* run* away
flyg -et **1** flygväsen aviation **2** plan plane; ***ta flyget*** travel by air; vard. go* by plane; ***med ~*** by air
flyga *verb* fly*
flygbiljett -en -er plane ticket
flygbolag -et = airline
flyg|el -eln -lar **1** byggnad wing; på bil fender **2** musikinstrument grand piano
flygförbindelse -n -r plane connection
flygning -en -ar flying; flygtur flight
flygolyck|a -an -or air crash
flygplan -et = airplane, aircraft (pl. lika)
flygplats -en -er airport
flygpost -en airmail
flygres|a -an -or plane trip
flygtrafik -en air traffic
flygvärdinn|a -an -or flight attendant
flykt -en -er flight; rymning escape
flykting -en -ar refugee
flyta *verb* inte sjunka float; rinna flow; ***~ ihop*** bli otydlig become* blurred; ***~ upp*** come* to the surface
flytande I *adj* **1** på ytan floating **2** i vätskeform liquid **3** ***tala ~ engelska*** speak* fluent English **II** *adv* obehindrat fluently
flytning -en -ar från underlivet discharge

flytta *verb* move; ***kan ni ~ på er?*** could you move over a little, please?; ~ ***fram*** skjuta upp put* off; ~ ***ihop med*** move in with; ***de har flyttat ihop*** they're living together; ~ ***in*** move in
flyttbil -en -ar moving van
flyttning -en -ar move
flytväst -en -ar life jacket (vest)
flå *verb* skin
flåsa *verb* puff, be* out of breath
fläck -en -ar spot; av smuts stain
fläcka *verb*, ~ ***ner ngt*** stain sth.
fläckborttagningsmed|el -let = spot (stain) remover
fläckfri *adj* spotless, stainless
fläckig *adj* **1** smutsig spotted, stained **2** med fläckar spotted; spräcklig speckled
fläkt -en -ar **1** pust breeze **2** apparat fan
fläktrem -men -mar fan belt
flämta *verb* pant
fläsk -et färskt pork; saltat bacon
fläskfilé -n -er fillet (tenderloin) of pork
fläskkarré -n -er loin of pork
fläskkorv -en -ar ung. pork sausage
fläskkotlett -en -er pork chop
flät|a I -an -or braid **II** *verb* braid
flöda *verb* flow
flöjt -en -er flute
flört -en flirtation
flörta *verb* flirt
flöte -t -n float; ***bakom flötet*** stupid
FN the UN
fnissa *verb* giggle
fnittra *verb* giggle
fnysa *verb* snort
fobi -n -er phobia, fear
1 fod|er -ret = i kläder lining
2 foder -ret = för djur feed
1 fodra *verb* sätta foder i line
2 fodra *verb* mata feed
fodral -et = case
fog -en -ar skarv joint
foga *verb* **1** ~ ***ihop*** join **2** ~ ***sig*** give* in; ~ ***sig i ngt*** resign oneself to sth.
fokus -en -ar focus
folie -n -r foil
folk -et = people; ***det är mycket ~ ute*** there are a lot of people in the streets
folkdans -en -er folk dance
folkdräkt -en -er folk costume
folkhögskol|a -an -or folk high school
folkmass|a -an -or crowd
folkmusik -en folk music
folkmängd -en -er population
folkomröstning -en -ar referendum
folkpark -en -er concert park
Folkpartiet the Liberal Party
folksag|a -an -or legend
folksamling -en -ar crowd

folkskygg *adj* unsociable
folkslag -et = nation, people
folktom *adj* deserted
folkvis|a -an -or folk song
1 fond -en -er bakgrund background
2 fond -en -er kapital fund
fontän -en -er fountain
fordon -et = vehicle
fordra *verb* **1** om person demand **2** om sak require
fordr|an en ~, pl. -ingar demand
fordrande *adj* demanding, strenuous
fordras *verb*, ***det ~ tålamod*** patience is necessary
forell -en -er trout
form 1 -en -ar för gjutning mold; för mat dish **2** -en -er form; ***vara ur ~*** be* out of form
forma *verb* form
formalitet -en -er formality
format -et = size
formatera *verb* diskett format
form|el -eln -ler formula
formell *adj* formal
formulera *verb* formulate
formulering -en -ar formulation
formulär -et = form
fornminne -t -n prehistoric monument; yngre historic monument
forntid -en prehistoric times
fors -en -ar rapids
forsa *verb* rush; ***~ fram*** gush out
forska *verb* research, do* research
forskare -n = research worker, scientist; humanist scholar
forskning -en -ar research
forsla *verb* transport; ***~ bort*** carry away
forsränning -en -ar white-water derby (race)
fort *adv* snabbt tempo fast; ***det gick ~*** it didn't take long; ***så ~ jag kom in...*** as soon as I came in...
fortfarande *adv* still
fortkörning -en -ar speeding
fortplanta *verb* propagate
fortplantning -en -ar reproduction
fortsätta *verb* continue
fortsättning -en -ar continuation; ***i fortsättningen*** from now on; ***~ följer*** to be continued
fossil -en -er fossil
fost|er -ret = fetus
fosterbarn -et = foster-child (pl. foster-children)
fosterhem -met = foster-home
fosterland -et = native country
fostra *verb* raise
fostran en ~, best. form = upbringing
fot -en fötter foot (pl. feet); ***stå på god ~ med ngn*** be* on good terms with sb.; ***till fots*** on foot
fotboll -en -ar soccer

fotbollslag -et = soccer team
fotbollsmatch -en -er soccer game
fotbollsplan -en -er soccer field
fotbollsspelare -n = soccer player
fotbroms -en -ar footbrake
fotfäste -t -n, *få ~* gain a foothold
fotgängare -n = pedestrian
foto -t -n photo
fotoaffär -en -er camera shop
fotoalbum -et = photo album
fotogen -en (-et) kerosene
fotograf -en -er photographer
fotografera *verb* photograph
fotografi -et -er photograph
fotspår -et = footprint
fotsteg -et = step
fotsvett -en, *ha ~* have* sweaty feet
fotvandring -en -ar hike
fotvård -en foot care
frack -en -ar tailcoat; vard. tails
fradga -n froth
frakt -en -er freight
frakta *verb* carry
fraktur -en -er fracture
fram *adv*, *rakt ~* straight on; *gå ~ till ngn* go* up to sb.; *~ på kvällen* later on in the evening
framben -et = foreleg
framdel -en -ar front
framdörr -en -ar front door
framfusig *adj* pushy
framför *prep* before; *~ allt* above all
framföra *verb* **1** vidarebefordra convey; *det ska jag ~* I'll pass it on **2** uppföra present; musik perform
framgå *verb* be* clear
framgång -en -ar success
framgångsrik *adj* successful
framhjul -et = front wheel
framhålla *verb* point out
framhäva *verb* emphasize
framifrån *adv* from the front
framkalla *verb* **1** frambringa produce; förorsaka cause **2** film develop
framkallning -en -ar av film developing
framkomlig *adj* accessible
framlänges *adv* forwards
framme *adv* in front; *när är vi ~?* when will we get there?; *där ~* over there
framsid|a -an -or front
framsteg -et = progress
framstå *verb* stand* out; *detta framstår som omöjligt* this appears impossible
framstående *adj* prominent
framställa *verb* **1** tillverka produce **2** skildra describe
framställning -en -ar **1** tillverkning production **2** beskrivning description
framsäte -t -n front seat
framtid -en -er future; *i en snar ~* in the near future

framtida *adj* future
framtill *adv* in front
framträda *verb* appear
framträdande I -t -n appearance **II** *adj* prominent
framåt I *adv* ahead; *gå ~* make* progress **II** *prep*, *~ kvällen* towards evening
franc -en = franc
frankera *verb* stamp
Frankrike France
frans -en -ar fringe
fransig *adj* frayed
fransk *adj* French
franska -n språk French
frans|man -mannen -män Frenchman (pl. Frenchmen)
fransysk|a -an -or **1** kvinna Frenchwoman (pl. Frenchwomen) **2** kött rumpsteak piece
fras -en -er phrase
frasig *adj* crisp
fred -en -er peace
fredag -en -ar Friday; *i fredags* last Friday; *på ~* on Friday
fredlig *adj* peaceful
frekvens -en -er frequency
fresta *verb* tempt
frestelse -n -r temptation
fri *adj* free; *vara ~ från* be* free of; *det står dig fritt att...* you are free to...; *i det fria* in the open
1 fria *verb* frikänna acquit; *~ ngn från misstankar* clear sb. of suspicion
2 fria *verb*, *~ till ngn* propose to sb.
friare -n = suitor
frid -en peace
fridfull *adj* peaceful
fridlyst *adj* protected
frieri -et -er proposal
frige *verb* free
frigivning -en -ar release
frigjord *adj* fördomsfri open-minded; från förtryck emancipated
frigöra *verb* liberate
frigörelse -n liberation
frihandel -n free trade
frihet -en -er freedom
friidrott -en -er athletics, track and field
frikostig *adj* liberal
friktion -en -er friction
frikyrklig *adj* Free Church
frikänna *verb* acquit
friluftsliv -et outdoor life
frimärke -t -n stamp
frimärksalbum -et = stamp album
frisersalong -en -er hairdresser's
frisk *adj* well; *~ och kry* hale and hearty; *~ luft* fresh air
frispråkig *adj* outspoken
frist -en -er respite
fristående *adj* detached; av varandra oberoende independent
frisyr -en -er hair style
frisör -en -er hairdresser

fritera *verb* deep-fry
friterad *adj* deep-fried
fritid -en spare time
fritidshem -met = ung. after--school center
fritidskläder pl. leisure wear
fritidssysselsättning -en -ar hobby
frivillig I *adj* voluntary; kurs elective **II** en ~, pl. -a volunteer; ***finns det någon ~?*** are there any volunteers?
frodas *verb* thrive
from *adj* pious
front -en -er front
frontalkrock -en -ar head-on collision
1 fross|a -an -or, ***ha ~*** have* the shivers
2 frossa *verb*, ***~ i*** wallow in; mat o.d. gorge oneself on
frost -en -er frost
frotté -n -er terry cloth
frottéhandduk -en -ar terry towel
fru -n -ar hustru wife (pl. wives); ***~ Berg*** Mrs. Berg
frukost -en -ar breakfast
frukt -en -er fruit
frukta *verb* fear
fruktaffär -en -er fruit store
fruktan en ~, best. form = fear
fruktansvärd *adj* terrible
fruktjuice -n -r fruit juice
fruktlös *adj* futile
fruktsallad -en -er fruit salad
fruktsam *adj* fertile
fruntim|mer -ret = dame; ***~!*** women!
frusen *adj* frozen; ***jag känner mig ~*** I feel cold
frys -en -ar freezer
frysa *verb* **1** till is freeze **2** om person be* cold; ***jag fryser om fötterna*** my feet are cold
frysbox -en -ar freezer
frystorka *verb* freeze-dry
fråg|a I -an -or question; ***ställa en ~ till ngn*** ask sb. a question; ***det kommer aldrig på ~!*** that's out of the question!; ***i ~ om mat*** as to food **II** *verb* ask; ***~ efter ngn*** ask for sb.; ***~ ngn om vägen*** ask sb. the way
frågesport -en -er quiz
frågeteck|en -net = question mark
frågvis *adj* inquisitive
från I *prep* from **II** *adv* frånkopplad off
frånvarande *adj* absent; tank-spridd absent-minded
frånvaro -n absence
fräck *adj* bold; oförskämd fresh; om historia indecent
fräckhet -en -er impudence
fräknig *adj* freckled
frälsning -en salvation
främja *verb* promote
främling -en -ar stranger
främmande I *adj* strange **II** -t gäst guest
främre *adj* front

främst *adv* first; huvudsakligen chiefly
frän *adj* pungent; om kritik äv. biting
fräsa *verb* hiss; hastigt steka fry
fräsch *adj* fresh
fräta *verb*, ~ *på ngt* eat* into sth.
frö -et -n seed
fröjd -en -er joy
frök|en en ~, pl. -nar **1** ~ *Berg* Miss (Ms.) Berg **2** lärarinna teacher; *fröken!* Miss!
fukt -en moisture
fuktig *adj* damp
ful *adj* ugly; om ansikte äv. homely
full *adj* **1** full **2** onykter drunk
fullbelagd *adj* full
fullbokad *adj* fully booked
fullborda *verb* complete
fullfölja *verb* complete
fullkomlig *adj* perfect
fullkornsbröd -et = whole-grain bread
fullmakt -en -er authorization
fullmån|e -en -ar full moon
fullpackad *adj* crammed
fullproppad *adj* crammed
fullsatt *adj* full
fullständig *adj* complete
fullträff -en -ar direct hit; bildligt bull's-eye
fullvuxen *adj* full-grown
fumlig *adj* fumbling
fundamental *adj* fundamental
fundera *verb* think*; ~ *på att göra ngt* think* about doing sth.
fundersam *adj* thoughtful
fungera *verb* work; ~ *som ngt* serve as sth.
funktion -en -er function; *ur* ~ out of order
furst|e -en -ar prince
furu -n pine
fusk -et cheating
fuska *verb* cheat
fusklapp -en -ar crib sheet
fux -en -ar häst bay
fy *interj* för att uttrycka äckel o.d. ugh!; ogillande shame on you!; ~ *tusan!* heck!, darn!
fyll|a I *verb* fill; ~ *femtio år* turn fifty; ~ *i en blankett* fill out a form; ~ *på glaset* top up the glass **II** -an -or, *i fyllan och villan* in a drunken fit
fylleri -et drunkenness
fyllig *adj* **1** om person plump **2** detaljerad detailed
fyllning -en -ar filling
fyllo -t -n drunk
fynd -et = find; billig vara bargain
fyr -en -ar **1** fyrtorn lighthouse **2** eld fire
1 fyra *verb* discharge
2 fyr|a I *räkn* four, för sammansättningar med fyra jfr *fem* med sammansättningar **II** -an -or four
fyrkant -en -er square
fyrkantig *adj* square

fyrklöv|er -ern -rar four-leaf clover

fyrtio *räkn* forty, för sammansättningar med fyrtio jfr *femtio* med sammansättningar

fyrtionde *räkn* fortieth

fyrverkeri -et -er fireworks

fysik -en **1** ämne physics **2** kroppsbyggnad physique

fysisk *adj* physical

1 få *verb* **1** *får jag?* vanl. may I?, can I?; *du får göra som du vill* you can do as you like; *jag har aldrig fått göra det* I have never been allowed to do that; *du får inte göra det* you must not do that; *får jag be om sockret?* can I have the sugar, please?; *får jag tala med X?* can I speak to X?; *du får vänta* you'll have to wait **2** get*; *kan jag ~ saltet?* could you pass me the salt, please?; *vad får vi till middag?* what's for dinner?; *~ av sig skorna* get* one's shoes off; *~ tillbaka växel* get* some change back; *inte ~ upp resväskan* not get one's suitcase open **3** *~ för sig* inbilla sig *ngt* imagine sth.

2 få *pron* o. *adj* few; *väldigt ~ vänner* very few friends; *bara några ~ dagar* only a few days

fåfäng *adj* vain

fåfänga -n vanity

fåg|el -eln -lar bird

fågelbo -et -n bird's nest

fågelholk -en -ar birdhouse

fåll -en -ar hem

1 fålla *verb* klädesplagg hem

2 fåll|a -an -or inhägnad pen

fånga *verb* catch*

fång|e -en -ar prisoner

fångenskap -en captivity

fångst -en -er catch*

fånig *adj* silly

får -et = sheep (pl. lika)

får|a I -an -or furrow; rynka line **II** *verb* furrow

fårkött -et mutton

fårskinn -et = sheepskin

fåtal -et minority; *ett ~* a few

fåtölj -en -er armchair

fäkta *verb* fence

fäktning -en -ar fencing

fälg -en -ar rim

fäll|a I -an -or trap **II** *verb* **1** t.ex. träd fell; t.ex. bomb drop **2** *~ ihop* fold up; *~ ner* krage turn down; paraply, lock close; *~ upp* krage turn up; paraply put* up; lock open

fällkniv -en -ar ung. Swiss Army knife (pl. knives)

fällstol -en -ar folding chair

fält -et = field

fälttåg -et = campaign

fängelse -t -r prison; vard. jail

fängelsestraff -et =, *få ~* be* sentenced to prison

fängsla *verb* **1** sätta i fängelse

imprison **2** om t.ex. bok, film fascinate
fängslande *adj* om bok, film etc. fascinating
färd -en -er resa journey; till sjöss voyage; utflykt trip
färdas *verb* travel
färdhandling -en -ar travel document
färdig *adj* finished
färdiglagad *adj*, ~ ***mat*** ready-cooked food
färdledare -n = guide
färdväg -en -ar route
färg -en -er color; till målning paint; till färgning dye
färga *verb* color; hår dye
färgad *adj* colored; person African-American; utanför USA black
färgblind *adj* color-blind
färgfilm -en -er color film
färgglad *adj* brightly colored
färghand|el -eln -lar paint store
färgkrit|a -an -or crayon
färglägga *verb* color
färglös *adj* colorless
färgpenn|a -an -or blyerts colored pencil; spritpenna marker pen
färg-TV -n = color TV
färj|a -an -or ferry
färre *adj* fewer
färs -en -er köttfärs ground chuck; till kalkon stuffing; till paprika etc. filling
färsk *adj* fresh
Färöarna the Faeroe Islands
fästa *verb* **1** sätta fast fasten; fastna stick **2** ~ ***sig vid ngn*** become* attached to sb.
fäste -t -n hold; *få* ~ find* a hold
fästing -en -ar tick
fäst|man -mannen -män fiancé
fästmö -n -r fiancée
fästning -en -ar fortress
föda I -n food **II** *verb* **1** sätta till världen give* birth to **2** ge föda åt feed **3** ~ ***upp*** breed
födas *verb* be* born
född *adj* born; ***när är du ~?*** when were you born?
födelse -n -r birth
födelsedag -en -ar birthday
födelsedatum -et = date of birth
födelsemärke -t -n birthmark
födelseort -en -er birthplace; mer formellt place of birth
föds|el -eln -lar birth
föga *adj* o. *adv* little
föl -et = foal
följa *verb* **1** ~ ***efter ngn*** follow sb. **2** ~ ***med ngn*** accompany sb.; ***han har svårt att ~ med*** he has trouble keeping up
följaktligen *adv* consequently
följande *adj* following
följas *verb*, ~ ***åt*** go* together
följd -en -er **1** rad series (pl. lika); ***i snabb ~*** in rapid succession **2** konsekvens consequence; ***få till ~*** result in; ***till ~ av ngt*** as a result of sth.

följeslagare -n = o. **följeslagerska** -n = companion
följetong -en -er serial
föna *verb* blow-dry
fönst|er -ret = window
fönsterbord -et = table by a window
fönsterplats -en -er window seat
fönsterrut|a -an -or window-pane
1 för I -en -ar bow **II** *adv*, *~ och akter* fore and aft
2 för I *prep*, *~ en vecka sedan* a week ago; *dag ~ dag* day by day; *platsen ~ brottet* the scene of the crime; *dölja ngt ~ ngn* hide sth. from sb.; *hon gick ut ~ att leta efter honom* she went out to look for him; *visa ngt ~ ngn* show* sth. to sb. **II** *konj*, *~* el. *~ att* because **III** *adv*, *~ lite* too little
föra *verb* **1** carry **2** leda lead
förakt -et contempt
förakta *verb* despise
föraning -en -ar presentiment; vard. hunch
föranleda *verb* cause; *känna sig föranledd att göra ngt* feel* called upon to do sth.
förare -n = av fordon driver
förargad *adj* annoyed
förarglig *adj* annoying
1 förband -et = **1** *första ~* first-aid bandage **2** inom krigsmakt unit
2 förband -et = musikgrupp warm-up band
förbandslåd|a -an -or first-aid kit
förbanna *verb* curse
förbannad *adj* damn, damned; starkare goddamn; *vara ~* be* pissed off
förbannelse -n -r curse
förbehåll -et = reservation
förbereda *verb* prepare
förberedelse -n -r preparation
förbi *prep* o. *adv* past; *vara ~* trött be* all in
förbigående, *i ~* by the way
förbinda *verb* **1** förena join **2** *~ sig att göra* undertake to do sth.
förbindelse -n -r **1** connection **2** kärleksförbindelse affair **3** trafikförbindelse communications
förbise *verb* overlook
förbiseende -t -n oversight
förbjuda *verb* forbid
förbjuden *adj* forbidden
förbli *verb* remain
förbluffande I *adj* amazing **II** *adv* amazingly
förblöda *verb* bleed to death
förbruka *verb* consume
förbrukning -en -ar consumption
förbrylla *verb* bewilder
förbrytare -n = criminal
förbrytelse -n -r crime

förbränning -en burning
förbud -et = prohibition
förbund -et = alliance
förbättra *verb* improve
förbättring -en -ar improvement
fördel -en -ar advantage; ***dra ~ av ngt*** benefit from sth.; ***vara till sin ~*** utseendemässigt look one's best
fördela *verb* distribute; uppdela divide
fördelaktig *adj* advantageous
fördelardos|a -an -or distributor housing
fördelare -n = distributor
fördelning -en -ar distribution
fördelningspolitik -en policy of fairer income distribution
fördjupa *verb* deepen; ***~ sig i ngt*** become* absorbed in sth.
fördom -en -ar prejudice
fördomsfri *adj* unprejudiced
fördomsfull *adj* prejudiced
fördröja *verb* delay
fördubbla *verb* double
fördärv -et ruin
fördärva *verb* ruin, destroy
fördöma *verb* condemn
1 före -t -n, ***det är dåligt ~*** the snow is bad for skiing
2 före *prep* o. *adv* before
förebild -en -er urtyp prototype; mönster model
förebrå *verb* reproach
förebråelse -n -r reproach
förebygga *verb* prevent
förebyggande *adj* preventive
föredra *verb* prefer; ***~ te framför kaffe*** prefer tea to coffee
föredrag -et = talk
föredöme -t -n example
förefalla *verb* seem
föregå *verb* precede; ***~ med gott exempel*** set a good example
föregående *adj* previous
föregångare -n = o. **föregångerska** -n = predecessor
förekomma *verb* occur; hinna före forestall
föreläsa *verb* lecture
föreläsning -en -ar lecture
föremål -et = object
förena *verb* unite
förening -en -ar association
förenkla *verb* simplify
Förenta Nationerna the United Nations
Förenta Staterna the United States, the US
föreskrift -en -er instructions; bestämmelse regulation
föreslå *verb* propose
förestå *verb* leda, sköta be* in charge of
föreståndare -n = manager
föreställa *verb* represent; ***~ sig*** imagine
föreställning -en -ar **1** idé idea **2** teaterföreställning o.d. performance
företag -et = company, firm

företagare -n = businessman (pl. businessmen)
företagsekonomi -n business economics
företräda *verb* represent
företrädare -n = predecessor
företräde -t -n priority; *lämna* ~ give* way; i trafik yield
förevändning -en -ar pretext
för|fader -fadern -fäder ancestor
förfall -et decay
förfalla *verb* **1** fall* into decay **2** bli ogiltig become* invalid **3** om räkning o.d. be* due
förfallen *adj* **1** decayed **2** ogiltig invalid **3** *vara* ~ om räkning o.d. be* due
förfalska *verb* falsify; namn, check forge
förfalskning -en -ar förfalskande falsification; av namn, check forgery
författare -n = writer
författarinn|a -an -or woman writer (pl. women writers)
förfluten *adj* past
förflytta *verb* move
förfoga *verb*, ~ *över ngt* have* sth. at one's disposal
förfogande -t -n disposal
förfriskning -en -ar refreshment
förfrysa *verb* get* frost-bitten, freeze to death
förfråg|an en ~, pl. -ningar o. **förfrågning** en ~, pl. -ar inquiry
förfärlig *adj* terrible
förfölja *verb* pursue; t.ex. folkgrupp persecute
förföljelse -n -r pursuit; av t.ex. folkgrupp persecution
förföra *verb* seduce
förgasare -n = carburetor
förgifta *verb* poison
förgiftning -en -ar poisoning
förgylla *verb* gild
förgylld *adj* gilded
förgätmigej -en -er forget-me--not
förgäves *adv* in vain
förhand, *på* ~ in advance
förhandla *verb* negotiate
förhandling -en -ar negotiation
förhind|er -ret =, *få* ~ be* prevented from coming
förhindra *verb* prevent
förhoppning -en -ar hope
förhoppningsfull *adj* hopeful
förhålla *verb*, *så förhåller det sig med den saken* that is how matters stand
förhållande -t -n **1** sakläge conditions **2** förbindelse relations; kärleksförhållande affair **3** proportion proportion
förhör -et = interrogation
förhöra *verb* interrogate
förinta *verb* destroy
Förintelsen judeutrotningen the Holocaust
förkasta *verb* reject
förklara *verb* **1** förtydliga explain; ~ *ngt för ngn* explain sth. to sb. **2** tillkännage declare

förklaring -en -ar explanation
förkläde -t -n apron
förklädnad -en -er disguise
förknippa *verb* associate
förkorta *verb* shorten
förkortning -en -ar abbreviation
förkyld *adj*, *vara* ~ have* a cold; lätt have* the sniffles
förkylning -en -ar cold
förkärlek -en preference
förköp -et = advance booking
förlag -et = publishing firm
förlamad *adj* paralyzed
förlamning -en -ar paralysis
förlopp -et = course of events
förlora *verb* lose*
förlossning -en -ar delivery
förlovad *adj* engaged
förlovning -en -ar engagement
förlust -en -er loss
förlåta *verb* forgive*
förlåtelse -n -r forgiveness
förlägen *adj* embarrassed
förlägga *verb* **1** slarva bort mislay **2** böcker publish
förläggning -en -ar location; militärförläggning base
förlänga *verb* lengthen
förlöjliga *verb* ridicule
för|man -mannen -män foreman (pl. foremen)
förmaning -en -ar mild warning (rebuke)
förmedla *verb* mediate
förmedling -en -ar **1** mediation **2** byrå agency
förmiddag -en -ar morning; *i förmiddags* this morning; *på förmiddagen* in the morning; *klockan 11 på förmiddagen* at 11 o'clock in the morning
förminska *verb* reduce
förminskning -en -ar reduction
förmoda *verb* suppose; vard. guess
förmodligen *adv* presumably
förmyndare -n = guardian
förmå *verb*, ~ *ngn att göra ngt* get* sb. to do sth.
förmåg|a -an -or kraft power; läggning talent
förmån -en -er advantage; vard., löneförmån perk
förmånlig *adj* advantageous
förmögen *adj* **1** rik wealthy, rich **2** ~ *till* capable of
förmögenhet -en -er fortune
förnamn -et = first name
förnedring -en degradation
förneka *verb* deny
förnimma *verb* feel*
förnuft -et reason
förnuftig *adj* sensible
förnya *verb* renew
förnäm *adj* distinguished
förolyckas *verb* lose* one's life
förolämpa *verb* insult
förolämpning -en -ar insult
förord -et = preface
förorena *verb* pollute
förorening -en -ar pollution
förorsaka *verb* cause
förort -en -er suburb

förpacka *verb* pack
förpackning -en -ar package
förpliktelse -n -r obligation
förr *adv* **1** förut before **2** ~ *i tiden* formerly **3** tidigare sooner; ~ *eller senare* sooner or later
förra *adj*, ~ *gången* last time
förresten *adv* besides
förrgår, *i* ~ the day before yesterday
förråd -et = store; rum storeroom
förråda *verb* betray
förrädare -n = traitor
förräderi -et -er treachery
förrän *konj*, *inte ~ om en timme* not for another hour; *det dröjde inte länge ~ han började gråta* it wasn't long before he began crying
förrätt -en -er starter; *till* ~ for starters
försaka *verb* go* without
församling -en -ar **1** assembly **2** socken parish
förse *verb* provide; *försedd med ngt* equipped with sth.
förseelse -n -r offense
försenad *adj* delayed
försening -en -ar delay
försiggå *verb* take* place
försiktig *adj* careful
förskol|a -an -or nursery school
förskoleverksamhet -en -er pre-school activities
förskott -et = advance
förskräckelse -n -r fright; starkare terror
förskräcklig *adj* frightful
förskräckt *adj* frightened
förskärare -n = kniv carving-knife (pl. carving-knives)
försköna *verb* göra vackrare embellish
förslag -et = proposal
försmak -en foretaste
försommar -en försomrar early summer
försoning -en -ar reconciliation
försova *verb*, ~ *sig* oversleep
förspel -et = **1** musik prelude **2** före samlag foreplay
försprång -et = lead
först *adv* **1** first; *komma* ~ come* first; ~ *och främst* to begin with; framför allt above all **2** inte förrän not until; ~ *då insåg han* not until then did he realize
första *räkn* o. *adj* first; *i* ~ *hand* first of all; helst preferably
för|stad -staden -städer suburb
förstaklassbiljett -en -er first-class ticket
förstoppning -en -ar constipation
förstora *verb* enlarge
förstoring -en -ar enlargement
förstoringsglas -et = magnifying glass
förströelse -n -r recreation
förstå *verb* understand; *göra*

sig förstådd make* oneself understood; ~ *sig på ngt* know* about sth.
förståelse -n understanding
förstående *adj* understanding
förstånd -et intelligence
förståndig *adj* sensible
förstås *adv* of course
förstärka *verb* strengthen
förstärkare -n = amplifier
förstärkning -en -ar reinforcement
förstöra *verb* destroy
förstörelse -n -r destruction
försumma *verb* neglect
försvaga *verb* weaken
försvar -et defense
försvara *verb* defend
försvarsadvokat -en -er defense lawyer, counsel for the defense
försvarslös *adj* defenseless
försvinna *verb* disappear; *försvinn!* get lost!
försvinnande -t -n disappearance
försvåra *verb*, ~ *ngt* make* sth. difficult
försynt *adj* considerate; blygsam modest
försäga *verb*, ~ *sig* give* oneself away
försäkra *verb* **1** bedyra assure; *jag försäkrar att jag kommer* I can assure you that I'll come **2** ta en försäkring, ~ *sig* insure oneself
försäkrad *adj* insured
försäkr|an en ~, pl. -ingar assurance
försäkring -en -ar insurance
försäkringsbesked -et = proof of insurance
försäkringsbolag -et = insurance company
försäkringskass|a -an -or social insurance office
försäljare -n = salesperson; salesman (pl. salesmen), saleswoman (pl. saleswomen)
försäljning -en -ar sale; yrkesmässig sales
försämra *verb* deteriorate
försämring -en -ar deterioration
försändelse -n -r package; varor consignment
försök -et = attempt
försöka *verb* try
försörja *verb* support; ~ *sig* earn one's living
försörjning -en living
förtal -et slander
förtala *verb* slander
förteckning -en -ar list
förtid, *i* ~ prematurely
förtjusande *adj* charming
förtjusning -en delight
förtjust *adj* delighted; *vara* ~ *i* be* fond of
förtjäna *verb* deserve
förtjänst -en -er inkomst earnings
förtjänt *adj*, *vara* ~ *av* deserve
förtroende -t -n confidence

förtrogen *adj* intimate
förtrolla *verb* enchant
förtrollning -en enchantment
förtryck -et oppression
förträfflig *adj* excellent
förtröstan en ~, best. form = trust; tillförsikt confidence
förtulla *verb* declare; ***jag har ingenting att ~*** I haven't got anything to declare
förtur -en priority
förtvivlad *adj* heartbroken, despairing; ***vara ~*** äv. be* in despair
förtvivlan en ~, best. form = despair
förtydligande -t -n clarification
förtäring -en food and drink
förtöja *verb* moor
förut *adv* before
förutom *prep* besides
förutsatt *adj*, ~ ***att*** provided that
förutse *verb* foresee
förutseende I *adj* foresighted **II** -t -n foresight
förutsäga *verb* predict
förutsägelse -n -r prediction
förutsätta *verb* assume
förutsättning -en -ar villkor condition
förvalta *verb* manage
förvaltare -n = administrator
förvaltning -en -ar administration
förvandla *verb* transform; ~ ***ngt till ngt*** change sth. into sth.
förvandling -en -ar transformation
förvanska *verb* distort
förvar, ***i säkert ~*** in safe keeping
förvara *verb* keep*
förvaring -en -ar keeping
förvaringsbox -en -ar safe--deposit box
förvarning -en -ar forewarning
förverkliga *verb* realize
förvirrad *adj* confused
förvirring -en confusion
förvisa *verb* banish
förvissa *verb*, ~ ***sig om*** make* sure of
förvånad *adj* surprised
förvåning -en surprise
förväg, ***i ~*** in advance
förvänta *verb*, ~ ***sig*** expect
förvänt|an en ~, pl. -ningar expectation
förväntansfull *adj* expectant
förväntning -en -ar expectation
förvärra *verb*, ~ ***ngt*** make* sth. worse
förväxla *verb* mix up
förväxling -en -ar mix-up
föråldrad *adj* old-fashioned, antiquated
föräld|er -ern -rar parent
förälskad *adj*, ***vara ~ i*** be* in love with
förälskelse -n -r love
förändra *verb* change

förändring -en -ar change
förödmjuka *verb* humiliate
förödmjukelse -n -r humiliation

g g-et g-n **1** bokstav g [utt. dʒi:] **2** ton G
gadd -en -ar sting
gaff|el -eln -lar fork
1 gala *verb* crow
2 gal|a -an -or gala
galen *adj* mad
galg|e -en -ar **1** klädhängare clothes hanger **2** för avrättning gallows
gall|a -an -or bile
gall|er -ret = grating
galleri -et -er gallery
galleri|a -an -or shopping mall
gallra *verb* thin out
gallsten -en -ar gallstone
gallstensanfall -et = attack of gallstones
galning -en -ar madman (pl. madmen)
galonbyxor pl. rain pants
galopp -en -er gallop
galoppera *verb* gallop
galosch -en -er galosh
gam -en -ar vulture
gammaglobulin -et gamma globulin
gammal *adj* old
gammaldags *adj* old-fashioned
gangst|er -ern -rar (-ers) gangster

ganska *adv* fairly
gap -et = mouth; hål gap
gapa *verb* open one's mouth; skrika shout; *~!* open wide!
gaphals -en -ar loudmouth
gapskratt -et = roar of laughter; vard. belly laugh
garage -t = garage
garantera *verb* guarantee
garanti -n -er guarantee
garderob -en -er wardrobe; på t.ex. restaurang checkroom
gardin -en -er curtain
garn -et = (-er) **1** tråd yarn **2** nät net
garnera *verb* tårta decorate; maträtt garnish
garnnystan -et = ball of yarn
gas -en -er gas
gasbind|a -an -or gauze bandage
gasmask -en -er gas mask
gasol® -en propane, bottled gas
gasolkök -et = camping (camp) stove
gaspedal -en -er accelerator; vard. gas pedal
gassa *verb* be* broiling hot
gasspis -en -ar gas stove
gastronom -en -er gourmet
gat|a -an -or street
gathörn -et = street corner
gatlykt|a -an -or streetlight, street lamp
gatukorsning -en -ar corner, street corner
gatukök -et = hot-dog stand
gav|el -eln -lar **1** på hus gable **2** *stå på vid ~* be* wide open
ge *verb* give*; *~ sig* surrender; *~ sig av* leave*; *~ igen* hämnas retaliate; *~ tillbaka ngt* return sth.; *~ upp* give* up
gedigen *adj* solid
gehör -et, *ha dåligt ~* have* a poor ear
gelé -n (-et) -er jelly
gem -et = paper clip
gemensam *adj* common
gemenskap -en community
genant *adj* embarrassing
genast *adv* at once
generad *adj* embarrassed
general -en -er general
generalisera *verb* generalize
generalrepetition -en -er dress rehearsal
generation -en -er generation
generator -n -er generator
generell *adj* general
generös *adj* generous
gengäld, *i ~* in return
geni -et -er genius
genial *adj* o. **genialisk** *adj* brilliant
genom *prep* o. *adv* through
genombrott -et = breakthrough
genomfart -en -er passage
genomföra *verb* carry out
genomgå *verb* go* through; *~ en förändring* undergo a change

genomgående I *adj* constant **II** *adv* throughout
genomgång -en -ar survey, review
genomskinlig *adj* transparent
genomskåda *verb*, *~ ngt* see* through sth.
genomslagskraft -en impact
genomsnitt -et = average; *i ~* on average
genomstekt *adj* well done
genomvåt *adj* soaking wet
genre -n -r genre
gensvar -et response
gentemot *prep* towards
gentle|man -mannen -män gentleman (pl. gentlemen)
genuin *adj* genuine
genus -et = gender
genväg -en -ar short cut
geografi -n geography
geografisk *adj* geographical
geologi -n geology
gerill|a -an -or guerrillas
gest -en -er gesture
gestalt -en -er figure
get -en getter goat
geting -en -ar wasp
getingstick -et = wasp sting
gevär -et = rifle
Gibraltar sund the Straits of Gibraltar
giff|el -eln -lar croissant
1 gift -et -er poison
2 gift *adj* married
gifta *verb*, *~ sig med ngn* marry sb.
giftermål -et = marriage
giftig *adj* poisonous
gigantisk *adj* gigantic
gilla *verb* like
gillande -t approval
gillra *verb*, *~ en fälla* set a trap
giltig *adj* valid
gin -en (-et) gin
gips -en (-et) -er plaster
gipsa *verb* put* in a cast
gipsförband -et = cast
giraff -en -er giraffe
girig *adj* greedy
girland -en -er festoon
gissa *verb* guess
gisslan en ~, pl. = hostage
gissning -en -ar guess
gitarr -en -er guitar
gitarrist -en -er o. **gitarrspelare** -n = guitarist
giva se *ge*
givakt, *stå i ~* stand* at attention
givande *adj* profitable; bildligt rewarding
givetvis *adv* of course
givmild *adj* generous
gjuta *verb* stöpa cast
glaciär -en -er glacier
glad *adj* happy
glans -en brilliance
glansig *adj* glossy
glapp I *adj* loose **II** -et = gap
glappa *verb* be* loose
glas -et = glass
glasbruk -et = glassworks

glasmästare -n = glazier
glasrut|a -an -or pane
glass -en -er (-ar) ice cream
glasspinn|e -en -ar ice-cream bar
glasstrut -en -ar ice-cream cone
glasyr -en -er icing
glasögon pl. glasses, eyeglasses
1 glatt *adv* cheerfully
2 glatt *adj* smooth
gles *adj* thin
glesna *verb* om hår get* thin; om t.ex. trafik thin out
glida *verb* glide; ***de har glidit ifrån varandra*** they have drifted apart
glimma *verb* gleam
glimt -en -ar gleam; ***ha glimten i ögat*** have* a twinkle in one's eye
glittra *verb* glitter
glo *verb* stare
global *adj* global
glori|a -an -or halo
glos|a -an -or word
glugg -en -ar hole
glupsk *adj* greedy
glutenfri *adj* gluten-free
glykol -en -er glycol
glädja *verb* please; ***~ sig åt ngt*** be* glad about sth.
glädjande *adj*, ***~ nyheter*** good news
glädje -n joy
glänsa *verb* shine
glänt, ***stå på ~*** be* ajar
glänt|a -an -or glade
glöd -en **1** pl. = glödande kol live coal **2** sken glow **3** stark känsla ardor
glöda *verb* glow
glödlamp|a -an -or light bulb
glögg -en -ar mulled wine
glömma *verb* forget*; ***~ kvar ngt*** leave* sth. behind
glömsk *adj* forgetful
glömska -n forgetfulness; ***falla i ~*** be* forgotten
gnaga *verb* gnaw
gnida *verb* rub
gniss|el -let squeaking
gnissla *verb* squeak; ***~ tänder*** grind one's teeth
gnist|a -an -or spark
gnistra *verb* sparkle
gno *verb* rub; arbeta toil
gnola *verb* hum
gnugga *verb* rub
gnutt|a -an -or tiny bit
gnägga *verb* neigh
gnäll -et jämmer whining; klagande grumbling
gnälla *verb* jämra sig whine; klaga complain
gobeläng -en -er tapestry
god *adj* good; ***~ dag!*** good morning (afternoon, evening)!; ***~ morgon!*** good morning!; ***~ natt!*** good night!; ***var så ~!*** here you are!, be my guest!; ***en ~ vän till mig*** a friend of mine
godartad *adj* benign
godis -et candy

godkänd *adj* approved; ***bli ~*** vid examen o.d. pass
godkänna *verb* approve; vid examen o.d. pass
godnatt *interj* good night!
godo, *göra upp i ~* reach an amicable agreement; efter brott o.d. settle out of court; ***du får hålla till ~ med...*** you'll have to make do with...; ***komma ngn till ~*** be* to the benefit of sb.
gods -et = **1** varor goods; större mängd freight **2** lantegendom estate
godsexpedition -en -er freight office
godta *verb* accept
godtagbar *adj* acceptable
godtrogen *adj* credulous
godtycklig *adj* arbitrary
golf -en sport golf
golfban|a -an -or golf course
Golfströmmen the Gulf Stream
golv -et = floor
golvlamp|a -an -or floor lamp
gom -men -mar palate
gondol -en -er gondola
gonorré -n -er gonorrhea
gorill|a -an -or gorilla
goss|e -en -ar boy; ***gamle ~!*** old buddy (pal)!
gott I 1 -et -er candy **2** ***det är ~ om plats*** there is plenty of room **II** *adv* well; ***sova ~*** sleep* well; ***så ~ som*** practically
gottgöra *verb* compensate
gottgörelse -n -r compensation
gourmand -en -er gourmand
gourmé -n -er o. **gourmet** -en -er gourmet
graciös *adj* graceful
grad -en -er **1** degree; ***i hög ~*** to a great extent **2** ***5 grader kallt*** 5 degrees below zero Celsius, 20 degrees Fahrenheit; ***25 grader varmt*** 25 degrees Celsius, 77 degrees Fahrenheit **3** rang rank, grade
gradera *verb* grade
gradvis I *adv* gradually **II** *adj* gradual
grafik -en grafiska blad prints
gram -met = gram
grammatik -en -er grammar
grammofon -en -er record player
grammofonskiv|a -an -or record, LP
gran -en -ar spruce
granat -en -er **1** sten garnet **2** vapen shell
grann *adj* magnificent
grann|e -en -ar neighbor
grann|land -landet -länder neighboring country
granska *verb* examine
granskning -en -ar examination
grapefrukt -en -er grapefruit
gratinerad *adj* ...au gratin

gratis *adv* o. *adj* free; ~ *inträde* admission free
grattis *interj* congratulations!; på födelsedagen happy birthday!
gratulation -en -er congratulation
gratulera *verb* congratulate
gratäng -en -er gratin
1 grav *adj* serious
2 grav -en -ar grave
gravad *adj*, ~ *lax* marinated salmon
gravera *verb* engrave
gravid *adj* pregnant
graviditet -en -er pregnancy
grej -en -er thing
grek -en -er Greek
grekisk *adj* Greek
grekisk|a -an **1** pl. -or kvinna Greek woman (pl. women) **2** språk Greek
Grekland Greece
gren -en -ar branch
grensle *adv* astride
grep -en -ar pitchfork
grepp -et = grasp
grev|e -en -ar count; i England earl
grevinn|a -an -or countess
grill -en -ar **1** för matlagning grill **2** på bil grille
grilla *verb* grill; mat äv. broil
grillad *adj* grilled
grillkorv -en -ar hot-dog for grilling
grillspett -et = skewer; med kött shishkebab
grimas -en -er grimace
grimasera *verb* make* faces
grina *verb* **1** gråta cry **2** flina grin
grind -en -ar gate
grinig *adj* **1** gnällig whining **2** knarrig grumpy
gripa *verb* **1** seize; ~ *tag i ngt* take* hold of sth. **2** väcka sinnesrörelse touch
gripande *adj* rörande touching
gris -en -ar pig
griskött -et pork
gro *verb* sprout
grod|a -an -or **1** djur frog **2** fel blunder
grod|man -mannen -män frogman (pl. frogmen)
grogg -en -ar long drink
grop -en -ar pit
gropig *adj* bumpy
grossist -en -er wholesale dealer, wholesaler
grotesk *adj* grotesque
grott|a -an -or cave
grov *adj* coarse
grovlek -en -ar thickness
grubbla *verb* ponder; ~ *över* brood on
grumlig *adj* muddy
1 grund -en -er foundation; *på ~ av* because of
2 grund I *adj* shallow **II** -et =, *gå på ~* run* aground
grunda *verb* found

grundare -n = founder
grundlig *adj* thorough
grundlägga *verb* found
grundläggande *adj* fundamental
grundreg|el -eln -ler basic rule
grundskol|a -an -or compulsory school
grundval -en -ar foundation; *på ~ av* on the basis of
grundämne -t -n element
grupp -en -er group
gruppbiljett -en -er group pass (ticket)
gruppres|a -an -or group excursion; längre group trip
grus -et gravel
1 gruv|a -an -or mine
2 gruva *verb*, *~ sig för ngt* dread sth.
gry *verb* dawn
grym *adj* cruel
grymhet -en -er cruelty
grymta *verb* grunt
gryn -et = grain
gryning -en -ar dawn
gryt|a -an -or pot
grå *adj* gray
gråhårig *adj* gray-haired
gråsparv -en -ar house sparrow
gråta *verb* cry
gråtfärdig *adj*, *vara ~* be* on the verge of tears
grädda *verb* bake
grädde -n cream
gräddfil -en sour cream
gräddtårt|a -an -or ung. cream-filled cake
gräl -et = quarrel, fight
gräla *verb* **1** quarrel **2** *~ på ngn* scold sb.
gräma *verb*, *det grämer mig att vi inte gick* I'm still kicking myself that we didn't go
gränd -en -er alley
gräns -en -er boundary; för stat border
gränsa *verb*, *~ till ngt* border on sth.
gränsfall -et = borderline case
gränslös *adj* boundless
gräs -et = grass
gräshopp|a -an -or grasshopper
gräsklippare -n = lawn mower
gräslig *adj* shocking; vard. awful
gräslök -en -ar chives
gräsmatt|a -an -or lawn
gräva *verb* dig; *~ fram* dig up; *~ ned* bury
grävmaskin -en -er excavator; mindre backhoe
gröd|a -an -or crops
grön *adj* green; *det är grönt ljus* the lights are green; *det är grönt!* it's OK!
grönkål -en kale
Grönland Greenland
grönområde -t -n green area; större park
grönsak -en -er vegetable

grönsaksaffär -en -er fruit and vegetable store
grönsakssopp|a -an -or vegetable soup
grönsallad -en -er växt lettuce; rätt green salad
grönska I -n greenery, foliage **II** *verb* vara grön be* green
gröt -en -ar oatmeal
gubb|e -en -ar old man (pl. men)
gud -en -ar god
gud|far -fadern -fäder godfather
gudinn|a -an -or goddess
gud|mor -modern -mödrar godmother
gudomlig *adj* divine
gudskelov *interj* thank God!
gudstjänst -en -er service, divine service
guida *verb* guide
guide -n -r guide
guide|bok -boken -böcker guidebook
gul *adj* yellow; ***gult ljus*** i trafiken yellow light
gulasch -en -er goulash
guld -et gold; guldmedalj gold medal
guldarmband -et = gold bracelet
guldfisk -en -ar goldfish
guldgruv|a -an -or gold mine
guldring -en -ar gold ring
guldsmed -en -er goldsmith
guldsmedsaffär -en -er jeweller's
gullig *adj* sweet; näpen äv. cute
gullviv|a -an -or cowslip
gulsot -en jaundice
gumm|a -an -or old woman (pl. women)
gummi -t -n rubber
gummisnodd -en -ar rubber band
gummistövlar pl. rubber boots
gummisul|a -an -or rubber sole
gung|a I -an -or swing **II** *verb* swing
gungstol -en -ar rocking chair
gupp -et = bump
guppa *verb* bob up and down
gurgla *verb*, ~ ***sig*** gargle
gurk|a -an -or cucumber
gylf -en -ar fly
gyllene *adj* golden; av guld gold; ***ett ~ tillfälle*** a golden opportunity
gymnasi|um -et -er ung. high school
gymnastik -en gymnastics; skolämne physical education (förk. PE)
gymnastiksko -n -r sneaker
gymnastisera *verb* do* gymnastics, exercise
gynekolog -en -er gynecologist
gynna *verb* favor
gynnsam *adj* favorable
gyttj|a -an -or mud
gå *verb* go*; promenera walk; ***hur gick det?*** how did it go?; vid olycka o.d. are you all right?; ~ ***av*** stiga av get* off; ~ ***bort*** dö die; ~ ***efter ngn*** walk

behind sb.; ~ *förbi* walk past; ~ *före* go* before; ~ *igenom* go* through; ~ *med ngn* go* (come*) along with sb.; ~ *ned* go* down; ~ *tillbaka* återvända return; ~ *upp* go* up; i vikt gain weight; ~ *över* go over

gågat|a -an -or pedestrian street, med affärer mall

gång -en **1** sätt att gå gait **2** *i* ~ fungerande running **3** pl. -ar väg path; i hus passage **4** pl. -er, *en* ~ *till* once more; *på samma* ~ at the same time

gångban|a -an -or footpath; trottoar sidewalk

gångjärn -et = hinge

gård -en -ar **1** plan yard **2** egendom farm

gås -en gäss goose (pl. geese)

gåt|a -an -or riddle

gåtfull *adj* mysterious

gåv|a -an -or gift

gädd|a -an -or pike

gäll *adj* shrill

gälla *verb* **1** vara giltig be* valid **2** beröra concern; *vad gäller saken?* what is it about?

gällande *adj* giltig valid; rådande existing; *göra* ~ maintain

gäng -et = gang

gärde -t -n field

gärna *adv* gladly; *tack, ~!* yes, please!

gärning -en -ar deed

gärnings|man -mannen -män perpetrator

gäspa *verb* yawn

gäspning -en -ar yawn

gäst -en -er guest

gästfri *adj* hospitable

gästfrihet -en hospitality

gästrum -met = spare bedroom

gästspel -et = guest performance

göda *verb* fatten

gödsel -n dung

gödsla *verb* manure

gök -en -ar cuckoo

gömma *verb* hide; förvara keep*; ~ *sig* hide

gömställe -t -n hiding-place

göra *verb* **1** tillverka make* **2** do*; *det gör ingenting* it doesn't matter; *ha mycket att* ~ have* a lot to do; ~ *sig av med* get* rid of; ~ *om* upprepa repeat; *gör inte om det!* don't do that again!; ~ *upp med ngn* come* to terms with sb.; *det är inget att* ~ *åt* it cannot be helped

görd|el -eln -lar girdle

gös -en -ar pike-perch

Göteborg Göteborg, Gothenburg

H

h h-et h-n **1** bokstav h [utt. ejtch] **2** ton B

ha *verb* **1** have*; ***vi har varit där*** we have been there; ***har hon köpt den?*** has she bought it?; ***jag skulle vilja ~ ett glas vin*** I would like a glass of wine, please **2** ***~ med sig*** bring*; ***~ på sig*** vara klädd i wear* **3** ***~ det så bra!*** take care!; ***hur har du det?*** how are things?; ***det har jag inget emot*** I don't mind; ***vad har hon för sig nuförtiden?*** what is she doing nowadays?

hack -et = notch

hack|a I -an -or pickax; trädgårdshacka hoe **II** *verb* chop

hackspett -en -ar woodpecker

hag|e -en -ar meadow

hag|el -let = **1** nederbörd hail **2** av bly shot

hagla *verb* hail

haj -en -ar shark

1 hak|a -an -or chin

2 haka *verb*, ***~ upp sig*** get* stuck

hak|e -en -ar hook; litet hinder catch

haklapp -en -ar bib

hal *adj* slippery

hala *verb* haul

halka I -n, ***det är ~*** it is icy (slippery) **II** *verb* slip

hall -en -ar hall; i hotell ofta lounge

hallon -et = raspberry

hallucination -en -er hallucination

hallå I *interj* hallo!; ***~ där, stanna!*** hey you, stop! **II** -(e)t oväsen hullabaloo

halm -en straw

hals -en -ar neck; ***sätta ngt i halsen*** choke on sth.

halsa *verb* swig

halsband -et = necklace

halsbränna -n heartburn

halsduk -en -ar scarf (pl. scarfs el. scarves)

halsfluss -en -er tonsillitis

halshugga *verb* behead

halsont, ***ha ~*** have* a sore throat

halstablett -en -er throat lozenge

halstra *verb* grill

1 halt -en -er andel content

2 halt *adj* lame

halta *verb* limp

halv *adj* half; ***betala ~ avgift*** pay* half the price; ***i en och en ~ timme*** for an hour and a half; ***~ sju*** half past six

halv|a -an -or half (pl. halves)

halvautomatisk *adj* semi--automatic

halv|bror -brodern -bröder half--brother
halvera *verb* halve
halvfabrikat -et = semimanufactured article
halvlek -en -ar half (pl. halves)
halvljus -et =, ***köra på ~*** drive* with one's low beams on
halvmån|e -en -ar half-moon
halvpension -en -er half board and lodging
halvsyst|er -ern -rar half-sister
halvtid -en -er half-time
halvtimm|e -en -ar half-hour
halvvägs *adv* half-way
halvår -et =, ***ett ~*** six months
halvädelsten -en -ar semiprecious stone
halvö -n -ar peninsula
Hamburg Hamburg
hamburgare -n = hamburger
hammare -n = hammer
hammock -en -ar hammock
hamn -en -ar hamnstad port; anläggning harbor
hamna *verb* end up
hamn|stad -staden -städer port
hamra *verb* hammer, pound
hamst|er -ern -rar hamster
hamstra *verb* hoard
han *pron* he
hand -en händer hand; ***ha ~ om*** be* in charge of; ***ta ~ om*** take* care of; ***för ~*** by hand
handarbete -t -n needlework
handbagage -t hand-luggage
hand|bok -boken -böcker handbook
handboll -en handball
handbroms -en -ar handbrake
handduk -en -ar towel
handel -n trade
handfat -et = washbasin
handflat|a -an -or palm
handfull, ***en ~*** a pocketful of; ***en ~ åskådare*** a handful of onlookers
handgjord *adj* hand-made
handikapp -et = handicap
handikappad *adj* disabled, physically challenged
handla *verb* **1** göra affärer trade; ***~ mat*** buy* food **2** bete sig act **3** ***det handlar om...*** it is about...
handlag -et knack; ***ha gott ~ med barn*** be* good with children
handlande -t actions, conduct
handled -en -er wrist
handling -en -ar **1** agerande action **2** i bok, film etc. story, plot **3** dokument document
handpenning -en -ar deposit, down payment
handskas *verb*, ***~ med*** handle
handsk|e -en -ar glove
handskfack -et = glove compartment
handsknumm|er -ret = size in gloves
handskriven *adj* handwritten
handstil -en -ar handwriting

handsydd *adj* om plagg hand--made
handtag -et = handle
handväsk|a -an -or handbag, purse
han|e -en -ar o. **hann|e** -en -ar male
hans *pron* his
hantera *verb* handle, cope
hantverk -et = handicraft
hantverkare -n = craftsman (pl. craftsmen)
har|e -en -ar hare; ynkrygg coward
harkla *verb*, ~ *sig* clear one's throat
harmoni -n -er harmony
harmonisk *adj* harmonious
harp|a -an -or harp
hasa *verb* slide; ~ *ner* om strumpa o.d. slip down
hasardspel -et = gamble
hasch -en (-et) vard. hash
hasselnöt -en -ter hazelnut
hast -en hurry; *i all* ~ in great haste
hastig *adj* rapid
hastighet -en -er speed
hastighetsbegränsning -en -ar speed limit
hastighetsmätare -n = speedometer
hat -et hate
hata *verb* hate
hatt -en -ar hat
hav -et = sea; större ocean
Hawaii Hawaii
haveri -et -er skeppsbrott shipwreck; om motor o.d. breakdown
havre -n oats
havregryn pl. oatmeal
havsabborr|e -en -ar sea bass
havskatt -en -er catfish
havskräft|a -an -or Norway lobster
hed -en -ar moor
heder -n honor
hederlig *adj* honest
hedersgäst -en -er guest of honor
hedning -en -ar heathen
hedra *verb* honor
hej *interj* hello!; vard. hi!; ~ *då!* bye-bye!
heja I *interj* come on!; attaboy!, attagirl! **II** *verb*, ~ *på ngn* say* hello to sb.; hålla på root for sb.
hejda *verb* stop
hektar -et (-en) = hectare
hektisk *adj* hectic
hekto -t = o. **hektogram** -met = hectogram
hel *adj* whole
hela *verb* heal
helautomatisk *adj* fully automatic
helförsäkring -en -ar comprehensive damage insurance
helg -en -er weekend
helgdag -en -ar holiday
helgon -et = saint
helhet -en -er whole

helig *adj* holy
helikopt|er -ern -rar helicopter; vard. chopper
heller *adv* either; ***det vill inte jag ~*** I don't want to either
helljus -et =, ***köra på ~*** drive* with one's high beams on
hellre *adv* rather; ***jag skulle ~ vilja ha...*** I would prefer...
helnykterist -en -er teetotaller
helomvändning -en -ar, ***göra en ~*** do* a complete about-face
helpension -en -er full board and lodging
helsid|a -an -or full page
Helsingfors Helsinki
helst *adv* preferably; ***~ skulle jag vilja åka tillbaka*** I would prefer to return; ***vad som ~*** anything; ***vem som ~*** anybody
helt *adv* completely
heltid -en -er full-time
heltidsanställd *adj*, ***vara ~*** be* employed full-time
heltäckningsmatt|a -an -or wall-to-wall carpet
helvete -t -n hell
hem -met = home; ***komma ~*** come* home
hembakad *adj* home-made
hembiträde -t -n maid
hembygd -en -er, ***i min ~*** where I come from
hemförsäkring -en -ar comprehensive household insurance; vard. home insurance
hemgjord *adj* home-made
hemifrån *adv* from home
heminredning -en -ar interior decoration
hemkomst -en -er homecoming
hemlagad *adj* home-made; ***~ mat*** home cooking
hem|land -landet -länder native country
hemlig *adj* secret
hemlighet -en -er secret
hemlighetsfull *adj* förtegen secretive
hemlängtan en ~, best. form = homesickness
hemlös *adj* homeless
hemma *adv* at home; ***är John ~?*** is John at home?; ***~ hos oss*** at our place
hemmafru -n -ar housewife (pl. housewives)
hemma|man -mannen -män husband staying at home
hemmastadd *adj* at home
hemorrojder pl. hemorrhoids
hemort -en -er stad home town; mer formellt home of record
hemres|a -an -or journey home
hemsk *adj* ghastly
hemslöjd -en handicraft
hemspråk -et = ung. home language
hemtrakt -en -er, ***i min ~*** where I come from
hemtrevlig *adj* cosy
hemväg -en way home
hemåt *adv* homewards

henne *pron* her
hennes *pron* her; ***den är ~*** it's hers
hepatit -en -er hepatitis
Hercegovina Herzegovina
herd|e -en -ar shepherd
heroin et heroin
herr -n -ar i tilltal el. titel Mr.
herrbyxor pl. men's pants (trousers)
herrcyk|el -eln -lar man's bicycle
herr|e -en -ar gentleman (pl. gentlemen); ***~ gud!*** good heavens!, good grief!
herrfrisering -en -ar barber shop; finare men's hairdresser
herrgård -en -ar manor
herrkläder pl. men's clothes
herrkonfektion -en -er men's clothing
herrskap -et =, ***herrskapet Berg*** Mr. and Mrs. Berg
herrsko -n -r man's shoe
herrtoalett -en -er men's room; vard. gents
hertig -en -ar duke
hertiginn|a -an -or duchess
hes *adj* hoarse
het *adj* hot
heta *verb* be* called; ***vad heter hon?*** what is her name?
hets -en förföljelse persecution; jäkt bustle
hetsa *verb* rush
hetsig *adj* hot-tempered
hetta I -n heat **II** *verb*, ***~ till*** become* heated; ***~ upp*** heat
hibiskus -en -ar hibiscus
hicka I -n hiccup **II** *verb* hiccup
hierarki -n -er hierarchy
him|mel -len -lar sky; himmelrike heaven
hind|er -ret = obstacle
hindra *verb* prevent
hindu -n -er Hindu
hinduism -en Hinduism
hingst -en -ar stallion
hink -en -ar bucket, pail
1 hinna *verb*, ***om jag hinner*** if I get time; ***~ fram*** arrive in time; ***~ med disken*** get* the dishes done; ***~ med tåget*** catch* the train
2 hinn|a -an -or tunt skikt film
hiss -en -ar elevator
hissa *verb* hoist
histori|a -en (-an) -er history; berättelse story
historisk *adj* **1** som hör historien till historical **2** ***ett historiskt ögonblick*** a historic moment
1 hit *adv* here
2 hit -en -ar populär låt hit
hitta *verb* **1** find*; ***~ på en historia*** make* up a story; ***vad ska vid ~ på att göra?*** what are we going to do? **2** finna vägen find* the (my etc.) way
hittegods -et lost property; expedition o.d. lost-and-found

hittelön -en reward
hittills *adv* up to now
hitåt *adv* in this direction
HIV oböjl. (förk. för *humant immunbristvirus*) HIV (förk. för human immunodeficiency virus)
hjort -en -ar deer (pl. lika)
hjortron -et = cloudberry
hjul -et = wheel
hjälm -en -ar helmet
hjälp -en help; *tack för hjälpen!* thanks for the help!
hjälpa *verb* help; ~ *till* help out
hjälplös *adj* helpless
hjälpmed|el -let = aid
hjält|e -en -ar hero (pl. heroes)
hjältinn|a -an -or heroine
hjärn|a -an -or brain
hjärnblödning -en -ar cerebral hemorrhage
hjärnskakning -en -ar concussion
hjärntvätta *verb* brainwash
hjärta -t -n heart
hjärtattack -en -er heart attack
hjärter -n = i kortspel hearts
hjärtfel -et = heart disease; vard. weak heart
hjärtinfarkt -en -er heart attack
hjärtklappning -en -ar palpitation
hjärtlig *adj* hearty; *hjärtliga gratulationer!* Many happy returns!; *hjärtliga hälsningar* all our best
hjärtlös *adj* heartless
ho -n -ar sink
hobby -n -er hobby
hockey -n hockey
Holland Holland
holländare -n = Dutchman (pl Dutchmen)
holländsk *adj* Dutch
holländsk|a -an **1** pl. -or kvinna Dutch woman (pl. women) **2** språk Dutch
holm|e -en -ar islet, small island
homeopat -en -er homeopath
homosexuell *adj* homosexual; vard. gay
hon *pron* she
hon|a -an -or female
honom *pron* him
honung -en honey
hop -en -ar crowd
hopfällbar *adj* collapsible
1 hopp -et förtröstan hope
2 hopp -et = språng jump
hoppa *verb* jump; ~ *av* jump off; bildligt quit; ~ *över ngt* bildligt skip sth.
hoppas *verb* hope
hoppfull *adj* hopeful
hopplös *adj* hopeless
hopprep -et = jump rope
hor|a -an -or whore
horisont -en -er horizon
hormon -et -er hormone
horn -et = horn
hornhinn|a -an -or cornea
horoskop -et = horoscope
hos *prep*, *hemma ~ mig* at my

place; *bo ~ ngn* stay with sb.; *sätt dig ~ mig!* sit by me!
hosta I -n cough **II** *verb* cough
hostmedicin -en -er cough medicine
hot -et = threat
hota *verb* threaten
hotande *adj* threatening
hotell -et = hotel
hotelldirektör -en -er hotel manager
hotellrum -met = hotel room
hotelse -n -r threat
hotfull *adj* threatening
1 hov -en -ar på djur hoof (pl. hoofs el. hooves)
2 hov -et = hos kung court
hovmästare -n = head waiter, maitre d'hôtel
hud -en -ar skin
hudkräm -en -er skin cream
hugga *verb* **1** med verktyg cut*; *~ ved* chop wood; *~ av* cut* off; *~ ner ett träd* cut* down a tree **2** om hund, fisk bite*; om orm strike **3** *~ tag i* grab
huggorm -en -ar viper; vard. poisonous snake
huk, *sitta på ~* squat
huka *verb*, *~ sig* crouch
huml|a -an -or bumble-bee
humle -n (-t) hops
hummer -n humrar lobster
humor -n humor
humoristisk *adj* humorous
humör -et = temper; *vara på dåligt ~* be* in a bad mood; *vara på gott ~* be* in a good mood
hund -en -ar dog
hundra *räkn* hundred
hundradel -en -ar hundredth
hundralapp -en -ar one--hundred-krona note
hundratal -et =, *ett ~ människor* some one hundred people
hundratals *adv* hundreds of
hundraårig *adj* hundred--year-old
hundraåring -en -ar centenarian
hundvalp -en -ar puppy
hunger -n hunger
hungersnöd -en famine
hungrig *adj* hungry
hunsa *verb*, *~ ngn* bully sb.
hur *adv* how; *~ då?* how?; *~ sa?* what did you say?; *~ det än går* whatever happens
hurra I *interj* hurrah! **II** *verb* cheer
hurtig *adj* hearty
hus -et = house; *var håller han ~?* where is he?
husdjur -et = domestic animal
husgeråd pl. household utensils
hushåll -et = household
hushålla *verb* keep* house; *~ med* be* economical with
hushållersk|a -an -or housekeeper
hushållsarbete -t -n housework

hushållspapper -et paper towel; rulle roll of paper towels
huslig *adj* domestic
husläkare -n = family doctor
husmanskost -en plain food, country cooking
hus|mor -modern -mödrar housewife (pl. housewives); på internat matron
huss|e -en -ar master
hustru -n -r wife (pl. wives)
husvagn -en -ar trailer; större camper
huttra *verb* shiver
huv -en -ar hood
huv|a -an -or hood
huvud -et -en head
huvudbonad -en -er headgear
huvudbyggnad -en -er main building
huvudgat|a -an -or main street
huvudingång -en -ar main entrance
huvudkudd|e -en -ar pillow
huvudled -en -er major road
huvudperson -en -er key person; i roman o.d. protagonist
huvudroll -en -er leading role
huvudrätt -en -er main course
huvudsak -en -er main thing; *huvudsaken är att hon är nöjd* the most important thing is that she is satisfied
huvudsakligen *adv* mostly
huvud|stad -staden -städer capital
huvudvärk -en headache
huvudvärkstablett -en -er pain-reliever, pain-killer
hy -n complexion; hud skin
hyacint -en -er hyacinth
hyckla *verb* sham
hyckleri -et -er hypocrisy
hydd|a -an -or hut
hyen|a -an -or hyena
hyfsad *adj* decent
hygglig *adj* decent
hygien -en hygiene
hygienisk *adj* hygienic
1 hyll|a -an -or shelf (pl. shelves)
2 hylla *verb* congratulate
hyllning -en -ar congratulations
hyls|a -an -or case
hypnos -en -er hypnosis
hypnotisera *verb* hypnotize
hypotes -en -er hypothesis (pl. hypotheses)
hyr|a I -an -or rent **II** *verb* rent; *~ ut* hire out
hyrbil -en -ar rental car
hyresgäst -en -er tenant; inneboende roomer
hyreshus -et = apartment house
hyresvärd -en -ar landlord
hysa *verb* **1** inhysa house **2** känna entertain; *~ agg mot ngn* have* a grudge against sb.
hyss -et =, *ha ~ för sig* be* up to mischief
hysterisk *adj* hysterical
hytt -en -er cabin

hyttplats -en -er berth
hyvla *verb* plane
hål -et = hole
hål|a -an -or cave
håll -et = **1** riktning direction **2** avstånd distance; *på långt ~* in the distance; *på nära ~* close by, up close **3** smärta i sidan stitch
hålla *verb* **1** med handen hold* **2** bibehålla keep*; *~ till höger* keep* to the right; *~ fast vid ngt* hold* on to sth.; *~ kvar ngn* keep* sb.; *~ med* agree with; *~ på med ngt* be* busy with sth. **3** vara stark nog last; inte spricka not break
hållbar *adj* durable; om t.ex. teori valid
hållfast *adj* strong
hållning -en -ar **1** kroppshållning posture **2** inställning attitude
hållplats -en -er stop
hån -et scorn
håna *verb* make* fun of, mock
hånfull *adj* scornful
hånle *verb* sneer
hår -et = hair
hårbalsam -en (-et) -er conditioner
hårborst|e -en -ar hairbrush
hårborttagningsmed|el -let = hair remover
hård *adj* hard; *vara ~ i magen* be* constipated
hårddisk -en -ar hard disk
hårdhet -en -er hardness
hårdhänt *adj* rough
hårdkokt *adj* hard-boiled
hårdnackad *adj* stubborn
hårdsmält *adj* indigestible
hårfrisör -en -er hairdresser
hårfrisörsk|a -an -or hairdresser
hårfön -en -ar blow-drier
hårgelé -n (-et) -er hair gel
hårig *adj* hairy
hårmousse -n -r styling mousse
hårnål -en -ar hairpin
hårschampo -t -n shampoo
hårspray -en -er o. **hårsprej** -en -er hair spray
hårspänne -t -n hairslide
hårstrå -et -n hair
hårt *adv*, *hon tog det ~* she took it hard
hårtork -en -ar hair drier
håv -en -ar bag net
häck -en -ar hedge
häcklöpning -en -ar hurdles
häfta *verb* staple; *~ ihop ngt* fasten sth. together
häftapparat -en -er stapler
häfte -t -n booklet
häftig *adj* violent
häftklam|mer -mern -rar staple
häftplåst|er -ret = band-aid
häftstift -et = thumbtack
hägg -en -ar bird cherry
hägring -en -ar mirage
häkta *verb* **1** fästa hook **2** verkställa häktning av indict
häkte -t -n arrest
häl -en -ar heel

häleri -et -er receiving stolen property
häll -en -ar **1** berghäll flat rock **2** på spis top
hälla *verb* pour; ~ ***ngt i ngt*** pour sth. into sth.; ~ ***ut*** throw* away
hälleflundr|a -an -or halibut
1 hälsa -n health
2 hälsa *verb* greet; ~ ***på ngn*** say* hello to sb.; ~ ***till honom från mig*** give* him my regards
hälsen|a -an -or Achilles' tendon
hälsning -en -ar greeting
hälsokontroll -en -er check-up
hälsokost -en health foods
hälsokostaffär -en -er health--food store
hälsosam *adj* healthy
hälsoskäl -et =, ***av*** ~ for reasons of health
hälsovård -en hygiene
hämnas *verb* revenge; ~ ***på ngn*** take* revenge on sb.
hämnd -en revenge
hämningslös *adj* uninhibited
hämta *verb* **1** get*; om hund fetch; avhämta collect **2** ~ ***sig*** recover
hända *verb* happen; ~ ***ngn*** happen to sb.
händels|e -en -er **1** occurrence **2** ***av en*** ~ by chance
händelselös *adj* uneventful
händelserik *adj* eventful
händig *adj* handy
hänföra *verb* fascinate
hänga *verb* **1** hang; ~ ***upp sig*** get* stuck **2** ~ ***ihop med ngt*** höra ihop med be* connected with sth.
hängare -n = hanger
hängiven *adj* devoted
hänglås -et = padlock
hängmatt|a -an -or hammock
hängslen pl. suspenders
hängsmycke -t -n pendant
hänseende -t -n respect
hänsyn -en = consideration; ***ta*** ~ ***till ngt*** take* sth. into consideration
hänsynsfull *adj* considerate
hänsynslös *adj* ruthless
hänvisa *verb*, ~ ***till*** refer to
hänvisning -en -ar reference
häpen *adj* amazed
här *adv* here
härifrån *adv* from here
härigenom *adv* in this way
härja *verb* ravage; väsnas carry on
härkomst -en origin
härlig *adj* wonderful
härma *verb* imitate
härmed *adv* with these words
häromdagen *adv* the other day
härska *verb* rule; regera reign
härskare -n = ruler
härsken *adj* rancid
härstamma *verb*, ~ ***från*** come* from

härv|a -an -or tangle
häst -en -ar horse; schackpjäs knight
hästhov -en -ar blomma colts-foot
hästkapplöpning -en -ar horse-race
hästkraft -en -er horsepower (pl. lika)
hästkött -et horse meat
hästsko -n -r horseshoe
hästsport -en -er equestrian sports
hästsvans -en -ar horse's tail; frisyr pony-tail
häva *verb* **1** stoppa annul **2** lyfta heave
hävda *verb* assert; ~ *sig* assert oneself
häx|a -an -or witch
hö -et hay
höft -en -er **1** hip **2** *på en* ~ roughly
1 hög -en -ar heap
2 hög *adj* **1** high; lång tall **2** om ljud loud
höger *adj* o. *adv* right; *till* ~ to the right; *på* ~ *sida om...* to the right of...
högerhänt *adj* right-handed
högerparti -et -er right-wing party
högerregel -n right-of-way for traffic from the right
högertrafik -en right-hand traffic
högform, *vara i* ~ be* in great form
högfärd -en pride
högfärdig *adj* stuck-up
höghus -et = high-rise
högklackad *adj* high-heeled
högkonjunktur -en -er boom
högkvarter -et = headquarters (pl. lika)
högljudd *adj* loud
högmod -et pride
högmäss|a -an -or morning service; katolsk high mass
högre *adj* o. *adv* higher
högröstad *adj* loud-voiced
högskol|a -an -or college; university
högsommar -en högsomrar the middle of the summer
högst I *adj* highest **II** *adv* highest; ~ *upp* at the top; ~ *fem personer* five people at most
högstadi|um -et -er upper level of compulsory school; ung. junior high school
högstbjudande *adj*, *den* ~ the highest bidder
högsäsong -en -er peak season
högtalare -n = loudspeaker
högtid -en -er festival
högtidlig *adj* solemn
högtrafik -en peak traffic; vard. rush-hour
högtryck -et = high pressure; väder high
höja *verb* raise; ~ *sig* rise

höjd -en -er height; kulle hill; ***det är höjden av fräckhet*** that's the height of insolence; ***på sin ~*** no more than
höjdhopp -et = high jump
höjdpunkt -en -er climax
höjning -en -ar increase
hök -en -ar hawk
hön|a -an -or hen
höns -et = fowl
höra *verb* **1** hear*; ***få ~ ngt*** learn sth.; ***~ talas om ngt*** hear* of sth.; ***jag hör av mig*** I'll be in touch; ***~ sig för*** make* inquiries **2** ***~ hemma*** belong; ***det hör inte hit*** that's beside the point
hörapparat -en -er hearing aid
hörbar *adj* audible
hörhåll, ***inom ~*** within earshot
hörlurar pl. earphones
hörn -et = corner
hörn|a -an -or corner
hörsal -en -ar lecture hall
hörsel -n hearing
hörselskadad *adj* hearing--impaired; vard. partially deaf
hösnuva -n hay-fever
höst -en -ar fall, autumn; ***i ~*** this fall; ***i höstas*** last fall; ***på hösten*** in the fall
höstdagjämning -en -ar autumnal equinox
östtermin -en -er fall semester
hövlig *adj* polite

I

1 I i-et i-n bokstav i [utt. aj]
2 I *prep* in; ***i ett hörn*** in a corner; ***i New York*** in New York; ***i Globen*** at the Globe Arena; ***hålla ngn i handen*** hold* sb. by the hand; ***hoppa i vattnet*** jump into the water; ***professor i fysik*** professor of physics
Ibiza Ibiza
ibland *adv* sometimes
icke-rökare -n = non-smoker
idag *adv* today
ide -t -n winter quarters; ***gå i ~*** go* into hibernation
idé -n -er idea; ***det är ingen ~*** there's no point in it
ideal -et = ideal
ideallsk *adj* ideal
identifiera *verb* identify
identisk *adj* identical
identitet -en -er identity
identitetskort -et = identification card, ID card
idiot -en -er idiot
idiotisk *adj* idiotic
idissla *verb* chew the cud
ID-kort -et = ID card, identification card
idol -en -er idol
idrott -en -er sports
idrotta *verb* go* in for sports

idrottsgren -en -ar sport
idrotts|man -mannen -män sportsman (pl. sportsmen); friidrottare athlete
idrottsplats -en -er sports field
idrottstävling -en -ar athletic contest; friidrottstävling track meet
idyll -en -er idyll
idyllisk *adj* idyllic
ifall *konj* if
ifatt *adv*, ***komma ~*** catch* up with
ifrågasätta *verb* question
ifrån I *prep*, ***vara ~ sig*** be* beside oneself **II** *adv* away
igelkott -en -ar hedgehog
igen *adv* **1** en gång till again **2** tillbaka back
igenom *prep* o. *adv* through
igloo -n -r (-s) igloo
ignorera *verb* ignore
igång se *i gång* under *gång*
igår *adv* yesterday; ***~ morse*** yesterday morning; ***~ kväll*** last night
ihjäl *adv*, ***frysa ~*** freeze to death; ***slå ~ ngn*** kill sb.
ihop *adv* tillsammans together
ihåg *adv*, ***komma ~*** remember
ihålig *adj* hollow
ihållande *adj* continuous; ***~ regn*** a steady downpour
ikapp *adv*, ***hinna ~*** catch* up with
ikväll *adv* this evening, tonight
i-land -et i-länder developed country
illa *adv* badly; ***göra sig ~*** hurt oneself; ***tala ~ om ngn*** speak* ill of sb.
illamående I -t indisposition, nausea **II** *adj*, ***känna sig ~*** feel* sick to one's stomach
illegal *adj* illegal
illojal *adj* disloyal
illusion -en -er illusion
illustration -en -er illustration
illustrera *verb* illustrate
ilska -n anger
ilsken *adj* angry; vard. mad
imitation -en -er imitation
imitera *verb* imitate
imma -n mist
immigrant -en -er immigrant
immigrera *verb* immigrate
immun *adj* immune
imorgon *adv* tomorrow; ***~ kväll*** tomorrow night
imorse *adv* this morning
imperi|um -et -er empire
imponera *verb*, ***~ på*** impress
imponerande *adj* impressive
impopulär *adj*, ***~ bland*** unpopular with
import -en -er import; varor imports
importera *verb* import
impregnera *verb* waterproof, make* waterproof
impressionism -en impressionism

improvisation -en -er improvisation
improvisera *verb* improvise
impuls -en -er impulse
impulsiv *adj* impulsive
in *adv* in; ~ *i* into; ~ *genom* through
inackordering -en -ar inhysning room and board
inaktuell *adj* out of date
inandas *verb* breathe in
inatt *adv* föregående last night; kommande tonight
inbegripa *verb* comprise
inbetalning -en -ar payment
inbetalningskort -et = payment form
inbilla *verb*, ~ *sig* imagine
inbillning -en -ar imagination
inbjuda *verb* invite
inbjud|an en ~, pl. -ningar invitation
inblandad *adj* involved
inblick -en -ar insight
inbrott -et = burglary
inbrottstjuv -en -ar burglar
inbunden *adj* **1** om bok bound **2** om person reserved
inbördes I *adj* mutual **II** *adv* mutually
inbördeskrig -et = civil war
incest -en -er incest
incheckning -en -ar checking-in
incheckningsdisk -en -ar check-in counter
indelning -en -ar division
index -et = index
indian -en -er Indian; i USA Native American
indicier pl. circumstantial evidence
Indien India
indier -n = Indian
indikation -en -er indication
indisk *adj* Indian
indisk|a -an -or kvinna Indian woman (pl. women)
Indiska oceanen the Indian Ocean
individ -en -er individual
individuell *adj* individual
Indonesien Indonesia
industri -n -er industry
industriarbetare -n = industrial worker
industri|land -landet -länder industrialized country
ineffektiv *adj* inefficient
infall -et = idea; nyck whim
infarkt -en -er infarct
infart -en -er approach
infekterad *adj* infected
infektion -en -er infection
inflammation -en -er inflammation
inflammerad *adj* inflamed
inflation -en -er inflation
influensa -an -or influenza; vard. the flu
inflytande -t -n influence
inflytelserik *adj* influential
information -en -er information
informell *adj* informal

informera *verb*, *~ om* inform of
infödd *adj* native
inföding -en -ar native
inför *prep* before, for; *~ rätten* before the court; *förbereda sig ~ ett möte* prepare for a meeting; *plugga ~ en tenta* study for a test
införa *verb* introduce
inga se *ingen*
ingefära -n ginger
ingen (*inget*, *inga*) *pron* no, nobody; *det kom inget brev* there was no letter; *inga vänner* no friends; *~ kom* no one came; *jag hittade inga* I didn't find any; *~ orsak!* don't mention it!
ingenjör -en -er engineer
ingenstans *adv* nowhere
ingenting *pron* nothing
inget se *ingen* o. *ingenting*
ingrediens -en -er ingredient
ingrepp -et =, *kirurgiskt ~* operation
ingripa *verb* intervene
ingripande -t -n intervention
ingå *verb*, *~ i* inbegripa be* included in
ingående I *adj* thorough **II** *adv* thoroughly
ingång -en -ar entrance
inhemsk *adj* domestic
inifrån *prep* o. *adv* from within, from inside
initiativ -et = initiative
injektion -en -er injection
injicera *verb* inject
inklusive *prep* including
inkompetent *adj* incompetent
inkomst -en -er income; *stora inkomster* a large income
inkonsekvent *adj* inconsistent
inkräkta *verb*, *~ på* encroach on
inkräktare -n = intruder
inkvartera *verb* accommodate
inkvartering -en -ar accommodation
inköp -et = purchase
inleda *verb* begin*
inledning -en -ar beginning
innan *konj* o. *prep* before
innanför *prep* inside
inne *adv* in; inomhus indoors
innebära *verb* mean*
innebörd -en -er meaning
innehavare -n = owner
innehåll -et = contents
innehålla *verb* contain
innerst *adv*, *~ inne* deep down
innersta *adj* innermost
inner|stad -staden (-stan) -städer, *Stockholms ~* central Stockholm
inofficiell *adj* unofficial
inom *prep* within
inomhus *adv* indoors
inre *adj* inner, inside
inreda *verb* decorate
inredning -en -ar decoration
inres|a -an -or entry

inresetillstånd -et = entry permit
inrikes I *adj* domestic **II** *adv* within the country
inrikesflyg -et domestic aviation; flygningarna domestic flights
insamling -en -ar collection
insats -en -er **1** lös del inset **2** i spel stake **3** prestation achievement
insatslägenhet -en -er condominium; vard. condo
inse *verb* realize
insekt -en -er insect; vard. bug
insektsmed|el -let = insecticide; i sprejburk, vard. bug bomb
insid|a -an -or inside
insikt -en -er, ~ *i* knowledge of
insistera *verb* insist
insjukna *verb* fall* ill
insjö -n -ar lake
inskrivning -en -ar enrollment
inskränka *verb* restrict
inskränkning -en -ar restriction
inspektera *verb* inspect
inspektion -en -er inspection
inspelning -en -ar recording
inspiration -en -er inspiration
inspirera *verb* inspire
installera *verb* install
instinkt -en -er instinct
institut -et = institute
institution -en -er institute; samhällsinstitution institution; på t.ex. universitet department
instruera *verb* instruct
instruktion -en -er instruction
instruktions|bok -boken -böcker manual
instruktör -en -er instructor
instrument -et = instrument
instrumentbräd|a -an -or dashboard
inställd *adj*, ***vara ~ på ngt*** be* prepared for sth.
inställning -en -ar **1** av apparat o.d. adjustment **2** attityd attitude
instämma *verb*, ***~ i ngt*** agree to sth.
instängd *adj* shut in
inta *verb* **1** äta have* **2** erövra conquer
intagning -en -ar till kurs, skola etc. admission
inte *adv* not; ***~ alls*** not at all; ***oroa dig ~*** don't worry; ***~ längre*** no longer
intellektuell *adj* intellectual
intelligens -en -er intelligence
intelligent *adj* intelligent
intensiv *adj* intense
intensivvård -en intensive care
interiör -en -er interior
internationell *adj* international
internatskol|a -an -or boarding school
interrailkort -et = Interrail pass
intervju -n -er interview
intervjua *verb* interview
intill I *prep* next to **II** *adv*, ***i***

rummet ~ in the adjoining room; *vi bor alldeles* ~ we live next door

intim *adj* intimate

intolerant *adj* intolerant

intressant *adj* interesting

intresse -t -n interest

intressera *verb* interest

intresserad *adj*, ~ *av* interested in

intrig -en -er intrigue

introducera *verb* introduce

introduktion -en -er introduction

intryck -et = impression

inträde -t -n entrance; tillträde admission

inträdesavgift -en -er entrance fee; på nattklubb o.d. cover charge

inträdesbiljett -en -er admission ticket

inträffa *verb* happen

intuition -en -er intuition

intyg -et = certificate

intyga *verb* certify

inuti *adv* o. *prep* inside

invadera *verb* invade

invalid -en -er disabled person

invalidiserad *adj* disabled

invandrare -n = immigrant

invandring -en -ar immigration

invasion -en -er invasion

inventering -en -ar inventory

inverka *verb*, ~ *på* influence

inverkan en ~, best. form = influence

investera *verb* invest

inviga *verb* **1** t.ex. byggnad inaugurate; t.ex. utställning open **2** göra förtrogen initiate

invigning -en -ar inauguration

invånare -n = inhabitant

invända *verb*, ~ *mot* object to

invändig *adj* internal

invändning -en -ar objection

invärtes **I** *adj* internal; *för* ~ *bruk* for internal use **II** *adv* inwardly

inåt **I** *prep* into **II** *adv* inwards

inälvor pl. intestines; vard. guts

Irak Iraq

Iran Iran

iris -en -ar iris

Irland Ireland

irländare -n = Irishman (pl. Irishmen)

irländsk *adj* Irish

irländsk|a -an **1** pl. -or kvinna Irishwoman (pl. Irishwomen) **2** språk Irish

ironi -n -er irony

ironisk *adj* ironic

irra *verb*, ~ *omkring* wander about

irritation -en -er irritation

irritera *verb* irritate

is -en -ar ice

isbit -en -ar piece of ice; i drink ice cube

isbjörn -en -ar polar bear

ischias -en sciatica

isglass -en -ar popsicle

ishockey -n ice hockey

iskall *adj* ice-cold
islam oböjl. Islam
Island Iceland
isländsk *adj* Icelandic
isländsk|a -an **1** pl. -or kvinna Icelandic woman (pl. women) **2** språk Icelandic
isländing -en -ar Icelander
isolera *verb* **1** avskilja isolate **2** med isoleringsmaterial insulate
isolering -en -ar **1** avskiljning isolation **2** med isoleringsmaterial insulation
Israel Israel
isvatt|en -net = ice-water
isär *adv* apart; ***ta ~ ngt*** take* sth. to pieces
Italien Italy
italienare -n = Italian
italiensk *adj* Italian
italiensk|a -an **1** pl. -or kvinna Italian woman (pl. women) **2** språk Italian
itu *adv* **1** in two; ***gå ~*** break*, break* in half **2** ***ta ~ med ngt*** tackle sth.
iver -n eagerness
ivrig *adj* eager
iögonfallande *adj* conspicuous

J

j j-et j-n bokstav j [utt. dʒej]
ja *interj* yes; artigare yes, Sir (resp. Madam); ***~ tack*** yes, please
1 jack -et = skåra gash
2 jack -et = telefonjack jack
jack|a -an -or jacket
jag *pron* I; ***det är ~*** it's me
jaga *verb* hunt; ***~ bort ngn*** drive* sb. away
jaguar -en -er jaguar
jaha *interj* betänksamt well; jag förstår oh, I see
1 jakt -en -er hunting; ***vara på ~ efter ngt*** be* hunting for sth.
2 jakt -en -er båt yacht
jama *verb* miaow
januari oböjl. January; ***i ~*** in January
Japan Japan
japan -en -er Japanese (pl. lika)
japansk *adj* Japanese
japansk|a -an **1** pl. -or kvinna Japanese woman (pl. women) **2** språk Japanese
jasmin -en -er jasmine
jaså *interj* oh!
jazz -en -er jazz
jazzband -et = jazz band
jazzklubb -en -ar jazz club
jeans -en = jeans

jeansskjort|a -an -or denim shirt
jeep -en -ar jeep
Jesus Jesus
jetplan -et = jet plane
jo *interj* yes; ~ *då* yes, certainly
jobb -et = job
jobba *verb* work
jobbig *adj* hard; prövande trying, tough
jod -en iodine
jogga *verb* jog
joggingsko -n -r jogging shoe
jok|er -ern -rar joker
joll|e -en -ar dinghy
jonglera *verb* juggle
jord -en -ar **1** jordklot earth; värld world **2** mark ground; jordmån soil
Jordanien Jordan
jordbruk -et = **1** verksamhet farming; mer formellt agriculture **2** gård farm
jordbrukare -n = farmer
jordbävning -en -ar earthquake
jordglob -en -er globe
jordgubb|e -en -ar strawberry
jordklot -et = earth
jordnöt -en -ter peanut
jordskred -et = landslide
jordärtskock|a -an -or Jerusalem artichoke
jour -en -er, *ha* ~ be* on duty
jourhavande *adj*, ~ *läkare* doctor on duty
jourläkare -n = doctor on duty
journal -en -er patientjournal files
journalist -en -er journalist
ju I *adv* of course; ***det var ~ det jag sa!*** that's what I said, didn't I? **II** *konj*, ~ ***förr dess bättre*** the sooner the better
jub|el -let rejoicing
jubile|um -et -er anniversary
jubla *verb* högljutt shout with joy
jud|e -en -ar Jew
judendom -en Judaism
judinn|a -an -or Jewish woman (pl. women)
judisk *adj* Jewish
judo -n judo
Jugoslavien Yugoslavia
juice -n -r fruit juice
jul -en -ar Christmas; ***god ~!*** Merry Christmas!; ***annandag ~*** the day after Christmas; ***i julas*** last Christmas
julaft|on -onen -nar Christmas Eve
juldag -en -ar Christmas Day
julgran -en -ar Christmas tree
julhelg -en -er Christmas
juli oböjl. July; ***i ~*** in July
julklapp -en -ar Christmas present
julkort -et = Christmas card
jullov -et = Christmas vacation
julott|a -an -or pre-dawn service on Christmas Day
julskink|a -an -or baked Christmas ham

julsång -en -er Christmas carol
jultomt|e -en -ar Santa Claus, Santa
jumbojet -en -ar jumbo jet
jump|er -ern -rar sweater
jungfru -n -r oskuld virgin; *Jungfrun* stjärntecken Virgo
juni oböjl. June; ***i ~*** in June
juridik -en law
juridisk *adj* legal
jurist -en -er lawyer
jury -n -er jury
just *adv* just; ***~ nu*** right now; ***~ det!*** exactly!
justera *verb* adjust; protokoll approve the minutes
justering -en -ar adjustment
juvel -en -er jewel
juvelerare -n = jeweler
juv|er -ret = udder
jägare -n = hunter
jäkt -et hurry
jäkta *verb* be* in a hurry
jäktig *adj* awfully busy
jämföra *verb* compare
jämförelse -n -r comparison
jämlik *adj* equal
jämlikhet -en equality
jämmer -n groaning
jämn *adj* even; slät smooth; ***jämna pengar*** exact change; ***det är jämnt!*** till kypare keep the change!
jämna *verb*, ***~ till ngt*** make* sth. level; ***~ med marken*** level with the ground
jämnmod -et composure
jämnårig *adj*, ***en ~ flicka*** a girl of the same age
jämra *verb*, ***~ sig*** moan
jämsides *adv* side by side
jämställa *verb*, ***~ ngn med ngn*** place sb. on a par with sb.
jämställdhet -en equality
jämt *adv* always
jämvikt -en balance
järn -et = iron
järngrepp -et = iron grip
järnhand|el -eln -lar hardware store
järnmalm -en -er iron ore
järnvilj|a -an -or iron will, will of iron
järnväg -en -ar railroad; ***resa med ~*** go* by train
järnvägskorsning -en -ar railroad crossing, RR crossing
järnvägsstation -en -er railroad (train) station
järnvägsövergång -en -ar railroad crossing, RR crossing
jäsa *verb* ferment
jäsning -en -ar fermentation
jäst -en yeast
jätt|e -en -ar giant
jättelik *adj* gigantic
jävla *adj* damn

K

k k-et k-n bokstav k [utt. kej]
kabaré -n -er cabaret
kab|el -eln -lar cable
kabel-TV -n cable television
kabin -en -er cabin
kabinban|a -an -or cable car, cable-car route
kackerlack|a -an -or cockroach; vard. roach
kackla *verb* cackle
kafé -et -er café
kafévagn -en -ar dining-car
kaffe -t coffee; ***två ~, tack!*** two coffees, please!; ***en kopp ~*** a cup of coffee
kaffebryggare -n = coffee maker
kaffebröd -et ung. cakes and cookies
kaffebön|a -an -or coffee bean
kaffekann|a -an -or coffee pot
kaffekopp -en -ar coffee cup
kafferast -en -er coffee break
kaffeservis -en -er coffee service
kaffesked -en -ar coffee spoon
kaj -en -er dock, wharf
kaj|a -an -or jackdaw, small crow
kajuta -an -or cabin
kak|a -an -or cake; småkaka cookie
kakao -n cocoa
kakel -let = tile
kakelugn -en -ar tile stove
kakform -en -ar baking mold
kaki -n tyg khaki
kaktus -en -ar cactus
kal *adj* bare
kalas -et = party
kalend|er -ern -rar calendar
kalib|er -ern -rar caliber
kalk -en kemisk förening lime; i föda calcium
kalkon -en -er turkey
kalkyl -en -er calculation
kalkylera *verb* calculate
1 kall *adj* cold; ***vara ~ om händerna*** have* cold hands
2 kall -et = kallelse calling
kalla *verb* call; ***~ på hjälp*** call for help
kalldusch -en -ar cold shower; överraskning nasty surprise
kallelse -n -r till möte o.d. summons
kallfront -en -er cold front
kallna *verb* get* cold
kallsinnig *adj* indifferent
kallskänk|a -an -or cold-buffet manageress
kallsup -en -ar, ***få en ~*** swallow some water
kallsvettas *verb* be* in a cold sweat
kallvatt|en -net cold water
kalops -en ung. beef stew
kalori -n -er calorie
kalsonger pl. underpants

kalv -en -ar calf (pl. calves); kalvkött veal
kalvkotlett -en -er veal chop
kalvkött -et veal
kalvskinn -et = calfskin
kalvstek -en -ar roast veal
kam -men -mar för hår comb
kamé -n -er cameo
kamel -en -er camel
kamer|a -an -or camera
kamin -en -er stove
kamma *verb* comb
kammare -n = chamber
kamomill -en -er chamomile
kamp -en -er fight, struggle
kampanj -en -er campaign
kamrat -en -er friend
kamratskap -en (-et) friendship
kamrer -en -er accountant; på bank branch manager
kana *verb* slide
Kanada Canada
kanadensare -n = Canadian
kanadensisk *adj* Canadian
kanadensisk|a -an -or kvinna Canadian woman (pl. women)
kanal -en -er **1** byggd canal; naturlig channel **2** TV-kanal channel
kanariefåg|el -eln -lar canary
Kanarieöarna the Canary Islands
kandelab|er -ern -rar candelabra
kandidat -en -er candidate
kanel -en cinnamon
kanelbull|e -en -ar ung. cinnamon bun
kanin -en -er rabbit
kann|a -an -or pot; större pitcher
kannibal -en -er cannibal
kanon -en -er vapen gun, cannon
kanot -en -er canoe
kanske *adv* perhaps
kant -en -er edge
kantarell -en -er chanterelle
kantra *verb* capsize
kanvas -en -er canvas
kanyl -en -er injection needle
kaos -et chaos
1 kapa *verb* skära av cut*
2 kapa *verb* flygplan hijack
kapabel *adj* capable
kapacitet -en -er capacity
kapare -n = hijacker
kapell -et = **1** kyrka chapel **2** orkester orchestra **3** överdrag cover
kapital -et = capital
kapitalism -en capitalism
kapit|el -let = chapter
kapitulera *verb* surrender
kapp|a -an -or coat
kapplöpning -en -ar race
kapplöpningsban|a -an -or racetrack
kapprum -met = cloakroom
kappsegling -en -ar yacht-racing
kapris -en capers
kapsejsa *verb* capsize
kaps|el -eln -lar capsule
kapsyl -en -er cap, top
kapsylöppnare -n = bottle opener

kapten -en -er captain
kapuschong -en -er hood
kar -et = tub
karaff -en -er carafe
karakterisera *verb* characterize
karakteristisk *adj*, ~ *för* characteristic of
karaktär -en -er character
karamell -en -er candy
karantän -en -er quarantine
karat -en (-et) = carat; *18 karats guld* 18-carat gold
karate -n karate
karavan -en -er caravan
kard|a I -an -or card **II** *verb* card
kardanax|el -eln -lar drive shaft
kardemumma -n cardamom
karensdag -en -ar day of qualifying period
karg *adj* barren
karies -en caries
karikatyr -en -er caricature
karl -[e]n -ar man (pl. men); vard. guy; *en riktig* ~ a real man
karm -en -ar på stol arm; på dörr frame
karmstol -en -ar armchair
karneval -en -er carnival
kaross -en -er på bil body, chassis
karott -en -er deep dish
karriär -en -er career
kart|a -an -or map; sjökort chart
kart|bok -boken -böcker atlas
kartlägga *verb* map; t.ex. behov survey
kartong -en -er **1** papp cardboard **2** ask carton; mindre box
karusell -en -er merry-go-round
kasino -t -n casino
kaskad -en -er cascade
kasperteat|er -ern -rar Punch and Judy show
kass|a -an -or **1** pengar money **2** kontor cashier's office; i affär check-out counter, register
kassaapparat -en -er cash register
kassa|bok -boken -böcker cashbook; *föra* ~ keep* accounts
kassakvitto -t -n receipt
kassaskåp -et = safe
kass|e -en -ar bag; av papper paper bag; av plast plastic bag
kassera *verb* discard
kassett -en -er cassette
kassettband -et = cassette tape
kassettbandspelare -n = cassette tape-recorder
kassör -en -er cashier; på bank teller; i förening treasurer
kassörsk|a -an -or i affär checkout worker (girl)
kast -et = throw
kasta *verb* throw*; ~ *sig i en bil* jump into a car; ~ *bort ngt* throw* sth. away; ~ *ut ngn* throw* sb. out; ~ *upp* kräkas vomit
kastanj -en -er chestnut
kastanjett -en -er castanet
kastrera *verb* castrate

kastrull -en -er saucepan
kastspö -et -n casting rod
katalog -en -er catalogue; telefonkatalog directory; vard. phone book
katarr -en -er catarrh
katastrof -en -er disaster
katastrofal *adj* disastrous
kated|er -ern -rar teacher's desk
katedral -en -er cathedral
kategori -n -er category
katolicism -en Catholicism
katolik -en -er Catholic, Roman Catholic
katolsk *adj* Catholic
katt -en -er cat
kattung|e -en -ar kitten
kavaj -en -er jacket
kavaljer -en -er partner; vid träff escort, date
kavalkad -en -er cavalcade
kav|el -eln -lar rolling-pin
kaviar -en caviar
kavla *verb* roll; ~ ***upp ärmarna*** roll up one's sleeves
kebab -en kebab
kedj|a I -an -or chain **II** *verb* chain
kejsardöme -t -n empire
kejsare -n = emperor
kejsarinn|a -an -or empress
kela *verb* cuddle; ~ ***med ngn*** fondle sb.
kelt -en -er Celt
keltisk *adj* Celt
keltiska -n språk Celtic
kemi -n chemistry
kemikalier pl. chemicals
kemisk *adj* chemical
kemtvätt -en -ar inrättning dry-cleaners
kenn|el -eln -lar kennel
keps -en -ar cap
keramik -en ceramics
keso® -n cottage cheese
ketchup -en ketchup
kex -et = cracker; sött wafer
kidnappa *verb* kidnap
kika *verb* peep
kikare -n = binoculars
kikhosta -n whooping-cough
kil -en -ar wedge
1 kila *verb*, ~ ***fast*** wedge
2 kila *verb*, ***jag måste ~ iväg nu*** I've got to go now
kill|e -en -ar boy
killing -en -ar kid
kilo -t = kilo
kilogram -met = kilogram
kilometer -n = kilometer
kilowatt -en = kilowatt
Kina China
kind -en -er cheek
kines -en -er Chinese (pl. lika)
kinesisk *adj* Chinese
kinesisk|a -an **1** pl. -or kvinna Chinese woman (pl. women) **2** språk Chinese
kinkig *adj* kräsen particular; om småbarn whiny
kiosk -en -er newsstand
kirurg -en -er surgeon
kisa *verb* peer
kissa *verb* pee; barnspråk go*

wee-wee; ~ ***på sig*** wet oneself

kiss|e -en -ar o. **kissekatt** -en -er pussycat

kist|a -an -or chest; likkista coffin, casket

kitt -et putty

kittla *verb* tickle

kittlig *adj* ticklish

kiwi -n -er o. **kiwifrukt** -en -er kiwi, kiwi fruit

kjol -en -ar skirt

klack -en -ar heel

klacka *verb* heel

1 kladd -en -ar skriftligt utkast rough draft

2 kladd -et kludd daub

kladda *verb* daub; ~ ***ner ngt*** soil sth.

kladdig *adj* sticky

klaff -en -ar flap; hjärtklaff valve

klaga *verb*, ~ ***på*** complain about

klagomål -et = complaint

klam|mer -mern -rar vid häftning staple

klampa *verb* stomp, tramp

klamra *verb*, ~ ***sig fast vid*** cling to

klang -en -er ring; ljud sound

klantig *adj* clumsy

klapp -en -ar pat

klappa *verb* pat; ~ ***i händerna*** clap one's hands

klar *adj* **1** tydlig clear; ***göra ngt klart för sig*** get* a clear idea about sth. **2** färdig ready; ***är du ~?*** are you ready?

klara *verb* **1** ~ el. ~ ***av*** lyckas med manage; kunna hantera handle **2** ~ ***sig*** reda sig manage

klarhet -en clarity

klarinett -en -er clarinet

klarna *verb* become* clear

klarsynt *adj* clear-sighted

klarvaken *adj* wide awake

klas|e -en -ar cluster

klass -en -er class; årskurs grade; ***resa i andra ~*** travel second class; ***ett första klassens hotell*** a first-class hotel

klassiker -n = classic

klassisk *adj* classical

klasskamrat -en -er classmate

klassrum -met = classroom

klen *adj* sjuklig feeble; skral poor

klenod -en -er priceless article

kleptoman -en -er klepto-maniac

kli -et bran

klia *verb* itch; ~ ***sig i huvudet*** scratch one's head

klibbig *adj* sticky

kliché -n -er cliché

klick -en -ar lump

klicka *verb* knäppa click

klient -en -er client

klimat -et = climate

klimax -en -ar climax

klinga *verb* ring

klinik -en -er clinic

klipp -et = **1** hack cut **2** vinst killing
1 klippa *verb* cut*; ~ *sig* have* one's hair cut; ~ *till ngn* hit* sb.
2 klipp|a -an -or rock; brant cliff
klippning -en -ar haircut
klirra *verb* jingle
klist|er -ret paste
klistra *verb* paste; ~ *fast ngt på ngt* stick sth. on sth.
kliva *verb*, ~ *in i* step (get*) into; ~ *på* get* on
klo -n -r claw
kloak -en -er sewer
klock|a -an -or att ringa med bell; för arm watch; väggur clock; *hur mycket är klockan?* what time is it?; *klockan är halv två* it is half past one
klockarmband -et = watch-band
klockradio -n -r clock radio
klok *adj* wise; *det är ju inte klokt!* it's crazy!
klor -en chlorine
kloss -en -ar block
klost|er -ret = monastery; nunnekloster convent
klot -et = ball; bowlingklot bowl; glob globe
klott|er -ret = på vägg graffiti
klottra *verb* scrawl; på vägg draw* graffiti
klubb -en -ar club
klubb|a -an -or club
kludda *verb* daub
klump -en -ar lump
klumpig *adj* clumsy
klung|a -an -or group
klunk -en -ar gulp; av öl swig
klyft|a -an -or **1** bergsklyfta ravine **2** bit piece
klyva *verb* split
klåda -n itch
klä *verb* dress; *det klär dig* it suits you; ~ *av sig* undress; ~ *på sig* get* dressed; ~ *om* change; ~ *ut sig till* dress oneself up as
kläcka *verb* hatch
kläda se *klä*
klädaffär -en -er clothes store
klädborst|e -en -ar clothes brush
kläder pl. clothes
klädhängare -n = hanger; krok peg
klädnyp|a -an -or clothespin
klädsam *adj* becoming
kläds|el -eln -lar dress
klädskåp -et = wardrobe
klädstreck -et = clothesline
klämm|a I -an -or för papper clip **II** *verb* squeeze; ~ *fingret i* get* one's finger caught in; ~ *ut ngt ur ngt* squeeze sth. out of sth.
klänga *verb* climb
klängväxt -en -er clinging vine
klänning -en -ar dress
klättra *verb* climb
klösa *verb* scratch

klöver -n = **1** växt clover **2** i kortspel clubs
knacka *verb* knock
knaka *verb* creak; *~ i fogarna* creak at the joints
knall -en -ar bang
1 knapp -en -ar button
2 knapp *adj* scarce; *tiden är ~* we're short on time; *en ~ kilometer* a little less than a kilometer
knappast *adv* hardly
knapphål -et = buttonhole
knappnål -en -ar pin
knappt *adv* **1** otillräckligt scantily **2** knappast hardly
knapra *verb*, *~ på ngt* nibble at sth.
knaprig *adj* crisp
knark -et drugs; vard. dope
knarka *verb* use drugs; vard. be* on drugs
knarkare -n = drug addict
knarra *verb* creak
knastra *verb* crackle
knep -et = trick
knepig *adj* kvistig tricky
knip|a I -an -or straits; *råka i ~* get* into a tight spot **II** *verb* **1** pinch; *~ ihop* pinch together **2** *om det kniper* in an emergency
knipp|a -an -or bunch
knipp|e -t -n bundle
kniv -en -ar knife (pl. knives)
knockout -en -er knock-out
knog|e -en -ar knuckle
knop -en **1** pl. -ar knut knot **2** pl. = hastighet knot
knopp -en -ar **1** på växt bud **2** kula knob
knott -et (-en) = insekt gnat; större black flies
knottrig *adj* rough
knubbig *adj* plump
knuff -en -ar push
knuffa *verb* push
knuffas *verb*, *~ inte!* don't push!
knulla *verb* vulgärt fuck
knut -en -ar **1** knot **2** husknut corner
knutpunkt -en -er centrum center
knycka *verb* **1** rycka jerk **2** stjäla swipe, steal*
knysta *verb*, *utan att ~* without complaining
knyta *verb* tie; *~ fast ngt* fasten sth.; *~ upp ngt* untie sth.
knyte -t -n bundle
knytkalas -et = ung. covered--dish supper
knytnäv|e -en -ar clenched fist
knåda *verb* knead
knä -[e]t -n knee
knäck -en **1** pl. -ar karamell toffee **2** *det tog knäcken på mig* it nearly killed me
knäcka *verb* **1** crack **2** person break*
knäckebröd -et = ung. ryecrisp
knäpp I -en -ar click **II** *adj* tokig nuts

knäppa *verb* med knapp button up; ~ *händerna* clasp one's hands; ~ *på ngt* switch on sth.; ~ *upp ngt* unbutton sth.
knäskål -en -ar kneecap
knästrump|a -an -or knee socks
knäsvag *adj*, *känna sig* ~ feel* weak at the knees
knöl -en -ar **1** bula o.d. bump **2** person bastard
ko -n -r cow
koagulera *verb* coagulate
kock -en -ar cook
kod -en -er code
koffein -et caffeine
koffeinfri *adj* caffeine-free; vard. de-caf
koffert -en -ar trunk
ko|fot -foten -fötter crowbar
koft|a -an -or cardigan
koj -en -er kojplats berth
koj|a -an -or cabin
koka *verb* boil; ~ *kaffe* make* coffee; ~ *över* boil over
kokain -et cocaine
kok|bok -boken -böcker cookbook
kokersk|a -an -or cook
kokhet *adj* boiling hot
kokmalen *adj*, *kokmalet kaffe* granulated coffee
kokosfett -et coconut butter
kokosnöt -en -ter coconut
kokplatt|a -an -or hot plate
koksalt -et table salt
kokt *adj* boiled
kol -et (-en) = **1** bränsle coal **2** grundämne carbon
kol|a -an -or ung. butterscotch, toffee
koldioxid -en carbon dioxide
kolera -n cholera
kolhydrat -en -er carbohydrate
kolibri -n -er hummingbird
kolik -en colic
kolj|a -an -or haddock
kollaps -en -er collapse
kolleg|a -an -or colleague
kollegieblock -et = note pad
kollegi|um -et -er lärarkår staff
kollekt -en -er collection
kollektiv *adj* collective
kollektivtrafik -en public transportation
kolli -t -n piece of luggage
kollidera *verb* collide
kollision -en -er collision
kolon -et = colon
koloni -n -er colony
kolonisera *verb* colonize
kolonn -en -er column
kolossal *adj* colossal
koloxid -en carbon monoxide
kolsvart *adj* pitch-dark
kolsyra -n carbonic acid
kolsyrad *adj* carbonated
koltablett -en -er charcoal tablet
koltrast -en -ar blackbird
kolumn -en -er column
kolv -en -ar **1** i motor piston **2** på gevär butt

koma -t (-n) coma; ***ligga i ~*** be* in a coma
kombination -en -er combination
kombinera *verb* combine
komedi -n -er comedy
komet -en -er comet
komiker -n = comedian
komisk *adj* rolig comic; löjlig comical
1 komma -t -n skiljetecken comma; i decimalbråk point
2 komma *verb* come*; ***hur kommer det sig?*** how did that happen?; ***jag kommer att resa dit*** I'll be going there; ***~ bort*** be* lost; ***~ fram*** anlända get* there; ***hon kommer med*** she is coming along; ***jag kom på att mjölken är slut*** it struck me that there was no milk left; ***~ tillbaka*** come* back; ***det har han kommit över*** he has gotten over that
kommande *adj* coming
kommando -t -n command
kommateck|en -net = se *1 komma*
kommendera *verb* command
kommentar -en -er comment
kommentera *verb* comment on
kommersiell *adj* commercial
kommissarie -n -r polis captain
kommitté -n -er committee
kommun -en -er municipality; vard. town, city
kommunicera *verb* communicate
kommunikation -en -er communication
kommunikationsmed|el -let = means of communication
kommunism -en Communism
kommunist -en -er Communist
kommunistisk *adj* Communist
kompakt *adj* compact
kompani -et -er company
kompanjon -en -er partner
kompass -en -er compass
kompensation -en -er compensation
kompensera *verb* compensate
kompetent *adj* competent
kompis -en -ar pal
komplement -et = complement
komplett I *adj* complete **II** *adv* completely
komplettera *verb* complete
komplex I -et = complex **II** *adj* complex
komplicera *verb* complicate
komplikation -en -er complication
komplimang -en -er compliment
komplott -en -er plot
komponera *verb* compose
komposition -en -er composition
kompositör -en -er composer

kompott -en -er compote
kompress -en -er compress
komprimera *verb* compress
kompromiss -en -er compromise
kompromissa *verb* compromise
koncentration -en -er concentration
koncentrera *verb* concentrate; ~ *sig* concentrate
koncern -en -er group
koncis *adj* concise
kondensator -n -er capacitor
kondition -en -er condition
konditori -et -er café
kondom -en -er condom; vard. rubber
konduktör -en -er conductor
konfekt -en candy
konfektion -en -er ready-to--wear clothing, off-the-rack clothing
konferencier -en -er MC (förk. för Master of Ceremonies), host
konferens -en -er conference
konferera *verb* confer
konfirmation -en -er confirmation
konflikt -en -er conflict
konfrontera *verb* confront
kongress -en -er conference
konjak -en brandy, cognac
konjunktur -en -er state of the market
konkret *adj* concrete
konkurrens -en competition
konkurrent -en -er competitor
konkurrera *verb* compete
konkurs -en -er bankruptcy; *gå i* ~ go* bankrupt
konsekvens -en -er följd consequence
konsekvent **I** *adj* consistent **II** *adv* consistently
konsert -en -er **1** offentligt arrangemang concert **2** musikstycke concerto
konserthus -et = concert hall
konserv -en -er canned food
konservativ *adj* conservative
konservburk -en -ar can
konservöppnare -n = can--opener
konsistens -en -er consistency
konsonant -en -er consonant
konst -en -er art
konstant *adj* constant
konstatera *verb* fastställa establish; hävda state
konstgjord *adj* artificial
konsthandlare -n = art dealer
konsthantverk -et = handicraft
konstig *adj* strange
konstläd|er -ret artificial leather
konstmuse|um -et -er art museum
konstnär -en -er artist
konstnärlig *adj* artistic
konstruera *verb* construct
konstruktion -en -er construction

konstutställning -en -ar art exhibition
konstverk -et = work of art
konståkning -en figure skating
konsul -n -er consul
konsulat -et = consulate
konsult -en -er consultant
konsultera *verb* consult
konsument -en -er consumer
konsumera *verb* consume
konsumtion -en consumption
kontakt -en -er contact; ***komma i ~ med*** get* into contact with
kontakta *verb* contact
kontaktlins -en -er contact lens
kontant *adj* cash; ***betala ~*** pay* cash
kontanter pl. ready money
kontinent -en -er continent
konto -t -n account; kreditkonto charge account
kontokort -et = credit card
kontor -et = office
kontorist -en -er office employee
kontrakt -et = contract
kontrast -en -er contrast
kontroll -en -er **1** check **2** behärskning control
kontrollera *verb* check
kontroversiell *adj* controversial
kontur -en -er outline
konung -en -ar king
konvalescent -en -er convalescent
konventionell *adj* conventional
konversation -en -er conversation
konversera *verb* converse
konvoj -en -er convoy
kooperativ *adj* co-operative
kopi|a -an -or copy
kopiera *verb* copy
kopieringsapparat -en -er copier
kopp -en -ar cup
koppar -n copper
kopp|el -let = leash; ***i ~*** on a leash
koppla *verb* couple; ***kan ni ~ mig till...?*** please connect me with...; ***~ av*** relax; ***~ in ngt*** connect sth.; ***~ på ngt*** switch on sth.
koppling -en -ar coupling; på bil clutch
kopplingspedal -en -er clutch pedal
korall -en -er coral
Korea Korea
koreografi -n -er choreography
Korfu Corfu
korg -en -ar basket
korint -en -er currant
kork -en -ar cork
korkmatt|a -an -or linoleum
korkskruv -en -ar corkscrew
korn -et **1** pl. = frö grain **2** sädesslag barley
korp -en -ar raven
korrekt *adj* correct

korrektur -et = proofs
korrespondens -en -er correspondence
korrespondent -en -er correspondent
korridor -en -er corridor; på tåg aisle
korrigera *verb* correct
korruption -en corruption
kors -et = cross; *lägga ngt i ~* cross sth.
korsa *verb* cross
korsdrag -et draft
korsett -en -er corset
Korsika Corsica
korsning -en -ar crossing
korsord -et = crossword
korsstygn -et = cross-stitch
korsteck|en -net =, *göra korstecknet* make* the sign of the cross, cross oneself
korståg -et = crusade
1 kort -et = **1** spelkort, vykort etc. card **2** foto photo
2 kort I *adj* short **II** *adv* i tidsuttryck shortly; *för att fatta mig ~* to be brief
korta *verb* shorten
kortautomat -en -er photo booth
kortbyxor pl. shorts
kortfattad *adj* brief
korthårig *adj* short-haired
kortklippt *adj*, *vara ~* wear* one's hair short
kortlek -en -ar deck of cards
kortsiktig *adj* short-term
kortslutning -en -ar short circuit
kortspel -et = card game
kortsynt *adj* short-sighted
korttelefon -en -er credit card phone
kortvarig *adj* short
kortvåg -en short wave
kortärmad *adj* short-sleeved
korv -en -ar sausage; varmkorv hot dog
Kos Kos
kosmetika -n cosmetics
koss|a -an -or cow
kost -en fare; *~ och logi* bed and board
kosta *verb* cost*; *hur mycket kostar det?* how much is it?
kostnad -en -er cost
kostym -en -er suit
kot|a -an -or vertebra
kotlett -en -er chop
kott|e -en -ar **1** cone **2** *inte en ~* no one at all
krabb|a -an -or crab
krafsa *verb* scratch
kraft -en -er styrka force; förmåga power
kraftfull *adj* powerful
kraftig *adj* powerful; stark strong
kraftlös *adj* weak
kraftverk -et = power plant
krag|e -en -ar collar
kram -en -ar hug
krama *verb* **1** omfamna hug **2** pressa squeeze

kramp -en -er cramp
kran -en -ar vattenkran o.d. tap, faucet; lyftkran crane
krans -en -ar wreath
kranvatt|en -net tap water
kras -et crack; *gå i ~* go* to pieces
krasch I *interj* crash! **II** -en -er crash
krasse -n cress; smörgåskrasse watercress
krat|er -ern -rar crater
kratt|a I -an -or rake **II** *verb* rake
krav -et = demand
kraxa *verb* croak
kreativ *adj* creative
kreatur -et = boskap cattle
kredit -en -er credit; *köpa ngt på ~* buy* sth. on credit
kreditkort -et = credit card
kremering -en -ar cremation
Kreta Crete
krets -en -ar circle
kretsa *verb* circle; *~ kring ngt* circle around sth.
krevera *verb* explode, burst
krig -et = war
kriga *verb* make* war
krigsfartyg -et = warship
krigsmakt -en -er armed forces
krigsutbrott -et = outbreak of war
kriminalitet -en crime
kriminell *adj* criminal
kring *prep* **1** runt om around **2** angående about
kringgå *verb* evade
kringl|a -an -or söt twist cookie; salt pretzel
kris -en -er crisis (pl. crises)
kristall -en -er crystal
kristallklar *adj* crystal-clear
kristallkron|a -an -or cut-glass chandelier
kristen *adj* Christian
kristendom -en Christianity
kristid -en -er time of crisis
Kristus Christ
krit|a -an -or chalk
kritik -en criticism
kritiker -n = critic
kritisera *verb* criticize
kritisk *adj* critical
kroat -en -er Croat
Kroatien Croatia
kroatisk *adj* Croatian
kroatisk|a -an **1** pl. -or kvinna Croatian woman (pl. women) **2** språk Croatian
krock -en -ar crash
krocka *verb* crash
krocket -en croquet
krockkudd|e -en -ar airbag
krog -en -ar restaurant
krok -en -ar hook
krokett -en -er croquette
krokig *adj* crooked
krokodil -en -er crocodile
krokus -en -ar crocus
kromosom -en -er chromosome
kron|a -an -or crown; valuta äv. krona
kronisk *adj* chronic

kronologisk *adj* chronological
kronprins -en -ar crown prince
kronprinsess|a -an -or crown princess
kronärtskock|a -an -or artichoke
kropp -en -ar body
kroppsarbete -t -n manual labor
kroppsbyggnad -en build
kroppsdel -en -ar part of the body
kroppslig *adj* bodily
kroppsvisitera *verb* search; vard. frisk
krossa *verb* crush
krubb|a -an -or manger
krucifix -et = crucifix
kruk|a -an -or pot
krukväxt -en -er potted plant
krullig *adj* curly
krusbär -et = gooseberry
krut -et gunpowder
krux -et crux
kry *adj* well
kryck|a -an -or crutch
krydd|a I -an -or spice **II** *verb* season
kryddpeppar -n allspice
krylla *verb*, ***stranden kryllade av folk*** the beach was swarming with people
krympa *verb* shrink*
krympfri *adj* pre-shrunk
kryp -et = bug, insect
krypa *verb* crawl; tyst och försiktigt creep
kryphål -et = loophole
krypin -et = corner, den
krysantemum -en = chrysanthemum
kryss -et = **1** x; ***sätta ett ~*** make* an x **2** vid tippning draw
kryssa *verb* **1** cruise **2** ***~ för ngt*** check off sth.
kryssning -en -ar cruise
kråk|a -an -or crow
krång|el -let trouble
krångla *verb* om person make* a fuss; 'klicka' go* wrong, fail to work
krånglig *adj* difficult
kräft|a -an -or crayfish; ***Kräftan*** stjärntecken Cancer
kräftskiv|a -an -or crayfish party
kräk -et = wretch; idiot jerk; fegis coward
kräkas *verb* vomit; vard. throw* up
kräla *verb* crawl
kräldjur -et = reptile
kräm -en -er cream
krämp|a -an -or ailment; vard. ache and pain
kränka *verb* violate
kränkning -en -ar violation
kräsen *adj* fastidious; vard. choosy
kräva *verb* demand; ***det krävs god kondition*** you need to be in good shape
krävande *adj* demanding

krögare -n = restaurant owner
krök -en -ar bend
kröka *verb* **1** bend **2** supa till get* drunk
krön -et = crest
kröna *verb* crown
kub -en -er cube
Kuba Cuba
kubikmet|er -ern -rar cubic meter
kudd|e -en -ar cushion; huvudkudde pillow
kugga *verb* fail; vard. flunk
kugg|e -en -ar cog
kugghjul -et = gear
kuk -en -ar vulgärt cock
kul *adj* fun
kul|a -an -or ball; klot äv. globe; gevärskula bullet; stenkula (leksak) marble; ***stöta ~*** put* the shot (weight); ***börja på ny ~*** start afresh
kuliss -en -er scenery; ***bakom kulisserna*** behind the scenes
1 kull -en -ar av djur litter
2 kull oböjl., ***leka ~*** play tag
kull|e -en -ar hill
kullerbytt|a -an -or somersault
kulmen en ~, best. form = culmination, peak
kulminera *verb* culminate, peak
kulspetspenn|a -an -or ballpoint pen, ballpoint
kulsprut|a -an -or machine gun
kulstötning -en shot-put
kult -en -er cult
kultiverad *adj* cultivated
kultur -en -er culture; civilisation civilization
kulturell *adj* cultural
kummin -en caraway
kund -en -er customer; klient client
kung -en -ar king
kunglig *adj* royal
kunglighet -en -er royal personage
kungöra *verb* announce
kungörelse -n -r announcement
kunna *verb* **1** 'känna till' know* **2** ***kan*** can; ***kunde*** could; ***hon kan komma*** she can come; ***kan han göra det?*** can he do it?; ***nej, det kan han inte*** no, he can't; ***vi kunde göra det*** we could do it; ***hon har inte kunnat sova*** she hasn't been able to sleep; ***skulle jag ~ få sockret?*** could you pass me the sugar, please?; ***han kan vara riktigt trevlig*** he can be quite nice
kunnig *adj* well-informed
kunskap -en -er knowledge
kup|a -an -or globe; bikupa hive
kupé -n -er compartment
kuperad *adj* kullig hilly
kupol -en -er dome
kupong -en -er coupon
kupp -en -er coup
kur -en -er cure
kurator -n -er welfare worker
kuriositet -en -er curiosity

kurort -en -er health resort, spa
kurragömma oböjl., *leka* ~ play hide-and-seek
kurs -en -er **1** course **2** växelkurs rate
kursiv -en italics
kurv|a -an -or curve
kusin -en -er cousin
kusk -en -ar driver
kuslig *adj* gruesome
kust -en -er coast
kuva *verb* subdue
kuvert -et = **1** för brev envelope **2** på bord setting, place setting
kuvös -en -er incubator
kvadrat -en -er square
kvadratmeter -n = square meter
1 kval -et = i sporter qualifying match (round)
2 kval -et = lidande suffering
kvalificerad *adj* qualified; ***en ~ gissning*** an educated guess
kvalifikation -en -er qualification
kvalitet -en -er quality
kvalmig *adj* inomhus stuffy; ute sultry
kvantitet -en -er quantity
kvar *adv* still there, still here; ***det finns inga biljetter ~*** there are no tickets left; ***är det långt ~?*** is there a long way to go?
kvarglömd *adj* left behind
kvarlev|a -an -or remnant
kvarn -en -ar mill
kvarskatt -en -er tax arrears; vard. back taxes
kvarstå *verb* remain
kvart -en -er (=) quarter; ***om en ~*** in a quarter of an hour; ***i tre ~*** for three quarters of an hour; ***~ över tre*** at a quarter past three
kvartal -et = quarter
kvarter -et = block
kvartett -en -er quartet
kvast -en -ar broom
kvav *adj* stuffy; om väder sultry; fuktig muggy
kvick *adj* nimble, quick; vitsig witty
kvickhet -en -er **1** snabbhet quickness **2** vits joke
kvickna *verb*, ***~ till*** come* to
kvicksilv|er -ret mercury
kvig|a -an -or heifer
kvinn|a -an -or woman (pl. women)
kvinnlig *adj* female; typisk för en kvinna feminine
kvintett -en -er quintet
kvissl|a -an -or small pimple
kvist -en -ar twig
kvitt *adj* **1** ***nu är vi ~*** now we're even (quits) **2** ***bli ~ ngt*** get* rid of sth.
kvitta *verb*, ***det kvittar*** it is all the same
kvittens -en -er receipt
kvittera *verb* **1** sign; ***kvitteras*** received; ***~ ut ngt*** collect sth.

2 i sporter tie, score a tying goal
kvitto -t -n receipt
kvittra *verb* chirp
kvot -en -er quota
kvälja *verb* nauseate; ***det kväljer mig*** it makes me feel sick
kväljande *adj* nauseating
kväljningar pl. a wave of nausea (sickness); ***få ~*** feel* queasy
kväll -en -ar evening; ***i ~*** tonight; ***i går ~*** yesterday evening; ***i morgon ~*** tomorrow evening; ***på kvällen*** in the evening
kvällstidning -en -ar afternoon paper
kvällsöppen *adj* open in the evening
kväva *verb* choke
kväve -t nitrogen
kyckling -en -ar chicken
kyl -en -ar fridge
kyla I -n cold **II** *verb* cool
kylare -n = radiator
kylarvatt|en -net coolant
kylarvätska -n antifreeze
kyldisk -en -ar refrigerated display
kylig *adj* cool
kylskåp -et = refrigerator; vard. fridge
kypare -n = waiter
kyrk|a -an -or church
kyrkklock|a -an -or church bell
kyrkogård -en -ar cemetery; kring kyrka churchyard
kysk *adj* chaste
kyss -en -ar kiss
kyssa *verb* kiss
kåd|a -an -or resin
kåk -en -ar hus house
kål -en **1** cabbage **2** ***ta ~ på*** nearly kill
kåldolm|e -en -ar stuffed cabbage roll
kålhuvud -et -en cabbage
kål|rot -roten -rötter swede, rutabaga
kåp|a -an -or **1** för munk cowl **2** skydd cover
kår -en -er body; inom militären corps (pl. lika)
kår|e -en -ar, ***det gick kalla kårar efter ryggen på mig*** a cold shiver ran down my back
kåseri -et -er i tidning humorous article
kåt *adj* vulgärt horny
käck *adj* hurtig lively
käft -en -ar på djur jaws; ***håll käften!*** shut up!
käk -et food; ***vad blir det för ~ i kväll?*** what's for dinner tonight?
käka *verb* vard. eat*
käkben -et = jawbone
käk|e -en -ar jaw
kälk|e -en -ar toboggan
käll|a -an -or vattenkälla spring; bildligt source

källare -n = cellar; våning basement
källarmästare -n = restaurant--owner; ej ägare manager
kämpa *verb* fight
kämp|e -en -ar warrior
känd *adj* well known
kändis -en -ar celebrity
käng|a -an -or boot
känguru -n -r kangaroo
känn, *ha ngt på ~* feel* sth. in one's bones
känna *verb* **1** förnimma feel*; *~ sig trött* feel* tired; *~ efter* see* if **2** vara bekant med know*; *~ igen ngt* (*ngn*) recognize sth. (sb.); *~ till ngt* know* sth.
kännare -n = connoisseur
kännas *verb* feel*; *hur känns det?* how do you feel?
kännbar *adj* noticeable
kännedom -en knowledge; *ha ~ om* know* about
känneteck|en -net = characteristic
känneteckna *verb* characterize
känsel -n feeling
känsl|a -an -or feeling
känslig *adj* sensitive
känslomässig *adj* emotional
känslosam *adj* emotional
käpp -en -ar stick
kär *adj* avhållen dear; *bli ~ i ngn* fall* in love with sb.
käring -en -ar old woman (pl. women)
kärl -et = vessel
kärlek -en -ar love
kärleksaffär -en -er love affair
kärleksfull *adj* loving
kärleksliv -et love life
kärlkramp -en vascular cramp
kärn|a -an -or i frukt el. bär seed, pit
kärnkraft -en nuclear power
kärnkraftverk -et = nuclear power plant
kärnvap|en -net = nuclear weapon
kärr -et = marsh, bog
kärr|a -an -or cart
kärv *adj* harsh
kärva *verb*, *det har kärvat till sig* things have become difficult
kärv|e -en -ar sheaf
kätting -en -ar chain
kö -n -er line
köa *verb* stand* in line, line up
kök -et = kitchen
köksmästare -n = chef
köksträdgård -en -ar kitchen garden; vard. vegetable patch
köl -en -ar keel
kölapp -en -ar number
köld -en cold
köldskad|a -an -or frostbite
kön -et = sex
könsorgan -et = sexual organ

könssjukdom -en -ar venereal disease (förk. VD)
köp -et = purchase
köpa *verb* buy*, purchase
köpare -n = buyer
köpcentrum -et = shopping center; inbyggt mall
köpekontrakt -et = contract of sale
Köpenhamn Copenhagen
köpesumm|a -an -or price
köpkort -et = credit card
köp|man -mannen -män businessman (pl. businessmen)
köpslå *verb* bargain
1 kör -en -er choir
2 kör, *i ett ~* without stopping
köra *verb* **1** drive*; *~ bil* drive* a car; *~ om en bil* overtake a car; *~ på ngn* run* sb. down **2** kuggas fail; vard. flunk
körban|a -an -or road; fil lane
körkort -et = driver's license
körriktningsvisare -n = turn signal, blinker
körsbär -et = cherry
körskol|a -an -or driving school
körsnär -en -er furrier
kört|el -eln -lar gland
kött -et flesh; slaktat meat
köttaffär -en -er butcher's
köttbit -en -ar piece of meat
köttbull|e -en -ar meatball
köttfärs -en ground chuck
köttgryt|a -an -or stew
kötträtt -en -er meat course
köttsopp|a -an -or broth, beef soup

L

l l-et l bokstav l [utt. ell]
laboratori|um -et -er laboratory; vard. lab
labyrint -en -er labyrinth
lack -et (-en) -er sigillack sealing wax; fernissa varnish
lacka *verb* seal
lackera *verb* varnish; naglar paint
lad|a -an -or barn
ladda *verb* load
ladugård -en -ar barn
1 lag -et = idrottslag, arbetslag team
2 lag -en -ar norm etc. law
laga *verb* **1** *~ mat* cook **2** reparera repair; vard. fix
lag|er -ret = **1** förråd stockroom; magasin warehouse; *ha i ~* have* in stock **2** skikt layer
laglig *adj* legal
lagning -en -ar repair; i tand filling
lagom I *adv*, *~ saltad* salted just right; *komma precis ~* be* just in time **II** *adj* adequate; *är det här ~?* is this enough?
lagra *verb* store
lagstiftning -en -ar legislation
lagun -en -er lagoon
lagård -en -ar barn
lakan -et = sheet
lak|e -en -ar fisk burbot
lakrits -en licorice
lam *adj* paralyzed
lamm -et = lamb
lammkotlett -en -er lamb chop
lammkött -et lamb
lammstek -en -ar roast lamb
lamp|a -an -or lamp
lampskärm -en -ar lampshade
lamslå *verb* paralyze
land -et **1** pl. länder rike country **2** fastland land; *gå i ~* go* ashore **3** *åka ut på landet* go* into the countryside
landa *verb* land
landgång -en -ar **1** brygga gangway **2** smörgås submarine, hoagie
landning -en -ar landing
landningsban|a -an -or runway
landsbygd -en countryside
landsflykt -en exile
landskamp -en -er international match
landskap -et = **1** landsdel province **2** natur el. tavla landscape
landslag -et = international team; *svenska landslaget* the Swedish team
lands|man -mannen -män fellow countryman (pl. countrymen)
landsort -en -er, *landsorten* the provinces
landstiga *verb* land

landsväg -en -ar main road, highway
langa *verb* pass; kasta chuck; ~ *knark* push drugs
langare -n = knarklangare pusher
lansera *verb* introduce
lantbruk -et = **1** verksamhet agriculture, farming **2** bondgård farm
lantbrukare -n = farmer
lantern|a -an -or light
lantgård -en -ar farm
lantlig *adj* rural
lantställe -t -n place in the country
lapa *verb* lap
lapp -en -ar patch
lappa *verb* patch; ~ *ihop ngt* patch up sth.
Lappland Lapland
lapplis|a -an -or meter maid
larm -et = alarm alarm; larmsignal alert; *slå* ~ sound the alarm
larma *verb* alarmera call
1 larv -en -er djur grub
2 larv -et strunt nonsense
larva *verb*, ~ *sig* clown around; prata dumheter talk nonsense
larvig *adj* silly
lasagne -n lasagne
lasarett -et = hospital
las|er -ern -rar laser
lass -et = load
lasso -t -n lasso
1 last -en -er gods cargo (pl. cargoes)
2 last -en -er ovana o.d. vice
lasta *verb* load
lastbil -en -ar truck
lat *adj* lazy
lata *verb*, ~ *sig* be* lazy
latin -et Latin
Latinamerika Latin America
latinamerikan -en -er Latin American; vard. Latino
latinamerikansk *adj* Latin American
latinamerikansk|a -an -or kvinna Latin American woman (pl. women)
latitud -en -er latitude
latmask -en -ar lazybones (pl. lika)
lav|a -an -or lava
lavemang -et = enema
lavendel -n lavender
lavin -en -er avalanche
lax -en -ar salmon
laxermed|el -let = purgative
le *verb* smile; ~ *mot ngn* smile at sb.
leasa *verb* lease
leasing -en -ar leasing
1 led -en -er väg way; rutt route
2 led 1 -en -er i kroppen el. tekniskt joint; *vrida axeln ur* ~ dislocate one's shoulder **2** -et = stadium stage **3** -et = rad av personer: bredvid varandra rank, bakom varandra file
1 leda -n weariness
2 leda *verb* lead; styra, förestå run*

leda|mot -moten -möter member
ledande *adj* leading; ***i ~ ställning*** in a leading position
ledare -n = **1** leader **2** i tidning editorial
ledd -en -er, ***på vilken ~?*** this way or that way?
ledig *adj* free; ***hon är ~ idag*** she has today off, today's her day off
ledning -en -ar **1** skötsel el. inom företag management; ***ta ledningen*** take* the lead äv. i sporter **2** elledning o.d. wire; kraftledning line; rör pipe
ledsam *adj* boring
ledsen *adj* sad; ***jag är ~, men jag är upptagen*** I'm sorry but I'm busy
ledsna *verb* get* tired
ledtråd -en -ar clue
leende I *adj* smiling **II** -t -n smile
legend -en -er legend
legendarisk *adj* legendary
legitimation -en -er identification; ***visa ~*** show* proof of identity
legitimerad *adj* authorized; om läkare licensed; om sjuksköterska registered
leja *verb* hire
lejon -et = lion; ***Lejonet*** stjärntecken Leo
lejongap -et = snapdragon
lek -en -ar **1** game; ***på ~*** for fun **2** kortlek deck
leka *verb* play
lekfull *adj* playful
lekkamrat -en -er playmate
lek|man -mannen -män layman (pl. laymen)
lekplats -en -er playground
leksak -en -er toy
leksaksaffär -en -er toy store
lekskol|a -an -or kindergarten
lektion -en -er lesson
lem -men -mar limb
lemlästa *verb* maim
len *adj* soft
leopard -en -er leopard
ler|a -an -or clay
lerig *adj* muddy
lesbisk *adj* lesbian
leta *verb* look; ***~ efter ngn (ngt)*** look for sb. (sth.)
lett -en -er Latvian
lettisk *adj* Latvian
lettisk|a -an **1** pl. -or kvinna Latvian woman (pl. women) **2** språk Latvian
Lettland Latvia
leukemi -n -er leukemia
leva *verb* live; ***~ på ngt*** live on sth.
levande *adj* living; ***vara ~*** be* alive; ***~ ljus*** candles; ***~ musik*** live music
lev|er -ern -rar liver
leverans -en -er delivery
leverantör -en -er supplier
leverera *verb* supply

leverpastej -en -er liver pâté
levnad -en life
levnadsstandard -en standard of living
lexikon -et = (lexika) dictionary
Libanon Lebanon
liberal *adj* liberal
libretto -t -n libretto
Libyen Libya
licens -en -er license
lida *verb* plågas suffer
lidelse -n -r passion
lie -n liar scythe
Liechtenstein Liechtenstein
liera *verb*, ~ ***sig med ngn*** ally oneself with sb.
lift -en -ar lift
lifta *verb* hitch-hike
liftare -n = hitchhiker
liftkort -et = lift ticket
lig|a -an -or **1** gang **2** i fotboll etc. league
ligga *verb* lie*; till sängs be* in bed; ***var ligger järnvägsstationen?*** where is the railroad station?; ~ ***med ngn*** sleep* with sb.
liggande *adj* lying; vågrät horizontal
liggplats -en -er sleeping-place
liggvagn -en -ar på tåg couchette
liggvagnsplats -en -er couchette, berth
1 lik -et = corpse; vard. body
2 lik *adj* like; ***vara*** ~ ***ngn*** till sättet be* like sb.; till det yttre look like sb.; ***de är mycket lika*** they are very much alike
lika I *adj* equal; ***3 plus 5 är ~ med 8*** 3 plus 5 equals 8; ***det är 3 ~*** it's three all **II** *adv* likadant in the same way; ***hon är ~ stor som sin bror*** she is just as tall as her brother
likadan *adj* the same; ***jag tar en ~*** I'll have the same
likaså *adv* also
lik|e -en -ar equal
likgiltig *adj* indifferent
likhet -en -er resemblance
likhetsteck|en -net = equals sign
likkist|a -an -or coffin, casket
likna *verb* resemble; se ut som look like
liknande *adj* similar
liknelse -n -r simile; i Bibeln parable
liksom I *konj* like; ***han är målare ~ jag*** he is a painter like me **II** *adv* så att säga sort of
likström -men -mar direct current, DC
liktorn -en -ar corn
likvid -en -er payment
likvärdig *adj*, ~ ***med*** equivalent to
likör -en -er liqueur
lila *adj* lilac
lilj|a -an -or lily
liljekonvalje -n -r lily of the valley

lilla se *liten*
lillasyster -n småsystrar little sister
lillebror en ~, pl. småbröder little brother
lillfing|er -ret -rar little finger; vard. pinkie
lilltå -n -r little toe
lim -met = glue
lime -n -r lime
limma *verb* glue
limousine -n -r limousine
limp|a -an -or loaf (pl. loaves); ***en ~ cigaretter*** a carton of cigarettes
lin -et flax
lin|a -an -or rope
linban|a -an -or cableway
lind -en -ar linden
linda *verb* wind
lindra *verb* relieve
lindrig *adj* mild
lindring -en -ar relief
lingon -et = lingonberry
linjal -en -er ruler
linje -n -r **1** line **2** ***vilken ~ går du på?*** what are you majoring in?
linka *verb* limp
linne -t -n **1** tyg linen **2** plagg camisole; nattlinne nightgown
linning -en -ar band
lins -en -er **1** växt lentil **2** optisk lins el. i öga lens; kontaktlins contact lens
lipa *verb* blubber; ***~ åt ngn*** stick one's tongue out at sb.
lirka *verb*, ***~ med ngn*** coax sb.
Lissabon Lisbon
1 list -en -er knep trick
2 list -en -er kantlist strip; fönsterlist o.d. weather stripping
1 list|a -an -or list
2 lista *verb*, ***~ ut ngt*** work sth. out
listig *adj* cunning
lita *verb*, ***~ på ngn*** rely on sb.
Litauen Lithuania
litauer -n = Lithuanian
litauisk *adj* Lithuanian
litauisk|a -an **1** pl. -or kvinna Lithuanian woman (pl. women) **2** språk Lithuanian
lite I *adv* en smula a little, a bit **II** *pron* knappast inget little; få few; ***äta ~ mat*** have* some food
liten (*litet*, *lille*, *lilla*, *små*) *adj* ej 'stor' small; sagt med känsla little; ***stackars ~!*** poor little thing!
liter -n = liter; vard. ung. quart
litet se *lite* o. *liten*
litografi -n -er lithography
litteratur -en -er literature
liv -et **1** pl. = life (pl. lives) **2** oväsen noise
livbåt -en -ar lifeboat
livfull *adj* vivid
livförsäkring -en -ar life insurance
livlig *adj* lively
livlös *adj* lifeless

liv|moder -modern -mödrar womb
livrem -men -mar belt
livräddning -en -ar life-saving
livsfarlig *adj* highly dangerous
livsmedel pl. groceries; bara mat food
livsmedelsaffär -en -er grocery store; större supermarket
livstid -en lifetime; *få livstids fängelse* be* sentenced to life imprisonment; vard. get* life
livvakt -en -er bodyguard
ljud -et = sound
ljuddämpare -n = muffler
ljudlös *adj* soundless
ljudstyrka -n sound level
ljuga *verb* lie*
ljum *adj* lukewarm
ljumsk|e -en -ar groin
ljung -en heather
ljus I -et = light; *föra ngn bakom ljuset* deceive sb. **II** *adj* light; om hy fair; *ljusa nätter* bright nights
ljusglimt -en -ar bildligt ray of hope
ljushårig *adj* fair-haired
ljusna *verb* bli ljusare grow* light
ljusning -en -ar bättring improvement
ljuspunkt -en -er något glädjande bright spot
ljusstak|e -en -ar candlestick
ljuv *adj* sweet
ljuvlig *adj* lovely
1 lock -en -ar i hår curl
2 lock -et = på låda o.d. lid; *det slår ~ för öronen på mig* p.g.a. högt ljud the noise is deafening
1 locka *verb* hår curl
2 locka *verb*, *~ till sig ngn* attract sb.
lockig *adj* curly
lodjur -et = lynx
lodrät *adj* vertical
1 log|e -en -ar tröskplats barn
2 loge -n -r på teater dressing-room; ordensloge lodge
logg|bok -boken -böcker logbook
logi -et -er accommodations
logisk *adj* logical
lojal *adj* loyal
lojalitet -en -er loyalty
lok -et = engine
lokal I -en -er premises **II** *adj* local
lokalbedövning -en -ar local anesthesia; *en ~* a local anesthetic
lokalisera *verb* locate; *~ sig* orient oneself
lokalsamtal -et = local call
lokalsinne -t sense of direction
lokaltrafik -en local traffic
lokaltåg -et = suburban train; vard. commuter train
lokförare -n = engineer
longitud -en -er longitude
lopp -et = **1** race **2** *inom loppet av en timme* within an hour;

under dagens ~ during the day
lopp|a -an -or flea
loppmarknad -en -er flea market
lort -en -ar dirt
lortig *adj* dirty
loss *adj* o. *adv* loose; ***riva ~ ngt*** tear off sth.; ***skruva ~ ngt*** unscrew sth.
lossa *verb* **1** *~ **på*** loosen **2** lasta ur unload
lossna *verb* come* off
lots -en -ar pilot
lott -en -er share
lotta *verb*, ***~ ut ngt*** raffle off sth.
lotteri -et -er lottery
lottsed|el -eln -lar lottery ticket
lov -et **1** pl. = ledighet holiday **2** tillåtelse permission; ***får jag ~?*** may I?; ***vad får det ~ att vara?*** what would you like?; i affär can I help you?; ***vi får ~ att ta en taxi*** we'll have to take a taxi **3** beröm praise
lova *verb* promise
LP-skiv|a -an -or LP
luck|a -an -or **1** liten dörr, t.ex. ugnslucka door **2** öppning opening **3** tomrum gap
luden *adj* hairy
luffare -n = tramp, bum
luft -en air
luftfuktighet -en humidity
luftförorening -en -ar air pollution
luftgevär -et = air gun
luftgrop -en -ar air pocket
luftig *adj* airy
luftkonditionering -en -ar air--conditioning
luftmadrass -en -er air bed
luftrörskatarr -en -er bronchitis
luftstrup|e -en -ar windpipe
lufttryck -et = air pressure
lufttät *adj* airtight
lugg -en -ar frisyr bangs
lugn I -et peace **II** *adj* calm
lugna *verb* calm; ***~ ner sig*** calm down
lukt -en -er smell
lukta *verb* smell; ***~ på ngt*** smell sth.
luktärt -en -er sweet pea
lummig *adj* lövrik leafy
lump -en rags
lunch -en -er lunch
lund -en -ar grove
lung|a -an -or lung
lungcanc|er -ern -rar lung cancer
lunginflammation -en -er pneumonia
1 lur -en -ar **1** blåsinstrument horn **2** telefonlur receiver
2 lur, ***ligga på ~*** lie* in wait
lura *verb* deceive
lurvig *adj* hairy
lus -en löss louse (pl. lice)
lust -en inclination; ***det har jag ingen ~ till*** I don't feel like it
lustgård -en -ar paradise
lustig *adj* amusing

1 **lut|a** -an -or instrument lute
2 **luta** *verb* lean; ~ *sig framåt* lean forward; ~ *sig mot ngt* lean against sth.
lutfisk -en -ar boiled ling
luv|a -an -or woollen cap
Luxemburg Luxembourg
ly|a -an -or **1** djurs lair **2** bostad small apartment; vard. den
lycka -n happiness; ~ *till!* good luck!
lyckad *adj* successful
lyckas *verb*, ~ *göra ngt* succeed in doing sth.
lycklig *adj* happy; ~ *resa!* have* a nice trip!
lyckligtvis *adv* fortunately
lyckträff -en -ar stroke of luck
lyckönska *verb*, ~ *ngn till ngt* congratulate sb. on sth.
lyckönskning -en -ar congratulation
1 **lyda** *verb* hörsamma obey
2 **lyda** *verb* om text read*
lydig *adj* obedient
lydnad -en obedience
lyfta *verb* **1** lift; höja, t.ex. armen raise **2** om flygplan take* off
lyftkran -en -ar crane
lyhörd *adj* om person sensitive
lykt|a -an -or lantern
lyktstolp|e -en -ar lamppost
lynne -t -n temperament
lyr|a -an -or instrument lyre
lyrik -en poetry
lysa *verb* shine; ~ *upp* light up
lysande *adj* shining; bildligt brilliant; *en ~ föreställning* a brilliant performance
lyse -t -n lighting
lysrör -et = fluorescent lamp
lyssna *verb* listen; ~ *på ngn* listen to sb.
lyssnare -n = listener
lyte -t -n disability
lyx -en luxury
lyxig *adj* luxurious
lyxkrog -en -ar luxury restaurant
lyxkryssare -n = luxury liner; mindre cruise ship
låd|a -an -or box
låg *adj* low
låg|a -an -or flame
lågkonjunktur -en -er recession
lågmäld *adj* quiet, low-key
lågpris -et = discount
lågprisbiljett -en -er off-peak ticket
lågsko -n -r shoe
lågstadi|um -et -er lower level of compulsory school; ung. grades 1-3
lågsäsong -en -er off season
lågtrafik -en, *vid* ~ at off-peak hours
lågtryck -et = low pressure; väder low
lån -et = loan; *ta ett* ~ raise a loan; *tack för lånet!* thanks for the loan!
låna *verb* **1** få till låns borrow **2** låna ut lend*

lång *adj* **1** long; ***tar det ~ tid?*** will it be long? **2** reslig tall
långbyxor pl. pants
långfilm -en -er feature film
långfing|er -ret -rar middle finger
långfransk|a -an -or ung. white bread
långgrund *adj* shallow
långhårig *adj* long-haired
långpromenad -en -er long walk
långsam *adj* slow
långsiktig *adj* long-term
långsint *adj*, ***vara ~*** never forget* a wrong
långsynt *adj* long-sighted
långsökt *adj* far-fetched
långt *adv*, ***hur ~ är det dit?*** how far is it?; ***gå ~*** walk a long way; i livet go* far
långtradare -n = long-haul truck; vard. big rig
långtråkig *adj* boring
långvarig *adj* long
långvård -en long-term care
långärmad *adj* long-sleeved
lår -et = kroppsdel thigh
lås -et = lock; ***gå i ~*** be* successful
låsa *verb* lock; ***~ upp*** unlock
låssmed -en -er locksmith
låt -en -ar tune
1 låta *verb* ljuda, verka sound
2 låta *verb* tillåta let*; ***~ ngn göra ngt*** let* sb. do sth.; ***~ bli att göra ngt*** avoid doing sth.; ***låt bli att väsnas!*** stop making that noise!
låtsas *verb* pretend
lä oböjl. lee, shelter
läck|a I -an -or leak **II** *verb* leak
läcker *adj* delicious
läd|er -ret = leather
lädervaror pl. leather goods
läge -t -n situation; plats site
lägenhet -en -er apartment
läg|er -ret = camp
lägga *verb* put*; ***~ märke till ngt*** notice sth.; ***gå och ~ sig*** go* to bed; ***~ fram ett förslag*** present a proposal; ***~ sig i ngt*** meddle with sth.; ***~ undan ngt*** put* away sth.; ***~ ut pengar för ngn*** pay* for sb.
läggning -en -ar karaktär disposition
lägre *adj* o. *adv* lower
lägst *adj* o. *adv* lowest
läka *verb* heal
läkare -n = doctor; mer formellt physician
läkarintyg -et = doctor's certificate
läkarmottagning -en -ar doctor's office
läkarundersökning -en -ar medical examination
läkarvård -en medical care
läkas *verb* heal
läkemed|el -let = medicine
läktare -n = gallery, stands
lämna *verb* **1** bege sig ifrån

leave* **2** ge give*; ~ ***tillbaka ngt*** return sth.
lämplig *adj* suitable
län -et = county
längd -en -er length
längdgrad -en -er longitude
längdhopp -et = long jump
längdåkning -en cross-country skiing
länge *adv* long; ***hur ~?*** how long?; ***för ~ sedan*** a long time ago
längre I *adj* longer **II** *adv* om avstånd further; om tid longer; ~ ***bort*** further off
längs *prep* o. *adv* along
längst I *adj* longest **II** *adv* om avstånd furthest; om tid longest; ~ ***till höger*** furthest to the right
längta *verb*, ~ ***efter ngt*** long for sth.
längtan en ~, best. form = longing
länk -en -ar link
länsa *verb* empty
läpp -en -ar lip
läppstift -et = lipstick
lär *verb*, ***hon ~ vara rik*** they say she is rich
lär|a I -an -or tro faith **II** *verb* undervisa teach; ~ ***sig*** learn; ~ ***känna ngn*** get* to know sb.
läraktig *adj* quick to learn
lärare -n = teacher
lärarinn|a -an -or teacher
lärd *adj* learned
lärk|a -an -or lark
lärling -en -ar apprentice
läro|bok -boken -böcker textbook
lärorik *adj* instructive
läsa *verb* read*
läsare -n = reader
läse|bok -boken -böcker reader
läskedryck -en -er soft drink; vard. soda
läskunnig *adj* able to read
läslig *adj* legible
läsning -en -ar reading
läspa *verb* lisp
läsvärd *adj* worth reading
läsår -et = school year
läte -t -n sound
lätt I *adj* **1** ej tung light **2** ej svår easy; ***ha ~ för ngt*** find* sth. easy **II** *adv* **1** ej tungt lightly **2** ej svårt easily
lätta *verb* lighten; bli lättare become* lighter
lätthanterlig *adj* easy to handle
lätthet -en lightness; ***med ~*** easily
lättillgänglig *adj* within easy reach
lättja -n laziness
lättklädd *adj* lightly dressed; utmanande scantily-clad
lättlurad *adj* easily fooled
lättläst *adj* om bok easy to read
lättmjölk -en skim milk
lättnad -en -er relief

lättskrämd *adj*, ***vara ~*** be* easily scared
lättskött *adj* easy to handle
lättsmält *adj* easily digested
lättöl -et (-en) = low-alcohol beer
läx|a -an -or **1** hemläxa homework **2** tankeställare lesson
löda *verb* solder
lödd|er -ret lather
löfte -t -n promise; ***ge ngn ett ~*** promise sb. sth.
lögn -en -er lie*
lögnaktig *adj* lying
lögnare -n = liar
löjlig *adj* ridiculous
löjrom -men whitefish roe
lök -en -ar onion; blomsterlök bulb
löksopp|a -an -or onion soup
lömsk *adj* sly
lön -en -er för timme el. vecka wages; för månad el. år salary
löna *verb*, ***~ sig*** pay*, pay* off; ***det lönar sig inte att klaga*** it is no use complaining
lönande *adj* profitable
löneförhöjning -en -ar raise
lönlös *adj* useless
lönn -en -ar maple
lönsam *adj* profitable
lönsamhet -en profitability
lönt *adj*, ***det är inte ~ att försöka*** it is no use trying
löpa *verb* **1** springa run* **2** om hona be* in heat
löpare -n = **1** runner **2** schackpjäs bishop
löpning -en -ar tävlan race
löpsed|el -eln -lar newsbill, headline
lördag -en -ar Saturday; ***i lördags*** last Saturday; ***på ~*** on Saturday
lös *adj* loose; ***vara ~ i magen*** have* an unsettled stomach; ***i ~ vikt*** by weight
lösa *verb* **1** problem solve **2** biljett buy* **3** ***~ in en check*** cash a check
löskokt *adj* lightly boiled; ägg soft-boiled
lösning -en -ar solution
lösnum|mer -ret = single copy
lösryckt *adj* disconnected
löständer pl. false teeth
löv -et = leaf (pl. leaves)
lövkoj|a -an -or blomma stock
lövskog -en -ar deciduous forest; vard. hardwood forest
lövträd -et = deciduous tree

M

m m-et m bokstav m [utt. emm]
mack -en -ar gas station
Madeira Madeira
madeira -n vin Madeira
madrass -en -er mattress
maffi|a -an -or Mafia
magasin -et = **1** förråd warehouse **2** tidskrift el. på vapen magazine
magbesvär -et = stomach trouble
mag|e -en -ar stomach; *ha ~ till att* have* the nerve to
mager *adj* inte fet lean; smal thin
magi -n magic
maginfluens|a -an -or gastric influenza; vard. stomach flu (bug)
magisk *adj* magic
magist|er -ern -rar schoolmaster
magkatarr -en -er gastritis
magknip -et stomach-ache
magnet -en -er magnet
magnetisk *adj* magnetic
magnifik *adj* magnificent
magont -et stomach-ache
magra *verb* become* thinner
magsår -et = gastric ulcer
magsäck -en -ar stomach
mahogny -n (-t) mahogany
maj oböjl. May; *i ~* in May
majonnäs -en -er mayonnaise
majoritet -en -er majority
majs -en corn
majskolv -en -ar corncob; som maträtt corn on the cob
1 mak|a -an -or wife (pl. wives)
2 maka *verb*, *~ på sig* move over
makalös *adj* unparalleled
makaroner pl. macaroni
mak|e -en -ar **1** äkta man husband **2** motstycke match
Makedonien Macedonia
makedonier -n = Macedonian
makedonsk *adj* Macedonian
make-up -en -er make-up
makrill -en -ar mackerel (pl. lika)
makt -en -er power; *sitta vid makten* be* in power
maktlös *adj* powerless
mal -en -ar moth
mala *verb* grind
malaria -n malaria
Maldiverna the Maldives
mall -en -ar pattern
Mallorca Majorca
malm -en -er ore
malt -et (-en) malt
Malta Malta
malör -en -er mishap
mamm|a -an -or mother; vard. mom
1 man -en -ar hästman mane
2 man -nen män **1** man (pl. men) **2** make husband
3 man *pron* you; *~ frågade*

oss aldrig we were never asked
mana *verb* exhort; ~ ***på ngn*** urge sb. on
manchester -n corduroy
mandarin -en -er mandarin
mand|el -eln -lar almond
mandelmassa -n almond paste
mandolin -en -er mandolin
maner -et = manner
manet -en -er jellyfish
mang|el -eln -lar mangle
mangla *verb* mangle
mango -n -r mango (pl. mangoes)
mani -n -er mania
manifestation -en -er manifestation
manifestera *verb* manifest
manikyr -en manicure
maning -en -ar exhortation
manipulation -en -er manipulation
manipulera *verb* manipulate
manlig *adj* male
mannagryn pl. cream of wheat
mannekäng -en -er model
mannekänguppvisning -en -ar fashion show
manschett -en -er cuff
manschettknapp -en -ar cuff link
manuell *adj* manual
manuskript -et = manuscript
manöv|er rar maneuver
manövrera *verb* maneuver
mapp -en -ar folder
maratonlopp -et = marathon
mardröm -men -mar nightmare
margarin -et -er margarine
marginal -en -er margin
marin I -en -er navy **II** *adj* naval
marinad -en -er marinade
marinblå *adj* navy blue
marinera *verb* marinate
marionett -en -er puppet
1 mark -en -er jordyta ground; jord soil; område land; ***på svensk*** ~ on Swedish soil
2 mark -en = mynt mark
markera *verb* mark; poängtera emphasize
markis -en -er solskydd awning
marknad -en -er market; mässa fair
marknadsföring -en marketing
marmelad -en -er jam; av citrusfrukter marmalade
marmor -n marble
Marocko Morocco
mars oböjl. March; ***i*** ~ in March
marsch -en -er march
marschall -en -er party flare
marschera *verb* march
marsipan -en marzipan
marsvin -et = guinea pig
martyr -en -er martyr
marulk -en -ar angler fish
marxism -en Marxism
maräng -en -er meringue
mascara -n mascara
1 mask -en -ar djur worm
2 mask -en -er ansiktsmask mask
1 maska *verb* i arbete go* slow

2 mask|a -an -or i nät mesh; vid stickning stitch
maskera *verb* mask
maskerad -en -er costume ball
maskin -en -er machine
maskopi -n -er, *vara i ~ med ngn* be* in league with sb.
maskot -en -ar mascot
maskros -en -or dandelion
maskulin *adj* masculine
mass|a -an -or **1** material substance **2** mängd mass; *en ~ saker* a lot of things **3** hop crowd
massage -n massage
massak|er -ern -rer massacre
massera *verb* massage
massiv I -et = massif **II** *adj* solid
massmord -et = mass murder
massvis *adv*, *~ med* lots of
massör -en -er masseur
mast -en -er mast
mat -en food; *~ och dryck* food and drink
mata *verb* feed
mataffär -en -er grocery store; större supermarket
matbord -et = dinner-table
match -en -er match
matematik -en mathematics; vard. math
material -et = material
materialist -en -er materialist
matfett -et -er cooking fat
matförgiftning -en -ar food poisoning
matiné -n -er matinée
matjessill -en -ar ung. pickled herring
matlagning -en cooking
matlust -en appetite
matolj|a -an -or cooking oil
matrester pl. left-overs
maträtt -en -er dish
matsal -en -ar dining room; större dining hall; i skola cafeteria
matsed|el -eln -lar menu
matsked -en -ar tablespoon
matsmältning -en digestion
matsmältningsbesvär -et = indigestion
matstrup|e -en -ar esophagus
matsäck -en -ar för lunch box lunch
matt *adj* **1** kraftlös faint **2** om yta matt
matt|a -an -or carpet; mindre rug
mattas *verb* weaken
1 matt|e -en -ar för djur mistress
2 matte -n vard., matematik math
matvrak -et = glutton
max *adv*, *~ 50 spänn* 50 crowns tops, at most 50 crowns
maximal *adj* maximum
maximum -umet = (-a) maximum
1 med I *prep* with; *~ nöje* with pleasure; *ett rum ~ utsikt* a room with a view; *resa ~ flyg* go* by air; *det*

bästa ~ det är... the best thing about it is...; *fördelen ~ denna metod* the advantage of this method **II** *adv* också too; *jag ~* me, too

2 med -en -ar på släde o.d. runner

medalj -en -er medal

medan *konj* while

medarbetare -n = co-worker, collaborator

medborgare -n = citizen

medborgarskap -et = citizenship

medbrottsling -en -ar accomplice

meddela *verb*, *~ ngn ngt* inform sb. of sth.

meddelande -t -n message

med|el -let = metod el. penningmedel means (pl. lika); läkemedel drug

medelhastighet -en -er average speed

Medelhavet the Mediterranean

medelklass -en -er middle class

medellivslängd -en -er average length of life

medellängd -en -er average length

medelmåttig *adj* mediocre

medelpunkt -en -er center

medelstor *adj* medium-sized

medeltal -et = average

medeltemperatur -en -er mean temperature

medeltiden, *på ~* in the Middle Ages

medeläld|er -ern -rar **1** genomsnittsålder average age **2** *en kvinna i medelåldern* a middle-aged woman

medfödd *adj* innate

medföra *verb* **1** ha med carry **2** leda till result in

medge o. **medgiva** *verb* **1** erkänna admit **2** tillåta allow

medgivande -t -n permission

medgörlig *adj* cooperative, reasonable

medhjälpare -n = assistant

medhåll -et support; *få ~ av ngn* be* supported by sb.

medicin -en -er medicine

meditation -en -er meditation

meditera *verb* meditate

medi|um -et -er medium (pl. media)

medkänsla -n sympathy

medla *verb* mediate; *~ mellan två fiender* reconcile two enemies

medlem -men -mar member

medlemsavgift -en -er membership fee, dues

medlemskort -et = membership card

medlidande -t pity

medling -en -ar mediation

medmännisk|a -an -or fellow human being

medryckande *adj* captivating

medsols *adv* clockwise

medspelare -n = partner
medtagen *adj* exhausted
medverka *verb* aktivt delta take* part; ~ ***till ngt*** contribute to sth.
medverkan en ~, best. form = assistance
medvetande -t -n consciousness
medveten *adj* conscious
medvetslös *adj* unconscious
medvind -en -ar tailwind
medvurst -en -ar German sausage
mejeri -et -er dairy
mejram -en marjoram
mejs|el -eln -lar chisel
mekaniker -n = mechanic
mekanisk *adj* mechanical
melankolisk *adj* sad
mellan *prep* om två between; om flera among
Mellanamerika Central America
mellanamerikansk *adj* Central American
Mellaneuropa Central Europe
mellangärde -t -n diaphragm
mellanlanda *verb* make* a stop on the way
mellanlandning -en -ar, ***göra en ~*** make* a stop; ***flyga utan ~*** fly* non-stop
mellanmål -et = snack
mellanprisklass -en -er, ***i ~*** medium-priced
mellanrum -met = interval; rumsligt space in between
mellanskillnad -en -er difference
mellanslag -et = space
mellanstadi|um -et -er i grundskolan intermediate level of compulsory school; ung. grades 4-6
mellanting -et =, ***ett ~ mellan äpple och päron*** something between an apple and a pear
mellanvåg -en medium wave
Mellanöstern the Middle East, the Mideast
mellersta *adj* middle
melodi -n -er melody; låt tune
melon -en -er melon
memoarer pl. memoirs
1 men *konj* but
2 men -et = skada harm
mena *verb* **1** åsyfta mean* **2** anse think*
mening -en -ar **1** åsikt opinion **2** avsikt intention; ***det var inte meningen*** I didn't mean to do it **3** betydelse meaning **4** sats sentence
meningsfull *adj* meaningful
meningslös *adj* meaningless
mens -en period; ***få ~*** get* one's period
menstruation -en -er menstruation
mental *adj* mental
mentalsjukhus -et = mental hospital

menuett -en -er minuet
meny -n -er menu
mer *adj* o. *adv* more; ***finns det ~?*** is there any more?; ***ingen ~ än han*** no one besides him
merit -en -er qualification
mervärdesskatt -en -er value-added tax (förk. VAT); vard. sales tax
1 mes -en -ar fågel titmouse (pl. titmice)
2 mes -en -ar om person wimp
mest I *adj* most; ***den mesta tiden*** most of the time **II** *adv* **1** most; ***det ~ intressanta*** the most interesting thing **2** för det mesta mostly
meta *verb* angle
metall -en -er metal
meteorolog -en -er meteorologist
meter -n = meter
metod -en -er method
metrev -en -ar fishing-line
metspö -et -n fishing-rod
Mexico Mexico
mid|dag -dagen (-dan) -dagar **1** tid noon **2** måltid dinner
midj|a -an -or waist
midjeväsk|a -an -or fanny pack
midnatt -en midnight
midnattssol -en midnight sun
mid|sommar -sommaren -somrar midsummer
midsommaraft|on -onen -nar Midsummer Eve
midsommardag -en -ar Midsummer Day
midsommar|stång -stången -stänger maypole
midvint|er -ern -rar midwinter
mig *pron* me
migrän -en migraine
mikra *verb* microwave; vard. mike
mikrofon -en -er microphone
mikroskop -et = microscope
mikrovågsugn -en -ar microwave oven
mil -en =, ***8 ~*** 80 kilometers, 50 miles; ***en engelsk ~*** a mile
Milano Milan
mild *adj* mild
militär I -en -er soldier **II** *adj* military
miljard -en -er billion
miljon -en -er million
miljontals *adv*, ***~ människor*** millions of people
miljonär -en -er millionaire
miljö -n -er environment
miljöaktivist -en -er environmentalist
miljöfarlig *adj* ecologically harmful
miljöförstöring -en environmental pollution
miljögift -et -er ung. toxic substance
miljöparti -et -er ecology party; ***Miljöpartiet*** the Green Party
miljöpolitik -en environment policy

miljövänlig *adj* environment--friendly
millibar en ~, pl. = millibar
milligram -met = milligram
milliliter -n = milliliter
millimeter -n = millimeter
mima *verb* mime
1 min (*mitt, mina*) *pron* my; *mina* my; *den är ~* it is mine; *de är mina* they are mine
2 min -en -er uttryck expression
1 min|a -an -or mine
2 mina se *min*
minderårig *adj* under age; *minderåriga* äv. juveniles
mindre I *adj* ej stor smaller **II** *adv* ej mycket less; färre fewer
mineral -et = mineral
mineralvatt|en -net = mineral water
miniatyr -en -er miniature
minimal *adj* minimal
minimum -et = minimum
miniräknare -n = pocket calculator
minist|er -ern -rar minister; i USA secretary
mink -en -ar mink
minkpäls -en -ar mink coat
minnas *verb* remember
minne -t -n **1** memory; *lägga ngt på minnet* remember sth. **2** minnessak souvenir
minnesmärke -t -n memorial
minoritet -en -er minority
minsann *adv* o. *interj* indeed
minska *verb* reduce; bli mindre decrease
minskning -en -ar reduction
minst I *adj* **1** ej störst smallest **2** ej mest least; motsats till 'flest' fewest **II** *adv* least; *~ sagt* to say the least
minus -et = minus
minusgrad -en -er degree below freezing
minusteck|en -net = minus sign
minut -en -er minute
minutvisare -n = minute hand
mirak|el -let = miracle
miss -en -ar miss
missa *verb* miss
missanpassad *adj* maladjusted
missbelåten *adj* displeased
missbildad *adj* malformed
missbruk -et = abuse
missbruka *verb* abuse; alkohol o.d. be* addicted to
missbrukare -n = addict
missfall -et = miscarriage; *få ~* have* a miscarriage
missförstå *verb* misunderstand
missförstånd -et = misunderstanding
missgynna *verb* be* unfair to
misshandel -n assault
misshandla *verb* assault; vard. beat up
mission -en -er mission
missionär -en -er missionary
missklädsam *adj* unbecoming

misssköta *verb* mismanage; ~ *sig* neglect oneself; uppföra sig illa fail to behave; ~ *sitt arbete* not do* one's work properly
misslyckad *adj* unsuccessful
misslyckande -t -n failure
misslyckas *verb* fail
missmodig *adj* downhearted
missnöjd *adj* dissatisfied
missnöje -t dissatisfaction
missta *verb*, ~ *sig* make* a mistake
misstag -et = mistake; *av* ~ by mistake
misstank|e -en -ar suspicion
misstro *verb* distrust
misströsta *verb* despair
misstänka *verb* suspect
misstänksam *adj* suspicious
misstänkt I *adj* suspected; tvivelaktig suspicious **II** en ~, pl. -a suspect
missuppfatta *verb* misunderstand
missuppfattning -en -ar misunderstanding
missvisande *adj* misleading
missöde -t -n mishap
mista *verb* lose*
miste *adv*, *ta* ~ be* mistaken; *gå* ~ *om ngt* miss sth.
1 mitt se *min 1*
2 mitt I -en middle **II** *adv*, ~ *emellan* halfway between; ~ *emot* just opposite; ~ *i* in the middle; ~ *under* in the middle of
mittersta *adj*, *på* ~ *raden* in the middle row
mittpunkt -en -er center
mix|er -ern -rar mixer
mjuk *adj* soft
mjukglass -en -er (-ar) soft ice cream
mjäll pl. dandruff
mjält|e -en -ar spleen
mjöl -et flour
mjölk -en milk
mjölka *verb* milk
mjölk|tand -tanden -tänder milk tooth (pl. teeth)
mobba *verb* bully
mobbning -en bullying
mobilisera *verb* mobilize
mobiltelefon -en -er cellular phone; i bil car phone
mocka -n **1** skinn suède **2** kaffe mocha
mockajack|a -an -or suède jacket
mod -et courage
mode -t -n fashion; *vara på modet* be* fashionable
modell -en -er model
moder -n mödrar mother
moderat *adj* **1** måttlig moderate **2** i politik betydelse Conservative
Moderaterna the Moderate Party
modern *adj* modern
modernisera *verb* modernize

modersmål -et = mother tongue
modfälld *adj* discouraged
modifiera *verb* modify
modig *adj* courageous
mogen *adj* ripe; om person mature
mogna *verb* ripen; om person mature
molekyl -en -er molecule
moll -en minor
moln -et = cloud
molnig *adj* cloudy
moment -et = stadium stage
moms -en VAT; vard. sales tax
momsfri *adj* ...exempt from VAT
Monaco Monaco
monarki -n -er monarchy
monogram -met = monogram
monolog -en -er monologue
monopol -et = monopoly
monoton *adj* monotonous
monst|er -ret = monster
monsun -en -er monsoon
mont|er -ern -rar showcase
montera *verb* mount
montör -en -er fitter
monument -et = monument
moped -en -er moped
mopp -en -ar mop
mops -en -ar pug
mor modern mödrar mother
moral -en -er etik ethics; seder morals
moralisk *adj* moral
mor|bror -brodern -bröder uncle
mord -et = murder
mordförsök -et = attempted murder
mor|far -fadern -fäder grandfather
morfin -et (-en) morphine
morföräldrar pl. grandparents
morg|on -onen -nar morning; *i* ~ tomorrow; *på morgnarna* in the mornings
morgonrock -en -ar dressing gown
morgontidning -en -ar morning paper
mor|mor -modern -mödrar grandmother
mo|rot -roten -rötter carrot
morra *verb* growl
1 mors|a -an -or mom
2 morsa *verb* hälsa say* hi
morse, *i* ~ this morning
mort|el -eln -lar mortar
mos -et pulp; av äpplen sauce; *göra* ~ *av* bildligt crush
mosa *verb* mash
mosaik -en -er mosaic
moské -n -er mosque
moskit -en -er mosquito
Moskva Moscow
moss|a -an -or moss
most|er -ern -rar aunt
mot *prep* **1** i riktning mot towards; ~ *slutet av månaden* towards the end of the month **2** uttryckande motstånd against; *en spruta* ~ *gulsot* an injection against jaundice

3 om t.ex. bemötande to; ***vara generös ~ ngn*** be* generous to sb.
mota *verb*, ***~ bort ngn*** drive* sb. away
motarbeta *verb* oppose
motbjudande *adj* disgusting
motell -et = motel
motgift -et -er antidote
motgång -en -ar setback
motion -en **1** rörelse exercise **2** pl. -er förslag motion
motionera *verb* röra sig exercise regularly, work out
motiv -et = motive
motivera *verb* **1** rättfärdiga justify **2** skapa intresse för motivate
motivering -en -ar **1** berättigande justification **2** motivation motivation
motocross -en motocross racing
motor -n -er för bensin engine; för el motor
motorbåt -en -ar motorboat
motorcyk|el -eln -lar motorcycle
motorfordon -et = motor vehicle
motorgräsklippare -n = power lawn mower
motorhuv -en -ar hood
motorstopp -et = engine failure
motorsåg -en -ar power saw
motorväg -en -ar expressway, freeway, interstate
motsats -en -er opposite; ***i ~ till*** contrary to
motsatt *adj* opposite; ***i ~ riktning*** in the opposite direction
motsols *adv* counterclockwise
motspelare -n = opponent
motstå *verb* resist
motstånd -et = resistance
motståndare -n = opponent
motståndskraft -en resistance
motsvara *verb* correspond to
motsvarande *adj* corresponding
motsvarighet -en -er equivalence; enhet counterpart, equivalent
motsäga *verb* contradict
motsägelse -n -r contradiction
motsätta *verb*, ***~ sig ngt*** be* opposed to sth.
motsättning -en -ar opposition
mottaga *verb* receive
mottagande -t -n reception
mottagare -n = receiver
mottagning -en -ar reception
mottagningsrum -met = läkares doctor's office
mottagningstid -en -er office hours
motto -t -n motto
motverka *verb* counteract
motvikt -en -er counterweight
motvind -en -ar head wind; ***segla i ~*** bildligt be* fighting an uphill battle

mousserande *adj*, ~ ***vin*** sparkling wine
1 mucka *verb*, ~ ***gräl*** pick a quarrel
2 mucka *verb* get* out of the army (prison)
mugg -en -ar **1** kopp mug **2** toalett john
mulatt -en -er mulatto
mul|e -en -ar muzzle
mulen *adj* cloudy
mullra *verb* rumble
mullvad -en -ar mole
multiplicera *verb* multiply
multiplikation -en -er multiplication
mumie -n -r mummy
mumla *verb* mumble
mun -nen -nar mouth
munk -en -ar **1** monk **2** bakverk doughnut, donut
munspel -et = harmonica
munstycke -t -n mouthpiece; på slang nozzle
munter *adj* merry
muntlig *adj* oral
muntra *verb*, ~ ***upp*** cheer up
mur -en -ar wall
mura *verb* do* bricklaying; ~ ***igen*** brick up
murare -n = bricklayer
murgrön|a -an -or ivy
murken *adj* decayed
mus -en möss mouse (pl. mice)
muse|um -et -er museum
musik -en music
musikal -en -er musical
musikalisk *adj* musical
musiker -n = musician
musikfestival -en -er music festival
musikhand|el -eln -lar music store
musikinstrument -et = musical instrument
musk|el -eln -ler muscle
muskot -en nutmeg
muskulatur -en -er muscles
muskulös *adj* muscular
muslim -en -er Muslim
muslimsk *adj* Muslim
mussl|a -an -or mussel; amerikansk vanligen clam
must -en -er av äpple apple juice, cider
mustasch -en -er mustache
mut|a I -an -or bribe **II** *verb* bribe
muttra *verb* mutter
mycket *adv*, ~ ***bra*** very good; ~ ***bättre*** much better; ~ ***folk*** a lot of people; ***det är ~ möjligt*** it is quite possible; ***utan att så ~ som titta*** without even looking
mygg|a -an -or mosquito
myll|a -an -or topsoil, mold
myll|er -ret crowd
myllra *verb* swarm
München Munich
myndig *adj* **1** of age; ***bli ~*** come* of age **2** befallande commending
myndighet -en -er authority

mynna *verb*, *~ ut i* resultera i result in
mynning -en -ar mouth; på vapen muzzle
mynt -et = coin
mynt|a -an -or mint
myr -en -ar swamp, bog
myr|a -an -or ant
myrstack -en -ar ant-hill
myrt|en en ~, pl. -nar myrtle
mysig *adj* cosy
mysteri|um -et -er mystery
mystisk *adj* mysterious
myt -en -er myth
mytologi -n -er mythology
1 må *verb*, *hur mår du?* how are you?; *jag mår bra* I feel fine; *jag mår inte bra* I don't feel well
2 må *verb* may; *det ~ jag säga!* indeed!, really!
måfå, *på ~* at random
måg -en -ar son-in-law (pl. sons-in-law)
1 mål -et = rättsfall case
2 mål -et = måltid meal
3 mål -et = **1** i bollspel goal **2** syfte aim
måla *verb* paint; *~ sig* make* oneself up
målare -n = painter
målarfärg -en -er paint
mållös *adj* speechless
målmedveten *adj* purposeful
målning -en -ar painting
måls|man -mannen -män guardian
målsättning -en -ar aim
måltavl|a -an -or target
måltid -en -er meal
målvakt -en -er goalkeeper; vard. goalie
1 mån oböjl., *i viss ~* to a certain degree
2 mån *adj*, *vara ~ om* be* concerned about
månad -en -er month
månadskort -et = monthly ticket
måndag -en -ar Monday; *i måndags* last Monday; *på ~* on Monday
mån|e -en -ar moon
många *pron* many; *~ vänner* a great many (a lot of) friends; *hur ~?* how many?; *jag har inte ~ kvar* I haven't got many left
mångsidig *adj* many-sided; om person versatile
månsken -et moonlight
mård -en -ar marten
mås -en -ar gull
måste **I** *verb*, *jag ~ göra det* I must (have to) do it; *han har måst betala* he has had to pay **II** oböjl., *ett ~* a must
mått -et = measure
1 måtta, *med ~* moderately
2 måtta *verb* take* aim
måttband -et = tape measure
måtte *verb*, *~ hon lyckas* may she succeed
måttlig *adj* moderate

mäklare -n = broker
mäktig *adj* **1** powerful **2** om mat heavy
mängd -en -er quantity
människ|a -an -or person, human being
mänsklig *adj* human; ***de mänskliga rättigheterna*** human rights
mänsklighet -en humanity
märg -en marrow
märka *verb* **1** förse med märke mark **2** observera notice
märkbar *adj* noticeable
märke -t -n **1** mark; spår trace **2** fabrikat make
märklig *adj* remarkable
märkvärdig *adj* strange; ***det är ingenting märkvärdigt*** it's nothing special
mäss|a I -an -or **1** i kyrka mass **2** utställning fair **II** *verb* chant
mässing -en brass
mässling -en measles
mästare -n = master; i tävling champion
mästarinn|a -an -or champion, women's champion
mästerskap -et = tävling championship
mästerverk -et = masterpiece
mäta *verb* measure
mätare -n = meter
mätning -en -ar measurement
mätt *adj* satisfied; vard. full
möb|el -eln -ler piece of furniture; ***de här möblerna*** this furniture
möbelaffär -en -er furniture store
möblemang -et = furniture
möblera *verb* furnish
möd|a -an -or trouble
mödosam *adj* difficult
mögel möglet mold; på vägg mildew
mögla *verb* get* moldy
möjlig *adj* possible
möjligen *adv* possibly
möjlighet -en -er possibility
mönst|er -ret = pattern
mönstra *verb* granska inspect
mör *adj* tender
mörda *verb* murder
mördare -n = murderer
mördeg -en -ar flan pastry
mörk *adj* dark
mörk|er -ret darkness; ***efter mörkrets inbrott*** after dark
mörkhyad *adj* dark-skinned
mörkhårig *adj* dark-haired
mörkna *verb* darken
mörkrädd *adj* afraid of the dark
mört -en -ar fisk roach
möss|a -an -or cap
möta *verb* meet*
möte -t -n meeting; avtalat appointment

N

n n-et n bokstav n [utt. enn]
nackdel -en -ar disadvantage
nack|e -en -ar back of the head; ***vara stel i nacken*** have* a stiff neck
nag|el -eln -lar nail
nagelfil -en -ar nail file
nagellack -et = nail polish
nagellackborttagningsmed|el -let = nail polish remover
naiv *adj* naive
naken *adj* naked
nalkas *verb* approach
nall|e -en -ar teddy bear
namn -et = name; ***hur var namnet?*** your name, please?
namnge *verb* name
namnteckning -en -ar signature
1 napp -en -ar tröstnapp pacifier
2 napp -et = vid fiske bite; ***få ~*** have* a bite
1 nappa -n skinn nappa
2 nappa *verb*, ***det nappar*** the fish are biting; ***~ på ett erbjudande*** jump at an offer
nappflask|a -an -or baby bottle
narciss -en -er narcissus (pl. narcissi)
narkoman -en -er drug addict
narkos -en -er narcosis; ***ge ~*** give* an anesthetic to
narkosläkare -n = anesthesiologist
narkotika -n drugs
narkotikamissbruk -et drug abuse, drug addiction
nation -en -er nation
nationaldag -en -ar national holiday
nationaldräkt -en -er folk costume
nationalekonomi -n economics
nationalism -en nationalism
nationalitet -en -er nationality
nationalmuseum -et -er national museum, national gallery
nationalpark -en -er national park
nationalsång -en -er national anthem
natt -en nätter night; ***i ~*** natten till idag last night; natten till i morgon tonight; ***på nätterna*** at night
nattduksbord -et = night table
nattetid *adv* at night
nattklubb -en -ar nightclub
nattlinne -t -n nightgown; vard. nightie
nattliv -et night life
nattportier -en -er night clerk
nattrafik -en night services
nattvakt -en -er night watchman (pl. watchmen)
nattvard -en -er Holy Communion
nattåg -et = night train
nattöppen *adj* open all night

natur -en -er nature; natursceneri scenery
naturlag -en -ar law of nature
naturlig *adj* natural
naturligtvis *adv* of course
naturreservat -et = nature preserve
naturvetare -n = scientist
naturvetenskap -en -er science
naturvård -en environmental protection
nav -et = hub
nav|el -eln -lar navel
navigation -en navigation
navigera *verb* navigate
navkaps|el -eln -lar hubcap
nazism -en Nazism
nazist -en -er Nazi
Neapel Naples
necessär -en -er toilet kit
ned *adv* down; nedåt downwards
nedanför *prep* o. *adv* below
nedanstående *adj*, *~ berättelse* the story mentioned below
nederbörd -en precipitation
nederlag -et = defeat
nederländare -n = Dutchman (pl. Dutchmen)
Nederländerna the Netherlands
nederländsk *adj* Dutch
nederländsk|a -an **1** pl. -or kvinna Dutch woman (pl. women) **2** språk Dutch
nederst *adv* at the bottom
nedför I *prep* down; *~ trappan* down the stairs **II** *adv* downwards
nedförsback|e -en -ar downhill slope
nedgång -en -ar **1** till tunnelbana o.d. way down **2** sjunkande, om pris o.d. decline
nedifrån *prep* o. *adv* from below
nedisad *adj* covered with ice
nedlåtande *adj* condescending
nedre *adj* lower; *på ~ botten* on the ground floor
nedrustning -en -ar disarmament
nedräkning -en -ar countdown
nedsatt *adj*, *till ~ pris* at a reduced price
nedslående *adj* discouraging
nedstämd *adj* depressed
nedtill *adv* at the bottom
nedtrappning -en de-escalation
nedåt I *prep* down **II** *adv* downwards
negation -en -er negation
negativ I *adj* negative **II** -et = negative
neger -n negrer black; i USA African-American
negress -en -er black woman (pl. women); i USA African-American woman (pl. women)
nej I -et = no **II** *interj* no
nejlik|a -an -or blomma carnation
neka *verb* deny; vägra refuse
nektarin -en -er nectarine

neonljus -et = neon light
ner se *ned*
nere *adv* down
nerv -en -er nerve
nervositet -en nervousness
nervsammanbrott -et = nervous breakdown
nervös *adj* nervous
netto I *adv* net **II** -t -n net yield
neuros -en -er neurosis
neutral *adj* neutral
neutralitet -en neutrality
ni *pron* you
1 nia *verb*, ~ ***ngn*** adress sb. formally
2 ni|a -an -or siffra nine
nick -en -ar **1** nod **2** i fotboll header
nicka *verb* **1** nod **2** i fotboll head
niga *verb* curtsey
nikotin -et (-en) nicotine
nio *räkn* nine, för sammansättningar med nio jfr *fem* med sammansättningar
nionde *räkn* ninth
niondel -en -ar ninth
nisch -en -er niche
1 nit -et iver zeal
2 nit -en -ar lott blank
3 nit -en -ar metallpinne rivet; på kläder stud
nita *verb*, ~ ***fast ngt*** rivet sth.
nittio *räkn* ninety, för sammansättningar med nittio jfr *femtio* med sammansättningar
nittionde *räkn* ninetieth
nitton *räkn* nineteen, för sammansättningar med nitton jfr *femton* med sammansättningar
nittonde *räkn* nineteenth
nittonhundratalet best. form, *på* ~ in the twentieth century
nivå -n -er level
njur|e -en -ar kidney
njursten -en -ar kidney stone
njurstensanfall -et = renal colic
njuta *verb* enjoy
njutning -en -ar pleasure
nobelpris -et =, ~ ***i*** Nobel Prize for
nog *adv* **1** tillräckligt enough; ***ha fått*** ~ have* had enough **2** förmodligen probably; ***hon kommer*** ~ she will probably come
noga I *adv* precis o.d. precisely; ***jag vet inte så*** ~ I don't know exactly; ***akta sig*** ~ ***för ngt*** take* great care not to do sth. **II** *adj*, ***vara*** ~ ***med ngt*** be* careful about sth.
noggrann *adj* omsorgsfull careful
noll *räkn* **1** naught, vard. zilch; på instrument zero; i telefonnummer O [utt. ou] **2** i sporter zero; vard. zip
noll|a -an -or **1** zero **2** person cipher, vard. nerd
nominera *verb* nominate
nonchalant *adj* nonchalant
nonchalera *verb* ignore
nonsens oböjl. nonsense

nord -en the north, se vidare *norr*
Nordamerika North America
nordamerikansk *adj* North American
nordanvind -en -ar north wind
Norden the Scandinavian (mer formellt Nordic) countries
Nordeuropa Northern Europe
nordeuropé -n -er North European
nordeuropeisk *adj* North European
nordeuropeisk|a -an -or kvinna North European woman (pl. women)
nordisk *adj* Nordic, Scandinavian
nordlig *adj* northerly
nordost *adv* north-east
Nordpolen the North Pole
Nordsjön the North Sea
nordväst *adv* north-west
Norge Norway
norm -en -er standard
normal *adj* normal
norr I oböjl. the north; ***i ~*** in the north; ***mot ~*** to the north **II** *adv*, ***~ om...*** north of...
norra *adj* the northern; ***~ Europa*** northern Europe
norr|man -mannen -män Norwegian
norrut *adv* northwards; i norr in the north
norsk *adj* Norwegian
norsk|a -an **1** pl. -or kvinna Norwegian woman (pl. women) **2** språk Norwegian
nos -en -ar nose
nosa *verb*, ***~ på ngt*** sniff at a thing
noshörning -en -ar rhinoceros
nostalgisk *adj* nostalgic
not -en -er för musik el. i text note
not|a -an -or bill; ***kan jag få notan?*** the check, please!
notera *verb* make* a note of, note
notis -en -er notice
nougat -en -er nougat
novell -en -er short story
november oböjl. November; ***i ~*** in November
nu *adv* now; ***~ genast*** right away
nubb -en -ar tack
nubb|e -en -ar schnaps
nudda *verb*, ***~ vid ngt*** touch sth.
nud|el -eln -lar noodle
nudist -en -er nudist
nuförtiden *adv* nowadays
numera *adv* now
num|mer -ret = **1** number; av tidning copy; på program item **2** storlek size
nummerordning -en -ar numerical order
nummerplåt -en -ar license plate
nummerupplysning -en information
numrera *verb* number

numrerad *adj* numbered
nunn|a -an -or nun
nutida *adj* modern
nuvarande *adj* present
ny *adj* new
nyans -en -er shade
nyansera *verb* vary
Nya Zeeland New Zealand
nybakad *adj* o. **nybakt** *adj* newly baked
nybliven *adj*, ***en ~ mor*** a new mother
nybyggd *adj* recently (newly) built
nybörjare -n = beginner
nyck -en -er fancy
nyck|el -eln -lar key
nyckelben -et = collar bone
nyckelhål -et = keyhole
nyckelknipp|a -an -or bunch of keys
nyckelpig|a -an -or ladybug
nyckelring -en -ar key ring
nyckfull *adj* capricious
nyfiken *adj* curious
nyfikenhet -en curiosity
nyfödd *adj* new-born; ***en ~*** a new-born child
nygift *adj* newly married
nyhet -en -er **1** news; ***en tråkig ~*** sad news; ***nyheterna*** i radio el. på TV the news; ***nyheterna är goda*** the news is good **2** något nytt novelty
nyhetsbyrå -n -er news agency
nykomling -en -ar newcomer
nykter *adj* sober
nykterist -en -er teetotaller
nyligen *adv* recently
nylon -et nylon
nylonstrump|a -an -or nylon stocking
nymålad *adj* freshly painted; på skylt wet paint
nymåne -n new moon
nynna *verb* hum
nyp|a I -an -or, ***en ~ salt*** a pinch of salt; ***ha hårda nypor*** vard. be* tough **II** *verb* pinch
nypon -et = rosehip
nyponsoppa -n rosehip soup
nysa *verb* sneeze
nysilv|er -ret nickel silver
nyss *adv* a moment ago; ***hon åkte ~*** she just left
nystan -et = ball
nytta -n use; ***vara till ~*** be* of use
nyttig *adj* useful; hälsosam good
nyutkommen *adj* recently published
nyår -et = New Year
nyårsaft|on -onen -nar New Year's Eve
nyårsdag -en -ar New Year's Day
1 nå *interj* well!
2 nå *verb* reach; ***jag kan nås på nummer...*** I can be reached at...
nåd -en -er mercy
någon (*något*, *några*) *pron*, ***det är ~ i rummet*** there is

someone in the room; ***har du ~ penna?*** have you got a pen?; ***jag har några*** I've got some (a few); ***finns det några kvar?*** are there any left?; ***hon fick inte några*** she did not get any
någonsin *adv* ever; ***aldrig ~*** never
någonstans *adv* somewhere; på (till) något ställe alls anywhere; ***var ~?*** where?
någonting *pron* something; ***hon vet ~*** she knows something; ***han vet inte ~ om det*** he doesn't know anything about it
någorlunda *adv* fairly
något I *pron* se *någon* o. *någonting* **II** *adv* en smula somewhat
några se *någon*
nål -en -ar needle
näbb -en -ar bill
näckros -en -or water lily
näktergal -en -ar nightingale
nämligen *adv* **1** förklarande you see **2** framför uppräkning namely
nämna *verb* mention
nämnd -en -er committee
näpen *adj* pretty; vard. cute
när *konj* o. *adv* when; ***~ som helst*** at any time
nära I *adj* near **II** *adv* **1** near **2** nästan nearly
närbild -en -er close-up
närbutik -en -er convenience store; med charkdisk delicatessen, deli
närgången *adj* insolent, pushy; ***vara ~ mot ngn*** make* a pass at sb.
närhet -en closeness; ***i närheten av flygplatsen*** near the airport
näring -en -ar nourishment
näringsliv -et industry, business and industry
närma *verb*, ***~ sig ngt*** approach sth.
närmande -t -n, ***vänskapliga närmanden*** friendly advances; ***göra närmanden mot ngn*** make* a pass at sb.
närmare I *adj* nearer; ytterligare further **II** *adv* **1** nearer; ***~ bestämt*** more exactly **2** nästan nearly
närmast I *adj* nearest; ***en av de närmaste dagarna*** within the next few days **II** *adv* **1** nearest **2** främst primarily
närsynt *adj* short-sighted
närvara *verb* be* present
närvarande *adj* present; ***för ~*** at present
närvaro -n presence
näs|a -an -or nose
näsblod -et nose bleed; ***han blödde ~*** his nose was bleeding
näsdroppar pl. nose drops
näsduk -en -ar handkerchief

nässl|a -an -or nettle
nästa *adj* next
nästan *adv* almost
näste -t -n nest
nät -et = net
näthinn|a -an -or retina
nätspänning -en -ar line voltage
nätt I *adj* dainty; ***en ~ summa*** a tidy sum **II** *adv*, ***~ och jämnt*** only just
näv|e -en -ar fist
nöd -en nödvändighet necessity; brist need; ***lida ~*** be* in want (need)
nödbroms -en -ar emergency brake
nödfall, ***i ~*** if necessary
nödlanda *verb* make* an emergency landing
nödlandning -en -ar emergency landing
nödläge -t -n emergency; om t.ex. fartyg distress
nödlögn -en -er white lie
nödlösning -en -ar makeshift solution
nödsituation -en -er emergency
nödutgång -en -ar emergency exit
nödvändig *adj* necessary
nöjd *adj* satisfied
nöje -t -n glädje pleasure; förströelse amusement; ***med ~*** with pleasure
nöjesbranschen best. form show business
nöjesfält -et = amusement park; tillfälligt carnival
nöjesliv -et night life, amusements
nöt -en -ter nut
nöta *verb*, ***~ på ngt*** wear* sth. out
nötkreatur pl. cattle
nötkött -et beef
nött *adj* worn

O

o o-et o-n bokstav o [utt. ou]
oansenlig *adj* insignificant
oanständig *adj* indecent
oanträffbar *adj* unavailable
oanvänd *adj* unused
oanvändbar *adj* useless
oaptitlig *adj* unappetizing
oartig *adj* impolite
oas -en -er oasis
oavbruten *adj* continuous
oavgjord *adj* om fråga o.d. undecided; ***en ~ match*** a draw
oavsett *prep* irrespective of; ***~ om vi är välkomna eller inte*** regardless of whether we are welcome or not
oavsiktlig *adj* unintentional
obducera *verb* perform an autopsy on
obduktion -en -er autopsy
obebodd *adj* uninhabited
obefogad *adj* unjustified
obegriplig *adj* incomprehensible
obegåvad *adj* unintelligent
obehaglig *adj* unpleasant
obehörig *adj* unauthorized
obekant I *adj* okänd unknown **II** en ~, pl. -a stranger
obekväm *adj* uncomfortable; ***~ arbetstid*** shift work, non-office hours
obemannad *adj* unmanned
obemärkt *adj* unnoticed
oberoende I -t independence **II** *adj*, ***~ av*** independent of
oberäknelig *adj* unpredictable
oberörd *adj* unaffected
obeskrivlig *adj* indescribable
obeslutsam *adj* irresolute
obestridlig *adj* indisputable
obestämd *adj* indefinite, vague
obesvärad *adj* ostörd untroubled; otvungen easy
obetald *adj* unpaid
obetydlig *adj* insignificant
obetänksam *adj* thoughtless
obildad *adj* uneducated
objektiv I -et = i kamera lens **II** *adj* objective
oblekt *adj* unbleached
obligation -en -er bond
obligatorisk *adj* compulsory
oblyg *adj* shameless
oboe -n -r oboe
obotlig *adj* incurable
observation -en -er observation
observatori|um -et -er observatory
observera *verb* observe
obäddad *adj*, ***en ~ säng*** an unmade bed
obönhörlig *adj* inexorable
ocean -en -er ocean
ocensurerad *adj* uncensored

och *konj* and; ~ *så vidare* and so on
ocivilliserad *adj* uncivilized
ock|er -ret usury; vard. loan sharking
ockrare -n = usurer; vard. loan shark
också *adv* also
ockupation -en -er occupation
ockupera *verb* occupy
odds -et = odds
odemokratisk *adj* undemocratic
odjur -et = monster, beast
odla *verb* cultivate
odling -en -ar cultivation
odräglig *adj* unbearable
oduglig *adj* incompetent
odåg|a -an -or good-for-nothing
odödlig *adj* immortal
oekonomisk *adj* uneconomical
oemotståndlig *adj* irresistible
oemottaglig *adj* immune
oenig *adj* divided
oenighet -en disagreement
oense *adj*, ***vara ~ med ngn om ngt*** disagree with sb. about sth.
oerfaren *adj* inexperienced
oerhörd *adj* enorm enormous
ofantlig *adj* enormous, huge
ofarlig *adj* harmless
ofattbar *adj* incomprehensible
offensiv I -en -er offensive **II** *adj* offensive
offentlig *adj* public; ***den offentliga sektorn*** the public sector
off|er -ret = i olyckshändelse victim; uppoffring sacrifice
officer -en -are officer
officiell *adj* official
offra *verb* sacrifice; ~ ***sig*** sacrifice oneself
ofin *adj* rude
ofog -et = mischief
oframkomlig *adj* impassable
ofrankerad *adj* unstamped
ofrånkomlig *adj* inevitable, unavoidable
ofta *adv* often
ofullständig *adj* incomplete
ofärgad *adj* uncolored
oförberedd *adj* unprepared
ofördelaktig *adj* disadvantageous
oförenlig *adj* incompatible
oföretagsam *adj* unenterprising
oförklarlig *adj* gåtfull mysterious
oförmåga -n inability
oförsiktig *adj* careless
oförskämd *adj* insolent, rude; vard. cheeky
oförståndig *adj* foolish
oförutsedd *adj* unexpected
oförändrad *adj* unchanged
ogenomförbar *adj* impracticable
ogift *adj* unmarried; civilstånd single
ogilla *verb* dislike

ogillande I -t dislike **II** *adj* disapproving
ogiltig *adj* invalid
ogrundad *adj* unfounded
ogräs -et weeds
ogynnsam *adj* unfavorable
ogärna *adv* unwillingly
ogästvänlig *adj* inhospitable
ohanterlig *adj* unwieldy; om t.ex. person, problem unmanageable
ohederlig *adj* dishonest
ohyfsad *adj* ill-mannered
ohygglig *adj* dreadful; hemsk gruesome
ohygienisk *adj* unhygienic
ohyra -n vermin (pl. lika)
ohållbar *adj* untenable; om situation precarious
ohälsosam *adj* unhealthy
oigenkännlig *adj* unrecognizable
ointressant *adj* uninteresting
ointresserad *adj* uninterested
oj *interj* oh!
ojust I *adj* unfair; ~ *spel* dirty (rough) play **II** *adv* unfairly
ojämförlig *adj* incomparable
ojämn *adj* uneven
OK *interj* o. *adj* OK, okay
ok -et = yoke
okammad *adj* uncombed
okay *interj* o. *adj* okay, OK
oklar *adj* indistinct
oklok *adj* unwise
okomplicerad *adj* simple
okonventionell *adj* unconventional
okritisk *adj* uncritical
okryddad *adj* unseasoned
oktan -et = octane
oktav -en -er octave
oktober oböjl. October; ***i*** ~ in October
okultiverad *adj* uncultivated
okunnig *adj* ignorant
okynnig *adj* mischievous
okänd *adj* unknown
okänslig *adj* insensitive
olag, ***vara i*** ~ be* upset
olaglig *adj* illegal
olidlig *adj* intolerable
olik *adj* unlike
olika I *adj* different **II** *adv* differently; ***de är ~ stora*** they are of different sizes
olikhet -en -er difference
oliv -en -er olive
olivolj|a -an -or olive oil
olj|a -an -or oil
oljeblandad *adj* mixed with oil
oljebyte -t -n oil change
oljeeldning -en oil heating
oljemålning -en -ar oil painting
oljestick|a -an -or dipstick
oljud -et = noise
ollon -et = acorn
ologisk *adj* illogical
olovlig *adj* unlawful
olust -en obehag unease, uneasiness; ovilja distaste
olyck|a -an -or ofärd misfortune;

otur bad luck; olyckshändelse accident
olycklig *adj* unhappy
olycksbådande *adj* ominous
olycksfall -et = accident
olycksfallsförsäkring -en -ar accident insurance
olyckshändelse -n -r accident
olydig *adj* disobedient
olympiad -en -er Olympic games
olympisk *adj* Olympic
olåst *adj* unlocked
oläglig *adj* inconvenient
olämplig *adj* unsuitable
oläslig *adj* illegible
olöslig *adj* insoluble
1 om *konj* **1** villkorligt if; ***även ~*** even if **2** 'huruvida' whether
2 om *prep* **1** ***alldeles ~ hörnet*** just around the corner; ***tala ~ ngt*** speak* about sth **2** ***~ en stund*** in a while
omaka *adj* ill-matched
omarbetning -en -ar revision
ombord *adv* on board
ombud -et = representative; ***genom ~*** by proxy
ombyggnad -en -er renovation
omdöme -t -n **1** omdömesförmåga judgment; ***ha dåligt ~*** lack judgment **2** åsikt opinion
omedelbar *adj* immediate
omedelbart *adv* immediately
omedgörlig *adj* unreasonable
omedveten *adj* unconscious
omelett -en -er omelette
omfamna *verb* embrace
omfatta *verb* innefatta, inbegripa comprise
omfattning -en -ar extent
omfång -et **1** volym volume **2** räckvidd range
omfördela *verb* redistribute
omge *verb* surround
omgivning -en -ar surroundings
omgående I *adj*, ***~ svar*** reply by return mail **II** *adv* immediately
omgång -en -ar i sporter o.d. round
omhänderta *verb* barn place in care; gripa take* into custody
omklädningshytt -en -er vid strand cabana
omklädningsrum -met = changing-room; med skåp locker room
omkomma *verb* be* killed
omkostnader pl. costs
omkrets -en circumference
omkring I *prep* **1** round; ***runt ~*** around **2** ***~ klockan fem*** about five o'clock **II** *adv*, ***se sig ~*** look around
omkull *adv* down, over
omkörning -en -ar passing
omkörningsförbud -et = på skylt o.d. no passing
omlopp -et = circulation
omodern *adj* out of date
omogen *adj* unripe; om person immature
omoralisk *adj* immoral

omotiverad *adj* **1** ej rättfärdigad unjustified **2** utan motivation unmotivated
omplacera *verb* transfer
omringa *verb* surround
område -t -n territory
omröstning -en -ar vote
omsider *adv*, *sent* ~ at long last
omslag -et = **1** pärm el. för paket cover **2** förändring change
omslagspapper -et = wrapping paper
omsorg -en -er care
omsorgsfull *adj* careful
omstridd *adj* disputed; om person controversial
omständighet -en -er circumstance
omständlig *adj* detailed
omsvep, *säga ngt utan* ~ say* sth. straight out
omsvängning -en -ar change
omsätta *verb* **1** sälja sell* **2** ~ *ngt i praktiken* put* sth. into practice
omsättning -en -ar årlig affärsomsättning turnover
omtala *verb* mention; *omtalad* talked about
omtanke -n care
omtyckt *adj* popular
omtänksam *adj* considerate
omtöcknad *adj* dazed
omusikalisk *adj* unmusical
omutlig *adj* unbribable, incorruptible
omvandla *verb* transform
omvårdnad -en care
omväg -en -ar detour
omvänd *adj* **1** omkastad reversed **2** till tro, lära converted
omvärdering -en -ar revaluation
omväxlande I *adj* varied **II** *adv* alternately
omväxling -en -ar change; *för omväxlings skull* for a change
omyndig *adj* under age
omåttlig *adj* immoderate, enormous
omänsklig *adj* inhuman
omärklig *adj* imperceptible
omöjlig *adj* impossible
onanera *verb* masturbate
onaturlig *adj* unnatural
ond *adj* **1** moraliskt evil; *en* ~ *cirkel* a vicious circle **2** arg angry; mad
ondska -n wickedness; *ondskan* evil
ondskefull *adj* spiteful
onekligen *adv* undeniably
onormal *adj* abnormal
onsdag -en -ar Wednesday; *i onsdags* last Wednesday; *på* ~ on Wednesday
ont -et **1** *jag har* ~ *i benet* my leg hurts **2** *jag har* ~ *om pengar* I am short of money; *det är* ~ *om potatis* there is a shortage of potatoes
onumrerad *adj* unnumbered
onyanserad *adj* simplistic

onyttig *adj* useless
onåd oböjl. disfavor; ***råka i ~*** fall* out of favor
onödan, *i ~* unnecessarily
onödig *adj* unnecessary
oordnad *adj* disordered
oordning -en disorder
opal -en -er opal
opassande *adj* unsuitable
oper|a -an -or opera
operasångare -n = o. **operasångersk|a** -an -or opera--singer
operation -en -er operation
operera *verb*, ***~ ngn*** operate on sb.; ***~ bort ngt*** remove sth. surgically
operett -en -er operetta
opersonlig *adj* impersonal
opinion -en -er opinion; ***den allmänna opinionen*** public opinion
opium opiet opium
opponera *verb*, ***~ sig*** object
opposition -en -er opposition
opraktisk *adj* unpractical
optiker -n = optician
optimist -en -er optimist
optimistisk *adj* optimistic
opus -et = work
opålitlig *adj* unreliable
orange *adj* orange
ord -et = word; ***begära ordet*** ask for the floor; ***hålla sitt ~*** keep* one's word
ordagrann *adj* literal
ordalag, ***i allmänna ~*** in general terms
ordbehandlare -n = word processor
ord|bok -boken -böcker dictionary
ord|en en ~, pl. -nar order
ordentlig *adj* noggrann careful; sedesam proper
order -n = order; ***ge ~ om ngt*** order sth.
ordföljd -en -er word order
ordförande -n = chairman (pl. chairmen), chairwoman (pl. chairwomen); chair
ordförråd -et = vocabulary
ordinarie *adj* regular
ordination -en -er prescription
ordinera *verb* prescribe
ordinär *adj* ordinary
ordlist|a -an -or word list
ordna *verb* arrange; vard. fix; ***det ordnar sig nog*** it will be all right
ordning -en -ar order; ***göra sig i ~*** get* ready
ordspråk -et = proverb
oreda -n disorder
oregano -n oregano
oregelbunden *adj* irregular
oresonlig *adj* unreasonable
organ -et = organ
organisation -en -er organization
organisera *verb* organize
organism -en -er organism
orgasm -en -er orgasm

org|el -eln -lar organ
orgie -n -r orgy
orientalisk *adj* oriental
Orienten the Orient
orientera *verb* **1** informera inform; ***jag kan inte ~ mig*** I don't quite know where I am **2** som sport practice orienteering
orientering -en -ar **1** orientation; information information; ***tappa orienteringen*** lose* one's bearings **2** sport orienteering
original -et = original; excentrisk eccentric
originell *adj* original; säregen eccentric
oriktig *adj* incorrect
orimlig *adj* absurd
orka *verb*, ***jag orkar inte mer*** t.ex. mat I have had enough; ***jag orkar inte med det längre*** I cannot cope with it any longer
orkan -en -er hurricane
orkeslös *adj* feeble
orkest|er -ern -rar orchestra
orkidé -n -er orchid
orm -en -ar snake
ormbunk|e -en -ar fern
ornament -et = ornament
oro -n anxiety
oroa *verb* worry; ***~ sig för ngt*** worry about sth.
orolig *adj* worried
oroväckande *adj* alarming
orr|e -en -ar black grouse
orsak -en -er reason; ***~ till*** reason for
orsaka *verb* cause
ort -en -er place
orubblig *adj* unshakable
oråd, ***ana ~*** smell a rat
orädd *adj* fearless
oräknelig *adj* innumerable
orättvis *adj* unfair
orättvis|a -an -or injustice
orörlig *adj* immobile
os -et smell
osa *verb* smoke
osaklig *adj* irrelevant
osammanhängande *adj* incoherent
osams *adj*, ***bli ~*** quarrel; ***vara ~ med ngn*** be* at odds with sb.
osann *adj* untrue
osannolik *adj* unlikely
osjälvisk *adj* unselfish
osjälvständig *adj* dependent
oskadd *adj* unharmed
oskadlig *adj* harmless
oskiljaktig *adj* inseparable
oskuld -en -er **1** egenskap innocence **2** person virgin
oskuldsfull *adj* innocent
oskyddad *adj* unprotected
oskyldig *adj* innocent
oskälig *adj* orimlig unreasonable
oslagbar *adj* unbeatable
osmaklig *adj* unappetizing
osockrad *adj* unsweetened

osolidarisk *adj* disloyal
oss *pron* us
1 ost oböjl. the east, se vidare *öster*
2 ost -en -ar cheese
ostadig *adj* unsteady; ***ostadigt väder*** unsettled weather
ostaffär -en -er cheese store
osthyv|el -eln -lar cheese slicer
ostlig *adj* easterly
ostron -et = oyster
ostädad *adj* untidy
osund *adj* unhealthy
osympatisk *adj* unpleasant
osynlig *adj* invisible
osäker *adj* uncertain
otacksam *adj* ungrateful
otakt, ***komma i ~*** get* out of step
otalig *adj* innumerable
otalt *adj*, ***ha ngt ~ med ngn*** have* a score to settle with sb.
otillfredsställande *adj* unsatisfactory
otillgänglig *adj* inaccessible
otillräcklig *adj* insufficient
otrevlig *adj* disagreeable
otrogen *adj* unfaithful
otrolig *adj* incredible
otrygg *adj* insecure
otränad *adj* untrained
ott|a -an -or, ***stiga upp i ottan*** get* up early in the morning
otur -en bad luck
otydlig *adj* indistinct
otålig *adj* impatient
otäck *adj* nasty
otänkbar *adj* inconceivable
oumbärlig *adj* indispensable
oundviklig *adj* unavoidable
ouppmärksam *adj* inattentive
outhärdlig *adj* unbearable
outspädd *adj* undiluted
outtröttlig *adj* indefatigable
ouvertyr -en -er overture
oval *adj* oval
1 ovan *prep* o. *adv* above
2 ovan *adj*, ***vara ~ vid att segla*** be* unaccustomed to sailing
ovan|a -an -or ful vana bad habit
ovanför *prep* o. *adv* above
ovanlig *adj* unusual
ovanstående *adj* the above-mentioned...
ovarsam *adj* careless
overall -en -er overalls
overklig *adj* unreal
overksam *adj* passive
ovidkommande *adj* irrelevant
ovilja -n **1** ovillighet unwillingness **2** fientlighet hostility
ovillig *adj* unwilling
ovillkorligen *adv* absolutely
oviss *adj* uncertain
ovårdad *adj* careless
ovädj|er -ret = storm
ovän -nen -ner enemy; ***vara ~ med ngn*** be* on bad terms with sb.
ovänlig *adj* unfriendly; fientlig hostile
oväntad *adj* unexpected

ovärderlig *adj* invaluable
oväsen -det noise; *föra ~* make* a lot of noise
ox|e -en -ar ox (pl. oxen); *Oxen* stjärntecken Taurus
oxfilé -n -er fillet of beef
oxkött -et beef
oxstek -en -ar roast beef
ozonskikt -et ozone layer
oåterkallelig *adj* irrevocable
oåtkomlig *adj* inaccessible; *förvaras oåtkomligt för barn* keep* out of children's reach
oäkta *adj* false
oändlig *adj* infinite
oärlig *adj* dishonest
oätlig *adj* inedible
oöm *adj* om sak durable; om person rugged
oöverskådlig *adj* oredig confused; om följder o.d. incalculable
oöverstiglig *adj* insurmountable
oöverträffad *adj* unsurpassed

P

p 1 p-et p-n bokstav p [utt. pi:] **2** *sätta ~ för ngt* put* a stop to sth.
pacifist -en -er pacifist
packa *verb* pack, pack up; *~ ner ngt* pack sth.; *~ upp ngt* unpack sth.
pack|e -en -ar package
packning -en -ar **1** bagage luggage, baggage **2** tätningsanordning gasket
padd|a -an -or toad
padd|el -eln -lar paddle
paddla *verb* paddle
paj -en -er pie
pajas -en -er (-ar) clown
paket -et = parcel, package
pakethållare -n = luggage carrier
paketres|a -an -or package tour
pakt -en -er pact
palats -et = palace
Palestina Palestine
palestinier -n = Palestinian
palestinsk *adj* Palestinian
palett -en -er palette
pall -en -ar stool
palm -en -er palm
palsternack|a -an -or parsnip
pamp -en -ar bigwig, boss
pand|a -an -or panda

panel -en -er panel; träpanel paneling
panera *verb* coat with egg and breadcrumbs
panik -en panic
panikslagen *adj* panic--stricken
pank *adj* broke
1 pann|a -an -or **1** stekpanna o.d. pan **2** för eldning furnace
2 pann|a -an -or i ansiktet forehead
pannbiff -en -ar ung. hamburger
pannkak|a -an -or pancake
pansar -et = armor
pant -en -er pledge
pantbank -en -er pawnshop
pant|er -ern -rar panther
pantsätta *verb* pawn
papegoj|a -an -or parrot
papiljott -en -er curler
papp -en cardboard
papp|a -an -or father; vard. dad
papper -et = paper
pappershandduk -en -ar paper towel
pappershand|el -eln -lar stationer's
papperskass|e -en -ar paper bag
papperskorg -en -ar wastebasket
papperslapp -en -ar slip of paper
pappersmugg -en -ar paper cup
pappersnäsduk -en -ar tissue; vard. Kleenex®
pappersservett -en -er paper napkin
papperstallrik -en -ar paper plate
paprik|a -an -or grönsak sweet pepper; krydda paprika
par -et = sammanhörande pair; *ett gift* ~ a married couple
para *verb* **1** ~ *ihop ngt med ngt* match sth. to sth. **2** ~ *sig* mate
parabolantenn -en -er satellite dish
parad -en -er parade
paradis -et = paradise
paradoxal *adj* paradoxical
paragraf -en -er section
parallell I -en -er parallel **II** *adj* parallel
paralysera *verb* paralyze
paraply -et -er umbrella
parasit -en -er parasite
parasoll -et (-en) -er parasol
parentes -en -er parentheses, brackets
parera *verb* parry
parfym -en -er perfume
parfymeri -et -er perfumery
parisare -n = hamburger fried on bread
park -en -er park
parkera *verb* park
parkering -en -ar **1** parking **2** område parking lot
parkeringsautomat -en -er parking meter

parkeringsböter pl. lapp parking ticket; belopp parking fine
parkeringsförbud -et =, *det är ~* parking is prohibited
parkeringshus -et = parking garage
parkeringsplats -en -er ruta parking space; område parking lot
parkett -en -er **1** på teater o.d. orchestra; *på främre ~* in the orchestra **2** golv parquet
parlament -et = parliament
parlör -en -er phrase book
parning -en -ar mating
parodi -n -er parody
part -en -er i t.ex. juridisk betydelse party; *vara ~ i målet* be* involved
parti -et -er **1** del part **2** mängd av viss vara lot **3** politiskt party **4** i spel game
partik|el -eln -lar particle
partiledare -n = party leader
partisk *adj* partial
partner -n = (-s) partner
party -t -n party
1 pass -et = **1** passage pass **2** legitimation passport **3** tjänstgöring duty, shift **4** *komma väl till ~* come* in handy
2 pass *interj* i kortspel pass!
passa *verb* **1** ge akt på pay* attention to; *~ tiden* be* on time **2** *byxorna passar mig inte* är inte lagom these pants don't fit me; klär mig inte these pants don't suit me; *det passar mig bra* that suits me fine **3** i kortspel el. sporter pass **4** *~ på* ta tillfället i akt seize the opportunity
passage -n -r passage
passagerare -n = passenger
passande *adj* lämplig suitable; läglig convenient
passare -n =, *en ~* a pair of compasses
passera *verb* pass
passfoto -t -n passport photo
passion -en -er passion
passionerad *adj* passionate
passiv *adj* passive
passkontroll -en -er i USA Immigration; moment passport examination; kontor passport office
passning -en -ar **1** eftersyn attention **2** i lagspel pass
past|a -an -or paste; spaghetti o.d. pasta
pastej -en -er pie
pastill -en -er pastille, drop
pastor -n -er pastor, reverend, minister
pastöriserad *adj* pasteurized
paté -n -er pâté
patent -et = patent
patentlösning -en -ar easy answer
patetisk *adj* pathetic
patiens -en -er, *lägga ~* play solitaire

patient -en -er patient
patriot -en -er patriot
patron -en -er för vapen el. skrivare cartridge; för penna refill
patrull -en -er patrol
paus -en -er pause; avbrott break; på teater intermission
paviljong -en -er pavilion
pedagogik -en theory of education; formellt pedagogy
pedagogisk *adj* educational; formellt pedagogic
pedal -en -er pedal
pedant -en -er pedant
pedantisk *adj* pedantic
pejla *verb* loda sound; ~ *stämningen* check the mood
peka *verb*, ~ *på ngt* point at sth.
pekfing|er -ret -rar forefinger
pekines -en -er pekinese
pekpinn|e -en -ar pointer
pelare -n = pillar
pelargon -en -er geranium
pelikan -en -er pelican
pend|el -eln -lar pendulum
pendeltåg -et = commuter train
pendla *verb* swing; om t.ex. förortsbo commute
pendlare -n = commuter
pengar pl. money; *var är pengarna? — jag kan inte hitta dem* where is the money? — I can't find it
penicillin -et penicillin
penis -en -ar penis
penn|a -an -or pen; blyertspenna pencil
pennvässare -n = pencil sharpener
pensé -n -er pansy
pens|el -eln -lar brush
pension -en -er pension; *gå i* ~ retire
pensionat -et = boarding house; på kontinenten ofta pension
pensionera *verb* pension off; ~ *sig* retire
pensionär -en -er pensioner; i USA senior citizen, retired person
pensla *verb* paint
pentry -t -n galley; kokvrå kitchenette
peppar -n pepper
pepparkak|a -an -or gingersnap
pepparmynta -n peppermint
pepparrot -en horseradish
peppra *verb* pepper
per *prep*, ~ *järnväg* by rail; ~ *styck* each
perfekt **I** *adj* perfect **II** *adv* perfectly
perforera *verb* perforate
period -en -er period
periodvis *adv* periodically
permanent **I** *adj* permanent **II** -en permanent wave; vard. perm
permanenta *verb* hår perm
permission -en -er leave

permittera *verb* friställa lay* off
perrong -en -er platform
persienn -en -er Venetian blind
persik|a -an -or peach
persilja -n parsley
persisk *adj* Persian
person -en -er person
personal -en staff, personnel
personbil -en -ar private car
personlig *adj* personal
personligen *adv* personally
personlighet -en -er personality
personnum|mer -ret = national registration number; motsvaras i USA av Social Security number
persontåg -et = passenger train
perspektiv -et = perspective
Peru Peru
peruk -en -er wig
pervers *adj* perverted
peseta -n -s (=) peseta
pessar -et = diaphragm
pessimist -en -er pessimist
pessimistisk *adj* pessimistic
pest -en -er plague
peta *verb* **1** pick; ~ ***sig i näsan*** pick one's nose; ~ ***i maten*** pick at one's food **2** vard., ~ ***ngn*** throw* sb. out, oust sb.
petig *adj* pedantic
P-hus -et = multistory parking garage
pianist -en -er pianist
piano -t -n piano
piccolo -n -r bellhop
picknick -en -ar picnic
piedestal -en -er pedestal
piffa *verb*, ~ ***upp*** freshen up
1 pigg -en -ar spike
2 pigg *adj* fit; ***vara ~ på ngt*** be* keen on sth.
pigga *verb*, ~ ***upp sig med ngt*** do* sth. that helps pick you up
piggvar -en -ar turbot
pigment -et = pigment
pik -en -ar spydighet dig
pika *verb* taunt
1 pil -en -ar träd willow
2 pil -en -ar till pilbåge arrow
pilbåg|e -en -ar bow
pilgrim -en -er pilgrim
pill|er -ret = pill
pilot -en -er pilot
pin|a I -an -or pain **II** *verb* torment
pincett -en -er, ***en ~*** a pair of tweezers
pingst -en -ar Whitsun
pingstaft|on -onen -nar Whitsun Eve
pingstdag -en -ar Whitsunday
pingstlilj|a -an -or narcissus (pl. narcissi)
pingvin -en -er penguin
pinn|e -en -ar peg
pinsam *adj* embarrassing
pion -en -er peony
pionjär -en -er pioneer
1 pip -et = ljud peep
2 pip -en -ar på kärl spout

1 pipa *verb* om fåglar chirp
2 pip|a -an -or pipe
pipig *adj* squeaky
pippi -n -ar birdie; ***ha ~ på ngt*** be* obsessed by sth.
piprensare -n = pipecleaner
piptobak -en pipe tobacco
pir -en -ar pier
pirat -en -er pirate
pirog -en -er pirogi
piruett -en -er pirouette
pisk|a I -an -or whip **II** *verb* whip
pissa *verb* vulgärt piss
pissoar -en -er urinal
pist -en -er piste
pistol -en -er pistol
pittoresk *adj* picturesque
pizz|a -an -or pizza
pizzeri|a -an -or pizzeria, pizza parlor
pjäs -en -er **1** teaterpjäs play **2** föremål piece
pjäx|a -an -or ski boot
placera *verb* place
placering -en -ar placing; om pengar investment
plagg -et = garment
plagiat -et = plagiarism
plakat -et = poster
1 plan -en -er **1** öppen plats open space **2** plan; ***ha planer på att göra ngt*** be* planning to do sth.
2 plan -et = yta el. flygplan plane
3 plan *adj* plane
planera *verb* plan
planet -en -er planet
plank -et = **1** virke planking **2** staket fence
plank|a -an -or plank
plansch -en -er illustration
plant|a -an -or plant
plantage -n -r plantation
plantera *verb* plant
plantering -en -ar garden; rabatt flower-bed
plaska *verb* splash
plast -en -er plastic
plastfolie -n -r Saranwrap
plastkass|e -en -ar plastic bag
plastpås|e -en -ar plastic bag
platina -n platinum
plats -en -er **1** place; ***få ~ med ngt*** find* room for sth.; ***är den här platsen ledig?*** is this seat taken? **2** anställning job
platsbiljett -en -er seat reservation
platt I *adj* flat **II** *adv* flatly
platt|a -an -or plate; rund disk
plattform -en -ar platform
platå -n -er plateau
plikt -en -er duty
plikttrogen *adj* dutiful
plocka *verb* pick; samla gather; ***~ bort ngt*** remove sth.; ***~ upp*** pick up
plog -en -ar plow
ploga *verb* gator clear (plow) the roads
plomb -en -er **1** i tand filling **2** försegling seal
plommon -et = plum

plugg 1 -en -ar tapp plug **2** -et = vard., skola school
plugga *verb* **1** ~ *igen ngt* plug sth. **2** vard. cram
plundra *verb* plunder
plundring -en -ar plunder
plus I -et = tecken plus; fördel advantage **II** *adv* plus
plusgrad -en -er degree above zero Celsius (above 32° Fahrenheit)
plusteck|en -net = plus sign
plym -en -er plume
plysch -en -er plush
plåg|a I -an -or pain **II** *verb* torment
plågsam *adj* painful
plån -et = friction strip
plån|bok -boken -böcker wallet
plåst|er -ret = bandaid
plåt -en -ar **1** materiel sheet metal **2** skiva plate; bakplåt cookie sheet
pläd -en -ar steamer rug, throw
plädera *verb* plead
plöja *verb* plow
plötslig *adj* sudden
PM -et = memo
pocket|bok -boken -böcker paperback, pocket book
podi|um -et -er platform
poesi -n -er poetry
poet -en -er poet
poetisk *adj* poetic
pojk|e -en -ar boy
pojknamn -et = boy's name
pojkvän -nen -ner boyfriend
pokal -en -er cup
poker -n poker
pol -en -er pole
polack -en -er Pole
polcirkel -n, ***norra polcirkeln*** the Arctic Circle; ***södra polcirkeln*** the Antarctic Circle
Polen Poland
polera *verb* polish
polio -n polio
polis -en -er **1** myndighet police; ***har polisen fångat honom?*** have the police caught him? **2** polisman police officer
polisanmäla *verb* report to the police
polisanmäl|an en ~, pl. -ningar, ***göra en ~*** file a complaint
polisbil -en -ar patrol car
polis|man -mannen -män police officer
polisonger pl. sideburns
polisstation -en -er police station; i stad precinct house
polisutredning -en -ar police investigation
politik -en politics; politisk linje policy
politiker -n = politician
politisk *adj* political
pollen -et pollen
pollett -en -er token
pollettera *verb* check
polo -n polo
polotröj|a -an -or turtleneck sweater

polsk *adj* Polish
polsk|a -an **1** pl. -or kvinna Polish woman (pl. women) **2** språk Polish
pommes frites pl. French fries
pompa -n, *med ~ och ståt* with pomp and ceremony
pondus -en authority
ponny -n -er pony
pop -en pop
popartist -en -er pop artist
popcorn -et = popcorn
poplin -en (-et) -er poplin
popmusik -en pop music
popp|el -eln -lar poplar
populär *adj* popular
por -en -er pore
pornografi -n -er pornography
porr -en vard. porn; hårdporr hard-core porn
porrfilm en er porno film
porslin -et -er china
porslinsfigur -en -er porcelain figure
port -en -ar front door; öppning gate
portfölj -en -er briefcase
portier -en -er receptionist, desk clerk
portion -en -er portion
portkod -en -er entry code
portmonnä -n -er purse
portnyck|el -eln -lar main-door key
porto -t -n postage
portofri *adj* postage-free
porträtt -et = portrait
porttelefon -en -er intercom
Portugal Portugal
portugis -en -er Portuguese (pl. lika)
portugisisk *adj* Portuguese
portugisisk|a -an **1** pl. -or kvinna Portuguese woman (pl. women) **2** språk Portuguese
portvakt -en -er i hyreshus o.d. security guard
portvin -et -er port
porös *adj* porous
posera *verb* pose
position -en -er position
1 positiv *adj* positive
2 positiv -et = bärbar orgel barrel organ
post -en **1** brev o.d. mail; ***har jag någon ~?*** is there any mail for me?; ***skicka ngt med posten*** send* sth. by mail **2** kontor post office **3** i bokföring o.d. item **4** pl. -er vaktpost sentry **5** pl. -er befattning post
posta *verb* mail
postadress -en -er mailing address
postanvisning -en -ar money order
postbox -en -ar post office box (förk. P.O. Box)
poste restante *adv* general delivery
postförskott -et = collect on delivery (förk. COD)
postgiro -t -n postal giro

postkontor -et = post office
postnum|mer -ret = ZIP code; vard. zip code
postpaket -et = postal parcel
poststämp|el -eln -lar postmark
potatis -en -ar potato (pl. potatoes)
potatisgratäng -en -er potatoes au gratin
potatismjöl -et potato flour
potatismos -et mashed potatoes
potatissallad -en -er potato salad
potatisskal -et = potato peelings
potatisskalare -n = potato peeler
potens -en -er **1** förmåga att genomföra samlag potency **2** matematiskt uttryck power
pott -en -er pool
pott|a -an -or potty
poäng -en = point; betyg grade; högskolepoäng credit
poängtera *verb* emphasize
p-pill|er -ret = contraceptive pill; vard. the pill
PR oböjl. PR, public relations
Prag Prague
prakt -en splendor
praktfull *adj* splendid
praktik -en **1** practice; *i praktiken* in practice **2** yrkespraktik job training
praktikant -en -er trainee
praktisera *verb* practice
praktisk *adj* practical
pralin -en -er chocolate
prassla *verb* rustle
prat -et talk, chat; struntprat nonsense
prata *verb* talk, chat
pratsam *adj* talkative
praxis = (-en) practice
precis I *adj* precise **II** *adv* exactly; *~ klockan 8* at 8 o'clock sharp
precision -en precision
predika *verb* preach
predik|an en ~, pl. -ningar sermon
prejudikat -et = precedent
preliminär *adj* preliminary
premie -n -r premium
premieobligation -en -er premium bond
premiär -en -er opening night
premiärminist|er -ern -rar prime minister
prenumeration -en -er subscription
prenumerera *verb* subscribe
preparat -et = chemical, compound
preparera *verb* prepare
presenning -en -ar tarpaulin; vard. tarp
present -en -er present
presentation -en -er presentation
presentera *verb* **1** introduce; *~ sig* introduce oneself **2** framlägga present

presentkort -et = gift certificate
president -en -er president
preskribera *verb* dismiss due to the statue of limitations
press -en **1** tidningar el. redskap o.d. press **2** tryck pressure
pressa *verb* press; ~ *fram en lösning* force a solution; ~ *ihop ngt* press sth. together
pressande *adj* om t.ex. arbetsförhållanden trying
presskonferens -en -er press conference
prestation -en -er sportprestation o.d. performance; bedrift achievement
prestera *verb* achieve
prestige -n prestige
pretention -en -er pretension
pretentiös *adj* pretentious
preventivmed|el -let = contraceptive
prick I -en -ar dot; *träffa* skjuta *mitt i* ~ be* a bull's eye **II** *adv*, ~ *klockan 8* at 8 o'clock sharp
prickig *adj* spotted
prima *adj* first-class, first-rate
primadonn|a -an -or prima donna
primitiv *adj* primitive
primär *adj* primary
princip -en -er principle
principiell *adj*, *av principiella skäl* on grounds of principle
prins -en -ar prince
prinsess|a -an -or princess
prinskorv -en -ar ung. small sausage
prioritera *verb* give* priority to
pris -et = (-er) **1** kostnad price; *till nedsatt* ~ at a reduced price (rate); *till ett* ~ *av 100 dollar* at 100 dollars; *till varje* ~ at any price **2** belöning prize
prishöjning -en -ar price increase; vard. price hike
prislapp -en -ar price tag; påklistrad price sticker
prislist|a -an -or price list
prisläge -t -n, *i vilket* ~ at about what price?
prisskillnad -en -er price difference
prisstopp -et = price freeze
prissänkning -en -ar price reduction; vard. price cut
pristagare -n = prizewinner
prisutdelning -en -ar awards ceremony
privat I *adj* private **II** *adv* privately
privatisera *verb* privatize
privatliv -et private life
privatperson -en -er private person; ej i tjänst citizen
privatägd *adj* privately-owned
privilegierad *adj* privileged
privilegi|um -et -er privilege
problem -et = problem
procedur -en -er procedure

procent -en = percent
process -en -er **1** förlopp process **2** rättegång lawsuit
procession -en -er procession
producent -en -er producer
producera *verb* produce
produkt -en -er product
produktion -en -er production
produktiv *adj* productive
professionell *adj* professional
professor -n -er professor; ***t.f. ~*** acting professor
profet -en -er prophet
profeti|a -an -or prophecy
proffs -et = pro
proffsig *adj* professional
profil -en -er profile
prognos -en -er forecast
program -met = program
programledare -n = MC (förk. för master of ceremonies), host
programmera *verb* program
progressiv *adj* progressive
projekt -et = project
projektor -n -er projector
proklamera *verb* proclaim
prolog -en -er prologue
promemori|a -an -or memorandum; vard. memo
promenad -en -er walk; ***ta en ~*** go* for a walk
promenadsko -n -r walking--shoe
promenera *verb* take* a walk
promille -n promillehalt blood alcohol level
propaganda -n propaganda
propagera *verb*, ***~ för ngt*** campaign for sth.
propell|er -ern -rar propeller
proper *adj* tidy
proportion -en -er proportion
propp -en -ar plug; säkring fuse; blodpropp blood clot
proppa *verb*, ***~ i sig*** stuff oneself with; ***~ igen*** stop up
proppfull *adj* crammed
proppmätt *adj*, ***vara ~*** be* really full
prosa -n prose
prosit *interj* bless you!, gesundheit!
prospekt -et = prospectus
prost -en -ar dean
prostata -n prostate
prostituerad en ~, pl. -e prostitute; vard. hooker
prostitution -en prostitution
protein -et -er protein
protes -en -er arm artificial arm (öga eye etc.)
protest -en -er protest
protestant -en -er Protestant
protestera *verb* protest
protokoll -et = minutes
prov -et = **1** test **2** av vara sample
prova *verb* test; kläder try on
provhytt -en -er fitting cubicle
proviant -en provisions
provins -en -er province
provision -en -er commission
provisorisk *adj* temporary

provocera *verb* provoke
provrum -met = fitting room
provrör -et = test tube
provsmaka *verb* taste
pruta *verb* om köpare haggle; om säljare give* a discount (rebate)
pryd *adj* prudish
pryda *verb* decorate
prydlig *adj* neat
prydnad -en -er decoration
prydnadssak -en -er ornament
prydnadsväxt -en -er ornamental plant
prygla *verb* flog
prålig *adj* gaudy
pråm -en -ar barge
präg|el -eln -lar impression; *sätta sin ~ på* leave* one's mark on
prägla *verb* mark
präktig *adj* utmärkt fine
pränta *verb* write* carefully
prärie -n -r prairie
präst -en -er icke-protestantisk priest; protestantisk minister, clergyman (pl. clergymen)
prästkrag|e -en -ar blomma oxeye daisy
pröva *verb* try
prövning -en -ar **1** prov test **2** lidande trial
P.S. ett ~, pl. = PS
psalm -en -er i psalmboken hymn; i Bibeln psalm
pseudonym -en -er pseudonym
psyke -t -n psyche
psykiat|er -ern -rer psychiatrist
psykiatri -n psychiatry
psykisk *adj* mental
psykoanalys -en -er psychoanalysis
psykolog -en -er psychologist
psykologi -n psychology
psykologisk *adj* psychological
psykos -en -er psychosis
pubertet -en puberty
publicera *verb* publish
publicitet -en publicity
publik -en -er audience; åskådare spectators
puck -en -ar puck
puck|el -eln -lar hump
pudding -en -ar dessert pudding; fiskpudding o.d. casserole
pud|el -eln -lar poodle
pud|er -ret = powder
pudra *verb* powder
puk|a -an -or kettle-drum
pulk|a -an -or sled
puls -en -ar pulse; *ta pulsen på ngn* take* sb.'s pulse
pulsera *verb* throb
pulsåd|er -ern -ror artery
pulv|er -ret = powder
pulverkaffe -t instant coffee
pum|a -an -or puma
pump -en -ar pump
1 pumpa *verb* pump; *~ däcken* inflate the tires
2 pump|a -an -or pumpkin
pumps pl. pumps
pund -et = pound

pung -en -ar **1** påse pouch **2** organ scrotum
punkt -en -er point
punktering -en -ar puncture; *få ~* get* a flat tire
punktlig *adj* punctual
punsch -en ung. arrack punch
pupill -en -er pupil
puré -n -er purée
purjolök -en -ar leek
purpur -n purple
puss -en -ar kyss kiss
pussa *verb* kiss
puss|el -let = puzzle; träpussel jigsaw puzzle
pusta *verb* puff; *~ ut* catch* one's breath
puta *verb*, *~ ut* stick out
putsa *verb* clean
puttra *verb* simmer
pyjamas -en -ar pajamas
pynt -et decorations
pynta *verb* decorate
pyra *verb* smoulder
pyramid -en -er pyramid
Pyrenéerna the Pyrenees
pyroman -en -er pyromaniac
pyssla *verb*, *vad pysslar du med?* what are you doing?; *~ om ngn* look after sb.
pyts -en -ar pot
pyttipanna -n ung. hash
på *prep* on; *~ en bjudning* at a party; *~ marken* on the ground; *~ morgonen* in the morning; *gå ~ bio* go* to the movies; *vara arg ~ ngn* be* angry with sb.; *vänta ~ ngn* wait for sb.
påbrå -t stock; *med svenskt ~* of Swedish extraction
påfallande *adj* striking
påflugen *adj* pushy
påfrestande *adj* trying
påfrestning -en -ar strain
påfyllning -en -ar refill
påfåg|el -eln -lar peacock
pågå *verb* go* on; vara last
pågående *adj* present
påhitt -et = idé idea; lögn invention
påk -en -ar cudgel
påkalla *verb* call for; *~ ngns uppmärksamhet* attract sb.'s attention
påklädd *adj* dressed
påkostad *adj* expensive
pål|e -en -ar pole
pålitlig *adj* reliable
pålägg -et = **1** på smörgås ham, cheese etc.; *bredbart ~* sandwich spread **2** tillägg extra charge
påminna *verb*, *~ ngn om ngt* remind sb. of sth.; *det påminner mig om att jag ska ringa henne* that reminds me I should call her; *~ sig* remember
påminnelse -n -r reminder
påpasslig *adj* attentive
påpeka *verb* point out
pås|e -en -ar bag
påseende, *till ~* for inspection

påsk -en -ar Easter; ***annandag påsk*** the day after Easter; *glad ~!* Happy Easter!; ***i*** ~ at Easter; ***i påskas*** last Easter
påskaft|on -onen -nar the day before Easter
påskdag -en -ar Easter Sunday
påsklilj|a -an -or daffodil
påsklov -et = Easter vacation
påskrift -en -er address; underskrift signature
påskynda *verb* hasten
påskägg -et = Easter egg
påslakan -et = duvet cover
påssjuka -n mumps
påstridig *adj* obstinate
påstå *verb* say*; ***han påstår sig vara...*** he claims he is a...
påstående -t -n statement
påstötning -en -ar reminder
påtaglig *adj* obvious
påtryckning -en -ar pressure
påträffa *verb* come* across
påträngande *adj* **1** påflugen pushy **2** om behov urgent
påtvinga *verb*, ~ ***ngn ngt*** force sth. on sb.
påtår -en ung. refill
påv|e -en -ar pope
påverka *verb* influence
påverk|an en ~, pl. -ningar influence
påvisa *verb* indicate
päls -en -ar fur
pälsjack|a -an -or fur jacket
pälskrag|e -en -ar fur collar
pälsmöss|a -an -or fur hat
pärl|a -an -or pearl
pärlemor -n mother-of-pearl
pärlhalsband -et = pearl necklace
pärm -en -ar cover; lösbladspärm loose-leaf binder
päron -et = pear
päronträd -et = pear tree
pärs -en -er ordeal
pöl -en -ar pool
pöls|a -an -or ung. haggis-like hash
pösig *adj* puffy

Q

q q-et q-n bokstav q [utt. kjo:]

R

r r-et r bokstav r [utt. a:r]
rabarber -n rhubarb
1 rabatt -en -er blomsterrabatt flower bed
2 rabatt -en -er nedsättning av pris discount; ***lämna 20 % ~ på ngt*** allow a 20 % discount off sth.
rabatthäfte -t -n book of discount coupons
rabattkort -et = reduced rate ticket
rabbin -en -er rabbi
rabbla *verb* rattle off
rabies -en rabies
rackare -n = rascal
racket -en -ar racket
rad -en -er **1** räcka, led row; ***3 dagar i ~*** 3 days running **2** i skrift line; ***börja på ny ~*** start a fresh paragraph **3** på teater row; ***på första raden*** in the mezzanine (loge); ***på andra raden*** in the balcony; ***på tredje raden*** in the gallery
rada *verb*, ***~ upp ngt*** put* sth. in a row
radar -n radar
radera *verb*, ***~ ut*** wipe out
radhus -et = row house
radie -n -r radius (pl. radii)
radikal *adj* radical

radio -n -r radio
radioaktiv *adj* radioactive
radioaktivitet -en radioactivity
radioapparat -en -er radio
radioprogram -met = radio program
radiosändare -n = transmitter
raffinerad *adj* refined
rafsa *verb*, ~ ***ihop*** throw* together
ragat|a -an -or shrew; starkare bitch
ragga *verb* cruise; ~ ***upp ngn*** pick up sb.
raggsock|a -an -or woollen sock
ragla *verb* stagger
ragu -n -er ragout
raid -en -er raid
rak *adj* straight; ***på ~ arm*** offhand
raka *verb* shave; ~ ***sig*** shave
rakapparat -en -er shaver
rakblad -et = razor blade
raket -en -er rocket
rakhyv|el -eln -lar safety razor
rakkräm -en -er shaving cream
raksträck|a -an -or straight stretch
rakt *adv* straight; ***gå ~ fram*** walk straight ahead; ***gå ~ på sak*** komma till saken come* to the point
raktvål -en -ar shaving soap
rakvatt|en -net = aftershave
rally -t -n rally
ram -en -ar frame
rama *verb*, ~ ***in*** frame
ramla *verb* fall*
ramp -en -er **1** sluttande uppfart ramp **2** för uppskjutning pad
rampfeber -n stage fright
rampljus -et, ***stå i rampljuset*** be* in the limelight
rams|a -an -or barnramsa nursery rhyme
rand -en ränder **1** streck stripe **2** kant edge
randig *adj* striped
rang -en rank
rannsaka *verb* search
ranson -en -er ration
ransonera *verb* ration
ransonering -en -ar rationing
rapa *verb* burp; högljutt belch
1 rappa *verb* t.ex. vägg plaster
2 rappa *verb*, ~ ***på*** get* a move on
rapport -en -er report
rapportera *verb* report
rar *adj* nice
raritet -en -er rarity
1 ras -en -er släkte race
2 ras -et = av jord landslide
rasa *verb* **1** störta fall* down **2** härja rage
rasande *adj* ilsken furious
rasera *verb* demolish
raseri -et fury
rasism -en racism
rasist -en -er racist
rasistisk *adj* racist
1 rask *adj* snabb quick

2 rask -et, ***hela rasket*** the whole lot
rassla *verb* rattle
rast -en -er break; i skola recess
rasta *verb* stop for a break
rastlös *adj* restless
rastplats -en -er rest area; med mat, bensin etc. service area
rata *verb* reject
rationalisera *verb* rationalize
rationalisering -en -ar rationalization
rationell *adj* rational
ratt -en -ar wheel; ***bakom ratten*** behind the wheel
rattfylleri -et drunken driving; vard. DWI
rattfyllerist -en -er drunken driver
rattlås -et = steering-lock
ravin -en -er ravine
razzi|a -an -or raid
re|a I -an -or sale **II** *verb* sell* off
reagera *verb* react
reaktion -en -er reaction
reaktionsförmåga -n powers of reaction
reaktionär *adj* reactionary
reaktor -n -er reactor
realisation -en -er sale
realisera *verb* **1** varor o.d. sell* off **2** förverkliga realize
realistisk *adj* realistic
rebell -en -er rebel
rebus -en -ar rebus
recensent -en -er critic
recension -en -er review
recept -et = **1** för medicin prescription **2** för mat recipe
receptbelagd *adj* prescription-only
receptfri *adj* available without a prescription
reception -en -er reception desk
reda I -n order; ***få ~ på ngt*** find* out about sth.; ***ta ~ på ngt*** ta hand om take* care of sth. **II** *verb*, ***~ upp ngt*** sort sth. out
redaktion -en -er editorial staff
redaktör -en -er editor
redan *adv* already; ***~ 1958 visste hon...*** as early as 1958 she knew...
rederi -et -er shipping company
redig *adj* klar clear
redning -en -ar thickening
redo *adj* ready
redogöra *verb*, ***~ för ngt*** account for sth.
redogörelse -n -r account
redovisa *verb* resultat o.d. show*
redovisning -en -ar account
redskap -et = tool
reducera *verb* reduce
reduktion -en -er reduction
reell *adj* real
referat -et = account
referera *verb*, ***~ ngt*** report a th.; ***~ till ngt*** (***ngn***) refer to sth. (sb.)
reflektera *verb* reflect

reflex -en -er reflex; för fotgängare reflector
reflexion -en -er reflection
reform -en -er reform
reformera *verb* reform
refräng -en -er refrain
refug -en -er island
refusera *verb* reject
1 reg|el -eln -ler bestämmelse rule; *i ~* as a rule
2 reg|el -eln -lar på dörr bolt
regelbunden *adj* regular
regemente -t -n regiment
regera *verb* härska rule; vara kung reign
regering -en -ar government
regi -n direction; ***i egen ~*** under private management
regim -en -er politisk regime
region -en -er region
regissera *verb* direct
regissör -en -er director
regist|er -ret = register; i bok index
registrera *verb* register
registrering -en -ar registration
registreringsbevis -et = certificate of registration
regla *verb* bolt
reglage -t = regulator, controls
reglera *verb* regulate
reglering -en -ar regulating
regn -et = rain
regna *verb* rain; ***låtsas som det regnar*** behave as if nothing has happened
regnbåg|e -en -ar rainbow
regnig *adj* rainy
regnkapp|a -an -or raincoat
regnrock -en -ar raincoat
regnskog -en -ar rain forest
regnskur -en -ar shower; häftig cloudburst
regnväd|er -ret = rainy weather
reguljär *adj* regular
rehabilitera *verb* rehabilitate
rejäl *adj* **1** pålitlig reliable **2** kraftig proper, major
reklam -en -er advertising
reklamation -en -er complaint
reklamera *verb* make* a complaint about
reklamfilm -en -er commercial
rekommendera *verb* recommend
rekonstruera *verb* reconstruct
rekord -et = record; ***sätta ~*** set a new record
rekreation -en -er recreation
rekrytera *verb* recruit
rektang|el -eln -lar rectangle
rektor -n -er principal
rekvirera *verb* order
rekvisita -n properties
relation -en -er relation
relativ *adj* relative
relevant *adj* relevant
relief -en -er relief; ***i ~*** in relief
religion -en -er religion
religiös *adj* religious
relik -en -er relic
reling -en -ar gunwale
rem -men -mar strap

remiss -en -er inom sjukvården referral
rems|a -an -or strip
1 ren -en -ar djur reindeer (pl. lika)
2 ren *adj* clean; *en ~ lögn* a sheer lie
rengöra *verb* clean
rengöring -en -ar cleaning
rengöringsmed|el -let = detergent
renhållning -en cleaning
rening -en -ar cleaning
renlig *adj* cleanly
renodla *verb* cultivate
renovera *verb* renovate
rensa *verb* clean; *~ ogräs* weed; *~ ut ngt* weed out sth.
rent *adv* **1** cleanly; *tala ~* talk properly **2** alldeles quite; *~ ut sagt* to put it bluntly
rentvå *verb* clear
renässans -en -er renaissance
rep -et = rope
rep|a I -an -or scratch **II** *verb* scratch; *~ sig* recover
reparation -en -er repair
reparatör -en -er repairman
reparera *verb* repair
repertoar -en -er repertoire
repetera *verb* upprepa repeat; öva rehearse
repetition -en -er upprepning repetition; övning rehearsal
replik -en -er reply; på teater line
reportage -t = report; i tidning feature article
reporter|er -ern -rar reporter
representant -en -er representative
representera *verb* represent
repris -en -er repeat; på TV rerun; *gå i ~* be* repeated
reproduktion -en -er reproduction
reptil -en -er reptile
republik -en -er republic
1 res|a I -an -or journey, trip **II** *verb* travel; *~ bort* go* away; *~ igenom ett land* travel across a country
2 resa *verb*, *~ sig* get* up
resande -n = traveler
resebyrå -n -er travel agency
resecheck -en -ar (-er) traveler's check
reseförsäkring -en -ar travel insurance
resehand|bok -boken -böcker guide
reseledare -n = guide
resenär -en -er traveler
reserv -en -er **1** *ha ngt i ~* have* sth. in reserve **2** ersättare reserve, back-up
reservation -en -er reservation
reservdel -en -ar spare part
reservdunk -en -ar spare tank
reservera *verb* reserve; *~ sig mot ngt* object to sth. in writing
reserverad *adj* reserved
reservhjul -et = spare wheel

reservoarpenn|a -an -or fountain pen
reservutgång -en -ar emergency exit
resevalut|a -an -or foreign currency
resfeber -n, *ha ~* be* nervous before a journey
resgods -et luggage, baggage
resgodsexpedition -en -er ung. luggage check-in
resgodsförvaring -en -ar o. **resgodsinlämning** -en -ar ung. luggage storage office
residens -et = residence
resignation -en resignation
resignerad *adj* resigned
resning -en -ar **1** uppror revolt **2** i domstol etc. new trial
reson oböjl. reason; *ta ~* listen to reason
resonans -en resonance
resonemang -et = discussion; tankegång reasoning
resonera *verb* discuss
respekt -en respect
respektera *verb* respect
respektive I *adj* respective **II** *adv* respectively; *30 ~ 40 dollar* 30 and 40 dollars, respectively
respirator -n -er respirator
respons -en response
ressällskap -et = grupp party of tourists
rest -en -er remainder
restaurang -en -er restaurant
restaurangvagn -en -ar dining-car
restaurera *verb* restore
resterande *adj* remaining
restid -en -er traveling time
restriktion -en -er restriction
restskatt -en -er back taxes
resultat -et = result
resultatlös *adj* fruitless
resultera *verb*, *~ i ngt* result in sth.
resumé -n -er summary
resurs -en -er resource
resväsk|a -an -or suitcase
resår -en -er **1** spiralfjäder coil spring **2** resårband elastic
reta *verb* irritate; *~ upp ngn* irritate sb.
retas *verb* tease; *~ med ngn* tease sb.
retfull *adj* annoying
retlig *adj* irritable
retroaktiv *adj* retroactive
reträtt -en -er retreat
retsam *adj* irritating
retur -en -er, *i ~* in return
returbiljett -en -er round-trip ticket
returnera *verb* return
reumatism -en rheumatism
1 rev -en -ar vid fiske fishing-line
2 rev -et = grund el. på segel reef
1 rev|a -an -or rispa tear
2 reva *verb* segel reef
revalvering -en -ar revaluation
revansch -en -er revenge
revben -et = rib

revbensspjäll -et = tunna spareribs
revidera *verb* revise
revir -et = territory
revisor -n -er auditor
revolt -en -er revolt
revolution -en -er revolution
revolv|er -ern -rar revolver
revy -n -er review
Rhen the Rhine
Rhodos Rhodes
ribb|a -an -or lath, slat
ricinolja -n castor oil
rida *verb* ride
ridbyxor pl. riding pants
riddare -n = knight
ridhäst -en -ar saddle horse
ridning -en riding
ridskol|a -an -or riding school, riding academy
ridsport -en riding
ridstövlar pl. riding boots
ridtur -en -er ride
ridå -n -er curtain
rigg -en -ar rigging
rik *adj* rich
rike -t -n stat state; kungadöme kingdom
rikedom -en -ar fortune
riklig *adj* abundant
riksdag -en riksdagar, ***Sveriges ~*** the Swedish Parliament
riksdagshuset best. form the Parliament building
riksdags|man -mannen -män member of the Swedish Parliament
rikssamtal -et = long-distance call
riksväg -en -ar main highway; i USA Interstate
rikta *verb* direct; ***~ sig till ngn*** address oneself to sb.
riktig *adj* rätt right; verklig, äkta true
riktigt *adv* correctly
riktning -en -ar direction; ***i ~ mot*** in the direction of
riktnum|mer -ret = area code
rim -met = rhyme
rimlig *adj* skälig reasonable
rimma *verb* rhyme
ring -en -ar ring; på bil tire
ringa *verb* ring; ***~ ngn*** ring sb.; ***~ ett samtal*** make* a call; ***~ på hos ngn*** ring sb.'s doorbell
ringblomm|a -an -or marigold
ringfing|er -ret -rar ring finger
ringklock|a -an -or bell
ringtryck -et = tire pressure
rinna *verb* run*; ***~ ut*** run* out
rip|a -an -or grouse
1 ris -et sädesslag rice
2 ris -et = kvistar twigs
risgryn pl. rice
risk -en -er risk; ***på egen ~*** at one's own risk
riskabel *adj* risky
riskera *verb* risk
risp|a I -an -or scratch **II** *verb* scratch
rista *verb* skära carve; ***~ in ngt i ngt*** carve sth. into sth.

rit -en -er rite
rita *verb* draw*
ritning -en -ar drawing
ritt -en -er ride
ritual -en -er ritual
riva *verb* **1** klösa scratch **2** ~ *av ngt* tear off sth.; ~ *sönder ngt* tear sth. to pieces **3** rasera pull down **4** med rivjärn grate
rival -en -er rival
Rivieran the Riviera
rivjärn -et = grater
1 ro -n vila rest
2 ro *verb* row
roa *verb* amuse; ~ *sig* amuse oneself; *vara road av ngt* be* interested in sth.
robot -en -ar maskin robot; missil missile
robust *adj* robust
1 rock -en -ar ytterplagg coat
2 rock -en musik rock, rock-'n'-roll
rockmusik -en rock music
rodd -en -er rowing
roddbåt -en -ar rowboat
rod|er -ret = helm
rodna *verb* turn red; bli förlägen blush
rododendron -en = rhododendron
rojalist -en -er royalist
rokoko -n rococo
rolig *adj* lustig funny; roande amusing; *ha roligt* have* fun; *det var roligt att du kom* I am glad you came; *så roligt!* how nice!
roll -en -er part; *det spelar ingen* ~ it doesn't matter
Rom Rome
1 rom -men från fisk roe
2 rom -men dryck rum
roman -en -er novel
romantik -en romance
romantisk *adj* romantic
romare -n = Roman
romersk *adj* Roman
rond -en -er round
rondell -en -er traffic circle
rop -et = call
ropa *verb* call; ~ *på hjälp* call for help; ~ *upp ngns namn* call sb.'s name
ros -en -or rose
rosa *adj* rose
rosenbusk|e -en -ar rosebush
rosett -en -er bow
rosévin -et -er rosé; ljusare blush wine
rosmarin -en -er rosemary
rossla *verb* wheeze
rost -en rust
1 rosta *verb* om metall rust
2 rosta *verb* mat roast; bröd toast
rostbiff -en -ar roast beef
rostfri *adj* stainless
rostig *adj* rusty
rot -en rötter root
1 rota *verb* root; ~ *i ngt* poke about in sth.; bildligt poke one's nose into sth.

2 rota *verb*, ~ *sig* root
rotation -en -er rotation
rotera *verb* rotate
rotfrukt -en -er root vegetable
rotmos -et mashed potatoes with swedes
rotting -en cane
roulett -en -er roulette
rov -et = prey; byte booty
rov|a -an -or turnip
rovdjur -et = predator
rubba *verb* move; ~ *ngns planer* upset sb.'s plans
rubbad *adj* förryckt crazy
rubin -en -er ruby
rubricera *verb* classify
rubrik -en -er i tidning headline
ruck|el -let = hovel
1 ruff -en -ar på båt cabin
2 ruff -et i bollsporter foul
ruffig *adj* **1** om spel el. spelare rough **2** sjaskig shabby
rufsig *adj* ruffled
rugby -n rugby
ruggig *adj* om väder chilly
ruin -en -er ruin
ruinera *verb* ruin
rulla *verb* roll; ~ *ihop* roll up; ~ *ut* unroll
rullbräde -t -n skateboard
rull|e -en -ar roll
rullgardin -en -er shade
rullskridsko -n -r roller skate
rullstol -en -ar wheelchair
rulltrapp|a -an -or escalator
rum -met = room; *få* ~ *med ngt* find* room for sth.
rumsförmedling -en -ar accommodation agency
rumän -en -er Romanian
Rumänien Romania
rumänsk *adj* Romanian
rumänsk|a -an **1** pl. -or kvinna Romanian woman (pl. women) **2** språk Romanian
rund *adj* round
rund|a I *verb* round; ~ *av en summa* round off a sum
II -an -or round
rundres|a -an -or, *en* ~ *i Sverige* a tour of Sweden
rundtur -en -er sightseeing tour
runsten -en -ar rune stone
runt *adv* o. *prep* round; *skicka* ~ *ngt* pass sth. around
runtom *adv* o. *prep* round; ~ *i landet* all over the country
rus -et = intoxication
rusa *verb* rush; ~ *fram till ngn* rush up to sb.; ~ *ut* rush out
ruska *verb* shake
ruskig *adj* nasty
rusning -en -ar rush
rusningstid -en -er rush hours
rusningstrafik -en rush-hour traffic
russin -et = raisin; *plocka ut russinen ur kakan* cherry-pick
rusta *verb* prepare
rustning -en -ar **1** för krig armament **2** dräkt armor
rut|a -an -or square
ruter -n = i kortspel diamonds

rutig *adj* checked
rutin -en -er experience; vana routine
rutinerad *adj* experienced
rutt -en -er route
rutten *adj* rotten
ruttna *verb* rot, become* rotten
ruva *verb* sit*
ryck -et = jerk
rycka *verb* pull; ~ *på axlarna åt ngt* shrug one's shoulders at sth.; ~ *upp sig* pull oneself together
ryckig *adj* jerky
rygg -en -ar back; på bok spine
rygga *verb*, ~ *tillbaka* flinch
ryggmärg -en spinal marrow
ryggrad -en -er **1** spine **2** bildligt backbone
ryggskott -et = lumbago
ryggsäck -en -ar knapsack; med ram back pack
ryka *verb* smoke
rykta *verb* groom
ryktas *verb*, *det* ~ *att...* it's rumored that...
ryktbar *adj* famous
rykte -t -n **1** som sprids rumor **2** anseende reputation; *ha gott* ~ have* a good reputation
rymd -en -er **1** världsrymd space; *yttre rymden* outer space **2** innehåll capacity
rymdfärd -en -er spaceflight
rymlig *adj* spacious
rymling -en -ar fugitive
rymma *verb* **1** fly run* away **2** innehålla hold*
rymmas *verb*, *det ryms 10 personer i bilen* there is room for 10 people in the car
rymning -en -ar escape
rynk|a I -an -or wrinkle **II** *verb* wrinkle
rynkig *adj* om hud wrinkled; om kläder äv. creased
rysa *verb* shiver
rysare -n = thriller
rysk *adj* Russian
rysk|a -an **1** pl. -or kvinna Russian woman (pl. women) **2** språk Russian
ryslig *adj* dreadful
rysning -en -ar shiver
ryss -en -ar Russian
Ryssland Russia
ryta *verb* roar
rytm -en -er rhythm
ryttare -n = rider
1 rå *adj* okokt el. obearbetad raw
2 rå *verb* **1** *det rår jag inte för* it's not my fault **2** ~ *om ngt* own sth.
råbiff -en -ar ung. steak tartare
råd -et **1** pl. = advice; *de här råden är värdelösa* this advice is useless; *fråga ngn om* ~ ask sb.'s advice **2** *jag har inte* ~ *med det* I cannot afford it
råda *verb* **1** advise; ~ *ngn till ngt* advise sb. to do sth.

2 det råder inget tvivel om det there is no doubt about it
rådfråga *verb* consult
rådgivare -n = counselor
rådgivning -en counseling
rådgöra *verb*, *~ med ngn om ngt* consult with sb. about sth.
rådhus -et = town hall; i större stad city hall
rådjur -et = roe deer (pl. lika)
råg -en rye
rågad *adj*, *en ~ tesked* a heaping teaspoonful
rågbröd -et = rye bread
råge -n, *vara fylld med ~* be* full to the brim
rågmjöl -et rye flour
råka *verb*, *~ göra ngt* happen to do sth.; *~ ut för* meet* with; *~ illa ut* get* into trouble
råkost -en raw vegetables
råma *verb* moo
1 rån -et = bakverk wafer
2 rån -et = stöld robbery
råna *verb* rob
rånare -n = robber
råris -et unpolished rice
rått|a -an -or rat; liten mouse (pl. mice)
råttfäll|a -an -or mousetrap
råttgift -et -er rat poison
råvar|a -an -or raw material
räcka *verb* **1** hand; *~ fram ngt* hold* out sth. **2** förslå be* enough
räcke -t -n rail
räckhåll, *inom ~* within reach; *utom ~* beyond reach
räckvidd -en -er reach; t.ex. signals, vapens range
räd -en -er raid
rädd *adj*, *vara ~ för ngt* be* afraid of sth.; *vara ~ om ngt* be* careful about sth.
rädda *verb* save
räddning -en -ar rescue
rädis|a -an -or radish
rädsl|a -an -or fear
räffl|a I -an -or groove **II** *verb* groove
räfs|a I -an -or rake **II** *verb* rake
räk|a -an -or shrimp, prawn
räkenskap -en -er account
räkna *verb* count; *~ med ngt* count on sth.; *~ ihop ngt* add up sth.; *~ ut ngt* work out sth.
räknemaskin -en -er calculator
räkning -en **1** räknande counting; *tappa räkningen* lose* count **2** pl. -ar nota bill, check; faktura invoice **3** *för ngns ~* on sb.'s account
räls -en -ar rail
rälsbuss -en -ar railbus
rämna *verb* crack, split
1 ränn|a -an -or groove
2 ränna *verb* run*
rännsten -en -ar gutter
ränt|a -an -or interest

räntefri *adj* interest-free
rät *adj* straight
räta *verb*, ~ ***ut ngt*** straighten sth.
rätsid|a -an -or right side; *få ~ på ngt* put* sth. right
1 rätt -en -er mat dish
2 rätt -en -er **1** det rätta right; ***du har ~*** you're right; *ha ~ **till** ngt* have* a right to sth. **2** domstol court
3 rätt I *adj* right; ***det är ~ åt honom*** it serves him right **II** *adv*, ***hörde jag ~?*** did I hear right?
rätta I oböjl. **1** ***komma till ~*** be* found **2** ***ställa ngn inför ~*** bring* sb. to trial **II** *verb* korrigera correct; ~ ***sig efter ngt*** (***ngn***) obey sth. (sb.)
rättegång -en -ar trial
rättelse -n -r correction
rättfärdig *adj* just
rättighet -en -er right
rättning -en -ar correction
rättslig *adj* legal
rättslös *adj* without legal rights
rättstavning -en spelling
rättsväsen -det judicial system
rättvis *adj* just
rättvisa -n justice
räv -en -ar fox
röd *adj* red; ***röda hund*** German measles
rödbet|a -an -or beet
rödbrun *adj* reddish-brown
rödhårig *adj* red-haired
röding -en -ar fisk char
rödkål -en red cabbage
rödlök -en -ar red onion
rödsprit -en methylated spirits
rödspätt|a -an -or plaice
rödtung|a -an -or witch
rödvin -et -er red wine
rödögd *adj* red-eyed
1 röja *verb* förråda betray
2 röja *verb*, ~ ***undan ngt*** clear away sth.
röjning -en -ar clearing
rök -en -ar smoke
röka *verb* smoke
rökare -n = smoker
rökelse -n -r incense
rökfri *adj* smokeless; ~ ***avdelning*** no-smoking section
rökförbud -et = ban on smoking
rökig *adj* smoky
rökkupé -n -er smoking compartment
rökning -en smoking; ~ ***förbjuden*** no smoking
rökrum -met = smoking-room, smoking lounge
rökt *adj* smoked
rön -et = observation; ***vetenskapliga ~*** scientific discoveries
röna *verb* meet* with
rönn -en -ar mountain ash
rönnbär -et = rowanberry
röntga *verb* x-ray
röntgen en ~, best. form =

X-rays; behandling X-ray therapy
rör -et = pipe
röra I -n mess; ***allt är en enda ~*** everything is in a mess **II** *verb* **1** touch; ***~ om i*** stir; ***~ sig*** move; ***~ på sig*** move **2** ***det rör sig om...*** it concerns...
rörande I *adj* touching **II** *prep* concerning
rörd *adj* gripen moved
rörelse -n -r **1** motion **2** grupp movement **3** företag business
rörelsehindrad *adj* disabled
rörig *adj* messy
rörlig *adj* mobile; flyttbar movable
rörmokare -n = plumber
röst -en -er voice
rösta *verb* vote
rösträtt -en right to vote
röta -n rot
rött oböjl., ***köra mot ~*** drive* through a red light
röva *verb*, ***~ bort*** kidnap
rövare -n =, ***leva ~*** make* havoc

s s-et s bokstav s [utt. äss]
sabbat -en -er Sabbath
sabbatsår -et = year off; lärares sabbatical
sabotage -t = sabotage
sabotera *verb* sabotage
sacka *verb*, ***~ efter*** lag behind
sad|el -eln -lar saddle
sadist -en -er sadist
sadla *verb* saddle; ***~ om*** byta yrke change one's profession
safari -n -er safari
saffran -en (-et) saffron
safir -en -er sapphire
saft -en -er juice
saftig *adj* juicy
sag|a -an -or fairy tale
sagolik *adj* fantastic
sak -en -er thing; ***till saken!*** to the point!
sakkunnig *adj* expert
saklig *adj* matter-of-fact
sakna *verb* **1** vara utan lack **2** känna saknad efter miss
saknad I *adj* missed; borta missing **II** -en brist want
saknas *verb* be* missing
sakta I *adj* slow **II** *adv* slowly **III** *verb*, ***~ in*** slow down
sal -en -ar hall
salami -n salami
saldo -t -n balance

salig *adj* blessed
saliv -en saliva
sallad -en -er **1** grönsak lettuce **2** maträtt salad
salladsdressing -en -ar salad dressing
salladssås -en -er salad dressing
salong -en -er **1** på hotell lounge; på bio house **2** utställning exhibition
salt I -et -er salt **II** *adj* salt
salta *verb* salt
saltgurk|a -an -or pickled gherkin
saltkar -et = salt shaker
saltvatt|en -net salt water
salu, *till ~* for sale
saluhall -en -ar indoor market
salut -en -er salute
1 salv|a -an -or av skott volley
2 salv|a -an -or till smörjning ointment
salvia -n sage
samarbeta *verb* co-operate
samarbete -t co-operation
samband -et = connection
sambo I -n -r ung. boyfriend, girlfriend; significant other **II** *verb* live together
same -n -r Laplander
samfund -et = society; religiöst congregation
samfärdsel -n communications
samförstånd -et understanding
samhälle -t -n **1** society **2** ort place, town
samhällsklass -en -er social class
samhällskunskap -en civics; skolämne citizenship education (förk. cit. ed.)
samhällsskick -et = social structure; samhällstyp type of society
samhörighet -en solidarity
samkväm -et = social gathering
samla *verb* gather; *~ frimärken* collect stamps; *~ in ngt* collect sth.
samlad *adj* collected
samlag -et = sexual intercourse
samlare -n = collector
samlas *verb* gather
samlevnad -en life together
samling -en -ar **1** gathering; *~ klockan nio* assembly at 9 o'clock **2** av t.ex. mynt collection
samlingslokal -en -er assembly hall; skolas auditorium
samlingsplats -en -er meeting-place
samliv -et life together
samma *adj* the same; *på ~ gång* at the same time
sammanbiten *adj* resolute
sammanblandning -en -ar confusion
sammanbo *verb* live together
sammanbrott -et = collapse
sammandrag -et = summary
sammanfalla *verb* coincide

sammanfatta *verb* sum up
sammanfattning -en -ar summary
sammanföra *verb*, ~ *ngt* bring* sth. together
sammanhang -et = samband connection
sammanhållning -en solidarity
sammanhängande *adj* connected; utan avbrott continuous
sammankalla *verb* call together; mer formellt convene
sammankomst -en -er meeting
sammanlagd *adj* total
sammansatt *adj* composite; komplex complex
sammanslagning -en -ar union; av företag merger
sammanslutning -en -ar association
sammanställning -en -ar combination
sammanstötning -en -ar collision
sammansvärjning -en -ar plot
sammansättning -en -ar **1** hur något är sammansatt composition **2** ord compound
sammanträde -t -n meeting
sammanträffande -t -n slump coincidence
sammet -en velvet
samordna *verb* co-ordinate
samråd -et =, *i ~ med* in consultation with
sams *adj*, *bli* ~ make* up; *vara* ~ be* good friends
samsas *verb*, ~ *om ngt* enas agree on sth.
samspel -et interaction
samt *konj* and
samtal -et = conversation
samtala *verb* talk
samtalsämne -t -n topic
samtid -en, *hennes* ~ her age
samtida *adj* contemporary
samtidig *adj* simultaneous
samtliga *adj* all
samtycka *verb* agree
samtycke -t -n consent
samvaro -n time together
samverka *verb* cooperate
samverkan en ~, best. form = cooperation
samvete -t -n conscience; *ha dåligt* ~ have* a bad conscience
samvetsgrann *adj* conscientious
samvetskval pl. remorse
sand -en sand
sanda *verb* sand
sandal -en -er sandal
sandlåd|a -an -or sandbox
sandpapper -et = sandpaper
sand|strand -stranden -stränder sandy beach
sandwich -en -ar sandwich
sanera *verb* **1** fastighet renovate **2** avlägsna decontaminate
sanitetsbind|a -an -or sanitary napkin

sank *adj* swampy
sanktion -en -er sanction
sann *adj* true
sannerligen *adv* indeed
sanning -en -ar truth
sanningsenlig *adj* truthful
sannolik *adj* probable
sannolikhet -en -er probability
sansad *adj* collected
sardell -en -er anchovy
sardin -en -er sardine
Sardinien Sardinia
sarkastisk *adj* sarcastic
satan en ~, best. form = the Devil, Satan; *~!* damn!
satellit -en -er satellite
satin -en -er satin
satir -en -er satire
satirisk *adj* satirical
sats -en -er **1** grammatisk enhet sentence **2** *ta* ~ ansats take* a run; bildligt, förbereda sig make* an effort **3** i musikverk movement **4** uppsättning set
satsa *verb* stake; investera invest; *~ på ngt* go* in for sth.
satsning -en -ar i spel stake, ante
sav -en sap
sax -en -ar scissors
saxofon -en -er saxophone
scarf -en -ar scarf (pl. scarfs el. scarves)
scen -en -er stage
schablon -en -er pattern
schablonavdrag -et = standard deduction
schack -et **1** spel chess **2** *~ och matt!* checkmate!
schackbräde -t -n chessboard
schackpjäs -en -er chessman
schakt -et = shaft
schampo -t -n shampoo
schamponera *verb* shampoo
scharlakansfeber -n scarlet fever
schema -t -n schedule
schimpans -en -er chimpanzee
schizofreni -n schizophrenia
schlag|er -ern -rar hit
schnitz|el -eln -lar schnitzel
Schweiz Switzerland
schweizare -n = Swiss (pl. lika)
schweizerost -en -ar Swiss cheese
schweizisk *adj* Swiss
schweizisk|a -an -or kvinna Swiss woman (pl. women)
schäf|er -ern -rar German shepherd
scout -en -er scout
se *verb* see*; titta look; märka notice; *~ efter* look after; *~ sig om* look around; *~ 'på* iaktta watch; *~ på ngt* look at sth.; *~ till att ngt blir gjort* see* that sth. is done; *~ upp* look out; *det ser ut som om det blir regn* it looks like rain; *hur ser han ut?* what does he look like?; *~ över ngt* review sth.

seans -en -er seance
sebr|a -an -or zebra
sed -en -er custom
sedan I *adv* därpå then; senare later; *för fem år ~* five years ago **II** *prep*, *~ 1994* since 1994; *jag känner henne ~ många år* I have known her for many years **III** *konj* alltsedan since
sed|el -eln -lar bill; svensk vanligen note
sedelautomat -en -er cash--operated fuel pump
sedvänj|a -an -or custom
seg *adj* tough; envis stubborn
seg|el -let = sail
segelbåt -en -ar sailboat; större yacht
segelflygning -en -ar gliding
segelflygplan -et = glider
seg|er -ern -rar victory
segla *verb* sail
seglare -n = yachtsman (pl. yachtsmen)
segling -en -ar sailing
seglivad *adj* tough
segra *verb* win*
segrare -n = winner
sejd|el -eln -lar stein, mug; med lock tankard
sek|el -let = century
sekelskifte -t -n, *vid sekelskiftet* at the turn of the century
sekreterare -n = secretary
sekretess -en secrecy
sekretär -en -er bureau
sekt -en -er sect
sektion -en -er section
sektor -n -er sector
sekund -en -er second
sekunda *adj* second-rate; *~ varor* seconds
sekundvisare -n = second hand
sekundär *adj* secondary
sekvens -en -er sequence
sel|e -en -ar harness; i barnvagn restraining harness; bärsele snugli
selleri -t (-n) blekselleri celery
semest|er -ern -rar vacation
semesterby -n -ar housekeeping cottages
semesterort -en -er vacation resort
semesterres|a -an -or vacation trip
semestra *verb* be* on vacation
semifinal -en -er semifinal
seminari|um -et -er seminar
seml|a -an -or cream bun
1 sen se *sedan*
2 sen *adj* late
sen|a -an -or sinew
senap -en mustard
senare I *adj* motsats tidigare later; motsats förra latter; nyare recent **II** *adv* later, later on
senast I *adj* latest; i ordning last **II** *adv* motsats tidigast latest; motsats först last; *~ i morgon* tomorrow at the latest

senat -en -er senate
senil *adj* senile
sensation -en -er sensation
sensuell *adj* sensual
sent *adv* late; ***komma för ~*** be* late
sentimental *adj* sentimental
separat I *adj* separate **II** *adv* separately
separation -en -er separation
separera *verb* separate
september oböjl. September; ***i ~*** in September
serb -en -er Serb
Serbien Serbia
serbisk *adj* Serbian
serbisk|a -an **1** -or kvinna Serbian woman (pl. women) **2** dialekt Serbian
serbokroatiska -n Serbo-Croatian
serie -n -r **1** series (pl. lika); ***en ~ bilder*** a series of pictures **2** ***tecknad ~*** comic strip
seriefigur -en -er comic strip character
serietidning -en -ar comic
seriös *adj* serious
serum -et = serum
serva *verb* serve
serv|e -en -ar serve
servera *verb* serve
servering -en -ar **1** betjäning service **2** lokal cafeteria, café
serveringsavgift -en -er service charge; vard. tip
servett -en -er napkin
service -n service
servicehus -et = sheltered-living apartments
servis -en -er set
servitris -en -er waitress
servitör -en -er waiter
ses *verb* meet*; ***vi ~!*** be seeing you!
set -et = set
sevärd *adj* worth seeing
sevärdhet -en -er, ***stadens sevärdheter*** the sights of the city
1 sex *räkn* six, för sammansättningar med sex jfr *fem* med sammansättningar
2 sex -et sex; ***ha ~ med ngn*** have* sex with sb.
sex|a -an -or six
sexig *adj* sexy
sexklubb -en -ar sex club
sexshop -en -ar sex shop
sextio *räkn* sixty, för sammansättningar med sextio jfr *femtio* med sammansättningar
sextionde *räkn* sixtieth
sexton *räkn* sixteen, för sammansättningar med sexton jfr *femton* med sammansättningar
sextonde *räkn* sixteenth
sexualitet -en sexuality
sexuell *adj* sexual; ***sexuellt umgänge*** sexual intercourse
sfär -en -er sphere
sherry -n sherry
shoppa *verb* shop
shopping -en shopping

shoppingcent|er -ret -ra shopping center, mall
shoppingrund|a -an -or shopping spree
shoppingväsk|a -an -or shopping bag
shorts pl. shorts
show -en -er show
sia *verb*, ~ ***om ngt*** prophesy of sth.
siamesisk *adj* Siamese
Sibirien Siberia
Sicilien Sicily
sicksack oböjl. zigzag
sid|a -an -or **1** side; ***å ena sidan är det kul, å andra sidan är det jobbigt*** on the one hand it is fun, on the other it is tough **2** i bok page
siden -et silk
sidfläsk -et bacon
sidled, ***i*** ~ sideways
sidospår -et = sidetrack
siest|a -an -or siesta
siffr|a -an -or figure
sig *pron* **1** ***han skadade*** ~ he hurt himself; ***hon skadade*** ~ she hurt herself; ***man måste försvara*** ~ one must defend oneself; ***de roar*** ~ they amuse themselves **2** ***hon ställde den bakom*** ~ she put it behind her; ***de hade inga pengar på*** ~ they didn't bring any money with them
sightseeing -en -ar sightseeing
sigill -et = seal
signal -en -er signal
signalement -et = description
signalera *verb* signal
signalhorn -et = horn
signatur -en -er signature
signera *verb* sign
sik -en -ar whitefish
1 sikt -en -ar såll sieve
2 sikt -en möjlighet att se visibility; ***på*** ~ in the long run
sikta *verb*, ~ ***på*** (***mot***) aim at
sikte -t -n sight
sil -en -ar **1** redskap strainer **2** slang, injektion shot
sila *verb* strain
silhuett -en -er silhouette
silke -t -n silk
silkespapper -et = tissue paper
sill -en -ar herring
silv|er -ret silver
silverarmband -et = silver bracelet
silverring -en -ar silver ring
silversmed -en -er silversmith
simbassäng -en -er swimming pool
simhall -en -ar swimming pool
simma *verb* swim
simning -en -ar swimming
simpel *adj* **1** enkel simple **2** tarvlig vulgar
simtur -en -er swim
simulera *verb* simulate
sin (*sitt, sina*) *pron*, ***han*** (***hon***) ***tog*** ~ ***bok*** he (she) took his (her) book; ***de tog sina***

böcker they took their books; *har han* (*hon*) *hittat ~?* has he (she) found his (hers)?; *har de hittat sina?* have they found theirs?
1 sina *verb* run* dry
2 sina se *sin*
sing|el -eln -lar **1** i t.ex. tennis singles **2** grammofonskiva single
singla *verb*, *~ slant om ngt* flip a coin for sth.
sinnad *adj* minded; *fientligt ~* hostile
sinne -t **1** pl. -n syn, hörsel etc. sense **2** håg mind; *ha ~ för ngt* have* a talent for sth.
sinnessjuk *adj* mentally ill
sinom *pron*, *i ~ tid* in due course
sinsemellan *adv* between (om flera among) themselves
sipp|a -an -or anemone
sippra *verb* trickle; *~ ut* ooze out; nyhet leak out
sirap -en molasses
siren -en -er siren
sist *adv* **1** last; *komma ~* come* last; *till ~* at last **2** förra gången last time
sista (*siste*) *adj* last; senaste latest; *på ~ tiden* lately
sits -en -ar seat
sitt se *sin*
sitta *verb* **1** sit*; ha sin plats be* placed; *var så god och sitt!* sit down, please!; *~ fast* be* stuck **2** passa fit; *~ åt* be* tight
sittplats -en -er seat
sittplatsbiljett -en -er seat reservation
sittvagn -en -ar **1** på tåg, ung. non-sleeper **2** för barn stroller
situation -en -er situation
sjal -en -ar shawl
sjalett -en -er head-scarf
sjaskig *adj* shabby
sju *räkn* seven, för sammansättningar med sju jfr *fem* med sammansättningar
sju|a -an -or seven
sjuda *verb* seethe; småkoka simmer
sjuk *adj* sick; *bli ~* get* sick, fall* ill
sjukanmäla *verb*, *~ sig* call in sick
sjukdom -en -ar illness; svårare disease
sjukersättning -en -ar sickness benefit
sjukförsäkring -en -ar health insurance
sjukgymnast -en -er physiotherapist
sjukgymnastik -en physiotherapy
sjukhem -met = nursing home
sjukhus -et = hospital
sjukintyg -et = doctor's certificate
sjuklig *adj* sickly

sjukpenning -en sickness benefit
sjukskriven *adj*, *vara* ~ be* on the sick list
sjukskötersk|a -an -or nurse; *legitimerad* ~ registered nurse
sjukvård -en medical care, nursing
sjukvårdsartiklar pl. sanitary articles
sjunde *räkn* seventh
sjundedel -en -ar seventh
sjunga *verb* sing*
sjunka *verb* sink
sjuttio *räkn* seventy, för sammansättningar med sjuttio jfr *femtio* med sammansättningar
sjuttionde *räkn* seventieth
sjutton *räkn* **1** seventeen, för sammansättningar med sjutton jfr *femton* med sammansättningar **2** *för ~!* you bet!; ***det var som ~!*** well, I'll be darned!
sjuttonde *räkn* seventeenth
sjå -et, ***ett fasligt*** ~ a tough job
själ -en -ar soul
själv *pron* jag själv myself; du själv yourself; han själv himself; hon själv herself; den (det) själv itself; vi själva ourselves; ni själva yourselves; de själva themselves
självbedrägeri -et -er self-deception
självbehärskning -en self-control
självbelåten *adj* self-satisfied, smug
självbetjäning -en self-service
självbevarelsedrift -en instinct of self-preservation
självbiografi -n -er autobiography
självförsvar -et self-defense
självförsörjande *adj* self-supporting
självförtroende -t self-confidence
självgod *adj* self-righteous
självhushåll -et, *ha* ~ do* one's own cooking
självhäftande *adj* adhesive
självisk *adj* selfish
självklar *adj* obvious
självkostnadspris -et, ***till*** ~ at cost
självkänsla -n self-esteem
självlysande *adj* luminous, fluorescent
självlärd *adj* self-taught
självmant *adv* of one's own accord, voluntarily
självmedveten *adj* self-assured
självmord -et = suicide
självporträtt -et = self-portrait
självrisk -en -er deductible
självservering -en -ar self-service
självständig *adj* independent
självsäker *adj* self-assured
sjätte *räkn* sixth
sjättedel -en -ar sixth

sjö -n -ar insjö lake; hav sea
sjöfart -en navigation; verksamhet shipping
sjökort -et = chart
sjö|man -mannen -män sailor
sjömil -en = nautical mile
sjörapport -en -er maritime forecast
sjöres|a -an -or voyage; överresa crossing
sjösjuk *adj* seasick
sjösjuka -n seasickness
sjösätta *verb* launch
sjösättning -en -ar launching
sjötung|a -an -or sole
ska *verb* **1** uttrycker framtid, *jag ~ göra mitt bästa* I will do my best; *de ~ gifta sig* they are going to get married; *jag ~ gå nu* I'm leaving now **2** rådfrågande, *~ jag öppna fönstret?* should I open the window? **3** *hon ~* lär *vara väldigt rik* she is said to be extremely rich
skabb -en scabies
skad|a I -an -or persons injury; saks damage; *ta ~ av* bli lidande suffer from **II** *verb* person injure; sak damage; *~ sig* hurt oneself
skadad *adj* om person injured; om sak damaged
skadeanmäl|an en ~, pl. -ningar damage report; blankett claim
skadegörelse -n -r damage
skadestånd -et = damages
skadlig *adj* harmful
skaffa *verb* get*; *~ ngt åt ngn* get* sb. sth.; *~ sig* köpa *ngt* buy* oneself sth.; *~ barn* have* children
skafferi -et -er larder
skaft -et = handle
skaka *verb* shake; *~ hand med ngn* shake hands with sb.
skakad *adj* upprörd shaken
skakning -en -ar shaking; *ha skakningar* have* the shakes
skal -et = hårt shell; mjukt skin
1 skal|a -an -or scale
2 skala *verb* peel
skalbagg|e -en -ar beetle
skald -en -er poet
skaldjur -et = shellfish
1 skall se *ska*
2 skall -et = barking
skall|e -en -ar kranium skull; huvud head
skallgång -en -ar, *gå ~* send* out a search party
skallig *adj* bald
skallr|a I -an -or rattle **II** *verb* rattle
skalm -en -ar på glasögon bow
skam -men shame
skamlig *adj* shameful
skamsen *adj* ashamed
skandal -en -er scandal
skandalös *adj* scandalous
skandinav -en -er Scandinavian
Skandinavien Scandinavia

skandinavisk *adj* Scandinavian
skandinavisk|a -an -or kvinna Scandinavian woman (pl. women)
skapa *verb* create
skapare -n = creator
skapelse -n -r creation
skaplig *adj* reasonable; vard. okay
skar|a -an -or crowd
skare -n crust
skarp *adj* sharp
skarpsynt *adj* sharp-sighted
skarv -en -ar fog joint
skarva *verb*, ~ ***ihop två bitar*** join two pieces together
skarvsladd -en -ar extension cord
skat|a -an -or magpie
skateboard -et = skateboard
skatt -en -er **1** rikedom treasure **2** avgift tax
skatta *verb* betala skatt pay* taxes
skattefri *adj* tax-free
skattepliktig *adj* taxable; ~ ***inkomst*** taxable income
skattkammare -n = treasury
skava *verb* chafe; ***skorna skaver*** these shoes chafe my feet; ~ ***hål på ngt*** wear* a hole in sth.
skavank -en -er defect
skavsår -et = sore
ske *verb* happen
sked -en -ar spoon
skede -t -n period
skeende -t -n course of events
skelett -et = skeleton
sken -et **1** pl. = light **2** falskt show
1 skena *verb* bolt
2 sken|a -an -or rail
skenbar *adj* apparent
skenhelig *adj* hypocritical
skepnad -en -er figure
skepp -et = **1** ship **2** i kyrka nave
skeppsbrott -et = shipwreck; ***lida*** ~ be* shipwrecked
skeptisk *adj* skeptical
sketch -en -er sketch
skev *adj* crooked
skick -et tillstånd condition; ***i gott*** ~ in good condition
skicka *verb* send*; ~ ***efter*** send* for; ~ ***med ngt*** enclose sth.; ~ ***tillbaka*** return; ~ ***ngt vidare*** pass sth. on
skicklig *adj* clever
skicklighet -en skill
skid|a -an -or ski; ***åka skidor*** ski
skidback|e -en -ar ski slope
skidföre -t -n, ***det är bra*** ~ the snow is good for skiing
skidlift -en -ar skilift
skidort -en -er ski resort
skidskol|a -an -or ski school
skidstav -en -ar ski pole
skiduthyrning -en -ar ski rental
skidvall|a -an -or ski wax
skidåkare -n = skier

skidåkning -en skiing
skiff|er -ern -rar shale
skift -et = shift; ***arbeta i ~*** work in shifts
skifta *verb* change
skiftning -en -ar change
skiftnyck|el -eln -lar monkey wrench
skikt -et = layer
skild *adj* åtskild separated; frånskild divorced
skildra *verb* describe
skildring -en -ar description
skilja *verb* **1** avskilja separate **2** särskilja distinguish; ***de har skilt sig*** they have gotten divorced; ***~ mellan privatliv och yrkesliv*** make* a distinction between one's private life and one's job; ***~ sig åt*** differ
skiljas *verb*, ***~ från ngn*** divorce sb.
skillnad -en -er difference
skilsmäss|a -an -or divorce
skim|mer -ret shimmer
skimra *verb* shimmer
skina *verb* shine
skingra *verb* disperse
skink|a -an -or **1** mat ham **2** kroppsdel buttock
skinn -et = skin; läder leather
skinnjack|a -an -or leather jacket
skipa *verb*, ***~ rättvisa*** administer justice
skiss -en -er sketch
skit -en (-et) -ar vard. shit; ***prata ~*** talk nonsense
skita *verb* vard. take* a crap; ***det skiter jag i*** I don't give a damn about that
skitig *adj* vard. filthy
skiv|a I -an -or **1** platta plate; grammofonskiva record **2** uppskuren slice **3** kalas party
II *verb* slice
skivspelare -n = record player
skjort|a -an -or shirt
skjul -et = shed
skjuta *verb* **1** med vapen shoot **2** flytta push; ***~ 'på*** push from behind; ***~ upp*** uppskjuta postpone
skjutsa *verb* drive*
sko -n -r shoe
skoaffär -en -er shoe store
skoborst|e -en -ar shoebrush
skock -en -ar crowd
skog -en -ar större forest; mindre woods
skogsbruk -et forestry
skohorn -et = shoehorn
skoj -et = **1** skämt joke; ***på ~*** for fun **2** bedrägeri swindle
skoja *verb* **1** skämta joke; ***~ med ngn*** kid sb. **2** bedra cheat
skojare -n = **1** bedragare swindler **2** skämtare joker; rackare rascal
skokräm -en -er shoe polish
1 skola se *ska*
2 skol|a -an -or school

skolbarn -et = school child (pl. children)
skolgård -en -ar playground
skolka *verb* cut* school (class), play hookey
skolkamrat -en -er schoolmate
skolklass -en -er school class
skollov -et = vacation; kortare äv. recess
skolres|a -an -or field trip
skolväsk|a -an -or school bag
skomakare -n = shoemaker
skomakeri -et -er shoemaker's shop
skona *verb* spare
skoningslös *adj* merciless
skonsam *adj* gentle
skop|a -an -or scoop
skorp|a -an -or **1** bakverk, ung. zweiback **2** hårdnad yta crust
skorpion -en -er scorpion; *Skorpionen* stjärntecken Scorpio
skorsten -en -ar chimney
skosnöre -t -n shoestring
skosul|a -an -or sole
skot|er -ern -rar scooter
skotsk *adj* Scottish
skotsk|a -an **1** pl. -or kvinna Scotswoman (pl. Scotswomen) **2** språk Scots
skott -et = **1** shot **2** på växt shoot
skotta *verb* shovel
skott|e -en -ar **1** Scot **2** hund Scottish terrier
skottkärr|a -an -or wheelbarrow
Skottland Scotland
skottår -et = leap year
skral *adj* poor
skramla *verb* rattle
skranglig *adj* rickety
skrap|a I -an -or tillrättavisning scolding **II** *verb* scrape; ~ ***sig på knäet*** graze one's knees
skratt -et = laughter; enstaka laugh; ***jag kan inte hålla mig för*** ~ I cannot help laughing
skratta *verb* laugh; ~ ***ut ngn*** laugh sb. out of town
skrev -et = crotch
skrev|a -an -or cleft
skri -et -n scream
skribent -en -er writer
skrida *verb* walk slowly; ~ ***fram*** advance
skridsko -n -r skate
skridskoban|a -an -or skating rink
skridskoåkning -en skating
skrift -en -er **1** writing **2** tryckalster publication
skriftlig *adj* written
skriftspråk -et = written language
skrik -et = cry
skrika *verb* cry
skrin -et = box
skriva *verb* write*; ~ ***av ngt*** copy sth.; ~ ***in sig*** enroll; ~ ***'på (under) ngt*** sign sth.

skriv|bok -boken -böcker exercise book
skrivbord -et = desk
skrivelse -n -r letter
skrivmaskin -en -er typewriter
skrivning -en -ar prov written test
skrivstil -en -ar handwriting
skrock -et superstition
skrockfull *adj* superstitious
skrot -et scrap
skrota *verb* scrap
skrovlig *adj* rough
skrubb -en -ar cubbyhole
skrubba *verb* scrub
skrumpen *adj* shriveled
skrumpna *verb* shrivel
skrup|el -eln -ler scruple
skruv -en -ar screw
skruva *verb* screw; *~ av* t.ex. lock unscrew; *~ 'på* t.ex. lock screw...on; t.ex. radio turn on; *~ upp* volym turn up
skruvmejs|el -eln -lar screwdriver
skrymmande *adj* bulky
skrynklig *adj* creased
skryt -et boasting
skryta *verb*, *~ med ngt* boast about sth.; *skryt lagom!* don't talk so big!
skrytsam *adj* boastful
skråla *verb* bawl drunkenly
skråm|a -an -or scratch
skräck -en terror
skräckinjagande *adj* terrifying
skräckslagen *adj* terror-stricken
skräddare -n = tailor
skrädderi -et -er tailor's shop
skräll -en -ar crash
skrälla *verb* blare
skrämma *verb* frighten
skrämsel -n fright
skräna *verb* yell
skräp -et rubbish; avfall litter
skräpig *adj* untidy
skröplig *adj* frail
skugg|a I -an -or shade; av något shadow **II** *verb* **1** ge skugga åt shade **2** följa efter tail
skuggig *adj* shady
skuld -en -er **1** penningskuld debt **2** moralisk guilt; fel fault
skuldkänsl|a -an -or feeling of guilt
skuldmedveten *adj* guilty
skuldr|a -an -or shoulder
skull, *för hennes ~* for her sake; *för din egen ~* in your own interest
skulle *verb* **1** uttrycker framtid, *doktorn sa att jag snart ~ bli frisk* the doctor said that I would soon recover; *vad ~ han göra med det?* what was he going to do with it? **2** i indirekt fråga, *hon frågade om hon ~ koka kaffe?* she asked if she should make some coffee **3** konditionalis, *jag ~ kunna göra det* I could do it; *~ det smaka med en kopp*

kaffe? would you like a cup of coffee?

skulptur -en -er sculpture

skulptör -en -er sculptor

1 skum *adj* **1** mörk dark **2** suspekt shady

2 skum -met foam

skumgummi -t foam rubber

skumma *verb* foam

skummjölk -en skim milk

skunk -en -ar skunk

skur -en -ar shower

skura *verb* scrub

skurk -en -ar scoundrel

skurtras|a -an -or floor rag

skut|a -an -or small cargo boat

skutt -et = leap

skutta *verb* leap

skvala *verb* pour

skvall|er -ret gossip

skvallerbytt|a -an -or gossip-monger

skvallra *verb* gossip

skvalpa *verb* lap

skvätt -en -ar drop

skvätta *verb* splash

1 sky -n -ar moln cloud; himmel sky

2 sky -n köttsky juice; ***kött med ~*** meat au jus

3 sky *verb* shun

skydd -et = protection

skydda *verb* protect; ***~ sig*** protect oneself

skyddshjälm -en -ar protective helmet

skyddsling -en -ar ward

skyddsrum -met = shelter

skyfall -et = cloudburst

skyff|el -eln -lar shovel

skyffla *verb* shovel

skygg *adj* shy

skyhög *adj* sky-high

skyldig *adj* **1** till något guilty **2** ***vara ~ ngn pengar*** owe sb. money; ***vad är jag ~?*** how much do I owe you?

skyldighet -en -er duty

skylla *verb*, ***~ ngt på ngn*** blame sb. for sth.

skylt -en -ar sign

skyltfönst|er -ret = store window

skymf -en -er insult

skymma *verb*, ***~ sikten för ngn*** block sb.'s view; ***det börjar ~*** it is getting dark

skymning -en -ar twilight

skymt -en -ar glimpse; ***se en ~ av ngt*** catch* a glimpse of sth.

skymta *verb* **1** få se catch* a glimpse of **2** vara synlig loom

skymundan, ***hålla sig i ~*** keep* out of the way

skynda *verb* hasten; ***~ sig*** hurry; ***~ dig!*** hurry up!

skynke -t -n cover

skyskrap|a -an -or skyscraper

skytt -en -ar shot; ***Skytten*** stjärntecken Sagittarius

skåda *verb* see*

skådespel -et = play

skådespelare -n = actor

skådespelersk|a -an -or actress
skål I -en -ar bowl **II** *interj* cheers!
skåla *verb* toast; ~ *för ngn* drink* a toast to sb.
skålla *verb* scald
Skåne Scania
skåp -et = för mat o.d. cabinet; städskåp el. för kläder o.d. closet
skåpbil -en -ar van
skår|a -an -or cut
skägg -et = beard
skäggig *adj* bearded
skäl -et = reason
skäll -et vard., ovett telling-off
skälla *verb* **1** om hund bark **2** ~ *på ngn* scold sb.
skälva *verb* shake
skämd *adj* rotten
skämma *verb*, ~ *bort ngn* spoil sb.; ~ *ut ngn* disgrace sb.; ~ *ut sig* make* a fool of oneself
skämmas *verb* be* ashamed
skämt -et = joke; *på* ~ for a joke
skämta *verb* joke
skämtsam *adj* humorous
skända *verb* desecrate
skänka *verb* give*
1 skär -et = holme rocky islet
2 skär *adj* pink
skära *verb* cut*; ~ *sig* cut* oneself; ~ *av* cut* off
skärbräde -t -n cutting board
skärbön|a -an -or string bean
skärgård -en -ar archipelago
skärm -en -ar screen
skärp -et = belt
skärpa I -n **1** sharpness **2** *ställa in skärpan* focus **II** *verb* sharpen; ~ *sig* pull oneself together
skärv|a -an -or piece
sköld -en -ar shield
sköldpadd|a -an -or turtle
skölja *verb* rinse
skön *adj* **1** vacker beautiful **2** behaglig nice
skönhet -en -er beauty
skönhetsmed|el -let = cosmetic
skönhetssalong -en -er beauty parlor
skönja *verb* discern
skönlitteratur -en literature
skör *adj* brittle
skörd -en -ar harvest
skörda *verb* reap
sköta *verb* **1** vårda nurse; ~ *om ngn* (*ngt*) take* care of sb. (sth.); *sköt om dig!* take care! **2** leda manage **3** ~ *sig* look after oneself; uppföra sig behave
sköte -t -n lap
skötersk|a -an -or nurse
skötsam *adj* steady
skötsel -n care
sladd -en -ar cord
sladda *verb* slira skid
1 slag -et = sort kind; *ett slags bröd* some kind of bread
2 slag -et = **1** utdelat blow **2** rytmisk rörelse beat **3** *på*

slaget 11 on the stroke of 11 **4** i krig battle **5** på kavaj lapel
slaganfall -et = stroke
slagfält -et = battlefield
slagord -et = slogan
slagsida -n **1** om fartyg list **2** övervikt preponderance
slagskämp|e -en -ar fighter
slagsmål -et = fight
slak *adj* slack
slakt -en -er slaughter
slakta *verb* butcher
slaktare -n = butcher
slakteri -et -er slaughterhouse; affär butcher's
slalom -en slalom; ***åka ~*** slalom
slalomback|e -en -ar slalom slope
slalomskid|a -an -or slalom ski
1 slam -men i kort slam
2 slam -met fällning ooze
slamp|a -an -or slut
slamra *verb* clatter
1 slang -en språk slang
2 slang -en -ar rör tube
slank *adj* slender
slant -en -ar coin; ***singla ~*** flip a coin
slapp *adj* slack
slappna *verb* slacken; ***~ av*** relax
slarv -et carelessness
slarva *verb* be* careless; ***~ bort ngt*** lose* sth.
slarvig *adj* careless
1 slask -et gatsmuts slush
2 slask -en -ar vask sink
slaskig *adj* slushy
1 slav -en -er folkslag Slav
2 slav -en -ar träl slave
slaveri -et slavery
slem -met t.ex. i halsen phlegm; på djur slime
slemhinn|a -an -or mucous membrane
slentrian -en routine
slev -en -ar ladle
slicka *verb* lick; ***~ på ngt*** lick sth.
slid|a -an -or **1** för kniv etc. sheath **2** hos kvinna vagina
sling|a -an -or **1** coil **2** för motion jogging track
slingra *verb* wind; ***~ sig*** wind; halvljuga be* evasive
slinka *verb* slip; ***~ igenom*** slip through; ***~ in*** på t.ex. en bar slip into
slipa *verb* grind
slippa *verb* be* let off; ***låt mig ~ göra det*** I'd rather not if you don't mind; ***~ undan*** get* away; ***~ ut*** get* out
slips -en -ar tie
slira *verb* skid
slit -et hårt arbete toil
slita *verb* **1** ***~ på*** wear*; ***~ ut*** wear* out **2** riva tear; ***~ av*** tear off **3** knoga toil
slitage -t wear
sliten *adj* worn
slits -en -ar slit

slitstark *adj* tough; om tyg äv. hard-wearing
slockna *verb* go* out; somna fall* asleep
sloka *verb* droop
slopa *verb* avskaffa abolish; överge give* up
slott -et = palace; befäst castle
slovak -en -er Slovak
Slovakien Slovakia
slovakisk *adj* Slovakian
slovakisk|a -an **1** pl. -or kvinna Slovakian woman (pl. women) **2** språk Slovak
sloven -en -er Slovene
Slovenien Slovenia
slovensk *adj* Slovenian
slovensk|a -an **1** pl. -or kvinna Slovenian woman (pl. women) **2** språk Slovene
sluddra *verb* slur one's words
slug *adj* shrewd
sluka *verb* swallow
slum -men slum
slump -en -ar chance
slumra *verb* slumber
slunga *verb* sling
sluss -en -ar lock
slut I -et = end; ***göra ~ med ngn*** break* off with sb.; ***göra ~ på ngt*** finish sth.; ***ta ~*** end; ***till ~*** at last **II** *adj* over
sluta *verb* **1** end; ***~ röka*** stop smoking; ***~ med ngt*** give* up sth. **2** ***~ fred*** make* peace
slutföra *verb* complete
slutgiltig *adj* final
slutlig *adj* final
slutligen *adv* finally
slutresultat -et = final result
slutsats -en -er conclusion
slutsignal -en -er final whistle
slutsumm|a -an -or total
slutsåld *adj*, ***vara ~*** be* sold out
slutta *verb* slope
sluttning -en -ar slope
1 slå -n -ar tvärslå bar
2 slå *verb* beat; ett slag hit*; ***~ ned ngn*** knock sb. down; ***~ sig*** hurt oneself; ***~ sig ned*** sit* down
slående *adj* striking
slåss *verb* fight
släcka *verb* eld put* out; törst quench
släd|e -en -ar sleigh; hundsläde dogsled
slägg|a -an -or **1** sledgehammer **2** i sport hammer
släkt I -en -er **1** ätt family **2** släktingar relatives **II** *adj* related
släkte -t -n art species (pl. lika); ras race
släkting -en -ar relative; ***släktingar*** folks
släng -en -ar **1** knyck toss **2** ***få en ~ av...*** get* a touch of...
slänga *verb* throw*; kasta bort throw* away
slänt -en -er slope
släp -et = **1** på klänning train **2** släpvagn trailer

släpa *verb* **1** dra drag **2** ~ ***sig fram*** drag oneself along
släplift -en -ar (-er) ski-tow
släppa *verb* **1** inte hålla fast let* go of **2** lossna come* off; ~ ***igenom*** let* through; ~ ***ut*** let* out **3** ~ ***sig*** break* wind
släpvagn -en -ar trailer
slät *adj* smooth
slätrakad *adj* clean-shaven
slätt -en -er plain
slö *adj* dull; utan energi lazy
slöa *verb* idle
slödd|er -ret riff-raff
slöfock -en -ar lazybones (pl. lika)
slöj|a -an -or veil
slöjd -en -er handicraft
slösa *verb* waste; ~ ***med ngt*** waste sth.
slösaktig *adj* wasteful
slöseri -et waste, wastefulness
smacka *verb* smack one's lips
smak -en -er taste
smaka *verb* taste; ~ ***bra*** taste nice; ~ ***på ngt*** taste sth.
smakfull *adj* tasteful
smaklös *adj* tasteless
smakprov -et = **1** bit mat o.d. taste **2** utdrag sample
smaksak oböjl. matter of taste
smaksätta *verb* flavor
smal *adj* narrow; tunn thin
smalna *verb*, ~ ***av*** narrow
smaragd -en -er emerald
smart *adj* smart
smattra *verb* clatter
smed -en -er smith
smeka *verb* caress
smekmånad -en -er honeymoon
smeknamn -et = pet name
smekning -en -ar caress
smet -en -er mixture; pannkakssmet o.d. batter
smeta *verb* daub; ~ ***ned ngt*** smear sth.
smick|er -ret flattery
smickra *verb* flatter
smickrande *adj* flattering
smida *verb* forge
smide -t -n wrought iron
smidig *adj* flexible
smink -et -er make-up
sminka *verb* make* up; ~ ***sig*** make* oneself up
smita *verb* run* away
smitt|a I -an -or infection **II** *verb* vara smittsam be* infectious; ~ ***ner ngn*** infect sb.
smittkoppor pl. smallpox
smittsam *adj* infectious
smoking -en -ar tuxedo; vard. tux
smuggla *verb* smuggle
smuggling -en smuggling
smul|a I -an -or crumb **II** *verb* crumble; ~ ***sönder ett påstående*** destroy a claim
smultron -et = wild strawberry
smussla *verb* cheat, fiddle; ~ ***undan*** hide away
smuts -en dirt

smutsa *verb*, ~ *ner* soil; ~ *ner sig* get* dirty
smutsig *adj* dirty
smutstvätt -en dirty wash
smutta *verb* sip; ~ *på en drink* sip a drink
smycka *verb* adorn
smycke -t -n piece of jewelry
smyg, *i* ~ on the sly
smyga *verb* sneak; ~ *sig bort* sneak (slip) away
små *adj* small
småaktig *adj* petty
småbarn pl. young children
småbildskamer|a -an -or minicamera
småbitar pl. small pieces
småfransk|a -an -or roll
småföretag -et = small business
småföretagare -n = small businessman (pl. businessmen)
småkak|a -an -or cookie
småle *verb* smile
småningom *adv*, *så* ~ gradually
småpengar pl. small change
småprata *verb* chat
småsak -en -er little thing
små|stad -staden -städer small town
småsyskon pl. younger sister (sisters) and brother (brothers)
smått I *adj* small **II** oböjl., *lite ~ och gott* something nice **III** *adv* en smula a little
småvägar pl. back roads
smäll -en -ar **1** knall bang **2** slag smack
smälla *verb* bang; ~ *igen en dörr* slam a door
smälta *verb* melt; ~ *in i...* go* well with...
smärre *adj* minor
smärt *adj* slender
smärt|a -an -or pain
smärtfri *adj* painless
smärtsam *adj* painful
smärtstillande *adj*, ~ *medel* painkiller
smör -et butter
smördeg -en -ar puff pastry
smörgås -en -ar open sandwich
smörgåsbord -et = smorgasbord
smörgåsmat -en se *pålägg*
smörja I -n **1** fett grease **2** skrap rubbish **II** *verb*, ~ *in ngt med ngt* rub sth. with sth.
smörjning -en -ar av bromsar o.d. lubrication
smörkräm -en butter cream
snabb *adj* rapid
snabba *verb*, ~ *på!* hurry up!
snabbkaffe -t instant coffee
snabbköp -et = grocery store; närbutik convenience store
snab|el -eln -lar trunk
snacka *verb* talk
snaps -en -ar glass of schnapps
snar|a -an -or snare
snarare *adv* rather

snarast *adv*, ~ *möjligt* as soon as possible
snarka *verb* snore
snarkning -en -ar snore
snart *adv* soon; *så ~ som möjligt* as soon as possible
snask -et candy
snatta *verb* pilfer, shoplift
snatteri -et -er shoplifting
snava *verb* stumble; *~ på ngt* stumble over sth.
sned *adj* crooked
snedsprång -et = affair
snegla *verb*, *~ på ngt* (*ngn*) glance furtively at sth. (sb.)
snett *adv* obliquely
snibb -en -ar corner
snickare -n = carpenter
snickra *verb* do* woodwork
snida *verb* carve
snig|el -eln -lar slug; med snäcka snail
sniken *adj* greedy
snille -t -n genius
snilleblixt -en -ar, *få en ~* have* a brainwave
snillrik *adj* brilliant
snitt -et = **1** cut **2** *i ~* genomsnitt on the average
sno *verb* **1** tvinna twist **2** vard., stjäla lift; *~ åt sig* grab **3** *~ sig* hurry up
snobb -en -ar snob
snobbig *adj* snobbish
snodd -en -ar cord
snok -en -ar grass snake
snoka *verb* pry
snopen *adj* disappointed
snopp -en -ar barnspråk wee-wee; vulgärt dick
snor -en (-et) snot
snorig *adj* snotty; *vara ~* have* a runny nose
snork|el -eln -lar snorkel
snorung|e -en -ar brat
snubbla *verb* stumble
snudda *verb*, *~ vid ngt* touch sth. lightly
snurr|a I -an -or top **II** *verb* spin
snurrig *adj* yr giddy, dizzy
snus -et -er snuff; svenskt wet snuff
snusa *verb* använda snus take* snuff
snusdos|a -an -or snuffbox
snusk -et dirt
snuskig *adj* dirty
snuv|a -an -or cold
snuvig *adj*, *vara ~* have* a cold
snyfta *verb* sob
snygg *adj* prydlig neat; vacker pretty
snyta *verb*, *~ sig* blow one's nose
snål *adj* stingy
snåla *verb* be* stingy
snåljåp -en -ar miser; vard. cheapskate
snår -et = thicket
snäck|a -an -or skal shell; snäckdjur mollusc
snäll *adj* kind; *det var snällt av dig!* how kind of you!;

var ~ och hämta mjölken could you get the milk, please
snärja *verb* ensnare
snäv *adj* **1** stramande tight **2** kort abrupt
snö -n snow
snöa *verb* snow
snöboll -en -ar snowball
snödjup -et = depth of snow
snödriv|a -an -or snowdrift
snöfall -et = snowfall
snögubb|e -en -ar snowman (pl. snowmen)
snöig *adj* snowy
snöplig *adj* disappointing
snöplog -en -ar snowplow
snöra *verb* lace
snöre -t -n string
snöskot|er -ern -rar snowmobile
snöskottning -en snow shovelling
snöskred -et = avalanche
snöstorm -en -ar snowstorm; kraftigare blizzard
sob|el -eln -lar sable
sober *adj* sober
social *adj* social
socialbidrag -et = social benefit
Socialdemokraterna the Social Democrats
socialgrupp -en -er social class; ~ *ett* the upper classes
socialism -en socialism
socialist -en -er socialist
socialistisk *adj* socialist
societet -en -er society
sociolog -en -er sociologist
socionom -en -er trained social worker
sock|a -an -or sock
sock|el -eln -lar base
sock|er -ret sugar
sockerbit -en -ar sugar cube
sockerdrick|a -an -or ung. soda
sockerfri *adj* sugar-free
sockerkak|a -an -or sponge cake
sockersjuka -n diabetes
sockra *verb* sugar; bildligt sweeten
soda -n soda
sodavatt|en -net = soda
soff|a -an -or sofa
sofistikerad *adj* sophisticated
soja -n soya sauce
sojabön|a -an -or soya bean
sol -en -ar sun
sola *verb*, ~ *sig* bask in the sun; solbada sunbathe
solari|um -et -er solarium
solbada *verb* sunbathe
solbränd *adj* brun tanned
solbränn|a -an -or tan
soldat -en -er soldier
soleksem -et = sunrash
solfjäd|er -ern -rar fan
solglasögon pl. sunglasses
solhatt -en -ar sunhat
solidarisk *adj* loyal
solig *adj* sunny
solist -en -er soloist
solkräm -en -er sun lotion

solnedgång -en -ar sunset
solo I *adj* o. *adv* solo **II** -t -n solo
sololj|a -an -or suntan oil
solros -en -or sunflower
solsken -et sunshine
solskyddsfaktor -n -er sun factor
solskyddsmed|el -let = sun lotion
solsting -et sunstroke
solstrål|e -en -ar sunbeam
soluppgång -en -ar sunrise
solur -et = sundial
som I *pron* **1** who; *jag har en vän ~ heter Derek* I have a friend who is called Derek **2** which; *Jill kom inte, något ~ förvånade mig* Jill didn't come, which surprised me **3** that; *allt ~ glittrar är inte guld* all that glitters is not gold **II** *konj*, *~ sagt* as I said; *en ~ hon* a woman like her
Somalia Somalia
sommar -en somrar summer; *i ~* this summer; *i somras* last summer; *på sommaren* in the summer
sommargäst -en -er summer visitor
sommarlov -et = summer vacation
sommarsolstånd -et summer solstice
sommarstug|a -an -or summer cottage; i bergen cabin
sommartid -en ändrad tid daylight savings time
somna *verb* fall* asleep; *~ om* go* back to sleep
son -en söner son
sondera *verb* probe; *~ terrängen* see* how the land lies
son|dotter -dottern -döttrar granddaughter
sonhustru -n -r daughter-in-law (pl. daughters-in-law)
son|son -sonen -söner grandson
sopa *verb* sweep
sopbil -en -ar garbage truck
sopborst|e -en -ar brush
sophink -en -ar garbage can
sophämtning -en garbage collection
sopkvast -en -ar broom
sopnedkast -et = garbage chute
sopor pl. garbage; torrsopor trash
sopp|a -an -or **1** soup **2** röra mess
sopptallrik -en -ar soup plate
soppås|e -en -ar trash bag
sopran -en -er soprano
sopskyff|el -eln -lar dustpan
soptipp -en -ar dump; offentlig town (city) dump
soptunn|a -an -or trash (garbage) can
sorbet -en sorbet
sorg -en -er **1** bedrövelse sorrow **2** efter avliden mourning
sorglig *adj* sad

sorglös *adj* unconcerned
sorgsen *adj* sad
sork -en -ar vole
sorl -et murmur
sort -en -er sort, kind
sortera *verb* sort; ~ ***ut*** sort out
sortiment -et = assortment
SOS SOS-et =, ***ett*** ~ an SOS
sot -et soot
sota *verb* sweep; alstra sot smoke
sotare -n = yrke chimney-sweep
souvenir -en -er souvenir
souvenirbutik -en -er souvenir shop
sova *verb* sleep*; ***sov gott!*** sleep tight!, pleasant dreams!; ~ ***middag*** have* an afternoon nap; ~ ***ut*** have* a good night's sleep
Sovjetunionen historiskt the Soviet Union
sovkupé -n -er sleeping-compartment
sovmorg|on -onen -nar late morning
sovplats -en -er sleeping-place
sovrum -met = bedroom
sovsäck -en -ar sleeping bag
sovvagn -en -ar sleeper
sovvagnsbiljett -en -er sleeping-berth ticket
spack|el 1 -let massa spackel **2** -eln -lar verktyg spackel knife (pl. knives)
spackla *verb* spackel
spad -et liquid; köttspad juice
spad|e -en -ar spade, shovel
spader -n = i kortspel spades
spaghetti -n spaghetti
spak -en -ar lever
spalt -en -er column
spana *verb* watch; ~ ***efter ngt*** watch for sth.
Spanien Spain
spaning -en -ar search; av polis investigation; militär reconnaissance
spanjor -en -er Spaniard
spanjorsk|a -an -or kvinna Spanish woman (pl. women)
1 spann -en (-et) -ar på bro span
2 spann -en (-et) -ar hink bucket, pail
spansk *adj* Spanish
spanska -n språk Spanish
spara *verb* save; ~ ***på*** inte kasta keep*; ~ ***ihop pengar*** put* aside money
sparbank -en -er savings bank
sparböss|a -an -or piggy bank
spark -en -ar kick; ***få sparken*** be* fired
sparka *verb* kick; avskeda fire
sparris -en -ar asparagus
sparsam *adj* **1** ekonomisk economical **2** gles sparse
sparsamhet -en economy
sparv -en -ar sparrow
specerier pl. groceries
specialerbjudande -t -n special
specialisera *verb*, ~ ***sig på ngt*** specialize in sth.

specialist -en -er specialist
specialitet -en -er speciality
speciell *adj* special
specificera *verb* specify
specifikation -en -er specification
speg|el -eln -lar mirror
spegelbild -en -er reflection
spegelvänd *adj* reversed
spegla *verb* reflect; ~ ***sig*** be* reflected; om person look in a mirror
speja *verb* spy; ~ ***efter ngt*** look out for sth.
spektrum -et = spectrum
spekulant -en -er **1** på hus o.d. prospective buyer **2** på börs speculator
spekulera *verb* speculate
spel -et = **1** play; ***sätta ngt på ~*** risk sth. **2** kortspel el. idrott game; hasardspel gambling
spela *verb* play; ~ ***teater*** act; ~ ***in ngt*** record sth.
spelare -n = player; hasardspelare gambler
spelautomat -en -er slot machine; vard. one-armed bandit
spelkort -et = playing-card
spel|man -mannen -män folk-musician
spelrum -met, ***ge ngn fritt ~*** give* sb. a free hand
spenat -en spinach
spendera *verb* spend*
sperma -n (-t) sperm
spermie -n -r sperm
1 spets -en -ar udd point
2 spets -en -ar trådarbete lace
3 spets -en -ar hund spitz
spetsig *adj* pointed
spett -et = **1** för stekning spit; för grillning skewer **2** av järn iron-bar lever
spex -et = student farce
spik -en -ar nail
spika *verb* nail; ~ ***fast*** nail down
spiksko -n -r track shoe
spill -et waste
spilla *verb* spill; ~ ***ut ngt*** spill sth.
spillr|a -an -or skärva splinter; ***spillror*** av t.ex. flygplan wreckage
spind|el -eln -lar spider
spinkig *adj* spindly
spinna *verb* **1** spin **2** om katt purr
spion -en -er spy
spionera *verb* spy
spir|a I -an -or **1** topp spire **2** härskarstav scepter **II** *verb* sprout
spiral -en -er **1** spiral **2** preventivmedel coil, IUD (förk. för intra-uterine device)
spis -en -ar stove
spjut -et = spear; i sport javelin
spjutkastning -en javelin
spjäll -et = i eldstad damper; på motor throttle
spjärna *verb*, ~ ***emot*** resist

splitt|er -ret = splinter
splittra *verb* shatter
splittring -en -ar oenighet division
1 spola *verb* **1** med vatten flush **2** vard., förkasta scrap, drop
2 spola *verb* vinda upp wind
spolarvätsk|a -an -or windshield washer fluid
spol|e -en -ar för sytråd, film o.d. spool; rulle reel; för hår curler
spoliera *verb* spoil
sponsor -n -er sponsor
sponsra *verb* sponsor
spontan *adj* spontaneous
sporadisk *adj* sporadic
sporra *verb* spur
sporr|e -en -ar spur
sport -en -er sport; flera slags sporter sports
sporta *verb* go* in for sports
sportaffär -en -er sports store
sportbil -en -ar sports car
sportdykning -en scuba-diving
sportfiske -t angling
sportig *adj* sporty
sportlov -et = midwinter break
sportnyheter pl. sports news
spotta *verb* spit
spraka *verb* crackle
spratt -et = trick; ***spela ngn ett ~*** play a joke on sb.
sprattla *verb* struggle, kick
sprej -en -er spray
sprejflask|a -an -or spray
sprick|a I -an -or crack **II** *verb* crack
sprida *verb* spread; ***~ sig*** spread; ***~ ut ngt*** spread out sth.
spridning -en -ar distribution; av tidning circulation
1 spring|a -an -or crack, slit; för mynt slot
2 springa *verb* run*; ***~ bort*** run* away
springpojk|e -en -ar errand boy
sprit -en alcohol; dryck spirits
spritdryck -en -er alcoholic drink
spritkök -et = camp stove
spriträttigheter pl. license to sell alcohol
spritta *verb*, ***~ till*** give* a start
sprut|a I -an -or injektion injection; instrument syringe **II** *verb* squirt, spray; blod spurt
språk -et = language; ***ut med språket!*** out with it!
språkkurs -en -er language course
språkkänsla -n feeling for language
språklärare -n = language teacher
språkundervisning -en language teaching
språng -et = jump
spräcka *verb* crack; t.ex. kostnadsramar exceed
spräcklig *adj* speckled
spränga *verb* **1** burst; med sprängämne blast **2** värka ache

sprätta *verb*, ~ ***upp*** rip open
spröd *adj* brittle; om sallad, bröd o.d. crisp
spröt -et = hos djur antenna
spurt -en -er spurt
spurta *verb* spurt
spy *verb* throw* up
spydig *adj* sarcastic
spå *verb* **1** ~ ***ngn*** tell* sb.'s fortune **2** förutsäga predict
spådom -en -ar prediction
spår -et = **1** som lämnats trace; som kan följas track; ***vara på rätt*** ~ be* on the right track **2** ledtråd clue **3** för tåg track **4** aning trace
spåra *verb* track; ~ ***upp ngn*** track sb. down; ~ ***ur*** om tåg be* derailed; om person, fest o.d. get* out of hand
spårvagn -en -ar streetcar, trolley
späd *adj* tender
späda *verb*, ~ ***ut*** dilute
spädbarn -et = infant
spänd *adj* taut; ***vara*** ~ ***på att få veta ngt*** be* anxious to know sth.
spänna *verb* kännas trång be* tight; ~ ***fast säkerhetsbältet*** fasten one's seat belt
spännande *adj* exciting
spänne -t -n clasp
spänning -en -ar tension
spänstig *adj* fit
spärr -en -ar barrier
spärra *verb* block; ~ ***ett konto*** block an account; ~ ***av*** close off
spö -et -n metspö rod; hästspö horsewhip
spöka *verb*, ***det spökar i huset*** the house is haunted
spöke -t -n ghost
spökhistori|a -en -er ghost story
1 squash -en spel squash
2 squash -en -er grönsak squash
stab -en -er staff
stabil *adj* stable
stabilisera *verb*, ~ ***sig*** stabilize
stabilitet -en stability
stackare -n = poor creature
stackars *adj*, ~ ***honom!*** poor guy!
stad -en (stan) städer town; större city; ***lämna stan*** leave* town
stadg|a I -an **1** stadighet stability **2** pl. -or förordning rule **II** *verb* **1** göra stadig steady **2** förordna prescribe
stadig *adj* steady
stadion ett ~, pl. = stadium
stadi|um -et -er stage
stadsbud -et = movers
stadsdel -en -ar district
stadshus -et = town hall; större city hall
stadsmur -en -ar town wall
stadsrundtur -en -er tour of the city
stafett -en -er tävling relay race;

4 x 100 m ~ 4 x 100 m relays
staffli -et -er easel
stagnation -en -er stagnation
stagnera *verb* stagnate
staka *verb* båt pole; ~ *sig* stumble; ~ *ut* mark out
stak|e -en -ar **1** stör stake **2** ljusstake candlestick **3** vard., framåtanda guts
staket -et = fence
stall -et = stable
stam -men -mar **1** på växt stem; trädstam trunk **2** ätt family
stamgäst -en -er regular
stamkund -en -er regular customer
stamma *verb* stammer
stamning -en stammering
stampa *verb* stamp; ~ *takten* beat time with one's foot
stamtavl|a -an -or pedigree
standard -en -er standard
stank -en -er stench
stanna *verb* **1** bli kvar stay **2** bli stående, stoppa stop
stanniol -en tinfoil
stap|el -eln -lar **1** hög pile **2** i diagram column **3** *gå av stapeln* take* place
stapla *verb* pile up
stappla *verb* stumble
star|e -en -ar starling
stark *adj* strong; *det är hans starka sida* that is his strong point
starksprit -en spirits, hard liquor
starkvin -et -er dessert wine
starköl -et (-en) = export beer
start -en -er start; flygplans takeoff
starta *verb* start; om flygplan take* off
startban|a -an -or runway
startkab|el -eln -lar jumper cable
startkapital -et = initial capital; vard. seed money
startmotor -n -er starter
startnyck|el -eln -lar ignition key
startskott -et = start signal
stat -en -er state
station -en -er station
statisk *adj* static
statistik -en -er statistics
statistisk *adj* statistical
stativ -et = stand
statlig *adj* state
statsbesök -et = state visit
statschef -en -er head of state
statskyrk|a -an -or state church
statsminist|er -ern -rar prime minister
statsråd -et = cabinet minister; motsvaras i USA av secretary
statuera *verb*, ~ *ett exempel* set an example
status -en status
staty -n -er statue
statyett -en -er statuette
stav -en -ar staff

stava *verb* spell; ***hur stavas det?*** how is it spelled?
stavelse -n -r syllable
stavhopp -et = pole vault
stavning -en -ar spelling
stearinljus -et = candle
steg -et = step
steg|e -en -ar ladder
1 stegra *verb* öka increase
2 stegra *verb*, ***~ sig*** rear
stegring -en -ar ökning increase
stek -en -ar maträtt roast
steka *verb* i ugn roast; i stekpanna fry; halstra grill
stekpann|a -an -or frying pan
stekspad|e -en -ar spatula
stekspett -et = spit
stekt *adj* fried
stel *adj* stiff
stelkramp -en tetanus
stelkrampssprut|a -an -or tetanus shot
stelna *verb* **1** om kroppsdel o.d. stiffen **2** om vätska congeal
sten -en -ar **1** stone, rock **2** material stone
Stenbocken best. form stjärntecken Capricorn
stencil -en -er stencil; som delas ut handout
stengods -et stoneware
stenhus -et = stone house
stenig *adj* stony
stenografi -n shorthand
stenskott -et =, ***få ett ~*** be* hit by a flying stone
steppa *verb* tap-dance
stereo -n -r stereo
stereoanläggning -en -ar stereo
stereotyp *adj* stereotyped
steril *adj* sterile
sterilisera *verb* sterilize
stetoskop -et = stethoscope
steward -en -ar (-er) steward
stick -et **1** pl. = styng sting **2** pl. = i spel trick **3** ***lämna ngn i sticket*** leave* sb. in the lurch
stick|a I -an -or **1** flisa splinter **2** för stickning needle **II** *verb* **1** ge ett stick prick; om t.ex. bi sting **2** med stickor knit **3** kila be* off; smita run* away **4** ***~ fram*** stick out; ***~ in ngt i ngt*** put* sth. in sth.
stickprov -et = spot check
stift -et = **1** att fästa med pin **2** att skriva med lead
stifta *verb* **1** grunda found **2** ***~ bekantskap med ngn*** make* sb.'s acquaintance
stiftelse -n -r foundation
stift|tand -tanden -tänder pivot tooth (pl. teeth)
stig -en -ar path
stiga *verb* **1** stiga uppåt rise **2** ***~ av bussen*** get* off the bus; ***stig in!*** come in!; ***~ på bussen*** get* on the bus; ***~ upp*** get* up
stigbyg|el -eln -lar stirrup
stil -en -ar **1** style; ***något i den stilen*** something like that **2** handstil writing **3** stilsort font

stilett -en -er stiletto
stilig *adj* elegant
stilla I *adj* o. *adv* calm; ***stå ~*** inte flytta sig stand* still **II** *verb* t.ex. begär satisfy
Stilla havet the Pacific
stillastående *adj* orörlig immobile
stillbild -en -er still
stilleben -et = still life (pl. lives)
stillestånd -et = **1** stagnation standstill **2** vapenvila truce
stillsam *adj* quiet
stiltje -n bildligt period of calm
stim -met = **1** av fisk shoal **2** oväsen noise
stimulans -en -er stimulation
stimulera *verb* stimulate
sting -et = sting
stinka *verb* stink
stipendi|um -et -er scholarship
stirra *verb* stare; ***~ på ngt*** (***ngn***) stare at sth. (sb.)
stjäla *verb* steal*
stjälk -en -ar stem
stjälpa *verb* overturn
stjärn|a -an -or star
stjärnbild -en -er constellation
stjärnteck|en -net = sign
stjärt -en -ar tail; på människa bottom
sto -et -n mare
stock -en -ar stam log
stockning -en -ar standstill; trafikstockning traffic jam
stoff -et = material
stoft -et **1** damm powder **2** pl. = avlidens ashes
stoj -et noise
stoja *verb* make* a noise
stol -en -ar chair
stolp|e -en -ar post
stolpill|er -ret = suppository
stolt *adj* proud
stolthet -en pride
stomm|e -en -ar frame
stopp I -et = stoppage **II** *interj* stop!
1 stoppa *verb* stanna stop
2 stoppa *verb* **1** laga darn **2** fylla fill; ***~ i sig*** stuff oneself **3** ***~ in ngt i ngt*** put* sth. into sth.
stoppförbud -et på skylt no waiting; ***det råder ~ här*** this is a no-waiting zone
stopplikt -en obligation to stop
stoppnål -en -ar darning-needle
stoppsignal -en -er stop signal
stor *adj* **1** large; ledigare big; känslobetonat great **2** vuxen grown-up
storartad *adj* grand
storasyst|er -ern -rar big sister
Storbritannien Great Britain
store|bror -brodern -bröder big brother
storföretag -et = large corporation
storhet -en -er greatness
stork -en -ar stork
storlek -en -ar size

storm -en -ar hård vind gale; oväder storm
storma *verb*, ***det stormar*** a storm is raging; ~ ***fram*** rush forward
stormakt -en -er great power
stormarknad -en -er warehouse shopping center
stormig *adj* stormy
stormsteg, ***med*** ~ by leaps and bounds
stormvarning -en -ar gale warning
storsint *adj* magnanimous
storslagen *adj* grand
stor|stad -staden (-stan) -städer big city
storstädning -en -ar thorough cleaning
stortå -n -r big toe
straff 1 -et = punishment; dom sentence **2** -en -ar i sporter penalty
straffa *verb* punish
stram *adj* tight
strama *verb* be* tight
strand -en stränder shore; för bad beach; av flod bank
strapats -en -er hardship
strategi -n -er strategy
strategisk *adj* strategic
strax *adv* soon
streb|er -ern -rar climber
streck -et = **1** drag stroke, line **2** spratt trick
strejk -en -er strike
strejka *verb* go* on strike
stress -en stress
stressad *adj* vard. stressed out
stressig *adj* stressful
streta *verb* knoga work hard; ~ ***emot*** resist
strid -en -er fight; ***det står i strid med...*** it conflicts with...
strida *verb* fight; ***det strider mot reglerna*** it goes against the rules
stridsvagn -en -ar tank
strikt I *adj* strict **II** *adv* strictly
strila *verb* sprinkle; ***regnet strilade ner*** there was a light rain
striml|a I -an -or shred **II** *verb* shred
strimma -an -or streak
stripp|a vard. **I** -an -or stripper **II** *verb* strip
struktur -en -er structure
struma -n goiter
strump|a -an -or stocking; socka sock
strumpbyxor pl. pantyhose
strunt -et (-en) rubbish, nonsense
strunta *verb*, ~ ***i ngt*** not bother about sth.
struntsak -en -er trifle
struntsumm|a -an -or trifle; ***köpa ngt för en*** ~ buy* sth. for a song
strup|e -en -ar throat
struptag -et =, ***ta*** ~ ***på ngn*** seize sb. by the throat

strut -en -ar cone
struts -en -ar ostrich
stryk -et beating; *få ~* take* a beating
stryka *verb* **1** smeka stroke **2** med strykjärn iron **3** bestryka coat; med färg paint; *~ för ngt* mark sth.; *~ på salva* smear salve **4** utesluta cancel
strykbräde -t -n ironing board
strykfri *adj* drip-dry
strykjärn -et = iron
strypa *verb* strangle
strå -et -n straw
stråk|e -en -ar bow
stråkinstrument -et = string instrument
stråla *verb* beam
strålande *adj* brilliant
strål|e -en -ar **1** ray **2** av vätska jet
strålkastare -n = på teater o.d. spotlight; på bil o.d. headlight
strålning -en -ar radiation
sträck, *i ett ~* at a stretch
sträck|a I -an -or stretch; avstånd, vägsträcka distance **II** *verb* stretch; *~ sig* stretch; *~ fram handen* hold* out one's hand; *~ på benen* stretch one's legs
sträckning -en -ar riktning direction
1 sträng *adj* severe
2 sträng -en -ar string
stränginstrument -et = string instrument
sträv *adj* rough
sträva *verb*, *~ efter ngt* strive for sth.
strävan en ~, pl. -den ambition
strö *verb* sprinkle; *~ ut ngt* strew sth.
ströbröd -et breadcrumbs
ström -men -mar **1** vattendrag stream **2** elektrisk current
strömavbrott -et = power failure
strömbrytare -n = switch
strömma *verb* stream; *~ in* pour in
strömming -en -ar Baltic herring
strömning -en -ar current
strösock|er -ret granulated sugar
ströva *verb*, *~ omkring* roam
strövtåg -et = ramble
stubb|e -en -ar stump
stubin -en -er fuse
student -en -er student
studera *verb* study
studerande -n = schoolboy, schoolgirl; pupil; på gymnasium el. vid universitet student
studie -n -r study
studiebesök -et = study visit
studiecirk|el -eln -lar study circle; på kvällen evening class
studieres|a -an -or study tour; skolresa field trip
studio -n -r studio
studi|um -et -er study
studsa *verb* bounce

stug|a -an -or cottage
stugby -n -ar ung. holiday village
stuka *verb* skada sprain
stum *adj* dumb
stumfilm -en -er silent film
stump -en -ar **1** rest stump **2** melodi tune
stund -en -er while; ***om en ~*** in a moment; ***för en ~ sedan*** a few minutes ago
stup -et = precipice
stupa *verb* **1** luta fall* steeply **2** falla fall* **3** dö be* killed
stuprör -et = drainpipe
1 stuva *verb* packa stow; ***~ undan*** stow away
2 stuva *verb* mat cook in white sauce
stuvning -en -ar köttstuvning stew; svampstuvning creamed mushrooms
styck, ***två dollar per ~*** two dollars each
stycka *verb* cut* up
styck|e -et -en piece; ***några stycken*** a few; ***vi var fem stycken*** there were five of us
stygg *adj* naughty, bad
stygn -et = stitch
stympa *verb* mutilate
styra *verb* **1** steer **2** regera govern **3** behärska control
styrbord oböjl. starboard
styrelse -n -r bolagsstyrelse board of directors
styrk|a I -an -or **1** fysisk strength; kraft power **2** trupp force **II** *verb* **1** göra starkare strengthen **2** bevisa prove
styrsel -n stability
styv *adj* **1** stiff **2** duktig clever
styvbarn -et = stepchild (pl. stepchildren)
styv|far -fadern -fäder stepfather
styv|mor -modern -mödrar stepmother
styvna *verb* stiffen
stå *verb* **1** stand*; ***det står i tidningen*** it says in the paper; ***~ för ngt*** be* responsible for sth.; ***~ kvar*** remain standing; ***vad står på?*** what's the matter?; ***hur står det till?*** how are you?; ***~ ut med ngt*** stand* sth. **2** ha stannat have* stopped
stående *adj* standing
stål -et steel
stånd -et = **1** salustånd stall **2** växt plant **3** vard., erektion hard-on **4** skick condition; ***vara i ~ till ngt*** be* capable of sth.; ***få till ~ ngt*** bring* about sth.
ståndaktig *adj* firm
ståndpunkt -en -er standpoint
stång -en stänger pole
stånka *verb* puff and blow
ståplats -en -er standing room ticket
ståt -en pomp
ståtlig *adj* grand
städa *verb* clean

städare -n = cleaner
städersk|a -an -or cleaning lady, cleaning woman (pl. women), cleaner; på hotell maid
ställ -et = stand; byggställ scaffolding
ställa *verb* put*; t.ex. frågor ask; ~ *fram ngt* put* out sth.; ~ *ifrån sig ngt* put* sth. down
ställbar *adj* adjustable
ställe -t -n place; *i stället för ngn* in sb.'s place
ställföreträdare -n = deputy
ställning -en -ar **1** position; poängställning score **2** ställ stand; byggställ scaffolding
stämband -et = vocal cord
1 stämm|a I -an -or röst voice **II** *verb* **1** instrument tune **2** *det stämmer* that's right
2 stämm|a I -an -or sammanträde meeting **II** *verb* **1** ~ *ngn för ngt* sue sb. for sth. **2** ~ *möte med ngn* arrange to meet sb.
1 stämning -en -ar sinnesstämning mood
2 stämning -en -ar inför rätta summons
stämp|el -eln -lar stamp
stämpla *verb* stamp; *gå och ~* vard. collect unemployment insurance
ständig *adj* constant
stänga *verb* shut; med lås lock; *det är stängt* om affär o.d. it's closed; ~ *av* shut off; ~ *in* lock up
stängs|el -let = fence
stänk -et = splash
stänka *verb* splash; ~ *ner* spatter
stänkskydd -et = mud guard
stänkskärm -en -ar fender
stäpp -en -er steppe
stärka *verb* göra starkare strengthen; med stärkelse starch
stärkande *adj* strengthening
stärkelse -n starch
stöd -et = support
stöddig *adj* självsäker cocksure
stödja *verb* support; ~ *sig mot ngn* lean against sb.
stöka *verb* be* busy
stökig *adj* messy
stöld -en -er theft
stöldförsäkring -en -ar theft insurance
stöldgods -et stolen goods
stöna *verb* groan
stöpa *verb* cast
störa *verb* disturb; avbryta interrupt
störning -en -ar disturbance; avbrott interruption
större *adj* larger
störst *adj* largest
störta *verb* **1** beröva makten overthrow **2** om flygplan crash; ~ *ner* fall* down
störtdykning -en -ar nose dive; *göra en ~* dive

störthjälm -en -ar crash helmet
störtlopp -et = downhill skiing; vard. downhill
störtregn -et = downpour, cloudburst
störtregna *verb* pour down
stöt -en -ar thrust; elektrisk shock
stöta *verb* **1** strike, thrust; ~ *ihop med ngn* run* across sb. **2** krossa pound **3** väcka anstöt offend
stötdämpare -n = shock absorber
stötfångare -n = bumper
stötta *verb* prop, support
stöv|el -eln -lar boot
subjektiv *adj* subjective
substans -en -er substance
subtrahera *verb* subtract
subtraktion -en -er subtraction
subvention -en -er subsidy
subventionera *verb* subsidize
succé -n -er success
successiv *adj* gradual
suck -en -ar sigh
sucka *verb* sigh
Sudan Sudan
sudd -en -ar tuss wad; tavelsudd eraser
sudda *verb*, ~ *bort ngt* rub out sth.
suddgummi -t -n eraser
suddig *adj* blurred
sufflé -n -er soufflé
sufflett -en -er top
suga *verb* suck; ~ *på ngt* suck sth.; ~ *upp ngt* absorb sth.
sugen *adj*, *vara ~ på ngt* feel* like sth.
sugrör -et = straw
sul|a I -an -or sole **II** *verb* sole
summ|a -an -or sum
summera *verb* sum up
sumpmark -en -er swamp; bräckt el. salt marsh
1 sund -et = sound
2 sund *adj* healthy; om vana sound
sunnanvind -en -ar south wind
sup -en -ar shot
supa *verb* drink*; ofta, okontrollerat etc. booze; ~ *sig full* get* drunk
supé -n -er supper
supplement -et = supplement
support|er -ern -rar supporter; vard. fan
sur *adj* **1** motsats till söt sour **2** butter surly; *han är ~ på mig* he is cross with me **3** blöt wet
surdeg -en -ar leaven
surfa *verb* surf
surfing -en surfing
surfingbräd|a -an -or surfboard
surkål -en sauerkraut
surr -et hum
1 surra *verb* hum
2 surra *verb* med rep lash
surrogat -et = substitute
surströmming -en -ar fermented Baltic herring

sus -et whistling
susa *verb* whistle
susen, *göra* ~ do* the trick
suspekt *adj* suspicious
suverän *adj* sovereign; mycket skicklig excellent
svack|a -an -or hollow; formsvacka slump; ekonomisk downturn
svag *adj* weak; ***det är hans svaga punkt*** that is his weak point; ***vara ~ för ngt*** (***ngn***) be* fond of sth. (sb.)
svaghet -en -er weakness
sval *adj* cool
sval|a -an -or swallow
svalg -et = **1** throat **2** avgrund gulf
svalka I -n coolness **II** *verb* cool
svall -et = surge
svalla *verb* surge
svallvåg -en -or surge
svalna *verb* become* cool
svamla *verb* ramble, babble
svam|mel -let drivel
svamp -en -ar **1** växt fungus; ätlig mushroom **2** tvättsvamp sponge
svan -en -ar swan
svans -en -ar tail
svar -et = answer
svara *verb* answer
svarslös *adj*, ***vara ~*** be* at a loss for an answer
svart I *adj* black **II** *adv* olagligt illegally; ***arbeta ~*** work off the books
svartlista *verb* blacklist
svartmåla *verb*, ***~ ngn*** (***ngt***) paint sb. (sth.) black
svartpeppar -n black pepper
svartsjuk *adj* jealous
svartsjuka -n jealousy
svartvit *adj* black and white
svarv -en -ar lathe
svarva *verb* turn
svav|el -let sulfur
sveda -n smarting pain; ***~ och värk*** pain and suffering
svek -et = treachery
svekfull *adj* treacherous
svensk I *adj* Swedish **II** -en -ar Swede
svensk|a -an **1** pl. -or kvinna Swedish woman (pl. women) **2** språk Swedish
svep -et = sweep; ***i ett ~*** all at once
svepa *verb* **1** wrap; ***~ in ngt i ngt*** wrap sth. up in sth. **2** dricka down; vard. chug
svepskäl -et = pretext
Sverige Sweden
svetsa *verb* weld
svett -en sweat
svettas *verb* sweat
svettig *adj* sweaty
svida *verb* smart
svika *verb* fail; ***~ sitt löfte*** break* one's promise
svikt -en spänst elasticity
svikta *verb* sag

svimma *verb* faint
svimning -en -ar faint
svin -et = pig
svindel -n **1** yrsel dizziness **2** bedrägeri swindle
svindlande *adj* dizzy; om pris o.d. enormous
svinga *verb* swing
svinläd|er -ret pigskin
svinsti|a -an -or pigsty
svit -en -er **1** av rum suite **2** ***sviterna efter en sjukdom*** the effects of an illness
svordom -en -ar swearword
svullen *adj* swollen
svullna *verb* swell
svullnad -en -er swelling
svulst -en -er swelling
svulstig *adj* inflated, pompous
svåg|er -ern -rar brother-in-law (pl. brothers-in-law)
svångrem -men -mar belt
svår *adj* difficult; farlig, allvarlig grave; ***ha svårt för ngt*** find* sth. difficult
svårfattlig *adj* difficult to understand
svårhanterlig *adj* difficult to handle
svårighet -en -er difficulty
svårmod -et melancholy
svårsmält *adj* difficult to digest; bildligt difficult to accept
svårtillgänglig *adj* remote, difficult of access
svägersk|a -an -or sister-in-law (pl. sisters-in-law)
svälja *verb* swallow
svälla *verb* swell
svält -en starvation
svälta *verb* starve
svämma *verb*, ***~ över*** spill over
sväng -en -ar turn; kurva curve
svänga *verb* swing; ***~ till höger*** turn to the right
svängning -en -ar pendling oscillation
svängrum -met space
svära *verb* swear
svärd -et = sword
svär|dotter -dottern -döttrar daughter-in-law (pl. daughters-in-law)
svär|far -fadern -fäder father-in-law (pl. fathers-in-law)
svärföräldrar pl. parents-in-law
svärm -en -ar swarm
svärma *verb* swarm; ***~ för ngn*** have* a crush on sb.
svärmeri -et -er infatuation
svär|mor -modern -mödrar mother-in-law (pl. mothers-in-law)
svärord -et = swearword
svär|son -sonen -söner son-in-law (pl. sons-in-law)
svärt|a I -an -or blackness **II** *verb* blacken
sväva *verb* float; ***~ i livsfara*** be* in danger of one's life

sy *verb* sew
sybehör pl. sewing materials
sybehörsaffär -en -er fabric store
syd -en south, se vidare *söder*
Sydafrika South Africa
sydafrikan -en -er South African
sydafrikansk *adj* South African
sydafrikansk|a -an -or kvinna South African woman (pl. women)
Sydamerika South America
sydamerikan -en -er South American
sydamerikansk *adj* South American
sydamerikansk|a -an -or kvinna South American woman (pl. women)
Sydeuropa Southern Europe
sydeuropé -n -er Southern European
sydeuropeisk *adj* Southern European
sydeuropeisk|a -an -or kvinna Southern European woman (pl. women)
sydlig *adj* southerly
sydländsk *adj* southern
sydost *adv* south-east
Sydpolen the South Pole
sydväst *adv* south-west
syfilis -en syphilis
syfta *verb*, *~ på* refer to; mena mean*
syfte -t -n purpose
syl -en -ar awl
sylt -en -er jam
sylt|a -an -or **1** mat headcheese **2** matställe greasy spoon
syltlök -en -ar pickled onions
symaskin -en -er sewing-machine
symbol -en -er symbol
symbolisera *verb* symbolize
symbolisk *adj* symbolic
symfoni -[e]n -er symphony
symfoniorkest|er -ern -rar symphony orchestra
symmetrisk *adj* symmetrical
sympati -n -er sympathy
sympatisera *verb* sympathize
sympatisk *adj* nice
symtom -et = symptom
syn -en **1** synsinne sight; *få ~ på ngt (ngn)* catch* sight of sth. (sb.) **2** synsätt view **3** pl. -er anblick sight
syna *verb* inspect; *~ i sömmarna* check carefully
synagog|a -an -or synagogue
synas *verb* **1** vara synlig be* seen **2** framgå appear; *det syns att hon mår bra* you can tell she's doing fine
synd -en **1** pl. -er sin **2** *det är ~ att du inte kan komma* it is a pity you can't come; *det är ~ om henne* I feel sorry for her
synda *verb* sin
syndabock -en -ar scapegoat

syndig *adj* sinful
synfel -et = visual defect
synhåll, *inom ~* within sight
synkronisera *verb* synchronize
synlig *adj* visible
synnerhet, *i ~* particularly
synnerligen *adv* extremely
synonym -en -er synonym
synpunkt -en -er point of view
synskadad *adj* visually handicapped, partially sighted
syntes -en -er synthesis
syntetisk *adj* synthetic
synvill|a -an -or optical illusion
synvink|el -eln -lar point of view
synål -en -ar needle
syr|a -an -or acid; syrlig smak acidity
syre -t oxygen
syren -en -er lilac
Syrien Syria
syrlig *adj* acid
syrs|a -an -or cricket
syskon -et = sibling; *de är ~* they are brother and sister (brothers and sisters)
syskonbarn -et = pojke nephew; flicka niece
sysselsatt *adj* anställd employed; upptagen busy
sysselsätta *verb* ge arbete åt employ; *~ sig med* busy oneself with
sysselsättning -en -ar **1** arbete o.d. employment **2** friare something to do
syssl|a **I** -an -or work **II** *verb*, *vad sysslar du med?* just nu what are you doing?
sysslolös *adj* idle
system -et = system
systematisk *adj* systematic
systembolag -et = butik state-run package store
syster -n systrar sister
syster|dotter -dottern -döttrar niece
syster|son -sonen -söner nephew
sytråd -en -ar sewing-thread
1 så *verb* sow
2 så **I** *adv* **1** för att uttrycka sätt so; *~ här* like this; *hur ~?* why? **2** för att uttrycka grad so, such, that; *~ gammal* so old; *~ bra böcker* such good books; *~ mycket pengar har jag inte* I haven't got that much money **3** i utrop ofta how, what; *~ dumt!* how silly! **4** sedan then **II** *konj* so; *~ att* so that; *han var inte där, ~ vi gick* he was not there, so we left
sådan (vard. *sån*) *pron* such; i utrop what; *sådana vänner* such friends; *ett sådant väder!* what weather!
sådd -en -er sowing
såg -en -ar saw
såga *verb* saw
sågspån -et = sawdust
såll -et = sieve

sålla *verb* sift; ~ ***bort ngt*** sift out sth.
sån se *sådan*
sång -en -er **1** sjungande singing **2** stycke song
sångare -n = singer
sångersk|a -an -or singer
sångröst -en -er singing-voice
såp|a -an -or soap
sår -et = wound
såra *verb* wound; kränka hurt
sårbar *adj* vulnerable
sårsalv|a -an -or ointment
sås -en -er sauce
såsom *konj* as; ~ ***barn*** as a child; ***ett klimat*** ~ ***vårt*** a climate like ours
såvida *konj* if; ~ ***han inte...*** unless he...
såvitt *adv*, ~ ***jag vet*** as far as I know
såväl *konj*, ~ ***A som B*** A as well as B
säck -en -ar sack
säckig *adj* baggy
säckpip|a -an -or bagpipe
säd -en grain; utsäde seed
sädesslag -et = cereal
sädesärl|a -an -or wagtail
säga *verb* say*; ***det vill*** ~ that is to say; ~ ***emot ngn*** contradict sb.; ~ ***till ngn att göra ngt*** tell* sb. to do sth.
säg|en -nen -ner legend
säker *adj* sure
säkerhet -en -er **1** visshet certainty; trygghet safety; i uppträdande assurance **2** för lån security
säkerhetsbälte -t -n seat belt
säkerhetsnål -en -ar safety pin
säkerligen *adv* certainly
säkert *adv* med visshet certainly; tryggt safely
säkra *verb* secure
säkring -en -ar **1** elektrisk fuse **2** på vapen safety catch
säl -en -ar seal
sälg -en -ar sallow
sälja *verb* sell*
säljare -n = seller
sällan *adv* **1** seldom **2** vard., visst inte no way!
sällsam *adj* strange
sällskap -et = umgänge company; grupp party; förening society
sällskaplig *adj* sociable
sällskapsliv -et social life
sällskapsres|a -an -or conducted tour
sällsynt *adj* rare
sämja -n harmony
sämre *adj* o. *adv* worse
sämst *adj* o. *adv* worst
sända *verb* **1** send* **2** i radio broadcast; i TV televise
sändare -n = sender
sändebud -et = **1** ambassadör ambassador **2** budbärare messenger
sändning -en -ar **1** parti consignment **2** i radio el. TV broadcast

säng -en -ar bed
sängkammare -n = bedroom
sängkläder pl. bedclothes
sängliggande *adj*, ***vara ~*** be* sick in bed
sängöverkast -et = bedspread
sänk|a I -an -or **1** dal valley **2** medicinsk sedimentation rate **II** *verb* minska lower
sänkning -en -ar minskning reduction, cut
sära *verb*, ***~ på ngt*** separate sth.
särdeles *adv* extremely
särklass, ***den i ~ bästa filmen*** the most outstanding film
särskild *adj* special
särskilt *adv* particularly
säsong -en -er season
säte -t -n seat
sätt -et = **1** vis way **2** uppträdande manner
sätta *verb* put*; ***~ sig*** sit* down; ***sätt av mig här!*** let me off here, please; ***~ fast ngn*** put* sb. away; ***~ igång*** start; ***~ in pengar på ett konto*** pay* money into an account; ***~ på ngt*** put* on sth.; ***~ på sig ngt*** put* on sth.
söder I -n the south; ***i ~*** in the south; ***mot ~*** towards the south **II** *adv*, ***~ om...*** south of...
söderut *adv* southwards
södra *adj* the southern; ***~ Europa*** southern Europe
söka *verb* **1** seek **2** vilja träffa want to see **3** ansöka om apply for
sökande I *adj* searching **II** en ~, pl. = candidate
sökare -n = i kamera view-finder
söla *verb* vara långsam dawdle
sölig *adj* långsam dawdling
söm -men -mar seam
sömmersk|a -an -or dressmaker
sömn -en sleep
sömnad -en -er sewing
sömngångare -n = sleepwalker
sömnig *adj* sleepy
sömnlös *adj* sleepless
sömnlöshet -en sleeplessness
sömnmed|el -let = sleeping pill
sömntablett -en -er sleeping pill
söndag -en -ar Sunday; ***i söndags*** last Sunday; ***på ~*** on Sunday
sönder *adj* o. *adv* **1** sönderslagen o.d. broken; ***gå ~*** break* **2** i olag out of order
sönderfall -et disintegration
söndra *verb* divide
sörja *verb* **1** en avliden mourn **2** ***~ för ngt*** take* care of sth.
sörjande *adj* mourning
sörpla *verb* slurp
söt *adj* **1** som smakar sött sweet **2** vacker pretty, sweet, cute
sötmand|el -eln -lar sweet almond

sötningsmed|el -let = sweetener
sötnos -en -ar honey
sötsaker pl. candy
sötsur *adj* sweet and sour
sötvatt|en -net fresh water
söva *verb* lull to sleep

T

t t-et t-n bokstav t [utt. ti:]
ta *verb* take*; komma med bring*; ***hur lång tid tar det?*** how long does it take?; ~ ***av*** take* off; ~ ***av sig ngt*** take* off sth.; ~ ***ngt ifrån ngn*** take* sth. away from sb.; ~ ***fram ngt*** bring* out sth.; ~ ***med sig*** bring*; ~ ***på sig ngt*** put* on sth.
tabell -en -er table
tablett -en -er **1** läkemedel tablet **2** liten duk place mat
tabu -t -n taboo
tack I -et = thanks **II** *interj*, ***ja ~!*** yes, please!; ***nej ~!*** no, thank you!; ~ ***så mycket!*** thank you very much!
1 tacka *verb* thank; ~ ***ja*** accept; ~ ***nej*** decline
2 tack|a -an -or fårhona ewe
3 tack|a -an -or av guld, silver bar
tackla *verb* tackle; ~ ***av*** fall* away
tacksam *adj* grateful
tacksamhet -en gratitude
1 tafatt, ***leka ~*** play tag
2 tafatt *adj* awkward
tafsa *verb*, ~ ***på ngn*** paw sb., fondle sb.
tag -et **1** pl. = grip; ***få ~ i ngt (ngn)*** get* hold of sth. (sb.)

2 *ett litet* ~ a little while; *två i taget* two at a time
1 tagg -en -ar törntagg thorn; på taggtråd o.d. barb
2 tagg -en -ar på bagage tag
taggtråd -en -ar barbed wire
tajma *verb* time
tak -et = yttre roof; inre ceiling
taklamp|a -an -or ceiling lamp
takluck|a -an -or sunroof
takräcke -t -n roofrack
takt -en -er **1** tempo time; fart pace; *öka takten* increase the pace **2** finkänslighet tact
taktfast *adj* om steg measured
taktik -en -er tactics
taktisk *adj* tactical
tal -et = **1** antal number **2** anförande speech; *hålla* ~ make* a speech
tala *verb* speak*; prata talk; ~ *om ngt för ngn* tell* sb. sth.
talang -en -er talent
talare -n = speaker
talarstol -en -ar platform; mer formellt rostrum
talförmåg|a -an -or faculty of speech
talg -en tallow
talgox|e -en -ar great tit
talk -en talc
tall -en -ar pine
tallrik -en -ar plate
talrik *adj* numerous
talspråk -et = spoken language
tam *adj* tame
tambur -en -er hallway
tampong -en -er tampon
tand -en tänder tooth (pl. teeth); *visa tänderna* bare one's teeth
tandborst|e -en -ar toothbrush
tandemcyk|el -eln -lar tandem
tandkräm -en -er toothpaste
tandkött -et gums
tandlossning -en loosening of the teeth
tandläkare -n = dentist
tandlös *adj* toothless
tandpetare -n = toothpick
tandprotes -en -er denture
tandvård -en dental care
tandvärk -en toothache
tangent -en -er key
tango -n -r tango
tank -en -ar tank
tanka *verb* fill up
tank|e -en -ar thought
tankeläsare -n = mind-reader
tank|er -ern -rar tanker
tankfartyg -et = tanker
tankfull *adj* thoughtful
tanklös *adj* thoughtless
tankspridd *adj* absent-minded
tant -en -er aunt; obekant lady
tapet -en -er wallpaper
tapetsera *verb* paper
tapp -en -ar i tunna tap; i badkar plug
1 tappa *verb* hälla tap off; ~ *vatten i badkaret* run* a bath; ~ *upp* draw* off
2 tappa *verb* **1** låta falla drop **2** förlora lose*; ~ *en tand* (*en*

plomb) lose* a tooth (a filling)
tapper *adj* brave
tarm -en -ar intestine
tarvlig *adj* vulgar; lumpen shabby
tass -en -ar paw
tassa *verb* pad
tatuera *verb* tattoo
tatuering -en -ar, *en ~* a tattoo
tavelgalleri -et -er picture gallery
tavl|a -an -or **1** picture; målning painting; grafiskt blad print **2** för anslag board
tax -en -ar dachshund
tax|a -an -or rate; för t.ex. körning fare; *till nedsatt ~* at reduced rates
taxera *verb* för skatt assess
taxi -n = taxi
taxichaufför -en -er taxi driver
taxistation -en -er taxi stand
T-ban|a -an -or subway
te -et -er tea; *en kopp ~* a cup of tea
teak -en teak
teat|er -ern -rar theater; *gå på ~* go* to the theater
teaterbiljett -en -er theater ticket
teaterföreställning -en -ar performance
teaterkikare -n = opera glasses
teaterpjäs -en -er play
teck|en -net = sign
teckenspråk -et = sign language
teckna *verb* **1** avbilda draw* **2** skriva sign **3** ge tecken make* a sign; använda teckenspråk sign
tecknare -n = draftsman; tidningstecknare o.d. cartoonist
teckning -en -ar **1** drawing **2** av aktier subscription
tefat -et = saucer
teg|el -let = brick
tegelpann|a -an -or tile
tegelsten -en -ar brick
tejp -en -er tape
tejpa *verb* tape
tekann|a -an -or teapot
teknik -en -er metod technique; vetenskap technology
tekniker -n = technician; ingenjör engineer
teknisk *adj* technical
teknologi -n -er technology
tekopp -en -ar teacup
telefax **1** -et = meddelande fax **2** -en -ar apparat fax
telefon -en -er telephone; *det är ~ till dig* you are wanted on the phone; *tala i ~* talk on the phone
telefonautomat -en -er pay phone
telefonhytt -en -er phone booth
telefonist -en -er operator
telefonkatalog -en -er telephone directory
telefonkiosk -en -er phone booth

telefonkort -et = phonecard
telefonlur -en -ar receiver
telefonnum|mer -ret = telephone number
telefonsamtal -et = telephone call
telefonsvarare -n = answering machine
telefontid -en -er telephone hours
telefonväckning -en -ar wake--up call
telefonväx|el -eln -lar switchboard
telegraf -en -er telegraph
telegram -met = telegram
teleobjektiv -et = telephoto lens
telepati -n telepathy
teleskop -et = telescope
television -en television
tema -t -n theme
temp|el -let = temple
temperament -et = temperament
temperatur -en -er temperature; *ta temperaturen på ngn* take* sb.'s temperature
tempo -t -n fart pace; takt tempo
tendens -en -er tendency
tenn -et tin
tennis -en tennis
tennisban|a -an -or tennis court
tennisboll -en -ar tennis ball
tennisracket -en -ar tennis racket
tenor -en -er tenor
tent|a I -an -or exam **II** *verb* be* examined
tentam|en en ~, pl. -ina examination
tentera *verb* be* examined; ~ *av ett ämne* pass a subject
teologi -n theology
teoretisk *adj* theoretical
teori -n -er theory
tepås|e -en -ar tea bag
terapeut -en -er therapist
terapi -n -er therapy
term -en -er term
termin -en -er i skola term, semester
terminal -en -er terminal
termomet|er -ern -rar thermometer
termos -en -ar thermos®
termostat -en -er thermostat
terrakotta -n terracotta
terrass -en -er terrace
terrier -n = terrier
territori|um -et -er territory
terror -n terror
terrorisera *verb* terrorize
terrorist -en -er terrorist
terräng -en -er ground; *oländig* ~ rough country
terränglöpning -en cross--country
tes -en -er thesis
tesil -en -ar tea-strainer
tesked -en -ar teaspoon; mått teaspoonful
1 test -et (-en) = (-er) prov test
2 test -en -ar av hår wisp

testa *verb* test
testamente -t -n will
testamentera *verb* will
testik|el -eln -lar testicle
tevatt|en -net water for the tea
teve -n -ar (=) television, TV; *titta på ~* watch television, watch TV
text -en -er text
texta *verb* write* in block letters
textad *adj*, ***filmen är ~*** the film has subtitles
textil *adj* textile
textilier pl. textiles
textilslöjd -en textile handicraft
Thailand Thailand
thinner -n paint thinner
thriller -n = (-s) thriller
ti|a -an -or ten; mynt ten-krona coin
Tibet Tibet
ticka *verb* tick
tid -en -er time; ***hur lång ~ tar det?*** how long does it take?; ***beställa ~ hos tandläkaren*** make* an appointment with the dentist; ***under tiden*** meanwhile
tidig *adj* early
tidning -en -ar newspaper
tidningsartik|el -eln -lar newspaper article
tidningsförsäljare -n = news vendor
tidningskiosk -en -er newsstand
tidpunkt -en -er point of time
tidsbrist -en lack of time
tidsenlig *adj* contemporary
tidsfördriv -et = pastime
tidskrift -en -er periodical; vetenskaplig journal
tidskrävande *adj* time-consuming
tidsskillnad -en -er difference in time
tidtabell -en -er för båt, flyg schedule, timetable
tidtagarur -et = stopwatch
tidvatt|en -net tide
tidvis *adv* at times
tiga *verb* keep* silent
tig|er -ern -rar tiger
tigga *verb* beg
tiggare -n = beggar
tik -en -ar bitch
till I *prep* to; ***gå ~ arbetet*** go* to work; ***sitta ~ bords*** be* at the table; ***avresa ~ Lissabon*** leave* for Lisbon; ***fem ~ antalet*** five in number; ***dörren ~ huset*** the door of the house; ***inget tecken ~ liv*** no sign of life; ***gå ~ fots*** go* on foot **II** *adv*, ***två ~*** two more
tillaga *verb* cook
tillbaka *adv* back
tillbakadragen *adj* reserverad reserved
tillbakagång -en decline

tillbehör pl. accessories
tillbringa *verb* spend*
tillbringare -n = pitcher
tilldela *verb*, *~ ngn ngt* allot sth. to sb.
tilldelning -en -ar allowance
tilldra *verb*, *~ sig* hända happen
tilldragande *adj* attractive
tillfalla *verb* go* to
tillflykt -en refuge
tillfoga *verb* **1** tillägga add **2** *~ ngn skada* do* harm to sb.
tillfreds *adv* satisfied
tillfredsställa *verb* satisfy
tillfredsställande *adj* satisfactory
tillfriskna *verb* recover
tillfrisknande -t recovery
tillfångata *verb* capture
tillfälle -t -n när ngt inträffar occasion; lägligt opportunity; *för tillfället* at the moment
tillfällig *adj* occasional
tillfällighet -en -er chance
tillföra *verb* bring*
tillförlitlig *adj* reliable
tillförsikt -en confidence
tillgiven *adj* affectionate
tillgjord *adj* affected
tillgodo se *till godo* under *godo*
tillgodogöra *verb*, *~ sig* assimilate
tillgodose *verb* meet*
tillgång -en **1** tillträde access; *ha ~ till* have* access to **2** förråd supply; *~ och efterfrågan* supply and demand **3** pl. -ar resurs asset
tillgänglig *adj* accessible; om t.ex. resurser available
tillhandahålla *verb* supply
tillhåll -et = haunt
tillhöra *verb* belong to; *hon tillhör den gruppen* she is a member of that group
tillhörighet -en -er possession
tillintetgöra *verb* annihilate
tillit -en trust
tillkalla *verb* send* for
tillkomma *verb* be* added
tillkomst -en creation
tillkännage *verb* announce
tillmötesgå *verb* oblige
tillreda *verb* prepare
tillräcklig *adj* sufficient
tillrätta *adv*, *sätta sig ~* settle down
tillrättavisa *verb* rebuke
tillrättavisning -en -ar rebuke
tills *konj* o. *prep* till, until; *~ vidare* until further notice
tillsammans *adv* together; *~ med ngn* together with sb.
tillsats -en -er addition; i mat additive
tillskott -et = bidrag contribution
tillströmning -en influx
tillstymmelse -n -r suggestion; *inte en ~ till ngt* not a shred of sth.
tillstyrka *verb* support

1 tillstånd -et = tillåtelse permission
2 tillstånd -et = skick state
tillställning -en -ar fest party
tillstöta *verb* hända occur
tillsyn -en supervision
tillsägelse -n -r **1** befallning order **2** tillrättavisning reprimand
tillsätta *verb* **1** blanda i add **2** utnämna appoint
tillta *verb* increase
tilltag -et = trick
tilltagande *adj* increasing
tilltala *verb* **1** tala till speak* to **2** behaga appeal to
tilltro -n credit
tillträda *verb* take* over
tillträde -t -n **1** ~ *förbjudet* no admission **2** tillträdande taking over
tilltänkt *adj*, ***hans tilltänkta*** his wife to be
tillvarata *verb* ta hand om take* care of
tillvaro -n existence
tillverka *verb* manufacture
tillverkare -n = manufacturer
tillverkning -en -ar manufacture
tillväga *adv*, ***gå*** ~ go* about it
tillväxt -en growth
tillåta *verb* allow
tillåtelse -n permission
tillåten *adj* allowed
tillägg -et = addition
tillägga *verb* add
tillägna *verb*, ~ ***sig ngt*** kunskaper o.d. acquire sth.
tillämpa *verb* apply
tillämpning -en -ar application
tillönska *verb*, ~ ***ngn ngt*** wish sb. sth.
timjan -en thyme
timlön -en -er hourly wage
timm|e -en -ar hour; lektion lesson; ***50 km i timmen*** 50 km an hour; ***om en*** ~ in an hour
timmer -ret = stockar timber; bearbetat lumber
timotej -en timothy
timvisare -n = hour hand
tina *verb* thaw
tindra *verb* twinkle
ting -et = sak thing
tinning -en -ar temple
tio *räkn* ten, för sammansättningar med tio jfr *fem* med sammansättningar
tiokamp -en -er decathlon
tionde *räkn* tenth
tiondel -en -ar tenth
tiotal -et = ten
1 tippa *verb* stjälpa tip
2 tippa *verb* **1** förutsäga tip **2** på tips play the numbers
tips -et = **1** upplysning tip; ***få ett*** ~ get* a tip **2** ***vinna på tipset*** win* on the numbers
tipskupong -en -er lottery coupon
tisdag -en -ar Tuesday; ***i***

tisdags last Tuesday; *på ~* on Tuesday
tist|el -eln -lar thistle
tit|el -eln -lar title
titt -en -ar look; *ta sig en ~ på ngt* take* a look at sth.
titta *verb* look; *~ fram* peep out
tittare -n = viewer
tivoli -t -n amusement park
tjafs -et nonsense
tjafsa *verb* fuss
tjalla *verb* vard. squeal
tjat -et nagging
tjata *verb* nag
tjatig *adj* **1** gnatig nagging **2** tråkig boring
tjeck -en -er Czech
Tjeckien the Czech Republic
tjeckisk *adj* Czech
tjeckisk|a -an **1** pl. -or kvinna Czech woman (pl. women) **2** språk Czech
Tjeckoslovakien historiskt Czechoslovakia
tjej -en -er girl
tjock *adj* thick
tjocklek -en -ar thickness
tjog -et = score; *ett ~ ägg* twenty eggs
tjugo *räkn* twenty, för sammansättningar med tjugo jfr *fem* o. *femtio* med sammansättningar
tjugohundratalet best. form, *på ~* in the twenty-first century
tjugonde *räkn* twentieth
tjur -en -ar bull
tjura *verb* sulk
tjurig *adj* sulky
tjusig *adj* charming
tjusning -en charm
tjut -et = howl
tjuta *verb* howl
tjuv -en -ar thief (pl. thieves)
tjuvlarm -et = burglar alarm
tjuvlyssna *verb* eavesdrop
tjuvstart -en -er false start
tjuvtitta *verb* peep
tjäd|er -ern -rar capercaillie
tjäle -n ground frost; ***tjälen har gått ur marken*** the ground has thawed
tjäna *verb* **1** förtjäna earn **2** göra tjänst serve; ***det tjänar inget till att göra det*** it's no use doing it
tjänare I -n = servant **II** *interj* hi!, hi there!
tjänst -en -er service; anställning place; ***göra ngn en ~*** do* sb. a favor; ***vad kan jag stå till ~ med?*** what can I do for you?
tjänstefolk -et servants
tjänste|man -mannen -män statlig civil servant; kontorist clerk; ***tjänstemän*** som grupp white-collar workers
tjänstgöra *verb* serve
tjänstledig *adj*, ***vara ~*** be* on leave
tjära -n tar
toa -n john
toalett -en -er wc toilet

toalettartik|el -eln -lar toilet article; ***toalettartiklar*** äv. toiletries
toalettbord -et = dresser
toalettpapper -et = toilet paper
tobak -en tobacco
tobaksaffär -en -er cigar store
toff|el -eln -lor slipper
toffelhjälte -en -ar hen-pecked husband
tofs -en -ar tuft
tok -en **1** pl. -ar person fool **2** ***gå på ~*** go* wrong
tokig *adj* mad
tolerant *adj* tolerant
tolerera *verb* tolerate
tolfte *räkn* twelfth
tolk -en -ar interpreter
tolka *verb* interpret
tolkning -en -ar interpretation
tolv *räkn* twelve, för sammansättningar med tolv jfr *fem* o. *femton* med sammansättningar
tolv|a -an -or twelve
tom *adj* empty
tomat -en -er tomato (pl. tomatoes)
tomatketchup -en tomato ketchup
tomatsallad -en -er tomato salad
tomglas pl. empty bottles; vard. empties
tomgång -en idling; ***gå på ~*** idle
tomhänt *adj* empty-handed
tomrum -met = empty space; bildligt vacuum
tomt -en -er obebyggd building site; villatomt lot; anlagd plot
tomt|e -en -ar hustomte brownie; till jul elf; jultomten Santa Claus
1 ton -net = 1.000 kg metric ton
2 ton -en -er i musik tone
tona *verb* **1** ljuda sound; ***~ bort*** fade out **2** ge färgton åt tone; håret tint
tonart -en -er key
tonfall -et = intonation; som uttryck för viss sinnesstämning tone of voice
tonfisk -en -ar tuna fish
tonic -en tonic water
tonvikt -en stress; ***lägga ~ på ngt*** emphasize sth.
tonåring -en -ar teenager
topas -en -er topaz
topp -en -ar top
toppa *verb* top
toppform -en top form
tordas *verb* våga dare
torde *verb* förmodan, ***det ~ finnas många som tycker om det*** there are probably quite a few people who like it
torftig *adj* plain
torg -et = **1** salutorg market place **2** öppen plats square
tork -en -ar drier; ***hänga på ~*** hang up to dry
torka I -n drought **II** *verb* dry; ***~ upp*** wipe up

torn -et = byggnad tower; i schack rook
tornado -n -r (-s) tornado (pl. tornadoes)
torp -et = **1** i historisk betydelse croft **2** sommarstuga summer cottage
torpare -n = crofter
torped -en -er torpedo (pl. torpedoes)
torr *adj* dry
torrdass -et = outhouse
torsdag -en -ar Thursday; ***i torsdags*** last Thursday; ***på ~*** on Thursday
torsk -en -ar cod
tortera *verb* torture
tortyr -en -er torture
torv -en peat
torv|a -an -or piece of turf
total *adj* total
tovig *adj* tangled
tradition -en -er tradition
traditionell *adj* traditional
trafik -en traffic; ***vara i ~*** run*
trafikant -en -er motorist, driver; passagerare passenger
trafikera *verb* om trafikföretag run*
trafikflyg -et civil aviation; flygtrafik air services
trafikflygplan -et = passenger plane; större airliner
trafikförsäkring -en -ar third party insurance
trafikljus -et = traffic light
trafikmärke -t -n road sign
trafikolyck|a -an -or traffic accident
trafiksignal -en -er traffic signal
trafikskol|a -an -or driving school
trafikstockning -en -ar traffic jam; svår gridlock
tragedi -n -er tragedy
tragisk *adj* tragic
trail|er -ern -rar (-ers) trailer
trakassera *verb* harass
trakt -en -er district; ***här i trakten*** in this area
traktamente -t -n per diem, allowance for expenses
traktor -n -er tractor
tramp|a I *verb* trample **II** -an -or pedal
trampolin -en -er för simhopp diving board
trams -et nonsense
tran|a -an -or crane
trans -en trance
transaktion -en -er transaction
transformator -n -er transformer
transistorradio -n -r transistor radio
transithall -en -ar transit hall
transplantation -en -er transplant
transplantera *verb* transplant
transport -en -er transportation
transportera *verb* transport, ship
transportmed|el -let = means of transport

transvestit -en -er transvestite
trapp|a I -an -or stairs; utomhus steps; ***bo tre trappor upp*** live on the fourth floor **II** *verb*, ***~ upp*** escalate
trappsteg -et = step
trappuppgång -en -ar staircase
tras|a I -an -or rag **II** *verb*, ***~ sönder ngt*** tear to pieces
trasig *adj* **1** söndertrasad ragged **2** bruten broken **3** ur funktion out of order
trasmatt|a -an -or rag-rug
trass|el -let oreda tangle; besvär trouble
trasslig *adj* tangled
trast -en -ar thrush
tratt -en -ar funnel
trav -et trot; ***hjälpa ngn på traven*** help sb. to get started
1 trava *verb* stapla pile up
2 trava *verb* om häst trot
travban|a -an -or trotting track
trav|e -en -ar pile
travhäst -en -ar trotter
tre *räkn* three, för sammansättningar med tre jfr *fem* med sammansättningar
tre|a -an -or three
tredje *räkn* third
tredjedel -en -ar third
trehjuling -en -ar cykel tricycle
trekant -en -er triangle
trekantig *adj* triangular
trekvart oböjl. 45 minuter three quarters of an hour
trend -en -er trend
trestjärnig *adj* three-star
trettio *räkn* thirty, för sammansättningar med trettio jfr *femtio* med sammansättningar
trettionde *räkn* thirtieth
tretton *räkn* thirteen, för sammansättningar med tretton jfr *fem* o. *femton* med sammansättningar
trettondag|en best. form, pl. -ar Epiphany
trettonde *räkn* thirteenth
treva *verb* grope
trevande *adj*, ***~ försök*** tentative effort
trevare -n = feeler
trevlig *adj* nice; ***det var trevligt att träffas!*** it's been nice meeting you!; ***vi hade mycket trevligt*** we had a very nice time
trevnad -en comfort
triang|el -eln -lar triangle
1 trick -et = i kort odd trick
2 trick -et = knep trick
trikå -n -er tyg tricot; ***trikåer*** tights
trilla *verb* fall*
trilling -en -ar triplet
trimma *verb* trim
trio -n -r trio
tripp -en -ar trip; ***ta en ~ till Paris*** go* for a trip to Paris
trist *adj* dyster gloomy; sorglig sad
tristess -en gloominess
triumf -en -er triumph

triumfbåg|e -en -ar triumphal arch
triumfera *verb* triumph
trivas *verb* be* happy
trivial *adj* trivial
trivsam *adj* pleasant
trivsel -n cosy atmosphere
tro I -n belief **II** *verb* believe; ***jag tror inte på henne*** I don't believe her
troende *adj* believing; ***en ~ kristen*** a practicing Christian; ***en ~*** a believer
trofast *adj* faithful
trogen *adj* faithful
trohet -en fidelity
trolig *adj* probable
troligen *adv* probably
troll -et = troll; elakt goblin
trolla *verb* do* magic; ***~ fram ngt*** conjure up sth.
trolleri -et -er magic
trollkarl -en -ar magician
trolös *adj* unfaithful
tron -en -er throne
tronföljare -n = successor to the throne
tropikerna pl. the tropics
tropisk *adj* tropical
tros|a -an -or, ***en ~*** a pair of panties; ***trosor*** panties
trots I -et defiance **II** *prep* in spite of; ***~ att*** although
trotsa *verb* defy
trotsig *adj* defiant
trottoar -en -er sidewalk
trottoarservering -en -ar sidewalk restaurant
trovärdig *adj* credible
trovärdighet -en credibility
trubadur -en -er troubadour
trubbig *adj* blunt
truck -en -ar truck; gaffeltruck fork-lift
truga *verb*, ***~ på ngn ngt*** force sth. on sb.
trumf -en = (-ar) trump
trumhinn|a -an -or eardrum
trumm|a I -an -or drum **II** *verb* drum
trumpen *adj* sullen
trumpet -en -er trumpet
trupp -en -er troop; i sport team
1 trut -en -ar fågel gull
2 trut -en -ar mun mouth; ***håll truten!*** shut up!
tryck -et = **1** pressure **2** av böcker o.d. print
trycka *verb* **1** press; ***~ av*** fire **2** böcker o.d. print
tryckeri -et -er printer's, printing firm
tryckfel -et = misprint
tryckfrihet -en freedom of the press
tryckknapp -en -ar **1** för knäppning snap **2** strömbrytare push button
tryckning -en -ar **1** pressure **2** av böcker o.d. printing
tryff|el -eln -lar truffle
trygg *adj* säker secure; utom fara safe

trygghet -en security; utom fara safety
tryta *verb* give* out
tråckla *verb* tack
tråd -en -ar thread
trådrull|e -en -ar med tråd spool of thread; tom spool
tråka *verb* trakassera annoy; ~ *ut ngn* bore sb.
tråkig *adj* långtråkig boring; sorglig sad
tråkmåns -en -ar bore
trång *adj* narrow; om t.ex. skor tight
trångsynt *adj* narrow-minded
1 trä *verb* nål thread
2 trä -et -n wood; byggvirke lumber
träd -et = tree
1 träd|a -an -or, *ligga i* ~ lie* fallow
2 träda *verb* step; ~ *fram* step forward; ~ *i kraft* take* effect; ~ *tillbaka* step down
3 träda se *1 trä*
trädgård -en -ar garden
trädgårdsmästare -n = gardener
trädstam -men -mar tree trunk
träff -en -ar **1** målträff hit **2** meeting; med pojk- el. flickvän date
träffa *verb* **1** möta meet* **2** mål hit*
träffande *adj* välfunnen apt
träffas *verb* meet*
trähus -et = wooden house
träna *verb* train
tränare -n = trainer; lagledare coach
tränga *verb*, ~ *sig fram* push forward; ~ *sig före i kön* jump the queue; ~ *in i* penetrate; ~ *undan* push aside
trängas *verb* crowd
trängsel -n crowd
träning -en -ar training
träningsoverall -en -er track suit
träsk -et = marsh
träsko -n -r clog, wooden shoe
träslöjd -en woodwork
träsnitt -et = woodcut
träta *verb* quarrel
trög *adj* långsam slow; om t.ex. lås stiff; *vara* ~ *i magen* be* constipated
tröj|a -an -or sweater; kortärmad T-shirt
trösk|a I *verb* thresh **II** -an -or combine
trösk|el -eln -lar threshold
tröst -en comfort
trösta *verb* comfort
trött *adj* tired
trötta *verb* tire; ~ *ut ngn* tire sb. out
tröttna *verb* become* tired
tröttsam *adj* tiring
T-shirt -en -ar (-s) T-shirt
tub -en -er tube
tuberkulos -en tuberculosis (förk. TB)

tuff *adj* tough; häftig cool
tuffing -en -ar tough customer
tugg|a I -an -or munfull bite
II *verb* chew
tuggummi -t -n chewing-gum
tull -en -ar **1** avgift duty; ***betala ~ på ngt*** pay* duty on sth.
2 myndighet Customs
tulla *verb*, ***~ för ngt*** pay* duty on sth.
tullavgift -en -er duty
tullfri *adj* duty-free
tullkontroll -en -er customs check
tullpliktig *adj* dutiable
tulltax|a -an -or customs tariff
tulpan -en -er tulip
tum -men = inch; ***27-tums skärm*** 27-inch screen
tumlare -n = djur porpoise
tumma *verb*, ***~ på ngt*** finger sth.; regler o.d. ease sth., modify sth.
tumm|e -en -ar thumb
tumstock -en -ar folding rule
tumult -et = tumult
tumvant|e -en -ar mitten
tumör -en -er tumor
tung *adj* heavy
tung|a -an -or **1** tongue **2** fisk sole
tungsint *adj* melancholy
tunik|a -an -or tunic
Tunisien Tunisia
tunn *adj* thin
1 tunn|a -an -or barrel
2 tunna *verb*, ***~ av*** glesna thin; ***~ ut*** thin down; bildligt water down
tunn|el -eln -lar tunnel
tunnelban|a -an -or subway
tunnklädd *adj* thinly dressed
tunnland -et = ung. acre
tupp -en -ar rooster
1 tur -en lycka luck; ***ha tur*** be* lucky
2 tur -en **1** ordning turn; ***det är min ~*** it is my turn; ***i ~ och ordning*** in turn **2** pl. -er resa trip; ***~ och retur*** biljett round-trip ticket
turas *verb*, ***~ om med ngt*** take* turns at sth.
turban -en -er turban
turism -en tourism
turist -en -er tourist
turista *verb*, ***~ i ett land*** visit (tour) a country
turistbroschyr -en -er travel brochure
turistbuss -en -ar touring coach
turistbyrå -n -er tourist office
turistguide -n -r bok guidebook
turistinformation -en -er lokal tourist office
turistklass -en -er tourist class
turistort -en -er tourist resort
turk -en -ar Turk
Turkiet Turkey
turkisk *adj* Turkish
turkisk|a -an **1** -or kvinna Turkish woman (pl. women)
2 språk Turkish

turkos I -en -er sten turquoise **II** *adj* turquoise
turlist|a -an -or för båt, flyg etc. schedule, timetable
turné -n -er tour
tur och retur-biljett -en -er round-trip ticket
turtäthet -en frequency of train (bus etc.) services
tusch -et (-en) Indian ink
tuschpenn|a -an -or felt-tip pen
tusen *räkn* thousand
tusendel -en -ar thousandth
tusenlapp -en -ar one--thousand-krona note
tusental -et =, *ett ~ människor* about a thousand people
tusentals *adv* thousands of
tuss -en -ar wad
tussilago -n -r coltsfoot
tut|a I *verb* med signalhorn o.d. beep **II** -an -or horn
tuv|a -an -or tuft
TV -n = television, TV; *titta på ~* watch television, watch TV
TV-apparat -en -er television set
tveka *verb* hesitate
tvekan en ~, best. form = hesitation
tveksam *adj* hesitant
tveksamhet -en -er hesitation
tvestjärt -en -ar earwig
tvetydig *adj* ambiguous
tvilling -en -ar twin; *Tvillingarna* stjärntecken Gemini
tvinga *verb* force
tvinna *verb* twine
tvist -en -er dispute
tvista *verb* dispute
tviv|el -let = doubt
tvivelaktig *adj* doubtful; skum shady
tvivla *verb* doubt; *~ på ngt* doubt sth.
TV-kanal -en -er television channel
TV-program -met = television program
TV-tittare -n =, *en ~* a TV viewer; ~ pl. television audience
tvungen *adj*, *bli* (*vara*) *~ att...* be* forced to...; 'måste' have* to...
två *räkn* two, för sammansättningar med två jfr *fem* med sammansättningar
två|a -an -or two; lägenhet two-room apartment
tvål -en -ar soap
tvång -et compulsion
tvåspråkig *adj* bilingual
tvär *adj* abrupt; brysk curt; om kurva sharp
tvärbromsa *verb* brake suddenly
tvärgat|a -an -or side street
tvärs *adv*, *~ över gatan* just across the street
tvärstanna *verb* stop dead
tvärsäker *adj* absolutely sure
tvärtemot I *prep* quite contrary to **II** *adv* just the opposite

tvärtom *adv* on the contrary
tvätt -en -ar washing
tvätta *verb* wash; ~ ***sig*** wash; ***gå och ~ händerna!*** go wash your hands!
tvättbar *adj* washable
tvättbräde -t -n washboard
tvättlapp -en -ar washcloth
tvättmaskin -en -er washing machine
tvättmed|el -let = detergent; *flytande* ~ liquid detergent
tvättning -en -ar washing
tvättomat -en -er laundromat®
tvättstug|a -an -or laundry room
tvättställ -et = washbasin
tvättäkta *adj* colorfast
1 ty *konj* because
2 ty *verb*, ~ ***sig till ngn*** turn to sb.
tycka *verb* **1** anse think*; ***vad tycker du om maten?*** how do you like the food? **2** ~ ***om*** gilla like; ~ ***illa om*** dislike **3** ~ ***sig höra ngt*** think* that one hears sth.
tyckas *verb* seem; ***det tycks som om han inte kommer*** it seems to me that he is not coming
tycke -t -n **1** åsikt opinion; ***i mitt*** ~ in my opinion **2** smak fancy; ***fatta ~ för ngt*** take* a fancy to sth.
tyda *verb* **1** tolka interpret **2** ~ ***på ngt*** point to sth.
tydlig *adj* distinct
tydligen *adv* obviously
tyfus -en typhoid fever
tyg -et -er material
tyg|el -eln -lar rein
tygla *verb* rein in
tyna *verb*, ~ ***bort*** fade away
tynga *verb* **1** vara tung weigh **2** belasta burden
tyngd -en -er weight
tyngdlyftning -en weightlifting
tyngdpunkt -en -er center of gravity
typ -en -er type; ***en tjej ~ Camilla*** vard. a girl like Camilla
typisk *adj*, ~ ***för*** typical of
tyrann -en -er tyrant
Tyrolen Tyrol
tysk I *adj* German **II** -en -ar German
tysk|a -an **1** pl. -or kvinna German woman (pl. women) **2** språk German
Tyskland Germany
tyst I *adj* silent; lugn quiet **II** *adv*, ***tala*** ~ speak* softly **III** *interj* hush!; ~ ***med dig!*** be quiet!
tysta *verb* silence; ~ ***ner ngn*** silence sb.; ~ ***ner ngt*** bildligt hush sth. up
tystlåten *adj* silent, taciturn
tystna *verb* become* silent
tystnad -en silence
tyvärr *adv* unfortunately
tå -n -r toe

1 tåg -et = train
2 tåg -et = rep rope
tåga *verb* march
tågbyte -t -n change of trains
tågförbindelse -n -r train service
tågluffa *verb* interrail
tågluffare -n = Interrailer
tågluffarkort -et = Interrail card
tågolyck|a -an -or railroad accident
tågres|a -an -or journey by train
tågtidtabell -en -er railroad schedule
tåla *verb* bear; ***jag tål honom inte*** I can't stand him
tålamod -et patience
tålig *adj* patient
tåls, ***ge sig till ~*** be* patient
tånag|el -eln -lar toenail
1 tång -en tänger verktyg tongs
2 tång -en växt seaweed
tår -en -ar tear
tårt|a -an -or cake
tårögd *adj* with tears in one's eyes
täcka *verb* cover
täcke -t -n sängtäcke quilt
täckjack|a -an -or ski jacket
täcknamn -et = cover
täckning -en -ar covering
täckt *adj* covered
tälja *verb* whittle, carve
tält -et = tent
tälta *verb* camp out
tältsäng -en -ar cot
tämja *verb* tame
tämligen *adv* fairly
tända *verb* light; ***~ eld på ngt*** set fire to sth.
tändare -n = lighter
tändning -en i motor ignition
tändstick|a -an -or match
tändsticksask -en -ar matchbook, box of matches
tändstift -et = spark plug
tänja *verb* stretch; ***~ på*** stretch
tänka *verb* **1** think*; ***~ efter*** think* carefully; ***~ sig*** imagine **2** ämna be* going to, starkare aim to; ***i morgon tänker jag ta ledigt*** I am going to take a day off tomorrow
tänkbar *adj* conceivable
tänkvärd *adj* worth considering
täpp|a **I** -an -or patch **II** *verb*, ***~ till*** stop up; ***jag är täppt i näsan*** my nose is stopped up
tära *verb* consume; ***~ på ngn*** tax sb.
tärning -en -ar **1** speltärning die, dice **2** av mat cube, dice
1 tät -en -er head; ***täten*** i tävling the leaders
2 tät *adj* **1** om t.ex. skog, dimma thick **2** ofta förekommande frequent **3** vard., förmögen well-to-do

täta *verb* täppa till stop up; båt caulk
tätt *adv* closely; ~ *efter* close behind
tävla *verb* compete
tävling -en -ar competition
tö -et (-n) thaw
töa *verb* thaw
töja *verb*, ~ *sig* stretch
tölp -en -ar boor
töm -men -mar rein
tömma *verb* empty
tönt -en -ar drip, nerd
töntig *adj* corny
törna *verb*, ~ *emot ngt* bump into sth.
törs *verb*, *jag ~ inte* I don't dare to
törst -en thirst
törsta *verb* thirst; ~ *efter ngt* thirst for sth.
törstig *adj* thirsty
töväd|er -ret thaw

u u-et u-n bokstav u [utt. jo:]
ubåt -en -ar submarine
udd -en -ar point
udda *adj* odd
udd|e -en -ar hög headland; låg el. smal point
uggl|a -an -or owl
ugn -en -ar oven
ugnseldfast *adj* ovenproof
ugnsstekt *adj* roasted
Ukraina Ukraine
u-land -et u-länder developing country
ull -en wool
ullgarn -et wool
ultimatum -et = ultimatum
ultraljud -et = ultrasound
umgås *verb*, ~ *med ngn* see* sb.
umgänge -t -n vänner friends; *dåligt* ~ bad company
undan I *adv* **1** bort away; *gå* ~ get* out of the way **2** fort, *arbeta* ~ get* things done **II** *prep*, *söka skydd ~ regnet* take* shelter from the rain
undanbe *verb*, ~ *sig ngt* decline sth.
undandra *verb*, ~ *sig ngt* shirk sth.
undanflykt -en -er evasion;

komma med undanflykter make* excuses
undanhålla *verb*, ~ *ngn ngt* keep* sth. from sb.
undanröja *verb* person, hinder remove
undanta *verb* make* an exception for, exempt
undantag -et = exception
undantagsfall -et =, *i* ~ in exceptional cases
1 und|er -ret = wonder
2 under I *prep* **1** i rumsbetydelse under; ~ *samma tak* under the same roof **2** i tidsbetydelse during; ~ *dagen* during the day **3** mindre än under; ~ *10 dollar* under 10 dollars **4** ~ *tystnad* in silence; ~ *pausen* in the break; ~ *resan* on the journey **II** *adv* underneath; nedanför below
underbar *adj* wonderful
underbygga *verb* support
underbyxor pl. för herrar underpants; för damer panties
underdel -en -ar lower part
underdånig *adj* humble
underfund *adv*, *komma* ~ *med* find* out; begripa understand
underförstådd *adj* implicit
undergiven *adj* submissive
undergång -en -ar fall ruin
underhåll -et = maintenance
underhålla *verb* **1** försörja support **2** sköta maintain **3** roa entertain
underhållande *adj* entertaining
underhållning -en -ar entertainment
underifrån *adv* from below
underkasta *verb*, ~ *ngn ngt* subject sb. to sth.; ~ *sig ngt* submit to sth.
underkjol -en -ar half-slip; med volanger petticoat
underkläder pl. underwear
underklänning -en -ar slip
underkropp -en -ar lower part of the body
underkuva *verb* subdue
underkyld *adj*, *underkylt regn* rain turning to ice
underkäk|e -en -ar lower jaw
underkänd *adj* betyg failure (F); *bli* ~ *i ett prov* fail a test
underkänna *verb* reject; i skola fail
underlag -et = grund foundation
underlig *adj* strange
underliv -et = lower abdomen; könsorgan genitals
underläge -t, *vara i* ~ be* at a disadvantage
underlägg -et = mat
underlägsen *adj* inferior
underläpp -en -ar lower lip
underlätta *verb* facilitate
undermedvetet *adv* subconsciously
undernärd *adj* undernourished
underrätta *verb*, ~ *ngn om ngt* inform sb. of sth.

underrättelse -n -r information
undersid|a -an -or underside
underskatta *verb* underestimate
underskott -et = deficit
underskrift -en -er signature
underst *adv* at the bottom
understiga *verb* be* (fall*) below
understryka *verb* emphasize
understöd -et = support
understödja *verb* support
undersöka *verb* examine
undersökning -en -ar examination
underteckna *verb* sign; ***undertecknad*** I the undersigned
undertröj|a -an -or undershirt
underutvecklad *adj* underdeveloped
underverk -et = miracle
undervisa *verb* teach; ***~ i svenska*** teach Swedish
undervisning -en teaching
undervärdera *verb* underestimate
undgå *verb* escape
undkomma *verb* escape
undra *verb* wonder; ***jag undrar vart hon har tagit vägen*** I wonder where she went
undran en ~, best. form = wonder
undre *adj* lower
undsätta *verb* relieve
undsättning -en rescue; ***komma till ngns ~*** come* to sb.'s rescue
undulat -en -er small parrot, budgerigar
undvara *verb* do* without
undvika *verb* avoid
ung *adj* young
ungdom -en -ar ungdomstid youth; ***ungdomar*** teenagers
ungdomlig *adj* youthful
ung|e -en -ar **1** av djur young one (pl. young) **2** barn kid
ungefär *adv* about
ungefärlig *adj* approximate
Ungern Hungary
ungersk *adj* Hungarian
ungersk|a -an **1** pl. -or kvinna Hungarian woman (pl. women) **2** språk Hungarian
ungkarl -en -ar bachelor
ungmö -n -r, ***en gammal ~*** an old maid
ungrare -n = Hungarian
uniform -en -er uniform
unik *adj* unique
union -en -er union
universitet -et = university
universum -et (=) universe
unken *adj* musty
unna *verb*, ***~ ngn ngt*** not begrudge sb. sth.; ***~ sig*** allow oneself
upp *adv* up; ***längre ~*** further up; ***vara ~ och ner*** be* upside-down
uppassare -n = waiter
uppassning -en waiting

uppbjuda *verb*, ~ ***alla krafter*** summon all one's strength
uppbringa *verb* skaffa raise
uppbrott -et = breaking up
uppdelning -en -ar division
uppdrag -et = assignment; militärt mission
uppdriven *adj* intense
uppe *adv* up; ***sitta*** ~ stay up
uppehåll -et = **1** avbrott break **2** vistelse stay
uppehålla *verb* **1** hindra hinder **2** underhålla maintain **3** ~ ***sig*** be*
uppehållstillstånd -et = residence permit; ***permanent*** ~ permanent residence permit; motsvaras i USA av green card
uppehälle -t living; ***fritt*** ~ free board and lodging
uppenbar *adj* obvious
uppenbara *verb* reveal; ~ ***sig*** appear
uppfatta *verb* understand
uppfattning -en -ar åsikt opinion
uppfinna *verb* invent
uppfinnare -n = inventor
uppfinning -en -ar invention
uppfinningsrik *adj* inventive
uppfostra *verb* bring* up, raise
uppfostran en ~, best. form = upbringing
uppfriskande *adj* refreshing
uppfylla *verb* fulfil
uppfyllelse -n, ***gå i*** ~ come* true
uppfödning -en breeding
uppför *prep* up; ~ ***trappan*** upstairs
uppföra *verb* **1** bygga build* **2** framföra perform **3** ~ ***sig*** behave; ~ ***sig illa*** behave badly; ~ ***sig väl*** behave well
uppförande -t -n **1** framförande performance **2** beteende behavior
uppförsback|e -en -ar hill, uphill slope
uppge *verb* state
uppgift -en -er **1** upplysning information **2** åliggande task; militär mission
uppgång -en -ar **1** väg upp way up **2** ökning rise
uppgörelse -n -r avtal o.d. agreement
upphetsad *adj* excited
upphetsande *adj* exciting
upphetsning -en excitement
upphittad *adj* found
upphov -et = origin
upphovs|man -mannen -män originator, inventor
upphäva *verb* abolish
upphöja *verb* raise
upphöra *verb* stop
uppifrån *adv* from above
uppiggande *adj* stimulating
uppkomma *verb* arise
uppkomst -en origin
uppkäftig *adj* vard. brash; om barn fresh
uppköp -et = purchase

upplag|a -an -or edition; tidnings circulation
uppleva *verb* experience
upplevelse -n -r experience
upplopp -et = tumult riot
upplysa *verb* inform; ***kan ni ~ mig om när nästa buss går?*** can you tell me when the next bus leaves?
upplysning -en -ar **1** underrättelse information **2** belysning lighting
upplyst *adj* lit up; fördomsfri enlightened
uppläggning -en -ar bildligt arrangement, strategy
upplösa *verb* dissolve
upplösning -en -ar dissolution; slut end
uppmana *verb* uppmuntra encourage; kräva demand
uppmaning -en -ar request
uppmjukning -en -ar softening
uppmuntra *verb* encourage
uppmunt|ran en ~, pl. -ringar encouragement
uppmärksam *adj* attentive; ***göra ngn ~ på ngt*** call sb.'s attention to sth.
uppmärksamhet -en attention
uppmärksamma *verb* observe
uppnå *verb* reach; mer formellt obtain
uppochnedvänd *adj* turned upside-down
uppoffra *verb* sacrifice; ***~ sig*** sacrifice oneself
uppoffring -en -ar sacrifice
upprepa *verb* repeat
upprepning -en -ar repetition
uppriktig *adj* sincere
uppriktighet -en sincerity
upprop -et = **1** namnupprop rollcall **2** vädjan appeal
uppror -et = rebellion; ***göra ~*** rebel
upprustning -en -ar militär rearmament; reparation repair
upprymd *adj* elated
upprätt *adj* o. *adv* upright
upprätta *verb* **1** inrätta establish **2** avfatta draw* up
upprättelse -n -r rehabilitation
upprätthålla *verb* maintain
upprörande *adj* shocking, outrageous
upprörd *adj* agitated; harmsen indignant
uppsagd *adj*, ***bli ~*** be* given notice
uppsats -en -er essay
uppsatt *adj*, ***en högt ~ person*** a high-ranking person
uppseende -t sensation; ***väcka ~*** attract attention
uppseendeväckande *adj* sensational
uppsikt -en supervision; ***ha ~ över ngt*** supervise sth.
uppskatta *verb* **1** beräkna estimate **2** sätta värde på appreciate
uppskattning -en -ar **1** beräkning

estimate **2** gillande appreciation
uppskov -et = postponement; *få ~ med betalningen* be* allowed to postpone payment
uppslag -et = **1** på byxa cuff **2** i tidning spread **3** idé idea
uppslags|bok -boken -böcker reference book
uppsluppen *adj* exhilarated
uppstoppad *adj* stuffed
uppstå *verb* uppkomma arise
uppståndelse -n **1** oro excitement **2** *Jesu ~* the Resurrection
uppställning -en -ar **1** anordning arrangement **2** i sporter line-up
uppstötning -en -ar belch; *sura uppstötningar* heartburn
uppsving -et = rise; ekonomiskt boom
uppsvälld *adj* swollen
uppsyn -en -er ansiktsuttryck expression
uppsåt -et = intention; *med ~* deliberately
uppsägning -en -ar notice; *ha tre månaders ~* get* three months' notice
uppsättning -en -ar **1** av pjäs production **2** sats set
uppta *verb* ta i anspråk take* up
upptagen *adj* sysselsatt el. om telefon busy; om sittplats o.d. taken; om toalett occupied
upptakt -en -er **1** i musik upbeat **2** början beginning
upptill *adv* at the top
uppträda *verb* **1** framträda appear **2** uppföra sig behave
uppträdande -t -n **1** framträdande appearance **2** beteende behavior
upptåg -et = prank
upptäcka *verb* discover
upptäckt -en -er discovery
upptäcktsfärd -en -er expedition
upptäcktsresande -n = explorer
uppvaknande -t -n awakening
uppvakta *verb* gratulera congratulate
uppvaktning -en -ar **1** vid högtidsdag congratulatory call **2** följe attendants
uppvigla *verb* stir up
uppvisa *verb* show*
uppvisning -en -ar exhibition
uppväcka *verb* framkalla awaken
uppväga *verb* outweigh, compensate for
uppvärmning -en heating
uppväxt -en adolescence
uppåt I *prep* up to **II** *adv* upwards
1 ur -et = armbandsur watch
2 ur *prep* out of; *~ bruk* out of use

uran -et (-en) uranium
urarta *verb* degenerate
urin -en urine
urinprov -et = urine sample
urinvånare -n = aborigine
urklipp -et = cutting
urladdning -en -ar discharge
urmakare -n = watchmaker
urn|a -an -or urn
urringad *adj* low-cut
urringning -en -ar décolletage; djup plunging neckline
ursinnig *adj* furious
urskilja *verb* distinguish
urskillning -en discrimination
urskog -en -ar virgin forest; regnskog jungle
ursprung -et = origin
ursprunglig *adj* original
ursprungligen *adv* originally
ursäkt -en -er excuse
ursäkta *verb* excuse; ~ ***mig!*** excuse me!; ~ ***att jag är sen*** excuse me for being late
urusel *adj* lousy
urval -et = choice
urverk -et = clockwork
uråldrig *adj* ancient
USA the U.S., the US
usel *adj* miserable
ut *adv* out; ***vara ~ och in*** be* turned inside out
utan I *prep* without **II** *konj* but
utanför *prep* o. *adv* outside
utanpå *prep* o. *adv* outside
utantill *adv* by heart
utarbeta *verb* work out
utbetalning -en -ar payment
utbetalningskort -et = giro payment order
utbilda *verb* educate; ~ ***sig till ngt*** train to become sth.
utbildning -en -ar education; för yrke training
utbreda *verb* spread; ~ ***sig*** spread
utbredning -en t.ex. åsikts, seds prevalence
utbringa *verb*, ~ ***en skål för ngn*** propose a toast to sb.
utbrista *verb* exclaim
utbrott -et = av t.ex. krig outbreak
utbud -et = supply
utbyta *verb* exchange
utbyte -t **1** utväxling exchange; ***i ~ mot ngt*** in exchange for sth. **2** benefit; ***ha ~ av ngt*** profit from sth.
utdelning -en -ar **1** distribution; av post delivery **2** på aktie dividend
utdrag -et = extract
utdragen *adj* drawn out
ute *adv* **1** i rumsbetydelse out **2** ***tiden är ~*** your (his etc.) time is up
utebli *verb* om person fail to come
utelämna *verb* leave* out, omit
uteservering -en -ar open-air café

utesluta *verb* exclude; ***det är inte uteslutet*** it is not impossible
uteslutande *adv* exclusively
utfall -et = resultat result
utfalla *verb* turn out; ***~ väl*** turn out well
utfart -en -er exit
utflykt -en -er excursion
utforma *verb* design
utformning -en -ar design
utforska *verb* ta reda på find* out; undersöka investigate
utfärda *verb* issue
utför *prep* o. *adv* down; ***det går ~ med honom*** he is going downhill
utföra *verb* verkställa carry out
utförande -t -n **1** verkställande performance **2** modell, stil design
utförlig *adj* detailed
utförsback|e -en -ar downhill slope
utförsåkning -en downhill skiing
utförsäljning -en -ar clearance, sale
utge *verb* **1** publicera publish **2** ***~ sig för att vara...*** pass oneself off as...
utgift -en -er expense
utgå *verb* **1** om buss, tåg o.d. start out **2** uteslutas be* excluded **3** ***jag utgår från att alla kommer*** I assume that everybody is coming
utgång -en -ar **1** väg ut exit **2** slut end **3** resultat result
utgångspunkt -en -er starting-point
utgåv|a -an -or edition
utgöra *verb* constitute
uthyrning -en -ar rental; ***till ~*** for rent
uthållig *adj* persevering
uthållighet -en staying power
utifrån I *prep* from **II** *adv* from outside
utjämna *verb* level out
utjämning -en equalization
utkant -en -er, ***i utkanten av staden*** on the outskirts of the town
utkast -et = koncept draft
utkik -en -ar lookout; ***hålla ~ efter*** look out for
utklädd *adj* förklädd disguised
utkämpa *verb* fight
utlandet best. form foreign countries; ***från ~*** from abroad
utlandssamtal -et = international call
utlopp -et = discharge; bildligt outlet
utlova *verb* promise
utlysa *verb*, ***~ en tjänst*** advertise a post; ***~ en tävling*** annonce a competition
utlåtande -t -n report
utlägg pl. expenses
utlämna *verb* överlämna give* up; till annan stat extradite

utländsk *adj* foreign
utlänning -en -ar foreigner; juridiskt alien
utlösa *verb* release
utmana *verb* challenge
utmanande *adj* provocative
utmaning -en -ar challenge
utmattad *adj* exhausted
utmattning -en fatigue
utmed *prep* along
utmynna *verb*, ~ *i* end in
utmärglad *adj* emaciated
utmärka *verb* **1** känneteckna distinguish **2** ~ *sig* distinguish oneself
utmärkande *adj*, ~ *för* characteristic of
utmärkelse -n -r distinction
utmärkt I *adj* excellent **II** *adv* excellently
utnyttja *verb* tillgodogöra sig make* use of; ***du utnyttjade mig!*** you used me!
utnämna *verb* appoint
utnött *adj* worn out
utochinvänd *adj* turned inside out
utom *prep* **1** utanför outside; ***vara ~ sig*** be* beside oneself **2** med undantag av except
utomhus *adv* outdoors
utomlands *adv* abroad
utomordentlig *adj* extraordinary
utomstående I en ~, pl. = outsider **II** *adj*, ***en ~ betraktare*** an outside observer
utplåna *verb* obliterate
utpressning -en -ar blackmail
utpräglad *adj* pronounced, marked
utreda *verb* investigate
utredning -en -ar undersökning investigation
utrensning -en -ar purge
utres|a -an -or outward journey
utrikes I *adj* foreign **II** *adv* abroad
utrikesflyg -et på skylt international flights
utrop -et = cry
utropsteck|en -net = exclamation mark
utrota *verb* root out
utrotningshotad *adj* endangered
utrusta *verb* equip
utrustning -en -ar equipment
utryckning -en -ar efter alarm call, turn-out
utrymma *verb* evacuate
utrymme -t -n space
utrymning -en evacuation
uträtta *verb* do*; ***jag måste ~ ett ärende*** there is something I need to do
utsatt *adj* **1** blottställd exposed; ***vara ~ för ngt*** be* subjected to sth. **2** bestämd fixed
utse *verb* choose*; ***~ ngn till ordförande*** appoint sb. chairman (chairwoman)
utseende -t -n appearance
utsid|a -an -or outside

utsikt -en -er **1** view; ***ha ~ över ngt*** om rum o.d. look out on sth., overlook sth. **2** chans prospect
utskällning -en -ar chewing--out, scolding
utslagen *adj* **1** om blomma full-blown **2** från tävling eliminated **3** ***de utslagna*** the down-and-outs
utsliten *adj* worn out
utsläpp -et = **1** avlopp outlet **2** från bil exhaust; från industri discharge, waste
utsmyckning -en -ar adornment
utspelas *verb* take* place
utspädd *adj* diluted
utstakad *adj* fixed
utstrålning -en -ar persons charisma
utsträckning -en -ar extension; ***i stor ~*** to a large extent
utstuderad *adj* studied
utstå *verb* endure
utstående *adj* protruding
utställning -en -ar exhibition
utsugning -en exploitation
utsvulten *adj* starved, starving
utsvävande *adj* debauched
utsåld *adj* sold out
utsändning -en -ar transmission
utsätta *verb* expose; ***~ ngn för ngt*** expose sb. to sth.
utsökt *adj* exquisite
utsövd *adj* thoroughly rested
uttag -et = **1** för el outlet, socket **2** av pengar withdrawal
uttagning -en -ar i sport selection
uttagsautomat -en -er ATM (förk. för automatic teller machine)
uttal -et = pronunciation
uttala *verb* **1** ord pronounce **2** uttrycka express
uttalande -t -n statement
uttryck -et = expression; ***ge ~ åt ngt*** express sth.
uttrycka *verb* express
uttrycklig *adj* tydlig explicit
uttrycksfull *adj* expressive
uttryckslös *adj* expressionless
uttråkad *adj* bored
uttröttad *adj* weary
uttömma *verb* exhaust
uttömmande *adj* exhaustive
utvald *adj* chosen
utvandrare -n = emigrant
utvandring -en emigration
utveckla *verb* develop; ***~ sig*** develop
utveckling -en -ar development
utvecklingsstörd *adj* mentally handicapped, exceptional
utvidga *verb* widen
utvidgning -en extension
utvilad *adj* rested
utvinna *verb* extract
utvisa *verb* **1** visa ut send* out; utlänning el. i vissa idrotter expel **2** visa show*
utvisning -en -ar **1** förvisning expulsion **2** i ishockey penalty; i baseball, fotboll expulsion

utväg -en -ar way out
utvändig *adj* external
utvärdera *verb* evaluate
utvärdering -en -ar evaluation
utvärtes *adj* external; *för ~ bruk* for external use
utåt I *prep* towards **II** *adv* outwards
utåtriktad *adj* om person extrovert
utöka *verb* increase
utöva *verb* exercise
utöver *prep* besides
uv -en -ar great horned owl

V

v v-et v-n bokstav v [utt. vi:]
w w-et w-n bokstav w, double-u [utt. 'dabblju:]
vaccin -et (-en) -er (=) vaccine
vaccination -en -er vaccination
vaccinera *verb* vaccinate
vacker *adj* skön beautiful; förtjusande lovely
vackla *verb* totter
1 vad -en -er på ben calf
2 vad -et = vadhållning bet
3 vad I *pron* what; *~ är klockan?* what time is it? **II** *adv* how; *~ du är lycklig!* how happy you are!
vada *verb* wade
vadd -en -ar absorbent cotton
vadhållning -en -ar betting
vag *adj* vague
vag|el -eln -lar sty
vagg|a I -an -or cradle **II** *verb* rock
vagn -en -ar carriage; tågvagn car
vaja *verb* sway
vaj|er -ern -rar cable; tunn wire
1 vak -en -ar isvak hole in the ice
2 vak -et, *ha ~* be* on night duty
vak|a I -an -or vigil **II** *verb*, ~

hos ngn sit* up with sb.; ~ *över ngt* watch over sth.
vaken *adj* **1** ej sovande awake **2** pigg bright
vakna *verb* wake* up
vaksam *adj* vigilant
vakt -en -er **1** vakthållning watch; *hålla* ~ keep* watch **2** person guard
vakta *verb* watch; ~ *en skatt* guard a treasure
vaktmästare -n = custodian, janitor
vakuum -et = vacuum
1 val -en -ar djur whale
2 val -et = **1** choice **2** omröstning election
Wales Wales
walesare -n = Welshman (pl. Welshmen)
walesisk *adj* Welsh
walesisk|a -an **1** pl. -or kvinna Welshwoman **2** språk Welsh
valfri *adj* optional; ~ *kurs* elective
valfrihet -en freedom of choice
valk -en -ar callus
1 vall -en -ar jordvall o.d. bank
2 vall -en -ar för bete pasture
1 valla *verb* djur graze
2 vall|a I -an -or wax **II** *verb* skidor wax
vallfärda *verb* go* on a pilgrimage
vallgrav -en -ar moat
vallmo -n -r poppy
valnöt -en -ter walnut
valp -en -ar puppy
1 vals -en -er dans waltz
2 vals -en -ar i valsverk roll, roller
valut|a -an -or myntslag currency
valutakurs -en -er exchange rate
valutaväxling -en -ar exchange
valv -et = vault; båge arch
valör -en -er value
van *adj* experienced; *vara* ~ *vid att göra ngt* be* used to doing sth.
van|a -an -or habit; sed custom; *ha för* ~ *att äta sent* usually eat* late
vandalisera *verb* vandalize
vandra *verb* walk; ~ *i fjällen* hike in the mountains
vandrare -n = wanderer
vandrarhem -met = youth hostel
vandring -en -ar hike
vanebildande *adj* addictive
vanilj -en vanilla
vaniljsock|er -ret vanilla--flavored sugar
vaniljsås -en -er custard sauce
vanka *verb*, ~ *av och an* pace up and down
vanlig *adj* bruklig usual; vardaglig ordinary; gemensam för många common
vanligen *adv* generally
vanmakt -en powerlessness
vanpryda *verb* disfigure
vansinne -t insanity

vansinnig *adj* mad
vanskapt *adj* deformed
vanskig *adj* difficult
vant|e -en -ar mitten
vantrivas *verb* be* uncomfortable
vanära I -n disgrace **II** *verb* disgrace
vap|en -net = **1** redskap weapon **2** ätts coat of arms
vapenvil|a -an -or truce
vapenvägrare -n = conscientious objector (förk. CO); i t.ex. Vietnamkriget draft resister
1 var -et i sår pus
2 var *pron* **1** each; ***vi fick 10 dollar ~*** we got 10 dollars each; ***~ och en av de nya gästerna*** each of the new guests **2** every; ***~ femte dag*** every fifth day
3 var *adv* where; ***~ som helst*** anywhere
1 vara *verb* be*; finnas till exist; ***det är Eva*** i telefon Eva speaking; ***hur är det med dig då?*** how are you?; ***jag är hungrig*** I'm hungry; ***~ med om ngt*** experience sth.
2 vara *verb* räcka last
3 var|a -an -or artikel article
4 vara, ***ta ~ på*** take* care of; tid o.d. make* the most of
5 vara *verb*, ***~ sig*** om sår o.d. fester
varaktig *adj* lasting
varandra *pron* each other
varannan *räkn*, ***~ vecka*** every other (second) week
varbildning -en -ar suppuration
vardag -en -ar weekday; ***på vardagar*** on weekdays
vardaglig *adj* ordinary
vardagsliv -et everyday life
vardagsrum -met = living room
vardera *pron* each
varefter *adv* after which
varelse -n -r being
varenda *pron* every
vare sig *konj*, ***~ han vill eller inte*** whether he wants to or not
varför *adv* frågande why
varg -en -ar wolf (pl. wolves)
variant -en -er variant
variation -en -er variation
variera *verb* vary
varieté -n -er review
varifrån *adv* from where
varje *pron* varje särskild each; varenda every
varken *konj*, ***~ A eller B*** neither A nor B
varm *adj* warm; het hot
varmbad -et = hot bath
varmfront -en -er warm front
varmhjärtad *adj* warm-hearted
varmrätt -en -er main dish
varmvatt|en -net hot water
varna *verb* warn; ***~ ngn för ngt*** warn sb. of sth.
varning -en -ar warning

varningslamp|a -an -or warning light
varningsmärke -t -n warning symbol
varningstriang|el -eln -lar warning triangle
varpå *adv* after which
vars *pron* whose
varsam *adj* careful
varse *adj*, ***bli ~ ngt*** notice sth.
varsko *verb* warn
varsågod *interj* här har ni here you are!; ta för er help yourself, please!
vart *pron* every; ***~ femte år*** every fifth year
1 vart *adv* where
2 vart, ***jag kommer ingen ~*** I'm not getting anywhere
vartannat *räkn*, ***~ år*** every other (second) year
vartill *adv* to which
varudeklaration -en -er informative label
varuhus -et = department store
varumärke -t -n trademark
1 varv -et = **1** omgång turn; i sporter lap **2** lager layer
2 varv -et = skeppsvarv shipyard
varva *verb* **1** ***~ ngt*** put* sth. in layers **2** i sport lap
vas -en -er vase
vaselin -et (-en) vaseline
vask -en -ar sink
1 vass *adj* sharp
2 vass -en -ar växt reed
Vatikanen the Vatican
watt -en = watt
vatt|en -net = water
vattendrag -et = watercourse
vattenfall -et = waterfall
vattenfärg -en -er watercolor
vattenkann|a -an -or watering can
vattenklosett -en -er WC, toilet
vattenkraft -en water power, hydroelectric power
vattenkran -en -ar faucet
vattenledning -en -ar water pipe
vattenmelon -en -er watermelon
vattenpolo -n water polo
vattenpöl -en -ar puddle
vattenskid|a -an -or water-ski
vattenslang -en -ar hose
vattenstämp|el -eln -lar watermark
vattentät *adj* waterproof
vattenyt|a -an -or surface of the water
vattenång|a -an -or steam
vattkoppor pl. chicken pox
vattna *verb* water
Vattumannen best. form stjärntecken Aquarius
vax -et -er wax
vaxa *verb* wax
vaxbön|a -an -or wax bean
vaxkabinett -et = waxworks
vaxljus -et = wax candle
wc wc-t wc-n WC
veck -et = fold

1 vecka *verb* fold
2 veck|a -an -or week; ***för tre veckor sedan*** three weeks ago; ***om en ~*** in a week
veckig *adj* creased
veckla *verb*, ***~ ihop*** fold up; ***~ ut*** unfold
veckodag -en -ar day of the week
veckoslut -et = weekend
veckotidning -en -ar weekly
ved -en wood
vederbörande I *adj* proper **II** oböjl. the person concerned, the appropriate party
vedertagen *adj* accepted
vedervärdig *adj* repulsive
vegetarian -en -er vegetarian
vegetarisk *adj* vegetarian
vegetation -en -er vegetation
vek *adj* weak
vek|e -en -ar wick
vekling -en -ar weakling
velig *adj* irresolute
vem *pron* who; efter preposition whom; vilkendera which
vemodig *adj* sad
ven -en -er vein
Venedig Venice
venerisk *adj*, ***~ sjukdom*** venereal disease (förk. VD)
ventil -en -er **1** till luftväxling ventilator **2** i maskin valve
ventilation -en -er ventilation
ventilera *verb* ventilate
verand|a -an -or porch, veranda
verb et = verb
verk -et = **1** arbete, alster work **2** ämbetsverk department **3** fabrik works
verka *verb* **1** göra verkan work **2** förefalla seem; ***han verkar tycka om sitt arbete*** he seems to like his work
verk|an en ~, pl. -ningar effect; ***göra ~*** have* an effect
verklig *adj* real
verkligen *adv* really
verklighet -en -er reality; ***i verkligheten*** in real life; i själva verket actually
verksam *adj* active
verksamhet -en -er aktivitet activity; rörelse action
verk|stad -staden -städer workshop; för bil garage
verkställa *verb* carry out; t.ex. order execute
verktyg -et = tool
verktygslåd|a -an -or toolbox
vermouth -en vermouth
vernissage -n -r opening of an exhibition
vers -en -er verse
version -en -er version
vessl|a -an -or **1** djur weasel **2** fordon snowmobile
vestibul -en -er vestibule, entrance hall
veta *verb* know*; ***få ~ ngt*** get* to know sth.; ***inte vilja ~ av ngn*** not want to have anything to do with sb.
vete -t wheat

vetebröd -et = kaffebröd coffee cake
vetemjöl -et flour
vetenskap -en -er science
vetenskaplig *adj* scientific
vetenskaps|man -mannen -män scientist, researcher; humanist scholar
veteran -en -er veteran
veteranbil -en -ar antique car
veterinär -en -er veterinarian; vard. vet
vetgirig *adj* eager to learn
vett -et sense; ***han är från vettet*** he is out of his mind
vetta *verb*, ***~ mot ngt*** face sth.
vettig *adj* sensible
vettskrämd *adj* scared stiff
vev -en -ar crank
veva *verb*, ***~ i gång*** motor o.d. start
whisky -n whiskey
vi *pron* we
via *prep* via
viadukt -en -er viaduct
vibration -en -er vibration
vibrera *verb* vibrate
vice *adj* vice
vicka *verb* wobble; ***~ på höfterna*** sway one's hips
1 vid *adj* wide
2 vid *prep* **1** i rumsbetydelse at; bredvid by; ***stå ~ fönstret*** stand* at the window; ***sida ~ sida*** side by side; ***New York ligger ~ Hudsonfloden*** New York stands on the Hudson **2** i tidsbetydelse at; ***~ jul*** at Christmas **3** ***~ dåligt väder*** in bad weather; ***hålla fast ~ ngt*** stick to sth.
vida *adv* **1** ***~ omkring*** far and wide **2** i hög grad far
vidare *adj* o. *adv* further; ***och så ~*** and so on; ***tills ~*** until futher notice
vidarebefordra *verb* forward
vidbränd *adj*, ***den är ~*** it has gotten burned
vidd -en **1** omfång width **2** omfattning extent
vide -t -n willow
video -n -r video
videoband -et = video tape
videobandspelare -n = videocassette recorder; vard. VCR
videofilma *verb* videotape
videokamer|a -an -or video camera
videokassett -en -er videocassette
vidga *verb* widen; ***~ sig*** widen
vidhålla *verb* maintain
vidimera *verb* certify, attest
vidlyftig *adj* tvivelaktig shady
vidmakthålla *verb* maintain
vidrig *adj* disgusting
vidröra *verb* touch
vidskepelse -n -r superstition
vidskeplig *adj* superstitious
vidsträckt *adj* extensive; ***i ~ bemärkelse*** in a broad sense
vidsynt *adj* broad-minded

vidta *verb*, ~ ***åtgärder mot ngt*** take* measures against sth.
vidund|er -ret = monster
vidvinkelobjektiv -et = wide--angle lens
vidöppen *adj* wide open
Wien Vienna
wienerbröd -et = Danish
wienerschnitz|el -eln -lar Wiener schnitzel
Vietnam Vietnam
vifta *verb* wave; ~ ***med ngt*** wave sth.
vig *adj* lithe
viga *verb* brudpar marry
vigs|el -eln -lar marriage
vigselring -en -ar wedding ring
vigör -en vigor; ***vara vid god ~*** be* in good health
vik -en -ar bay; mindre cove; större gulf
1 vika *verb* fold; ~ ***ihop*** fold up; ~ ***av till höger*** turn right
2 vika *adv*, ***ge*** ~ give* way
vikarie -n -r substitute; vard. sub
vikariera *verb*, ~ ***för*** stand* in for; om lärare substitute for, vard. sub for
viking -en -ar Viking
vikt -en -er **1** weight; ***gå ner i ~*** lose* weight **2** betydelse importance
viktig *adj* **1** betydelsefull important **2** högfärdig self-important
vila I -n rest **II** *verb* rest; ~ ***sig*** rest
vild *adj* wild
vilddjur -et = beast, wild animal
vild|e -en -ar savage
vildmark -en -er wilderness
vildsvin -et = wild boar
vilj|a I -an -or will **II** *verb* **1** önska want; ha lust like; ***jag vill att du ska komma*** I want you to come; ***jag skulle ~ ha en pepparstek*** I would like a pepper steak, please; ***skulle du ~ ta ner min väska?*** would you please take down my suitcase? **2** i fråga och svar ibland will; ***vill du låna mig lite pengar?*** will you lend me some money?; ***klart att jag vill!*** of course I will! **3** ***det vill säga*** that is
viljestark *adj* strong-willed
viljesvag *adj* weak-willed
vilken (*vilket, vilka*) *pron* **1** frågeord, 'vad för en?' what, who; ***vilka städer har du varit i?*** what cities have you been to?; ***vilka är de där flickorna?*** who are those girls? **2** frågeord vid urval which; ***vilken köpte du?*** which did you buy?; ***vilka av er kan komma?*** which of you can come? **3** i utrop what; ~ ***vacker dag!*** what a lovely day!; ***vilket uselt väder!*** what miserable weather!

vill|a -an -or house, home
villebråd -et = game
villervalla -n confusion
villfarelse -n -r error
villig *adj* willing
villkor -et = condition
villospår -et =, *vara på ~* be* on the wrong track
villoväg -en -ar, *råka på villovägar* go* astray
villrådig *adj* irresolute
vilohem -met = rest home
vilse *adv*, *gå ~* get* lost
vilseledande *adj* misleading
vilsen *adj* lost
vilstol -en -ar lounge chair
vimla *verb* swarm; *det vimlar av människor på torget* the square is teeming with people
vim|mel -let crowd
vimp|el -eln -lar pennant
vimsig *adj* scatterbrained
vin -et -er wine; växt vine
vinbutik -en -er wine store
vinbär -et = currant; *röda ~* red currants; *svarta ~* black currants
1 vind -en -ar blåst wind
2 vind -en -ar i byggnad attic
3 vind *adj* sned warped
vindistrikt -et = wine district
vindrut|a -an -or windshield
vindrutespolare -n = windshield washer
vindrutetorkare -n = windshield wiper
vindruv|a -an -or grape
vindstilla *adj* calm
vindsurfa *verb* windsurf
vindsurfing -en windsurfing
vindtät *adj* windproof
vindögd *adj* squint-eyed
vinflask|a -an -or tom wine bottle; flaska vin bottle of wine
ving|e -en -ar wing
vingla *verb* stagger
vinglas -et = wineglass
vinglig *adj* reeling, unsteady
vingård -en -ar vineyard
vink -en -ar wave; antydan hint
vinka *verb* wave
vink|el -eln -lar angle
vinkelrät *adj* perpendicular
vinkällare -n = wine cellar
vinlist|a -an -or wine list
vinna *verb* win*; förskaffa sig gain
vinnare -n = winner
vinrank|a -an -or grapevine
vinröd *adj* wine-red
vinst -en -er gain; förtjänst profit; *på ~ och förlust* on speculation
vinstlott -en -er winning ticket
vint|er -ern -rar winter; *i ~* this winter; *i vintras* last winter; *på vintern* in the winter
vinterdäck -et = snow tire
vintersolstånd -et winter solstice
vintersport -en -er winter sport

vintertid *adv* på vintern in the winter
vinäger -n vinegar
viol -en -er violet
violett *adj* violet
violin -en -er violin
violinist en -er violinist
vira *verb* wind; *~ in ngt i ngt* wrap up sth. in sth.
virka *verb* crochet
virke -t wood, lumber
virrig *adj* confused
virrvarr -et confusion
virus -et = virus
virv|el -eln -lar whirl
virvla *verb* whirl
1 vis -et = way
2 vis *adj* wise
1 vis|a -an -or song, tune
2 visa *verb* show*; *~ sig* show* up; *~ sig vara en bluff* turn out to be a fraud; *~ fram (upp)* show*
visare -n = på klocka hand
visdom -en wisdom
vishet -en wisdom
vision -en -er vision
visit -en -er call, visit
visitera *verb* search
visitkort -et = calling card
viska *verb* whisper
viskning -en -ar whisper
visning -en -ar demonstration demonstration
visp -en -ar whisk; elektrisk mixer
vispa *verb* whip
vispgrädde -n whipped cream
viss *adj* certain; *i ~ mån* to a certain extent
visselpip|a -an -or whistle
vissen *adj* faded; *känna sig ~* feel* out of sorts
visserligen *adv* certainly; *~...men* admittedly...but
visshet -en certainty
vissla *verb* whistle
vissling -en -ar whistle
vissna *verb* fade
visst *adv* säkert certainly; *ja ~!* of course!
vistas *verb* stay
vistelse -n -r stay
visum -et = (visa) visa
visumtvång -et = visa requirement
vit *adj* white
vital *adj* vital
vitamin -et -er vitamin
vitaminbrist -en vitamin deficiency
vitkål -en cabbage
vitlök -en -ar garlic
vitlöksklyft|a -an -or clove of garlic
vitpeppar -n white pepper
vitrysk *adj* Belorussian
Vitryssland Belorussia
vits -en -ar joke; ordlek pun
vitsig *adj* witty
vitsipp|a -an -or wood anemone
vitt *adv* widely; *~ och brett* far and wide

vittna *verb* testify; ~ *om ngt* bildligt indicate sth.
vittne -t -n witness
vittnesbörd -et = evidence
vittnesmål -et = testimony
vittra *verb* crumble
vodka -n vodka
wok -en wok
woka *verb* wok
vokal -en -er vowel
volang -en -er frill
volleyboll -en volleyball
1 volt -en = elektrisk spänning volt
2 volt -en -er i vissa sporter somersault; *slå en* ~ do* a somersault
volym -en -er volume
vrak -et = wreck
vrede -n anger
vredesmod, *i* ~ in anger
vresig *adj* surly
vricka *verb* sprain; ~ *foten* sprain one's ankle
vrickning -en -ar sprain
vrida *verb* turn; ~ *sig* turn; ~ *om ngt* twist sth.
vriden *adj* **1** snodd twisted **2** tokig crazy
vrist -en -er fotled ankle
vrå -n -r corner
vrål -et = roar
vråla *verb* roar
vräka *verb* **1** *regnet vräker ner* the rain is pouring down; ~ *bort* varor sell* off; ~ *ur sig* spit out **2** avhysa evict
vulgär *adj* vulgar
vulkan -en -er volcano
vuxen *adj* adult
vy -n -er view
vykort -et = postcard
våffl|a -an -or waffle
1 våg -en -ar för vägning scale; *Vågen* stjärntecken Libra
2 våg -en -or bölja o.d. wave
våga *verb* dare
vågad *adj* daring
våghalsig *adj* reckless
våglängd -en -er wavelength
vågrät *adj* horizontal
våld -et violence; *med* ~ by force
våldföra *verb*, ~ *sig på ngn* rape sb.
våldsam *adj* violent
våldta *verb* rape
våldtäkt -en -er rape
vålla *verb* cause; ~ *ngn besvär* cause sb. trouble
vålnad -en -er ghost
vånd|a -an -or agony
våndas *verb* be* in agony
våning -en -ar **1** lägenhet apartment **2** etage floor; *första våningen* second floor
1 vår (*vårt*, *våra*) *pron* our; *våra* our; *den är* ~ it is ours; *de är våra* they are ours
2 vår -en -ar spring; *i* ~ this spring; *i våras* last spring; *på våren* in the spring

våra se *vår 1*
vård -en omvårdnad care
vårda *verb* take* care of
vårdad *adj* well-kept
vårdagjämning -en -ar vernal equinox
vårdare -n = keeper
vårdcentral -en -er clinic
vårdhem -met = nursing home
vårdslös *adj* careless
vårdslöshet -en -er carelessness
vårflod -en -er spring flood
vårt se *vår 1*
vårt|a -an -or wart
vårtermin -en -er spring term
våt *adj* wet
våtservett -en -er wet one®, moist towelette
väcka *verb* **1** göra vaken wake* **2** framkalla arouse; ~ ***uppmärksamhet*** attract attention
väckarklock|a -an -or alarm clock
väckning -en -ar, ***beställa ~*** book a wake-up call
väd|er -ret = weather; ***det är vackert ~*** it's nice weather
väderkvarn -en -ar windmill
väderlek -en weather
väderleksrapport -en -er weather report
väderprognos -en -er weather forecast
väderstreck -et = direction, point of the compass
vädja *verb* appeal; ~ ***till ngn*** appeal to sb.
vädjan en ~, best. form = appeal
vädra *verb* **1** lufta air **2** få väderkorn på scent
Väduren best. form stjärntecken Aries
väg -en -ar anlagd road; sträcka way; ***ge sig i ~*** leave*; ***gå sin ~*** go* away; ***vart har plånboken tagit vägen?*** where on earth is my wallet?; ***vara på ~ att göra ngt*** be* on the point of doing sth.
väga *verb* weigh; ~ ***upp ngt*** weigh out sth.
vägarbete -t -n roadwork, construction
vägban|a -an -or road surface, road
vägg -en -ar wall
vägguttag -et = outlet, socket
vägkant -en -er roadside; konkret shoulder
vägkart|a -an -or road map
vägkorsning -en -ar crossroads
väglag -et, ***dåligt ~*** poor roads; ***halt ~*** icy roads
vägleda *verb* guide
vägledning -en -ar guidance
vägmärke -t -n road sign
vägnar, ***å hans ~*** on his behalf
vägra *verb* refuse
vägran en ~, best. form = refusal
vägren -en -ar shoulder
vägskäl -et = fork

vägsträck|a -an -or distance
vägtrafikant -en -er motorist, driver
vägvisare -n = **1** person guide **2** skylt signpost
väja *verb*, ~ *för* give* way to; i trafiken yield to
väl *adv* **1** bra well; ***det var ~ att inget har hänt henne*** it is a good thing she came to no harm **2** ***när han ~ har kommit ut*** once he is out **3** ***du kommer ~?*** you are coming, aren't you?
välartad *adj* well-behaved
välbefinnande -t well-being
välbehag -et pleasure
välbehållen *adj* om person safe and sound
välbehövlig *adj* badly needed
välbekant *adj* well-known
välbärgad *adj* well-to-do
väldig *adj* huge
välfärd -en welfare
välförsedd *adj* well-stocked
välförtjänt *adj* well-deserved
välgjord *adj* well-made
välgrundad *adj* well-founded
välgång -en success
välgärning -en -ar good deed
välgörande *adj* barmhärtig charitable; hälsosam salutary
välgörenhet -en charity
välja *verb* choose*; genom röstning elect
väljare -n = voter
välklädd *adj* well-dressed
välkommen *adj* welcome; ***mycket ~ till...*** it's a pleasure to welcome you to...
välkänd *adj* well-known
välla *verb*, ~ ***fram*** well out
välling -en -ar gruel; för barn formula
vällust -en voluptuousness
välmenande *adj* well-meaning
välment *adj* well-meant
välmående *adj* healthy
välsigna *verb* bless
välsignelse -n -r blessing
välskött *adj* well-managed
välsmakande *adj* tasty
välsorterad *adj* well-stocked
välstånd -et prosperity
välta *verb* overturn; ~ ***omkull ngt*** overturn sth.
vältalig *adj* eloquent
välunderrättad *adj* well--informed
väluppfostrad *adj* well-bred
välutbildad *adj* well-educated
välutrustad *adj* well-equipped
välvd *adj* arched
välvilja -n benevolence
välvillig *adj* benevolent
välväxt *adj* well-built, shapely
vän -nen -ner friend; vard. buddy
vända *verb* turn; ~ ***sig till ngn*** turn to sb.; ~ ***sig om*** turn back; ~ ***upp och ner på ngt*** turn sth. upside-down; ~ ***ut och in på ngt*** turn sth. inside out
vändning -en -ar turn

vändpunkt -en -er turning-point
vänlinn|a -an -or girlfriend
vänja *verb* accustom; ~ *sig vid ngt* get* used to sth.
vänlig *adj* kind; *med ~ hälsning* Sincerely yours
vänlighet -en -er kindness
vänort -en -er sister city
vänskap -en -er friendship
vänster *adj* o. *adv* left; *till ~* to the left; *på ~ sida om...* to the left of...; *vänstern* politiskt the left
vänsterhänt *adj* left-handed
vänsterparti -et -er left-wing party
Vänsterpartiet the Left
vänsterprass|el -let affair
vänstertrafik -en left-hand traffic
vänta *verb* wait; ~ *på ngn* wait for sb.; ~ *sig ngt* expect sth.; ~ *med ngt* put* off doing sth.
väntan en ~, best. form = waiting
väntetid -en -er wait
väntrum -met = waiting room
väntsal -en -ar waiting room
1 värd -en -ar host
2 värd *adj* worth; *vara ~ mycket pengar* be* worth a lot of money
värde -t -n value; *sätta ~ på ngt* appreciate sth.
värdefull *adj* valuable
värdeförsändelse -n -r brev insured letter
värdehandling -en -ar valuable document
värdelös *adj* worthless
värdera *verb* beräkna etc. value; på uppdrag appraise
värdering -en -ar **1** beräkning etc. valuation; av hus, föremål appraisal **2** *värderingar* normer values
värdesak -en -er article of value
värdesätta *verb* appreciate
värdfolk -et = host and hostess
värdig *adj* dignified
värdinn|a -an -or hostess
värd|land -landet -länder host country
värdshus -et = inn, restaurant
värja *verb*, ~ *sig mot ngt* defend oneself against sth.
värk -en -ar ache
värka *verb* ache
värktablett -en -er painkiller
värld -en -ar world
världsberömd *adj* world--famous
världsdel -en -ar continent; vagare part of the world
världshav -et = ocean
världskart|a -an -or map of the world
världskrig -et = world war; *andra världskriget* the Second World War, WW II
världslig *adj* worldly

världsmästare -n = world champion
världsmästarinn|a -an -or world champion
världsmästerskap -et = world championship
världsrekord -et = world record
värma *verb* warm; ~ ***upp*** inför match o.d. warm up; ~ ***upp ngt*** warm sth.
värme -n warmth; eldning heating
värmebölj|a -an -or heat wave
värmeflask|a -an -or hot-water bottle
värmeledning -en -ar central heating
värmepann|a -an -or boiler
värmeutslag -et = heat rash
värna *verb*, ~ ***om ngt*** protect sth.
värnlös *adj* defenseless
värnplikt -en national service; *värnplikten* i USA the draft
värnpliktig en ~, pl. -a soldier; inkallad draftee
värpa *verb* lay* eggs
värre *adj* o. *adv* worse
värst *adj* o. *adv* worst
värva *verb* recruit
väsa *verb* hiss
väsen -det **1** natur essence **2** pl. = varelse being **3** oväsen noise; ***göra mycket ~ av ngt*** make* a lot of fuss about sth.
väsentlig *adj* essential
väsk|a -an -or bag; resväska suitcase
väsnas *verb* make* a noise; ***sluta ~!*** stop making that noise!
vässa *verb* sharpen
1 väst -en -ar plagg vest
2 väst -en the west; västvärlden the West; se vidare *väster*
västanvind -en -ar west wind
väster I -n the west; ***i ~*** in the west; ***mot ~*** towards the west **II** *adv*, ***~ om...*** to the west of...
västerländsk *adj* western
västerlänning -en -ar Westerner
västerut *adv* westwards
Västeuropa Western Europe
västeuropé -n -er West European
västeuropeisk *adj* West European
Västindien the West Indies
västlig *adj* westerly
västra *adj* the west
väta I -n wet **II** *verb* wet
väte -t hydrogen
vätsk|a -an -or liquid
väv -en -ar fabric, cloth
väva *verb* weave
vävstol -en -ar loom
växa *verb* grow*; ~ ***bort*** disappear; ~ ***upp*** grow* up
väx|el -eln -lar **1** pengar change **2** på bil gear; ***lägga i ettans ~*** put* the car in first gear

3 för telefon switchboard
4 skuldförbindelse bill
växelkontor -et = exchange office
växelkurs -en -er exchange rate
växellåd|a -an -or gear box
växelpengar pl. change
växelspak -en -ar gear shift; vard. stick shift
växelström -men alternating current (förk. AC)
växla *verb* change; ***kan ni ~ 100 dollar?*** can you change a 100 dollar bill?
växlande *adj* varying, variable
växt -en -er **1** tillväxt growth
2 planta plant
växthus -et = greenhouse
vördnad -en respect

x x-et x bokstav x [utt. ekks]

y y-et y-n bokstav y [utt. oaj]
yacht -en -er yacht
yla *verb* howl
ylle -t wool
ylletröj|a -an -or woolen sweater
ylletyg -et -er woollen cloth
yng|el -let = fry; grodyngel tadpoles
yngling -en -ar youth
yngre *adj* younger; senare later
yngst *adj* youngest
ynklig *adj* miserable; ömklig pitiful
yoga -n yoga
yoghurt -en yogurt
yr *adj* i huvudet dizzy
yra I -n vild framfart frenzy **II** *verb* **1** om febersjuk be* delirious **2** om snö whirl; om damm swirl
yrka *verb*, ~ ***på ngt*** demand sth.; i parlament o.d. move sth.
yrkande -t -n demand; i parlament o.d. motion
yrke -t -n lärt profession; hantverk trade; sysselsättning occupation
yrkesarbetare -n = skilled worker; kollektivt skilled labor
yrkeskvinn|a -an -or career woman (pl. women)
yrkes|man -mannen -män professional
yrsel -n svindel dizziness
yrvaken *adj* drowsy with sleep
yrväd|er -ret = snowstorm
yt|a -an -or surface; ***på ytan*** on the surface
ytlig *adj* superficial
ytterdörr -en -ar outer door
ytterkläder pl. outdoor clothes
ytterligare *adj* o. *adv* further
ytterlighet -en -er extreme
ytterområde -t -n periphery
ytterrock -en -ar overcoat
yttersid|a -an -or outer side
ytterst *adv* **1** längst ut farthest out **2** i högsta grad extremely
yttersta *adj* **1** längst bort belägen farthest; ***den ~ delen*** the extremity **2** störst, högst utmost; ***jag ska göra mitt ~*** I will do my utmost
yttertak -et = roof
yttra *verb* utter; ***~ sig om ngt*** comment on sth.
yttrande -t -n remark; utlåtande expert report
yttrandefrihet -en freedom of speech
yttre I *adj* external **II** oböjl. exterior; ***till det ~*** externally
yvig *adj* tät bushy; om gest sweeping
yx|a -an -or ax

Z

z z-t z-n bokstav z [utt. zi:]
zigenare -n = gypsy
zink -en zinc
zon -en -er zone
zoo -t -n zoo
zoolog -en -er zoologist
zoologi -n zoology
zoologisk *adj* zoological
zooma *verb*, ~ ***in ngt*** zoom in sth.
zucchini -n -er zucchini

1 å å-et å-n bokstav the letter a with a circle over it
2 å -n -ar vattendrag river; mindre creek
3 å *interj* oh!, gee!
åberopa *verb*, ~ ***ngt*** refer to sth.
åd|er -ern -ror vein
åderförkalkad *adj*, ***han börjar bli*** ~ he is getting senile
ådr|a -an -or vein
åhörare -n = listener
åka *verb* go*; ~ ***bil*** drive*, go* by car; ~ ***skidor*** ski; ~ ***tåg*** go* by train; ~ ***bort*** go* away
åk|er -ern -rar field
åklagare -n = prosecutor; i USA district attorney (förk. DA)
åkomm|a -an -or complaint
åksjuka -n motion sickness
åksjuketablett -en -er tablet for motion sickness
åktur -en -er drive; ***ta en*** ~ go for at drive
ål -en -ar eel
åla *verb*, ~ ***sig*** crawl
åld|er -ern -rar age; ***vid 20 års*** ~ at 20
ålderdom -en old age
ålderdomlig *adj* old-fashioned

ålderdomshem -met = retirement home
åldersgräns -en -er age limit
åldersskillnad -en -er difference in age
åldras *verb* age
åldring -en -ar man old man (pl. men); kvinna old woman (pl. women)
åldringsvård -en geriatric care, eldercare
åliggande -t -n duty
álägga *verb*, ~ *ngn ngt* impose sth. on sb.
ång|a I -an -or steam **II** *verb* steam
ångbåt -en -ar steamboat
ånger -n regret
ångerfull *adj* regretful, repentant
ångest -en anxiety
ångmaskin -en -er steam engine
ångpann|a -an -or boiler
ångra *verb* regret; ~ *sig* regret it; ändra sig change one's mind
ångstrykjärn -et = steam iron
år -et = year; ~ *1997* in 1997; *gott nytt* ~*!* A Happy New Year!; *i* ~ this year; *han är tjugo* ~ he is twenty years old, he is twenty
år|a -an -or oar
åratal, *i* ~ for years; *på* ~ for years
årgång -en -ar **1** av tidskrift volume **2** av vin vintage
årgångsvin -et -er vintage wine
århundrade -t -n century
årlig *adj* annual
årsavgift -en -er annual charge; i förening annual dues
årsinkomst -en -er annual income
årskort -et = annual season ticket
årskurs -en -er grade
årslön -en -er annual salary
årsmodell -en -er model
årsmöte -t -n annual meeting
årsskifte -t -n end of the year
årstid -en -er season
årtal -et = date
årtionde -t -n decade
årtusende -t -n millennium
ås -en -ar ridge
åsidosätta *verb* disregard
åsikt -en -er view, opinion
åsk|a I -an -or thunder **II** *verb* thunder
åskväd|er -ret = thunderstorm
åskådare -n = spectator
åskådlig *adj* clear
åsn|a -an -or donkey
åstadkomma *verb* få till stånd bring* about
åsyn -en sight; *i ngns* ~ in front of sb.
åt *prep* **1** to; *ge ngt* ~ *ngn* give* sth. to sb. **2** at; *blinka* ~ *ngn* wink at sb.
åtagande -t -n undertaking
åtal -et = prosecution; *väcka* ~ *mot ngn för ngt* prosecute

sb. for sth.; mer formellt indict sb. for sth.
åtala *verb* prosecute; mer formellt indict
åtanke, *ha ngt i ~* bear sth. in mind
åter *adv* **1** tillbaka back **2** igen again
återanvändning -en re-use
återbesök -et = next visit
återbud -et = excuse; *lämna ~* cancel one's appointment
återbäring -en -ar refund
återfall -et = relapse; *få ~* have* a relapse
återfinna *verb* recover
återfå *verb*, *~ ngt* get* back sth.
återförena *verb* reunite
återförening -en -ar reunion
återge *verb* tolka render
återgå *verb* **1** återvända go* back **2** upphävas be* cancelled
återhållsam *adj* restrained
återkalla *verb* **1** *~ ngn* call sb. back **2** ställa in cancel
återkomma *verb* return
återkomst -en return
återlämna *verb* return
återse *verb*, *~ ngn* see* sb. again
återseende -t reunion; *på ~!* be* seeing you!
återstod -en -er rest
återstå *verb* remain
återställa *verb* restore
återställare -n =, *ta sig en ~* have* a pick-me-up
återställd *adj*, *bli ~* recover
återta *verb* ta tillbaka take* back; återuppta resume
återuppliva *verb* revive
återupprätta *verb* re-establish
återuppta *verb* resume
återvinna *verb* **1** win* back **2** ur avfall o.d. recycle
återvända *verb* return
återvändo, *det finns ingen ~* there is no turning back
återvändsgat|a -an -or dead end street
åtfölja *verb* accompany
åtgång -en consumption
åtgärd -en -er measure
åtgärda *verb* attend to
åtkomlig *adj* within reach
åtlöje -t ridicule; *göra sig till ~* make* a fool of oneself
åtminstone *adv* at least
åtnjuta *verb* enjoy
åtnjutande -t enjoyment
åtrå I -n desire **II** *verb* desire
åtråvärd *adj* desirable
åtsittande *adj* tight-fitting
åtskilliga *adj* several
åtskilligt *adv* a good deal
åtstramning -en -ar politisk belt-tightening measures; ekonomisk credit squeeze
ått|a I *räkn* eight, för sammansättningar med åtta jfr *fem* med sammansättningar **II** -an -or eight
åttio *räkn* eighty, för samman-

sättningar med åttio jfr *femtio* med sammansättningar
åttionde *räkn* eightieth
åttonde *räkn* eighth
åttondel -en -ar eighth
åverkan en ~, best. form = damage

ä ä-et ä-n bokstav the letter a with two dots
äcklig *adj* disgusting
ädel *adj* noble
ädelost -en -ar blue cheese
ädelsten -en -ar precious stone
äga *verb* **1** possess **2** ~ ***rum*** take* place
ägare -n = owner
ägg -et = egg; ***hårdkokt ~*** hard-boiled egg; ***löskokt ~*** soft-boiled egg
äggkopp -en -ar egg cup
äggledare -n = Fallopian tube
äggröra -n scrambled eggs
äggstock -en -ar ovary
äggul|a -an -or yolk
äggvit|a -an -or egg white
ägna *verb* devote; ***~ sig åt ngt*** devote oneself to sth.
ägo oböjl., ***vara i ngns ~*** be* in sb.'s possession
ägodelar pl. property
äkta *adj* genuine; ***~ par*** married couple
äktenskap -et = marriage
äkthet -en genuineness
äldre *adj* older
äldst *adj* oldest
älg -en -ar moose
älska *verb* love; ***~ med ngn*** make* love to sb.

älskad *adj* beloved
älskare -n = lover
älskarinn|a -an -or mistress
älskling -en -ar darling, honey
älsklingsrätt -en -er favorite dish
älskvärd *adj* kind
älv -en -ar river
älv|a -an -or fairy
ämbete -t -n office
ämna *verb* intend; ~ *göra ngt* intend to do sth.
ämne -t -n **1** material **2** i skola subject
ämneslärare -n = subject teacher
ämnesomsättning -en metabolism
än I *adv* **1** se *ännu* **2** *hur jag ~ gör* whatever I do; *vad som ~ händer* whatever happens **II** *prep* o. *konj* than; *äldre ~* older than; *mer ~* more than
änd|a I -an **1** pl. -ar end **2** pl. -or vard., bakdel behind **II** *verb* end **III** *adv*, ~ *från början* from the very beginning; ~ *sedan dess* ever since then
ändamål -et = purpose
ändamålsenlig *adj* suitable
änd|e -en -ar end
ändelse -n -r ending
ändhållplats -en -er terminus; vard. last stop
ändra *verb* change; ~ *på ngt* change sth.; ~ *sig* förändras change; ändra beslut change one's mind
ändring -en -ar change
ändå *adv* **1** likväl yet **2** ~ *bättre* even better
äng -en -ar meadow
äng|el -eln -lar angel
ängslas *verb* worry
ängslig *adj* anxious
änk|a -an -or widow
änkling -en -ar widower
ännu *adv* **1** om ngt ej inträffat yet; fortfarande still; *jag har ~ inte sett filmen* I haven't seen the film yet **2** ytterligare more; ~ *en gång* once more **3** ~ *större* even larger
äntligen *adv* at last
äppelmos -et apple sauce
äppelpaj -en -er apple pie
äppelträd -et = apple tree
äpple -t -n apple
ära -n honor; *har den ~ på födelsedagen!* happy birthday!; *till ngns ~* in sb.'s honor
ärende -t -n **1** errand; *ha ett ~ till stan* have* some business in town **2** fråga matter
ärftlig *adj* hereditary
ärg -en verdigris
ärkebiskop -en -ar archbishop
ärlig *adj* honest
ärlighet -en honesty; *i ärlighetens namn* to be honest
ärm -en -ar sleeve

ärr -et = scar; ***ett fult*** ~ an ugly scar
ärt|a -an -or pea
ärtsopppa -n pea soup
ärva *verb* inherit
äss -et = ace
äta *verb* eat*; ~ ***frukost*** (***lunch, middag***) have* breakfast (lunch, dinner); ~ ***ute*** eat* out
ätlig *adj* edible
ätt -en -er family
ättika -n vinegar
ättiksgurk|a -an -or pickled gherkin
ättling -en -ar descendant
även *adv* also
äventyr -et = adventure
äventyrare -n = adventurer
äventyrlig *adj* adventurous

1 ö ö-et ö-n bokstav the letter o with two dots
2 ö -n -ar island
1 öde -t -n fate
2 öde *adj* deserted; ~ *ö* desert island
ödelägga *verb* devastate
ödemark -en -er wilderness
ödesdiger *adj* fateful
ödl|a -an -or lizard
ödmjuk *adj* humble
ödmjukhet -en humility
ödslig *adj* deserted
ög|a -at -on eye
ögl|a -an -or loop
ögna *verb*, ~ ***igenom ngt*** glance through sth.
ögonblick -et = moment; ***ett*** ~***!*** one moment, please!
ögonbryn -et = eyebrow
ögondroppar pl. eye drops
ögonfrans -en -ar eyelash
ögonkast -et = glance
ögonlock -et = eyelid
ögonläkare -n = eye doctor, ophthalmologist
ögonskugga -n eyeshadow
ögontjänare -n = toady
ögonvatt|en -net eyewash
ögonvittne -t -n eyewitness
ögonvrå -n -r corner of one's eye

ögrupp -en -er group of islands
öka *verb* increase
ök|en -nen -nar desert
öknamn -et = nickname
ökning -en -ar increase
ökänd *adj* notorious
öl -et (-en) = beer
ölburk -en -ar tom beer can; full can of beer
ölflask|a -an -or tom beer bottle; full bottle of beer
ölglas -et = beer glass
öm *adj* tender
ömhet -en tenderness
ömma *verb* feel* tender
ömse *adj*, ***på ~ sidor*** on both sides
ömsesidig *adj* mutual
ömtålig *adj* som lätt tar skada easily damaged; känslig sensitive
önska *verb* wish; ***vad önskar hon sig i present?*** what would she like to have as a present?
önsk|an en ~, pl. -ningar wish
önskemål -et = wish
önskvärd *adj* desirable
öppen *adj* open; ***på öppet köp*** on approval
öppenhet -en openness
öppethållande -t opening hours
öppettider pl. opening hours
öppna *verb* open; ***affärerna öppnar klockan 9*** the stores open at 9 o'clock
öppning -en -ar opening
ör|a -at -on **1** hörselorgan ear **2** handtag handle
öre -t -n (=) öre
Öresund the Sound
örfil -en -ar smack on the ear
örhänge -t -n earring
örn -en -ar eagle
örngott -et = pillow case
öroninflammation -en -er ear inflammation
öronläkare -n = oftast ear, nose and throat specialist
öronpropp -en -ar **1** vaxpropp plug of wax **2** skyddspropp earplug
öronvärk -en earache
örsprång -et earache
ört -en -er herb
örtte -et -er herbal tea
ösa *verb* scoop; ***det öser ner*** it's pouring down
ösregna *verb* pour
öst -en the east, se vidare *öster*
östanvind -en -ar east wind
öster I -n the east; ***i ~*** in the east; ***mot ~*** to the east **II** *adv*, ***~ om...*** east of...
österrikare -n = Austrian
Österrike Austria
österrikisk *adj* Austrian
österrikisk|a -an -or kvinna Austrian woman (pl. women)
Östersjön the Baltic
österut *adv* eastwards
Östeuropa Eastern Europe

östeuropeisk *adj* East European
östlig *adj* easterly
östra *adj* the east; *~ Tibet* eastern Tibet
öva *verb* train; *~ sig i ngt* practice sth.
över I *prep* **1** i rumsbetydelse over; *ha tak ~ huvudet* have a roof over one's head **2** högre än above; *~ havsytan* above sea level **3** *en karta ~ Washington* a map of Washington **4** mer än over **5** angående about, at; *vara ledsen ~ ngt* be* sorry about sth.; *vara förvånad ~ ngt* be* surprised at sth. **II** *adv* over
överallt *adv* everywhere
överanstränga *verb* overexert; *~ sig* overexert oneself
överansträngd *adj* om muskel overstrained; utarbetad overworked
överansträngning -en overexertion
överbefolkning -en overpopulation
överbevisa *verb* convict
överblick -en -ar survey
överblicka *verb* survey
överbliven *adj* remaining; *~ mat* rester leftovers
överbokning -en -ar overbooking
överdel -en -ar top
överdos -en -er overdose; vard. OD
överdrift -en -er exaggeration; *gå till ~* go* too far
överdriva *verb* exaggerate
överens *adv*, *komma bra ~ med ngn* get* on well with sb.; *komma ~ med ngn om ngt* agree with sb. on sth.
överenskommelse -n -r agreement; *enligt ~* as agreed
överensstämma *verb* agree
överensstämmelse -n -r agreement
överfalla *verb* assault
överflöd -et abundance
överflödig *adj* superfluous
överfull *adj* overfull
överföra *verb* t.ex. pengar transfer
överföring -en -ar av t.ex. pengar transfer
överge *verb* abandon
övergiven *adj* abandoned
övergrepp -et = wrong, injustice; mot barn molestation
övergående *adj* passing
övergång -en -ar **1** bildligt transition **2** vid järnväg o.d. el. för fotgängare crossing
övergångsställe -t -n crossing, crosswalk
överhand, *få överhanden* get* the upper hand
överhuvud -et = head
överhuvudtaget *adv* on the

whole; ***om han ~ kommer*** if he comes at all
överhängande *adj* urgent; om fara imminent
överinseende -t supervision
överkast -et = bedspread
överklaga *verb* appeal
överklass -en -er upper class
överkomlig *adj* om hinder o.d. surmountable; om pris o.d. reasonable
överkropp -en -ar upper part of the body
överkäk|e -en -ar upper jaw
överkänslig *adj* hypersensitive
överkörd *adj*, ***bli ~*** be* run over
överleva *verb* survive
överlevande en ~, pl. = survivor
överlista *verb* outwit
överlåta *verb* **1** överföra transfer **2** ***~ ngt åt ngn*** leave* sth. in sb.'s hands
överläge -t advantage
överlägga *verb* confer, discuss
överläggning -en -ar discussion
överlägsen *adj* superior
överläkare -n = chief physician
överlämna *verb* deliver
överläpp -en -ar upper lip
över|man -mannen -män superior; ***finna sin ~*** meet* one's match
övermogen *adj* overripe
övermorgon, ***i ~*** the day after tomorrow
övermänsklig *adj* superhuman
övernatta *verb* stay overnight
övernaturlig *adj* supernatural
överordnad I en ~, pl. -e superior **II** *adj* superior
överraska *verb* surprise
överraskning -en -ar surprise
överres|a -an -or crossing
överrock -en -ar overcoat
överrumpla *verb* surprise
överräcka *verb* hand over
överrösta *verb*, ***musiken överröstade henne*** the music drowned her voice
överse *verb*, ***~ med ngt*** overlook sth.
överseende I -t indulgence **II** *adj* indulgent
översid|a -an -or top side
översikt -en -er survey
överskatta *verb* overrate
överskott -et = surplus
överskrida *verb* t.ex. gräns cross; ***~ sina befogenheter*** exceed one's authority
överskrift -en -er heading
överskådlig *adj* clear
överslag -et = estimate
överspänd *adj* overexcited
överst *adv* uppermost
överst|e -en -ar colonel
överstiga *verb* exceed
överstånden *adj*, ***vara ~*** be* over
översvallande *adj* exuberant
översvämma *verb* flood
översvämning -en -ar flood
översyn -en -er overhaul

översätta *verb* translate
översättare -n = translator
översättning -en -ar translation
överta *verb* take* over
övertag -et = advantage; *få övertaget över ngn* get* the upper hand of sb.
övertala *verb* persuade
övertalning -en -ar persuasion
övertid -en overtime; *arbeta ~* work overtime
överträda *verb* transgress
överträdelse -n -r transgression; kränkning violation
överträffa *verb* surpass; *~ ngn i ngt* be* better than sb. in sth.
övertyga *verb*, *~ ngn om ngt* convince sb. of sth.
övertygande *adj* convincing
övertygelse -n -r conviction
övervakare -n = probation officer
övervakning -en tillsyn supervision
övervikt -en overweight; *betala för ~* pay* for excess baggage
övervinna *verb* overcome
övervintra *verb* winter
överväga *verb* betänka consider
1 övervägande -t -n consideration; *ta ngt under ~* take* sth. into consideration
2 övervägande I *adj* predominant **II** *adv* huvudsakligen mainly
överväldigad *adj* overwhelmed
överväldigande *adj* overwhelming
övervärdera *verb* overestimate
övning -en -ar **1** träning training **2** uppgift exercise
övningsbil -en -ar driving--school car
övre *adj* upper
övrig *adj* återstående remaining; *det övriga* the rest; *de övriga* the others; *för övrigt* by the way